- 1979년 12월 20일 1심 선고 공판 모습. 앞줄 좌로부터 김재규, 박흥주, 김계원(헌병이 좌우로 서 있다). 뒷줄 좌로부터 박선호, 이기주, 유성옥, 김태원, 유석술(교도관이 좌우로 서 있다).

- 재판장의 지시로 착석한 모습. 김재규, 박흥주, 김계원이 보인다.

• 뒤편에서 바라본 1심 대법정 현장.

• 1심 법정에서 재판부의 졸속 진행에 관하여 격렬하게 항의하는 저자. 왼쪽은 김계원의 변호인 이병용 변호사.

- 1979년 봄부터 10·26 직전까지 김재규가 쓴 휘호. 저자는 재판에서 김재규의 10·26 사건이 충동에 의한 단순 살인이 아니라 일찌감치 민주 회복을 위한 혁명을 염두에 두고 한 일임을 뒷받침하는 증거로서 이 휘호 사진들을 제출했다.

- 1심 법정에서 김재규에게 그의 붓글씨 '위대의爲大義'를 확인하고 있는 저자.

• 항소심 법정에서 황인철 변호사, 저자, 강신옥 변호사가 나란히 앉아 김재규를 신문하고 있다. 흰색 한복 차림의 뒷모습이 김재규.

• 항소심 법정에서 개정 시간을 기다리는 동안 김재규의 변호인단이 협의하고 있는 모습. 왼쪽부터 이 돈명(뒷모습), 조준희, 홍성우, 황인철 변호사와 저자.

• 1심에서 증인 신재순을 신문하는 모습. 신재순은 사건 당시 현장에 있던 두 여인 중 한 명으로(다른 한 명은 가수 심수봉), 재판부는 두 여인들의 증언 내용이 신경에 쓰이는 듯 방청인을 제한하려는 의도로 법정을 대법정에서 소법정으로 옮겨 신문을 진행하였다.

• 현장 검증 사진을 보고 있는 변호인들. 앞 쪽부터 김홍수 변호사, 저자, 이병용 변호사.

● 1979년 12월 18일 1심 결심 공판에서 김재규 등에 대한 최후 변론을 하고 있는 저자의 처연한 모습.
왼쪽으로 이병용 · 신호양 변호사가 경청하고 있다.

● 현장 검증을 위해 궁정동 식당을 다시 찾은 김재규. 그는 방 안에서 박정희 대통령과 차지철 경호
실장에게 각각 1발씩 발사한 뒤 권총이 불발되자 박선호로부터 권총을 바꿔 받았다. 사진은 그가
1차 저격을 위해 현관으로 들어서기 직전의 상황을 재연하는 모습.

• 사건 이후 그대로 보존된 현장. 십장생도 병풍 앞 의자가 박정희가 앉아 있던 좌석이고, 그 오른쪽 방바닥과 방석에 검은 핏자국이 남아 있다.

• 사건 현장에서 박정희 사살 당시를 재연하고 있는 김재규. 오른편에는 김계원이 앉아 있고, 그의 저격으로 흉부 관통상을 입은 박정희는 왼쪽으로 쓰러졌다.

- 김재규에 의해 박정희
  와 함께 저격당한 차지
  철 경호실장(맨 왼쪽)은
  1974년 경호실에 부임
  하여 전두환, 노태우,
  김복동 준장을 경호실
  작전차장보로 기용했
  다. 사진은 1978년 박
  정희 대통령의 정부청
  사 연두순시를 수행한
  모습. 차지철과 박정희
  사이로 노태우 작전차
  장보가 보인다.

- 박정희 대통령 시해 사건 수사 중간 결과를 발표
  하는 계엄사 합동수사본부장 전두환 육군소장. 이
  일로 그는 처음으로 언론 매체에 얼굴을 드러냈다.

● 김재규는 평소 박정희에게 딸 박근혜와 최태민이 이끌고 있는 구국여성봉사단의 부정에 대해 여러 차
  례 보고하며 주의를 준 바 있으나 박정희는 이를 받아들이지 않았다. 사진은 1976년 박정희, 박근혜,
  최태민이 봉사단의 야간진료센터에서 담소를 나누는 모습.

● 박근혜 전 대통령이 파면된 다음 날, 김재규 묘소 앞 풍경. 김재규 영정과 함께 탄핵 관련 기사가 실린
  신문들, 김재규 책자, 법전, 시바스리갈 술병과 꽃들이 놓여 있다.

나는 **김재규**의
변호인이었다

나는 김재규의
변호인이었다

1판 1쇄 인쇄 2017. 6. 3.
1판 1쇄 발행 2017. 6. 12.

지은이 안동일

발행인 김강유
편집 황여정 | 디자인 윤석진
발행처 김영사
등록 1979년 5월 17일 (제406-2003-036호)
주소 경기도 파주시 문발로 197(문발동) 우편번호 10881
전화 마케팅부 031)955-3100, 편집부 031)955-3250
팩스 031)955-3111

값은 뒤표지에 있습니다.
ISBN 978-89-349-7812-1 03300

독자 의견 전화 031)955-3200
홈페이지 www.gimmyoung.com 카페 cafe.naver.com/gimmyoung
페이스북 facebook.com/gybooks 이메일 bestbook@gimmyoung.com

좋은 독자가 좋은 책을 만듭니다.
김영사는 독자 여러분의 의견에 항상 귀 기울이고 있습니다.

이 도서의 국립중앙도서관 출판시도서목록(CIP)은 서지정보유통지원시스템 홈페이지
(http://seoji.nl.go.kr)와 국가자료공동목록시스템(http://www.nl.go.kr/kolisnet)에서
이용하실 수 있습니다.(CIP제어번호 : CIP2017012301)

나는 김재규의
변호인이었다

안동일 지음

김영사

박근혜 대통령의 퇴진을 주장하는 촛불집회가 광화문 일대에서 한창일 무렵 2016년 12월 27일 《주간경향》 백철 기자는 커버스토리로 〈박정희 신드롬의 종말은 오는가〉라는 기사를 실었다. 제목 아래로는 "박근혜-최순실 게이트로 대구·경북 민심까지 흔들… 김재규 재평가론도 등장"이라는 부제가 달렸다. 그리고 기사에는 11월 초에 디시인사이드 주식갤러리를 중심으로 청년들이 모여 '10·26 의거 명예 회복 추진위원회'를 결성하고 김재규를 '의사義士'로 부르며 재평가 운동을 펼치고 있다는 내용이 소개되었다. 이들은 서울 영등포구 문래근린공원에 있는 박정희 동상 옆에 김재규의 흉상을 세우겠다는 취지로 모금운동을 벌이고 있다고 했다.

이들 가운데 대표자인 H씨가 12월 중순경 나에게 전화를 걸어 김재규 흉상 건립 취지와 모금 과정 등 그간의 경과를 설명해준 일이 있었다. 그 후 흉상 건립은 비용과 시간이 많이 걸리는 탓에 포기했으나 김재규 묘소(경기도 광주시 오포읍 삼성공원묘원)에 '10·26 의거'를 상징하는 작은 조형물을 세우기로 했다고 다시 연락이 왔다. 하지만 그러려면 유족의 동의가 필요하다는 묘소관리인의 말에 그들은 지난 4월 강신옥 변호사를 찾아가 유족의 허락을 받아달라는 부탁을 했다.

이들 젊은이들은 대부분 박근혜 정부의 실정 때문에 등을 돌렸다고 한다. 추진위원회를 처음 제안한 H씨도 2012년 대선 당시 새누리당 청년당원으로 박근혜 후보의 당선을 위해 뛰었고, 새누리당 미래세대위원회 등에서 활동하다가 당과 박근혜 정부에 실망하여 탈당하고 인생 최대의 실수를 조금이라도 상쇄하기 위하여 김재규의 재평가 운동에 나서게 되었다고 했다. 이들은 김재규를 '대통령을 살해한 내란범'이 아니라 '자유민주주의를 앞당긴 사람'으로 봐야 한다는 주장을 올곧게 펼치고 있다.

한편 주식갤러리 등 여러 인터넷 커뮤니티에 김재규의 사진이 박힌 티셔츠를 입고 촛불집회에 참석했다는 이들의 인증 사진이 올라오고, 김재규 얼굴이 담긴 피켓이나 '김재규 의사'라고 쓴 팻말도 등장했다. 또 김재규 묘소를 참배하는 이들의 발길도 늘어나고 있다고 한다. 지난해 12월 13일 한 네티즌이 김재규 묘소를 참배한 뒤 인터넷에 올린 사진을 보면, 김재규 영정과 함께 시바스리갈 세 병, 그리고 '박근혜 대통령 탄핵소추안 가결'을 대서특필한 신문 전면이 펼쳐져 있다.

심한 간경변을 앓았던 김재규는 평소에 술을 마시지 않았는데 웬 양주병일까? 시바스리갈 12년산은 박정희 대통령이 생전에 즐겨 마셨고, 38년 전 10월 26일 저녁 궁정동 안가에서 열린 최후의 만찬에서도 마신 술인데, 이날 김재규도 조금 마신 것으로 알려져 있다. 당시는 10·26 의거를 준비하느라 제대로 못 마셨으니 이제라도 맘껏 마셔보라는 뜻이 담겨 있는 게 아닐까.

2017년 3월 17일 《중앙일보》에는 김민욱 기자가 쓴 〈박근혜 파면되는 날, 김재규 묘에 시바스리갈이 놓인 까닭〉이라는 기사가 몇 점의 사진들과 함께 실렸다. 사진은 김재규 묘소 앞 풍경을 보여준다. 색색깔 꽃다발들이 놓여 있고, 봉분 앞 상돌에는 1면 머리기사로 3월 10일 헌법재판소의 '박근혜 대통령 파면'을 게재한 신문들을 비롯해 김재규 관련 책자들과 법전까지 놓여 있었으며, 시바스리갈은 거의 빈 병이었지만 영정 앞 술잔에는 술이 가득 담겨 있었다. 묘소관리인의 말에 의하면 예전에는 1년에 한두 팀 정도 묘소를 방문했는데, 최근에는 일주일에 두세 팀으로 늘어났다고 한다.

박근혜의 탄핵과 구속으로 박정희의 신드롬은 잦아들고, 시나브로 10·26 사건과 김재규에 대한 재평가 움직임이 요동치고 있는 것일까?

'10·26 사건'이란 1979년 10월 26일 중앙정보부 궁정동 안가에서 당시 중앙정보부장 김재규가 쏜 총탄에 의해 박정희 대통령이 살해된 사건이다. '중앙정보부'(5·16 직후 1961년 설립된 이래 전두환 정부에서 '국가안전기획부'로 바뀌었다가 김대중 정부에서 '국가정보원'으로 바뀌어 현재에 이름, 이하 '중정')는 국가 안전 보장에 관련되는 정보와 보안 및 범죄 수사 등에 관한 사무를 담당하기 위해 대통령 직속으로 설치된 기관이다.

이 사건의 공범으로 당시 김계원 청와대 비서실장, 박선호 중정 의전과장과 박흥주 중정부장 수행비서관, 그 밖에 중정 직원 4명(이기주, 유성옥, 김태원, 유석술)이 김재규와 함께 재판을 받았다. 1979년 10월 26일은 박정희 육군소장이 5·16 쿠데타를 일으킨 지 18년 5개월 11일째, 유신 헌법이 선포된 지 7년 10일째 되던 날이다.

나는 10·26 사건의 재판 과정에서 1심에서는 국선변호인으로, 2심과 3심에서는 사선변호인단의 한 사람으로 김재규의 변호를 맡았다. 이 사건의 1심인 육군본부 계엄보통군법회의에서 1979년 12월 4일 재판을 시작한 이래 1980년 5월 20일 대법원 판결 선고가 있기까지 줄곧 재판 과정을 온몸으로 지켜보았다.

10·26 이후 비상계엄이 선포되고, 재판 과정에서 12·12 쿠데타가 발생하고, 5·17 사태에 이어 신군부에 의한 전두환 정권이 탄생하면서 10·26 사건의 진정한 평가는 오랫동안 금기시되거나 묻혀 있었다. 그러다 노태우 정부 때부터 최근에 이르도록 각종 매체를 통하여 '10·26 사건'에 대한 여러 가지 저작물이 쏟아져 나왔다. 이들은 거의 취재기자 또는 작가가 재판 기록, 특히 수사 기록과 전해 들은 이야기에 의존하여 제작한 것이다.

나는 10·26 사건의 담당 변호인으로서 1심부터 3심까지 빠짐없이 지켜본 역사적 현장의 증인이라는 사명감을 가지고, 사건 당사자들에 관한 공판 조서와 생생한 법정 진술 메모를 토대로 구성한 체험 기록으로서 이 책을 썼다. 과거사 정리와 김재규 재평가에 관한 문제 제기에 대해 충실하고 정확한 자료를 제공하려는 의도도 있지만, 무엇보다도 우리나라 현대사에 결정적 전환점을 만든 역사적 대사건에 관해 정확한 기록을 후세에 남김으로써 이 나라 기록 문화의 발전에 기여하고자 한다. 특히 한국에서는 변호인의 손으로 재판 기록을 정리한 책자는 희귀한 실정이니, 10·26 사건에 관한 당시 형사소송 절차의 전 과정을 상세히 소개하는 이 책은 법조계와 학계에도 의미가 없지 않을 것이다.

한편 독자들에게는 38년 전 법정으로의 시간 여행을 통해 각자가 재판관 또는 방청인으로 '10·26 사건'의 재판 현장에 참여케 함으로써 사건의 진상과 역사적 평가를 스스로 판단토록 하는 데에도 도움이 되기를 바란다.

이 책을 집필하면서 나는 다음의 몇 가지에 유의하였다.

첫째, 재판에 관여한 변호인으로서 법정에서 본 대로, 들은 대로, 느낀 대로 법정 안팎 현장의 소리를 숨기거나 보탬 없이 숨소리 하나 놓치지 않고 기록하려고 노력하였다.

둘째, 주로 법정에서의 당사자의 진술 그대로를 옮기는 것을 원칙으로 하되 피고인 및 증인 신문에서의 문답 내용은 중요한 부분만 진술한 그대로 옮기고, 나머지 부분은 저자가 서술하는 방법을 취하였다. 법정 진술 내용 가운데 불충분하거나 누락된 부분은 수사 기록과 관련 자료 등을 참조하여 가능한 한 팩트fact를 찾아내어 구체적 사실 관계를 밝히고자 힘썼다.

셋째, 김재규와 그의 부하들을 둘러싼 에피소드 등 지금까지 밝혀지지 않은 재판 과정 안팎에서 알게 된 비공개 사실과 경험담을 상세히 소개함으로써 그들의 인간성과 성품에도 초점을 맞추었다.

넷째, 그동안 '10·26 사건'에 관해 발간된 책자와 언론 방송 보도, 드라마, 영화, 인터넷 등을 통해 알려진 사실 가운데 잘못 전해진 부분은 바로잡았다.

다섯째, '10·26 사건'의 수사와 재판 과정에서, 또 5·6공을 지나면서 숨겼거나 감춰진 사실, 과장·축소되거나 왜곡된 사실도 바로잡았다.

여섯째, 재판 과정을 통해 나타나게 된 자료에 비추어 박정희 및 그 시대의 역사성과 그에 대한 평가, 김재규 및 그의 행동에 대한 평가에 관해 변호인의 입장에서 개인적인 의견이나마 시론적試論的인 고찰을 시도하였다.

끝으로, 부록으로 변론요지서, 항소이유서, 김재규의 항소이유보충서, 상고이유서, 대법원 판결문(다수의견, 소수의견)을 담았다. 그 주요 내용은 본문에도 소개되고 있으나 역사적 기록물로서의 완성도를 갖추기 위해 각 문서의 전문을 그대로 실었다.

이 책은 2005년 출간된《10·26은 아직도 살아 있다》(부제: 안동일 변호사가 들려주는 10·26 사건, 그 진실과 거짓)의 개정증보판이다. 초판이 나왔을 당시에는 박근혜가 야당인 한나라당의 대표였던 터라 그와 그의 가족에게 누가 될지도 모르는 일화는 굳이 옮기려고 하지 않았는데, 이 책에는 그때 남겨둔 이야기들을 덧붙였다. 또한 초판보다 12년이 지난 현재라는 시간 이동을 통해 달라진 부분과 보태야 할 부분, 그리고 그동안 모아진 정보와 자료를 토대로 고쳐야 할 부분도 손을 대었다. 부록에는 초판에는 싣지 못했던 변론요지서, 항소이유서, 김재규의 항소이유보충서를 보탰다.

이 책의 초판은 오래전에 절판되었는데, 동양 최대의 장학재단을 이룩한 관정 이종환 회장의 깊은 관심과 격려에 힘입어 개정증보판을 내게 되었다. 특히 집필 장소까지 마련해주시는 등 후원을 아끼지 않으신 덕택으로 이 책이 빨리 햇빛을 보게 되어 가슴 뜨거운 경의를 드린다.

또한 10·26 사건의 변론을 함께 했으며, 이 책의 초판 원고를 꼼꼼히 읽고 조언을 주셨을 뿐만 아니라 개정판에도 많은 도움을 주신 강신옥 변호사께도 깊은 감사를 드린다.

끝으로 이 책의 출판을 흔쾌히 맡아준 김영사 김강유 회장을 비롯한 여러분께도 감사의 인사를 전한다.

이 책을 올해로 37주기를 맞는 10·26 사건의 여섯 영령들, 그리고 그 유족들께 바친다.

2017년 5월
관해觀海 안동일

차례

1부 우연인가 필연인가

2부 진실과 거짓

3부 남은 이야기들

10 · 26 연표

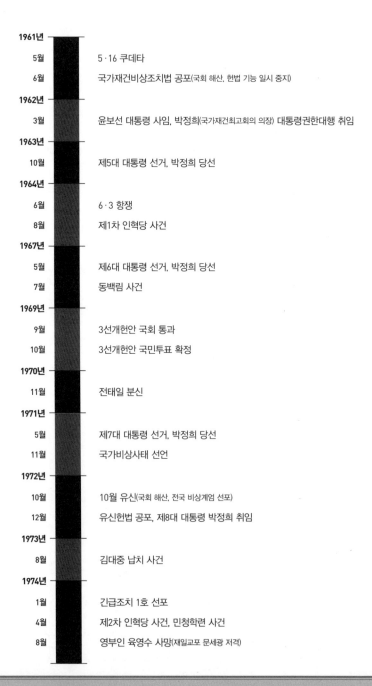

1961년

5월 — 5 · 16 쿠데타

6월 — 국가재건비상조치법 공포(국회 해산, 헌법 기능 일시 중지)

1962년

3월 — 윤보선 대통령 사임, 박정희(국가재건최고회의 의장) 대통령권한대행 취임

1963년

10월 — 제5대 대통령 선거, 박정희 당선

1964년

6월 — 6 · 3 항쟁

8월 — 제1차 인혁당 사건

1967년

5월 — 제6대 대통령 선거, 박정희 당선

7월 — 동백림 사건

1969년

9월 — 3선개헌안 국회 통과

10월 — 3선개헌안 국민투표 확정

1970년

11월 — 전태일 분신

1971년

5월 — 제7대 대통령 선거, 박정희 당선

11월 — 국가비상사태 선언

1972년

10월 — 10월 유신(국회 해산, 전국 비상계엄 선포)

12월 — 유신헌법 공포, 제8대 대통령 박정희 취임

1973년

8월 — 김대중 납치 사건

1974년

1월 — 긴급조치 1호 선포

4월 — 제2차 인혁당 사건, 민청학련 사건

8월 — 영부인 육영수 사망(재일교포 문세광 저격)

1975년	
4월	긴급조치 7호 선포, 인혁당 사건 관련자 8명 사형 집행
5월	긴급조치 9호 선포
1976년	
3월	3·1 민주구국선언
1978년	
7월	제9대 대통령 박정희 선출
1979년	
5월	김영삼 신민당 총재 당선
8월	YH사건
10월 4일	김영삼 국회에서 제명
8일	김형욱(전 중앙정보부장) 실종 사건
16~20일	부마사태
18일	부산에 계엄령 선포 및 계엄군 투입
20일	마산에 위수령 선포
26일	**김재규 중앙정보부장 박정희 저격**
27일	최규하 총리, 대통령권한대행 취임
12월 4일	10·26 사건 재판 시작
6일	제10대 대통령 최규하 선출
7일	최규하 대통령 유신폐지선언, 긴급조치 9호 해제
8일	긴급조치 위반자 석방, 김대중 연금 해제
12일	12·12 사태(전두환 보안사령관 주동)
20일	10·26 사건 1심 판결 선고
1980년	
1월 22일	10·26 사건 항소심 재판 시작
28일	10·26 사건 항소심 판결 선고
2월 29일	2·29 복권
3월 6일	박흥주 사형 집행
5월 17일	비상계엄 전국 확대
18일	5·18 광주민주화운동
20일	10·26 사건 상고심 재판, 대법원 판결 선고
24일	김재규 및 10·26 사건 관련자 5인 사형 집행
8월	최규하 대통령 하야, 제11대 대통령 전두환 선출
10월	헌법 개정, 긴급조치 폐지

10·26 사건의 주요 인물

김재규 중앙정보부장

1926년 경북 구미 출생. 육군대학 부총장, 3군단장, 제9대 국회의원, 제13대 건설부 장관 등을 역임했고, 1976년 12월부터 중앙정보부 부장으로 근무했다.

10·26 주동자로 1980년 5월 24일 교수형.

김계원 청와대 비서실장

1923년 경북 영주 출생. 육군참모총장, 중앙정보부장, 주중대사 등을 역임했고, 1978년 12월 22일부터 대통령 비서실장으로 근무했다. 김재규가 육군대학 부총장으로 있을 당시 김계원이 총장으로 부임하게 되어 처음 만났다.

10·26 가담자로 무기징역 감형, 1982년 5월 형 집행 정지로 석방, 1988년 특별사면 복권, 2016년 사망.

박선호 중앙정보부 의전과장

1934년 경북 청도 출생. 1973년 해병대령으로 예편, 그 후 중앙정보부 총무과장, 중앙정보부 부산분실 정보과장, 현대건설 사우디 현장 안전부장 등을 역임했고, 1978년 8월경부터 중앙정보부 비서실 의전과장으로 근무했다. 김재규와는 사제지간으로, 김재규가 대륜중학교 체육교사로 근무할 때 처음 만났다.

10·26 가담자로 1980년 5월 24일 교수형.

박흥주 중앙정보부장 수행비서관

1939년 평남 평원 출생. 육사 18기 출신으로, 김재규가 제6사단장이었을 때 전속부관이었고, 김재규가 보안사령관으로 있을 당시 506보안부대 수경사반장, 영등포팀장, 제12사단 65포병대대장을 거쳤다. 육군대령으로 진급한 후 1978년 4월부터 중앙정보부장 수행비서관으로 근무했다.

10·26 가담자로 1980년 3월 6일 총살형.

유석술 궁정동 안전가옥 경비원

1949년생. 1973년 중앙정보부 경비원으로 채용된 후 1977년부터 궁정동 안전가옥 경비원으로 근무했다.

10·26 가담자로 3년 징역형.

이기주 <small>궁정동 안전가옥 경비원</small>

1948년생. 중앙정보부 경비원으로 채용된 후 1975년 11월부터 궁정동 안전가옥 경비원으로 근무했다. 같은 해병 출신인 박선호 의전과장이 30여 명의 경비원 중 가장 신임하는 직원이었다.

10·26 가담자로 1980년 5월 24일 교수형.

김태원 <small>궁정동 안전가옥 경비원</small>

1947년생. 1974년 중앙정보부 경비원으로 채용된 후 1976년부터 궁정동 안전가옥 경비원으로 근무했다.

10·26 가담자로 1980년 5월 24일 교수형.

유성옥 <small>궁정동 안전가옥 행정차량 운전사</small>

1943년생. 1971년 중앙정보부 운전사로 채용된 후 1978년 8월부터 궁정동 안전가옥 행정차량 운전사로 근무했다.

10·26 가담자로 1980년 5월 24일 교수형.

박정희 <small>대한민국 제5·6·7·8·9대 대통령</small>

1917년 경북 구미 출생. 1961년 5·16 쿠데타를 주도하여 국가재건최고회의 의장으로 군정 실시, 1962년 윤보선 대통령이 사임하자 대통령권한대행을 맡았다. 1963년 대통령에 취임, 1967년 재선된 후 1969년 3선개헌 및 1972년 유신헌법 선포 등을 통해 17년간 대통령으로 장기 집권했다. 1979년 10월 26일 김재규가 쏜 총에 사살되었다.

차지철 <small>대통령 경호실장</small>

1934년생. 1961년 제1공수특전단 중대장(대위)의 신분으로 5·16 쿠데타에 가담, 이후 국가재건최고회의 의장 경호차장, 민주공화당 국회의원, 유신정우회 의원 등을 역임했고, 1974년부터 대통령 경호실장으로 있다가 김재규에 의해 박정희와 함께 사살되었다.

1부

우연인가 필연인가

01 김재규와의 첫 만남

국선변호답지 않은 국선변호

10 · 26 사건 재판에서 나는 처음에 김재규, 박흥주, 이기주, 유성옥의 국선변호인으로 지정되었다. 재판이 시작되자 김재규와 박흥주는 사선변호인을 선임하였다. 김제형 변호사 등 20명의 대규모 사선변호인단이 꾸려졌고, 1979년 12월 4일 1차 공판에서부터 4차 공판 기일인 1979년 12월 11일 오전까지 열정적인 변론을 펼쳤다. 그런데 11일 오후 2시, 법정에서 갑자기 김재규가 사선변호인들의 변호를 거부하고 국선변호만을 받겠다고 했다. 재판부는 이기주와 유성옥의 국선변호인으로 법정에 있던 나와 신호양 변호사를 다시 김재규의 국선변호인으로 지정했다.

4차 공판에 이르기까지 이기주와 유성옥은 검찰 신문도 받지 않은 상태였지만, 나는 1차 공판 때부터 이 역사적 재판을 한눈 한 번 팔지 않고 지켜보면서 재판 과정을 열심히 메모한 터였다. 현직 중앙정보부장이 청와대 비서실장과 공모하여 대통령을 살해하였다는 공소 사실 자체만으로도 전 국민의 관심은 물론 세계의 이목을 집중시키는 전대미문의 역사적 중대 사건이었기 때문이다. 그 현장에 참여한다는 사실만으로도 나는 호기심과 흥분을 가라앉힐 수 없었다.

재판 초기부터 수십 명의 쟁쟁한 유명 법조인들이 법정을 가득 메웠다. 김재규의 변호인단은 모두진술을 통하여 재판 절차의 적법성을 강조하는 등 앞으로의 치열한 법정 공방을 예고했다.

이 사건 공판은 10·26 사건이 발생한 지 39일째 되는 12월 4일 시작했다. 군법회의 재판관할에 대한 재정 신청으로 공판 절차가 정지된 사흘, 12·12 사태의 다음 날인 13일, 그리고 일요일을 제외하고, 공판은 매일 열렸다. 어떤 때는 자정이 가까워질 때까지 진행되었다. 일반 형사 사건의 경우 2주 또는 3주에 한 번씩 공판 기일을 정하는 것이 관행이었던 점에 비추어보면, 매일 연달아 집중 심리를 하는 데는 이 사건을 신속히 마무리하려는 새로운 권력 집단의 보이지 않는 의도가 작용했다고밖에 볼 수 없었다.

당시 나는 개업 2년차 변호사로 취급 사건이 많아 매일 시간을 낼 수 없는 형편이었지만, 결국 다른 사건은 접어두고 오로지 이 사건에만 전력투구하였다. 지금 생각해도 나에게 어떻게 그런 열정이 있어 그 엄청난 사건의 변론을 감당했는지 대견스러울 따름이다. 당시만 해도 '국선변호'라고 하면 형식적인 절차로만 여기고 실질적인 변호는 기대하기 어려운 실정이었기에 나의 국선변호 활동은 충분히 세인의 주목을 받았다.

우발범인가, 확신범인가

4차 공판에 이르기까지 김재규의 법정 태도는 매우 차분하고 겸손하면서도 무척 당당하게 보였다. 모든 진술에 있어 한 치의 빈틈도 없이 논리적이고 장내를 압도하는 힘이 있었다. 검찰관과 재판부로부터 한쪽으로만 몰아붙이는 듯한 신문을 받아도 자세 한 번 흐트리지 않고, 용어 하나하나에 신경 쓰면서 준비된 설교처럼 대응하였다. 특히 범행 동기를 설명하는 대목에서는 조금도 주저하거나 위축됨이 없이 더더욱 소신껏 진술하였고, 그의 입에서 쏟아지는 말들은 어느 것이나 우리를 경악시키기에 충분하였다.

나는 이 사람이 얼마 전까지 이 나라 유신독재 체제의 주구走狗 노릇을 하면서 온갖 정치공작을 주름잡던, 이른바 나는 새도 떨어뜨리는 무소불위無所不爲 권력 기관의 장이었다는 것이 믿어지지 않았다.

처음 국선변호인으로 지정되었을 때만 해도 나 역시 김재규가 박정희 대통령을 모신 만찬석상에서 청와대 경호실장 차지철과 말다툼하다 실수로 박 대통령을 살해하였거나, 아니면 대통령의 총애를 받으면서 권력의 상층부 자리까지 오른 사람으로서 배은망덕하게도 최고 권력을 탐하여 주군을 살해한 패륜아 정도로 생각하였다. 그래서 나 또한 다른 국선변호의 예와 마찬가지로 법률이 정한 절차에 따라 형식적인 변호를 할 참이었다.

그런데 재판이 거듭되면서 마음에 동요가 일었다. 우발범이거나 패륜범이 아니라 자유민주주의 체제를 회복하기 위한 확신범 내지 양심범일지도 모른다는 데 생각이 미쳤다. 그러나 그때까지 먼발치에서 그의 진술을 들어보았을 뿐, 직접 만나 대화를 나누거나 본인에게 확인해본 일도 없었다. 또한 법정에서의 그의 진술은 당시 대부분 반체제 민주 인사로 구성된 사선변호인단의 도움과 지도에 따라 각색된 것일 수도 있다는 생각을 떨쳐내지 못하고 있었다.

김재규와의 접견

사선변호인 거부

4차 공판 기일 오전까지만 해도 김재규에 관해서는 직접적인 변호인이 아니라 공범의 국선변호인 자격으로 참관하면서 예의 주시하자는 입장이었는데, 갑작스럽게 다시 김재규의 국선변호인으로 지정되고 보니 여러 가지로 착잡한 마음이 일었다. 한편으로는 이 기회에 10·26 사건의 실체와 진실을 법정에서 규명해보자는 의욕이 샘솟았고, 다른 한편으로는 그동안 맹활약한 사선변호인단의 뒤를 이어 제대로 변론을 펼칠 수 있을지 걱정스럽기도 했다.

김재규의 사선변호인단 거부라는 돌발 사태로 사선변호인단은 재판부의 양해를 얻어 잠시 휴정하고, 법정 뒤편에 있는 피고인 대기실에서 김재규의 진의를 확인하였다. 사선변호인의 변론에 불만이 있는 것이 아니라, 사선변호인의 조력을 받으면 이 사건의 민주혁명의 원형原形으로서의 의미가 훼손되는 것 같아 혼자 재판을 받겠다는 것이었다. 이를 확인한 사선변호인단이 퇴정한 후 나는 공동 국선변호인인 신호양 변호사와 함께 같은 대기실에서 처음으로 김재규를 대면했다.

김재규는 대뜸 국선변호인의 변호는 받겠다고 말했다. 군법회의법에는 국선변호인 없이는 공판 절차를 진행할 수 없도록 필요적 국선변호제도를 채택하고 있었기에 이를 거부할 수는 없었다. 그러나 나중에 안 일이지만 당시 김재규는 국선변호인은 국가가, 다시 말하면 재판부가 정해주는 변호인이기 때문에 형식적이고 이름뿐인 것으로 인식하고 있었다. 즉 국선변호인으로 두 사람이 지정되었다고 하여 특별히 변호인의 활약을 기대하지 않았다는 것이다. 우리는 김재규에게 국선변호인으로서 최선을 다할 것을 다짐하고 그날 밤이라도 재판부와 관계 당국의 협조를 받아 야간 접견을 해서라도 상세히 대화할 것을 약속하였다. 김재규와 잠시 접견한 후 바로 이어진 법정에서 우리는 김재규와의 야간 접견이 가능하도록 재판부와 검찰의 협조 약속을 받아냈다.

남한산성에서의 만남

그날 밤 9시경 육군교도소에서 정식으로 변호인 접견을 신청하여 김재규를 만났다. 김재규는 민간인이기 때문에 원래는 이기주나 유성옥의 경우처럼 당시 서대문 영천에 소재한 서울구치소에 수감되어야 했다. 그러나 김재규는 주범으로서 특별한 관리가 필요하다고 판단했는지 육군교도소에 수감된 것이었다. 당시 육군교도소는 남한산성 서편 기슭에 자리 잡고 있어서 일반인에겐 속칭 '남한산성'이라고 불리던 곳이다.

평소 나는 여러 차례 재소자 접견을 했던 터라 그곳 지리나 접견 장소는 잘 알고 있었다. 당연히 자가용 차량으로 접견 장소까지 들어가는 것이 관례였는데, 이날은 달랐다. 교도소 정문을 지키는 헌병이 정문 앞에서 하차하라고 하더니 평소 접견 장소가 아닌 다른 곳으로 안내하였다. 언덕 위에 망대처럼 건조된 자그만 초소 같은 독립 건물이었다.

세 사람이 앉기에는 비좁아 보이는 책상을 사이에 두고 김재규와 마주 앉았다. 진작 그 자리에서 대기하고 있었는지 김재규는 우리를 보자마자 바로 일어서서 부드러운 미소로 정중히 고개를 숙였다.

"이렇게 밤중에 수고를 끼쳐드려 미안합니다."

조용히 가라앉은 음성이었다. 흰색 한복에 고무신을 신고 가죽 수갑을 착용하고 있었다. 나는 접견 담당자에게 변호인 접견 시에는 수갑을 풀어주어야 한다고 항의하였다. 평소 안면이 있는 P상사가 와서 상부의 명령이라 어쩔 수 없으니 양해해달라고 사정하자 김재규는 자기는 괜찮다고 하였다. 나는 변호인의 접견교통권이 방해받고 있어 못마땅하였지만, 이들과 논쟁해봐야 시간만 허비할 것 같아 하는 수 없이 바삐 대화를 진행해나갔다.

우리에게 주어진 시간은 한 시간도 안 되었다. 김재규가 매일 재판으로 피곤할 것 같아 요점만 확인하는 선에서 접견을 마쳤다. 우리가 그에게 해줄 말은 형사재판의 핵심은 실체적 진실 발견에 있으므로 이를 위해 사실에 입각한 진실만을 말해달라는 부탁밖에 없었다.

공소 사실에 관해서는 이미 검찰관 신문을 통해 밝혀질 대로 밝혀진 상태라서 쉽게 대화가 이어졌다. 뒤에 가서 재판 과정의 법정 기록을 중심으로 공소 사실에 관해 하나씩 밝혀갈 것이므로 여기서는 그 부분을 줄인다. 다만 첫 만남에서 당시 재판 과정에서나 언론에서도 알려지지 않은 몇 가지 사실을 들을 수 있었다.

먼저 김재규의 신병에 관한 사실이다. 당시 김재규는 간경변으로 건강이 몹시 악화된 상태였다. 김재규의 수감 상태를 관찰한 P상사가 전하는 바에 의하면, 김재규는 밥을 제대로 먹지도 못할 정도였다. 밥에서 나오는 몇몇 성분을 간이 분해하지 못해서 그냥 그대로 두어도 얼마 살지 못할 거라는 것이었다. 그러한 몸 상태를 가지고 자신의 정권욕 때문에 대통령을 살해한다는 것은 애당초 상상하기 어려운 것이었다. 자유민주주의 회복을 위한 민주혁명을 통해 유신 체제를 무너뜨리고 본인이 중심이 되는 혁명위원회를 출범시킨다는 계획도 당시 건강 상태로는 매우 힘든 일이었을 터였다. 그렇지 않았냐고 넌지시 물었다.

그는 단호하게 대답했다. 당시 부마사태를 지켜본 입장에서는 유신

철폐야말로 3·1운동이나 4·19혁명처럼 모든 국민이 환호하는 절체절명의 구국적 과제로 생각했다는 것이다. 그래서 그가 유신의 핵인 박정희를 제거하여 민주주의를 회복하면 모든 국민이 일어나 열렬히 환영할 것으로 믿었다고 했다. 이러한 믿음이 과신이었다는 고백인가? 아니면 그의 말대로 역사의 심판에서는 자신이 승자가 된다는 말인가?

또한 그는 박정희 정권에 대한 미국 정부의 불신이 위험 수위에 달했다는 점을 지적했다. 그 때문에 만약 자신이 계획한 대로 박정희를 살해하고 혁명위원회를 발족시키면 미국이 지지할 것으로 확신했던 것이다. 당시 그의 박정희 제거에는 미국이 관여했다는 설도 난무하고 있었기에 나는 이에 관해 물었고, 그는 그것은 아니라는 분명한 대답을 했다.

그날 밤 마지막으로 그가 나에게 남긴 말은 지금 회상해도 목이 잠긴다. 그는 독실한 불교 신자였기에 우리와 대화하는 사이에도 한 손으로는 단주短珠(짧은 염주)를 계속 굴리고 있었다. 단주를 쥔 손으로 내 손을 꼭 잡으며 말했다.

"내 부하들은 아무런 죄가 없습니다. 그들은 나의 명령에 복종한 죄밖에 없습니다. 과거 일본에서도 부하들에게 죄를 묻지 않은 판례가 있는 것으로 압니다. 특히 박흥주는 군인이라서 군법회의법상 계엄하에서는 단심으로 끝나기 때문에 더욱 가슴이 아픕니다. 원컨대 나보다는 그들을 위해 열심히 변론해주십시오. 부탁입니다."

우리가 이기주와 유성옥의 국선변호까지 맡고 있음을 염두에 두고 하는 말이었다. 밖에서는 세찬 겨울바람이 몰아치고 있었다. 초겨울이었지만 창문을 뒤흔드는 바람 소리가 잠시 책상 위로 흐르는 정적을 말끔히 걷어가는 듯했다. 휑한 흰 벽에 달랑 걸려 있는 괘종시계가 10시를 가리키고 있었다. 다음 날 밤 다시 접견을 오기로 약속하고 그와 헤어져 정문까지 오는 길이 무척이나 멀게 느껴졌다.

다음 날도 한 시간 남짓 이야기를 나누었을 뿐, 1심 선고가 있기까지 따로 접견할 기회도, 그럴 만한 시간도 주어지지 않았다.

02   우연인가
                필연인가

김재규의 필연론

10·26은 우연히 발생한 것인가? 아니면 필연적으로 일어난 사건인가?

    독일어로 우연은 '추팔Zufall', 필연은 '놋트벤디히카이트Notwendigkeit' 이다. 프리드리히 니체Friedrich Nietzsche는 그의 자서전《이 사람을 보라 Ecce Homo!》에서 자신은 언제나 우연을 살리는 힘이 넘쳤다고 말했다. '추팔'이 가져온 '놋트Not(역경, 고난, 난관)'를 '벤덴wenden(전환하다)'하면 그것이 바로 '놋트벤디히카이트'가 된다는 것이다. 그리하여 니체는 우연이 필연으로 되면서 동시에 필연 그 자체가 자유로 된다고 했다. 10·26 당시 김재규가 '우연이 가져온 난관을 전환시켜 필연화한 다'는 니체의 철학을 몸소 실행에 옮겼는지는 알 수 없다. 그러나 궁정동 식당 만찬이라는 우연한 기회를 맞아 그 전부터 타파하려 했던 유신체제라는 '놋트'를 전환시켜 이를 필연화한 것이라면, 니체의 필연론은

10·26에 딱 들어맞는다고 할 수 있겠다.

그렇다면 당시 김재규가 생각하는 박정희 시대의 '놋트'는 무엇이었을까? 무엇이 이 나라 민주 발전을 묶어놓고 있는 역경이자 난관이었으며 걸림돌이었을까? 유신의 핵을 제거하는 것만이 박정희 시대의 '놋트'를 전환시키는 첩경이었을까?

김재규는 법정에서 일관적으로 필연론을 설파했다. 10·26은 유신독재 체제가 영구 집권의 흐름을 띠자 이에 대한 반작용으로서 필연적으로 잉태된 것이라고 했다. 따라서 국민의 희생을 줄이고 자유민주주의를 회복하기 위해서는 유신의 핵을 제거하지 않을 수 없었기에 그가 나서서 야수와 같은 심정으로 유신의 심장을 겨누었다는 것이다.

그러나 10·26 직후 정부의 공식 발표와 계엄사령부 합동수사본부(본부장 전두환 육군소장)의 수사 발표, 그리고 당시 언론의 보도는 우연론을 전제로 하고 있었다. 우연론은 두 갈래로 나뉜다. 하나는 김재규와 차지철의 우발적 충돌로 야기된 '우발적 살인'이고, 다른 하나는 대통령이 되려는 과대망상증 환자의 '내란 목적 살인'이라는 것이다.

10·26 다음 날인 27일 오전 7시 23분, 정부대변인 김성진 문공부장관이 박 대통령의 서거를 공식 발표하였다.

"박정희 대통령께서는 26일 저녁 6시경 시내 궁정동 소재 중앙정보부 식당에서 김재규 중앙정보부장이 마련한 만찬에 참석하시어 김계원 비서실장, 차지철 경호실장 등과 만찬을 드시는 도중에 김 정보부장과 차 경호실장 간의 우발적인 충돌 사태가 야기되어 김 정보부장이 발사한 총탄으로 26일 저녁 7시 50분 서거하셨습니다."

그리고 다시 다음 날인 28일 오후 4시, 합동수사본부는 중간수사 결과를 발표했다. 10·26 사건은 김재규가 은연중 계획하여 자행한 범행임이 드러났다는 것이었다.

김재규는 평소 대통령께 건의하는 정책에 대하여 불신을 받아왔고 자신의 모든 보고와 건의가 차지철 경호실장에 의하여 제동을 당하였을 뿐 아니라 양인의 감정 대립이 격화되어 있었고, 업무 집행상의 무능으로 수차례에 걸쳐 대통령으로부터 힐책을 받았다. 이로 인하여 최근 요직 개편설에 따라 자신의 인책해임을 우려하고 있던 차에 10월 26일 저녁 박 대통령, 김계원 비서실장, 차지철 경호실장과 서울 종로구 궁정동 소재 중앙정보부 안가에서 만찬 도중에 차 실장과 심한 의견 충돌을 한 뒤 밖으로 나와 권총을 찾아 들고 들어가면서 밖에 있던 부하들에게 "내가 해치울 테니 총소리가 나면 밖에 있는 경호원들을 해치우라"고 지시한 뒤 7시 35분경 방에 들어가 차 실장과 박 대통령을 쏘았다.

정부 대변인의 공식 발표와 합동수사본부의 최초 발표는 '우발적 살인'에 따른 우연론을 뒤받침하고 있다.

국헌문란 기도 — 대통령 시해 사건

11월 6일 계엄사 합동수사본부는 내외신 기자 회견을 통해 10·26 사건을 '국헌문란 기도 박정희 대통령 시해 사건'이라고 규정하고, 김재규 일당의 범행 동기, 범행 계획, 사건 경위, 배후 관계 등 전모를 발표하였다.

원흉 김재규는 지난 6월부터 단독으로 음모하여 박 대통령을 제거하고 자신이 대통령이 되겠다는 과대망상에 사로잡혀 어처구니없는 살인극을 빚었다.

이 발표는 우연론 가운데 '내란 목적 살인'을 인정한 대목이다.

당시 전두환 합동수사본부장은 "그동안 김재규 일당 외에도 관련자 111명을 추가 소환, 수사한 결과 군부 또는 여타 조직의 관련이나 외세의 조종 또는 개입은 전혀 없었다"고 잘라 말했다. 전 소장은 외신에서 미국 CIA 개입설이 나도는 것에 관한 기자 질문에는 사실 무근이라면서 공산권 또는 북괴가 한미 관계를 이간하기 위해 계획적으로 조작한 유언비어가 아닌가 본다고 말했다.

처음으로 텔레비전 등 언론에 얼굴을 드러낸 전두환 소장은 야심에 찬 단호한 어조, 입을 앙다문 표정, 박 대통령이 총탄에 쓰러지는 장면을 묘사하는 모습 등으로 인해 한동안 장안의 화제가 되었다. 시중에서는 그를 흉내 내는 장면이 심심찮게 연출되기도 하였다.

11월 6일 발표에서는 '국헌문란 기도'라는 내란 목적과 김계원 비서실장을 김재규의 공범으로 발표한 것을 제외하고는, 지난번 중간수사 결과와 거의 같았다. 특이한 점은 범행 동기에 대해 좀 더 구체적으로 설명되었다는 것이었다. 김재규는 개인적 비위非違로 대통령으로부터 경고를 받은 바 있고, 정국 수습책의 거듭된 실패로 무능이 드러났으며, 차 실장의 방자한 월권으로 수모를 당하고 있었음에도 대통령은 차 실장을 편애하고 자신을 불신하는 데 불만이 누적되었다고 했다.

특히 부마사태와 관련하여 인책해임설이 파다하여 불안하던 차에, 현 정계 인물 중에서 대통령으로는 자기가 가장 적임자라는 망상에 사로잡혀 현직의 주요 인사와 군 지휘관은 자기 영향권 내에 있다고 오판한 것이라고 했다. 그리하여 부마사태를 오히려 대통령 제거의 계기로 역이용하여 거사할 경우 중앙정보부장의 막강한 권세와 방대한 조직력을 바탕으로 계엄군을 장악하면 사후 수습이 가능할 것이라는 판단 아래 시해 계획을 구상하게 되었다는 것이었다. 이와 같은 동기 부분은 뒤에 공소장과 판결문에 그대로 인용되어 있다.

개만도 못한 인간

1979년 12월 11일 자《조선일보》'만물상' 란에는 김재규를 '개만도 못한 인간'으로 묘사하면서 그의 변호인들에게 자중자애할 것을 주문하는 기사가 실렸다. 아직 공판 계류 중인 사람에 대하여 필자는 이렇게 꾸짖고 있었다.

> (…) 그런 자는 재판할 필요조차 없지 않을까. (…) 동정의 여지가 털끝만치도 없는 것이다. 웬 변호인이 그렇게 많이 붙었는지조차 이해하기 힘들 정도다. (…) 그는 은혜를 원수로 갚고 신뢰를 배반으로 보답했을 뿐이다. 그 한 가지로서 그는 인간 이하로 떨어진 것이며, 개만도 못한 인간이 된 것이다. 왜냐하면 개도 주인을 물지 않는 법이니까.
>
> 정치적인 거사라는 평계도 다른 사람이면 모르되 그에게는 전혀 해당되지 않는다. 그가 부정했다는 정치적인 까닭도 그것을 만들어낸 책임이 바로 그 자신에게 있었던 것이니까. 이제 그로서야 죽게 된 마당에 무슨 발버둥질인들 못할 것인가. 그러나 우리는 이 사회 존립을 위한 최저한의 기강과 최소한의 인간성을 보전하기 위하여도 김재규를 보는 눈을 잠시라도 흐리게 해서는 안 될 것이다. 재판이란 원칙적으로 사람을 사람의 입장에서, 곧 인도人道로 가리는 일이다. 그렇지 못한 재판은 오히려 사람의 건전한 의식을 흐리게 함으로써 사회에 유해로운 영향을 줄 뿐이다. 법정은 미친놈의 잠꼬대나 곡학아세의 궤변이나 이치의 장난질을 듣고 보는 놀이터가 아니다. 변호인들의 자중자애를 바라 마지않는다.

이 기사가 나온 날 오후 김재규가 갑자기 사선변호인단을 물리치고 국선변호만 받기로 한 것은 오비이락烏飛梨落의 우연치고는 기이하다.

나는 다음 해인 1980년《대한변호사협회지》3월호 권두언에 〈형사재판과 변호〉라는 칼럼을 실었다. 당시 계엄령하에서 신군부가 은연중 권력의 기반을 닦아가면서 직간접적으로 김재규 재판에 관해 사법부에 영향력을 행사하고 있었던 것에 대하여 경종을 울리고자 한 것이다.

우리는 특정 사건에 관하여 형사소송의 기본 원리가 외적 요인에 의하여 무참히 짓밟히거나 외면당하는 경우를 보아왔다. 그 외적 요인의 명분이 국가적·이념적·정치적 차원의 것이라 할지라도 자유민주주의 국가에 있어서 그 문제는 사법기관인 법원에서 법관이 법률과 양심에 따라 재판을 통하여 판단할 성질이므로 국외局外에서 왈가왈부해서는 안 되며 더욱이 개인이나 집단, 당파에서 또는 정권적 입장에서 재판에 간접적이나마 관여하려 한다면 이는 사법권을 부정하는 소이로밖에 보이지 않는다. 하물며 그 간접적인 관여의 방법이 변호권에 대한 침해의 사례로 나타날 때에는 형사재판에서의 신성한 변호권은 설 자리를 잃고, 필경 민주사법의 탑은 무너질 수밖에 없다. (…) 어느 피고인이 '개만도 못한 인간' 또는 '궤변을 농하는 자'라고 알려졌더라도 과연 그가 어떻게 개만도 못한 인간이며 그의 목소리가 어찌하여 궤변인가를 규명하고, 나아가 그것이 타의와 오도된 각본에 따라 잘못 알려진 것이 분명할 때에는 그 베일을 적나라하게 벗겨내어 실체 진실을 추구하며, 그 결과 그 피고인이 개 같은 자가 아니라 진정 뜨거운 인간이고 그의 변소가 개소리 또는 궤변이 아니라 정의를 호소하는 진리였음을 증명할 수 있을 때에는 피고인의 이익을 위하여 변호권을 행사하는 것이 바로 변호인의 직능인 것이다. (…) 최근 정부 당국자가 특정 재판의 확정과 계엄령의 존속을 결부시켜 언명함을 보고 유감의 뜻을 표하지 않을 수 없다. 어디 계엄 요건에 특정 재판의 계속을 이유로 할 수 있는가. 우리는 과거 사법권에 대한 외부 압제의 사례에 대하여 여기서 새삼스럽게 거론코자 아니하나 사법부에 영향을 줄지도 모르는 상식 이하의 언사를 서슴없이 할 수 있는 그 발상과 저의가 어디에 있는가 묻지 않을 수 없다. 태동하는 제5민주공화국의 앞날을 제4공화국의 연장으로 착각해서는 안 된다. 어느 누구도 도도히 흐르기 시작한 민주의 물결을 역류시킬 수는 없다. 다시 한 번 조야 정의의 사도들은 민주사법의 탑을 지키기 위하여 다 같이 분발할 것을 다짐하자. 역사는 이 순간 정의의 편임을 알자.

그러나 이러한 나의 간절한 바람에도 불구하고 12·12 쿠데타에 이은 5·17 사태로 인해 역사의 방향은 역류하기 시작했다.

03   핏자국이
　　　흩어져 있는 현장

만찬석의 풍경

10·26 사건 이후 사건 현장이 처음으로 언론에 공개된 것은 11월 7일 현장 검증을 통해서였다. 당시 현장에는 수사관 이외에 외부 사람으로는 몇몇의 언론사 기자들뿐이었다. 변호인들이나 가족이 참여할 수 있는 기회는 부여되지 않았다.

뒤에 검찰관이 법정에 제출한 당시 현장 검증 조서에는 검증 일시가 '1979. 11. 7. 07:15-11:15(4시간)'으로 기재되어 있었고, 검증 목적에는 '1) 현장 유류품(탄피, 탄두 등)과 범행 동일 여부, 2) 범행 경로와 자백의 일치 여부, 3) 공소 유지'라고 되어 있다.

검증 지휘는 검찰부장과 검찰관, 참여인은 합동수사본부 서울지검 검사 정경식 외 1명, 수사1국 대령 백동림·소령 김대균 외 7명, 수사2국 중령 장근식 등이었고, 검증 내용은 "범인들이 재연하는 범행 순서에 따라 사진으로 다음과 같이 설명하다"로 되어 있었다. 검증 조서에는 '피의자'라는 법률 용어 대신 '범인'이라고 쓰여 있었다.

11월 7일 김재규 등 피의자들과 참고인들이 3대의 차량에 나눠 타고 적막에 싸인 궁정동 현장에 도착한 것은 오전 7시 7분이었다. 피의자들은 모두 군 작업복 상하의에 흰 고무신을 신었고, 팔꿈치와 옆구리는 두 겹의 흰 포승으로 묶인 채 수갑이 채워져 있었다.

검은 얼굴의 김재규는 간헐적으로 안면 근육에 경련을 일으켰고, 김계원은 안경을 썼으나 양말도 신지 않았고 무척 겁먹은 표정이었다. 피의자들은 한결같이 비교적 작은 체구로 보였다고, 그 자리에 있던 어느 기자는 전했다.

중정(중앙정보부) 식당(안가)은 400여 평의 넓은 대지에 바닥 면적 100평의 지하 1층 지상 2층의 건물로 규모가 큰 일반 가정집과 다름없었고, 그리 사치스러워 보이지는 않았다. 마당을 둘로 나누어 동쪽은 잔디가 잘 가꾸어져 있었고, 서쪽은 주차장으로 사용할 수 있도록 콘크리트로 포장되어 있었다.

대통령이 살해된 방은 6평 규모였고, 밝은 회색 벽지로 도배되어 있었다. 박 대통령이 쓰러졌던 곳과 차 경호실장이 쓰러진 방바닥에는 피가 응어리진 채 말라붙어 있었고, 특히 박 대통령이 쓰러져 있던 곳은 많은 피가 엉겨 있어 출혈이 심했음을 보여주었다.

상 위에 흰 종이를 덮어씌우고 그 위에 그릇을 놓아 차린 식탁에는 당시 6명(2명의 여인 포함)이 먹던 오곡부침, 송이구이, 편육, 생채, 나물, 마른안주 등이 차려져 있어 일반 가정의 잘 차린 음식상보다 오히려 조촐한 감을 주었다. 식탁에는 '선' 담배 2갑과 '시바스리갈' 양주 1병이 그대로 놓여 있었다.

방 입구 오른쪽에는 텔레비전 세트가 놓인 높이 40센티미터가량의 문갑이 있고, 그 위에 대형 휴대용 녹음기와 녹음테이프가 있었다. 식탁 주변의 대통령 자리에는 등받이 의자가 있었고, 나머지 5명의 자리엔 자수방석이 흩어져 있었다. 대통령 자리 뒷벽에는 십장생도가 그려진 8폭 병풍이 말없이 현장을 지켜보고 있었다. 방바닥에는 핏물로 찍힌 구두 발자국, 양말 자국이 문 쪽을 향해 선명히 나타나 있었고, 화장실 입구와 마루까지 핏자국이 흩어져 있어 당시 긴박한 상황을 설명하고 있었다. 문 앞에는 높이 1미터 80센티미터가량의 사방탁자가 쓰러져 있었다.

대기실은 중앙의 탁자를 중심으로 안락의자 7개가 놓여 있었고, 탁자 위에는 술잔 2개, 오징어포, 김치, 들깨무침 등 안주가 차려져 있었다.

주방의 식탁 위에는 잡곡밥이 담긴 사기그릇 2개에 풋고추, 김치그릇이 곰팡이 핀 채 놓여 있었다.

실내의 현장으로 인도된 피의자들은 수사관들의 지시에 순순히 응하며 사건 당시의 순간들을 재연했다.

대통령의 맞은편 식탁 왼쪽 모서리에 앉은 김재규는 오른쪽에 앉아 있던 김계원을 오른손으로 툭 치면서 "각하를 똑바로 모시십시오"라고 말한 후 앉은 채로 오른쪽 허리춤에서 권총을 꺼내 그의 왼쪽 옆 70센티미터 거리에 앉아 있는 차 실장을 쳐다보면서 "각하, 이 따위 버러지 같은 자식을 데리고 정치를 하니 올바로 되겠습니까?"라는 말과 함께 차 실장을 향해 한 발을 발사한 후 이어 대통령의 흉부를 쏘았다(법정 진술에서는 "각하, 정치를 좀 대국적으로 하십시오"라고 말한 부분을 보탰다). 총탄이 빗나가 오른손에 총상을 입은 차 실장이 화장실로 피신했으며, 대통령은 순간적으로 머리를 식탁에 떨어트린 후 왼쪽으로 쓰러졌다.

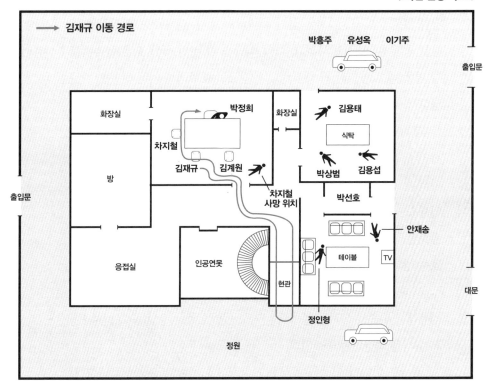

태연한 범행 재연

김재규는 화장실로 피신하는 차 실장에게 다시 쏘려고 방아쇠를 당겼으나 불발이 되자 총의 노리쇠를 후퇴시키면서 마루를 거쳐 정원으로 나왔다. 김재규는 정원에서 박흥주 대령(39, 중정부장 수행비서관)에게 총을 달라고 하였으나 실탄을 다 소모했다는 말에 다시 방으로 되돌아가다가 마침 대기실에서 나오는 박선호(45, 중정 의전과장)를 마루에서 마주치자 38구경 리볼버revolver 권총을 낚아채 안방으로 들어갔다.

차 실장은 경호원을 부르며 화장실에서 방문 근처까지 나오다 김재규와 마주치자 사방탁자를 붙잡고 피하려 했다. 김재규는 차 실장의 복부를 향해 한 발을 발사하고, 이어 식탁을 한 바퀴 돌아 오른쪽 다리를 상 밑에 넣고 엎드린 박 대통령에게 접근하여 머리를 겨눠 권총을 발사했다. 총탄은 대통령의 오른쪽 귀 위에서 왼쪽 턱 위를 관통했다.

김계원은 대기실과 주방 사이의 구석진 모서리에서 사건이 끝날 때까지 서 있었다. 대기실 마루 쪽 문 앞의 의자에 앉아 있던 박선호는 안방의 첫 총성을 신호로 자리에서 벌떡 일어나, 맞은편 왼쪽에 앉아 있던 안재송(청와대 경호부처장)을 먼저 쏘고, 이어 정인형(경호처장)을 쏘았다. 안재송은 권총집에서 막 총을 뽑아 드는 순간, 정인형은 총을 뽑아 박선호를 향해 응사하려고 겨누는 찰나 각각 총격을 받고 쓰러졌다.

이때 주방의 경호관 박상범과 김용섭은 나란히 앉아 식사 중이었고, 김용태는 뒤뜰로 통하는 문가로 나가고 있었으며, 김용남 등 조리사 2명은 음식을 장만하는 중이었다.

주방문 앞마당에 세워둔 서울 1나2578호 제미니 승용차에 타고 있던 박흥주, 이기주(31, 중정 비서실 경비원), 유성옥(36, 중정 운전사) 등은 주방 문 앞에 접근하여, 박흥주는 주방 맞은편 벽 쪽을 향해 권총 한 발을 쏘면서 "일어서면 죽인다"고 고함쳤고, 이어 3명이 15발을 사격, 경호관 3명이 모두 쓰러졌다.

박흥주의 첫 발은 벽의 인터폰에 맞아 수화기가 박살났고, 이기주가 마당에서 창문을 통해 사격한 흔적으로 가는 철사로 된 방충망에 콩알만 한 구멍 2개가 뚫려 있었다.

근처에서 대기 중이던 김태원(32, 중정 경비원)은 박선호의 지시로 M16소총을 들고 마루 쪽 문을 통해 대기실로 들어가 입구 쪽에 엎어진 정인형에게 두 발, 안재송에게 한 발씩 확인 사살하고 안방에서 신음 중인 차 실장에게 두 발을 쏜 후 주방으로 가 김용섭에게 한 발을 쏘았다. 관통상을 입고 쓰러진 박상범은 확인 사살을 모면하여 피습자 중 유일한 생존자가 되어 뒤에 대통령 경호실장과 국가보훈처장을 역임했다.

총성이 울리는 동안 지하 보일러실에 있던 배선공은 총소리를 전기 합선으로 인한 폭발음으로 착각하여 전원 스위치를 내려 잠시 정전이 되었으나 박선호가 불을 켜라고 외치는 소리에 다시 전원을 넣었다.

현장 검증에서 재연된 범행 상황은 바로 전날 계엄사 합동수사본부 수사 결과 발표에서 나온 그대로였다. 현장 검증을 하는 동안 김재규는 다소 초췌해진 얼굴이었으나 시종 비교적 태연하고 차분하게 수사관들의 지시에 낮은 목소리로 응답했고, 말을 하지 않는 동안에는 어금니를 굳게 다물고 있었다.

김재규는 대통령을 저격하는 장면을 재연하면서 대역들이 잘못 움직일 때마다 "이쪽으로 엎드리세요"라고 자리를 지적해주고, 방석 가장자리를 가리키면서 "더 가세요", "상 밑으로 다리를 펴세요"라고 자세를 바로잡아주었다. 또 검증이 진행되는 동안 이따금 "그게 아니고 이렇게 했지" 하며 낮은 목소리로 범행 동작을 태연히 확인해주기도 했다. 이미 생사를 초월했음인지 체념을 했는지 가끔 뜻 모를 미소가 입가에 번졌다.

김계원은 후회막심하다는 듯 풀 죽은 표정으로 계속 고개를 떨어뜨린 채 있었고, 피신하는 장면만 연출한 후 곧장 호송차량으로 돌아갔다. 나머지 피의자들도 모든 것을 포기하고 체념한 듯 순순히 수사관들의 지시에 따라 움직였다.

2부

진실과 거짓

04   모두진술과
      재정 신청

사건 발생 39일 만의 첫 공판

10·26 사건 이후 수사, 기소, 심리, 사형 구형까지 걸린 기간은 54일이었다. 계엄사령부 합동수사본부의 수사업무 처리는 전광석화와 같았다. 10월 28일과 10월 30일 두 차례 중간수사 발표, 사건 발생 11일 만인 11월 6일 수사 결과 전모 발표, 그다음 날인 11월 7일 언론 공개하에 현장 검증 실시, 그리고 사건 발생 18일 만인 11월 13일 김재규, 김계원 등 8명을 내란목적살인 및 내란미수 혐의로 육군본부 계엄보통군법회의 검찰부로 송치했다.

당시 육군본부에는 계엄사령부 간판이 걸렸다. 10월 26일 직후 10월 27일 새벽 4시를 기해 비상계엄령이 선포되었고, 정승화 육군참모총장이 계엄사령관에 임명되었다. 계엄사 공고 2호에는 언론출판의 검열 지침이 하달되었다. 국민 여론 및 감정을 자극하는 사항, 치안 확보에 유해한 사항, 공식 발표하지 않은 일체의 계엄업무 사항 등은 보도를 금지한다는 것이었다. 합수부(합동수사본부)의 지침을 받은 계엄사 검열관의 검열을 거치지 않으면 일절 보도되지 않았다. 이러한 언론 검열 때문에 당시 재판에 관한 보도도 제한될 수밖에 없었다. 국민이 지금까지도 재판 내용 중 왜곡되게 알고 있는 부분은 이때의 검열 영향 때문인 측면도 없지 않다.

계엄보통군법회의 검찰부는 11월 26일 김재규 등 7명을 내란목적 살인 및 내란미수죄로, 유석술은 증거 인멸죄로 각각 육군본부 계엄보통군법회의에 기소했다.

기소된 지 8일, 사건 발생 39일 만인 12월 4일 오전 10시 당시 서울 용산구 삼각지에 있는 국방부 청사 뒤편 육군본부 계엄보통군법회의 대법정에서 첫 공판이 열렸다. 원래부터 육군본부 군법회의(현재 명칭은 군사법원)가 사용하던 법정이었는데, 역사적인 재판을 위해 말끔히 새로 단장한 터였다. 국내는 물론 세계의 이목이 집중된 이 사건의 취재를 위해 내외신 기자들이 열띤 취재 경쟁을 벌였다. 공개 재판이라고는 하지만 일반인의 방청은 허용되지 않았고, 가족과 취재진을 위해 사전에 170여 장의 방청권이 발부되었다.

공판정 안팎은 만일의 사태에 대비하여 집총한 헌병 20여 명이 경비에 임했고, 방청인 전원은 공항의 출입국자 검색을 방불케 하는 엄격한 검색을 받은 다음 들어갈 수 있었다.

피고인들은 9시 40분부터 입장을 시작했다. 먼저 박선호, 이기주, 유성옥, 김태원, 유석술 등 5명을 교도관들이 팔짱을 낀 채 방청석 뒤편의 출입문을 통해 호송하여 피고인석 둘째 줄에 앉혔다. 이어 박흥주와 김계원이 들어와 앞줄에 앉았다. 마지막으로 이 사건의 주인공 김재규가 양 손목에 가죽 수갑을 찬 채 입장하여 앞줄 오른쪽에 앉았다. 흰색 한

복에 양말과 고무신까지 모두 흰색인데 얼굴만 검은 모습이었다. 피고인들 좌우에는 각각 헌병이 한 사람씩 밀착하여 끼어 앉았다. 김재규는 폭죽처럼 터지는 플래시 속에서도 의연하게 고개를 곧게 세우고 입술을 굳게 다문 채 알 듯 모를 듯 잔잔한 미소를 머금고 있었다. 김계원은 허리를 약간 앞으로 숙인 자세였으나 고개는 떨구지 않은 채 기자들을 둘러보며 두리번거렸다.

10시 2분 재판부가 입정했다. 재판부는 재판장 김영선 육군중장(당시 3군사관학교 교장), 심판관 유범상 육군소장(육군본부 감찰감), 이호봉 육군소장(육군본부 예비군차장), 오철 육군소장(육군보병학교 교장), 법무사(현재 명칭은 군판사) 신복현 육군준장(육군본부 법무감)으로 구성되어 있었다. 재판장과 심판관은 비교적 김재규와 인연이 없는 사람으로 임명하였다. 김영선 중장은 후에 국회의원(민자당)을 지냈다.

이에 앞서 검찰관석에 전창렬 육군중령(검찰부장), 이병옥 육군소령, 차한성 육군대위가 착석해 있었고, 변호인석 앞자리는 비워두고 뒤쪽 벽면을 따라 긴 의자에 두 줄로 김제형 변호사 등 28명이 겹겹이 앉아 있었다.

공판 조서에는 "변호사 안동일, 신호양, 신선길, 정상용(피고인 김재규, 박흥주, 이기주, 유성옥을 위한 국선), 변호사 김제형, 김정두, 소중영, 강봉제, 민병훈, 태윤기, 이돈명, 류택형, 나석호, 안명기, 이세중, 김교창, 박두환, 강신옥, 조준희, 하경철, 이돈희, 홍성우, 황인철, 계창업(피고인 김재규를 위한 사선), 변호사 김수룡, 이병용(피고인 김계원을 위한 사선), 변호사 강신옥(피고인 박선호를 위한 사선), 변호사 태윤기(피고인 박흥주를 위한 사선), 변호사 김홍수(피고인 김태원을 위한 사선), 변호사 김성엽(피고인 유석술을 위한 사선)은 각 출석, 변호사 홍남순(피고인 김재규를 위한 사선)은 불출석"으로 기재되었다.

연인원 31명이었으나, 2명은 중복되었고, 1명은 불출석으로 모두 28명이 출석하였다. 재석한 변호사들은 대한변호사협회장, 대법관 등을 역임하였거나 민주화투쟁에 앞장선 반체제 변호사들로서 명실공히 재야 법조계를 대표한다고 해도 과언이 아닐 정도로 걸출한 인물들이었다.

긴장감이 감도는 팽팽한 법정 공방

김영선 재판장이 "지금으로부터 육군본부 계엄보통군법회의를 개정한다"고 선언하자, 신복현 법무사가 재판장을 대리하여 피고인들에게 성명, 생년월일, 직업, 주소, 본적 등을 묻는 인정신문을 했다.

김재규는 매우 낮은 목소리로 답변하여 방청석에서는 잘 들리지 않았으나, 직업을 묻는 데는 "전 중앙정보부장입니다"라고 또렷하게 대답했다.

이어 전창렬 검찰관이 33분에 걸쳐 공소장을 낭독했다. 제1차 공판 조서에는 법무사가 "피고인들은 각 그 권리를 보호함에 필요한 진술과 이익 되는 사실의 진술을 할 수 있고, 물음에 대하여 진술을 거부할 수 있음을 고지. 이때 변호사 김제형, 김정두는 피고인 김재규에 대하여 변호인 20명의 명의로 작성한 재판권에 관한 재정신청서를 제출하고 신청 취지 및 신청 이유를 진술. 재판장은 잠시 휴정하고, 속개를 선언한 후 피고인 김재규에 대한 변호인들의 재판권에 대한 재정 신청이 있으므로 이에 대한 재정이 끝날 때까지 공판 절차를 정지한다고 결정 고지"라고 간략하게 적었으나, 실제로는 재판이 시작된 벽두부터 시종 긴장감이 감도는 팽팽한 법정 공방이 벌어졌다.

먼저 신복현 법무사가 진술권과 진술거부권을 알려준 후, 피고인 신문에 앞서 소송 관계자에게 유의사항을 알려주었다. 사건과 관련이 없거나 개인의 명예에 관한 사항은 직권으로 신문과 진술을 제한하고, 피고인들의 진술이 국가의 안녕 질서나 국가기밀 보호상 필요할 경우에는 재판을 비공개로 하겠다고 말하고는 바로 사실 심리에 들어가겠다는 것이었다.

김재규의 사선변호인단의 대표 격인 김제형 변호사가 자리에서 일어나 미리 준비한 '모두진술'을 했다. 지금도 나의 기록철에 보관하고 있는 타자지 3장 분량인데, 공판 조서에는 일언반구도 적혀 있지 않았다.

존경하는 재판장, 그리고 재판관 여러분. 이 역사적인 재판을 시작함에 있어 피고인 김재규의 변호인으로 관여하게 된 우리 변호인단 일동은 재판에 임하는 우리의 입장을 밝히고 아울러 몇 가지 당부와 다짐을 드리고자 합니다. 지금 검찰관의 공소장 낭독에서도 밝혀진 바와 같이 현직 중앙정보부장과 대통령 비서실장이 공모하여 대통령을 살해하였다고 하는 공소 사실 자체만으로도 이 사건은 전대미문의 중대 사건으로서 이 사건 재판의 심리와 결과에 대하여는 전 국민의 관심과 주목은 물론 전 세계의 이목이 집중되고 있는 것으로 압니다. 따라서 이와 같은 중대 사건의 재판 과정에서 밝혀지는 진실과 재판의 결과는 바로 우리 민족이 앞으로 살아갈 정치적인 삶과 이 나라의 역사의 향방을 가늠하는 중요한 의미를 갖게 될 것입니다. 그렇기 때문에 이 사건은 실상 역사의 심판, 국민의 심판만이 있을 수 있을 뿐 기존의 정치적·법적 질서의 산물인 현행 실정법 체계 안에서 재판하기에는 몹시 부적당한 것인지도 모르겠습니다. 그러나 제도적으로는 이 법정이 재판할 수밖에 없는 것이라고 한다면 적어도 현실 정치의 이해를 떠난 역사적 안목과 겸허한 자세로 진정한 국민의 뜻에 귀 기울이는 성실성이 이 재판을 통하여 나타나게 되기를 희망하는 바입니다. 그러기 위하여는 재판 과정의 적법성이 무엇보다도 철저하게 보장되어야겠습니다. 무릇 재판이란 그 결과가 공명정대하여야 함은 물론이려니와 이에 못지않게 중요한 것이 바로 재판 절차의 적법성의 엄격한 보장인 것입니다. 때로는 오히려 적법 절차의 보장이 재판의 결론보다도 더 중요한 의미를 가질 수도 있는 것입니다. 이러한 의미에서 우리 변호인단 일동은 현명하신 재판관 여러분에 대하여 노파심의 발로로 보일지 모르겠습니다마는 역사에 길이 남을 이 재판의 과정이 한 점 부끄럼이 없는 모범적인 절차에 따라 심리되기를 바라면서 재판관 여러분의 건투를 빌겠습니다. 제 말씀에 이어 상변호인 김정두 변호사님께서 재판권 자치의 문제와 관련하여 한 가지 중요한 의견을 진술하고자 합니다. 경청하시고 법에 따른 올바른 조치가 있으시기를 바랍니다.

법무사가 직권으로 신문과 진술을 제한할 수 있고, 비공개로 할 수도 있다고 주의를 준 직후에 나온 김제형 변호사의 모두진술은 재판부와는 180도 다른 시각에서 자못 10·26의 근본적인 문제를 짚고 있었다. 즉 이 사건의 진실과 재판의 결과는 이 나라 역사의 방향을 가늠할 것이기 때문에 기존의 정치적·법적 체계를 뛰어넘는 역사적·국민적 심판이 바람직하다는 것이다. 조심스럽게 표현하고 있지만 풀이하기에 따라서는 10·26 이후 지금이야말로 구시대의 체제(유신독재 체제)를 뒤엎고 새로운 체제(자유민주주의 체제)를 가져오는 혁명적 과도기가 아니냐는 암시였다.

장군과 피고인

뒤이어 발언에 나선 김정두 변호사는 군법회의 재판관할권에 대한 이의를 제기하면서 "김재규 장군에 대한 변호인 김정두입니다"라고 소개했다. 법정에서 김재규를 '장군'이라고 처음으로 부른 것이다. 김 변호사의 주장은 두 가지였다.

첫째, 1979년 10월 27일 4시를 기해서 선포된 비상계엄은 헌법과 계엄법에 명기된 비상계엄 선포 요건을 갖추지 못하였으므로 비상계엄 선포가 유효함을 전제로 설치된 계엄군법회의에서 피고인 김재규에 대한 재판권을 행사할 수 없다는 것이었다.

둘째, 김재규 피고인은 현역 군인, 또는 군속이 아니며, 또한 그에 대한 공소 사실은 비상계엄이 선포되기 전에 이루어진 것이므로 계엄 선포 이전의 민간인 행위에 대해 군법회의가 재판권을 행사할 수 없다는 것이었다.

김재규 변호인단 21명은 연명으로 재판관할권에 대한 재정 신청을 서면으로 재판부에 제출했다. 김재규의 재판 관할을 육군본부 계엄보통군법회의에서 서울형사지방법원으로 이관하라는 '재판권 쟁의에 대한 재정 신청'이었다.

이때 법무사가 갑자기 변호인단에게 '경고한다'고 했다. 김재규 피고인에 대하여 장군이니, 부장이니, 전관에 대한 호칭은 삼가달라는 것이었다.

변호인의 모두발언에 대하여 전창렬 검찰관은 "여기에서 역사의 심판이나 국민의 심판의 대상이 된다고 하는 것은 곧 혁명으로 이끌어가려고 하는 것에 동조 발언이 되지 않겠느냐는 것을 말씀드립니다"라고 반박하고, 대법원 판례에 의하면 계엄 선포 전의 행위라도 계엄재판부의 재판권 행사가 가능하다는 반대 의견을 제시하였다.

재판부는 1시간 넘은 휴정 끝에 12시 9분 다시 개정하였다. 그리고 대법원의 재정 결정이 있을 때까지 공판 절차를 정지한다고 알림으로써 이날 첫 재판을 2시간여 만에 끝냈다. 첫 재판부터 순탄치 않은 것이 앞으로도 험난한 재판 일정이 이어질 것이라는 신호탄 같았다.

05   김재규에 대한
         신문

거스를 수 없는 대법원의 결정

대법원 형사부(재판장 나길조, 주심 주재황, 배석 임항준, 강안희 대법원판사)는 12월 7일 낮 12시 30분 김재규 피고인 등 7명의 민간인 피고인의 재정 신청(김재규에 이어 군인 신분인 박흥주를 제외한 나머지 민간인도 재정 신청을 냈었다)에 대해 "군법회의는 이 사건에 대한 재판권이 있다"고 재정 결정을 했다. 대법원의 재정 신청 기각 결정에 대해서는 이의를 제기할 수 없다.

대법원은 이날 오후 1시 이례적으로 신속하게 재정결정문 정본과 사건 기록을 집달리(집행관)를 통해 육본(육군본부) 계엄보통군법회의에 송달함으로써 군법회의가 재판을 재개할 수 있게 되었다. 대법원 결정이 있은 지 1시간도 안 되어 군법회의로 재판 기록이 넘어온 것이었다.

대법원은 결정 이유를 통해 "우리나라는 북한 공산집단과 정전 상태에 있고 북괴는 막대한 병력을 휴전선 이북에 배치, 남침의 기회를 노리고 있는 실정이며, 계엄 선포 전 부산 등지에 소요 사태가 발생한 데다가 10월 26일 대통령이 살해당한 돌발 사고가 발생, 국정이 지극히 긴박하고 중대한 비상사태에 이르러 대통령의 권한을 대행한 국무총리가 국가안전보장 등을 위해 계엄을 선포한 행위는 고도의 정치적·군사적 성격을 띠는 행위여서 그 선포의 합당, 부당한가를 판단할 권한은 헌법상 계엄해제요구권이 있는 국회만이 가지고 있다"고 판시判示했다.

또한 재판부는 "헌법과 계엄법에 따라 비상계엄 지역 내에서 내란 등 25개 항목의 죄를 범한 자는 군법회의에서 재판할 수 있도록 규정하고 있으므로 그 범행자가 군인, 군속이 아니든, 또 그 범행 일시가 비상계엄 선포 전이건 후이건 모두 재판권을 행사함을 원칙으로 한다"고 아울러 판시했다. 대법원의 이러한 결정은 종전 대법원 판례를 그대로 유지한 것이었다.

치열한 법정 공방으로 10차례 휴정

대법원의 재정 결정이 난 다음 날 12월 8일은 토요일임에도 제2차 공판이 육본 계엄군법회의 대법정에서 오전 10시에 열렸다. 재판부는 법무사가 황종태 대령(육본 법무차감)으로 바뀌었을 뿐 1차 공판 때와 같았다. 아마도 신복현 준장이 육군법무감으로 법무감실을 지휘 통솔하는 책임이 있어서 법무사를 겸임하기에는 업무가 과중하다고 여긴 것 같다.

재판장은 군법회의 재판권에 대한 재정 신청으로 인한 공판 절차 정지 결정은 대법원의 재정 결정이 있으므로 이를 취소하고 심리를 속개한다고 선언하였다.

법무사가 검찰관에게 직접신문을 하라고 하자, 검찰 측의 신청에 따라 김재규를 분리 신문키로 했다. 다른 피고인의 면전에서 충분한 진술을 할 수 없다고 인정되니 김재규를 제외한 나머지 피고인들을 퇴정시켜달라는 것이다. 변호인들이 반대했으나 받아들여지지 않았다.

이날 공판은 변호인들이 낸 녹취 신청, 위헌 여부 제청, 재판부 기피 신청 등으로 개정 5분 만에 휴정에 들어가는 등 저녁 7시 45분까지 10차례나 휴정하였다. 법정 공방이 얼마나 치열했던가를 말해준다.

피고인들의 진술을 녹음할 수 있도록 해달라는 녹취 신청은 김제형·강봉제 변호사가 군법회의법의 법조문까지 인용하며 간곡히 주장하였으나, 재판부는 15분간 휴정하고 숙의한 끝에 받아주지 않았다.

이어 박흥주 피고인의 변호인 태윤기 변호사가 위헌 여부 제청 신청을 하였다. 박흥주 피고인은 현역 군인으로서 군법회의법에 따라 단심으로 끝나 상소를 못하게 하는 것이 헌법 위반인지의 여부를 헌법위원회에 제청해달라는 것이다. 다시 이를 재판부가 심의하기 위하여 10분간 휴정한 후, 재판장은 비상계엄 아래서 군인에 대한 범죄에 관하여 단심제를 규정한 군법회의법이 위헌이라고 볼 수 없고, 위헌 여부 제청 신청만으로는 이 사건 재판 진행의 장애 사유가 되지 않으므로 재판을 계속하겠다고 하였다.

그러자 태 변호사가 일어나 박흥주 피고인으로 볼 때는 생사에 관한 중대한 문제인데, 이를 헌법위헌회가 판단할 문제임에도 불구하고 이 법정에서 간단하게 이유 없다고 결정하는 것으로 보아 피고인을 공정하게 재판해줄 것으로 믿을 수 없기 때문에 재판관 전원에 대하여 기피 신청을 한다고 하였다. 태 변호사가 기피 신청 발언을 하는 동안 법무사로부터 재판부를 불신하는 발언을 삼가달라는 취지로 두 번이나 격앙된 목소리의 제지를 받았다. 이때부터 법정 분위기는 과열되기 시작했다.

재판부와 검찰은 변호인들이 심리를 지연시키는 전술을 쓰고 있다고 생각했다. 신속히 재판을 끝내려는 목표에 차질을 빚을까 봐 전전긍긍하는 모습이 역력했다. 반면 변호인들은 충분히 시간을 갖고 신중한 심리를 거쳐야 한다는 입장이었다.

더구나 제2차 공판 바로 이틀 전인 12월 6일 기존의 유신 헌법에 따라 통일주체국민회의선거에서 최규하 대통령이 선출되었고, 12월 7일에는 헌법 개정 논의 등 정치적 논쟁을 일절 금지시키고 국민들의 입을 봉쇄시켰던 악법 중의 악법 '긴급조치 9호'가 해제된 터였다. 게다가 1973년 여름 일본 도쿄에서 납치돼 돌아온 후 6년 반 동안 가택 연금 상태에 있던 김대중 씨가 12월 8일 0시를 기해 자유의 몸이 되었다.

바야흐로 11월 10일 최규하 대통령 권한대행이 특별담화에서 밝힌 대로 민주화와 정치 발전이 이루어져 빠른 기간 내에 개헌과 총선이 실시될 전망을 낳고 있었다. 실제로 12월 21일 최 대통령은 취임사에서 1년 이내에 개헌을 완료하고 가능한 한 빠른 시일 안에 총선을 실시하겠다는 등 향후 정치 일정을 제시하였다.

따라서 당시 변호인단으로서는 10·26 사건 이후 헌법 개정도 약속되고, 긴급조치가 해제되는 등 자유민주주의의 회복 단계가 착착 진행되고 있다고 믿기에 충분하였으므로, 어떻게 해서든지 10·26이 이 땅에 민주화를 불러온 역사적 사건이라는 평가가 재판을 통해 밝혀질 수 있기를 열망했다. 그러기 위해서는 합리적이고 정당한 재판 절차가 필수불가결하다고 판단한 것이다.

검찰관의 옐로카드

태윤기 변호사의 재판관 기피 신청이 있자마자 검찰관 전창렬 중령이 작심한 듯 발언에 나섰다. 공판 조서에도 기재되지 않았고, 당시 언론 보도에도 나와 있지 않지만, 이날 재판부와 검찰, 변호인단 사이의 첨예한 법정 공방을 불러일으킨 장면이다.

"변호인 여러분께 당부의 말씀을 드립니다. 국가원수이신 대통령 각하께서 흉탄에 맞아 비명에 서거하심에 즈음해서, 국민의 경악과 분노가 채 진정되기도 전에 그 범행의 원흉을 장군이라고 호칭하면서 영웅시한다는 것은 계엄 당국의 법 준수 의지와 아량을 오판한 것이고, 법 이전에 인간의 도리상 있을 수 없는 일이라고 생각합니다. 흉악무도한 범법자라고 하더라도 공개 법정에서 법률에 의한 재판을 받을 수 있다는 민주적 재판 절차를 악용해서 소송 지연의 수단으로 사용한다는 것은 신성해야 할 법정을 정치 무대화하여 국민의 여론을 외면하고 본건 범행을 미화하여 사회적 혼란을 야기시키려는 '음모'라고밖에는 생각할 수 없습니다. 만약에 피고인의 변호인들께서 공익의 대표자로서의 사회적 정의 실현이라는 사명을 저버리고 법 절차를 악용하여 김재규 피고인의 실패한 국가 변란의 기도를 비호함으로써 진실을 오도하고 사회적 혼란을 야기시킬 경우 이는 전적으로 변호인단의 책임이고 양식 있는 국민의 준엄한 비판을 받을 것을 아울러 '경고'하는 바입니다."

이와 같은 검찰관의 경고성, 훈시성 발언이 있자, 대부분 검찰관의 대선배 격인 변호인들이 차례로 일어나 검찰관의 발언 내용을 조목조목 지적하고 취소를 요구하고 나섰다.

장시간 논란 끝에 이세중 변호사가 일어났다.

"변호인단이 소송 진행과 직접적으로 관련 없는 사항으로 장시간의견을 교환하는 것 자체가 쑥스럽습니다. 그러나 검찰관의 발언 태도는 그대로 넘기기에는 너무나 모욕적이고 중대한 일이기에 앞으로 이러한 분위기 아래서 재판이 진행된다는 것은 변호인단이 올바로 변론권을 행사할 수 없는 사태까지도 예상되기 때문에 다시 말씀드립니다. 변호사는 인권 옹호와 사회 정의 구현에 이바지하도록 되어 있습니다. 비록 대통령을 살해한 죄목으로 기소되어 있지만 이들에게도 인권이 있고, 유죄 판결 확정 시까지 무죄로 추정됩니다. 변호인단의 정당한 권리 행사를 '음모'로 몰고 취소와 사과를 요구하는 변호인단에게 적반하장 격으로 정당했다고 강변하는 것을 보면 과연 이 재판이 공정하고 올바르게 진행될 수 있을까 하는 의문에서 다시 검찰관의 취소와 사과를 구합니다."

두 번의 휴정 끝에 가까스로 검찰관으로부터 해명성 사과를 들었다.

"본 검찰관의 오해에서 야기된 과격한 표현이라고 생각되므로 '음모'는 '그러한 우려가 있다'로, '경고'를 '유념해주시기 바랍니다'로 정정합니다."

이에 앞서 재판부가 기피 신청에 대하여는 급속을 요하는 경우에 해당하므로 받아들이지 않는다고 하자, 태 변호사가 급속을 요하는 이유를 설명하라고 요구했다.

재판장은 사회 안녕 질서와 안보상의 여러 문제가 안정되었다고 단정하지 못하며, 유비무환의 자세가 그 어느 때보다도 필요하고, 군은 하루속히 군 본연의 임무인 국토방위에 임하는 것이 시급히 요구되므로 신속히 처리해야 할 필요성이 인정된다고 설명했다. 어떻든 신속히 진행하겠다는 재판부의 의중을 드러낸 것이었다.

오후 2시에 속개된 검찰관 신문은 토요일 오후임에도 늦은 저녁인 7시 45분까지 장장 5시간 45분간의 설전과 열기 속에 이루어졌다.

도청장치가 설치된 법정

여기서 한 가지 특기할 에피소드가 있다. 재판이 진행되는 도중 재판관석 뒤쪽 옆문으로 누군가가 슬그머니 들어와 법무사에게 쪽지를 전하고 나가는 일이 종종 벌어졌다. 특히 검찰과 변호인 쌍방이 격렬하게 법정 공방을 벌일 때나 재판부와 변호인이 의견 충돌을 빚을 때일수록 쪽지 전달이 잦아졌다. 공판정에서 벌어진 일이라기엔 괴이한 광경이었지만, 처음에는 누구도 대수롭지 않게 여겼기에 무슨 일이 일어나고 있는지 낌새를 채지 못했다.

나중에 안 일이지만 당시 모든 재판 과정이 다른 방에서 모니터되고 있었다. 이 녹음테이프는 비밀에 부쳐졌다가 후에 외부에 유출되어 1994년 5월 당시 《동아일보》 김재홍 기자(전 국회의원)에 의해 《박정희 살해사건 비공개진술 전 녹음 최초정리》 상·하권으로 출판되어 비로소 세상에 알려졌다.

법정 녹음은 스피커를 통해 대법정 재판부 출입문의 바로 앞방에 위치한 당시 법무감 집무실에서 중계되고 있었다. 그 방에서 계엄사 합동수사본부 관계자들이 모여 모든 재판 과정을 청취하고 있었고, 문제점이 드러날 때마다 대책을 만들어 그때그때 쪽지에 적어 재판부에 전달한 것이었다. 우리나라 재판 역사상 전무후무한 일이었다. 이 광경을 처음부터 수상히 여겼음인지 나는 재판 기록철에 당시 쪽지가 전달된 시점을 처음부터 메모해두었다. 변호인들의 법정 투쟁이 치열해질수록 쪽지 전달의 횟수는 더 많아졌다.

이와 같이 재판의 독립성을 의심하기에 충분한 사태에 관하여 변호인들은 뒤에 항소이유서에서 "일의 진상이 어떻든 간에 사태의 외형 그 자체만으로도 민주사법에 대한 국민적 신뢰를 저버린 중대한 오점"이라고 지적하였다.

국선변호인을 혼내주자

나는 우연한 기회에 이러한 법무감 집무실 내의 모니터 상황을 직접 목격한 일이 있다. 김재규의 국선변호인으로 다시 선임되어 내 딴에는 피고인을 위해 전심전력을 다하여 변호하고 있을 때였다. 어느 날 오후 한참 재판을 진행하다 잠시 휴정하고 있던 중인데, 법무감 신복현 준장이 갑자기 나를 찾았다.

그의 집무실로 안내되어 들어가는 순간 깜짝 놀랐다. 신 준장과는 법무병과의 선후배로서 평소 친분이 두터운 사이라 종종 그 방을 방문하곤 했는데, 그날은 전혀 다른 분위기였다. 법무감이 항상 앉아 있던 가운데 자리에는 웬 낯선 사람이 앉아 있었고, 나중에 알고 보니 보안사에서 나온 N준장이었다. 좌우 양쪽 소파에는 신 준장과 법원 및 검찰에서 합수부에 파견 나온 판사와 검사들, 그리고 합수부 요원으로 보이는 여러 사람이 합석하고 있었다. 담배 연기가 자욱한 것으로 보아 장시간 자리를 함께하고 있었던 모양이었다. 신 준장이 다소 상기된 목소리로 괜스레 나를 두둔하는 듯한 과분한 소개를 했다. 빙 돌아가며 인사를 하는데, 모두들 인사를 받는 둥 마는 둥 무뚝뚝했다.

우두커니 서 있는 나에게 앉으라는 말도 없이 대뜸 N준장이 "국선변호인이 뭘 그렇게 열심히 하는 거요? 재판을 불필요하게 지연시키지 마시오"라고 핀잔부터 주었다.

나는 아닌 밤중에 홍두깨 같은 갑작스런 일격에 당황하기도 하고 몹시 불쾌하기도 했다.

"국선변호인으로서 최선을 다하고 있습니다. 일부러 지연시키는 것이 아니라 필요한 변론을 위해서입니다."

몇 마디가 더 오가는데, 어디선가 스피커를 통해 "군법회의를 속개합니다"라는 재판장의 목소리가 들렸다. 신 준장이 빨리 입정하라고 밀어내는 바람에 그 자리를 빠져나와 법정으로 되돌아갔다. 그때 나는 법무감의 집무실 안에서 법정의 모든 진행 상황을 모니터하여 일일이 쪽지를 보내 리모트 컨트롤하고 있음을 감지하였다.

사실 법무감이 부른 것이 아니라, N준장이 국선변호인이 너무 지나치게 꼬치꼬치 따지고 있으니 한번 혼내주려고 부른 것임을 나중에 들었다. 심지어 나를 국선변호인에서 해임하고 합수부에 데려다 조사하자는 의견까지 있었으나, 법원에서 파견된 고등학교·대학교 후배인 손진곤 판사가 반론을 폈다고 했다. '국내외 언론의 조명을 받고 있는 사건에서 그래도 열심히 변론하는 국선변호인이 있다는 것이 절차상 객관적인 공정성이 보장되는 것으로 보이기 때문에 오히려 다행이 아니냐'고 만류한 것이다. 나중 일이지만 이 사건의 대법원 선고 후 소수의견을 낸 양병호 대법원판사를 보안사 서빙고 분실에 끌고 가 곤욕을 준 신군부의 처사를 생각할 때, 같은 일을 치를 뻔한 나를 막아준 손 판사의 도움말이 고마울 뿐이다.

피아노만은 안 됩니다

또 다른 에피소드가 있다. 공교롭게도 계엄군법회의에서 김재규를 신문하기로 예정된 12월 8일 제2차 공판 기일에 맞추어 계엄사는 〈김재규의 파렴치한 사생활〉이라는 보도자료를 발표했다.

그날 어느 일간지에는 5단 기사로 "김재규, 공금 10억 횡령, 재직 당시 땅 2만 평 매입, 5억 비밀 예치, 축첩蓄妾 탕진, 억대 주택 구입"이라는 큼직한 제목을 달았다.

김재규는 정보부장 재직 시 10억여 원의 공금을 횡령하여 땅 2만 평을 매입했고, (…) 권력기관에 있으면서 공사公私를 분명히 하여야 할 입장임에도 친인척에 대하여 무조건 특혜조치를 하여줌으로써 많은 비난을 받았고 (…) 1968년경 D요정 주인 유부녀 J를 이혼케 하여 소실로 삼고 공금을 유용하여 축첩에 탕진했으며 (…) 중정부장 공관 건물을 빌려 쓰던 중 각종 압력을 가하여 반값에 강압적으로 탈취코자 하였으나 이번 사건으로 좌절되었다.

김재규에게 더욱 치욕적인 발표 내용은 다음과 같은 대목이었다.

값비싼 자기류, 고서화가 1백여 점에 달하여 진열이 곤란하자 그대로 창고에 방치해둔 상태였고, 주방냉동실 등에는 각종 고기류가 즐비하게 쌓여 있음에도 신변보호차 평소 한집에서 근무하고 있는 경비요원들이나 운전사들에게는 먹이지 않고 고기가 남아 썩어서 내다 버리면서도 김재규가 먹다 남은 음식이나마 어쩌다 이들 요원이 먹는 것을 보면 힐책하는 등 너무나 비인간적인 처사에 주위 사람들의 빈축이 그칠 날이 없었다.

합수부가 10·26 사건 수사 발표를 할 때는 김재규를 '반인륜적 패륜아'로 묘사했다가, 재판이 시작되면서는 '파렴치한 비인간'으로 표현했던 것이다. 뒷날 김재규는 변호인 접견 시에 계엄사 합수부가 어떻게 이런 터무니없이 악랄한 보도자료를 낼 수 있느냐고 분개하면서 "나나 집사람이나 그렇게 도덕적으로 타락한 사람이 아니다"라고 허탈해했다.

그 후 합수부는 김재규의 개인 재산을 부정 축재했다는 이유로 환수 조치를 하였는데, 이때 재산 목록 가운데 피아노 한 대가 포함되어 있었다. 김재규는 이에 관하여 나를 만나 간곡히 부탁했다.

"이 피아노는 내가 하나밖에 없는 자식인 외동딸에게 오래전에 사준 것입니다. 나의 모든 재산을 빼앗아도 좋지만 이 피아노만은 제발 환수 조치에서 면하게 해주십시오."

김재규의 눈에 눈물이 글썽였다. 나 역시 눈시울이 뜨거워졌다. 사랑하는 딸이 애지중지하는 피아노를 부정 축재 재산이라고 환수한다니, 부정 축재 여부를 떠나 너무 비인간적인 것 같아 나는 그 길로 계엄사 합수부에 강력히 항의하여 결국 환수 조치에서 빠지게 되었다.

최근 고故 천경자 화백의 〈미인도美人圖〉가 진위 여부로 검찰 조사까지 받고, 외국의 유명한 감정가를 동원하는 등 아직도 그 결말이 나지 않아 세인의 관심이 집중되고 있는바, 바로 그 그림도 10·26 당시 김재규 집 2층에 걸려 있다가 합수부가 환수 목록에 포함하여 국가 재산으로서 현대미술관에 소장된 것이다.

김재규에 대한 검찰 신문

혁명이라고 말하지 말라

12월 8일 오후 2시 김재규에 대한 직접신문을 위해 다른 피고인들은 퇴정시키고 김재규 피고인만 입정했다. 피고인석 주위를 13명의 헌병이 'ㄷ'자로 포위하여 경비를 했고, 대법정 안 모퉁이에도 헌병 4명이 배치되었다. 김재규는 앉아서 진술하라는 법무사의 권유에도 굳이 일어서서 진술했다.

검찰관이 직업과 재직 기간을 물었다.

"전 중앙정보부장입니다. 1976년 1월 24일부터 1979년 10월 26일까지입니다."

이어 검찰관이 물었다.

"박정희 대통령 각하와 차지철 경호실장과 그 일행을 살해한 사실이 있나요?"

김재규는 미리 준비한 듯 차분하고 또렷하게 진술하기 시작했다.

"본인은 대통령 각하께서 이 나라의 자유민주주의 회복과……"

이때 검찰관이 가로막았다.

"아니, 그것은 나중에 차츰 묻겠습니다. 살해한 사실이 있으면 있다고만 말하시오."

"알겠습니다. 그래서 대통령 각하께서는 자신의 희생과 자유민주주의 회복을……"

"살해한 사실이 있느냐부터 말씀하세요. 다음에 진술 기회를 드리겠습니다."

"그래서 각하께서는 숙명적인 관계를 만들어놓았습니다. 그래서 본인은……"

"아니오, 그 범행이 언제냐고 물었습니다."

여기까지 검찰관은 세 번이나 김재규의 진술을 제지하였다. 범행 동기 부분에 관한 진술에 대해서는 처음부터 차단막을 치려는 것 같았다.

그제야 김재규는 검찰관의 의도를 알아챘는지 "저는 10월 26일 저녁 7시 45분경 민주 회복을 위한 국민혁명을 했습니다"라고 요약해 말했다. 그는 검찰 조사에서도 마지막으로 할 말이 있느냐는 물음에 소신을 가지고 혁명을 했으며 후회는 없다고 말했다.

10월 26일은 음력 9월 6일로 어여쁜 초승달이 청명한 하늘에 황금색 나막신을 깎아놓은 듯 선명하게 보일 정도로 쾌청한 날씨였다. 이러한 가을밤에 경천동지할 대통령 살해 사건이 중정이 관할하는 만찬장에서 일어나리라고 신인들 예측했을까? 그런데 공판 조서에는 "(…) 살해한 사실이 있나요", "예"라고만 기재되어 있을 뿐이고, 당시 법정에서 벌어진 자세한 상황에 관해서는 아무런 기록이 없다. 당시 언론에서도 계엄사의 보도 검열 때문이었는지 간략하게만 소개했다.

여기서는 주로 공판 조서에 기재된 재판 과정을 중심으로 이야기를 엮어가고 있지만, 공판 조서에 누락되었거나 잘못 기재된 부분은 나의 재판 기록 메모와 당시 녹음테이프를 정리한 김재홍의 《박정희 살해사건 비공개진술 전 녹음 최초정리》 두 권과 10·26 관련 책자, 관계자들의 증언, 그리고 언론 보도 스크랩 등 관련 자료들을 함께 참조함으로써 당시 재판 과정의 실체를 가능한 한 사실 그대로 밝히려고 한다.

범행 장소는 궁정동 소재 중앙정보부 식당이었다. 통칭 '궁정동 안가'라고 불렸다. 김재규는 1979년 10월 26일 오후 4시경 차지철 경호실장으로부터 대통령 주재 만찬이 있다는 연락을 받았다. 그러고는 그날 오후 4시 15분에서 30분 사이에 정승화 육군참모총장에게는 저녁이나 같이 하자고 했고, 중앙정보부 김정섭 제2차장보에게는 그날 6시 반까지 궁정동 안가로 오라고 했다. 정승화 육참총장을 초대한 것은 혁명을 하기로 결심을 했으므로 접촉할 필요가 있어서였다고 했다.

검찰관이 보충 질문을 던졌다.

"범행 후 육군참모총장을 이용하기 위해서 유인한 것인가요?"

"혁명 초부터 총장과 접촉하기 위해서였습니다."

김재규는 그날 오후 4시 40분경 만찬 장소 식당 옆에 있는 자신의 2층 집무실에 도착하여 혁명 준비를 했다고 말했다. 독일제 7연발 발터Walther 권총을 금고에서 꺼내어 손으로 시험을 해보고 실탄 7발을 장전하여 서가 뒤에 올려놓은 뒤 혁명 구상을 했다는 것이다.

이때 법무사가 끼어들어 "피고인은 자꾸 혁명, 혁명, 하는데, 혁명인지 아닌지는 재판부에서 판단할 문제이니 피고인은 사실대로만 진술하시오"라고 했다. '혁명'이라는 김재규의 말이 거슬렸던 모양이다.

김계원과의 대화

김계원이 김재규의 집무실에 5시 50분쯤 도착하여 둘은 잠시 이야기를 나누었다.

김계원은 푸념하듯 말했다.

"신민당에 대한 여러 가지 공작들은 중정에서 고생만 하고, 공화당이 다 망쳐놨어."

김재규가 대꾸했다.

"할 수 없지요. 앞으로 정운갑 대행 체제가 출범하게 되면 하나씩 붙여주는 노력을 하는 수밖에 없겠죠."

10·26 당시 여야 정국은 긴박하게 돌아가고 있었다. 여당은 공화당이고 야당은 신민당이었다. 중앙정보부의 이른바 '정치공작'으로 9월 8일 신민당 김영삼 총재에 대한 직무 정지 가처분 신청이 법원에 의해 받아들여져 정운갑 총재 대행 체제가 들어섰고, 10월 4일 김영삼 총재는 국회에서도 제명을 당해 이에 반발한 야당의원 전원이 의원직 사퇴서를 제출한 상태였다. 이 이야기는 다시 만찬석상에서 김재규가 권총을 뽑아 든 결정적 계기를 만든다.

집무실에서 밖으로 나와 식당 앞 정원의 경계석에 앉아 대화하던 도중 김계원이 차지철 실장의 강경한 태도와 월권에 대해 불만을 토로하였다.

검찰관이 물었다.

"그때 피고인은 뭐라고 했나요?"

"오늘 해치워버릴까 했습니다."

"평상시 어조로 말했나요?"

"약간 강경하게 말했습니다."

"그때 김계원의 반응은 어떠했나요?"

"말씀은 없었고, 저의 느낌에는 긍정적인 표정이었습니다."

"그때 피고인이 '형님, 뒷일을 부탁합니다'라고 말한 일 있나요?"

"기억이 안 납니다."

"그때 김계원이 불응했다면 어떻게 하려고 했나요?"

"그 자리에서는 '농담이었소' 하고 넘겼을 겁니다."

이러한 문답 내용은 검찰관의 김계원 신문 때와 변호인 반대신문에서 치열한 논점으로 다시 등장한다. 김재규는 검찰관 조사 시에 김계원이 반발했다면 일단 '농담이오'라고 하고, 나중에 대통령 살해 장소에서 사살했을 거라고 진술했고, 법정에서도 "뚜렷이 반대 의사를 표시했다면 저의 총에 맞았을 것입니다"라고 말했다.

차 경호실장과 김 비서실장과의 평소 관계에 대해서는 "차지철 실장은 강경론자이고, 김계원 실장은 온건론자로 원만치 않은 사이로 생각했습니다. 김계원 실장이 부임 시 차 실장에 대해 불유쾌했던 이야기를 하며, 저 친구 자꾸 월권을 하니 받아버릴까, 하기에 처음에는 말렸습니다. '대장과 대위가 싸우면 대장을 욕하니 참으시오' 했습니다"라고 말했다. 김계원은 육군대장 출신이고, 차지철은 육군대위 출신임을 빗댄 것이었다.

차 경호실장이 어떠한 월권행위를 하였느냐는 물음에는, 그 내용은 알 수 없고 사이가 좋지 않은 것만 알고 있다고 대답했다. 이때 법무사가 나서서 검찰관에게 유도신문 인상이 짙으니 삼가라고 주의를 주었다. 예민한 부분에는 검찰의 신문에도 제동을 건 것이다.

김재규가 피로한 기색이어서 변호인의 요구에 따라 재판장이 앉아서 진술해도 좋다고 하였으나 김재규는 끝내 서서 말하겠다고 버텼다. 가끔 귀가 잘 안 들리는지 질문 내용을 되묻기도 하고, 오른손을 펴서 귀 뒤에 대고 듣기도 하였다.

정치를 좀 대국적으로 하십시오

박 대통령이 차 경호실장과 같이 6시경 식당에 도착해서 상좌에 대통령이 앉고, 맞은편 오른쪽에 김계원 비서실장, 왼쪽에 김재규, 그리고 왼쪽 모서리에 차 실장이 앉았다.

만찬석상에서 처음 나온 말은 삽교천에 대한 박 대통령의 질문이었다. "각하께서 '삽교천이 좋은데 왜 텔레비전 방송을 하지 않느냐'고 저와 김 실장을 보고 말씀하셨는데, 그때 김 실장이 곧 방송할 것이라고 말했습니다."

"각하가 그때 신민당 공기가 어떠냐고 물으셨나요?"

"예."

이때 다시 법무사가 검찰관과 피고인에게 국가 기밀과 사회 안녕 질서를 해할 신문과 진술을 유념해서 하라고 주의를 주었다. 신문 사항과 진술 내용이 미리 정해놓은 일정한 한계를 넘는다 싶으면 고속도로상의 자동속도측정기처럼 작동하는 것 같았다. 법무사는 오후 신문 시에만 열 번이 넘게 김재규의 진술 내용에 제동을 걸었다.

김재규는 대통령의 물음에 "비주류는 국민들이 사쿠라로 여기고, 또 정운갑 대행은 신新비주류이기 때문에 주류의 협조가 필요합니다"라고 대답했다. 주류는 당권을 잡고 있었던 김영삼 계열이고, 비주류는 5월

30일 전당대회에서 총재 경선에 패한 이철승과 신도환 등 반反김영삼 계열이었다. 중정의 정치공작으로 야당 지도부를 인위적으로 바꾸어놓았다 하더라도 새 지도부를 국민들이 사이비나 가짜로 보기 때문에 진짜 야당 정치인이라고 보는 주류의 협력이 아니고는 신민당을 이끌기 어렵다는 김재규의 진단이었다.

이때 차지철이 나섰다. "신민당 친구들 그만둘 생각을 가진 사람 한 놈도 없습니다. 언론을 의식하고 반체제 세력을 의식하는 겁니다. 앞으로 그 친구들 까불고 나오면 전차로 쓸어버리겠습니다."

김재규는 '짜식, 또 지랄이구나'라고 속으로 생각하면서 '차지철이 아직도 저런 생각을 갖고 있구나' 하고 못마땅해했다.

김재규는 처음에는 권총을 안 가지고 있었다. 만찬석에서 첫 번째는 화장실에 가느라고 자리를 떴고, 두 번째는 육군참모총장과 중정 제2차장보가 와 있는 곳을 잠시 다녀오느라고 자리를 비웠다.

"세 번째로 자리를 뜬 것이 19시경인가요?"

"예."

"그때 2층 집무실에 가서 권총을 바지 라이터 주머니에 넣고 왔나요?"

"예."

"그 주머니에 권총이 들어가나요?"

"저는 담배를 안 피우기 때문에 평소 그 주머니를 크게 만들어서 언제든지 권총이 들어가도록 권총 주머니로 이용해왔습니다."

"박선호와 박흥주는 어떻게 범행에 가담시켰나요?"

"총장과 제2차장보가 있는 것을 확인하고, 중간에 있는 건물에서 박선호와 박흥주를 세워놓고 오늘 저녁 결행한다고 말하고, 나를 따라 행동하라고 지시했습니다."

"그날 처음으로 그런 이야기를 했나요?"

"예. 기밀 누설 관계로 처음으로 두 사람에게 이야기했습니다."

"'오늘 저녁 내가 해치운다'고 했다는데, 어느 특정 대상을 지칭하지는 않았습니까?"

"그 방에 있는 대상이 누군지는 알고 있었기 때문에 굳이 설명할 필요는 없었습니다."

"그때 두 사람은 무어라고 했나요?"

"'알겠습니다. 따르겠습니다'라고 했습니다."

"그때 누가 각하까지 포함되느냐고 물었지요?"

"예. 박선호가 묻기에 그렇다고 했습니다."

박선호는 어떻게 해서든 그날을 피해보려고 거짓말로 경비원이 7명이나 되니 다음 기회로 미루자고 말했다. 김재규는 "안 된다. 오늘 저녁에 내가 결행한다. 연기하면 보안이 누설될 염려가 있다. 나는 지금 모든 준비를 하고 있다"라고 하며, 바지주머니 부분을 툭툭 쳐 보였다. 권총이 들어 있다는 암시였다. 그리고 이어서 "집무실에 육군참모총장과 제2차장보가 와 있다"라고 말하여 두 사람으로 하여금 오늘 저녁의 행동이 혁명이라는 것을 은연중 인식시켰다.

"박선호와 박흥주가 피고인의 지시를 불응하리라 생각 안 했나요?"

"예. 평소 심복으로 저를 따르기 때문에, 제가 일단 결심하면 무조건 따라오리라는 것을 확신하고 있었습니다."

박선호와는 사제지간이며, 박흥주는 사단장 근무 시 전속부관을 했고 자주 같이 근무하며 김재규를 따랐기 때문에 반대는 없으리라 생각했다는 것이다. 박선호는 "알았습니다. 시간을 30분만 주십시오"라고 말했다. 실은 5분 정도면 준비가 충분했으나, 일부러 지연시켜보려고 30분이라고 했다고 박선호는 증언했다.

다시 만찬석으로 돌아와 보니 모두 상의를 벗고 주연이 계속되고 있기에 김재규도 상의를 벗어놓고 앉았다. 한참 노래도 부르며 주흥이 무르익을 때 식당 담당 남효주 사무관으로부터 박선호가 뵙자고 한다는 전갈이 왔다. 박선호를 만나 준비가 완료되었다는 보고를 받았다.

"그때 들어오면서 총을 쏘았나요?"

"이야기하다가 발사했습니다."

"발사 직전에 한 이야기는 무엇인가요?"

"각하께서 '김영삼 총재를 구속해서 기소하라고 했는데 유혁인 수석이 말려서 안 했더니만 역시 좋지 않아'라고 말씀하셔서 제가 '김영삼 총재는 이미 국회에서 제적되었습니다. 또 사법 조치까지 하면 이중으로 처벌하는 것이 됩니다'라고 말씀드리고, 곧이어 '각하, 정치를 좀 대국적으로 하십시오'라고 말하고 바로 총으로 손을 옮겼습니다."

"그다음에 어떻게 했나요?"

"오른쪽에 있는 김계원 실장을 손으로 치면서 '각하를 똑똑히 모시십시오.' 했고, '이 버러지 같은 놈'이라고 하고는 차 경호실장을 쏜 뒤 바로 각하를 쏘았습니다."

"차 경호실장과 각하를 쏜 시간적 간격은 어느 정도나 걸렸나요?"

"순간적입니다. 1초의 몇 분의 1도 안 걸렸습니다."

당시 차 실장은 탄환이 손에 맞아 치명상이 아니었다. 다시 발사하려는데 권총의 작동이 잘 안 되고 탄피가 나오지 않았다. 방 밖으로 나와 처음엔 박흥주에게 총을 달라고 하였으나 탄환이 다 소모된 상태라 박선호 과장의 리볼버 권총을 받아 들고 다시 방으로 들어갔다. 그리고 문갑을 잡고 방어하던 차 실장의 가슴을 향해 쏘았다. 차 실장이 쓰러지자 테이블 왼쪽으로 돌아가서 약 50센티미터 거리를 두고 박 대통령의 머리를 향해 방아쇠를 당겼다. 확인 사살을 한 셈이다.

혁명이 끝났으니 보안 유지를

김재규는 총을 쏘는 과정에서 김계원이 어디서 무얼 하고 있었는지 몰랐다. 박 대통령에 대한 제2탄을 쏜 다음 방을 나와 마루에서 김계원을 만났다.

"그때 뭐라고 이야기했나요?"

"'이제 혁명이 끝났으니까 보안 유지를 철저히 하시오' 했더니 '알았어' 했습니다."

"반문을 안 했나요?"

"'뭐라고 하지'라고 반문하기에 '각하께서 과로로 졸도를 했다고 하든지 적당히 하십시오'라고 했습니다."

김계원은 검찰 조사 시 당시 김재규가 "나는 한다면 합니다"라는 말을 먼저 했다고 했는데, 김재규는 평소 그런 말은 잘 안 쓸뿐더러 김계원에게 그런 이야기를 할 필요도 없었다고 부인하였다.

"그 당시 김계원이 동조하는 표정이었나요?"라는 질문에는 "혁명을 할 사람이 못 되고 가담할 사람도 못 됩니다. 할 수 없이 끌려온 상태였습니다"라고 김계원을 두둔하였다.

김재규는 김계원과 몇 마디 나눈 후 황급히 그곳을 빠져나와 정승화 총장과 김정섭 차장보가 있는 곳으로 뛰어갔다. 상의는 벗어놓은 채 와이셔츠 차림에 구두도 신지 않은 맨발이었다. 신을 찾으니 보이지 않았다. 목이 타서 물을 달라고 하여 주전자째로 마셨다. 정 총장과 김 차장보에게 "큰일 났으니 빨리 차에 타시오"라고 하고는 함께 차에 올랐다. 그는 살해 현장의 수습은커녕 그곳에 남은 박선호에게도 일언반구의 지시를 남기지 않았다. 김계원이 박 대통령을 싣고 병원으로 가리라는 것도 모르고 있던 채였다.

역사의 갈림길에서 육본으로

차량 뒷좌석 왼쪽에는 김 차장보, 가운데에는 정 총장, 오른쪽에 김재규가 앉았고, 박흥주는 운전석 옆에 탔다.

정 총장이 "무슨 일입니까?" 하자, 김재규는 말없이 엄지손가락을 세웠다가 밑으로 내리는 시늉을 해 보였다. "각하께서 돌아가셨습니까?"라고 재차 묻자 "적이 알면 큰일입니다. 보안을 철저히 지켜야 합니다"라고 대답했다. 다시 정 총장이 "외부의 침입입니까? 내부의 일입니까?"라고 물었고, 김재규는 더 이상 말을 하지 않고 입을 다물었다.

김재규가 차에 타자마자 "가자"고 하자, 운전사는 중앙정보부로 가자는 것으로 알아듣고 효자동, 종합청사 앞길, 광화문, 시청 앞, 신세계를 거쳐 퇴계로 방향으로 회전하여 남산 분청으로 향했다. 차 안에 마침 새 양복이 있어서 김재규는 상의를 걸치고 구두는 박흥주의 것을 빌려 신었다.

차가 세종호텔 근처에 이르렀을 때 김재규가 "어디로 가지?"라고 혼잣말을 하자, 정 총장이 "육본으로 가시지요"라고 말했다. 김재규가 박흥주의 의견을 물으니 "그게 좋겠습니다"라고 하여 차는 남산을 지나 후암동, 미8군 영내를 거쳐 육본 벙커로 갔다.

검찰관이 물었다.

"사전 계획이나 구상이 없었나요?"

"육군참모총장이 계엄을 선포하면 3권을 장악하기 때문에 계엄 선포까지 유도해서 계엄군으로 하여금 전체를 장악하게 만들고, 육군총장으로 하여금 계엄사령부를 혁명위원회로 바꾸는 것이 기본 구상이었습니다."

"불응할 때는 어떻게 하려고 했나요?"

"불응하지는 않으리라고 생각했습니다."

"불응했다면 어떻게 하려고 했나요?"

"일단 모든 것이 기정사실화되었고, 혁명의 이유가 분명하기 때문에, 즉 우리나라에 자유민주주의가 회복되어야 한다는 것은 대한민국 국민이면 누구나 다 바라는 것이라 불응하지 않으리라 생각했습니다."

자유민주주의 회복은 전 국민이 열망하는 것이었으므로 당연히 환영할 것이라는 확신이었다.

저녁 8시가 넘어 육본 벙커에 도착했다. 얼마 후 각 군 참모총장과 주요 지휘관들이 정 총장의 연락을 받고 벙커에 속속 도착했다. 김재규는 김계원과 가까스로 사건 발생 후 처음 전화 통화를 했다. 김계원은 청와대에 국무총리와 같이 있으니 그쪽으로 오라고 하였다. 김재규는 '그쪽 사정도 모르고 어떻게 국방장관과 각 군 총장이 갈 수 있느냐, 이리 오시라'고 했다.

김계원이 "큰 영애가 아버님은 어디 계시냐고 묻기에 다른 데 계시다고 얼버무렸는데 또 물으면 뭐라고 하지?"라고 하여 "잘했소"라고 답했다. 직감적으로 김계원이 보안 유지를 철저히 하고 있다고 생각하고 안심했다는 것이다.

그 후 다시 통화를 하여 '국무총리를 모시고 이리 오시라'고 다소 강경하게 이야기했더니 김계원이 "알겠소. 그리 가겠소"라고 하였다. 말하는 투로 보아 김재규가 군을 장악한 것으로 느끼는 것 같았다.

육본 벙커 총장실로 최규하 국무총리, 구자춘 내무장관, 김치열 법무장관, 유혁인 정무1 수석비서관 등이 도착했다.

이야기를 주고받다가 어느 장관이 비상계엄과 국장國葬 문제를 검토해야겠다고 하자, 김재규가 "지금 국장 문제를 논할 때가 아닙니다. 보안을 유지해야 합니다. 소련의 브레즈네프Leonid Brezhnev는 7일간이나 보안을 유지했는데 우리가 왜 며칠간 보안을 유지 못합니까?"라고 말했다.

총장실에 들어오는 인원이 늘어나자, 방이 비좁아 벙커에서 회의를 하기에 적당치 않아 자리를 국방부 회의실로 옮겼다.

잠시 눈 감았다 떠보니

한두 사람씩 벙커에서 나가 국방부로 떠나자 우연히도 김계원과 김재규 단둘만이 남게 되어 총장실 옆 화장실로 갔다.

김계원이 말했다.

"이 사람아, 어떻게 각하까지 그렇게 했어?"

"그런 이야기는 그만하시오. 사태 수습이 급선무입니다. 보안을 유지해야 합니다. 최단 시일 내에 계엄사령부 간판을 내리고 혁명위원회로 바꿔 달아야 합니다."

이때 김계원이 "알았소"라고 해서 김재규는 그가 완전히 동조하는 줄 알았다.

국방부 장관실로 옮겨 회의용 탁자 상석에는 최규하 국무총리, 왼편 첫 번째 자리에는 김재규, 그다음 서종철 특보, 유혁인 정무수석이 앉았고, 맞은편에는 김계원, 신현확 부총리, 김성진 문공부장관 순으로 앉았다. 그러니까 김재규와 김계원은 마주 보고 앉은 셈이었다.

검찰관은 변심할까 봐 일부러 마주 앉아 계속 째려보고 감시한 것이 아니냐고 따졌지만, 김재규는 특별히 그런 것은 아니라고 하였다.

유혁인 수석이 "내외 언론 보도를 철저히 통제해야 합니다"라는 말을 했고, 문공부장관이 "계엄 선포 이유를 국민에게 알려야 하는데 뭐라고 발표합니까?"라고 묻자 김재규가 "국내에 비상사태가 발생해서 선포한다고만 하면 되지 않겠소?"라고 했다.

최 총리는 "국무위원들에게는 적어도 비상계엄 선포의 제안 설명을 해야 되는데 뭐라고 하지?" 하고 당혹한 표정을 지었다.

그때 김계원이 '대통령 각하 유고有故로 인하여 27일 0시부로 계엄을 선포한다고 하면 된다'고 말했다. 최 총리는 다른 국무위원들이 기다리는 옆방 회의실로 옮기면서 김계원에게 국무회의에 참석하여 설명을 하라고 하였으나 그는 총리께서 하시라고 미루었다.

"어떻게 해서 체포되었나요?"

"밤 12시 반경 잠시 눈을 감았다가 떠보니 김계원 실장이 안 보여 앉아 있는데, 근무병이 와서 김 실장이 찾는다고 하기에 장관실 앞으로 나갔더니 대기하고 있던 헌병이 체포해서 연행되었습니다."

이때 검찰관이 범행 동기 부분에 관해 다른 사람의 진술 내용을 알려주며 추궁했다.

"피고인과 차지철 실장과의 관계는 어떠했나요? 공소장에도 기재되어 있지만, 김계원 피고인은 '두 사람은 대통령의 신임을 얻으려고 서로 암투를 하고 있는 것 같았다, 특히 신민당 전당대회 때, 정운갑 대행 구축 때, 부마사태 정보 분석 때 서로 의견이 상당히 대립되었고, 대통령께서 중앙정보부를 불신하는 어조로 힐책하는 것을 듣고 피고인은 이를 차지철 실장의 농간으로 알았다'고 진술했고, 김정섭 중정 제2차장보는 '차 실장이 자주 김 부장의 의사를 묻지 않고 20~30분 전에 식사 초대를 하거나, 또 김 부장이 보고할 때 각하 앞에서 핀잔을 주는 일이 있어서 상당히 불쾌하다는 말을 들은 사실이 있다'고 진술하고 있는데, 사실이지요?"

"그것은 대단히 사실 무근한 이야기입니다. 차 실장과 저와는 정반대 성격입니다. 저는 온건이고, 차 실장은 초강경입니다. 그 밖에 개인적으로 특별한 관계는 없습니다. 대통령 각하께 중앙정보부장이 보고할 때 경호실장이 핀잔을 줄 수가 없습니다."

"피고인은 동생 문제로 대통령으로부터 경고 친서를 받은 일이 있나요?"

"경고 친서가 아닙니다. 참고로 하라고 보낸 서신이 있는데, 감찰실에 조사시켜 결과를 각하께 보고했습니다."

"중정이 아닌 다른 검찰이나 사정 기관에 조사 의뢰한 일이 있나요?"

"중정 감찰실에 조사 의뢰했습니다. 전부 밝혀서 각하께 보고하니까 '그거, 아무것도 아닌 걸 갖고 그랬구면' 하고 말씀하셔서 '제 아우가 저에게 한 말이 있습니다. 형님이 공직에 있는 동안 아무 사업도 안 하겠다고 했습니다'라고 말씀드렸더니, 각하께서 '아무 일도 아니고 정당한 일인데, 왜 사업을 안 하나? 당신은 관리지만 동생은 사업가인데 무슨 말을 들었다고 사업 안 할 거 뭐 있나? 정당하기만 하면 되지'라고 말씀하시고 끝난 일입니다."

10·26은 주체가 따로 없다

검찰관과 법무사는 김재규가 10·26 사건에 대해 '혁명'이라는 말을 쓰는 것을 여러 번 제한했으나, 그는 '민주 회복을 위한 혁명'이라는 주장으로 일관했다.

검찰관이 물었다.

"이 건 범행을 단독으로 구상한 이유가 있습니까? 누구와 의논한 일이 있나요?"

"유신 체제를 타도하는 것은 힘으로는 불가능하기에 저 혼자 큰 괴물을 마비시키는 것이 저의 구상입니다. 10·26 사건에 대해서는 주체가 따로 없습니다. 이미 있는 조직을 이용하되, 도지사급 이상 각부 장관들로 혁명의회를 만들고, 군단장급 이상 지휘관으로 혁명위원회를 만들며, 헌법기초위원회를 두어 헌법을 만들려고 했습니다. 또 혁명위원회는 혁명재판소와 혁명검찰을 운영하여 5·16 직후부터 지금까지 누적되어온 여러 가지를 설거지하려고 했습니다."

"그러면 누가 주도하게 하려 했나요?"

"저입니다."

"피고인은 검찰 조사 때 '내 자신이 핵이 되어 혁명을 수행하면 잘될 것'이라고 말한 일이 있지요?"

"예. 제가 10·26 민주회복 혁명을 했기 때문에 저 아닌 다른 사람은 호소력이 없습니다. 그렇기 때문에 혁명 과업을 수행하는 데는 제가 직접 관여하지 않고는 안 됩니다."

"검찰 조사 시에 '지금 국민들이 나의 말을 듣지 않고 어느 누구의 말을 듣겠느냐. 어느 정도 사태가 진정되고 난 다음에 상황에 따라서는 내가 대통령에 출마할 수도 있다'고 말한 일이 있지요?"

"그렇지 않습니다. 검찰에서도 수차 말씀드렸습니다마는, 저는 대통령이 되는 것이 절대로 목적이 아닙니다. 자유민주주의를 회복하는 것이 제 목적입니다. 독재가 싫어서 독재를 타도한 사람입니다. 저는 군인이고, 오늘 현재는 혁명가입니다. 제가 만일 집권하게 되면 저도 틀림없이 독재합니다. 독재가 싫다고 혁명한 사람이 다시 독재할 요인을 만들 턱이 없습니다. 또 제가 비단 혁명의 근본적인 목적을 달성하기 위해서 대통령 각하를 희생시켰습니다마는, 제가 대통령 각하 무덤 위에 올라설 정도로 도덕관이 타락되어 있지는 않습니다. 또 혁명이 성공하면, 새로운 민주정권이 서게 됐을 때 민주정권을 옹호해야 될 책임이 제게 있습니다. 그것은 저 아니고는 안 됩니다."

여기까지 성난 파도처럼 쏟아지던 김재규의 진술이 "피고인, 피고인" 하는 다급한 목소리에 의해 잠시 멈췄다. 법무사가 김재규를 황급하게 부른 것이다.

"제한하겠습니다. 사건과 관계없는 불필요한 사항은 제한합니다."

"그렇기 때문에 저는……" 하면서 김재규가 더 말을 이으려고 하자, "이건 정치 재판이 아닙니다"라고 법무사가 다시 제동을 걸었다.

"예. 알겠습니다. 그렇기 때문에 저는 저 아니면 안 된다고 한 것입니다."

재판 당시 법무사는 어느 것이 '사건과 관계없는 불필요한 사항'이라고 판단했을까? 김재규는 사건과 관계있는 아주 중요한 진술을 하고 있지 않은가? 아무래도 보이지 않는 힘에 의하여, 무언가 특별한 의도 아래 재판부가 조종당하고 있다는 느낌이 들었다.

이때 변호인단 가운데 김정두 변호사가 일어났다.

"지금 피고인이 진술한 것은 이 사건의 법률적 평가를 받아야 할 동기를 진술하고 있습니다. 가장 중요한 대목인데 이를 제한해서는 안 됩니다. 이 사건의 전全 평가가 바로 피고인의 범행 동기, 이 거사의 동기에 있기 때문에 이 법정에서 충분히 진술되어야 합니다."

검찰관이 계속 물었다.

"범행을 어떻게 은폐하려고 했나요?"

"72시간 이상은 은폐가 안 된다고 생각했습니다. 그리고 대통령 각하께서는 자유민주주의 회복 문제와 대통령 각하의 희생 문제를 완전히 숙명적인 관계로 만들어놓고 있었습니다. 자유민주주의가 회복되려면 대통령이 희생되지 않으면 안 되고, 대통령이 희생되지 않으면 자유민주주의가 회복이 안 되고……"

김재규가 아까 못다 한 동기 부분을 부연 설명하려 하자 검찰관이 가로막고 다음 질문을 던졌다.

'YH 사건'에 관한 내용이었다. YH 사건이란 1979년 8월 9일 YH무역회사 여성 근로자 170여 명이 회사 운영의 정상화와 근로자 생존권 보장을 요구하며 당시 마포의 신민당사 4층 강당에 들어가 농성을 벌였는데, 이 일이 국회에서 정치문제화되자 8월 11일 새벽 2시 경찰 1000여 명이 신민당사에 난입하여 이를 강제 해산시키는 과정에서 근로자 1명이 추락 사망하고, 100여 명이 부상당한 사건을 말한다.

"YH 사건에 대해 대책회의를 한 일이 있지요?"

"신민당사에 여공들이 있는 가운데 신민당 노동국장이 면도칼로 배를 그었는데, 여공들은 국회의원이 그들을 위해 자살하는 것으로 알았습니다. 여공들은 투신자살조를 짜고 있었는데, 그것을 방임하면 희생자가 많이 날 것 같아서 희생자 방지를 위해 경찰에 지시하여 현장 건물 주위에 그물을 쳤습니다."

YH 여공 강제 해산 사건도 중앙정보부의 공작에 의한 것임을 인정하는 대답이었다.

유신 헌법 반포 직후부터 타도 생각

검찰관이 피고인의 범행 결심 시기에 대해 따져 물었다. 최초 조사에서는 화장실에 갔다가 결의했다고 하고, 그다음에는 만찬 연락을 받았을 때라고 하고, 세 번째는 1979년 4월경 3군 총장 만찬 초대 때라고 했고, 또는 1975년 1월경 대통령의 건설부 초도순시 때, 1974년 9월 18일 건설부장관 사령장 받을 때라고 하는 등 진술할 때마다 자꾸 변하는 것 같은데, 어느 것이 맞느냐고 다그쳤다. 검찰관은 범행 결심을 역순으로 말하라고 했고, 김재규는 역순으로 말하면 이야기가 안 되니 처음부터 순서대로 말하겠다고 입씨름을 벌였다.

"1972년 10월 유신이 반포되면서 유신 헌법을 보니까 자유민주주의 헌법이 아니었습니다. 대통령 각하께서 계속 집권하기 위해 만들어 놓은 헌법이지 국민을 위한 것이 아니라고 생각했기 때문에 그때부터 이 헌법을 타도해야겠다는 생각이 제 마음속에 움텄습니다. 그리고 저

혼자 단독으로 할 수 있는 것은 대통령 각하와 제가 동시에 이 세상에서 없어져버리는 것이었습니다. 그것이 유신 체제를 없앨 수 있는 방법이었습니다.

그래서 1974년 9월 18일 건설부장관 사령장을 받으러 갈 때 바지주머니에 권총을 갖고 갔었고, 그다음에 1975년 1월 27일경 대통령의 건설부 초도순시 때 태극기 밑에 권총을 숨겼습니다. 그때 의도는 각하와 내가 동시에 없어지는 것이었습니다. 그다음에 1976년 12월 중앙정보부장으로 발령이 났기에 이제는 물리적인 방법보다는 순리적인 방법으로 유신 체제를 바꿔보리라고 내심 기뻐하고 1977년부터 1978년까지 계속 노력했으나 불가능했으며, 1979년 4월 이번과 같은 방법으로 혁명을 하기 위하여 육·해·공군 참모총장을 궁정동에 불렀으나 여러 가지로 여건이 맞지 않아 중지되었고, 이번에 결행하게 된 것입니다.”

이때 검찰관은 피고인이 민주 회복을 위해 혁명을 했다고 하니까, ‘그러면 국민학교 때부터 자유민주주의에 대한 확신을 가졌느냐’고 비꼬는 듯한 질문을 던졌다. 김재규는 그때는 일제 치하였다고 응답했다.

검찰관은 YH 사건 직후 1979년 8월 하순경 피고인이 두 차례에 걸쳐 반체제 인사를 타도하기 위하여 “긴급조치 9호는 날이 무뎌졌습니다. 날이 시퍼런 10호를 주십시오”라고 유신 체제를 공고히 하기 위하여 국민을 탄압하는 더욱 강력한 긴급조치를 대통령에게 건의한 사실이 있는데, 이래도 피고인이 감히 민주 회복을 위해 노력했느냐고 비아냥거리는 질문을 던졌다.

김재규는 긴급조치 9호의 독소를 뽑기 위해서 10호를 건의한 것이라고 맞섰다. 그 이유는 박 대통령의 성격상 9호를 완화하자고 약하게 건의하면 반대로 강하게 나오기 때문에 9호의 독소 조항을 뺀 것을 만들려면 강화하는 인상을 주는 작전을 써야 했던 것이라고 설명했다.

당시 중앙정보부가 긴급조치에 대한 조정 업무를 담당한 것을 근거로 검찰관이 물었다.

"피고인 재직 시 긴급조치 위반자는 총 몇 건이나 입건했습니까?"

"잘 모릅니다. 기억 못하겠습니다."

"피고인 재직 기간 동안 639건인데, 어떤 때는 잡아들이고, 어떤 때는 석방 건의하고, 병 주고 약 주는 것 아닙니까?"

"그렇지 않습니다. 각하로부터 긴급조치 9호 위반자를 왜 구속 기소해서 처리하지 않느냐는 힐책을 수없이 들었습니다. 그렇기 때문에 구속 처리하지 않을 수 없었습니다. 제가 중정부장으로 유신 체제를 지탱하는 주역의 한 사람이지만, 저도 보다 못해 안 되니까 혁명까지 한 것입니다."

이것으로 검찰은 김재규에 대한 직접신문을 마쳤다. 잠시 휴정한 후 바로 속개되었는데, 시간은 어느덧 오후 4시를 넘고 있었다.

김재규에 대한 변호인 반대신문

정의를 위해 목숨 바치는 것이 대장부

재판장은 김재규의 변호인단에게 반대신문을 하라고 하였다. 변호인단은 다른 피고인들에 대한 검찰의 직접신문을 모두 마친 다음 반대신문을 하는 것이 원칙이며, 또한 오늘 변호인 반대신문을 전혀 예상하지 못하여 아무도 준비를 하지 않았으므로 다음 기일에 하겠다고 버텼다.

변호인단의 김제형, 김정두, 이돈명, 홍성우 변호사 등이 차례로 일어나 재판부에 재삼재사 간청하였다. 김계원의 변호인도 나서서 다른 피고인들에 대한 검찰 신문을 먼저 해야 한다고 주장하였다.

그러나 이미 짜여진 재판 스케줄이 있음인지 재판부는 요지부동으로 변호인단의 반대신문을 재촉하였다.

하는 수 없이 김정두 변호사가 일어나 묻기 시작했다. 김재규의 목소리가 쉰 데다 몹시 피곤해 보였으므로 앉아서 답해도 좋다고 권했으나, 김재규는 견딜 수 있을 때까지 서서 하겠다고 고집하였다.

"본적이 경북 선산군 선산읍 이문동 78번지인가요?"

"예."

"조상도 그곳에서 살았나요?"

"예. 3대가 살았습니다."

"본관이 어디인가요?"

"김녕 김씨입니다."

김재규는 사육신의 서열로 추앙받는 김문기金文起의 18대 손이다. 김정두 변호사도 같은 김녕 김씨였다. 재판 당시 김녕 김씨 종친회에서는 알게 모르게 변호인단을 돕고 있었다. 최근까지도 종친회에서는 김재규의 명예 회복을 위해 노력하고 있다고 한다.

김재규는 선산국민학교와 안동농림중학교를 상위 성적으로 졸업했고, 1943년 일본군 간부후보생으로 들어가 임관 전에 해방을 맞았다. 해방 후 그는 고향으로 돌아와 선산초등학교 교원으로 1년 남짓 있다가 1946년 9월경 육군사관학교 2기생으로 입학했다. 박 대통령과는 동기생으로 동향이긴 했으나 특별한 친분 관계는 아니라고 했다. 가족은 어머니와 처와 딸, 그리고 남동생이 둘에 여자형제가 다섯이었다.

법무사가 몇 번에 걸쳐 공소 사실만 물으라고 주의를 주었으나, 변호인은 오히려 이 사건에 있어서는 어릴 때 성격 같은 것이 중요하다고 하면서 느릿느릿한 말투로 꼬치꼬치 캐물었다.

"부모님의 평소 자녀들에 대한 교육 방침은 어떤 것이었습니까?"

"선친께서는 저희를 매우 자유롭게 키워주셨습니다. 어릴 때도 구속된 생활을 강요하지 않으셨고, 항상 정의로워야 한다고 가르치셨습니다. '정의롭지 못하면 사람 구실을 못하게 된다, 남자란 언젠가는 죽게 되는데 그 죽을 자리를 지혜롭게 택하는 것이 대장부다'라고 일깨워주셨습니다."

이때 재판장이 나섰다.

"경고하겠습니다. 이 사건과 직접 관련 있는 사항만 진술해주시기 바랍니다."

변호인이 발끈했다. 변호인은 계속 '피고인'이라고 부르지 않고 '김 장군'이라고 지칭하였다.

"아닙니다. 이 사건은 김 장군의 성격과 모든 것이 우러나와서 거사가 되었다고 봐야 합니다. 김 장군의 성격과 교육의 바탕을 모르고는 이 사건이 해결되지 않는다고 생각합니다. 이건 아주 기본적인 사실입니다. 너무 재촉하지 마시고 조용히 들어주시기 바랍니다. 지금 김 장군 말씀의 요지는 '자유로운 바탕에서 정의를 위해서는 목숨을 바치는 것이 사나이 대장부다'라는 교육을 받아오셨다는 것인데, 그것이 어릴 때부터 김 장군의 성격을 형성했고, 모든 생각과 행동이 거기에서 우러나왔다, 그렇습니까?"

이렇게 도리어 쐐기를 박는 김 변호사의 질문에 김재규는 자신 있는 어조로 "예"라고 대답했다.

"김 장군이 군을 지망한 것도 그러한 부모님 교육의 영향을 받아 정의를 가장 잘 실현할 수 있는 곳이라고 생각했기 때문인가요?"

"생리적으로 군이 저에게 맞고, 남자다운 포부와 기질을 발휘할 수 있는 직업이 군인이라고 생각했습니다. 일본군에서 나와서 교원 생활을 했습니다만, 그때는 우리 군이 아직 건군되기 전입니다. 저의 소질이라

든가, 꿈을 키워볼 수 있는 곳이 군대라고 생각했기 때문에 사관학교에
지망해서 군인이 됐습니다."

유신 체제 때문에 미국이 한국을 버린다

반대신문 준비를 하지 않았다고 하던 김정두 변호사는 검찰 신문에서
재판부가 제지하는 바람에 못다 한 내용들을 집요하게 파고들었다.

"박정희 정권 이후 나라 형편에 대하여 어떻게 생각했나요?"

"우리나라는 5·16 이후에 또 한 차례 혁명이 있었다고 저는 생각합
니다. 그것은 1972년 10월 유신입니다. 그 이전까지는 대한민국은 건국
이념대로 자유민주주의를 해왔습니다. 그런데 10월 유신과 더불어 이
나라에서는 자유민주주의가 말살되고, 유신독재 체제가 시작되었습니
다. 처음에 유신 체제는 '국가 안보를 효율적으로 하고, 경제의 고도성장
을 추구하며, 국가의 행정을 능률적으로 하기 위해서 한국적 민주주의
를 해야 한다'는 이유를 내세웠습니다. 그러나 국가 안보를 생각한다면
우리는 공산주의와 대결해야 합니다. 그러기 위해서는 더 철저한 민주
주의를 해야 합니다. 독재를 가지고 공산주의와 대결해서는 우리가 이
길 수 없습니다.

뿐만 아니라 우리는 지정학적으로 매우 불리한 입장에 있습니다. 우
리와 대치하고 있는 북괴는 중공·소련과 육지로 연결되어 있습니다. 우
리 배후에 미국이라는 세력이 없으면, 중공이나 소련을 견제해줄 세력
이 없는 것입니다. 그러면 우리는 일엽편주一葉片舟와 같은 상태에서 싸
워야 됩니다. 지금은 옛날과 달라서 '자주국방'이라는 의욕은 좋습니다
만 실제는 불가능합니다. 그러니까 우리는 집단 안보로 국제 간 유대를
가지고 자기 나라를 지켜야 합니다.

오늘날 우리나라가 독재를 함으로써 건국 이래 한미 관계가 가장 나

뽑니다. 그래서 제가 볼 때는 미국이 영원히 한국을 버리지는 않겠지만, 유신 체제가 없어질 때까지 한시적이나마 정책적으로 한국을 버릴 가능성은 다분히 있습니다. 옛날에 애치슨라인Acheson line이 잘못 그어져서 한국이 미국의 방어선 밖에 놓이는 바람에 6·25를 자초했습니다. 미국의 정책이 바뀐다면 또다시 6·25가 오지 말라는 법이 없습니다. 그러면 수많은 사람이 죽습니다. 특히 한수이북에 많은 사람이 살고 있고, 모든 차량이나 높은 빌딩에 인구가 밀집되어 있는 서울에서는 막대한 희생이 날 겁니다. 이런 끔찍한 일을 생각하면 소름이 끼칩니다. 미국은 한국에게 독재 체제를 하지 말고 민주주의 체제로 환원하라는 선의의 충고를 여러 번 했습니다. 그러나 이런 것은 전혀 받아들여지지 않았고, 오히려 한국 정부는 더 강경해졌습니다."

김재규는 열띤 웅변을 토해놓고 있었다. 마치 거세게 터진 봇물처럼 막힘이 없었다. 그러나 당시 언론에는 계엄사의 검열 탓인지 이러한 내용은 한 글자도 보도되지 않았고, 공판 조서에도 단지 "유신 헌법을 보고 우방의 유대 없이는 국가 안보가 힘들다고 느꼈나요?", "예"라고만 짤막하게 기재되어 있을 뿐이다.

변호인이 날짜와 시간을 확인하려고 "미국이 선의의 권고를 한 것이 언제입니까?"라고 묻자, "그것은 오래전부터인데 지금도 계속되고 있는 일입니다"라고 말했다.

일시는 말하지 않았지만 전직 중정부장으로서 매우 확신에 차 있었다. 이와 같은 진술은 뒤에 나와의 접견 시에도 누차 언급한 바 있다. 꼭 집어서 미 CIA의 개입을 인정하지는 않았지만 한국에서의 민주주의 회복은 미국이 간절히 원하는 바였다는 것이다. 또한 김재규는 자신의 혁명이 성공했다면 미국이 즉각 환영했을 것이라고 굳게 믿고 있었다.

"소위 유신 헌법을 전제로 해서 박정희 대통령이 독재 체제로 몰고 갈 당시부터 미국에서는 그런 권고가 있었고, 또한 국제적인 정세로 봐서는 한국이 그런 우방국가를 잃으면 국제적인 고립을 자초하는 셈이 되어 풍전등화風前燈火와 같은 위기에 놓인다는 것이지요?"

"그렇습니다. 그래서 제가 생각하기에는 혈맹이자 자유 우방인 미국까지도 회의를 느끼는 이러한 유신과 같은 정책을 쓸 것이 아니라……"

이때 법무사가 다시 "잠깐, 제한하겠습니다. 아까도 경고했습니다만 사회 안녕 질서라든지 국가 기밀에 관한 사항이 있으면 비공개로 하겠습니다"라고 김재규의 말을 끊었다.

변호인이 항의하였다.

"아까부터 재판 진행 과정에서 국가 기밀이라고 발언을 제한하는데, 이 사건은 어디까지나 정치 사건이지, 단순 살인 사건이 아닙니다. 진술 내용이 현 시점에서의 국가적 위기에 관한 사항이라면 국가적 이익이 저해됩니다. 그러나 과거의 사실들이 이 법정을 통해 드러나서 여기 있는 모든 사람들과 온 국민이 진실을 알고, 역사적 교훈으로, 또 우리의 앞으로의 행동에 대한 거울로 받아들인다면 국가적으로 유익한 일입니다. 그리고 이 재판은 뭐니 뭐니 해도……"

이때 법무사가 변호인의 발언도 가로막으며 단호하게 말했다.

"제한하겠습니다. 아까부터 변호인단이 법정의 존엄을 무시하는 발언을 하는 것을 참아왔습니다만, 앞으로 용납하지 않겠습니다."

그러나 김재규는 끝까지 말을 마쳤다.

"그러니까 국내적으로 민주주의를 해야만 효율적인 안보가 됩니다. 그것은 국민 각자가 '내가 이 나라의 주인이다, 내가 이 나라를 지킨다'라는 생각을 가질 때 비로소 튼튼한 국방이 되는 것이지, 강제로 시키니까 몰려 나가서 하는 식은 안 된다고 봅니다. 미국과의 관계도 우호 관계를 가지고 유대를 철저히 해야만 보다 효율적인 안보가 된다고 생각합니다. 그런 면에서 유신 체제의 목적이 국가 안보라는 것은 제가 볼 때는 적합하지 않다고 생각합니다. 두 번째 문제는 경제 문제인데, 그것도 문제가 있다고 생각합니다. 결국은……"

이때 변호인이 재차 다짐하듯 묻는다.

"잠깐, 중요한 대목이니까. 정치적 측면에서 볼 때는 유신 헌법으로 하는 독재 체제는 국가 안보상으로도 하등 이득이 없다고 판단하셨고, 현실적으로도 그렇다는 말씀이지요?"

"예. 그렇습니다."

한국적 민주주의는 말이 안 된다

"그러면 이제 경제적인 측면에 대해 말씀하시지요."

"역시 자유민주주의 국가에서는 중산층을 옹호해야 되고, 기업주라든가 고용자보다는 노동자, 곧 피고용자를 보호하는 정책이 되어야 한다고 봅니다. 그런데 우리나라의 그동안의 고도성장 경제 정책이라는 것은 빈익빈 부익부의 정책이 되고 말았습니다. 이것 역시 민주 국가로서는 문제가 있다고 생각했습니다. 그리고 행정의 능률화를 들었습니다만, 전 국토를 병영화해서 위에서 명령하면 명령하는 대로 움직이는 식의 능률화는 능률이 아닙니다. 이것은 전형적인 독재 유형입니다. 민주주의라고 하는 것은 국민이 주인입니다. 국민의 생각을 정부가 받아서 그대로 봉사하는 것이 정부의 할 일입니다."

또 법무사가 끼어들었다.

"진술을 제한하겠습니다. 지금 긴급조치를 재판하는 게 아닙니다. 사건과 관련된 사실만 신문해주시기 바랍니다."

변호인이 해명했다.

"김 장군의 행동의 직접적인 동기가 여기에 숨어 있는 게 아닌가 해서 지금 신문하고 있는 중입니다."

김재규가 다시 말을 이었다.

"간단하게 말씀드리겠습니다. 마지막으로 유신 체제는 '한국적 민주주의'라고 했습니다. 저는 여기에 대해서도 전혀 이해가 안 갑니다. 민주주의의 핵심은 민주, 민권, 자유, 평등입니다. 그리고 3권 분립이 특징입니다. 결국 한국이나 서유럽 어떤 나라든 간에 민주주의가 둘이 있을 수 없습니다."

이때는 검찰관이 대들었다.

"검찰 측에서 이의가 있습니다. 본 법정은 헌법학 강의장이 아닙니다. 본 사건과 직접적인 관련이 없는 신문은 제한해주시기 바랍니다."

김재규가 말을 이었다.

"간단히 하겠습니다. 그래서 제가 볼 때는 역시 '한국적 민주주의'라는 말은 성립이 안 된다고 생각합니다. 그리고 유신 헌법을 놓고 볼 때……"

이때 법무사가 격앙된 어조로 "제한하겠습니다. 이제 그만하십시오"라고 했고, 그래도 김재규가 "예. 유신 헌법이라는 것은……" 하면서 말을 이으려 하자 법무사는 단호하게 제지시켰다.

법무사와 변호인단 사이에 흥분된 설전이 벌어졌다. 변호인은 이 사건의 가장 중요한 동기를 말하는 것인데 이를 제한하면 이 사건의 실체적 진실을 가릴 수 없다고 주장했고, 법무사는 법정을 충고하고 법적 질서에 도전하는 것이냐고 반문하면서 재판 진행을 방해하지 말라고 하였다.

그래도 김재규는 이에 개의치 않고 결연한 표정으로 말을 계속했다.

"결국 유신 헌법은 박정희 대통령 각하께서 영구 집권을 하기 위한 헌법이라고 생각했습니다. 제 생각이 옳은지 그른지는 잘 모르겠습니다. 아무튼 저는 국민을 위한 헌법이 아니라 결국 박정희 개인을 위한 헌법이 되었다고 생각하고 회의를 느꼈습니다. 1972년 유신 헌법을 보고 그때부터 회의를 느꼈다는 것을 말씀드리는 것입니다. 우리 대한민국은 자유민주주의 국가여야 합니다. 이것은 우리의 건국이념이요, 우리의 국시입니다. 6·25를 통해 수많은 사람이 희생됐습니다. 미국을 위시한 자유 우방 16개국의 사람들이 와서 많은 피를 흘리고, 자유민주주의를 지켜서 1972년까지 이어왔습니다. 이것이 하루아침에 말살되었습니다. 이 나라의 자유민주주의는 대통령이라도 그것을 보장해야 할 책임과 의무는 있어도 이를 말살할 권리는 없다는 것이 제 생각입니다."

변호인이 추임새를 넣었다.

"그것이 김 장군의 기본적인 생각이다……."

"그렇습니다. 저는 중정부장인 만큼 유신 헌법을 지탱한 주역의 한 사람입니다. 주역의 한 사람인 제가 어떻게 이런 혁명을 했느냐, 이 점이 매우 납득하기 어려우실 것입니다."

김정두 변호사가 김재규의 지금까지의 진술 내용을 정리하여 다시 물었다.

"김 장군께서는 중정부장이지만 과거 3군단장으로 계실 때나 또 요직을 역임할 때 쭉 유신 헌법에 대한 생각이 그랬고, 우리가 38선으로 갈라져 있는 현실에서 미국과 같은 우방의 지원이 없이는 위기에 처할 수 있다는 객관적인 정세를 파악하고 계셨고, 국가 안보가 더욱 공고해지려면 우방이 권장하는 선의의 충고를 받아들여 자유민주주의가 이 땅에 심어지고 이것이 육성되는 방향으로 정치가 이루어져야 하는 것으로 우리나라 정세를 파악하고 계셨다는 말씀이지요?"

재판장이 제지하고 나섰다.

"지금 변호인과 피고인은 국가 안보에 관한 중요한 발언을 하고 있기 때문에 잠시 휴정하겠습니다."

재판장 뒤에서 쪽지가 전달된 후 일어난 일이었다.

실제로 유신 체제의 최고 권력자요, 박정희 정권을 지탱하는 주역이었던 김재규의 입에서 분출되는 한 마디 한 마디는 법정 분위기를 뜨겁게 달구어놓았다. 변호인들도 자신의 귀를 의심할 정도였다. 김재규의 진술은 놀랍게도 당시 반체제 민주 인사들의 주장과 거의 같았던 것이다.

이를 두고 재판부와 검찰, 합수부 측은 변호인단에 속한 변호사들 중 반체제 인사가 많아 그동안 접견하면서 김재규가 의식화되었다고 의심하는 눈초리였으나, 나의 접견 경험에 비추어 장담컨대 그렇지 않았다. 사선변호인단의 한 분인 류택형 변호사가 재판 전에 접견할 때 녹음한 녹취록이 훗날 공개되었는데, 이에 의하더라도 김재규는 같은 내용을 처음부터 서슴없이 주장하고 있었으므로 그러한 의혹은 얼토당토않은 추측에 불과했다. 김재규는 국제 정세나 국내 정세에 누구보다도 정통하였고, 유신 체제에 대한 스스로의 결론을 오랫동안 준비해왔음에 틀림없었다.

다만 그는 5·16에 대한 평가에 관해서는 말을 줄였다. 5·16의 당위성이나 5·16 이후 1972년 10월 유신까지의 박 대통령의 치적에 대해서는 매우 긍정적이었다.

잠시 휴정되는 동안 나는 몹시 불안해졌다. 재판부의 거듭되는 진술 제한 조치가 심상치 않았다. 김재규가 유신의 심장을 멎게 했으나 재판이 계속될수록 법정 안에서는 아직도 유신 체제의 사지四肢가 살아 꿈틀거리고 있다는 느낌을 지울 수 없었다.

변호인단의 반대신문 포기

재판장이 속개 선언을 하고 말했다.

"피고인 김재규는 전직 중앙정보부장으로서 국내외 보안 정보와 국가 기밀에 속하는 보안 업무, 내란, 외환, 국가보안법, 반공법 등에 규정된 범죄의 수사, 정보 및 보안 업무의 조정 감독 등 국가 기밀에 관한 중요 임무를 수행하여왔고, 변호인의 반대신문에 따른 피고인의 이 법정에서의 진술 내용은 국가의 안전 보장 또는 안녕 질서를 방해할 염려가 있는 사항이 상당히 포함되어 있으므로 앞으로의 신문과 진술은 비공개로 진행하도록 하겠습니다."

그러고는 김재규 피고인과 본건 변호인단 및 검찰관만 재정하고 나머지 인원에 대해서는 모두 퇴정하라고 명한 뒤 법정 정리를 위해 잠시 휴정을 선언했다. 이로써 피고인 가족들과 방청객, 보도진은 모두 퇴정했다.

다시 속개 선언을 하자 법무사가 앞으로 피고인이 진술하는 내용 중 국가 기밀에 관한 사항이나 개인의 명예에 관한 사항 등을 외부에 누설하거나 공표하는 경우 관계 법규에 의해 처벌을 받게 된다는 사실을 알린 다음 변호인 신문을 계속하라고 했다. 법정의 벽시계가 벌써 저녁 6시를 넘었고, 밖은 땅거미가 짙어가고 있었다.

김정두 변호사가 일어나 피고인 신문에 대한 비공개 결정은 헌법에 위반되는 결정이므로 전 변호인단의 명의로 정식으로 이의를 제기한다고 하였다.

이세중, 홍성우 변호사 등이 김재규의 건강이 좋지 않으니 쉴 기회를 주고 다음 공판 기일을 지정해달라고 간청했다. 재판장은 다시 휴정을 선언하고 군의관으로 하여금 김재규의 건강 상태를 진단케 하였다. 군의관이 김재규가 진술하는 데 별 지장은 없을 것이라고 하자, 재판부는 변호인단에게 그대로 반대신문을 하라고 재촉했다.

이돈명 변호사가 일어나 다시 재판부의 재판 강행 방침에 유감을 표하고 인도적인 견지에서 하루 종일 시달린 김재규 피고인의 건강을 위해 변호인단의 반대신문을 포기한다고 선언하였다. 그리고 추후 보충신문 기회를 충분히 달라고 한 후 비공개 결정을 해제해달라고 간청하였으나 받아들여지지 않았다.

김재규에 대한 재판부 신문

대의를 위해 내 목숨 하나 버린다

변호인단이 반대신문권을 포기하자, 법무사가 직접 피고인에게 묻겠다고 하여 김재규의 진술은 계속되었다.

"대통령 살해 현장에서 김계원 피고인의 태도는 어떠했나요?"

"처음에는 옆에 있다가 두 번째 들어가보니 보이지 않았고, 총을 쏘고 나오다가 복도에서 만났는데 서 있었던 것으로 기억합니다."

"피고인이 긴급조치 10호를 건의한 것이 사실이지요?"

"긴급조치 10호는 9호의 독소 조항을 빼기 위해 건의한 것입니다. 사태 수습을 위한 간략한 것만 10호에 넣고 9호의 독소를 빼기 위해서입니다. 수많은 사람들이 자꾸 긴급조치에 걸리니까 이를 줄이기 위해서는 9호의 독소 조항을 없애야겠다고 생각했고, 담당국장에게 연구해보라고 지시했습니다."

당시 중정의 담당국장은 현홍주 기획정책정보국장(통칭 기정국장)인데, 그는 검찰 조사에서 "김재규는 긴급조치 9호 중 조치 자체 비방을 금지한 부분을 삭제하고 새로이 종교 문제, 노사 문제를 규제할 수 있는 규정을 보강하라는 지시를 하였습니다"라고 진술했다.

"범행 동기를 장황하게 설명했는데, 간단히 말하면 체제에 대한 반대인가요?"

"자유민주주의 회복입니다. 회복을 하지 않고는 건국이념에 이바지할 수 없습니다."

"자유민주주의 회복을 위해서는 대통령 각하를 살해하지 않고서는 방법이 없다고 생각했나요?"

"예. 대통령 각하와 자유민주주의 회복이라는 문제는 숙명적 관계가 되어 있었습니다. 자유민주주의가 회복되려면 대통령 각하가 희생되지 않을 수 없었습니다."

"대통령 각하만 희생되면 자유민주주의는 곧 회복된다는 동기에서 했다는 것인가요?"

"대통령 각하께서 건재하시면 자유민주주의는 회복이 안 된다, 이 관계는 대통령 스스로가 그런 식으로 몰고 가셨다는 뜻입니다."

비공개 재판이라서 그런지는 몰라도 법무사가 아까는 강력하게 진술을 제지하던 부분도 세세히 묻고 있었다. 변호인들만 법정에 있고, 방청객과 기자들이 모두 퇴정하여 보안 유지가 가능하다고 보았던 것 같다. 김재규의 긴 답변에도 일체 제지하지 않았다.

"자유민주주의가 회복 안 되는 이유를 간단히 설명해주시지요."

"제가 1976년 12월 박동선 사건(일명 코리아게이트. 중앙정보부가 박동선을 통해 미국 정치인들에게 뇌물을 주어 미국 정부에 영향을 끼친 사건으로 1976년에 언론에 공개되어 한미관계가 극도로 나빠졌다) 때 부임했는데, 다음해 1977년 2월 하순경 대통령께 '워싱턴 로비라는 것은 우리 한국만 하고 있는 것이 아니라 세계 각국이 다 하고 있는데, 유독 우리나라만 문제가 된 것은, 로비 때문이라기보다는 유신 체제를 미국 정부가 못마땅하게 생각해서 우리를 한번 비트는 것입니다'라고 말씀드렸습니다. 미국이 유신 체제에 대해 이렇듯 좋지 않게 생각하니 좀 완화해서 미국과

잘해보는 것이 좋지 않겠느냐는 뜻에서 말씀드렸던 것인데, 각하께서는 '내정 간섭 받을 필요가 있나? 언젠가는 우리도 자주 국방을 해야 되는데 기왕이면 1, 2년 빨리 됐다고 생각하면 돼. 미국 놈들 데려가려면 다 데려가라고 그래' 이런 식으로 강경하게 나오셨습니다. 또 그해 6월 말에서 7월 초쯤 '1978년이 대통령 선거인데 지금 공기로 봐서는 직선을 해도 능히 당선될 것이니 통일주체국민회의에서 대통령이 되지 마시고, 직선으로 해보시지요'라고 건의드렸는데, 각하께서는 '겨우 한 번 해보고 뭘 바꾼단 말이냐, 안 된다'고 하셨습니다."

"그러한 건의를 몇 번이나 더 했나요?"

"세 번째로 1978년 3월 말에서 4월 초경 긴급조치 해제를 건의드렸습니다. 그랬더니 '긴급조치가 있어도 이 모양인데 그걸 해제하면 어떻게 하느냐'고 하시기에, '각하, 긴급조치가 아닌 방법으로도 다스리는 방법이 있습니다'라고 말씀드렸지만, 각하께서는 안 된다고 하셨습니다. 그랬기 때문에 금년 7월 긴급조치 10호를 건의하면서 9호를 해제하려 했던 것입니다. 각하께는 이렇게 강경하게 건의해야 통하지, 완화하라는 건의 따위는 통하지 않습니다. 사실 저희는 9호의 독소를 빼기 위하여 10호를 건의한 것이지 더 강한 것을 내기 위한 것이 아닙니다. 이게 바로 저희 실무자들의 어려움이고 고충입니다. 대통령 선거 때도 각하 혼자만 나가지 마시고 야당에도 후보를 내게 해서 둘이 나가면 모양도 좋지 않겠냐고 했더니, 각하께서 아주 고개를 옆으로 돌리시고 언짢은 표정을 지으시며 '지금 정무수석이 하고 있는데 그 사람하고 한번 이야기해봐'라고 말씀하셨습니다. 그런데 저는 이미 유혁인 정무수석과 이야기를 나눈 상태였습니다. 그는 긴급조치하에서는 대통령이 추대가 되어야지 선거에 의해서는 안 된다는 주장이었으므로, 각하께서 유 수석과 상의하라는 것은 각하께서 안 받아들이신다는 뜻임을 알고 단념했습니다.

 그동안 저는 중정의 국제문제연구소에서 내놓은 외국의 한국에 대한 체제 비판, 인권 문제에 대한 비방 기사는 하나도 빼지 않고 번역해서 각하께 보고하는 봉투에 넣어드렸습니다. 각하께서 생각을 좀 고치시도록 하기 위해 그 일을 계획적으로 계속했습니다. 그러나 아무런 효과를 못 얻었습니다. 금년 10월 18일 부산에 계엄이 선포되고 나서, 저는 현지에 내려갔습니다. 제가 내려가기 전까지는 '남민전南民戰'(반유신과 민주화, 민족해방 등을 목표로 1976년경 결성된 '남조선민족해방전선준비위원회'의 약칭)이나 학생이 주축이 된 데모일 거라고 생각했는데, 현지에 가보니까 그게 아니었습니다. 160명을 연행했는데 16명이 학생이고 나머지는 다 일반 시민이었습니다. 그리고 데모 양상을 보니까, 데모하는 사람들에게 주먹밥을 주고 사이다 콜라를 갖다 주고 경찰에 밀리면 자기 집에 숨겨주고 하는 것이 데모하는 사람들과 시민들이 완전히 의기투합한 상태였습니다. 그 사람들의 구호는 주로 체제에 대한 반대, 조세에 대한 저항, 물가고에 대한 저항, 정부에 대한 불신에 관한 것이었고, 이런 것이 작용해서 경찰서 11개를 불 지르고 경찰차량 10대를 파괴하여 소각하는 사태가 벌어진 것입니다. 그래서 각하께 그대로 보고드렸습니다. '각하, 체제에 대한 저항과 정부에 대한 불신이 이렇습니다'라고 하면서 각하의 생각을 좀 누그러뜨리려고 했지만 또 반대 효과가 났습니다.

 이곳엔 변호인밖에 없긴 하지만 이 말씀은 밖으로 안 나갔으면 좋겠습니다. 각하께서는 '이제부터 사태가 더 악화되면 내가 직접 쏘라고 발포 명령을 내리겠다. 자유당 말기에는 최인규와 곽영주가 발포 명령을 했으니까 총살됐지, 대통령인 내가 발포 명령을 하는데 누가 날 총살하겠느냐'고 하셨습니다. 이런 데다가 차지철 경호실장은 '캄보디아에서는 300만 명이나 희생시켰는데, 우리가 100만, 200만 명 희생시키는 것

쯤이야 뭐가 문제냐'고 했습니다. 누구나 들으면 소름 끼칠 내용들입니다. 이렇게 건의를 쭉 해봤지만 건의하면 할수록 반대 효과만 났습니다. 처음에 제가 부임할 때는 순리적인 방법으로 유신 체제를 바꿔놓을 절호의 기회라고 생각했는데, 결국 불가능이라는 결론이 나왔습니다.

저는 이승만 대통령과 박정희 대통령을 비교해보았습니다. 이 대통령은 물러설 때 물러설 줄 알았는데, 박 대통령의 성격은 절대로 물러설 줄 모릅니다. 국민과 정부 사이에서 반드시 큰 공방전이 벌어지고, 수없이 많은 사람이 상할 것이 틀림없었습니다. 그리고 현재만 하더라도 약 400~500명이 교도소에 있고, 학교에서 쫓겨난 학생 수가 800~1000명 정도입니다. 결국 자유민주주의를 해야 할 나라가 독재를 하면서, 원천적으로 정부가 해서는 안 될 독재를 저질러놓고 독재 체제를 반대하는 사람을 처벌하니 완전히 적반하장 격이 된 것입니다. 그래서 아무리 생각해봐도 역시 방법이 없었습니다. 아까 말씀드린 바와 같이 대통령 각하와 자유민주주의 회복과는 아주 숙명적인 관계이기 때문에 결국 자유민주주의 회복을 위해서는 한쪽을 희생할 수밖에 도리가 없었습니다.

저는 여러 가지로 생각했습니다. 제 나이가 53세로 되어 있습니다만, 실제로는 55세입니다. 그러니 내 나이 10년이나 20년 끊어 바치더라도 좋으니까 이 나라에 자유민주주의를 회복시켜놓자. 나는 대통령의 참모인 동시에 대한민국의 고급 관리다. 그렇다면 이 나라에 충성하고 이 국민에게 충성할 의무가 있지 않느냐. 결국 나의 명예고 지위고 목숨이고, 또 대통령 각하와의 의리까지, 이러한 소의小義에 속하는 것은 한꺼번에 다 끊어 바친다. 대의大義를 위해서 내 목숨 하나 버린다. 이렇게 마음먹고 원천을 때려버렸습니다."

도도히 흐르는 대하大河처럼 김재규의 나지막하면서도 힘찬 목소리는 텅 빈 방청석을 구석구석 가득 채웠다. 20여 명의 변호인은 이 역사적 장면에 숨을 죽이고 숙연해졌다. 나도 모르게 마른침을 꿀꺽 삼켰다.

차 실장은 덤으로 보낸 것

"김재규 피고인이 생각하는 자유민주주의는 무엇입니까?"

"민주, 민권, 자유, 평등이 보장되고, 3권이 완전히 분립된 제도가 자유민주주의라고 생각합니다."

미리 답안을 생각해두었던 것처럼 김재규는 단숨에 대답했다.

"피고인은 궁정동 집무실에 도착하자마자 권총에 실탄을 장전해두었나요?"

"예."

"좌중에서 격한 이야기가 오고 간 뒤에 비로소 가서 권총을 준비한건 아닌가요?"

"아닙니다. 격한 이야기와 권총 준비와는 아무 상관이 없습니다."

"중정부장의 임무를 말해주시지요. 중정법에 명시되지 않은 비밀 사항에 해당하는 일이 어떤 것인가요?"

"중앙정보부법에 나와 있는 것이 주된 업무이고, 그 외는 정치공작입니다."

김재규는 법정에서 분명히 '정치공작'이라고 말했는데, 공판 조서에는 이 부분이 "정치 문제를 연구, 검토 처리하는 것입니다"라고 풀어서 적혀 있다.

"YH 사건, 신민당 총재 문제도 중정에서 조정했나요?"

"경찰에 맡겼다가는 더 큰 사고를 내지 않을까 염려되는 것은 중정이 관여하고, 그 외는 경찰이 관여합니다."

"대통령 각하와는 육사 동기인데, 육사 시절에는 가깝지 않았어도 그 후 군단장, 중정부장을 거치면서 사적으로 건의할 수 있는 친숙한 사

이가 되었고, 대통령 각하의 참모로서 이 나라 발전을 위한 어떠한 건의
라도 해야 할 입장에 있었지요?"

"예. 그렇습니다."

"중정부장 재직 기간 중 부산 소요사태, YH 사건, 신민당 문제 수습
등 업무를 성공리에 마쳤다고 생각하나요?"

"부산 소요는 계엄령 선포로 수습되었습니다. 사망자도 없었습니다.
저로서는 재직 기간 중 업무를 성공적으로 마쳤다고 생각합니다. 저희
중정의 정책은 저 개인이 아니라 조직을 통하여 올려놓은 정책이라 대
단히 권위가 있습니다. 사태 수습뿐 아니라 저희들의 건의나 큰 정치공
작은 완전히 성공했습니다. 각하께서 저희 건의를 안 받아들이신 것도
있습니다만, 뒤에 후회하셨습니다."

김재규는 자신이 속했던 중정에 관해서는 한없는 애정과 신뢰를 가
지고 있었다. 그러나 그동안 유신 체제하에서 중정이 수행했던 수많은
정치공작과 인권 유린의 폐해에 관해서는 설명하지 않았다.

"박흥주, 박선호 피고인이 각하도 살해하느냐고 했을 때 물론이라고
했는데, 애초부터 각하와 차 경호실장을 살해하려고 했나요?"

"솔직히 말해서 차 실장은 덤으로 보낸 겁니다."

공판 조서에는 그냥 "예"라고만 기재되어 있는데, 김재규의 당초 목
표는 대통령이었지만 현장에서 어쩔 수 없이 차 실장도 살해했다는 이
야기다. 김재규는 당시 차 실장이 무장한 것으로 알고 있었지만 그날은
무장하지 않았다.

"차 실장과 개인감정이나 업무상 충돌이 있었나요?"

"일체 없었습니다."

"김계원 피고인으로부터 차 실장과의 충돌 이야기를 들었나요?"

"차 실장을 못마땅하게 여기는 이야기는 들은 적이 있지만, 충돌했

다는 이야기는 못 들었습니다."

"궁정동 경계석에서 무슨 이야기를 들었나요?"

"저 친구 강경해서 야단이야. 신민당 친구 한 사람 이야기만 듣고 쪼르르 각하께 가서 말씀드리고' 이런 식으로 말을 했습니다."

"연회석상에 여자가 두 사람 있었다는데, 뭐 하는 여자인가요?"

"잘 모르겠습니다만, 하나는 노래 부르는 사람이고, 하나는 뭐가 특기인지 몰랐습니다." '특기'라는 말은 무엇일까? 뒤에 박선호가 밝힌 박 대통령의 '소小행사'를 위해 미리 선을 보는 것을 말함일까? 독자의 추측에 맡긴다.

"술시중 들기 위해 불러왔나요?"

"예."

여자 이야기는 여기서 그쳤다. 나중에 박선호에 대한 신문 때에도 여자 이야기가 나오니까 피고인석에 앉아 있던 김재규가 중간에 말을 막았다. 변호인 접견 시에도 박 대통령의 여자 관계에 관한 이야기가 나오면 아예 입을 다물었다. 내가 여러 번 계속해서 묻자 김재규는 이렇게 말했다.

"남자의 벨트(허리띠) 아래 이야기는 안 하는 겁니다."

연회석의 두 여자 중 한 사람은 가수 심수봉 씨였고, 또 한 사람은 당시 CF모델로 나올 정도로 대단한 미모의 여성이었다. 그 미인은 대학 재학 중이었고, 광고모델로서는 소위 백치미白痴美가 뛰어나다는 평을 받고 있었는데, 김재규는 '특기'라는 말로 얼버무리며 짐짓 모르는 척하고 있었다.

"김계원 피고인과 오고 간 이야기와 행동에 대해 검찰관 조사에서 진술한 내용이 사실인가요?"

"좀 다른 것이 있습니다. 김 실장은 제가 혁명하는 줄 알았으면 절대로 안 따라왔을 것입니다. 처음에는 미리 막으려 했겠고, 그러다가 저에게 희생되었을지도 모르지요. 일단 제가 거사를 해서 일을 저지르고 나니까 어쩔 도리가 없는 상태가 된 것입니다. 그전부터 모의를 했다면 끝까지 입을 다물었겠지만 순간적으로 그렇게 되었기 때문에 불과 5시간 후에 불고 만 것입니다. 제가 김 실장을 두둔하려는 것이 아니라 사실대로 말씀드려서 훗날을 위해 정확한 자료를 남기려는 것입니다."

야수의 심정으로 행동했다

"자유민주주의 회복을 위해 거사를 했다는데, 자결할 생각은 안 했나요?"

"옛날에는 각하와 같이 없어져야겠다고 생각했으나 혁명을 하기로 하고 보니 그 문제에 대한 생각이 달라졌습니다. 왜냐하면 혁명은 결행하는 것도 중요하지만 결행 후의 뒤치다꺼리, 즉 혁명 과업 수행이 더 중요하기 때문입니다. 5·16 군사혁명 이후 지금까지 20~30명이 치부한 과정을 생각해보십시오. 그야말로 4대 의혹 사건(5·16 군사정변 이후 박정희 정권이 정치 자금을 마련하기 위해 일으킨 4가지 부정 사건으로 '증권파동', '워커힐 사건', '파친코 사건', '새나라자동차 사건' 등을 말함)으로 모은 돈이 천억 원에 가깝지 않습니까? 이러한 사람들을 그대로 두고 여기에 자유민주주의를 모셔 온다 해도 얼마 못 가서 자유민주주의는 곧 병들어 눕게 됩니다.

그래서 거사 뒤에는 반드시 혁명 과업을 수행해야 합니다. 그다음에 제가 할 일은 제2의 민주당 정권을 만들어서는 안 되겠다는 것이었습니다. 정권 수립 후 열 달도 못 되어 무능하다는 이유로 군사혁명에 의해 쫓겨났습니다. 이렇게 돼서는 안 되겠다, 이를 보호할 책임이 혁명을 한 사람밖에 없지 않느냐 생각했습니다. 국민에 대한 호소력은 혁명을 한 사람밖에 가질 수 없다고 생각합니다. 그래서 저는 그 자리에서 자결할 것이 아니라 혁명 과업을 수행하고, 새로 발족되는 정권을 보호하고, 그 다음에 더 나아간다면, 지금까지는 물리적인 방법으로 정권이 오고 갔지만, 제가 있는 한, 한 분이라도 좋으니까 국민의 투표에 의해서 정권이 오가는 역사를 만들자는 원대한 꿈을 가지고 있었습니다.

옛날에는 유신 체제의 핵심이 각하요, 이를 지탱하고 있는 전체가 각하였습니다. 보십시오. 각하가 돌아가시고 나니까 바로 대통령 권한 대행께서 자유민주주의를 하겠다고 국민에게 공표했지 않습니까? 혁명이 없었으면 그런 말씀을 할 수 있겠습니까? 혁명은 인정하면서도 시인은 안 한다는 것뿐이지요. 그분도 평소 국민의 뜻을 알기 때문에 제일 먼저 내세운 것이 자유민주주의를 하겠다는 것 아닙니까? 유신 헌법을 고치겠다는 것 아닙니까? 결국은 각하께서 계시는 한, 자유민주주의는 회복되지 못하고 유신 체제는 계속되며, 유신 체제가 계속되는 한 공방전이 벌어지고 막대한 희생자가 나올 것은 불을 보듯 뻔합니다. 각하께서는 끝까지 방어할 분이지, 학생들과 시민들 데모에 물러날 분이 아닙니다.

저는 여러 가지 순리적인 방법으로 해결해보려고 노력했지만 불가능하다는 결론을 얻었기 때문에 제 모든 것을 바쳐서라도 더 큰 불행을 막아야 한다, 또 그 불행이 불행으로 끝나면 좋겠는데 틀림없이 악순환이 되면 적화가 될 것이라고 생각했습니다. 제가 볼 때 미국은 독재가 끝날 때까지 한시적으로 우리를 버립니다. 그러면 애치슨라인 때와 마찬가지로 이 나라가 또 한 번 불행을 겪어야 합니다. 그 불행을 겪고 난 후에, 많은 사람이 죽고 난 뒤 미국이 도와줘서 회복시켜준들 무슨 소용이 있습니까? 그렇기 때문에 저는 개인적으로 가까운 사이이고, 동향이고, 동기생인 관계지만, 그 순간에는 내 마음을 야수의 심정으로 바꿔서 행동했습니다. 지금 제가 이런 이야기를 하는 것은 저로서도 무척 가슴이 아프고, 차라리 그때 함께 죽었을 것을 하는 생각이 간절하게 듭니다. 그러나 말씀드린 대로 장래에 대한 생각 때문에 죽으려고 하지 않았던 것입니다."

"피고인이 생각하는 혁명의 뜻은 무엇입니까?"

"혁명이란 기존 질서를 파괴하고 신질서를 수립하는 것입니다."

짧지만 명쾌했다.

"평소에도 박흥주나 박선호 피고인에게 눈짓이나 말 한마디면 이심전심으로 다 통하나요?"

"박선호는 사제 관계이고, 박흥주는 중위 때부터 가깝게 저를 따랐기 때문에 이심전심 통할 수 있는 사이입니다."

법무사가 마지막 질문을 던졌다.

"중정의 체제는 명령과 복종 관계가 철저한데, 명령에 불응하거나 이행하지 않은 예가 있지 않은가요?"

"이번에도 명령에 완전히 복종해서 시비를 가리지 않고 따라왔지 않습니까? 명령에 철저히 복종한다는 것이 입증됐습니다."

아침 10시부터 시작한 김재규에 대한 신문은 저녁 8시가 다 되어 끝났다. 그냥 앉아서 듣고만 있는 사람도 견디기 힘든 일인데, 온종일 꼿꼿이 서서 장장 10시간 가까이 혼신의 힘을 다한 김재규의 절규였다.

06 　　김계원에 대한
　　　신문

김계원에 대한 검찰 신문

대통령 비서실장의 임무

12월 9일 일요일은 하루 쉬고, 12월 10일 10시에 3차 공판이 속개되었다. 김재규 피고인에 이어 김계원 피고인에 대한 검찰 신문 차례였다. 신문에 앞서 김재규 피고인과 마찬가지로 다른 피고인들의 면전에서 충분한 진술을 할 수 없다고 인정하여 나머지 피고인들을 퇴정케 한 후 신문을 시작했다.

　세 번째 공판은 1, 2회 때와는 달리 매우 신속하게 진행되었다. 김계원은 시종 공손한 말투로 답변했으나 '사전에 모의하거나 동조하지 않았다'고 주장하는 대목에서는 목청을 높였다.

　재판부는 변호인단의 재판 절차상의 이의 제기에 대해 단호한 태도를 보였다. 재판장 김영선 중장은 개정 벽두에 전회 공판의 비공개 결정에 이의 제기하는 김정두 변호사를 세 번에 걸쳐 강력한 어조로 "앉으시오"라고 제지시켰고, 휴정 직후 발언하려는 태윤기 변호사를 정병廷兵을 시켜 팔을 끌어 자리에 앉혔다.

김계원은 시종 '검찰관님'이라고 공손한 말씨를 썼고, 재판부나 검찰관도 높임말을 썼다. 자신을 지칭할 때는 '본 피고인', 김재규는 '김재규 피고인'이라고 호칭했다. 재판장은 검찰관 신문이 시작된 지 45분이 경과했을 때 김계원에게 앉아서 진술해도 좋다고 했고, 김계원은 김재규와는 달리 그날 저녁 공판이 끝날 때까지 앉아서 진술했다.

김계원은 경북 영주군 풍기면 금계동 출생으로 군사영어학교를 나와 사단장, 군단장, 1군사령관, 육군참모총장, 중앙정보부장, 주중대사를 역임하고, 1978년 12월 22일부터 1979년 10월 30일까지 대통령 비서실장으로 근무했다.

검찰관이 물었다.

"비서실장의 임무는 무엇입니까?"

"행정적인 면에서 대통령을 보필하는 것입니다."

"대통령의 신변에 위험이 있을 때 어떻게 해야 되나요?"

"물론 대통령을 비호해야 합니다."

김재규와의 관계를 묻는 데는 소상히 대답했다. 4·19 직후 김계원이 육군대학 총장으로 부임했을 때 김재규가 부총장으로 있어서 처음 알게 되어 관사에서 아침저녁으로 자주 만났다. 그 당시 박 대통령이 군수기지 사령관으로 재직하고 있었는데, 육군대학의 보급을 위해 김재규가 가서 여러 가지 도움을 받아 왔다. 마산에서 육해공군 합동훈련 시 함대사령관의 초청을 받고 갔다 오다가 김재규가 탄 차가 절벽으로 굴러 위험한 지경에 있을 때 뒤에 가던 김계원이 추락한 차를 발견하고 구출한 일이 있었다. 그때부터 김재규는 감사하는 마음을 가지고 있었다.

김계원이 1군사령관으로 있을 때 김재규는 6사단장으로, 김계원이 육군 참모총장으로 있을 때 김재규는 6관구사령관으로, 김계원이 중정부장으로 있을 때 김재규는 보안사령관으로 서로 친밀하게 지냈다. 김계원이 주중대사에서 본국으로 오고 싶을 때 대만에 들른 김재규에게 박 대통령에게 잘 말씀드려달라고 부탁할 정도로 가깝게 지냈다.

차지철 경호실장과의 관계를 묻는 질문에는 개인적으로 깊은 관계는 없고, 차 실장이 국회의원 시절 부대 방문을 하여 처음 인사했다고 답했다. 김계원이 주중대사로 있을 때 차 실장이 대통령 특사로 중동 가는 길에 대만 비행장에 내려 만난 일이 있었을 뿐이었다. 대통령 비서실장으로 근무하면서부터 가까이 접했는데, 업무상으로는 한계가 있어 월권하거나 침범한 일은 없었지만, 차 실장의 성격이 비타협적이고 독선적이며 지나치게 정치에 개입하는 것에 대해서는 좋지 않게 생각하고 있었다. 김계원이 비서실장으로 부임하여 경호실장실에 인사차 들렀는데도 차 실장이 관례상 답방을 하지 않아 매우 서운했다. 또한 경호원을 시켜 비서실장을 오라고 해서 가서 만난 일이 있고, 다른 장관들도 대통령에게 보고하러 갔다가 차 실장이 이를 제치고 먼저 보고하는 바람에 대기하는 예가 있었다. 손윗사람에 대하여 결례하는 경우가 많았으며, 심지어 존칭을 붙이지 않고 반말을 하는 것을 보고 못마땅하게 여겼다.

탱크로 밀어버리겠다

정치 문제에 관해서는 차 실장이 월권하여 깊이 개입했다고 했다. 특히 군의 지휘 계통을 문란하게 하는 위험성 있는 일이 허다하였다. 예를 들어 차 실장은 대통령을 모시고 공화당 의장과 비서실장이 동석한 자리에서 '사대주의 발언을 서슴지 않는 김영삼 하나를 제명치 못하는 국회라면 뭐하러 있느냐, 안 되면 내가 탱크로 밀어버리겠다'고 한 적도 있었다. 그래서 김계원은 언젠가는 대통령에게 해임을 건의하려고 생각하고 있었다. 김영삼의 '사대주의 발언'이란 1979년 9월 15일 《뉴욕타임스》와의 회견에서 "미국의 공개적이고 직접적인 압력에 의해서만 박정희 정권을 통제할 수 있다고 말해도 그들은 내정 간섭이라 안 된다고 하는데 이는 난센스이다. 주한미군 3만 명은 간섭이 아니란 말인가?"라고 말한 대목이다. 이를 트집삼아 공화당과 유정회(유신정우회維新政友會의 약칭으로, 박정희의 친위 부대인 준정당의 성격을 가졌다)가 '사대주의'로 규정하여 국회에서 김영삼을 제명 처리했다.

김계원이 본 김재규와 차지철의 관계는 극히 나빴으며, 특히 정치 문제는 중정에서 전적으로 관리하는 것인데 차 실장이 월권하여 사사건건 관여해서 김재규로서는 직권을 침해당하는 느낌이었을 거라고 했다. 두 사람 모두 대통령에 대한 신임도는 서로 제일이라고 자부하는 상태에서 당시 신민당 김영삼 총재의 발언 문제와 부마사태 등에 대한 의견 충돌로 갈등이 심화되었다는 것이다. 거기에다 대통령까지 차 실장의 의견에 동조하여 김재규는 그가 중간에서 농간을 부리는 것으로 알고 있어서 불만이 깊었으리라 생각했다고 했다.

그러나 대통령에 대한 김재규의 충성도는 조금도 의심하지 않았다고 했다. 직무상 또는 과거 경력상 입은 은혜를 볼 때 의심할 이유가 전혀 없었다는 것이었다. 김계원이 아는 바로는 요직 개편설은 없었다. 김재규가 몇 달 전부터 일본말로 "시오도끼가 다이지(행동 시기가 중요하다)"라고 말하면서 남자는 어디에서 일하다가 그만둘 때가 더 중요하니 그 시기를 알려달라고 한 일이 몇 번 있었으나, 김계원은 대통령이 연중에 요직 개편을 고려하지 않은 것으로 안다고 말했다. 이는 김재규가 박 대통령의 신임을 잃어 경질당할 것을 알고 범행을 저질렀다는 합수부의 수사 발표와는 상반되는 진술이었다.

그 친구 오늘 해치워버릴까

김계원이 궁정동에 도착한 시간은 오후 5시 50분경이었다. 그곳은 대통령 비서실장이라도 안내 없이는 들어가지 못했다. 보좌관이나 비서도 대동하지 못하며 정문에서 안내자를 따라 들어가면 부장이 나와 안내를 했다. 극비에 쌓인 안가였다.

김계원이 식당으로 가기 전에 김재규와 나눈 대화에는 서로 진술이 엇갈리는 부분이 있기도 하지만 김계원은 김재규보다는 비교적 상세히 진술했다.

김계원이 먼저 김재규에게 중정에서 여야 대화 공작으로 애를 많이 썼는데 헛수고가 되어 안됐다고 위로해주었다. 화제가 부마사태에 이르자 김재규가 사회 공기가 험악한 것은 실장도 모를 거라고 하면서 대단히 위험한 상태라고 이야기했다. 김계원이 대한민국 정부가 그렇게 약한 줄 아느냐, 비판한다고 오늘 내일 정부가 쓰러질 것은 아니라고 말했다. 김재규는 당시 부마사태를 상당히 위험한 것으로 판단하고 있었다.

검찰관이 김재규가 "그 친구 오늘 해치워버릴까?" 했을 때 어떤 의미로 받아들였느냐고 묻자 김계원은 검찰에서의 진술을 번복했다.

"검찰에서의 진술을 변명하지 않으려 했으나, 공정한 기록을 위해 사실대로 진술하겠습니다. '오늘 저녁 해치우겠다', '비밀에 부치겠다'고 한 일은 없습니다. 과거에 김 부장이 차 실장을 비난하면서 수없이 많이 했던 말이나 그날은 그러지 않았고, 만일 그날 그렇게 말했더라도 제가 얼마든지 막을 수 있는 관계였습니다."

"김재규는 자기가 이미 살해 결심을 해서 강한 어조로 이야기했다는데요."

"그럴 리 없습니다. 제가 이야기를 듣고 끄덕끄덕했다고 되어 있으나 전연 기억이 없는데, 김재규는 그렇다고 진술했습니다."

"'형님, 뒷일을 부탁합니다'라는 말도 마찬가지로 없었나요?"

"예. 그 말을 했다면 제가 반문이라도 했을 것입니다."

"김재규는 그곳에서 피고인이 불응했다면 그곳에서는 '농담이오' 하고 흘려버리고 살해 현장에서 죽였을 거라고 하는데요?"

"본인이 왜 그런 이야기를 했는지 모릅니다. 뒷일을 부탁한다고 했다면 제가 물었을 것입니다. 전반적으로 볼 때 김재규가 저와 그날 이야기할 때부터 과연 그렇게 하려 했느냐가 의심스럽습니다. 만찬 시 김재규는 정치 문제로 매우 어려운 입장으로 몰렸습니다. 그래서 돌연적인 결심을 한 것이 아닌가 저는 생각됩니다. 만일 뒷일을 부탁한다고 했다면 좀 더 구체적으로 무엇인가를 물었을 것입니다. 전연 그런 적이 없습니다."

"김재규는 피고인이 차 실장을 극도로 미워하는 것을 알고 있기 때문에 그렇게 하면 동조할 것으로 알았다는데요?"

"김재규 나름대로의 생각입니다. 시골에 계신 저의 어머니가 위독하시다는 아버지의 연락을 받은 적이 있는데, 그때 차 실장이 저의 입장을 각하께 말씀드려 헬리콥터까지 내줘서 다녀온 일이 있습니다."

"검찰 조사 때에는 뒷일을 부탁한다는 의미가 차 실장을 살해한 후에 각하께 잘 이야기해달라는 뜻으로 알았다고 했지요?"

"만일 제가 그 말을 들었다면 각하께 잘 말씀드려달라는 것이 아닌가 하고 진술한 일은 있습니다."

각하를 잘 모시시오

김계원은 김재규가 총을 쏠 때 앉아서 쏘았는지 서서 쏘았는지에 대해서 현장 검증 때와는 다른 진술을 했다. 1차 쏠 때도 들어오면서 두 발다 쏜 것으로 기억하며, 2차 쏠 때도 서서 쏘았다는 것이다. 김재규가 앉아서 쏘았다면 제지했을 텐데 그렇지 않았다고 했다.

"조금만 주의를 했다면 막을 수 있었지 않나요?"라는 질문에는 "저는 (김재규가) 두 발 다 쏜 후에 김재규를 본 것 같습니다"라고 대답했다. 그리고 김재규가 김계원을 툭 치면서 '각하 잘 모시시오'라고 말한 일은 없으며, 김재규는 김계원을 어디까지나 상급자 및 연장자 대우를 해왔기에 그와 같은 말은 있을 수 없다고 말했다.

김계원은 남보다 대통령에 대한 충성심이 못하지 않다고 했다. 각하 시해를 막지 못하고 그 자리에서 같이 죽지 못한 것이 한이라고 말했다. 대통령의 정치노선에 대한 불만은 없었고, 다만 청와대 비서들은 정치에 관여하지 않는 것이 좋겠다고 건의한 일이 있었다. 그러나 대통령의 정치노선 같은 것은 비서실장이 관여할 것은 아니라고 말했다.

김재규가 두 번째로 자리를 비웠을 때 불안 초조했다고 검찰 조사 때 말한 것은, 대통령을 모시고 있는데 집주인 되는 사람이 자리를 비워 송구스러웠고, 그 전에 정치 문제가 논의되었을 때 난처한 입장에 놓여 있었기 때문에 혹시나 하는 생각이 있었기 때문이라고 했다. 이에 관해 검찰관이 식당에 들어가기 전에 정원에서 들은 것을 의식한 때문이 아니냐고 추궁하자 강력히 부인했다.

김계원이 생각하는 평소 김재규의 성격은 일을 추진하고 실행시키는 데는 박력이 있으나 뒤를 정리하는 데는 충실하게 매듭짓지 못하는 결점이 있다는 것이었다. 검찰 조사에서 김재규가 자존심이 강하고, 저돌적이고, 화를 내면 이성을 잃는 성격의 소유자라고 진술한 것은 기억이 안 난다고 했다. 평소 김재규가 물불을 가리지 못하는 모습은 보지 못했고, 남자다운 의협심과 자존심은 강한 사람이라고 생각했다고 했다.

"첫 발은 어디를 향해 쏘았나요?"

"저는 못 보고 탕, 탕 소리가 나서 보니 총을 갖고 있기에 제가 뒤로 밀었습니다. 직감적으로 차 실장을 향해 쏘지 않았나 생각했습니다."

"검찰 조사 때에는 차 실장을 향해 쏘고 다음에 각하를 향해 쏘았다고 했지요?"

"제가 그렇게 진술했나요?"

첫 번째 총성 후 불이 나갔다가 켜지자마자 방 안에서 총성이 나고 쾅 하고 넘어지는 소리가 났다. 그때 김재규가 나와 복도에 있는 김계원에게 "이제 다 끝났습니다. 나는 한다면 합니다. 보안 유지를 잘하시오"라고 했다. '나는 한다면 합니다'는 김재규가 부인한 대목이다.

"그때 피고인이 '다른 사람에게 뭐라고 하지' 하고 반문하니까, 김재규가 '각하가 졸도했다고 하든지 적당히 하시오' 했고 피고인이 '알았어'라고 했다는데요?"

"앞부분은 기억이 없습니다. '알았어' 부분은 기억이 납니다."

"김재규가 왜 피고인을 사살 안 했다고 생각하나요?"

"공사 간에 감정이 없었고, 자동차 사고가 났을 때 구해준 데 고마움을 갖고 있지 않았나 생각합니다."

이때 검찰관이 더 추궁했다.

"각하를 살해한 자로서 그 정도의 이유로는 부족하지 않은가요?"

"김재규는 제가 따라오지 않겠는가 하고 생각했을는지는 모릅니다."

'나는 한다면 합니다'라는 말은 이전에 김계원이 차 실장에 대해 비난조로 이야기할 때 김재규가 '어떻게 할까요' 하는 이야기를 수차 했는데, 그에 연결되는 맥락으로서 일종의 과시용 발언인 것으로 생각했다.

청와대 병력은 동원하지 말라

2차로 김재규가 총을 쏘고 나간 다음 김계원이 방으로 가보니 누군가가 권총을 갖고 방 안을 들여다보기에 "각하가 계신데 무슨 짓이냐"고 하며 그 자리에서 권총을 빼앗았다. 그런데 그자가 차 실장이 아직 안 죽었다고 하며 쏘라는 시늉을 하더라는 것이다. 그땐 누구인 줄 몰랐고 나중에 알고 보니 중정 직원 이기주였다.

권총을 빼앗아 주머니에 넣고 대통령을 보니 어깨에 피가 묻어 있었다. 김계원은 밖으로 나가서 사람들을 데리고 들어와 대통령을 업게 하여 대통령 차에 싣고 수도통합병원분원(국군서울지구병원)으로 갔다. 운전사 역시 처음엔 각하의 운전사로 알았는데, 나중에 알고 보니 중정 직원 유성옥이었다고 했다.

비서실장이 어떻게 대통령 차량 운전사를 못 알아볼 수 있느냐고 추궁하자, 공식 행사 차량의 운전사는 얼굴을 알지만 사적으로 이용하는 차량의 운전사는 모른다고 대답했다. 경복궁 동편 삼청동 가는 길 오른쪽에 위치한 국군서울지구병원은 대통령이 전용으로 이용하는 곳이었고, 보안사령부와 건물을 같이 쓰고 있었다.

김계원은 대통령이 쉽게 사망하리라고는 생각 못 했고, 차 안에서 머리의 상처를 살펴볼 겨를도 없었다고 했다. 그래서 병원에 도착하자마자 수술 준비부터 시켰다는 것이다.

"그 당시 환자가 각하라는 사실을 알렸나요?"

"안 알렸습니다. '수술 준비하라'고 소리 지르니까 장교와 사병이 많이 모였는데, 각하를 잘 알고 있을 것이기 때문에 말할 필요가 없어서 안 했습니다."

"함께 차에 타고 병원에 간 두 사람에게 병원장이나 군의관이 물어도 보안 유지를 하라고 한 이유는 무엇인가요?"

"각하가 이미 서거하셨다는 걸 듣고 출입자를 단속하라고 지시한 것입니다."

김계원은 병원에 도착한 지 약 10여 분 뒤 병원에서 나와 택시를 타

고 청와대로 갔다. 청와대에 도착한 시간은 밤 8시 5분에서 10분경이었
다. 택시를 이용한 것이 보안 유지를 위한 것이 아니냐는 질문에는 대통
령 차량 운전사는 시신을 모시고 있고, 차가 없어서 그랬을 뿐이라고 답
했다.

"청와대에 도착한 후 어떤 조치를 취했나요?"

"일과 시간 이후에는 비서실장 방이 잠겨 있어서 경호관을 시켜 수
석비서관들과 총리, 국방장관, 법무장관, 내무장관과 육참총장에게 지금
오라고 전화하게 했습니다."

"수석비서관이 소집되고 이재전 경호실 차장이 와서 무슨 일이냐고
물었다는데, 그때 각하의 서거 사실을 알렸나요?"

"대통령 각하의 신변에 중대한 일이 일어났다고만 말했습니다."

"각하가 서거하셨다는 말을 했나요?"

"그런 말은 안 했습니다. 각하의 신변에 중대한 일이 일어났고, 차
경호실장은 지휘할 수 없을 것이니 이 차장이 경계를 강화하고, 경거망
동한 행동을 삼가고, 부하 감독을 잘하라고 했습니다. 경호실 병력이 출
동할 필요가 없느냐고 해서 출동할 필요는 없다고 했습니다."

이때 검찰관이 이재전 차장의 진술에 의하면, '각하가 큰일을 당해
병원에 모셔다 드리고 오는 길이다, 경호실장과도 연락이 안 된다, 그러
니 경계를 강화하고 병력 출동은 금지하라'고 했다는데 맞냐고 묻자, 김
계원은 그렇다고 대답했다.

서거와 위독의 차이

검찰관은 김계원에게 김재규의 총에 맞아 대통령이 서거한 사실을 이
미 알고 있었으므로 김재규를 체포케 하거나 혼란 방지를 위한 어떠한
조치를 취해야 하지 않았느냐고 다그쳤다. 김계원은 조치를 취하기 위

해 총리와 필요한 장관들을 청와대로 오게 했으며, 청와대 병력 동원을 하지 않은 것은 김재규가 중앙정보부의 조직으로 어디서 무엇을 하는지 모르는데 오히려 혼란만 생기고 수습하지 못할 무력 충돌이 일어나지 않을까 염려되어 금지시켰다고 했다.

중앙정보부가 무력 조직이 아니므로 은밀히 다른 사람을 통해 군에 연락을 취하여 체포케 했어야 하지 않았느냐는 질문에는, 김재규 체포설이 시중에 나간다면 국민이 대통령 서거 소식을 알게 될 텐데 아무런 준비 없이 부닥칠 국내외적인 일을 생각할 때 경솔히 해서는 안 된다고 생각했다고 대답했다.

검찰관이 아픈 데를 찔렀다.

"그래서 오히려 김재규에게 시간적인 여유를 준 것이 아닌가요?"

"아닙니다."

"김재규가 군을 장악한 것으로 알았나요?"

"아닙니다. 밤 9시경 전화를 받고 김재규가 육군참모총장을 설득하고 있지 않나 생각했습니다."

"그때 국무총리에게 허위 보고를 한 것이 아닌가요?"

"아닙니다. 김재규와 차지철의 싸움에 각하가 총 맞아 돌아가셨다고 했습니다."

김계원은 적어도 총리에게는 김재규의 과실이었든, 처음부터 의도된 범행이었든 간에 김재규의 총에 의해 대통령이 서거했다는 사실은 알렸다고 주장했다. 그러나 최규하의 1979년 12월 1일자 참고인 진술조서에는 김계원이 "각하께서 위독하십니다. 차지철과 김재규가 언쟁 끝에 총격전을 하다가…… 그만……"이라고 한 것으로 적혀 있다. 최규하는 '서거'와 '위독'의 차이를 몰랐을까? 만약 최규하가 대통령 서거 사실을 알면서도 무방비 상태로 김재규가 있는 육본 벙커로 갔다면 이는 매우 위험한 행동이다. 대통령 유고 시 총리가 대통령 권한을 대행하는 지위에 있기 때문이다.

김계원은 총리에게 아군 상호 간의 총격전을 염려하여 충돌을 방지하기 위해 병력 출동을 금지했다고 보고하자 총리 역시 충돌이 없게 해야 한다고 했고, 그래서 군에 알려 수습한 후에 대통령 서거를 발표해야 한다고 말했다고 했다.

"사태를 수습할 관계 장관은 내무장관이나 청와대 경호실 차장인데, 차지철 경호실장이 죽었다는 말은 했나요?"

"안 했습니다."

"내무장관에게는 간신배 하나 때문에 각하가 다치셨다고만 말했지요?"

"예. 김재규가 체포될 여건이 구비될 때까지 누설을 방지하기 위하여 그랬습니다."

김재규와의 첫 번째 통화 시 김계원이 "근혜 양이 아버지가 어디 계시냐고 해서 다른 데 계신다고 했는데 또 물으면 어떻게 하지"라고 말한 사실도 없고, 근혜 양이 물어온 적도 없다고 부인했다.

검찰 조사 때 김계원은 김재규가 육본 벙커에서 "군을 장악하고 있는 것 같은 느낌을 가졌다"고 했으나, 법정에서는 "군부를 장악하려고 하고 있지 않나 생각했던 것"이라고 조금 덜 단정적으로 말했다.

김재규가 살해범이다

밤 9시 반이 조금 지나 총리, 내무장관, 법무장관, 유혁인 정무1 수석과 함께 육본 벙커에 도착했는데, 김계원은 군 장성들이 많이 움직이는 것을 보고 깜짝 놀랐다. 그들의 이야기는 부대 출동에 관련된 것이었는데, 대통령 서거 사실은 물론 김재규가 범인인 것도 모르고 있는 낌새였다.

처음에는 전시나 훈련 시와 같이 장군들이 움직여서 김재규가 계획한 일이 아닌가도 생각했으나, 차츰 이야기를 들어보고 행동하는 것을 보니 아니구나 하고 안심했다는 것이다.

"육본 벙커에 가서 무엇을 했나요?"

"각 군 총장과 장군들이 있었고, 총리를 모시고 가니까 육군총장이 부대 출동 준비를 한다고 총리에게 보고했고, 총장에게 자세한 것을 말하려 했으나 김재규가 주시하고 있어서 옆방으로 총장을 데리고 갔지만 김재규가 따라와 아무 말도 못했습니다. 화장실에 갈 때 김재규가 따라오기에 '어떻게 하려고 각하를 그랬느냐'고 하니까 '혁명 간판을 달아야 한다'는 말을 해서, 벙커 안에는 여러 사람이 있고 병력도 많이 움직이는 상황이라 그냥 알았다는 듯이 김재규를 밀고 나가려다가 국방부장관실로 가자고 해서 옮겼습니다."

이 부분이 바로 김재규가 김계원이 '알았다'고 하여 확정적으로 동조하는 것 같았다고 믿게 했다는 대목이다.

검찰관은 김계원이 궁정동에서 뺏은 총에 실탄이 있었는데도 김재규를 체포하거나 사살하지 않았고, 또 청와대나 국방부에 와서도 김재규가 범인이라는 것을 알리지 않은 것은 김재규에게 동조한 것이 아니냐고 추궁했다. 이에 김계원은 체포 기회를 포착하기 위해 총리와 같이 국방부에 간 것이라고 말했다.

국방부장관실에서는 계엄 선포 사유가 논의 대상이었다. 총리가 계엄 선포 사유를 각하 사망으로 해야 하느냐, 유고로 해야 하느냐고 의견을 물었고, 김계원은 유고로, 김재규는 부마사태도 있으니 국내 문제로 하자고 했다. 김계원의 기지로 '유고'라는 말이 나온 것이 아니라 총리가 먼저 언급하여 그에 동조했다는 것이다. 또 '유고로 하자'는 것은 계엄 부대가 도착할 때까지만이었고, 발표 때는 서거로 하자는 것이었다고 했다. 국내 문제를 이유로 하자는 데 반대하자, 김재규는 소련은 7일 간이나 보안을 유지했다는 이야기를 했다.

"총장에게 김재규가 범인인 것을 알린 것은 언제인가요?"

"위와 같은 논의 중에 장관부속실 옆 조그만 방으로 육군총장과 국 방장관을 불러달라고 해서 '김재규가 살해범이다. 중정부장이니 소란 피우면 곤란하다. 날쌘 자를 골라 사고 없이 체포 조치하라'고 했습니 다."

그 이야기를 마치자마자 바로 김재규가 방에 들어와 계엄군의 특식 비 이야기로 화제를 바꾸었다고 한다. 뒤에 김재규는 특식비 이야기는 기억에 없다고 했다.

김계원은 김재규의 체포를 경찰의 직속상관인 내무장관이나 청와대 경호실을 제쳐놓고 군을 통할하는 국방장관과 육군총장에게 맡겼다. 앞 으로 비상계엄령이 선포될 것에 대비하여 미리 조치한 것일까? 내무장 관이나 청와대 경호실에는 이미 말할 기회를 놓쳤고, 당시 김재규가 있 는 장소가 국방부였기 때문이었을까? 아마도 김계원은 막강한 중정부 장을 체포하는 데는 군의 힘을 빌리는 것이 최선이라고 판단한 듯하다.

시퍼런 칼날을 주시오

긴급조치 10호에 관한 이야기는 10·26으로부터 열흘 내지 2주 전에 청 와대 안보회의 때 김재규가 말했는데, 긴급조치 9호로는 실효를 거둘 수 없으므로 10호를 제정해서 내용을 간추려 필요한 것을 강화하고, 불 필요한 것은 없애야 한다고 하며 "긴급조치 9호는 녹슬었으니 시퍼런 칼날을 주시오"라고 말했다고 했다. 예를 들어 야당 의원이 지구당대회 에서 긴급조치 9호를 비난하는 발언을 수십 번 해도 워낙 횟수도 많고 위반자도 많아서 아무런 조처를 못하는 경우가 허다한데, 이런 것은 긴급조치에서 제외하고 그 가운데 필요한 핵심만을 간추리자는 주장이었다는 것이다.

대통령은 그 후 신직수 특보에게 검토시켜서 긴급조치 10호 발동은 안 된다고 반대했고, 또 9호보다 더 강력한 것은 필요 없고 앞으로는 위법 행위에 대해 긴급조치보다는 되도록 법률로 다스리도록 말했다고 김계원은 진술했다. 이는 김재규가 대통령에게 긴급조치를 완화하자고 건의하면 오히려 반대로 나갈까 봐 일부러 강력한 것을 요구했다는 주장과 상반된다.

YH 근로자 강제 해산 사건의 경우는 그날 밤 해산하지 않으면 10여 명이 집단 자살한다는 정보가 있어서 강제 해산시킨 것으로 알고 있다고 했다. 당일 유혁인, 고건 정무수석비서관이 내무부에서 희생자가 많이 날 우려가 있어서 연기하자는 건의가 있다고 보고하여 김재규에게 희생자가 나지 않도록 안전 대책을 강구해야 한다고 말했더니, 김재규가 "그거 다 고려됐습니다. 오늘 안 하면 안 됩니다"라고 말하더라는 것이다. 그날 밤 강행한 것은 김재규의 지시이지만, 최종 결정은 그날 오후 회의에서 이루어진 것으로 알고 있다고 했다.

마지막으로 검찰관은 김재규의 범행 동기에 관한 김계원의 느낌을 물었다.

"김재규가 4, 5월부터 각하를 살해하고 혁명을 일으켜 대권을 탈취하려 했다는데, 본인이 지금 와서 그렇게 말하니까 사실이겠지요. 그러나 도저히 사건 당시까지는 믿어지지 않고 생각지도 못한 일입니다. 이 사건 전까지는 중정부장으로서 누구보다도 성의껏 충성스럽게 이 정권을 위해 일해왔습니다."

"피고인은 김재규가 어떤 동기로 범행을 했다고 생각하나요?"

"만찬석에서 처음부터 정치 문제가 자꾸 화제가 되기에 제가 화제를 바꿔보려고 노력했으나 안 되었습니다. 정치 문제에서 김재규가 어려운 위치에 몰려 격분된 순간 차지철이 감정을 거슬리게 하여 이성을 잃은 행동을 한 게 아닌가 생각합니다. 그러나 본인이 혁명이라고 하니까, 그건 잘 모르겠습니다."

이렇게 김계원에 대한 검찰의 직접신문이 끝나고 변호인의 반대신문이 이어졌다.

김계원에 대한 변호인 반대신문

차 실장 이놈아, 김 부장 왜 이래, 그 무슨 짓들이야

김계원의 변호인은 이병용, 김수룡 변호사였다. 먼저 이병용 변호사가 김계원의 성장 배경과 정상情狀에 관해 묻기 시작했다. 검찰 신문 내용과 중복되는 것은 줄인다.

김계원은 할아버지 때부터 기독교 신자로 배재중학교, 연희전문학교 등 기독교학교에 다녔고, 부모, 처, 2남 1녀, 손자 3명 등 다복한 가정으로 당시 모친이 위독한 상태였다. 김계원은 대통령이 김계원 모친의 위독함을 알고 10월 26일 다음 날인 토요일 시골에 내려갔다가 일요일에 오라고 챙겨준 것을 고마워했다. 10·26 당일은 공식적인 만찬이 아닌 사사로운 만찬이었기 때문에 비서실장이 꼭 참석하지 않아도 되었다. 하지만 그날은 차 실장으로부터 참석하라는 연락이 와서 궁정동 중정 식당으로 가게 되었다. 그곳에 간 건 이번이 네 번째였다.

식당 앞 경계석에서의 대화에 관해서는 검찰 신문 때와 또 달랐다.

변호인이 "김재규가 차지철을 해치워버리겠다는 이야기를 그전에도 입버릇처럼 했지만, 그날 저녁 경계석에 앉아서는 그런 이야기를 들은 일이 없다는 것이지요?"라고 검찰에서의 진술을 재확인하듯 묻자, "전에 하던 그런 식의 이야기는 있었으리라고 생각됩니다"라고 한발 물러섰다. 그러나 뒷일을 부탁한다는 말은 없었다고 했다.

"처음에 탕탕 소리가 나자 거의 동시에 옆방에서도 수없이 총소리가 나서 김재규를 밀고 나가자 전깃불이 나갔다고 했지요?"

"예."

"그때 총소리가 날 때 김재규가 피고인을 툭 친 일이 있나요?"

"저는 그런 느낌은 생각나지 않습니다."

"그 순간 그 장소에서 '차 실장 이놈아', '김 부장 왜 이래', 그리고 각하의 '그 무슨 짓들이야' 하는 세 마디가 거의 연속적으로 나오며 총소리가 났나요?"

"예. 그렇습니다."

만찬석에서는 시바스리갈이라는 양주를 마셨는데, 김재규와 차지철은 술을 잘 못해서 김계원이 주로 대통령과 대작하느라 술에 취했었다.

김재규가 "나는 한다면 합니다"라고 했을 때 "알았소"라는 대답의 뜻이 무엇이냐고 묻자, "김재규가 총을 들고 살기등등한 태도라 그 장소를 모면해야겠다는 생각으로 알았다고 했습니다"라고 했다.

김계원이 대통령이 머리에 총상을 입은 것을 몰랐다고 한 것은, 뒷머리에 총을 맞고 총알이 앞으로 나가지 않았기 때문에 얼굴에는 상처가 없어서였다고 했다.

국무총리에게 보고했다는 내용도 검찰 신문 때와는 조금 달랐다. 김재규 부장과 차지철 실장이 싸우다가 대통령이 서거하셨다고 보고했는데, 김재규가 대통령을 쏘았다는 말을 안 했을 뿐 경위는 설명했다는 것이다. 김계원은 국방부에서 김재규로부터 혁명 운운하는 이야기를 듣고 비로소 의도적으로 대통령을 살해한 것을 알았고, 그 전까지는 김재규가 차지철과 싸우다가 우발적으로 대통령에게까지 총을 쏘게 된 것으로 알았으므로 결코 총리에게 허위 보고를 한 것은 아니라고 진술했다.

이병용 변호사가 신문하는 동안 검찰관과 가벼운 입씨름이 있었다. 반대신문 내용이 변호인이 주로 설명을 하고 피고인은 "예", "그렇습니다"라고 대답하는 형식이었다. 이를 지켜보고 있던 검찰관이 이의를 제기했다.

"변호인께서 피고인이 대답할 내용을 미리 말해주고 신문하는 것은 유도신문이니 재판부가 제지해주십시오."

재판부가 아무 말이 없자 이 변호사가 일어나 반론을 폈다.

"검찰관의 유도신문은 변호인이 이의를 제기할 수 있지만, 변호인의 반대신문은 유도신문이 허용되는 것으로 압니다. 귀관과 여기서 법적 논쟁을 할 수도 있으나 다음으로 미루고, 계속 신문하겠습니다."

이 변호사가 다소 익살맞게 말하는 바람에 삼엄하던 법정에 잔잔한 웃음이 일었다. 이때 재판부는 조용히 지켜보고 있었다.

비서실장은 반역할 수 없다

이병용 변호사에 이어 김수룡 변호사가 반대신문을 했다. 주로 김재규와의 공모는 김계원으로서는 도저히 상상할 수도 없다는 내용이었다.

김계원은 자신이 비서실장으로 임명된 데는 김재규의 노력이 가미된 것도 없고, 김재규와 별도로 단둘이 식사를 한 일도 없으며, 평소 김재규로부터 대통령을 비방하는 말을 들어본 일도 없다고 했다. 다만 차지철의 월권에 대해 격한 말을 여러 차례 들은 적은 있었다는 것이다.

"각하께 차지철 실장의 월권행위에 대하여 피고인이 말씀드린 사실이 있나요?"

"과거에 한 번 정치 문제에 관하여 청와대에서 직접 손대는 것은 피하는 것이 좋겠다고 건의드린 일이 있습니다."

"그러니까 각하께서는 무어라고 대답하던가요?"

"제가 차 실장이라고는 지적하지 않았지만 각하께서는 바로 아시고, 차 실장은 국회의원도 여러 번 했고 정치 문제도 잘 알고 하니 과히 실수 없이 잘할 거라고 말씀하셨습니다."

차지철 경호실장은 1974년 8월 15일 육영수 여사 저격 사건(당시 장충체육관에서 열린 광복절 경축 기념식에서 박 대통령이 연설하는 도중 문세광이 쏜 총탄에 맞아 대통령 영부인이 사망한 사건을 이름)에 책임을 지고 물러난 박종규 경호실장의 후임으로 당시 이미 국회외무통일위원장을 지낸 중진급 정치인이었다. 벌써 5년 이상 경호실장으로 대통령을 모시면서 깊이 정치에 관여해왔는데, 특히 대통령의 비호를 받고 있어서 더 월권하지 않았느냐는 이야기였다.

김계원으로서는 김재규가 경계석에서 차지철을 해치워버리겠다고 한 것도 평소 늘 해왔던 말이라 홧김에 하는 것으로 알았고, 설령 만에 하나 흘러가는 말로라도 살해할 결심을 말했다 하더라도 대통령이 계시는 만찬석상에서 하리라고는 생각도 못했다고 했다.

"김재규가 대통령이 된다면 무슨 자리를 준다고 약속이 되었나요?"

"상상도 못할 일입니다."

"그렇게 되면 더 좋은 직책으로 간다고 생각했나요?"

"저는 대통령 비서실장이 관직의 마지막으로 생각하고 있었습니다."

"그러면 아무런 이익도 없는데 대역 행위를 하자는 제의에 승낙하고 동조를 한 것인가요?"

"전연 그런 것 없습니다. 비서실장은 반역할 수도 없고, 그렇게 되면 이 나라에서 생명을 유지할 수도 없습니다."

김계원은 평소 우리나라의 민주주의 회복을 위해 대통령을 살해하지 않으면 안 되겠다고 생각해본 일도 없고, 그런 말을 김재규로부터 들어본 적도 없다고 했다. 또 김재규가 대통령 앞에서 차지철을 살해할 것을 눈치챘다면 미리 경호원에게 주의시켜 충분히 방어했을 텐데 전혀 낌새도 못 챘다고 했다.

만찬석상에서 정치 이야기가 나왔을 때 김재규가 난처한 입장에 놓여 이를 무마하려고 술을 권했더니 큰 술잔에 양주를 채워주기에 받아 마셨다. 만약 공모한 사이라면 이를 다 받아 마시지는 않았을 것이라고 했다.

김재규는 '각하, 정치를 좀 대국적으로 하십시오', '각하를 잘 모시십시오', '이 버러지 같은 놈' 하고 총을 쏘았다고 했지만, 김계원은 기억이 없다고 했다.

김재규는 총을 쏘기 직전 좌석은 대화하는 분위기였다고 했지만, 김계원은 앞에 앉은 여자가 기타 치는 것을 보고 있었으며 노래하는 분위기였다고 말했다. 나중에 여인들의 증언에 의하면 이 부분은 김계원의 기억이 맞는 것 같다.

김계원은 대통령이 총에 맞은 사실은 처음에는 몰랐고, 대통령이 쓰러질 때도 옆으로 피하는 줄 알았으며, 뒤에 이기주로부터 총을 뺏은 다음 대통령을 보니 옆으로 쓰러져 있었고, 어깨 위 와이셔츠에 피가 뻘겋게 보였다고 했다.

변호인이 중정 식당에 시신을 두면 보안상으로는 안전하고, 또 김재규가 총 쏘고 나가면서 보안 유지를 하라고 했는데, 왜 병원으로 옮겼느냐고 물었다. 김계원은 "각하를 소생시키기 위한 일념뿐이었습니다. 그때 '알았소'라고 한 것은 당시의 위기를 모면하기 위한 것이었습니다"라고 답했다.

오후 7시 7분 반대신문 막바지에서 김수룡 변호사가 "피고인은 무엇이 잘못되어 이 법정에 서게 되셨다고 생각하십니까?"라고 물었다. 김계원이 김재규와 사전에 모의하지도, 그의 범행에 동조하지도 않았다면 어찌하여 이 법정에서 재판을 받고 있느냐고 그에게 변소 기회를 주려는 것이었다.

김계원은 "본인은, 본 피고인은……" 하고는 말을 잇지 못했고, '이건 아닙니다'라고 말하려는 듯 고개를 옆으로 몇 번 흔들다가 끝내 울먹였다. 그리고 한참 동안 침묵하고 있다가 말했다.

"각하와 같이 죽지 못한 것 외에는 잘못한 것이 하나도 없습니다. 제가 한 조치에 대해 하나도 후회하지 않습니다. 말할 수 없는 혼란이 일어날 가능성이 있었지만, 제가 그때그때 판단한 데 대해 하나도 후회하지 않습니다."

김계원에 대한 재판부 신문

김수룡 변호사에 뒤이어 법무사가 김계원에게 몇 가지 물었다.

"피고인은 김재규 피고인이 체제에 대한 도전이나 대통령 각하에 대한 도전으로 사건을 일으킨 것이 아니고, 순간적으로 흥분해서 우발적으로 저지른 실수인 것으로 생각한다는 말인가요?"

김계원이 머뭇거리다가 대답했다.

"그런 가능성이 있지 않나 생각됩니다. 지금에 와서 김재규가 혁명을 계획했다고 이야기를 하니까 그런가 하고 생각했습니다."

"평소 주량은 어느 정도인가요?"

"전에는 많이 했는데, 그날은 여행을 해서 일찍 취한 것 같은데, 평소에는 위스키 4분의 1병쯤 마시면 기분이 좋은 정도입니다."

여행이란 그날 낮에 대통령을 수행하여 삽교천 방조제 준공식에 다녀온 것을 말한다.

"그날 만취되어 의식이 없거나 한 일이 있나요?"

"저는 그렇게 생각 안 하지만, 그 이튿날 기억 못하는 것이 있었습니다."

하지만 술을 좋아해도 술에 취해 실수한 적이 없고, 과거에 만취하더라도 대통령은 꼭 모셔다 드렸다고 했다.

어쩌면 충분히 기억할 수 있는 사소한 내용도 기억하지 못했거나 일부러 은폐하려 했는지도 모른다. 아무튼 그는 10·26 다음 날 오후 5시 반경 전두환 보안사령관이 수사관 2명을 대동하고 청와대로 가서 사건 개요를 청취하는 식으로 조사를 할 때에는 하루 전인 10월 26일 밤 병원에서 택시로 청와대까지 간 사실을 기억 못하고 승용차로 갔었다고 진술했다. 너무나 경황이 없어 기억을 못했을 수도 있을 것이다.

07   박선호, 박흥주, 이기주, 유성옥,
         김태원, 유석술에 대한 신문

박선호에 대한 검찰 신문

업무의 90퍼센트는 대통령 행사 지원

김재규, 김계원에 대한 신문에 이어 박선호, 박흥주, 이기주, 유성옥, 김
태원, 유석술에 대한 검찰 신문이 이어졌다.

　신문에 앞서 법무사가 박선호와 박흥주에게 다른 피고인들의 면전
에서 충분히 진술할 수 있는지 묻자, 모두 괜찮다고 답했다. 박선호부터
신문이 시작되었다.

　박선호는 1934년 경북 청도읍에서 출생하여 대구 대륜중고등학교,
해병 간부후보 16기생으로 졸업, 해병소위로 임관된 이래 해병 제3여단
3대대장, 해병헌병감실 헌무과장을 지내고, 1973년 10월 해병대령으로
예편했다. 그 후 중앙정보부 총무과장, 중정 부산분실 정보과장, 현대건
설 사우디 현장 안전부장 등을 거쳐 중앙상사라는 회사를 경영하다가

1978년 8월경부터 중정 비서실 의전과장으로 근무해왔다.

"의전과장의 하는 일이 무엇인가요?"

"궁정동 본관 집무실 관리와 각하가 사용하는 구관, 가동, 나동, 다동을 관리합니다. 주로 제가 하는 일의 90퍼센트는 각하 행사를 지원하는 일입니다."

그가 관리하는 중정 소속 궁정동 소재 건물 내에서 일어나는 대통령 관련 행사가 꽤 많았다는 이야기이다.

김재규와 박선호는 사제지간이었다. 김재규가 육군중위로 복무하던 중 좌익이던 연대장과 다투고 군에서 쫓겨나 잠시 대륜중학교 체육교사로 근무할 때 박선호가 제자였다. 박선호는 김재규를 그 시절뿐만 아니라 지금에 이르기까지 여러 면에서 많은 충고와 지도를 해준 분으로 항상 존경해왔다. 김재규가 군단장, 국회의원 또는 장관으로 있을 때도 찾아가 인사를 나눴고, 의전과장으로 근무하게 된 것도 김재규의 권유와 추천 때문이었다.

"김재규와 차지철과는 어떤 사이로 알고 있었나요?"

"제가 근무하면서 정치나 정보 면에 관해서는 잘 모르나, 차 실장은 행동에 있어서 안하무인격이라고 피부로 느꼈고, 경호실장으로서 정치에 깊이 관여하여 모든 사람이 싫어한다고 느꼈습니다."

하지만 김재규와 김계원의 사이는 별로 나쁘지 않은 것으로 알고 있다고 했다.

이기주는 같은 해병 출신이고 경비원이면서 행정력이 좋아 다른 경비원들을 관리하며 박선호를 지원했고, 유성옥은 과거 두 번이나 같이 근무한 일이 있는데 박선호가 의전과장으로 오면서 본인이 원하기에 데리고 왔다고 했다. 그리고 김태원을 포함한 다른 경비원들과도 모두 화목하고 단결하는 사이였다고 했다.

"피고인에 대해 복종심이 강한가요?"

"품행이 단정하고 충성심이 강한 부하들과 근무하는 것을 영광으로 생각했습니다."

상하 간의 깊은 신의를 엿보게 하는 진술이다.

"만찬 연락은 언제 받았나요?"

"10월 26일 오후 4시 25분경 청와대 경호실 정인형 경호처장으로부터 '오늘은 대大행사가 있다. 장소는 나동이다'라는 연락을 직접 받고, 나동 관리인인 남효주 사무관에게 나동에서 대행사가 있다고 준비를 시켰습니다. 대행사라고 하면……"

박선호가 '대행사'의 뜻을 말하려는데 검찰관이 "네, 됐어요" 하면서 말을 끊었다.

박선호는 김재규가 4시 30분경 도착하여 "행사 관계를 보고드리고 바로 프라자 호텔……"이라고 말을 잇는데, 검찰관이 또 말을 중간에 막았다. 만찬석에 합석할 두 여인을 섭외하러 나가는 것을 말하려던 참이었다.

각하까지입니까?

만찬 도중 김재규가 나와서 박선호를 만난 경위는 김재규의 진술과 거의 일치했다. 박선호가 경호처장 등과 함께 대기실에 있을 때 남효주 사무관이 와서 김재규 부장이 나간 지 5분이 경과됐는데 모르느냐고 해서 깜짝 놀라 구관을 거쳐 본관으로 갔다. 이미 김재규가 박흥주와 함께 나오기에 같이 구관 뒤쪽 잔디밭까지 걸어갔을 때였다.

김재규가 뒤돌아서면서 "자네들, 어떻게 생각하나? 나라가 잘못되면 나나 자네들이나 다 죽는 거야"라고 첫 마디를 던졌다. 그러고는 "오늘 저녁에 해치우겠다. 방 안에서 총소리가 나면 너희들은 경호원을 처치해라" 하고 명령하더니, 오른쪽 바지주머니를 툭 치면서 권총을 휴대하고 있다는 시늉을 했다. 그들은 갑작스런 지시에 무슨 영문인지 몰라 어리둥절했다.

이때 김재규가 본관 쪽을 가리키면서 "이미 육군총장과 제2차장보도 와 있다. 자네들 각오는 돼 있지?"라고 했다. 얼떨결에 박선호는 "각오가 되어 있습니다"라고 대답하였고, 박흥주는 침통한 얼굴로 아무 말 없이 고개만 끄덕였다.

그때 박선호가 "각하까지입니까?"라고 물었다. 김재규는 짤막하게 "음" 하고 신음에 가까운 대답을 했다.

박선호는 너무나 의외의 지시를 받아 놀란 나머지 그날 청와대에서 나온 경호원이 실제로 4명이었는데도 김재규의 행동을 미루어보기 위해 "오늘 경호원이 7명이나 되니 다음 기회에 하는 것이 어떻습니까?"라고 거짓 보고를 했다. 김재규는 대뜸 "안 돼. 오늘 안 하면 보안이 누설돼서 안 돼. 똑똑한 놈 세 놈 골라서 나를 지원하게 해"라고 말했다.

박선호는 하는 수 없이 30분간 여유를 달라고 호소했다. 조금이라도 지연시키려는 의도도 있었지만, 만약 그 전에 행동하면 김재규가 먼저 총탄에 쓰러질 것 같아서 시간을 달라고 한 것이다. 김재규가 "안 돼. 너무 늦어"라고 했지만 박선호는 "30분 전에는 절대로 행동해서는 안 됩니다"라고 고집했다.

검찰관이 당시 박선호의 느낌을 물었다.

"육군총장과 중정 제2차장보가 와 있다고 했을 때 피고인은 어떻게 생각했나요?"

"그 시간에 군의 최고지휘관인 육군총장이 와 계신다는 것과 국내 정치를 담당하는 2차장보가 안 올 시간에 왔다는 사실에 굉장히 위축되었습니다. 부장께서 국내외의 모든 정보를 자세히 알고 계시고 부산·마산 사태를 직접 순시하고 오셨고 해서, 이것은 무엇인가 긴박한 상황이구나 생각했습니다. 부장께서 총을 차고 나와서 이미 각오하신 상황이라 만약 제가 거부를 하면 성공하건 실패하건 간에 제가 살아남지 못한다고 느꼈습니다."

"평소 김재규를 어떻게 생각했나요?"

"평소 저희들에게 검소하라, 모든 이에게 겸손하라, 윗사람을 존경하라, 물의 흐름을 막을 수 없다 등등 항상 지도적인 교훈의 말씀을 해주셔서 인격적으로 존경했습니다."

박선호는 박흥주와 함께 경비원 대기실로 가는 중에 이기주를 불러 권총을 가져오라고 시켜서 38구경 리볼버 권총으로 무장했다. 이기주에게도 무장하라고 했더니 처음에는 기관단총으로 무장했는데, 거추장스러워 보여 권총으로 바꾸라고 했다. 그리고 아무래도 경호원이 많아 한 사람으로는 안 될 것 같아서 평소 유성옥이 말을 잘 듣고 해서 이기주에게 유성옥도 총을 쏠 줄 아느냐고 물었더니 육군중사 출신이라고 하기에 유성옥까지 불러 무장시켰다.

그들을 데리고 구관 쪽으로 가서 "부장 지시인데, 오늘 일이 잘되면 한몫 볼 것이다. 부장이 방 안에서 총을 쏘면 너희들은 주방에 있는 경호원을 몰아붙여라"라고 지시했다. 그 말을 들은 이기주가 경호원들이 사격해오면 어떻게 하느냐고 물어 같이 응사하라고 했다. 그리고 유성옥에게 식당 행정 차량인 제미니 승용차를 식당 주방 뒤에 주차시키고, 그 차 안에 박흥주, 이기주, 유성옥이 대기토록 하였다.

우리 같이 살자

그다음 박선호는 식당 대기실로 가서 경호처장 정인형과 부처장 안재송의 동태를 파악하였다. 그들은 땅콩을 먹으며 텔레비전으로 미8군 방송을 보고 있었다. 정인형은 박선호와 해병 임관 동기이고 같은 대령 출신이며, 안재송은 해병대 장교 후배여서 평소 친분이 두터운 사이였다.

그날 7시 38분경 박선호는 남효주에게 만찬석에 가서 김재규 부장을 불러달라고 하여 준비가 다 되었다고 보고하였다. 그러고는 다시 대기실로 가서 입구에 있는 소파에 앉았다. 마침 안재송이 화장실에 다녀왔는데 그사이 총성이 나면 어쩌나 하고 조마조마했다.

7시 40분경 만찬석에서 두 발의 총소리가 났다. 첫 번째 총성이 들렸을 때 경호처장과 부처장이 의아해하며 박선호와 셋이 서로 얼굴을 보았는데, 처장과 부처장의 손이 총으로 가려는 순간, 박선호가 "꼼짝 마"라고 소리치며 먼저 총을 뽑아 들었다. 곧바로 두 번째 총소리가 나자 "총 뽑지 마. 움직이면 쏜다"라고 소리쳤다. 잠시 멈칫거리는 사이 박선호가 "우리 같이 살자"라고 애원조로 말했다. 그러자 정인형은 갑작스런 상황에 너무 당황해서 안색이 변했다. 일순간 정인형과 안재송이 서로 마주 보면서 박선호 쪽으로 눈짓을 하는 것 같았다. 이때 속사권총 국가대표 선수 출신인 안재송이 박선호를 향해 권총을 뽑아 드는 순간 박선호의 권총이 먼저 안재송의 가슴을 향해 불을 뿜었다. 동시에 정인형이 총을 뽑아 들고 박선호를 겨누자 박선호는 뒤로 두어 걸음 물러서면서 총을 발사했다. 박선호는 만약 동시에 두 사람이 총을 뽑았다면 먼저 그들에게 당했을 것이라고 말했다. 아마도 정인형은 동기생인 친구가 자신에게 총을 쏘리라고는 전혀 상상도 못했던 것 같다.

이때 주방에서도 총소리가 나더니 전깃불이 꺼져 박선호는 대기실에서 나와 휴대하고 있던 손전등을 꺼내 사방으로 비추면서 "나 과장인데 불 켜라"고 소리쳤다. 박선호는 비상시에 대비하여 항시 손전등을 지니고 있었다. 잠시 후 불이 들어왔고, 마루에 김계원이 서 있는 것이 보였다. 그리고 현관에서 김재규가 뛰어오며 들고 있던 작은 권총을 버리고 박선호의 리볼버 권총을 빼앗아 갔다.

검찰관이 물었다.

"피고인은 그때 왜 김계원을 쏘지 않았나요?"

"저는 전부 사살하는 데 목적이 있는 게 아니고 경호원들을 제압하는 데에만 목적이 있었고, 또 그런 것은 지시받은 바도 없었습니다."

물론 김재규가 김계원은 쏘지 말라고 지시한 사실도 없었다고 했다.

안은 깨끗이 정리됐어?

박선호는 김재규가 구관을 거쳐 본관으로 간 후 따라갔으나 그는 이미 차를 타고 떠난 뒤였다. 정문으로 가서 경비원에게 확인하니 손님 두 분과 박흥주와 같이 떠났다고 하여 경비원 대기실로 갔다. 청와대 경호원이 올 것 같은 예감이 들어 그곳 경비원들에게 그쪽에서 사격해오면 응사하라고 지시했다. 긴박한 상황이지만 김재규가 아무런 말도 없이 떠나서 매우 난감했다.

그다음 경비원 김태원을 데리고 식당으로 갔다. 사건 현장이 궁금하기도 했고, 사람들이 확실히 죽었는지 안 죽었는지도 몰랐기 때문이었다. 김태원은 M16으로 무장하고 있었다.

식당 후문에서 이기주를 만나 "안은 깨끗이 정리됐어?"라고 물었다. 검찰관이 확인 사살을 지시한 것이 아니냐고 하자, "이기주는 거기에 계속 있었기 때문에 다 죽었는지를 확인한 것으로 알고 물은 것입니다"라고 답했다.

박선호는 김태원을 데리고 직접 식당으로 들어가지는 않았지만 잠시 후 식당 안에서 난 여러 발의 총성을 들었다. 그 후 윤병서 부장비서로부터 청와대에서 문의 전화가 왔다는 보고를 받고 '외부로부터 전화가 오면 받지 말고 모른다고 하라. 차량 출입을 통제하라'고 지시했다.

그다음 박선호의 발이 자연히 대방동 자기 집으로 향했다. 긴박한 상황에서도 가족이 먼저 보고 싶었던 모양이다. 어쨌든 아이를 데리고 방배동 처갓집에 데려다 놓고 사무실로 돌아왔다. 그사이에 병력 이동 상황이 전문으로 계속 들어오고 있다는 윤병서 비서의 전화 보고를 받고, 부장이 구체적인 말을 하지 않았지만 무슨 계획이 있었구나 하는 것을 느꼈다.

그 후 아무런 소식이 없어 부장 차로 전화하니까, 박흥주가 위치는 육본인데 내용은 모르고 대기 상태라고 했다. 이기주가 유성옥이 병원에서 자꾸 전화를 해서 어떻게 하면 좋으냐고 묻는다고 전하자, 보안 유지를 철저히 하라고 했다.

다음 날 새벽 3시 30분에 유사시에는 자결하려고 권총을 휴대하고 남산 분청으로 가서 김정섭 차장보를 만났다. 김재규와 총장과 함께 차를 타고 떠난 사람이 여기 왜 있는가 싶어 "어떻게 여기 계십니까? 별일 없습니까?"라고 물었더니, 도리어 침통한 어조로 "무슨 일이 있었느냐?"고 반문하는 것이었다. 직감적으로 일이 잘못되어가고 있다는 느낌을 받았다.

계엄이 선포되고 대통령이 유고라는 발표가 있고 나서, 새벽 6시 박선호는 마지막으로 가족을 봐야겠다는 생각이 들어 처갓집으로 가서 유언 비슷한 말을 남겼다. 그리고 사무실에 와 있다가 계엄군이 찾는다고 해서 대기하던 중 체포되었다.

"지금도 피고인의 범행이 잘했다고 생각하나요?"

"아직도 내용을 잘 모르겠습니다. 잘했다는 것은 아니고, 아직까지 어안이 벙벙합니다."

박흥주에 대한 검찰 신문

일어나면 죽어

다음으로 박흥주에 대한 검찰 신문이 이어졌다. 김재규와 김계원의 경우에는 각각 별도로 검찰 신문 후에 바로 변호인 신문을 하라고 했는데, 박선호 이하의 피고인들에게는 일률적으로 검찰 신문을 모두 마친 후 변호인 반대신문을 한다고 했다.

박흥주는 1939년 원적지인 평남 평원군에서 출생하여 서울고등학교 및 육사 18기로 졸업, 소위로 임관된 이래 1964년 8월 제6사단장 김재규의 전속부관, 1969년 3월 김재규가 보안사령관으로 있을 당시 506보안부대 수경사반장, 영등포팀장, 제12사단 65포병대대장을 거쳤다. 육군대령으로 진급한 후 1978년 4월 중정부장 수행비서관으로 임명되어 근무해왔다.

검찰관은 대뜸 "대한민국의 국군통수권자가 누구인가요?"라고 물었다. 박흥주가 유일하게 현역 군인 신분임을 상기시킨 것이다.

"대통령 각하입니다."

중정부장 수행비서는 부장의 분신이나 다름없다. 부장의 그림자처럼 행동하여 중정부장의 모든 행사에 따라다닌다. 10월 26일 당일도 김재규와 함께 남산 분청을 출발하여 오후 4시 30분경 궁정동에 도착했다. 도착하자 박선호가 무슨 보고를 했는데, 직감으로 대통령 행사가 있음을 알았다. 부장의 이발 준비를 해놓았으나 대통령이 일찍 오시면 곤란하다고 하여 다음 날로 미루었다.

김재규가 새 양복을 가져오라고 하여 공관에 연락했고, 저녁식사 3인분을 준비하라고 하여 준비시켰다. 그러고는 잠시 광화문으로 구두를 사러 나갔다 왔다. 무좀이 심하여 새 구두를 사 신었는데, 나중에 김재규가 신게 되었다.

"그 당시 김재규는 대통령 각하와 만찬이 있었는데, 왜 육군참모총장과 중정 2차장보를 초대했다고 생각하나요?"

"그런 경우는 극히 드물었습니다. 전에 3군총장이 기다리다가 다른 데 나가서 저녁을 같이 한 적이 있는데, 그때는 특별한 경우였습니다. 그래서 당시는 긴박한 상태이므로 각하로부터 중요한 지시 사항을 받아 말씀을 나누려는 것이 아닌가 생각했습니다."

만찬 도중 7시 10분쯤 부장이 집무실에 왔다가 돌아갈 때 급히 뛰어나가기에 서 있었는데, 부장과 박선호가 구관 쪽문에 이르러 손짓을 하여 불렀다.

그때 박흥주는 김재규가 "자네들 어떻게 생각하나. 나라가 잘못되면 자네들이나 나나 다 죽는 거야. 오늘 내가 해치울 테니 너희들은 경호원을 처치해"라고 하는 말을 들었고, 그가 권총으로 무장하고 있음을 알았다. 박선호가 "각하까지입니까?"라고 말하는 것도, 또 30분간 시간 여유를 달라는 것도 들었다.

"이 같은 내용의 이야기를 듣고 어떻게 생각했나요?"

"사태가 긴박한 것 같다고 생각했습니다. 그동안 부장을 수행해서 부산을 다녀왔는데, 막연한 생각이나마 여러 가지 복잡한 정치 상황이 잘 안 되고 있지 않나 생각했습니다만 갑작스런 말씀이라 당황했고, 어떻게 진전되고 있는 건가 상당히 놀랐습니다."

"각하를 시해하면 국가변란 사태가 되겠지요?"

검찰관이 국헌문란 목적을 묻는 취지인데 박흥주는 그냥 "예"라고 대답했다. 검찰관이 다시 물었다.

"그럼에도 불구하고 김재규 피고인의 지시를 따른 이유는 뭡니까? 더구나 현역 대령으로서 대통령 각하 살해 지시를 받으면 어떻게 해야 하나요?"

"그 자리에서는 대답도 못하고 듣기만 했습니다. 권총을 차고 본관 비서실에 가서 담배를 피우며 생각해보았는데, 육참총장과 정보부 2차 장보도 와 있고, 준비가 다 되어 있고, 중정부장은 한국의 모든 정보를 다 알고 있는 데다가 또 나라가 잘못되면 자네들이나 나나 다 죽는다고 했을 때 상당히 긴박감을 느꼈습니다."

박흥주가 착용한 총은 9연발 독일제 권총인데 7발이 들어 있었다. 정문으로 들어서면서 박선호에게 "나는 어디로 가지?"라고 물으니 박선호가 손으로 주방 쪽을 가리키기에 그곳에 있던 제미니 차에 가서 이기주, 유성옥과 함께 대기하며 앉아 있었다. 모두 안면이 있는 직원들이었다. 그곳은 박흥주로서는 처음 가본 곳이라 장소도 모르고 어떤 상황인지 몰라 주방에 있는 경호원이 몇 사람인가 물었더니 뒷좌석의 이기주가 3~4명이라고 하였다.

7시 40분경 총소리가 나면서 차에 있던 두 사람이 뛰쳐나가기에 박흥주는 외곽으로 가서 총을 빼 들고 우측 출입문을 보니 아무도 없어서 "일어나면 죽어. 일어서지 마"라고 소리 지르며 산발적으로 사격했다.

어디로 가지?

그 후 김재규를 따라 본관으로 가서 부장 차를 타고 그곳을 떠났다. 부장, 총장, 2차장보가 재빨리 차에 올라탔다. 차 안에서 나눈 이야기는 기억하지 못했다. 경황이 없었기도 했지만 과속으로 달려 소음 때문에 들리지 않았다는 것이다. 궁정동을 출발해서 500미터 갔을 때 와이셔츠 바람의 김재규가 박흥주에게 옷을 달라고 하여 차 안에 있던 새 옷으로 걸쳤다.

차가 남산 쪽으로 올라가는 고가도로에서 김재규는 "박 비서관, 어디로 가지? 부? 육본?"이라고 물었다. 여기서 '부'는 중정 남산 분청을 지칭한 것이다. 이때 참모총장이 말을 가로채서 "육본으로 가지"라고 말했고, 박흥주도 "육본이 좋겠습니다"라고 대답했다. 운명의 갈림길은 이렇게 단순하게 결정된 것이다.

육본 벙커에 도착하여 차에서 내릴 때 김재규가 신발이 없어 박흥주에게 구두를 벗어달라고 했다. 그날 김재규는 무슨 운명의 계시였는지 옷도 공관에서 가져온 새 양복을 입었고, 결국 구두까지 박흥주가 오후에 새로 산 신발을 얻어 신게 되었다. 박흥주는 운전사의 구두를 빌려 신었는데 너무 작았다.

육본 벙커에서 김재규가 김계원 비서실장에게 전화를 대라고 해서 전화를 했으나 처음엔 연결이 안 되었다. 뒤에 다시 전화를 하자 연결되어 "박 비서관입니다"라고 말했더니 "이리 오라고 해"라고 말하고는 전화를 끊었다고 했다.

그사이 부장 차의 전화로 부장 경호차량을 불러 경호조장 김인수 대위와 통화했다. 평소와 마찬가지로 경호차량은 문화재관리국 건물 옆 청와대 입구 쪽에 대기하고 있었다. 이 차량은 김재규 부장이 움직일 때마다 항상 따르게 되어 있는데, 이날은 워낙 갑작스런 이동인 데다가 평소 다니던 경복궁 서쪽길이 아닌 효자동 길로 나왔기 때문에 부장 승용차를 뒤쫓지 못한 것이다. 박흥주는 김 대위에게 청와대 근처에 별일이 없는가를 묻고, 경호차량을 육본으로 오게 한 다음, 남대문과 서울역 근처에 직원을 1명씩 배치해 병력 이동 사항을 무전 보고토록 지시했다. 검찰관이 왜 그렇게 했느냐고 물으니 박흥주는 궁금해서 그랬다고만 대답했다.

박흥주는 김재규가 육본 벙커에서 국방부로 이동할 때 수행하여 갔으나 대기할 곳이 마땅치 않아 보좌관실과 복도를 오가며 한참 대기하였다. 나중에 부장이 있는 곳을 찾으니 누군가가 여기 없다고 하면서 "부로 가보라"고 했다. 중정으로 가보라는 뜻이었다. 무언가 일이 잘 안 되고 있다는 생각이 들어 중정으로 가지 않고 부장 차 있는 곳으로 와서 기다렸다.

그 후 차에서 쉬고 있는데 한 병사가 오더니 "위에서 보자고 합니 다"라고 해서 올라갔고, 장관실 오른쪽 방에서 헌병대위에 의해 무장 해 제를 당했다. 그다음 부장 차를 타고 남산 분청으로 가서 김갑수 비서실 장으로부터 전두환 장군이 박 비서관을 육본으로 보내라고 한다는 말 을 듣고는 육본으로 안 가고, 한남동에 차를 세웠다. 상황을 잘 모르겠 고, 육본 가까이에서 부장이 나오지 않을까 기다리기 위해서였다. 다시 정처 없이 금호동을 거쳐 잠실로 옮겨 공중전화로 비서실에 연락했더니 부장으로부터 아무런 소식이 없다는 것이었다. 그렇게 꼬박 밤을 새우 고 아침 뉴스로 대통령 유고와 비상계엄 선포 사실을 알게 되었다.

"피고인은 어디에서 체포되었나요?"

"이문동 본청에 들러 1차장실 부속실에서 대기하고 있다가 보안사 요원에게 잡혔습니다."

"피고인은 이 건 범행에 대하여 잘했다고 생각하나요?"

"잘못했습니다."

박흥주는 구질구질한 변명을 하지 않았다. 군인다운 간결한 대답이 었다. 여기까지 검찰 신문을 마지막으로 오전 공판이 끝났다.

김재규의 사선변호인단 거부

오후 2시 군법회의가 속개되었다. 이제 남은 피고인인 이기주, 유성옥,

김태원, 유석술 등 말단 직원에 대한 검찰 신문 차례였다.

재판장의 공판 속개 선언이 있자마자 갑자기 김재규가 손을 번쩍 들고 피고인석의 마이크 앞으로 나갔다.

"재판장님, 본인은 지금부터 본인을 위한 사선변호인단의 변론을 거부하겠습니다. 변호인단 없이 재판 받게 해주십시오."

변호인들로서는 청천벽력 같은 내용이었다.

이때 법무사가 군법회의는 필요적 변호이기 때문에 부득이 사선변호인을 해임할 경우에는 군법회의가 국선변호인을 선임 결정하게 된다는 사실을 알렸다. 김재규는 "네. 국선변호인을 붙여주십시오. 저는 오늘 이 시간 이후 사선변호인의 변론을 받지 않겠습니다"라고 말하면서 사선변호인 모두를 선임 취소한다고 했다.

법무사가 변호인단의 의견을 묻자, 김정두 변호사가 일어나 말했다.

"변호인들은 가족의 선임 의뢰를 받고 소송을 수행해왔습니다. 이 재판 과정에서 김재규 장군이 어떤 심적인 변화를 일으켜서 갑작스런 해임을 하는 것인지, 그 진의를 헤아리기 대단히 어렵습니다. 우리가 자주 면접을 못 하고, 군법회의의 진행 상황이 너무 급속도로 진전되기 때문에 변호권을 행사하기 위한 피고인과 변호인들 간의 연락이 충분치 못했습니다. 그래서 행여 오해가 있었는지, 어떤 점이 미흡했는지 알지 못합니다. 피고인의 뜻을 확인하기 위하여 잠시 휴정해주시고 피고인과의 면접을 허용해주시기 바랍니다."

10분간 휴정하는 동안 사선변호인단의 변호사들이 별실에서 김재규를 접견하여 그의 진의를 확인했다. 공판이 속개되자 김재규가 다시 일어나 "재판장님, 변호인단에서 제 소신을 이야기해달라는 말씀이 계셨는데, 말씀드릴 기회를 주십시오"라고 했다. 그러자 법무사가 말했다.

"왜 사선변호인을 거부하는지 그 이유를 말씀해주세요."

김재규가 차분하게, 그러나 힘을 주어 말했다.

"재판장님, 본인은 10월 26일 소신을 갖고 민주회복 국민혁명을 기도했습니다. 이 혁명이 재판을 받는 데 변호인은 필요 없습니다. 그러나 가족들이 여러 가지 안타까운 심정에서 많은 수의 저명한 변호인들을 동원했습니다. 그런데 변호인단으로서의 역할이 제대로 되지 않습니다. 저는 변호인단을 통해서 제가 무사하게 되겠다는 생각은 해본 일이 없습니다. 다만 오늘의 이 사실을 후세에 남기기 위해서 정확한 자료를 제공하려고 변호인단의 조력을 받으려고 했지만, 그런 전망이 전혀 보이지 않기 때문에 저를 위한 사선변호인단의 변론은 필요 없다고 생각합니다. 변호인단이 무능했다든지 혹은 성의가 없었다든지 하는 등의 이유가 아니라, 처음에 말씀드렸듯이 소신과 신념과 확신을 가지고 한 혁명이 오히려 변론을 받음으로써 퇴색될 가능성이 있어서입니다. 그렇기 때문에 원형原形 그대로 재판을 받겠다는 것입니다. 이상입니다."

갑자기 내린 결심이 아니라 오랫동안 많이 생각해둔 내용 같았다. 김정두 변호사 등 사선변호인단 전원이 아쉬운 듯 느린 걸음으로 쓸쓸히 퇴정했다. 재판장은 "본건 김재규 피고인에 대하여 재정한 안동일, 신호양 변호사를 국선변호인으로 선임 결정합니다"라고 고지하였다. 이렇게 하여 나는 갑작스럽게 이기주, 유성옥, 그리고 김재규, 이렇게 세 사람의 국선변호인이 되었다.

내가 일어서서 말했다.

"재판장님께 말씀드리겠습니다. 방금 김재규 피고인의 국선변호인으로 지정된 안동일 변호사입니다. 앞서 여러 선배 법조인들의 변론이 있었는데, 이 사건의 중요성에 비추어 2명의 국선변호인으로는 부족하다고 생각합니다. 또한 저희들은 다른 2명의 피고인들의 국선변호인도 겸하고 있으므로 벅찬 감이 있습니다. 다른 변호사들로 보강해서 지정해주시기를 부탁드립니다."

　20여 명의 사선변호인단에 비하면 2명의 국선변호인은 너무 적지 않느냐는 것이었다. 재판장은 국선변호인을 추가로 보완할 것인가의 여부는 검토해서 추후에 결정하겠다고 하였으나, 그 후에도 일언반구 없이 재판은 숨 가쁘게 진행되었다.

　그날 김재규의 국선변호인으로 선임된 나와 신 변호사는 법정 뒤 피고인 대기실에서 잠시 김재규를 만났고, 그날 밤 야간 접견까지 했다.

　뒤에 김재규를 접견하면서 사선변호인을 거부하게 된 동기가 되었음직한 몇 가지 이야기를 들을 수 있었다. 어느 날 당시 합수부 수사 담당자 L씨가 김재규를 찾아와, 사선변호인들 가운데 반체제 인사가 많은데 이들을 계속 변호인으로 두는 것은 김재규 입장에서도 별로 도움이 되지 않고 계엄 당국에서도 좋아하지 않으니 삼가달라는 말을 했다는 것이었다.

　김재규 개인적으로도 몇몇 변호사들은 법정을 피고인의 변호를 위한 장소가 아니라 자신들의 정치적 선전장으로 이용하는 것 같아 못마땅했다고 했다. 추측컨대 이러한 사정들도 김재규의 사선변호인 거부에 명분과 영향을 주었을 가능성도 충분히 있음직하다. 그러나 김재규는 무엇보다도 재판 진행 방식에 큰 불만이 있었다. 짜여진 각본과 시간표에 따라 초고속으로 진행되고 진술 제한이 잦았던 데 대한 역겨움이었다.

　게다가 더 중요한 것은 주변 여건이 피고인이 예견했던 방향으로 전개되지 않고 있는 데 대한 실망이 컸다. 그는 미국 정부가 환영하고 뒷받침할 것은 물론 국내에서도 국민들이 거국적으로 '10·26혁명 만세'를 열렬히 외칠 것으로 굳게 믿어 의심치 않았기 때문이었다.

이기주에 대한 검찰 신문

한번 해병이면 영원한 해병

이기주는 1948년 경기도 부천시 범박동에서 태어나 시온고등학교를 거쳐 해병대에 입대해 1972년 하사로 제대한 다음, 중앙정보부 경비원으로 채용된 후 1975년 11월부터 중정 궁정동 식당 경비원으로 근무하고 있었다.

해병대령 출신인 박선호 과장이 부임한 후 30여 명의 경비원 가운데 해병 출신은 이기주뿐이었으므로 박선호가 특히 관심을 가지고 돌봐주었고 제일 신임했다.

검찰관이 공소장에 기재된 대로 경비원 조장이었냐고 물으니 그러한 직책은 없다고 했다.

"경비원의 임무가 무엇인가요?"

"궁정동 건물을 경계하고, 높은 분을 보호하고, 화재 예방, 도둑방지 등이고, 청소와 심부름도 포함됩니다."

대통령이 궁정동 식당에 도착할 무렵 이기주는 경비원 대기실에서 쉬고 있었는데, 오후 7시 10분경 박선호가 권총을 갖다 달라고 하여 리볼버 권총을 갖다 주었더니 이기주도 기관단총으로 무장하라고 했다. 그래서 경비원 대기실 출입구 앞에 있는 총기함에서 경비원에게 총을 달라고 하여 무장하고 대기했다.

박선호가 식당 행정차량 운전사인 유성옥도 총을 쏠 줄 아느냐고 묻기에 육군중사 출신이라고 했더니 유성옥도 무장하라고 했다. 기관단총을 웃옷 안에 감추고 있는데 박선호가 거추장스럽게 보인다며 총을 바꾸라고 하여 정문 경비원 서영준의 권총으로 바꾸었다.

이기주와 유성옥이 박선호를 따라 식당 뒷문으로 들어가 정원에 이르렀을 때, 박선호가 양쪽에 서 있는 두 사람에게 '안에서 총소리가 나면 주방 뒤에 있다가 뛰어 들어가서 경호원들을 몰아붙이라'고 하였다.

이기주가 겁이 나서 경호원들이 총을 쏘면 어떻게 하느냐고 물었더니 같이 쏘라고 했다. 박선호는 유성옥에게 제미니 차를 주방 뒤로 옮기고 대기하라고 했다.

"그때 본관에 육군참모총장과 제2차장보가 와 있다는 것을 알았나요?"

"예. 경비원 대기실에 있는데 윤 비서로부터 인터폰으로 와인 한 병을 보내라고 해서 직원을 시켜 보냈는데 이상해서 본관 정문 근무자에게 물어보니 총장과 2차장보가 와 있다고 했습니다."

"박선호 피고인이 오늘 일이 성공하면 한몫 주겠다고 하던가요?"

"잘하면 한 급 올라간다고 했습니다."

"그 말이 무슨 뜻인가요?"

"생각하지 않고 무조건 따른다는 생각만 했습니다."

이기주는 김재규나 박선호가 누구를 사살할 것이라는 말은 못 들었다고 했다. 그러나 평소 김재규 부장과 차지철 경호실장 사이의 일은 비록 일개 말단 경비원이지만 소문으로 짐작하고 있었다. 평상시에 직원들 간의 이야기를 들어보면 경호실장에게 부장이 꿀리고 있고, 대통령뿐만 아니라 경호실장에게도 따로 보고하는 것으로 보아 부장이 경호실장 밑에서 지낸다고 알고 있었다. 말단 직원 사이에서도 중정부장보다 경호실장의 권세가 막강하다는 것을 눈치채고 있었다는 이야기이다.

"왜 박선호 피고인의 지시를 받고 범행에 가담했나요?"

"처음에 이야기를 듣고 떨려서 도망갈까도 생각했는데, 제가 해병대 출신이고, 과장님도 해병대 대령 출신인데 해병대에서는 이런 이야기가 있습니다. '한번 해병이면 영원한 해병이다.' 또 과장님이 저를 신임하셨기 때문에 거역할 수 없었습니다. 그리고 평소에 과장님이 유사시에는 자기의 목숨을 버려서라도 상관의 명령에 복종하라고 하셨고, 저는 거기에 따르기로 하였습니다."

빨리 각하를 모셔라

박선호가 핸드토키로 이기주를 불러 '정문에 있다가 박흥주, 유성옥과 같이 행동하라'고 하여 제미니 뒷좌석에 앉았다. 유성옥은 운전석에, 박흥주는 그 옆에 타 있었다. 차 안에서 박흥주가 경호원이 몇 명이냐고 해서 3~4명 된다고 말해주었다.

안에서 총소리가 나자 차에서 뛰어나와 주방 뒤 낮은 블록 담으로 올라가 창문으로 "꼼짝 마, 손들어" 하는데 또 총소리가 들려 몸을 낮추었다. 그때 전깃불이 꺼져서 창문 안 어두운 곳을 향해 4발을 쐈았다. 불이 켜진 후 박선호가 주방에 들어가 총을 회수하라고 하여 들어가 있는데, 마루에서 "얘들아, 들어와라. 각하가 부상당하셨다"라는 소리가 들렸다. 만찬석상에 가보니 바닥에 엎드려 있는 사람의 다리가 보였다. 눈을 뜨고 있었고, 손이 움직이는 것 같았다. 엉겁결에 "꼼짝 마" 하고 권총을 겨누었다. 그는 차지철 경호실장이었다. 그때 누군가 "이리 줘" 하고 총을 뺏어갔는데, 나중에 알고 보니 김계원 비서실장이었다.

"누군지도 모르고 총을 뺏겼나요?"

"그곳에는 높은 분만 있어서 안심했습니다."

"왜 그곳에서는 총을 안 쐈나요?"

"과장이 경호원만 쏘라고 했습니다."

윗사람이 시키는 대로만 한다는 순진스런 대답이었다.

그때 비서실장이 "빨리 각하를 모셔라"라고 해서 처음에는 쓰러져 있는 사람이 대통령인지 모른 채로 그쪽으로 가는데, 어느새 서영준이 들어와 대통령을 등에 업기에 등 뒤를 받치고 현관으로 나와 유성옥이 시동을 걸고 있는 차로 함께 옮겼다. 당황해서 대통령의 얼굴을 볼 겨를도 없었고, 피가 어디에서 나는지도 몰랐는데, 나중에 경비원 대기실에서 보니 손에 피가 묻어 있어 화장실에서 씻었다.

"어떻게 김계원 피고인의 지시로 각하를 옮겼나요?"

"그때는 각하가 시해당한 것인지는 모르고 시키는 대로 했습니다."

차에는 대통령 옆에 비서실장이, 운전석에는 유성옥, 그 옆에 서영준이 탔다. 이기주가 대문을 열어 차가 나갈 때 박선호가 왔기에 "각하가 부상당하여 유성옥이가 운전하고 갔습니다"라고 보고하니 "알았어"라고 했다.

"그 자리에서 박선호가 지시한 것이 있나요?"

"안은 어떠냐고 해서 차 실장이 부상당한 것 같다고 했습니다."

"그래서 김태원을 시켜서 쏘게 하라고 했다는데 그런가요?"

"예. 그렇게 김태원에게 지시했습니다."

"김태원이 뭐라고 하던가요?"

"김태원이 각하를 할아버지라고 했는데, 할아버지는 어떠냐고 하며 같이 들어가자고 했습니다."

그래서 같이 경호원이 쓰러져 있는 대기실로 함께 들어가 김태원이 총을 몇 발 쏘았다. 이기주가 손짓으로 만찬석 방 안을 가리키며 "저 안에도 있다"고 말했다. 그 손짓은 방 안의 차지철을 가리키는 것이었다. 김태원이 방에 들어가 총을 쏘고 나서 주방으로 나와 "우리 직원은 쏘면 안 되지" 하기에 "그럼" 하고 대답했다.

그 후 경비원 대기실로 가니 다른 경비원들이 M16으로 무장하고 말없이 긴장한 상태로 있었다. 책상 위에 노리쇠가 후퇴된 채로 권총이 놓여 있어서 오발이 두려워 그대로 책상 서랍에 넣어두었다. 남효주가 경호원 권총으로 보이는 총을 건네주어서 실탄을 빼고 이불 속에 숨겨놓았다.

청와대 경호실 경호원 3명이 와서 총소리를 못 들었느냐고 해서 텔레비전을 보느라고 못 들었다고 했더니, 낌새가 이상하다고 느꼈는지 확인 보고를 해야 한다며 남효주의 직책과 성명을 물어보고 갔다.

병원에 간 유성옥으로부터 여러 번 문의 전화가 와서 박선호에게 전해주었다. 사무실에서 잠을 자는 둥 마는 둥 보내다가 다음 날 새벽 뉴스에 김재규의 범행이 실패하였다는 것을 알고 경비원 대기실에서 박 과장과 남효주가 갖다 놓은 권총을 찾아내 유석술에게 은박지에 싸서 정원에 묻으라고 했다. 식당에 있던 슬리퍼도 함께 묻었다. 무언가 증거물이 될 것 같아 일단 숨기고자 했던 것이다.

"피고인은 언제 체포되었나요?"

"낮 12시경 밥을 먹는데 비서실 총무과장과 계엄군이 와서 체포되었습니다."

"본건 범행에 대하여 어떻게 생각하나요?"

"상관의 명령을 복종한 것은 잘했으나, 죄 없는 경호원에게 총을 쏜 것은 잘못이라고 생각합니다."

유성옥에 대한 검찰 신문

유성옥에 대한 검찰 신문 차례였다. 유성옥은 1943년생으로 고양중학교를 중퇴하고 육군에 입대, 중사로 제대하였다. 1971년부터 중앙정보부 운전사로 채용된 후 1978년 8월부터 중정 궁정동 식당 행정차량 운전사로 근무하였다. 그 차량이 바로 이 사건이 일어난 당시 식당 주방 뒤에 주차해놓았던 제미니 서울 1다2578호 승용차였다. 주로 하는 일은 식당의 부식 수령이었다.

"박선호 과장과의 관계는 어떠했나요?"

"엄하십니다. 명령을 거역해서는 안 된다는 지침을 받았습니다."

"명령에 복종하지 않으면 어떻게 되나요?"

"위반은 안 해보았고, 하라고 하면 다 했습니다."

10월 26일 오후에 식당에서 행사가 있다는 말을 듣고 대기하고 있다가 6만 원을 받아 동대문시장에서 부식을 구입해온 후 신관 대기실에 있는데, 오후 7시 15분경 이기주로부터 과장 지시라고 하면서 무장하라는 전달을 받았다. 평소 운전사는 총이 지급되지 않았는데 과장 지시라고 하기에 경비를 철저히 하기 위해서인가 생각하고 다른 경비원으로부터 38구경 리볼버 권총을 받아 무장했다.

박선호로부터 총소리에 맞추어 주방에 있는 경호원들을 몰아붙이라는 지시를 받고, 제미니 차를 식당 앞에 주차시키고 차 안에서 대기하였다. 혹시 청와대에서 온 경호원이 뭐라고 하면 과장 지시라고 말하라고 했다.

"경비원이 대통령이 있는 데서 총질을 할 수 있나요?"

"과장 지시에 안 따르면 죽는 것이 아닌가 겁이 났고, 현장에서는 하지 않으면 안 될 처지에 놓여 있었습니다."

박선호로부터 일이 잘되면 한 급 올려주겠다는 말도 있었지만 운전사가 한 급 올라가봐야 무얼 더 바라겠는가 생각했고, 자기도 모르게 얼떨결에 움직였다고 했다.

안에서 총소리가 나자 차 안에서 같이 대기하던 박흥주와 이기주 두 사람이 뛰어나가기에 유성옥도 주방 후문으로 갔는데, 이미 박흥주가 와서 총을 쏘기에 그 옆에서 멋모르고 덩달아 같이 사격했다. 처음 사격 당시는 불이 켜져 있었다.

유성옥이 총을 쏘고 난 후 경호원들의 총을 회수하고 있는데, 현관에서 김계원 실장이 운전사를 부르며 차를 대라고 소리를 쳐서 엉겁결에 현관 앞에 있는 대통령 차에 올라타 시동을 걸었다. 자동차 키는 꽂혀 있었다. 그때 서영준이 대통령을 업고 나와 뒷자리에 모시고 그 옆에 김 실장이 타고 운전석 옆에는 서영준이 타고 병원으로 갔다.

처음에는 뒤에 탄 환자가 대통령이라는 사실을 몰랐는데 차 안에서 "각하가 부상이다. 빨리 가자"고 말해서 알았다. 운전사를 부르며, 차를 대라고 소리치고 대통령 곁에 탄 사람이 김계원 실장이라는 사실도 병원 정문에서 "나, 청와대 비서실장이다"라고 말해서 비로소 알았다.

"병원으로 모시고 갈 때 각하의 신음 소리나 호흡 소리를 들었나요?"

"가느다란 신음 소리만 난 것 같은데 운전하느라고 자세히 들을 겨를이 없었습니다."

서영준이 웃옷으로 얼굴을 가리고 있어 출혈이 있었는지 못 봤고, 차를 대놓고 들어가보니 군의관이 인공호흡을 하고 있었는데, 얼굴이 퉁퉁 부어올라 누군지 알아보기 어려웠다.

김계원 실장이 군의관들에게 '이분은 꼭 살려야 한다'고 말했는데, 대통령이라는 말은 듣지 못했다. 김 실장이 유성옥에게 '보안 유지를 철저히 하라. 사람의 출입을 통제하라'고 말했기 때문에 그 역시 병원에서 환자가 대통령이라는 말을 하지 않았다.

병원에 도착하고 얼마 후에 김계원 실장이 나가기에 유성옥이 "차가 없는데 뭐로 가시렵니까?"라고 하니까 김계원은 아무거나 타고 간다면서 "철저히 경계해"라고 말하고 나갔다. 유성옥은 그가 청와대로 간 것으로 짐작했다.

병원장이 유성옥에게 청와대에서 전화가 왔다고 해서 받았더니 김 실장이 '계속 감시 잘하고 경호 잘하라'고 말했다. 그래서 병원장에게 "비서실장 지시인데 전화를 삼가주십시오"라고 전했다. 실제로 병원장은 유성옥과 서영준에 의해 외부와의 전화가 통제되고 있었다고 후에 증언했다.

유성옥은 서영준과 함께 대통령의 병실을 지켰다. 저녁을 걸러 배도 고팠다. 박선호로부터 사후 대책을 지시받기 위해 이기주와 몇 번 통화했으나 신통한 대답이 없었고, 또 비서실장과 연락도 안 되고 해서 그냥 무작정 대기하고 있었다.

병원에서 유성옥이 중정 직원이라고 하지 않고 비서실 직원이라고 한 것은 총리와 국방장관이 왔을 때 김 실장이 비서실 직원이라고 소개했기 때문에 그냥 그대로 행세했다는 것이다. 그렇게 그다음 날까지 병원에 있다가 체포되었다.

"지금 피고인의 심정으로 잘한 짓이라고 생각합니까?"

"지휘관으로부터 지시받은 것을 이행했지만, 범행 사실은 잘못입니다."

김태원에 대한 검찰 신문

김태원에 대한 검찰 신문이 이어졌다. 김태원은 1947년생으로 강문고 등학교를 졸업하고 육군에 입대, 병장으로 제대하였다. 1974년에 중정 경비원으로 채용된 후 1976년부터 궁정동 식당 경비원으로 근무하고 있었다.

그는 박선호 과장과는 특별한 친분이 없었지만 과장 지시는 절대 복종해야 하고, 그곳의 전통으로 보아 복종을 안 하면 다른 곳으로 전근을 가거나 그만둬야 한다고 말했다.

김태원은 10월 25일 야근을 해서 26일은 비번이었다. 집에서 쉬고 있다가 전화를 해보니 행사가 있다고 하여 오후 5시경 출근했다. 경비원 대기실에 있으면서 이기주와 유성옥이 무장하고 나가는 것을 보았다. 7시 40분경 식당 쪽에서 여러 발의 총소리가 나자 경비원들이 갈피를 잡지 못한 채 서로 얼굴을 쳐다보고 무장해야 되지 않느냐며 우왕좌왕했다.

조금 있다가 박선호 과장이 와서 청와대 쪽에서 경호원이 오면 사살하라고 해서 이상하게 생각했다. 박선호가 "자네 따라와" 하며 무장했냐고 해서 M16 소총을 갖고 박선호를 따라 식당으로 가니 이기주가 있었다.

"그때 박선호 피고인과 이기주 피고인이 뭐라고 하던가요?"

"이기주가 '김태원 씨, 저 안에 있는 사람들은 다 죽었는데 들어가서 다시 한 번 쏘고 오시오. 과장님 지시입니다'라고 해서 '무서워서 거기를 어떻게 갑니까?' 하고 할아버지와 부장은 어떻게 되었냐고 했더니 할아버지와 부장, 실장은 피신했다고 했습니다." 여기서 '할아버지'는 대통령을 지칭하는 은어였다.

그 말을 듣고 식당 대기실로 가보니 사람이 엎어져 있었다. 누구인지도 모르고 문 앞에 있는 사람에게 1발, 안에 있는 사람에게 2발을 쏘았다. 그다음 방마다 확인하라고 해서 만찬석으로 가서 입구에 쓰러져 있는 사람에게 2발을 발사하고, 마루로 따라가다가 주방으로 가서 쓰러져 있는 사람에게 1발을 쏘았다.

검찰관이 차지철 실장이 신음하는 소리를 들었냐고 묻자, 아무 소리도 안 났고 움직이지도 않았다고 했다. 만찬석은 불이 어두워 음식이 차려진 식탁도, 식탁 뒤의 병풍도 못 보았다고 했다. 그래서 제대로 맞았는지도 알 수 없어 2발을 쏘았다는 것이다. 이렇게 해서 차지철은 4발을 맞았다.

공소 사실에는 김태원이 오후 8시 5분경 M16소총을 소지하고 식당 대기실에 들어가 쓰러져 있는 안재송에게 1발, 정인형에게 2발, 만찬석에서 신음하고 있는 차지철에게 2발, 주방에 쓰러져 있는 김용섭에게 1발을 발사하여 확인 사살한 것으로 되어 있고, 검찰에서도 이를 시인한 것으로 되어 있다.

그러나 법정에서 김태원은 그들이 이미 죽은 것으로 알았고, 대통령과 비서실장, 부장이 피신했다고 하여 그곳에 쓰러져 있는 사람들은 모두 외부의 적으로 알았으며, 또 지시받은 일이라 안 할 수 없었다고 했다. 그의 행동이 나중에 확인 사살이 될 줄은 꿈에도 몰랐다는 것이다.

그 후 김태원은 남효주가 주방에서 총상을 입고 입원 중인 이종오에게 누가 부상 이유를 물으면 단순한 오발 사고로 말하라고 해서 그렇게 전했다. 다시 경비원 대기실에 왔을 때 박선호 과장이 경비원들에게 '자네들은 안심하고 누가 물으면 무조건 모른다고 하라'고 했다. 그리고 줄곧 경비원 대기실에 있다가 28일 새벽 3시에 체포되었다.

"지금 심정은 어떤가요?"

"잘못한 것을 알고 있습니다."

유석술에 대한 검찰 신문

마지막으로 유석술에 대한 검찰 신문이었다. 유석술은 1949년생으로 거창고등학교를 졸업하고 육군에 입대, 하사로 제대하였다. 1973년 11월 중앙정보부 경비원으로 채용된 후 1977년부터 궁정동 식당 경비원으로 근무하고 있었다.

유석술에 대한 공소 사실에 의하면 유석술은 26일 오후 7시 40분 경 경비원 대기실에 있을 때 요란한 총성과 함께 대기실로 뛰어 들어온 주방 요리사 김일선으로부터 주방 안의 경호원, 요리사 등이 생사 불명의 총상을 입었다는 말을 들었고, 다음 날 새벽 5시경 라디오 뉴스를 통해 대통령과 차지철 일행이 살해된 것을 알았으며, 7시경 이기주로부터 권총 2정(리볼버 권총과 발터 권총), 실탄 9발, 탄피 1개와 망사슬리퍼 등을 매몰하라는 지시를 받고 이 물건들이 대통령 등을 살해하는 데 사용된 증거물이라는 점을 알면서도 정원 서쪽 분수대 뒤에 파묻어 은닉했다는 것이다.

검찰관이 물었다.

"이기주의 지시라면 반드시 해야 되나요?"

"저희를 통솔하고 있으니 해야 됩니다."

이기주는 자신이 경비원 조장이 아니라고 했지만 조장의 역할을 하고 있었다는 뜻이다.

유석술이 경비원 대기실에 있을 때 주방 요리사 김일선이 부상을 입은 채로 뛰어와 주방에서 총소리가 났는데 이종오가 부상당해 옆에 있었다고 했고, 경호원 이야기는 없었다고 했다.

"총성의 원인을 정확하게 안 것이 언제인가요?"

"10월 27일 새벽 5시 각하께 유고가 생겨 총리가 대행한다는 뉴스를 듣고 각하가 돌아가시면 큰일이구나 생각했습니다."

아침 7시 청소하러 나가는데 이기주가 권총 등을 주며 삽을 갖고 가서 아무 데나 묻으라고 하여 은박지로 싸서 정원에 묻었다. 그 가운데 총 1개의 노리쇠는 후퇴된 상태인지도 몰랐다. 이기주가 책임지겠다고 해서 시키는 대로 묻었을 뿐이라고 했다. 그 물건들이 대통령 등을 사살하는 데 사용된 권총들이라는 생각은 전혀 하지 못했다는 것이었다.

이튿날 유석술은 이기주의 지시로 총을 묻었다는 사실을 동료들에게 이야기하고, 신고해야겠다고 생각했다. 부장 비서에게도 사실을 말하고 잘 처리해달라고 했더니, 알았다고 하며 그대로 가서 기다리라고 했다.

"당시 이기주 피고인이 대통령 등을 살해한 범인인지는 몰랐나요?"

"아침에 이기주로부터 총을 받을 때는 이기주가 총을 쏘았는지, 직접 관련이 있는지 전혀 몰랐습니다."

박선호에 대한 변호인 반대신문

야, 이야기하지 마

이상으로 피고인들에 대한 검찰관의 직접신문을 모두 마치고 변호인들의 반대신문으로 이어졌다. 박선호에 대한 변호인 신문부터 시작했다.

박선호에 대한 변호는 강신옥 변호사가 맡았다. 강 변호사는 김재규의 사선변호인단의 일원이었으나 변론 거부로 박선호만 맡게 된 터였다.

박선호는 해병간부 후보생 16기 중 1등으로 졸업하여 가장 빠르게 진급했는데, 대령 당시 해병대가 해체되어 예편했다. 강 변호사가 해병의 투지에 대해 특히 강조하는 것을 묻자 '정신'과 '단결'이라고 답했다. 자신의 성격도 의리, 정열, 책임감, 명령 복종을 덕으로 삼았고, 아직까지 상관의 명령에 불복하거나 배신해본 일이 없다고 했다.

의전과장으로서 박선호의 임무는 궁정동에 있는 5개의 연회장을 관리하는 것이었고, 중정부장을 보필하는 비서의 역할도 겸하고 있었다. 5개의 궁정동 연회장은 대통령을 위한 행사장인데, 혼자 사용할 때는

'소小행사'라고 하고, 이번 사건과 같이 비서실장, 경호실장, 중정부장 등이 함께 올 때는 '대大행사'라고 부르고 있었다. 당일에도 정인형 경호처장으로부터 '대행사'가 있다는 전화 연락을 받았다.

강 변호사가 물었다.

"그날 오후 4시경 프라자 호텔에 간 일이 있지요?"

"예."

이때 피고인석 앞줄에 앉아 있던 김재규가 박선호의 등에 대고 명령조로 짧게 말했다.

"야, 이야기하지 마."

작은 목소리였으나 재판부나 변호인석에서도 들을 수 있었다.

짐작컨대 여자에 관한 이야기는 하지 말라는 뜻이었다.

"거기에 간 것은 그날 연회장에 보낼 여자를 알아보기 위해서였나요?"

"상상에 맡기겠습니다."

"프라자 호텔에서 내자 호텔로 간 것도 여자를 데리러 간 것이었나요?"

"상상에 맡기겠습니다."

김재규의 말 한마디는 박선호로 하여금 입을 다물게 만들었다.

강 변호사가 박선호를 접견했을 때 의전과장으로서 이른바 채홍사採紅使의 역할과 어려움에 관하여 들은 내용을 확인하려 했으나, 법정에서 박선호의 입을 통해 자세한 내용을 밝히기는 무척 어려워 보였다.

'채홍사'는 원래 '채홍준사採紅駿使'의 준말이다. 홍紅은 여자, 준駿은 말을 가리킨다. 조선 전기 황음荒淫에 빠져 있던 연산군이 서울의 기녀, 미녀로는 성이 차지 않아 연산군 11년(1505년) 미녀와 준마를 궁중에 모아들이기 위해 지방에 파견했던 벼슬아치의 이름이다. 실제로 박선호는 변호인 접견 때 강 변호사의 끈질긴 추궁으로 박 대통령의 여자관계 이야기를 많이 털어놓았다. 그래서 강 변호사는 이 내용을 대학 후배인 나에게 김재규 접견 때 확인해달라고 부탁하기도 했다. 여인들에 관한 좀 더 자세한 내용은 항소심 법정에 가서야 일부 밝혀진다.

내친김에 강 변호사가 더 물었다.

"피고인은 차지철 경호실장이 대통령의 마음에 드는 여자를 강제로라도 매번 데려오라고 시켜서 힘들었고(예컨대 어느 텔레비전 사극에 나온 어린 배우가 수영복 차림으로 캘린더에 실린 것을 보고 박 대통령이 차 실장에게 '어린 줄 알았는데 성숙하구먼'이라고 말하면 차지철이 금방 박선호에게 연락하여 급히 촬영 현장에 가서 체포하듯이 데려와야 했다), 피고인 자신이 어린 자식들을 갖고 있는 아버지로서 그런 일을 하고 있다는 데 대해 인간적으로 괴로워서 김재규 부장에게 수차 '도저히 이 일을 계속할 수 없습니다'라고 하소연하면서 그만두게 해달라고 했으나, 김 부장이 '궁정동 일은 자네가 없으면 어떻게 하느냐'고 하면서 사의를 만류했다는데, 사실입니까?"

"제가 근무를 몇 번 꺼렸습니다. 그래서 하기 어렵다는 여러 가지 사유를 김 부장님께 말씀드린 적이 있습니다."

"결국 김 부장이 '자네가 없으면 어떻게 하느냐'고 해서 할 수 없이 그대로 있었나요?"

"예. 저를 신임하시고 계속 근무를 원하셨습니다."

"차 실장은 '돈을 얼마든지 줄 테니까 좋은 여자를 구해달라'고 했는데, 실제로 차 실장이 돈은 한 푼도 주지 않으면서 말만 많아서 피고인이 정인형 경호처장에게 '당신이 고르라'고 말했더니, '청와대에서 고르는 것을 국민이 알면 큰일 난다'며 안 된다고 하기에, 피고인이 '골라놓은 사람들에게 좋든 싫든 말이나 말아야 할 것 아니냐'고 항의하자 그 이후에는 차 실장도 잔소리가 적어졌다는데, 그렇습니까?"

박선호는 한참 뜸을 들이다가 고개를 저으며 나지막한 목소리로 말했다.

"……말씀 안 드리겠습니다."

박선호는 1978년 8월 11일 의전과장으로 근무한 이래 1979년 10월 27일 자로 면직될 때까지 15개월간 하루도 빠짐없이 출근했다. 부장으로부터 언제 어떤 지시가 있을지 몰라 정초나 추석은 물론 공휴일에도 빠지지 않았다.

"소행사, 대행사의 빈도가 하도 심해서 남효주 사무관과 같이 앉아, '대통령이지만 너무 심하다'는 불평을 주고받았나요?"

"답변을 거부하겠습니다."

이러한 문답 중간에 검찰관이 공소 사실과 관련 없는 신문이므로 제한해달라고 이의를 제기했다. 하지만 법무사는 제지하지 않았고, 오히려 박선호가 거부한 것이다.

순리대로 판단하는 지휘관

박선호는 평소 김재규가 대통령에게 전화로 말할 때에도 모든 사항을 서슴없이 소신껏 말하는 것을 보고 존경해왔다. 박선호가 보기에 사건 당일 김재규는 박선호가 가담하지 않더라도 단독으로라도 행동할 각오가 되어 있는 것 같았다.

"피고인이 어떻게 가담할 결의를 했나요?"

"이미 각오하신 것으로 말씀하셨고, 육군총장과 2차장보가 오셨다고 해서 모든 것이 계획되어 확고부동하구나 생각했습니다. 제가 '각하도 포함됩니까?' 묻자 그렇다고 하셔서, 거의 매일 청와대에 가시고 모든 것을 수시로 보고하시고 해서 두 분 사이가 좋은 것으로 알았기 때문에 이상하다고 생각했지만, 차 실장은 처치하고 각하는 납치 정도 하는 것이 아닌가 생각했습니다. 부장님 지시인 이상 최선을 다해야겠다고만 생각했습니다."

김재규가 부산과 마산을 다녀와서 말은 없었지만 심각하다는 것을 피부로 느꼈고, 박선호도 서울에서 그러한 일이 생기면 의외로 많은 사람들이 다칠지 모른다고 판단하고 있었다.

"전국에 그러한 사태가 확산되면 나라에도 큰 피해가 있을 거라고 느끼고 결심한 것 같던가요?"

"옳고 그른 것은 부장님이 판단하시고, 저는 따를 뿐입니다. 부장님의 판단은 무리가 없어 보였고, 항상 순리대로 판단하시는 것을 제가 알기 때문에 총장도 있고 해서 서로 통한 것으로 머리에 스쳤습니다."

박선호는 처음에는 박흥주와 단둘이 하려다가 이기주를 포함시키고, 다음에 유성옥까지 가담시켰다. 그리고 이쪽에서 총을 뽑으면 상대방이 행동을 안 할 줄 알았는데 착각이었다고 했다.

실제로 정인형 처장이나 안재송 부처장이 박선호의 말을 듣고 포기할 줄 알고, 그들의 생명을 구해볼까 해서 박흥주나 이기주에게도 안 시키고 자신이 직접 그곳을 담당했던 것인데, 다만 '우리 같이 살자'고 말하면서 주춤하는 사이 그들의 생명을 단 몇 초 정도 붙들어놓은 결과만 되었다고 한탄했다.

"이기주에게 안이 깨끗이 되었느냐고 왜 물었나요?"

"각하는 병원으로 갔다고 해서 마음이 꺼림칙해서 그랬습니다."

"그때 '깨끗이 되었냐'는 말은 확인 사살하라는 말인가요?"

"그런 뜻이 아니고 안에 있는 사람들이 다 죽었는지를 확인했던 것입니다."

이기주의 진술과 어긋나는 부분이다.

그는 일이 잘못된 것임을 알고 다음 날 아침 6~7시경 집으로 가서 부인에게 '사나이답게 자결하겠다'고 말했는데 '기독교를 믿는 입장에서 그러지 말라'고 만류하여 단념하였다. 그들은 20년 넘게 교회에 나가고 있었다.

강 변호사가 마지막으로 물었다.

"현재의 심정으로서 김재규 부장의 지시라면 지금도 응할 건가요?"

"이러한 결과를 아무도 모른다면, 누구라도 응할 것이라 생각합니다. 사람을 죽여 죄를 지었으나, 긴박한 상황에서는 판단하기 어렵다고 생각합니다."

강 변호사가 한 가지 더 물었다.

"중정의 상명하복 관계는 군대와 비교할 때 어떤가요?"

"군대는 군대대로의 규율이 있고, 여기는 여기대로의 규율이 있습니다. 부장님처럼 매사를 순리대로 판단하는 지휘관의 말을 안 들을 수 없다는 것을 말씀드립니다."

박선호는 그가 모신 김재규를 순리대로 판단하는 지휘관으로 끝까지 믿고 있었다. 이 점에 관하여 강 변호사는 뒤에 김재규에 대한 보충신문을 통해서도 재확인하였다.

박선호에 대한 변호인 반대신문을 마지막으로 제4차 공판이 끝났다.

08   변호인의 반대신문과
         재판부 신문

박흥주에 대한 변호인 반대신문

철저히 보안에 싸인 궁정동 식당

다섯 번째 공판 날 김재규의 사선변호인단의 거부로 그동안 재정했던 대부분의 변호사들이 참석하지 않게 되어 법정 안은 다소 썰렁했다. 4차 공판에 이르기까지는 항상 30명에 가까운 변호사들이 변호인석이 모자라 오른쪽 벽을 따라 긴 의자에 두 줄로 앉았었는데, 이날은 피고인 8명에 변호인 8명으로 한결 오붓했다.

  김재규, 이기주, 유성옥의 국선변호인으로 나와 신호양 변호사가 자리를 했고, 김계원의 사선변호인으로 이병용·김수룡 변호사, 박선호의 사선으로 강신옥 변호사, 박흥주의 사선으로 태윤기 변호사, 김태원의 사선으로 김홍수 변호사, 그리고 유석술의 사선으로 김성엽 변호사가 자리를 같이했다. 이 가운데 이병용·김홍수 변호사는 그 후 대한변협회장을, 강신옥 변호사는 국회의원을 역임했다. 재판부 5명과 검찰관 3명은 그대로였다.

오전 10시 개정이 선언되었다. 김수룡 변호사가 피고인들에 대한 공소장의 적용 법조가 특정되어 있지 않은 부분이 있다고 하여 검찰관에게 석명釋明을 구했고, 검찰관이 형법의 각 해당 조문에 관해 설명했다.

박흥주에 대한 변호인 반대신문을 위해 태윤기 변호사가 일어났다. 태 변호사는 박흥주에게 흥분하지 말고 차분히 본인이 한 일을 사실대로 이야기하고 누가 묻더라도 재판장을 향해 답변해달라고 자상하게 말했다. 태 변호사는 존경받는 법조계 원로로 평소 매우 겸손한 분이셨다.

박흥주는 재판장을 정면으로 바라본 채 허리를 곧추세우고 고개를 번쩍 들었다.

"접견 시 몸이 대단히 아프다고 했는데요?"

"머리는 좀 나았습니다."

태 변호사는 피고인의 성장 과정, 학력, 경력 등을 소상히 물었다. 부모님 가훈은 '정직'과 '충실'이었다. 김재규가 6사단장과 6관구사령관이었을 때 전속부관으로 2년여를, 중정부장 수행비서관으로 1년 6개월을 함께 근무하면서 가까워졌다.

"수행비서의 하는 일은 무엇인가요?"

"부장께서 사무실을 떠나 밖에서 임무를 수행하실 때 항상 곁에 있으면서 부장 지시에 따라 관계 부서에 연락하고, 휘하 부대로부터 올라오는 보고를 받아 부장께 전하는 임무를 수행하는 한편, 4인으로 구성된 안전팀을 배속 받아 부장의 신변 경호를 위한 임무를 수행합니다. 공관에서 근무할 때는 부하들의 근무 상태를 확인 감독할 책임이 있습니다."

차량 이동이나 외부 활동 시에는 부장과 항상 같이 있게 되지만, 사무실에서는 비서실장이나 기타 관계 요원들이 임무를 수행하고, 수행비서는 대기하고 있게 된다. 궁정동에 나와 일할 때에는 직원 1명과 같이 직접 업무 연락을 하고 손님 접견에 대한 준비를 하는 등 근접거리에서 일했다. 가까이 모시는 관계로 국제 정세에 관한 보고서 같은 경우에는 "자네도 육군대령이니까 이런 것을 자주 읽게" 하며 발췌된 내용을 받기도 했다. 하지만 국내 정세에 관한 것은 구체적으로 알려주는 경우는 드물었고, 청와대 보고 시 수행하기 때문에 그때마다 곁에서 보고 들어 눈치로 알 수 있었다.

따라서 박흥주는 이 사건이 일어나기 전의 YH 사건, 신민당 총재 사건, 부마사태, 김형욱 실종 사건 등은 자세히는 모르나 김재규가 그 문제 등으로 애쓰고 있다는 것은 알았다고 했다.

김재규가 청와대에 갈 때 각종 보고서가 담긴 가방을 박흥주가 챙겨 놓으면, 김재규는 세면과 양치질을 다시 하고 복장을 점검한 다음 책상에서 보고할 내용을 다시 한 번 검토한 뒤 들어가는데, 이때 대강 무슨 중요한 문제를 토의하는구나 정도를 알게 된다는 것이었다.

이번 사건이 일어난 곳은 주로 대통령이 사용하는 궁정동 구관 건물과 식당으로 박흥주도 그날 처음 가보았을 정도로 철저히 보안에 붙여져 통상 잠겨 있고 출입이 통제된 곳이었다. 특히 식당 건물은 사건 나기 두 달 전인 8월 말에 준공된 건물이었다.

그곳에서의 행사는 박흥주에게도 비밀이어서 평소에는 누가 참석하는지 몰랐다. 그날 대통령이 참석한다는 것도 4시 반경 궁정동에 도착하여 김재규의 이발을 준비했다가 김재규가 "각하께서 일찍 오시면 시간 맞추기 어려우니 내일 하지"라고 말하여 비로소 알게 된 사실이다. 사건 당일 무슨 일이 일어나리라는 예상은 수행비서관인 박흥주로서도 전혀 알 수 없었다. 김재규와 차지철의 평소 관계에 대해서도 "두 분은 서로 예의를 갖추어 이야기하는 것으로 알고 있고, 차 실장이 강경하다는 것만 알고 있습니다"라고만 했다.

자유민주주의를 위하여

김재규가 박흥주와 박선호를 불러 이야기한 시간은 저녁 7시 10분경이었고, 박흥주는 사무실에 있다가 김재규가 손님을 만나고 나가는 것 같아 뒤쫓아 가서 현관문 앞에 서 있었다. 그런데 김재규와 박선호가 구관에 이르렀을 때 김재규가 뒤를 보고 손짓을 해서 뛰어가니 잠깐 들어오라고 하여 구관으로 들어갔다. 박흥주는 이때 처음으로 구관에 발을 디뎠다. 박선호는 김재규와 박흥주가 함께 나오기에 같이 구관 뒤쪽 잔디밭까지 걸어갔다고 진술하여 이 부분은 서로 다른 것 같으나, 박선호는 구관에 있다가 김재규를 찾으러 나왔기 때문에 박선호의 기억이 맞는 것으로 보인다.

구관의 잔디밭 있는 쪽으로 올라가니 가까이 오라고 해서 다가가자 김재규가 긴장된 표정으로 말을 꺼냈다. 김재규는 '나라가 잘못되면 자네들이나 나나 살 수 없다', '중대 결심을 하였다', '오늘 저녁 해치우겠다', '총장, 2차장보가 와 있다', '준비가 다 되었는데, 자네들 둘이서 경호관을 밀어붙이고, 불응 시에는 사살해도 좋다'고 했다. 박흥주는 처음엔 무엇인가 잘못되어간다고 느꼈다.

"뜻밖에 그런 이야기가 처음 나왔나요?"

"느닷없이 말씀하셔서 입만 벌리고 들었습니다."

"그때 어떤 상황이 벌어질 거라고 느꼈나요?"

"어떤 말씀을 하시려나 하고 놀라서 듣기만 했습니다."

"피고인은 어떤 의미로 받아들였나요?"

"평소에 항상 옳은 말씀만 하시는 분이기 때문에 그 사람들(육군총장,

2차장보)이 와서 같이 이야기를 나눈 것으로 느꼈습니다."

"피고인과 박선호는 이심전심으로 오늘 혁명을 한다는 것을 알았을 것으로 생각되는데요?"

"그 자리에서는 놀라서 의심스런 생각을 하며 듣기만 했습니다. 말씀을 다 마치고 들어가시면서 '자유민주주의를 위하여'라고 나지막하게 덧붙이시며 손으로 저의 배를 탁 치셨습니다. 차 있는 곳까지 오면서 어떻게 하는 것이 좋을까 싶었는데, 부장께서는 각오가 서서 들어가셨다고 생각하니 어쩔 수가 없다, 상사의 지시이니 따라야겠다는 결론을 내리게 되었습니다."

'자유민주주의를 위하여'는 박흥주에게만 한 말이었다. 당시 박흥주의 반응을 보고 마음이 흔들리는가 싶어 용기와 힘을 실어주려는 것이었을까?

마지막에 태 변호사가 안타까운 심정으로 물었다.

"피고인은 군인이기에 단심單審(비상계엄하의 군인의 경우 1심으로 확정되는 제도)으로 확정되는데 빠진 것이 있으면 이야기해보시죠."

"이 건과 관련하여 사전 계획을 몰랐습니다. 갑자기 말을 들어 그 상황에 접하게 되었고, 상사를 따라 움직여야 된다는 것이 마땅한 것이 아닌가 생각했습니다."

"사람을 죽이는 일에 대해 해야 되느냐, 하지 말아야 되느냐 하는 갈림길에서 부장을 따라야겠다고 생각했나요?"

"예. 상황을 접했을 때 처신을 어떻게 해야 될지 몰랐고, 사람을 죽이면 살인자는 아무리 잘해도 재판을 받아야 된다는 생각을 했습니다."

이기주에 대한 변호인 반대신문

과장 명령이면 그 자리에서 뛴다

내가 국선변호인으로 처음 반대신문에 나섰다. 이기주에게는 노모와 처, 그리고 4살 된 딸과 생후 8개월 된 아들이 있었다.

나는 이기주의 자식들 이야기가 나오면 지금도 가슴이 미어진다. 그 후 어려운 환경에도 꿋꿋하게 장성하여 지금은 모두 대학과 대학원을 나와 사회에 이바지하고 있다. 그들 오누이가 어렸을 적에는 어머니를 따라 내 사무실에도 찾아오고, 매년 손수 만든 크리스마스카드를 보내기도 했다. 아직도 내 책상 서랍에는 그들이 어려서부터 장성해서까지 보낸 여러 장의 아름다운 카드들이 오롯이 쌓여 있다.

이기주는 해병대에 입대하여 파월되었다가 하사로 제대했는데, 태권도 3단과 유도 초단이었다. 궁정동 식당 경비원으로서의 지침은 보안을 중시하여, 첫째도 보안, 둘째도 보안으로, 직계 가족이 아니면 전화번호를 알려주지 않았고, 위치는 가족과 친지에게도 비밀이며, 외부와의 접촉도 피하였다. 본청과 분청에도 출입이 제한되었고, 맡은 일이 아니면 남의 일에 신경을 쓰지 않았다.

어떠한 지시라도 복종해야 하며 4년 넘게 근무하면서 한 번도 상관의 명령에 불복종한 경우는 없었다. 경비원은 근무 시 권총을 휴대하는데, 매주 사격 훈련을 해왔다.

또한 상관, 특히 박선호 과장의 지시에 대해서는 시키면 시키는 대로 지시에 따를 뿐 '왜'라든지 다른 생각은 안 해봤다. 박선호가 잘하면 한 급 올라간다고 했을 때도 경비원에서 좋은 데로 옮겨진다고 느꼈을 뿐 호봉이 오른다거나 영전한다고는 생각해보지 않았다.

부장 지시라는 말은 없었어도 과장의 독단적인 지시가 아니고 90퍼센트 이상은 높은 사람의 지시로 알고 있었다. 그러나 전에는 이러한 지시가 없었으므로 사살해도 좋다고 할 때는 이상한 생각이 들어 제미니 차에 타고 있으면서 지나온 일들이 머리를 스치고 지나갔다.

"의전과장 지시 한마디면 생사를 걸고 해야 되나요?"

"그동안 생사를 걸 지시는 없었지만, 과장 명령이면 누구나 그 자리에서부터 뜁니다."

"그렇다면 불법 부당한 지시에 항의할 수 없나요?"

"생각도 못합니다."

"승낙을 한다거나 불응한다거나 선택적으로 판단할 여유가 없다는 것인가요?"

"무조건 지시에 따랐습니다."

"그러한 행동이 옳은 것인지 나쁜 것인지 생각 못했나요?"

"그 당시는 그러한 생각을 할 여유가 없었고, 상관의 지시니까 무조건 따르고, 그래서 처음에는 여기서 죽는구나 생각했습니다."

높은 사람들 일이라 알려고 하지 않았다

"공소장에는 피고인이 승낙을 해서 가담한 것으로 되어 있는데, 박선호의 지시를 받고 따를 때 김재규가 박 대통령과 차지철 등을 살해하여 국가 변란이나 폭동을 일으킨다는 생각을 해보았나요?"

"그건 꿈에도 생각 못했고, 높은 사람들 일이라 알려고 하지도 않았습니다."

"검찰 조사 때 이치적으로 생각하면 각하를 살해하는 것을 알았다고 하였는데, 무슨 뜻인가요?"

"그것은 수사관들이 경호원은 누굴 지키는 사람이냐고 물어서 각하를 지키는 사람이라고 대답했더니, 그러면 경호원을 살해하면 각하를 살해하는 것과 마찬가지 아니냐고 해서 이치적으로 따져서 말한다면 그렇다고 대답한 것입니다."

확인 사살 부분에 관해서 이기주는 박선호가 "안은 어때?" 해서 "모릅니다"라고 하니까, "김태원을 시켜 깨끗하게 해버려"라고 하여 총 맞은 자들을 다시 한 번 쏘라는 것으로 들었다고 했다. 지시하는 자가 생각하는 내용과 이를 지시받은 자의 생각은 상황에 따라 다르게 해석될 수 있다는 말이다.

유석술에게 권총 등을 묻으라고 한 것도 각하가 서거했다는 뉴스를 듣고 겁이 나서 청와대 경호원들이 몰려올 것 같아 일단 치워야겠다고 단순히 생각하고 한 일이라고 하였다.

마지막으로 "지금 심정은 어떤가요?" 묻자, 반듯한 이마에 미남형의 이기주는 "자꾸 생각하기 괴롭습니다"라고 쓴웃음을 지으며 고개를 저었다. 어쩌다가 이렇게 법정에 섰는지 생각하기 싫다는 표정이었다.

유성옥, 김태원, 유석술에 대한 변호인 반대신문

이렇게 될 줄 몰랐습니다

유성옥에 대한 반대신문은 공동 국선변호인인 신호양 변호사가 맡았다. 유성옥은 처와 두 아들이 있으며, 이기주와 마찬가지로 사회 일반 경력은 없다. 군 생활 8년을 육군중사로 제대하고, 중정에서 8년간 운전사로 근무했다. 유성옥에게 안타까운 일은 지금의 처와 그동안 생활고로 결혼식을 올리지 못해 미루어오다가 그해 11월 13일로 날짜를 잡고 식장까지 예약했는데, 이를 이루지 못하게 된 것이다.

궁정동에서는 4개월 남짓 근무했고, 과장이 명령하면 거역 없이 시행해왔다. 말단 직원의 입장에서 어떠한 부당한 지시에도 이의나 항의를 할 수 없었던 것은 이기주의 경우와 같았다. 다만 운전직은 평소 무기를 휴대하지 않았고, 사격 훈련도 없었다. 공소장에는 당시 경호원 사살 지시를 받고 공모한 것으로 되어 있으나 유성옥 입장에서는 명령에 복종했을 뿐이라는 것이다.

"총을 가지고 나오라고 할 때 이상하지 않았나요?"

"근무자가 부족한가 하는 생각은 해봤으나 그 외는 예상 못했습니다."

경호원이 반항하면 사살하라는 지시가 부장의 지시인지, 안에서 총소리가 난다는 것이 누가 누구를 쏜다는 것인지 유성옥은 아무것도 몰랐다고 했다. 상관의 지시를 안 따르면 오히려 나중에 죽는 것이 아닌가 하고 목숨만 생각했다는 것이다.

당시 대통령을 살해한다는 사실은 꿈에도 생각해보지 않았다. 심지어 제미니 차에서 대기할 때 대문을 열어주면 도망했을지도 모른다고 대답했다. 오히려 그는 "병원에서 각하가 사망했다는 말을 듣고 나 자신도 죽었으면 하는 마음이었습니다"라고 말했다.

유성옥은 스스로의 의사로 행동한 것이 없다고 했다. 궁정동에서는 과장의 지시를 따랐고, 병원에서도 비서실장의 지시에 따라 움직였다는 것이다.

병원에서도 그때그때 스스로 처리를 할 수 없어서 비서실장에게 전화했으나 통화가 안 되어 이기주를 통해 박 과장에게 물어보고 그대로 시행했을 뿐이었다.

"지금 심정은 어떤가요?"

"이렇게 될 줄 몰랐습니다. 드릴 말씀이 없습니다."

수사관이 불러주는 대로 썼다

김태원에 대한 반대신문은 사선변호인인 김홍수 변호사가 맡았다.

김태원은 처와 4살 된 아들, 9개월 된 딸이 있었고, 중정 경비원이 군 복무 후 처음 갖게 된 직장이었다. 경비원에 대한 지침은 이기주가 말한 대로 자기 일이 아니면 알 필요가 없고, 상관의 지시면 필연코 해야 한다는 것이었다.

김태원은 '확인 사살'이라는 용어는 수사기관에서 조사할 때 수사관이 한 말이라고 했다. 이기주로부터는 죽은 사람을 다시 한 번 쏘고 나오라고 해서 죽은 사람을 쏘는 것으로 알았지, 산 사람을 쏘라는 것이라고는 생각하지 못했다. 실제로 자신은 산 사람을 쏘지 않았다고 했다. 다 죽은 사람을 쏜 것이고, 지시하니 발사하지 않을 수 없었다는 것이다.

김태원이 차 실장의 신음 소리를 들었다는 부분이나, 확인 사살을 했다는 말은 최초 조사 때에는 없었던 내용인데, 나중에 수사관이 불러주는 대로 고쳐 쓰게 된 것이라고 말했다.

"지금 생각은 어떤가요?"

"다 죽었다고 생각하고 쏘았는데, 당사자나 그 가족에게 죄송하고, 모든 분께 죄송합니다."

사건과 관련 있는 물건인 줄 몰랐다

유석술에 대한 반대신문은 사선변호인인 김성엽 변호사가 맡았다.

유석술도 일반 경력은 없고 하사로 제대한 후 중정 직원으로 들어가 비서실과 본청에서 2년 근무를 한 후, 1977년 8월부터 궁정동에서 근무해왔다.

유석술은 당일 저녁 식당 쪽에서 나는 총성도 들었고, 다음 날 새벽 5시경 대통령에게 유고가 생겼다는 뉴스를 들어 무슨 관련이 있다고는 생각했다. 그렇지만 이기주가 권총 등을 묻으라고 했을 때는 대통령 시해 사건과 관련이 있는 물건이라고는 생각해보지 않았다고 했다.

하필이면 사건 당일 다음 날 아침 7시경 방문 앞에서 이기주와 마주쳐서 묻으라는 부탁을 받게 된 것이었다. 이기주가 특별히 그를 지목해 불러서 묻으라고 한 것이 아니라 우연히 만나서 지시를 받은 것뿐이라는 것이다. 누가 그 자리에 있어도 그렇게 했을 거라는 이야기이다.

이기주가 과장의 명령을 받아 그에게 지시하는 것으로 알고 거절하지 못하고 지시대로 따른 것이라고 했다. 혹시 나중에라도 이로 인한 책임을 물을까 봐 숨기지 않고 바로 동료 직원에게도 말하고, 부장비서에게도 신고했다는 것이다.

박선호 등에 대한 재판부 신문

재판부의 신문은 법무사가 시종 이끌어갔다. 재판부 5명 가운데 법무사만이 군 법무관이고 나머지는 일반 장교이기 때문이었다.

먼저 박선호에게 법무사가 몇 가지 물었다. 박선호는 김재규로부터 지시를 받고 이 순간을 어떻게 피할까 고민하여 경호원이 4명인데도 7명이라고 하고, 5분 정도면 충분한 시간을 30분이나 달라고 하였지만 끝내 명령대로 시행할 수밖에 없었다고 했다.

"평상시에도 김재규로부터 나라가 잘못되면 다 죽는다는 말을 들어보았나요?"

"듣지 못했습니다. 그날은 부산을 다녀오시고 그런 말씀을 하셔서 아주 실감 있게 들었습니다."

"이번 사건이 혁명이라고 생각하나요?"

"그 문제에 관하여는 생각해보지 않았습니다."

다음 박흥주에게 물었다.

"육사를 졸업한 육군 고급간부인데 상명하복 관계에 있어서 김재규 피고인의 명령이 중요한가요, 국군 통수권자인 대통령 각하의 안전을 살피는 것이 중요한가요?"

"그 당시는 긴급한 주위 여건상, 대의명분보다도 개인 안전만 생각 했기 때문에 판단을 잘 못했습니다."

박흥주는 당시 어떻게 하는 것이 올바른 길인가 고민을 많이 했으며, 심지어는 가족과 함께 자결할 생각까지 했다고 했다.

박흥주가 보기에 김재규의 양복들은 대개 바지 라이터주머니가 권총이 들어갈 정도로 크게 되어 있었다고 했다. 그리고 이 사건이 혁명인지, 배후에 누가 있는지, 사전 준비를 했는지는 전혀 모르지만, 김재규 단독으로 결행하지 않았는가 생각한다고 했다.

'자유민주주의를 위하여'는 평소 안 하던 말인데, 그 말이 무슨 뜻이냐고 법무사가 묻자, "그렇게 말씀하시고 가시니까, 그냥 들었을 뿐입니다. 당시 상황으로는 너무 엄청난 이야기라서 참견할 수 없었습니다."

이기주, 유성옥, 김태원, 유석술에게도 법무사가 차례대로 몇 가지 물었는데, 검찰과 변호인 신문 때와 거의 중복되는 내용이라 줄인다.

12 · 12 사태로 12월 13일 공판 연기

제5차 공판 조서에는 고지된 다음 기일이 12월 14일 10시로 기재되어 있으나, 실제로 고지한 다음 기일은 12월 13일 10시였다. 재판부로서도 12월 12일 밤의 '12 · 12 사태'를 예견했을 리 만무하다.

김재규의 국선변호인으로 12월 11일 선임되어 그날 밤 야간 접견을 하고, 다음 날 12월 12일 저녁 7시경 재판이 끝나자마자 간단히 저녁을 먹는 둥 마는 둥 한 뒤 바로 육군교도소로 가서 2차 야간 접견을 했다. 만약 12월 13일에 공판이 쉰다고 했다면 우리는 그날 낮에 가서 접견을 했을 것이고, 군이 전날 야간 접견을 하지는 않았을 것이다.

그날 밤 '12·12 사태'가 일어나리라고는, 전두환 보안사령관을 중심으로 한 신군부의 몇몇 실세를 제외하고는 아무도 몰랐다. 당시 정승화 육군참모총장이자 계엄사령관을 그 예하 계엄사 합수부에서 체포하리라고 누가 털끝만큼이나 짐작할 수 있었을까?

정승화 사건의 변호인 여동영 변호사는 당시 재판 기록을 정리한 책에서 12·12 쿠데타를 "장군들의 야간외출"이라 격하하여 불렀다. 어떻든 12·12 사태의 진상은 그 후 10여 년간 밝혀지지 못한 채 권력에 의해 은폐되어 있다가 김영삼 정부 아래 1995년 12월 전두환, 노태우 전 대통령 등이 구속되어 사법적 심판을 받는 과정에서 "하극상下剋上에 의한 군사 쿠데타"라는 역사적 평가를 받았다. 당시 전두환, 노태우 등의 죄명은 반란수괴, 반란중요임무종사, 불법진퇴, 지휘관계엄지역수소이탈, 상관살해, 상관살해미수, 초병살해 등이었다.

12월 13일 아침 9시 30분경 나는 군법회의 법정으로 가기 위해 육군본부 후문에서 출입증을 교부받으려고 초소 안으로 들어가는 순간 깜짝 놀랐다. 시멘트 바닥에 검은 피가 낭자해 있었고, 여기저기 총격전의 흔적이 남아 있었다.

항상 헌병이 지키던 곳인데 공수부대 복장을 한 군인들이 완전 무장을 한 채 삼엄하게 출입을 통제하고 있었다. 출입증도 교부할 수 없었고, 상부의 지시가 없는 한 변호인들의 출입도 엄금한다는 것이었다. 재판하러 간다고 해도 통하지 않았다. 여기저기 전화 연락을 해보더니 재판은 연기되었다고 했다. 그래도 법정에 가서 직접 언제로 연기되었는지 알아보겠다고 했으나 막무가내로 못 들어간다고 막았다.

하는 수 없이 되돌아 나오는 길에 강신옥 변호사와 법조 출입 기자 L씨를 만났다. 셋이서 부근 다방으로 들어가 12·12 사태에 대한 우려와 함께 앞으로 재판에 미칠 영향에 대해서도 걱정을 나누었다.

후에 L기자는 나에게 이렇게 술회했다. 10·26 이후 한국은 서구의 어느 선진국 못지않게 아무런 이상이나 동요 없이 정치 발전이 착착 진행되고 민주주의가 살아나는가 하면 치안 상태도 전보다 더 평온한 것을 보고, 외신 기자들이 입을 모아 대한민국은 참으로 저력 있는 나라이며 훌륭한 민족이라고 추켜세웠는데, 12·12 사태가 일어난 후 '그러면 그렇지, 너희 같은 후진국이 별수 있느냐, 콩고나 우간다 같은 나라인데 우리가 그동안 잘못 보았다'고 폄하하는 말을 해서 분통이 터진다는 것이었다.

여하간 12·12 사태 때문에 우리 변호인들은 하루도 쉼 없이 숨 가쁘게 진행되던 재판 일정을 잠시나마 멈출 수 있었다. 나도 오랜만에 사건 기록도 검토하고, 오후에는 서대문 영천에 있는 서울구치소에서 이기주와 유성옥을 접견할 기회를 가졌다.

그러나 12·12 사태가 가져올 파장에 대한 우려 때문에 마음은 납덩이처럼 무거운 하루였다. 결국 12·12 사태가 5·17 사태를 거쳐 전두환 정권으로 이어지는 단초가 될 줄이야 그 누가 상상이나 했던가!

09 　　　피고인들에 대한
　　　　　보충신문

김재규와 유성옥에 대한 외부 의사 진단 허가 신청

13일 하루 쉬고 12월 14일 열린 6차 공판은 각 피고인들의 변호인들이
다른 관련 피고인들에 대한 보충신문을 하는 차례였다.

　　오전 10시 개정 선언이 있자, 내가 일어섰다.

　　"김재규, 이기주, 유성옥 피고인의 국선변호인 안동일 변호사입니다.
이미 서면으로 제출했습니다만, 다시금 말씀드립니다. 첫째, 피고인들
에 대한 변론 준비를 위해 기록 열람 및 등사 신청을 했고, 둘째로 김재
규 피고인은 구속 전부터 지병인 간경변 증세로, 유성옥 피고인은 구속
기간 중 귀와 허리 및 다리 부분에 심한 통증으로 신음하고 있어 외부
의사의 진단을 받아보고자 신청서를 제출했습니다. 아직 아무런 결정이
없으므로 조속히 허가하여주시기 바랍니다."

　　재판부는 기록 열람 신청은 허가하고, 외부 의사 진단 허가 신청에

대해서는 추후 결정하겠다고 했다. 그러나 기록 열람은 일부 수사 기록에 한정되어 있었고, 공판 조서는 매일 공판이 진행되어 제때 작성되지 않았으므로 볼 수 없었다. 그래서 다시 말했다.

"수사 기록보다도 공판 조서에 대한 열람과 등사를 신청하는 것입니다. 공판 조서에 대하여는 조서에 기재된 대로 증명력이 있기 때문에, 종전 공판 조서의 열람이 선행된 다음에 보충신문에 들어갔으면 합니다. 공판 조서의 기재 내용이 사실과 다를 때에는 이의를 할 수 있는데, 이의를 할 기회마저 없기 때문입니다."

그러나 재판부는 아직 공판 조서의 준비가 안 되었으므로 추후에 결정하겠다고 하며 강행하였다. 실제로 당시 공판 조서는 많은 부분이 누락되거나 축소되어 기재되었음이 15년이 지난 뒤 법정 녹음테이프가 공개된 다음에야 밝혀졌다.

외부 의사 진단은 김재규의 경우 군의관에 의해 검진이 이루어진다고 하였고, 유성옥의 경우는 항소심 막바지에 외부 의사의 진단이 이루어졌다. 내 기록철에는 1980년 1일 24일 자로 유성옥에 대한 이비인후과 의사 김봉룡의 소견서가 보관되어 있는데, 거기에는 청력 검사 시설이 완비된 종합병원의 검진이 필요하다는 소견이 담겨 있다. 물론 실제로는 이루어지지 않았다.

재판장은 피고인들에 대한 보충신문이 있으면 하라고 검찰과 변호인 측에 고지하였다. 검찰은 보충신문 사항이 없다고 하였고, 변호인의 보충신문은 김계원의 변호인부터 시작하였다.

변호인들은 자기가 맡은 피고인들의 이익을 위해 다른 피고인들의 입을 통해 가능한 한 유리한 진술을 얻어내기 위하여 전심전력을 다하였다.

그러다 보니 중복되는 질문도 많았고, 유도신문이나 불리한 진술을 강요하는 경우도 있었다. 여러 변호사들로부터 다소 뉘앙스는 다르지만 거의 같은 질문을 반복해서 듣는 경우도 있었다.

심지어 이기주의 경우 김계원의 변호인이 보충신문하는 도중에 같은 질문이 계속 반복되자 중복되는 질문에는 답변을 거부하겠다고 짜증을 내며 언성을 높이기도 하였다. 그 바람에 잠시 법정 안에 때 아닌 웃음이 일기도 했다.

여기에서는 그동안 진술이 불명확했던 부분과 진술하지 않았던 부분을 중심으로 신문 내용을 보태기로 한다.

박선호에 대한 보충신문 — 김재규는 국민의 편이다

김계원의 변호인인 이병용, 김수룡 변호사가 박선호를 신문함에 앞서 다른 피고인들을 잠시 퇴정시켜달라고 요구하자, 재판장은 김계원과 박선호만 재정시키고 나머지 피고인들은 일시 퇴정케 하였다.

박선호가 물음에 답했다. 경호원을 처치하고 나오니 전깃불이 나가서 손전등을 비추자 김계원이 마루에 서 있는 것이 보였고, 그가 벽을 더듬는 것이나 불을 켜라고 소리치는 것은 못 보았다고 했다. 불을 켜라는 소리는 자신이 했다는 것이다.

박선호가 있던 대기실은 만찬석에서 4~5미터 거리에 불과했으나 기타 소리인지 음악 소리만 들렸고, 누군가 소리 지르는 것은 듣지 못했다고 했다.

그리고 김재규는 첫 발사와 둘째 발사 사이에 1초의 몇 분의 1 간격밖에 안 되었다고 했으나, 박선호는 3~4초 간격이 있었던 것으로 생각하고 있었다. 그는 그 사이에 정인형과 안재송에게 "꼼짝 마"라고 말한 시간을 계산한 것이 아닌가 싶다.

"혹시 피고인은 첫 총성과 둘째 총성이 간격이 길다고 함으로써, 김계원 피고인이 막을 수 있는 충분한 시간적 여유가 있는데도 막지 못했다고 하기 위해서 일부러 하는 말이 아닌가요?"라고 추궁했으나, 박선호는 "그 안의 사정이 어떻게 돌아갔는지 알지 못하기 때문에 제가 아는 사실만 말씀드린 겁니다"라고 부인했다.

박선호는 만찬석이 굉장히 어둠침침했다고 말했고, 이 사건 전 10월 중에 대통령이 몇 번이나 궁정동 식당에 왔느냐는 질문에는 "말씀드리지 않겠습니다"라고 입을 다물었다.

다음으로 강신옥 변호사가 박선호에게 보충신문을 했다. 김재규가 만찬석으로 돌아가면서 '자유민주주의를 위하여'라고 하는 말을 박흥주가 들었다고 하지만, 박선호는 기억이 없다고 했다.

"김재규가 대통령이 될 사심이 있었다는데, 그렇게 생각하나요?"

"평소에 긴급조치 9호를 빨리 폐지하고 10호로 약하게 해서 국민의 숨통이 트이게 한 다음 이를 해제하는 방향으로 건의를 했는데 안 들으시더라고 해서, 그분이 하시는 일은 웬만큼 알고 있지만 이번 일은 그날 처음 들어서 그분대로 무슨 뜻을 별도로 가지신 것으로 판단됩니다."

"그러면 사심을 갖고 한 것은 아니라는 것인가요?"

"공을 위해 희생한다는 것이 평소 그분의 마음인 것으로 압니다."

"평소 내가 몸이 좋지 못한데 쉬게 해주면 좋겠다, 자네와 내가 바둑이나 두며 초야에 묻혀 놀았으면 좋겠다고 했다는데요?"

"예. 어떤 때는 시골에 가서 낚시나 하고 잠이나 자고 놀았으면 하신 적이 있는데, 그걸 보면 사심으로 하셨다는 것은 생각할 수 없습니다."

강 변호사의 보충신문은 박선호를 위한 것이 아니라 김재규를 위한 신문처럼 보였다.

나와 신호양 변호사가 박선호에게 부하들에 대해 물었다. 박선호는 평소 지휘명령 계통상 이기주와 유성옥은 일단 지시를 하면 불만이 있어도 끝까지 복종하였고, 하나를 시키면 둘까지 하는 충성심 있는 부하들이었다고 했다. 긴박한 상황에서 지시를 받고 맹목적으로 복종했을 따름인데, 이기주와 유성옥까지 법정에 세웠다는 것은 지휘관으로서 볼 면목이 없고, 차라리 혼자 모든 책임을 지고 해결할걸 그랬다고 말했다.

김재규의 인간성과 신념을 묻는 질문에는 "모든 것을 뿌리치고 민주주의를 회복해야겠다는 것 같았습니다. 각하께 보고하면 당연히 욕을 먹을 텐데도 속이지 않고 사실대로 보고하시는 것을 볼 때 국민의 입장에 서 계셨다고 느꼈습니다"라고 답했다. 그는 김재규가 사심보다는 국민의 편에 선다는 신념에서 일으킨 사건이라고 믿고 있었다.

김태원의 변호인 김홍수 변호사가 박선호에게 확인 사살에 관한 부분을 집중적으로 따졌다. 박선호는 경호관을 처치하고 본관으로 가니 부장이 차를 타고 떠나서 경비원 대기실에 있었다. 그런데 궁금해서 식당으로 가보려니까 꺼림칙해서 신변의 안전을 위해 문 앞에 있던 김태원을 데리고 가게 되었고, 그 당시 만찬 장소를 보고 싶은 심정에서 "안은 깨끗하게 되었어?"라고 말했다는 것이었다.

박선호는 "처음부터도 경호원을 사살하지 말고 한쪽으로 밀어붙이라고 했고, 만약 확인 사살을 시켰다면 제가 확인했을 것이고, 김태원에게 직접 시킬 일이지, 이기주를 통해 시키지는 않았을 것입니다. 그들이 제가 확인 사살을 시켰다고 말하니까, 부하가 한 것은 전부 제가 책임지는 것이기 때문에 응하고 있을 뿐입니다. 그래서 확인 사살을 시켰다는 것에 대해서는 지금 생각해도 '깨끗하게 되었어?'라고 한 말 이외에는 기억이 안 납니다"라고 말했다.

박선호의 진술과 이기주의 진술이 엇갈리는 대목인데, 박선호가 확인 사살이라는 야만적인 수법을 일부러 감추려는 의도일 수도 있고, 또는 이기주가 박선호의 지시를 잘못 해석하고 실행에 옮겼을 수도 있다. 그들은 하나를 시키면 둘까지 하는 특별한 명령 계통의 조직원이 아니었던가.

박선호는 총기 회수 부분에 관해서도 "부하들이 조사 과정에서 제 지시를 받아서 했다고 하니까 저는 부하들의 말을 믿습니다"라고 덧붙였다. 그는 끝까지 부하들을 감싸는 상관이었다.

박흥주에 대한 보충신문 — 청렴결백한 비운의 대령

이번엔 박흥주를 입정시켜 보충신문을 진행하였다. 그의 변호인 태윤기 변호사가 물었다.

"군대의 규율과 비교할 때 중앙정보부의 규율은 어떤가요?"

"군은 외적 요소이고, 정보부는 내적 요소로 규율이 확립되었다고 보는데 군의 규율을 능가한다고 생각했습니다."

상부의 지시를 받을 때는 절대 복종하는 것으로 믿고 있고, 부하에게 지시할 때도 절대 복종을 강요하는 시스템이라는 것이다.

"지금 살고 있는 집이 어딘가요?"

"행당동입니다."

"듣기로는 굉장히 높은 산꼭대기라면서요?"

"예. 차도 못 들어가는 높은 곳입니다."

"집이 몇 평이나 되나요?"

"작습니다."

"몇 평인지 모르세요?"

박흥주는 침묵했다. 왜 모르겠는가. 다만 밝히기가 부끄러웠던 것이다.

"평소 생활이 검소하고 결백했다는데요?"

"이 자리에서 그런 건 밝히고 싶지 않습니다."

박흥주는 나와는 고등학교 졸업 연도가 1958년으로 같다. 그는 서울고를, 나는 경기고를 다녀 서로 교우 관계를 맺은 친구들이 많은 편이다. 그는 너무나 청렴결백하고 강직한 군인 중의 군인이었다. 육사를 나와 선두를 달리며 장래가 촉망되는 아까운 인재였다고 서울고 동창들은 그가 재판받을 때 못내 아쉬워했다.

그가 처형된 후 나는 그의 가까운 친구들과 함께 성동구 행당동 산비탈에 있는 박흥주의 집을 방문할 일이 있다. 큰길에서 걸어 500미터를 올라갔다. 현역 육군대령, 그리고 나는 새도 떨어뜨린다는 중앙정보부의 부장 수행비서관의 살림집치고는 너무나도 초라했다. 몇 사람이 둘러앉아도 비좁은 10여 평의 낡은 집이었다.

내가 박흥주에게 몇 가지 물었다.

"김재규 피고인에 대해 전반적으로 어떻게 생각하나요?"

"제가 중위 때는 스포티하게 느꼈고, 매사에 면밀한 지휘관으로 생각했으며, 판단과 계획을 할 때는 매우 합리적이라고 느꼈습니다. 부장님을 수행하면서는 국내외적으로, 특히 미국과의 문제로 굉장히 애를 많이 쓰시는데 건강이 과히 좋지 않으시면서 모든 문제에 관해 최선을 다하시는 것을 보고 정보부장직이 쉴 수 없는 직책이구나 하고 느꼈습니다. 금년에 와서는 국무위원, 관계 부처의 모든 사람들과 밤늦게까지 근무를 하셔서 더 잘 모셔야겠다고 생각했습니다. 윗분(대통령)에 대해서는 보고하러 갈 때마다 온몸을 깨끗이 하고 정성들여 챙겨 가지고 가시는 것을 보고 나도 배워야겠다고 마음먹었습니다. 국내외적으로 어려운 일들을 처리하시는 과정을 볼 때 군대 지휘관 시절에 배운 것을 이런 때 쓰시는구나 하는 느낌을 받았으며, 윗분을 보필하는 분이니 몸과 마음을 다하여 모셔야겠다고 생각했습니다. 한번은 청와대에서 차를 타고 나오시면서 '많은 사람들이 연구해서 보고드리는 건의 사항을 안 받아들이시니 앞으로 나라를 어찌할까' 탄식하시는 소리를 듣고, 이분이 얼마나 이 나라를 생각하시는가 하고 내가 더 열심히 모셔야겠다고 생각했습니다."

나는 그간의 재판 과정을 통해 상관과 부하가 서로를 생각하는 마음이 어떻게 이토록 아름다울 수 있는지, 상하 관계에서는 보기 드문 모습이라 깊은 감동을 받고 있었다.

"김재규 피고인이 정책에 대한 국내외 사태에 대하여 각하에게 얼마나 건의를 했나요?"

"총리를 모시고 회의를 하거나 청와대 수석비서관과 회의를 하거나 종합 보고는 거의 부장이 다 하셨다고 생각합니다."

"김재규 피고인이 건의나 보고를 하고 와서 못마땅하게 불만을 표시하는 것을 본 일이 있나요?"

"최선의 방법으로 건의했는데 안 받아들이시고, 다른 사람이 보고하는 것을 받아들이셔서 안됐다 하는 식의 말씀은 있었습니다."

"그와 같이 건의를 드렸다가 나와서 불만을 표시하는 것이 각하에 대한 불만인지, 차 경호실장에 대한 불만인지에 대한 느낌은 어떠했나요?"

"잘 모르는 사람의 건의를 채택하고, 중지衆智를 모아 건의드리는 것은 안 받아들이셔서 일이 잘못되지 않았느냐 하는 식이었습니다."

"'중지'란 어떤 것인가요?"

"전문가들이나 관계관이 연구, 검토하고 숙의했다는 뜻입니다."

그리고 김재규는 술은 조금 하지만 담배는 안 피우며, 서도書道는 가끔 하고, 운동으로는 테니스를 하다가 요즘은 골프도 하는데 매일 바쁜 일정이라 1년에 1~2회 정도밖에 못한다고 하였다.

이기주, 유성옥에 대한 보충신문 — 고문을 당했는지는 상상에 맡깁니다

이기주와 유성옥에 대한 보충신문이 이어졌다. 이기주는 박선호의 변호인 강신옥 변호사의 확인 사살에 관한 질문에 더욱 분명하게 대답했다.

"확인 사살이라고 말한 게 아니라, 저에게 저쪽에 있는 김태원에게 '안에 들어가서 깨끗하게 쏴버리라'고 이야기하라고 해서 과장님 지시이니 그렇게 하라고 이야기했습니다."

검찰관이 이기주가 차 실장을 보고, "꼼짝 마"라고 한 건 아직 꿈틀거리며 살아 있었기 때문이 아니냐고 추궁하자, "컴컴해서 밑을 보고 들어가는데 다리가 갑자기 보이기에 그냥 '꼼짝 마'라고 했지, 실제 꿈틀거려서 그런 게 아닙니다"라고 했다.

김수룡 변호사가 방 안과 복도가 어두웠냐고 묻자, "만찬석과 마루도 굉장히 어두웠습니다. 현장 검증 때 보니까, 마루에 연못도 있고 층계도 있었는데, 그날은 아무것도 못 봤습니다"라고 답했다.

너무 어두워서 못 봤을 수도 있고, 다급한 상황이라 살필 만한 여유가 없었을 수도 있다. 현장 검증 약도에 의하면 식당 안 복도 끝에 인공연못이 있었다.

유성옥은 대통령을 병원으로 옮긴 차는 중정 차량이 아니라 대통령이 타고 온 차였고, 그 차의 운전기사는 그때는 몰랐지만 주방에 있다가 살해됐다는 이야기를 나중에 들었다고 했다.

유성옥이 주방 쪽에 있는데 누군가(비서실장인지는 병원에 가서 알았다) "운전수, 운전수" 하고 부르기에 쫓아 나가 차에 꽂혀 있는 열쇠로 시동을 걸었다. 병원 도착 당시 대통령의 모습에 대해서는 "얼굴에 피가 많이 묻은 채 부어 있었고, 입을 쫙 벌리고 있어서 누가 봐도 각하라고 인정할 수 없는 인상이어서 저 자신도 확인할 수 없었습니다"라고 말했다.

내가 유성옥에게 신병身病에 관하여 물었다. 전에 고막 이식 수술을 한 부분이 염증이 생겨 잘 듣지 못하고 있고, 구속 전에는 안 그랬는데 구속된 이후 숨을 쉬면 호흡이 탁탁 막힐 정도로 허리가 아프고, 팔은 완전히 시퍼렇게 죽었다고 했다.

내가 "수사 기관에서 폭행이나 고문을 당한 일이 있나요?"라고 물으니, "변호사님 상상에 맡깁니다"라고 대답했다. 내가 구치소에서 그를 접견했을 때는 고문으로 인한 극심한 후유증을 호소했었다.

김계원에 대한 보충신문 — 결정적인 세 마디는 왜 서로 다를까?

김계원에 대하여 검찰관이 보충신문을 했다. 김계원의 범의犯意를 추궁하는 것이었다.

"방 안에서 불이 꺼지고 김재규 피고인이 나가 있는 동안 '각하, 괜찮습니까'라고 한마디라도 했나요?"

"불 꺼진 동안 그런 이야기는 못했습니다."

"계속 한 번도 못했죠?"

"네."

"변호인 신문 중에서, 사회적으로 군대 후배인 김재규 피고인 밑에서 비서실장을 할 수 있겠느냐고 했는데, 박 대통령도 포병 창설 때는 피고인의 후배였죠?"

"창설 때는 그랬습니다."

검찰관이 앞의 말과 서로 모순되지 않느냐고 물었으나 묵묵부답이었다.

김계원은 사건 당시 청와대에서 경호원이 몇 명 왔는지도 몰랐고, 그들이 모두 죽었다는 것도 이튿날 알았다고 했다. 그 안에서의 총성이 중정 소속 경비원의 일방적인 총성인지도 몰랐다고 했다. 김재규가 잘 못 쏜 총에 대통령이 맞았다고 생각했다면, 육본 벙커에서 김재규를 만났을 때 '왜 각하까지 그랬어?'라는 용어를 쓸 수 있느냐고 검찰관이 따지자, "있을 수 없는 일입니다만, 그 과정에서는 이상하지 않았습니다"라고 말했다.

전화로 청와대로 오라고 김재규에게 말했는데, 오면 어떻게 하려고 했느냐고 묻자, 온다면 자수하러 올 것으로 판단했다고 했다. 김재규의 성격으로 보나 대통령과의 관계로 보나, 대통령이 사망했다고 하면 떳떳이 자수할 사람으로 봤다는 것이고, 혁명 같은 것은 전혀 생각지 못했다고 했다.

내가 김계원에게 몇 가지 물었다. 사건 당시 김재규가 한 결정적인 세 마디에 관한 것이었다.

"김재규 피고인은 당시 '각하, 정치를 좀 대국적으로 하십시오', '각하를 잘 모시십시오', '이 버러지 같은 놈아' 했고, 피고인은 '차지철 이놈아', '김 부장 왜 이래', '그 무슨 짓들이야'라고 들었다고 했는데, 그 당시 김재규 피고인은 술을 거의 안 했다고 했고, 피고인은 평소 주량보다 과음을 했고 청와대에 가서도 취기가 상당히 올라 있었다고 했는데, 그렇다면 혹 기억을 잘못 하는 게 아닌가요?"

"제가 진술한 말이 맞다고 생각합니다."

이 사건에서 김재규와 김계원의 대화 내용은 거의 대부분 일치하는데, 유독 결정적인 이 대목에서만은 말한 내용과 들은 내용이 한 마디도 같지 않았다. 합수부나 검찰 수사에서도 이 부분은 제대로 밝혀내지 못했다. 혹시 이 사건의 동기를 석연치 않게 만들기 위해 '보이지 않는 손'의 힘이 작용한 것일까?

"김재규의 성격을 평한다면, 어떻게 말할 수 있나요?"

신호양 변호사가 물었다.

"이 사건과 관련하여 생각한다면 정의감이 강하고, 자부심과 남자다운 기질을 갖고 있는 사람이라고 봅니다."

증거조사 병행 결정

피고인들에 대한 보충신문이 아직 끝나지 않았고, 김재규에 관해서는 실제로 사선변호인단의 반대신문 포기로 국선변호인의 반대신문이 예정되어 있었다. 그런데 6차 공판이 끝날 무렵 별안간 법무사가 검찰관과 변호인들에게 이후의 보충신문과 증거조사를 병행하여 진행하겠다면서 신청할 증거가 있으면 당장 신청하라고 고지하는 것이었다.

변호인들은 느닷없는 법무사의 고지에 어안이 벙벙하였다. 통상적으로 모든 신문 절차를 마친 다음에 증거조사를 하는 것이 원칙인데, 아마도 재판 절차를 급속히 진행하겠다는 의도 같았다. 나를 포함해 여러 변호사들이 잇달아 일어나 원칙대로 절차를 따라달라고 요구하였으나 받아들여지지 않았다. 12·12 사태 이후 재판 진행이 더 바빠지고 있다는 느낌이 들었다.

검찰 측은 재판부가 증거조사를 병행한다는 계획을 미리 알고 기다렸다는 듯이 미리 준비한 서면에 의해 증인 신청을 했다. 사고 현장을 직접 목격하거나 피해를 입은 사람으로 남효주(궁정동 식당 담당 사무관), 김용남(요리사, 피해자), 신재순(여, 현장 목격자), 심민경(여, 현장 목격자), 서영준(경비원, 목격자) 등 5명과 대통령 유해를 직접 검진한 김병수(서울지구병원장), 송계용(군의관) 등 2명, 이상 7명을 증인으로 신문하겠다는 것이었다.

김재규의 변호인 입장에서 나는 피고인에 대한 반대신문 이후에 필요한 증거 신청을 추가하기로 하되, 검찰에서 신청한 남효주, 신재순, 심민경은 공동으로 증인 신청을 하였다. 정상情狀과 동기에 관한 증인으로 현홍주(중정 기정국장), 김학호(중정 감찰실장)를 신청하였다. 현홍주는 긴급조치 10호에 대하여, 김학호는 대통령의 경고 친서에 관한 내용을 입증하기 위한 취지였다. 나는 특히 현장 검증만은 남은 신문 절차와 관계없이 조속히 채택해달라고 신청하였다. 우리가 신청한 현장 검증 장소로는 궁정동 사건 현장과 식당 내부 및 외부, 그리고 부장 집무실, 육군총장과 2차장보가 와 있었다는 장소, 경호원 대기실, 주방 등을 포함하였다.

김계원의 변호인은 증인으로 최규하 대통령, 노재현 국방장관, 정승화 육군참모총장과 검찰관이 신청한 남효주, 서영준, 심민경, 신재순을 같이 신청하였고, 현장 검증 신청과 함께 김계원의 피 묻은 상의 1점, 청와대 비서실에서 보안사령관 및 수사관 앞에서 사건 경위를 진술한 녹음테이프를 증거물로 신청하였다.

나머지 박선호, 박흥주, 김태원, 유석술의 변호인들은 별도로 신청할 증거가 없다고 하였다. 박흥주의 변호인은 현장 검증을 공동 신청하였다. 나는 이기주와 유성옥에 대해서는 추후 증거신청을 하겠다고 하였다.

검찰관이 최규하, 노재현, 정승화에 대해서는 출정이 곤란하니 그 대신 유혁인(청와대 정무1수석비서관)을 증인으로 신청하고, 변호인의 현장 검증 신청과 증인 신청 등은 기각해달라고 말했다.

법무사가 위와 같은 증거 신청에 대하여 증인 신재순, 심민경, 김병수, 송계용, 남효주, 김용남, 서영준, 유혁인 등 8명을 채택하고, 다음 기일에 소환하여 신문하겠다고 알린 다음, 신청한 나머지 증거는 다음 기일에 채택 여부를 결정하겠다고 한 후 오후 재판이 끝났다.

10   # 김재규에 대한
반대신문과 보충신문,
그리고 만찬석 여인들의 증언

반대신문에 임하는 국선변호인의 입장

12월 15일 오전 10시 제7차 공판이 시작되었다. 개정되기 전부터 법정 안팎으로 긴장이 고조되고 있었다. 국선변호인에 의한 김재규 반대신문이 계속될 것이므로, 이날은 김재규가 법정에서 무슨 진술을 할 것인가에 지대한 관심이 모아지고 있었다. 특히 항간에 김재규와 미국 CIA와의 관련설이 떠도는 마당에 어떤 폭탄선언 같은 진술이 있을지도 모르기 때문이었다.

또한 오후에는 세칭 '궁정동의 여인들'인 신재순과 심민경을 재판부가 소환하여 증인 신문을 할 계획이라고 알려지면서 벌써부터 언론의 스포트라이트를 받고 있었다.

김재규에 대한 신문에 앞서 내가 증거 신청을 보충하였다. 증인 서영준, 유혁인은 검찰과 공동으로 신청하고, 증인 김정섭을 추가하였다.

정상에 관한 증거물로 사진 7매를 제출했다. 사진 1매는 김재규가 건설부장관 임명장을 받기 위해 대통령 앞에 서 있는 모습으로 오른쪽 바지에 권총을 숨기고 있어서 주머니가 불룩 튀어나온 사진이었고, 사진 6매는 김재규가 쓴 붓글씨였다.

평소 서도를 즐겨온 김재규는 그해 봄부터 10·26 직전까지 여러 가지 내용의 붓글씨를 남겼다. 그중에는 '爲大義위대의', '民主民權自由平等민주민권자유평등', '爲民主正道위민주정도', '自由民主主義자유민주주의', '非理法權天비리법권천' 등의 내용이 있었다. 이 가운데 '민주민권자유평등'이라고 똑같이 쓴 것이 두 장 있었는데, '기미년 춘삼월'과 '1979년 5월 20일'이라고 글씨를 쓴 날짜가 적혀 있었다. 10·26 사건에 대한 동기를 붓글씨를 빌어 미리 남기려 한 것이었을까? 이를 지금도 고이 간직하고 있는 가족들은 이러한 붓글씨 내용을 당시 김재규가 남긴 '민주 회복을 위한 고뇌에 찬 표현'이었다고 술회한다.

유성옥에 대해서는 모범공무원상을 받는 모습의 사진 1매와 1979년 11월 13일 12시에 서울신문사 회관에서 거행하기로 예정된 청첩장 1매를 정상에 관한 증거물로 제시했다.

나는 다시 한 번 공판 조서에 대한 열람을 촉구했다. 특히 김재규 피고인에 대한 제2차 공판 기일에서의 진술이 조서에 어떻게 기재되어 있는가의 내용에 따라 반대신문 내지 보충신문이 이루어져야겠기에, 신문에 앞서 반드시 공판 조서를 열람해야 함을 역설한 것이다. 그럼에도 법무사는 아직 공판 조서가 작성되지 않았기 때문에 작성되는 대로 열람을 허용하겠다고 하고는 신문을 독촉하였다.

내가 다시 말했다.

"그러면, 중복신문이 되더라도 양해 바랍니다. 먼저 반대신문에 임하는 국선변호인의 입장을 말씀드리고, 정상에 관한 신문부터 하겠습니다."

　나와 신호양 변호사는 '반대신문에 임하는 국선변호인의 입장'을 미리 준비한 터였다. 문안은 내가 만들었지만, 신호양 변호사가 읽어 내려갔다.

　"김재규 피고인에 대한 21명의 사선변호인이 퇴정한 후 국선변호인으로 선임된 우리는 반대신문에 들어가기 전에 몇 말씀 올리겠습니다. 10·26 사건 이후 우리나라에 여러 가지로 많은 변모가 있습니다. 거론도 할 수 없었던 헌법 개정 문제, 긴급조치 9호 위반자들에 대한 구제 조치 및 동 법령의 해제, 그리고 정치 문제에 있어서 제반 문제에 변화를 가져오고 있습니다. 이와 같이……"

　이때 법무사가 가로막으며 "잠깐, 지금 그게 뭐에 관한 겁니까? 변론은 나중에 좀……" 하는데, 신 변호사가 그대로 밀고 나갔다.

　"진술을 제한하지 말고 동기 등을 밝히도록 해달라는 것입니다. 간단합니다. 1분도 안 걸립니다. 이 사건 대통령 살해는 대통령과 개인적으로나 공적으로나 가까운 사이이자 평생을 군에 몸 바쳐 반공과 국가에 이바지해온 측근인 김재규 피고인에 의해 이루어진 행위였습니다. 지금까지의 공판 과정에서 엿볼 수 있듯이 본건은 우발범이라기보다는 확신범에 가까운 성격이 있다고 판단되고, 공소장에 나와 있듯이 목적범으로 규정하고 있습니다. 확신범 내지 목적범은 사건의 동기, 근인近因과 원인遠因, 개인의 성장 과정, 인격 형성 과정, 사상 등이 사건의 실체 진실 여부를 밝히는 데 필수적인 요인이라고 사료됩니다. 그러므로 본 국선변호인들은 사선변호인들의 뒤를 이어 김재규 피고인에 대한 반대신문을 통하여 개인의 성장 과정, 인격 형성 과정과 사상, 신념을 밝힘으로써 사건의 진실을 규명할까 합니다. 다소 공소 사실과는 직접적 연관이 없어 보일지 모르지만, 사안의 실체적 진실 발견에는 절대적 연관이 있다고 생각되어 신문하는 것이니 양지하시기 바랍니다. 반대신문은 안 변호사가 직접 하겠습니다."

우리는 반대신문 도중 재판부로부터 공소 사실과 관련이 없다거나 중복된 신문이라고 제지당할까 봐 미리 차단막을 치려는 의도에서 신문에 앞서 모두冒頭진술을 한 것이다.

20대부터 시작된 공산당과의 싸움

내가 일어섰다. 국선변호인으로 선임되어 처음으로 김재규를 신문하는 순간이었다.

"마이크 관계로 앉아서 신문하는 것을 양해 바랍니다. 김재규 피고인에게 묻겠습니다. 제가 묻더라도 재판장님을 향해서 분명히 대답하세요. 보도에 의하면, 사선변호인단의 변론을 거부하고 국선변호인의 변론은 그대로 받겠다고 하셨는데, 지금은 국선변호인의 신문에 응해서 사실대로 말씀해주실 수 있겠습니까?"

"있습니다."

"국선변호인 접견 시에, 이 사건이 이왕 과거지사로 흘러간 일이니, 이제는 공개적으로 재판을 진행해줬으면 좋겠다는 의견을 변호인에게 요구했는데, 사실인가요?"

"사실입니다."

"육사 2기로 임관하였는데, 그때의 군번과 성적을 말씀해주세요."

"군번은 10177이고, 196명 졸업에 14등이었습니다."

"소위 때 중대장 대리로 근무한 사실이 있나요?"

"예. 장교가 모자라서 선임장교였던 저에게 중대장 대리를 시켰습니다."

"그다음에 무엇을 했나요?"

"정보주임입니다."

"그 당시 연대장이 누구였나요?"

"김중석이라는 남로당원이었는데, 나중에 빨갱이로 밝혀져 사형당했습니다."

"소위 때 군을 떠난 일이 있지요?"

"예. 중위로 진급하는 날 그만두었습니다. 당시 연대장 김중석이 공산주의자였는데, 저를 포섭하려고 해서 제가 오히려 충고를 했습니다. '연대장께서 만나는 사람들이 전부 좌익 계열 사람들인데 우리 국방경비대는 불편부당해야 하지 않느냐'고 했습니다. 그때만 해도 자기는 가톨릭 신자이고 한민당원이라고 하면서 사무실에는 항상 십자가를 걸어놓고 신분을 숨기고 있었는데, 저에게 신분이 탄로된 것을 알고 저를 기피하기 시작했습니다. 군을 떠난 것은 그 당시 대전에서 군경 축구시합이 있었는데 충돌 사고가 일어나서 그날 일직 사령을 대신하던 제가 책임을 지고 명예면관이라는 이름으로 그만두면서였습니다."

군을 떠난 후 김천중학교, 대륜중학교에서 체육 교사를 하였고, 대륜중학교에서는 박선호의 담임으로 인연을 맺게 되었다. 국회의장을 지낸 고 이만섭 선생도 대륜중학교 시절 김재규의 제자였다.

그 후 억울한 점이 밝혀져 군에 복직하여, 22연대 정보주임으로 안동지구 공비토벌작전에 참가해 전공을 세웠고, 6·25 사변 당시는 22연대 대대장으로 참전하였다. 그는 20대 초반부터 공산당과 싸우는 역사가 시작되었다고 말했다.

"초등학교 4학년 때는 일본인 순사와 싸웠다는데 왜 싸웠나요?"

"방과 후 집에 오는 도중에 나무전(나무가게)에서 왜놈 순사가 나무

꾼을 발로 차고 있는 걸 보게 되어 구경을 했습니다. 순사가 15전짜리 나무 한 짐을 5전에 팔라고 하자 나무꾼이 안 된다고 하다가 순사에게 매를 맞고 나서는 5전에 주는 것이었습니다. 그래서 제가 '이 순사 도둑놈이다'라고 말했더니 잡아다 유치장에 가두었습니다. 아버지께서 오셔서 저를 데리고 나오시면서 '네가 한 일은 옳다. 그러나 남자가 참을 때는 참을 줄 알아야지 바로 그러면 되느냐'고 하셨습니다."

"부친은 자유로운 교육을 통해 꿈을 키워주셨고, '항상 남아가 기가 죽으면 안 된다', '정의를 위해서는 남아로서 죽을 자리를 잘 찾아라'라는 교훈을 강조하셔서 피고인은 거기에 힘입어왔다는데 사실인가요?"

"그렇습니다."

그는 성격상 군이 생리적으로 맞아 군을 무척 동경했고, 복무 중 충무무공훈장, 보국훈장, 을지무공훈장을 받았으며, 사우디아라비아 최고훈장과 자유중국 최고훈장도 받았다. 보안사령관으로 있을 때는 3년간 간첩 체포에 공이 있어 연달아 3개의 부대 표창 리본도 받았다.

"건설부장관 재직 시 자부할 업적이 있다면 어떤 것인가요?"

"1차 오일쇼크 때 외화 사정이 나빴는데, 산유국에 달러가 많을 것이라 생각하고 건설부장관으로서 해외 건설에 주력하였습니다. 부임 시 8000만 달러밖에 안 되던 건설계약고를 재임 중 30억 달러까지 돌파하여 1차 오일쇼크를 극복했습니다. 그 공로로 근정훈장도 받았습니다."

정권 잡을 생각 없었다

김재규는 대통령으로부터 심한 꾸지람을 받은 일이 있느냐는 질문에는 오히려 정반대라고 하였다. 항상 전문 요원들의 연구, 검토, 분석된 건의를 하였기 때문에 잘못된 건의는 없었고, 또한 꾸지람을 들어도 숨김없이 보고하는 것이 참모가 할 일이라 생각하고 서슴없이 보고하였다고 했다. 전문가들이 분석한 그의 건의를 받아들이면 정부가 유리하고 정국이 편한데도 대통령은 안 받아들이고 특정인의 의견을 받아들여서 결과가 좋지 않게 되어 대통령도 후회했다는 것이다. 분명히 욕을 먹을 일도 사심 없이 국민의 입장에서 건의하고 보고드렸으며, 이번 사건도 사심 없이 신념을 가지고 했다고 말했다.

차지철 경호실장과의 관계에서 불만이 있지 않았느냐는 질문에는, 차지철은 강경론자이고 자신은 온건론자이지만, 차 실장은 예의범절을 깍듯이 지켜서 그 점에는 불유쾌하거나 모욕을 느낀 점이 없다고 했다. 또 대통령이 차 실장을 편애한다는 점도 경호실장이니까 있을 수 있는 일이고, 그런 문제로 감정을 앞세워 이번 거사를 한 것은 아니라고 했다.

"공소장에는 1979년 4월경부터 대통령을 살해한 후 정권을 잡으려 했다고 되어 있는데, 어떻게 생각하나요?"

"저는 정권을 잡겠다는 생각을 한 일이 없습니다. 왜냐하면 저는 군인이고, 혁명가이기 때문입니다. 군인이나 혁명가가 정권을 잡으면 독재를 하게 마련입니다. 독재를 중지시키려고 혁명을 한 제가 정권을 잡아서 독재할 요인을 만든다는 것은 전혀 말이 안 됩니다. 금번 대통령 각하를 희생해서 혁명을 했습니다만, 개인적 의리는 혁명의 목적을 달성하기 위해서 부득이 버리지 않으면 안 되었습니다. 어느 한쪽을 취하려면 다른 한쪽을 안 버릴 수가 없습니다. 각하는 자신의 운명과 자유민주주의 회복을 완전히 숙명적인 관계로 만들어놨습니다. 각하께서 희생되셔야만 자유민주주의가 회복되고, 각하께서 희생이 안 되시면 자유민주주의가 회복이 안 되는 그런 관계가 되었습니다. 그래서 부득이 각하를 제가 희생시켰지만, 각하의 무덤 위에 올라설 정도로 제 도덕관이 타락하지는 않았습니다. 제가 대통령이 되겠다는 생각은 처음부터 한 적이 없습니다. 금년 4월에 혁명을 계획했던 것도 사실입니다. 그러나 제가 대통령이 되기 위해서 혁명을 계획하지는 않았습니다. 어디까지나 자유민주주의를 회복하기 위해서였습니다. 그때는 지금과 마찬가지 방법으로 준비를 했지만, 여건이 맞지 않아 일단 중지했습니다."

제2차 공판 시 법정에서 진술한 내용과 대부분 일치하였다. 전체적으로는 논리적으로 가다듬어진 연설문 같았다. 아마도 2차 공판 시 진술 중간에 여러 번 제지를 받고 끝내는 비공개로 진행되었던 터라, 공개된 법정에서 다시 역설하고 싶었던 모양이었다. 앞서의 진술이 터진 봇물 같았다면, 이번은 큰 물줄기를 만나 도도히 흐르기 시작한 대하大河 같았다.

"그렇다면, 이 사건은 우발적이거나 돌발적인 사고가 아니라, 그 전부터 의도적으로 신념을 가지고 계획해왔다는 이야기인가요?"

"그렇습니다. 여러분은 저를 참으로 집요한 사람이라고 생각하실 겁니다. 제일 처음은 군인으로 있을 때였습니다. 당시 3군단장이었던 저는 1972년 10월 유신헌법이 반포된 직후 각하께서 연말에 전방을 순시하면서 3군단에 오셨을 때 각하를 연금해놓고 그 자리에서 녹음기를 갖다 대고 하야를 권고하려고 했습니다. 3군단 사령부에 가보시면 알겠지만 군단사령부 건물 전체에 펜스를 둘러쳤습니다. 그런데 펜스 끝은 밖에서 못 들어오게 밖으로 향하도록 해야 하지만 저는 거꾸로 했습니다. 정문만 봉쇄하면 안에 있는 사람이 일체 밖으로 못 나가도록, 들어온 사람들 모두를 연금하기 위해 그런 조치를 취한 겁니다. 그러나 막상 각하께서 3군단에 오셔서 저와 같이 이야기하고 있는 동안 그 마음이 사라지고 말았습니다. 그 후에 군대를 그만두고 유정회 국회의원이 되었다가, 정보부 차장으로 10개월 근무하면서도 역시 유신 헌법은 안 되겠다, 이것은 독재 헌법이다, 자유민주주의 헌법이 아니다, 이런 생각이 다시 굳어졌습니다.

1974년 9월 14일 건설부장관으로 사령장을 받는 자리에 저는 45구경 권총을 바지주머니에 넣고 들어갔습니다. 제가 서 있는 사진 가운데 엎드려 있는 것을 보면 모르고, 똑바로 서 있는 것을 보면 알 수 있어요. 그때 유서를 다섯 장 준비했습니다. 국민에게, 우리 어머니에게, 아내에게, 딸에게, 바로 밑 남동생에게 총 다섯 통을 써서 집 책상 서랍에 넣어 놓고, 나일론으로 된 중형 국기에 민주, 민권, 자유, 평등을 써서 접어 가지고 있었습니다. 그날도 각하와 대화를 나누는 동안, 제 마음이 또 사라지고 말았습니다. 그다음 해 정월 27일경으로 생각되는데, 각하께서 초도순시를 나올 때, 그때도 제 방에 있는 국기의 동쪽으로 향한 면의 늘어져 있는 곳을 면도칼로 째고 권총을 감추어두었습니다. 그리고 언제든지 각하와 제가 동시에 없어짐으로써 유신 체제를 없애버리겠다는 생각을 했는데, 그날 역시 각하와 대화를 나누다 보니 마음이 또 사그라들고 말았습니다.

그 이후 1976년 12월 4일 중정부장으로 발령을 받고 무척 기뻤습니다. 제가 중정부장이 된 것이 기쁜 것이 아니라, 이제는 물리적인 방법이 아닌 순리적인 방법으로 유신 체제를 고쳐볼 수 있는 절호의 찬스가 왔다고 생각해서 기뻤던 것입니다. 당시 미국의 박동선 로비 사건 때문에 신직수 부장과 교체된 것입니다. 한두 달 상황을 파악한 다음 각하께 보고를 드렸습니다. '각하, 워싱턴 로비는 세계가 다 하고 있습니다. 그중에서도 우리가 가장 약합니다. 유독 우리만 문제가 된 것은 로비 때문이라기보다는 유신 체제를 미국 정부가 못마땅하게 생각해서 우리를 한 번 비트는 것입니다'라고 말씀드렸습니다. 그렇게 해서 각하로 하여금 체제를 완화할 것을 떠보았지만, 각하께서는 조금도 제 건의에 응해주시지 않았습니다. 그 외에 각하께서 하신 말씀이 있습니다만, 이 자리에서는 말씀드리지 않겠습니다. 그건 역시 한미 간의 문제가 있기 때문에 이야기할 수 없습니다."

김재규는 여기서 멈추었다. 이야기할 수 없다는 말은 무엇이었을까? 사실 그는 따로 변호인에게 말했었고, 지난번 비공개 법정에서도 일부 말했지만, 이날 공개 법정에서는 말을 삼갔다. 당시 그와 같은 건의를 받고 대통령이 김재규에게 쏟아낸 말은 "미국이 손 떼면 어때. 뗄 테면 떼라고 해"였다.

이때 법무사가 중복신문을 피해달라고 주문하였다. 실제로 국선변호인 입장에서 중복신문은 피할 수 없었다. 공판 조서 열람도 되지 않는 마당에 지난번 공판에서의 진술 역시 확인할 수 없어서였다. 당시 나는 계엄사의 검열을 통과하여 언론에 보도된 것이나마 각 신문의 재판 기사를 스크랩해서 이를 토대로 변론에 임하고 있는 처지였다.

비리법권천

나는 증거물로 제출한 사진을 설명케 하였다. 검찰이 제출한 건설부장관 임명장 수여 사진은 수그린 자세이지만, 변호인이 제출한 것은 꼿꼿이 선 자세이기에 권총을 바지주머니에 넣은 것을 알 수 있다고 말했다.

붓글씨 사진에 대해서도 그 내용을 일일이 설명했다. 그 가운데 '비리법권천非理法權天'은 무슨 뜻이냐고 물었다.

"비리[非]는 이치[理]를 당하지 못하고, 이치는 법法을 당하지 못하고, 법은 권세[權]를 당하지 못하고, 권세는 하늘[天]을 당하지 못한다는 뜻입니다."

절대 권력일지라도 하늘의 뜻을 거역할 수 없다는 뜻이었다.

"대통령이 되려는 사심이 아니고 민주 회복을 위해 했다는 것인데, 공소장에 의하면 혁명위원회를 구성해서 위원장에 취임한다는 말이 있는데 이는 무슨 뜻인가요?"

"혁명의회와 혁명위원회를 구성하여 혁명 과업을 수행하고, 민정 이양을 하면 위원회의 모든 기능은 그때 소멸된다는 것입니다."

거사를 결의한 것은 10월 26일 오후 4시경이었다. 차지철 경호실장으로부터 만찬 연락을 받는 그 순간 "오늘이다"라고 결심했다. 왜냐하면 '이제는 더 이상 늦출 수 없다. 이제는 혁명 분위기가 완전히 성숙되고도 남았다. 기회만 포착되면 결행한다'고 항상 생각하고 있었기 때문이었다. 더구나 그는 부마사태로 한껏 고무되어 있었다.

10·26 당시 국무총리실에 근무하고 있던 L씨는 이렇게 회고한다.

"10·26 약 1주일 전에 청와대에서 '어전회의御前會議'(박정희 대통령 앞에서의 국무회의를 당시 정부 사람들은 이렇게 불렀다. 마치 왕조 시대의 임금처럼 박정희를 절대 군주로 여겼다는 뜻이다)로 확대 국무회의가 있었는데, 김재규 중정부장이 부마사태가 학생들만의 시위가 아니라 민란民亂의 형태였고 4·19 때처럼 서울까지 일어나게 될 때 막대한 희생이 따를 것이라는 심각성을 보고하면서 한시바삐 특단의 대책을 마련해야 한다고 설명했습니다. 그래서 총리실에서 민심 수습 방안을 각 부처별로 마련하여 2~3일 후에 어전회의를 다시 열기로 하였는데 그 후 청와대에서 아무런 연락이 없어 총리실이 취합한 민심 수습책은 흐지부지되고 말았습니다."

당시 민심 수습책으로는 긴급조치 완화, 세금 감면, 구속자 석방 등 여러 가지 대책이 있었는데, 이를 박 대통령이 받아들였다면 10·26 사태는 일어나지 않았을지도 모른다는 것이다.

내가 정승화 총장에 관해 물었다.

"그날 육군총장을 부른 것은 이용하기 위해서였다는데, 보도에 의하면 총장이 이 사건에 관련된 것으로 조사받고 있는데, 어떻게 생각하나요?"

12·12 사태 이후의 언론 보도 내용을 근거로 물은 것이다.

"전연 관련이 없습니다. 육군총장은 계엄이 선포되면 일단 계엄 부대를 지휘해서 모든 사태를 장악해야 합니다. 때문에 혹시 총장이 당황해서 사태 수습에 실수가 있어서는 안 되겠기에 자극을 안 주기 위해서 의도적으로 총장에게는 이야기를 안 했습니다. 그다음 날 조용히 만나 차분히 이야기하려고 했습니다."

또한 공소장에는 김계원에게 "오늘 해치울 테니 뒷일을 부탁한다"라고 말한 것으로 되어 있지만, 오늘이라는 말도, 뒷일을 부탁한다는 소리도 없었고, 그때의 표현대로라면 "그 친구 해치워버릴까"라고 했다고 했다. 해치운다는 말을 입버릇처럼 하지는 않았고, 차 실장을 해치운다는 말은 그날 처음 한 것이라고 했다.

또 거사 내용을 김계원으로 하여금 암시나 느낌으로 알 수 있게 이야기한 적이 없고, 지나가는 말로만 했을 뿐이라고 했다. 잠시 만찬석에서 나와 육군총장과 2차장보가 있는 자리에 가서도 암시적으로라도 거사 계획에 대해 말하지 않았고, 만찬이 끝나는 대로 다시 오겠다고만 했다는 것이었다.

당시 김재규가 박흥주에게 "나라가 잘못되면 너나 나나 다 죽는다", "오늘 하겠다"라고 하면서 나오다가 주먹으로 배 부분을 치면서, "자유민주주의를 위하여"라고 말한 것으로 박흥주가 기억하는데 맞느냐고 물으니, "박흥주의 말이 맞습니다"라고 인정하였다.

명확히 기억하는 발사 전 세 마디

김재규는 발사하기 직전에 한 세 마디 말이 "각하, 정치를 좀 대국적으로 하십시오", "각하를 똑똑히 모시십시오", "이 버러지 같은 놈"이라고 하고, 김계원은 "차지철 이놈아", "김 부장 왜 이래", "그 무슨 짓들이야"라고 기억한다는데 어떤 것이 맞느냐고 물었다.

"김 실장께서 약간의 취기가 있어서 잘못 기억하신 게 아닌가 생각됩니다. 그 대목을 정확히 말씀드리면, 제가 7시 반쯤 밖으로 나가서 박 과장으로부터 준비가 다 되었다는 보고를 들었고, 실제로 결행한 것은 45분경입니다. 방 안에서 15분간 여유가 있었어요. 방 안에서는 또 정치문제가 화제로 올랐습니다. 그때 각하께서 '브라운 장관이 오든지 말든지 김영삼을 구속해서 기소하라고 했는데, 유혁인의 말 들었더니 잘못한 것 같아' 하시기에, 제가 '각하, 김영삼은 국회에서 이미 제명되었습니다. 사법 조치는 아니지만……'이라고 말을 잇는데, 법무사가 갑자기 말을 막았다.

"지난번 내용과 같은 내용 아닙니까?" 하면서 10분간 휴정한다고 하였다.

속개한 후 법무사가 국가 기밀에 관한 사항은 삼가고, 국선변호인도 비공개 석상에서 신문한 내용을 다시 신문하는 것은 삼가기 바란다고 경고했다.

그러나 휴정 직전에 매듭짓지 못한 세 마디 부분에 대해서는 김재규에게 내가 계속 진술하라고 채근했다.

"저는 그 토막을 역력히 기억하고 있습니다. 혁명 결행 직전의 상항이었기 때문에 생생히 기억납니다. '각하, 정치를 좀 대국적으로 하십시오'라고 한 뒤 김 실장을 툭 치면서 '각하를 똑똑히 모시십시오' 하고 권총을 뽑아 이야기를 다 끝내지 못한 채 '이 버러지 같은' 하면서 첫 발을 차 실장에게 쏘았습니다. 동시에 그대로 각하를 향해 또 한 발을 쏘았습니다. 그 간격은 1초의 몇 분의 1밖에 안 됩니다. 거기에서 대화가 오고 가고 할 여유가 없었습니다. 김 실장께서는 취기로 인해 그때 상황에 대해 조금 혼미하지 않았나 생각됩니다. 이 부분에 대해서는 제가 명확히 기억하고 있습니다."

그는 술을 별로 하지 않았고, 김계원은 원래 주량이 좀 있어서 많이 든 편이라고 했다. 김계원은 발사 직전에 기타 소리를 들었다고 했으나, 김재규는 만찬석으로 돌아와보니 기타 소리가 있긴 했지만 바로 유흥 분위기가 끝나고 화제로 돌아왔다고 했다.

"공소장에는 국헌을 문란할 목적으로 살해했다고 하는데, 어떤 때 국헌문란이 되는지 아나요?"

"잘 모릅니다."

"그 당시 정부를 전복하고 민주적 기본 질서를 파괴해야겠다고 생각했나요, 각하를 살해해야겠다고만 생각했나요?"

"유신 체제의 핵심은 박 대통령 각하이시고, 각하가 있는 한 유신 체제는 바뀔 수 없다고 생각했습니다. 각하는 스스로 자유민주주의 회복과 자신의 희생을 숙명적인 관계로 만들어놓으셨습니다. 둘 중 어느 한쪽을 희생하지 않고는 한쪽을 얻지 못하도록 되어 있었습니다. 목적은 어디까지나 자유민주주의 회복에 있었지, 그 외 다른 데 있지 않았습니다."

김재규가 식당 현관에서 김계원에게 "나는 한다면 합니다. 이제 다 끝났습니다. 보안 유지를 철저히 하십시오"라고 말하자 김계원이 "알았소"라고 대답했다는 부분에 관하여, 그는 뒷부분은 기억이 나지만 "나는 한다면 합니다"라는 부분은 기억이 안 난다고 하였다. 미리 본인에게 어떤 이야기가 있어야 그 말을 할 수 있는데, 그런 말은 기억에 없다는 것이었다.

그가 '혁명'이라는 말을 처음 사용한 것은 당일 밤 10시 25분경 육본 벙커 총장실 내 화장실에서 김계원과 대화하면서였다. 사태 수습이 급선무이고, 보안을 유지해야 하며, 최단 시일 내에 계엄사령부 간판을 혁명위원회로 바꾸어 달도록 해야 한다는 내용이었다.

이 사건 직후 만난 육군총장과 2차장보한테는 큰일 났으니 빨리 차에 타라고만 했을 뿐이라고 했다. 당시는 섣불리 말하여 총장을 당황케 하여서는 안 되겠다고 생각했다는 것이다.

혁명 지도자, 나 한 사람만 처벌하라

"피고인은 단독으로 거사 계획을 하고 혁명했다고 하는데, 다른 피고인들과 같이 이 법정에 서 계십니다. 이 점 어떻게 생각하나요?"

"저는 금번 '10·26혁명'을 '민주회복 국민혁명'이라고 이름 붙였습니다. 자유민주주의를 갈망하는 전체 국민이 이 혁명에 정신적으로 참여하고 있기 때문에, 여기에는 따로 혁명 주체가 있지 않고 기존 조직과 기존 세력을 그대로 활용해서 혁명을 수행하면 되는 것입니다. 그렇기 때문에 이 혁명을 실제로 기도하고 주도하는 건 저 하나로 족했습니다. 이 혁명의 지도자는 저 하나뿐이고, 그 외에는 주체가 따로 없으며, 국민 전체가 주체라는 것을 알아주시기 바랍니다."

여기까지 김재규가 진술했을 때 검찰관이 중복 진술을 제한해달라고 하여 법무사로부터 요점만 말하라는 요구를 받았으나 그는 내친김에 계속했다.

"재판장님, 저는 이렇게 생각합니다. 이번 혁명의 실제 주역으로서 명령을 하고 지도한 사람이 바로 본인입니다. 여기 김계원, 박선호, 박흥주, 그 외에 경비원 4명이 있습니다만, 일본에서도 5·15 사건이나 2·16 사건이 있었는데, 이는 근위사단 병력이 내각의 대신을 쏴 죽인 사건으로 이 경우에도 주모자인 장교는 극형에, 그 외 하사관과 병은 무죄로 한 것으로 알고 있습니다. 군대의 명령은 선택적으로 받아들여져서는 안 되며, 무조건 받아들여져야 한다는 데 그 뜻이 있다고 생각합니다. 그래서 살인 행위를 했지만 명령권자는 처벌하고, 하사관과 사병은 처벌하지 않았다고 하는 것은 먼 앞날을 내다보고 명령의 존엄성과 명령이 선택적으로 받아들여져서는 안 된다는 취지였다고 생각합니다.

여기 경비원 네 사람은 군대에 있는 군인과 같습니다. 어떤 의미에서는 정보부 시설이 보안을 고도로 요하기 때문에 군대 이상의 임무와 기능을 갖고 있습니다. 따라서 이들은 명령에 충실했고, 명령을 선택적으로 받아들이지 않고 100퍼센트 그대로 받아들여서 명령대로 행동한 것입니다. 이들에 대해서는, 일본의 예가 적절했는지 모르겠습니다만, 특수 조직의 생리라는 것을 감안하여 각별히 정상을 참작해주시기를 간청드립니다.

박선호, 박흥주에 대해서 말씀드리겠습니다. 이 두 사람은 제가 혁명에 들어가기 직전에 명령을 했습니다. 강한 명령을 했어요. 이 사람들에게는 전혀 선택하고 판단할 시간적 여유를 주지 않았습니다. 박선호 과장은 저와 사제 관계가 되는데, 평소부터 저의 이야기라면 아무 가감 없이 그대로 받아들이려는 생각을 기본적으로 갖고 있습니다. 제가 하는 명령에 대해서는 선별적으로 받지 않고, 지금까지 무조건 받아서 성실하게 수행해왔습니다. 사람은 약간의 생각할 시간이 있지 않고는 판단할 능력이 없습니다. 본인은 이 사람들에게 다른 생각을 못 가지게 하기 위해서 의도적으로 시간을 주지 않았던 것입니다. 박흥주 대령은……"

이때 법무사가 피고인에게 최후 진술권이 나중에 있으니까, 간단히 말해달라고 요구했다. 김재규가 박흥주에 대해 마무리했다.

"이 사람의 성실성은 제가 위관급 때부터 잘 보아왔습니다. 이번에도 실제로 제 명령을 받아서 행동했습니다만, 제 생각으로는 박 대령의 총에 한 사람도 희생되지 않았다고 봅니다. 다만 제가 하는 혁명에 장애를 주는 요인들을 우선 막기 위해서 꼼짝 말라고 소리치고, 행동을 못하게 하는 데 그쳤다고 생각합니다. 육사 출신의 모범적이고, 성실하고, 장래가 촉망되는 장교였다는 것을 재판장님께서 십분 참작해서 심판해주시기 바랍니다. 특히 박 대령의 경우는 단심單審이기 때문에 각별히 고려해주시기 바랍니다."

부하들의 정상을 위한 간곡하고 절절한 호소였다.

재판 결과는 국민의 심판을 받으리라

내가 마지막으로 한마디 더 물었다.

"부친의 교훈대로 남아男兒가 죽을 자리를 잘 찾았다고 생각하나요?"

"그 전에 한 말씀만 드리겠습니다. 제가 김계원 실장을 변론하기 위해서 말씀드리는 것은 아닙니다. 김 실장은 속된 말로 모진 사람 옆에 있다가 벼락 맞은 격이 되었습니다. 김계원 대장께서는 현역에 있을 때도 인정이 많고 후배들에 대한 사랑이 많으신 분이었습니다. 일단 제가 만들어놓은 행위에 대해서 어쩔 도리가 없으니까 잠깐 동안 저를 따라온 것뿐입니다. 그러나 곧 다섯 시간 뒤에는 다시 정신을 차려 저를 고

발 조치해서 오늘날 이 재판을 받도록 만들었습니다. 잠시 생각이 잘못된 점이 있더라도 그것은 후배를 사랑하는 마음에서 이루어진 것으로 생각합니다. 관대한 처분을 간청합니다.

지금 변호사님께서 말씀하신 문제에 대해서는, 저는 10·26혁명이 없었다면 이 나라에서는 지금 현재까지도 자유민주주의는 생각도 못할 일이었다고 여깁니다. 이것은 천하에 공지된 사실입니다. 10·26혁명이 있었기 때문에 자유민주주의는 완전히 회복될 것이 보장되어 있어요. 이것은 최 대통령께서 권한대행 때 국민 앞에 공약한 일입니다. 또 국회에서도 긴급조치 9호를 해제했습니다. 이런 일련의 행위가 10·26혁명 없이 이루어질 수 있겠는가 생각할 때, 혁명의 목적은 완전히 달성되었고, 그렇기 때문에 저는 죽어도 아무 여한이 없습니다. 저는 죽어도 자유민주주의를 위한, 자유민주주의를 회복시키기 위한 투사로서 영웅으로서 평가받을 수 있기 때문입니다.

혁명 과업을 마지막까지 수행하지 못하고 말았기 때문에 앞으로 해야 할 혁명 과업이 많습니다. 이 문제를 성공적으로 치러주시고, 이 혁명이 악순환의 요인이 되고 혼란의 요인이 되지 않기를 바랍니다. 제 지금 기분은 전쟁에서는 승리한 장군이 우연한 기회에 적에게 포로가 된 기분입니다. 저는 혁명을 완성시켜놓고 심판받고 있습니다. 그런데 저는 이렇게 생각합니다."

여기까지 말했을 때 법무사가 최후 진술은 다음에 하라고 중단시켰다. 그러나 김재규는 계속했다.

"한마디만 더 하고 끝마치겠습니다. 재판장님, 재판장님께서는 유신의 배경을 가지고 재판하고 계시고, 저는 자유민주주의의 배경을 가지고 여기 서 있습니다. 오늘 재판받는 이 결과는 4, 5개월 후에 다시 심판을 받으리라, 국민의 심판을 받으리라고 봅니다."

4, 5개월 후의 국민의 심판은 무엇을 뜻하는가? 김재규가 다음 해 5월 광주민주화운동을 예견했을 리는 없다. 그는 나에게도 강조했지만 유신 타파 그 자체를 국민 전체가 열렬히 환영할 것으로 믿었다. 유신의 심장을 쏜 그를 영웅으로 받들어 열광적으로 지지할 줄 알았다. 그는 유신 철폐와 박정희 제거가 숙명적인 관계라고 했다. 그렇지만 국민은 유신 타파를 환영하면서도 박 대통령의 죽음에 대해서는 슬픔을 이기지 못하는 이중적 심리 상태였던 것을 간과하지는 않았을까?

여기서 법무사가 다시 불필요한 진술은 제한한다고 말했고, 오전 재판이 끝나고 휴정하였다.

국민 전체의 지지가 있었다

오후 2시 재판이 속개되자 법무사가 "다시 한 번 변호인단께 말씀드립니다. 사건과 관련이 없거나 중복되는 신문은 피해주시기 바랍니다. 피고인 역시 신문에 대한 답변만 해주시기 바랍니다"라고 말했다.

내가 일어나 항의했다.

"공판 조서가 아직도 열람이 안 되고 있기 때문에 중복신문은 불가피합니다. 2차 공판은 12월 8일에 있었는데도, 그 조서 열람이 여태까지 안 되고 있습니다. 그 내용을 보지 않고는 국선변호인이 변론에 임하기가 매우 곤란한 입장임을 헤아려주시기 바랍니다."

신호양 변호사가 몇 가지 보충신문을 했다.

"각하를 시해할 의사였다면 각하를 먼저 쏘는 것이 원칙일 텐데요?"

"경호실장은 항상 무장을 하고 있어서 무장한 사람을 제거하지 않고는 본인이 공격을 당할까 해서 차 실장을 먼저 쏘았습니다."

당일 차 실장은 실제로 무장하지 않았다. 청와대를 떠날 때마다 항상 비서가 총을 건넸는데도 얼마 전부터 차 실장은 이를 묵살했다. 경호실장의 임무를 방기한 것일까? 아니면, 이제는 경호실장보다 더 높은 위치에 있다고 착각했음일까? 어떻든 차 실장이 사건 당일 무장하고 있었다면, 그나마 박 대통령은 살아남고 김재규가 차지철에게 희생되었을지도 모른다. 차 실장은 첫 발이 손에 맞았고, 박 대통령의 직접 사인은 김재규가 머리에 쏜 두 번째 탄환이었기 때문이다.

"권총 발사할 때 조명 상태는 어떠했나요?"

"사격에 지장이 없었고, 사람은 완전히 알아볼 수 있었습니다."

건설부장관 때 태극기에 감추어두었던 권총은 미국에 갔을 때 구입한 45구경으로 경금속제였다. 그는 보안사령관을 지냈기 때문에 언제나 간첩의 공격 목표가 되므로 휴대 허가를 받아 경찰에게 보관을 맡겼다가 찾아서 갖고 있었다.

피고인 1인의 행위를 혁명이라고 할 수 있느냐는 질문에는 "혁명이라 할 수 있습니다. 이것은 민주회복 국민혁명입니다. 기본 체제를 이용하는 것이 특징인데, 주체가 따로 없고 군의 조직, 관의 조직 그대로를 이용하고 각하만 희생되면 유신 체제는 무너집니다. 지금 현재 각하가 희생됨으로써 무너졌습니다"라고 말했다. 이때도 몇 번 법무사로부터 중복 진술이라고 제지를 당했다.

신 변호사가 유신 헌법 공포 이후부터 부마사태에 대한 보고에 이르기까지 대통령에게 건의한 내용을 차례대로 물었다. 김재규는 6차에 걸친 건의 내용을 일일이 거론해가며 대답을 하였는데, 그때마다 말을 채 마치기도 전에 법무사가 중복신문이라고 제한하면서 계속 진술할 때는 또다시 비공개로 하겠다고 경고했다.

내가 일어나 비공개 법정에서 한 내용과 일부 중복되는 것은 국선변호인이 비공개 법정에서는 변호인이 아니었기 때문에 이제 묻는 것이 아니냐고 항의했지만 소용없었다.

"대통령을 살해하는 자체가 국헌을 문란케 하는 내란을 야기한다는 생각은 해보지 않았나요?"

"그렇게는 생각하지 않습니다."

"대통령을 살해한 다음에 국민들로부터 지지를 받을 수 있다고 생각했나요?"

"전 국민이 자유민주주의 회복을 원하고 있습니다. 전체 국민의 지지 없이는 안 됩니다."

"어떤 근거로 그렇게 판단했나요?"

"제가 가지고 있는 여러 곳에서 들어온 정보와 소스를 종합 판단해서 그런 결론을 얻었습니다. 부마사태가 좋은 입증 자료입니다."

"그렇다면 마지막으로 한마디만 묻겠습니다. 국민의 지지를 받는 10·26혁명을 한 행위와 지금 그 행위로 인하여 재판을 받고 있는 입장에 대해 소감 한마디 말씀해주시지요."

이에 대한 대답은 듣지 못했다. 검찰관의 진술 제지 요청을 재판부가 받아들여 최후 진술을 할 때 그에 대한 대답을 듣도록 하겠다고 했기 때문이다.

김계원은 혁명할 사람 아니다

김계원의 변호인 이병용 변호사가 김재규에게 보충신문을 하였다.

"김계원은 혁명할 사람이 못 된다고 했지요?"

"예."

"김계원 피고인을 이 거사에 끌어들일 생각은 있었나요?"

"아닙니다."

김재규와 김계원이 경계석에 나란히 앉아서 나눈 이야기를 물었다. '해치워버릴까'라는 말은 김계원은 듣지 못했고, 만약 들었다면 따져 물었을 것이라고 하는데, 어떻게 생각하느냐는 것이었다. 김재규는 김계원이 "차 실장이 강경해서 야단이야. 야당 국회의원 한 사람만 만나면 각하에게 쪼르르 가서 이야기하고 해서 야단이야"라고 하자 지나가는 말로 '해치워버릴까'라고 했고, 그 말을 듣고 따질 입장이 될 정도로 강한 어조는 아니었다고 했다. 앞서 김재규는 '강한 어조'로 말했다고 했는데, 입장을 바꾼 것이다. 김재규의 말을 듣고 김계원이 확실히 끄덕끄덕했는지는 알 수 없으나 긍정적으로 받아들이지 않았을까 정도로 여겼고, 그러나 가볍게 말했기 때문에 차 실장을 망신이나 주는 것으로 알지 않았나 생각된다고 했다. 더구나 집무실에서도, 경계석에서도 대통령을 대상으로 한다는 언동은 전혀 없었다고 했다. 김재규는 어떻게 해서든지 김계원을 변명해보려고 종전의 진술을 순화시키고 있었다.

만찬석에서의 김재규의 행동에 관하여 물었다. 김계원은 나이도 위이고 군 선배인데 툭 치면서 "각하를 잘 모시십시오"라고 말할 리 없었다는데, 김재규는 결행 직전이라 "정치를 좀 대국적으로 하십시오"라고 하고 나서 격해서 툭 쳤다는 것이었다. 그러나 이것이 김계원에게 신호나 결의를 표시하는 방법은 아니었다고 했다. 그 자리에서 김계원은 화제를 정치 외의 것으로 유도했다는데 그랬느냐는 물음에 능히 그럴 분이고 항상 그랬다고 하며, 그날도 화제를 돌리려고 노력했는데 대통령이 직접 정치 이야기를 꺼냈다고 말했다. 총을 쏘기 직전은 노래가 나오고 부드러운 분위기였고 김계원은 기타 소리를 듣고 있었다는데, 김재규는 정치 이야기가 나왔다가 부드러워졌다가 다시 정치 이야기가 나왔다고 했다.

발사 직전의 세 마디에 대해 또 물었지만 김재규는 자기 말이 틀림없다고 했다. 첫 번째와 두 번째 총성 사이의 간격도 4~5초, 6~7초가 아니라 1초도 안 걸렸고, 자기가 정확하다고 강조했다.

2발 쏘고 나서 탄피가 안 빠져 방아쇠가 당겨지지 않았을 때 김계원이 밀었다는 기억은 안 나고, 총이 작동되지 않아 밖으로 뛰어나왔는데 그사이 대기실에서 총소리가 난 뒤 전깃불이 나간 것도 정확히 기억하지 못했다.

"피고인이 다시 방에 들어가 총을 쏘고 나오면서 '보안을 철저히 하십시오'라고 했다는데 그것은 자신의 범행을 감춰달라는 뜻인가요? 국가의 안전 상태로 조치될 때까지를 말하는 것인가요?"

"후자입니다. 제가 혁명 단계를 다음으로 넘길 때까지는 보안이 되어야겠다고 생각했습니다."

"김계원 피고인은 설마 각하에게까지 그렇게 할 것으로 느끼지 못했다는데요?"

"김 실장은 각하뿐 아니라 차 실장에게까지도 총을 쏘리라는 생각은 못했을 것입니다."

그러나 김계원에게는 보안을 부탁했고 그가 "하여튼 알았소"라고 대답했으므로, 처음부터 가담하지 않았지만 이미 거사 후라서 김계원에 대해서는 특별히 의심하지 않았다고 했다. 그리고 사건 현장에 대한 조치나 지시는 육군본부의 상황을 보고 나서 하기 위해 누구에게도 하지 않았다는 것이었다.

큰 영애(박근혜)가 아버지는 어디 계시느냐고 물었다는 내용에 대해서는 김계원은 그런 사실이 없다고 하였으나, 김재규는 확실히 들었다고 하면서 그날 저녁 대통령 가족 모임이 있는데 대통령이 늦게까지 안 들어오니까 그렇게 묻지 않았나 기억된다고 했다. 김계원으로부터 듣지 않았다면, 자신이 지어낼 이야기는 아니라는 것이다.

육본 벙커 화장실에서 나눈 '혁명'이라는 말에 관하여 물었다.

"피고인이 혁명 이야기를 했을 때 비로소 김계원 피고인은 김 부장이 딴생각을 갖고 있었다는 걸 알았다는데, 어떻게 생각하나요?"

"그랬을지도 모르겠습니다. 김 실장 성품으로 봐서 혁명할 수 있는 분이 아니라 처음엔 당황하고 이해가 안 갔을 것이고, 그때 와서 느꼈을 것입니다."

김계원은 육본에 가서도 타일러서 자수를 권고할 생각으로 "각하까지 왜 그랬어?"라고 했지만 김재규가 혁명 이야기를 하자 자수하지 않을 것으로 생각했다는데, 어떠냐고 물으니 김재규는 그럴 수도 있었을 것이라고 맞장구를 쳤다.

육본 벙커나 국방부에서 계속 김계원을 주시하고 있었던 것은 거사가 성공하느냐 못 하느냐 하는 것이 사건의 비밀을 알고 있는 김 실장의 태도에 달렸으므로 그다음 날 오전까지는 기밀을 유지해야 했기 때문이었다고 했다. 그러고는 장관실에서 잠시 눈을 감고 있다가 떠보니 마주 앉아 있던 김계원이 처음으로 시야에서 없어졌는데, 이후에 바로 체포로 이어진 것이다.

김수룡 변호사가 추가로 김재규에게 몇 가지 물었다. 김재규는 만찬석에서 1차 발사 시에 누가 있었더라도 막을 방법이 없었을 것이라고 했다. 김계원이 김재규의 범행을 용이하게 돕기 위하여 일부러 도망한 일도 없고, 또한 김계원이 복도에서 경호원 처치를 감시 감독했다는 말도 믿어지지 않는다는 것이다. 또 김계원이 대통령을 병원으로 후송한 것은 몰랐으며, 만약 후송 여부를 물었다면 승낙하지 않았을 것이라고 했다.

마음으로부터 동조한 것은 아니다

변호인들의 보충신문 중간에 검찰관이 끼어들어 김재규에 대해 보충신문을 했다. 주로 김계원 피고인이 검찰 신문에서 한 말을 김재규에게 확인시키는 것이었다.

김계원은 김재규와 차지철이 대통령의 신임을 얻기 위해 암투한 것 같다고 말했는데, 어떻게 생각하느냐는 물음에 김재규는 그런 일이 없다고 했다. 범행 동기에 대해서도 김계원은 김재규가 수세에 몰려 자극을 받아 범행을 했다고 했지만, 김재규는 사실과 다르다고 했다. 또한 차지철을 해치워버리겠다는 말을 입버릇처럼 해왔다는 것도, 그날 처음으로 한 말이라고 했다.

검찰관의 신문 도중 김재규와 김계원의 변호인이 일어나 강력하게 항의했다. 검찰 신문에서 나오지 않은 내용을 검찰관이 사실인 양 왜곡해서 신문하고 있는 점을 지적한 것이다. 그래서 같은 법정에서 검찰관과 변호인이 들은 내용이 서로 다른 상황이 벌어지고 있으니 공판 조서가 작성되기 전까지는 공판 절차를 정지시켜달라고 요구하였다. 그러나 중복신문을 피하라는 법무사의 주문이 있고 바로 검찰 신문이 계속되었다.

"검찰관 조사 시 곁눈질로 보니 끄덕끄덕한 것 같다고 했는데, 어떤 것이 사실인가요?"

"옆에 앉아 있었기 때문에 느낌이 끄덕끄덕한 것 같더라고 한 것입니다. '노NO'라고 했으면 알았을 텐데 말이 없어서 그렇게 느꼈다는 것이고, 눈으로 보았을 때 동의하더라고 한 것은 아닙니다."

"(김재규가) 결심을 이전에 했기 때문에 상대방을 관심을 갖고 집중해서 보았다고 하지 않았나요?"

"동의하는 것 같더라고 말씀드린 것이고, 그렇다고 하지는 않았습니다."

"그때 반대를 했다면 농담으로 흘려버리고 시해 현장에서 살해해버렸을 거라고 했지요?"

"만일의 경우 제가 강력하게 표시를 해서 명확히 반대했다면, 그 장소에서는 '농담이오' 하고 말한 뒤 현장에서 살해했을 겁니다. 그러나 제가 가볍게 이야기한 것이라, 또 가볍게 받았기 때문에 그럴 필요가 없었던 것입니다."

당시 자신은 어조나 행동도 평상시와 다름없이 평범했다고 했다. 김재규는 김계원을 두둔하고 싶었던 것이다.

다음으로 검찰관이 김재규와 김계원의 평소 주량과 당시 마신 술의 양 등을 묻자 법무사가 중복신문이라고 제한했다. 마치 뭔가에 쫓기는 듯 재판 진행이 늦어지고 있음에 짜증내는 것으로 보였다.

"혁명을 해야겠다고 생각했다면 여자들과 실장까지 사살하면 비밀유지가 되지 않았겠나 생각되는데요?"

"시간을 끌고 보안이 샐 염려가 있었다면 처치했어야 했겠지만, 시간을 끌 이유가 없어 희생시킬 생각은 하지 않았습니다."

"그날 여자들은 보내지 않았나요? 거기에 대해서는 아무런 조치를 취하지 않았지요?"

"늦은 시간에 박 과장이 돌려보냈을 것입니다."

이때도 법무사가 공소 사실과 관계없는 부분은 제한하겠다고 했다.

검찰관이 김재규에게 육본 벙커에서 사태 수습이 급선무이고, 보안유지를 해야 하며, 최단 시일 내에 계엄사령부 간판을 혁명위원회로 바꾸어 달도록 유도되어야 한다고 할 때 김계원이 동조하는 것 같다고 진술했지 않았느냐고 묻자, "제가 느끼기에는 '알았다'는 것을 동조로 알았으나 명확히 그렇게 하자는 식으로 하지는 않았습니다"라고 김계원의 진술을 또 두둔했다.

이때 김계원의 변호인인 김수룡 변호사가 한 걸음 더 나아가 김재규에게 보충신문을 했다.

"김계원 피고인이 피고인에게 동조한 행동이 무엇인가요?"

"마음으로부터 동조한 것이 아니라 마지못해 따라온 것이고, 계엄을 혁명으로 유도한다고 했기에 조금씩 따라오게 된 격이었습니다."

"어떤 부분이 따라왔다고 생각하나요?"

"'다 끝났습니다. 보안 유지하시오'라고 할 때 곧바로 고발하지 않았고, 그 후 다섯 시간 동안 제가 체포될 때까지의 행동이 본인은 마음이 내키지 않지만 미적미적 소극적으로 할 수 없이 따라온 것으로 보입니다."

김재규는 어떻게 해서든지 김계원을 구제하고자 그의 진술에 맞추려고 노력하고 있었다. 이러한 노력은 항소심에서 김계원에 대한 공소장 변경에 영향을 주었을지도 모른다.

경호원 사살은 정당한 명령인가?

박선호의 변호인 강신옥 변호사가 김재규에게 물었다.

"경호원을 제거하라는 명령은 정당한 명령인가요?"

"제 목적이 혁명이기 때문에 혁명 목적 달성을 위해서는 무혈혁명이 제일 좋지만, 무혈혁명이 안 될 때는 최소한의 희생을 내는 수밖에 없습니다. 혁명을 위해서는 일부 희생이 불가피하기 때문에, 저로서는 정당하고 합당한 명령이라고 생각합니다."

현행법에는 반하는 것이지만, 혁명을 위해서는 정당하고 도의적으로도 정의로운 명령이라는 것이다. 박선호와 박흥주도 부장의 명령을 순수한 명령으로 받아들였고, 평소 부장을 신뢰하고 있었기 때문에 이것은 필경 정의로운 명령으로 여겼을 것이라고 했다.

원칙적으로는 경호원을 죽이지 말고 제지시키되 안 되면 처치하라는 명령을 내렸고, 부하들은 단순히 개인 몇 사람이 죽는다는 정도만 알았을 뿐 혁명의 목적이나 결과에 대해서는 추호도 알 수 없었다는 것이었다. 단지 살인 목적은 부장이 평소에도 부당한 명령을 내린 적이 없기에 아주 정의로운 판단에 의해서 하는 것으로 믿고 따랐다는 것이다. 그리고 혁명 거사로 인해 피해를 입은 사람은 당초 최소한의 생명을 희생시킨다는 계획 안에 포함된 정도라고 말했다.

김태원의 변호인 김홍수 변호사도 주로 내란 목적에 관한 사항을 물었다.

"피고인은 자유민주주의가 국시라고 말했지요?"

"네."

"유신을 자유민주주의로 바꾸기 위한 거사였나요?"

"그렇습니다."

대통령은 법률에 의하지 않은 방법으로 제거했으나, 나머지 절차는 법적 절차를 따라 기존 체제를 그대로 이용하려고 했다고 김재규는 말했다. 따라서 국무회의의 절차를 거치려 한 것도 비상계엄을 선포하여 자연스럽게 군이 사태를 장악하게 하는 데 목적이 있었다는 것이다.

혁명위원회니 하는 것도 현재의 법질서 안에서 기존의 모든 조직을 활용해서, 가능하면 조용한 가운데 너무 큰 폭의 변화 없이 자연스럽게 물 흐르듯이 하려는 의도였다고 했다. 자유민주주의 회복이 목적이더라도 이에 이르는 절차를 위해 헌법을 고쳐야 하는데, 그것도 일단 현행

헌법 테두리 내에서 정당한 개헌 절차에 따라 국회 결의와 국민투표 절차를 밟으려고 했다는 것이다.

이상으로 김재규에 대한 변호인들의 보충신문이 모두 끝났고, 법정은 휴정에 들어갔다.

검찰의 증거 제시

속개 후 법무사가 검찰에 대해 증거 제시를 요구했다. 검찰관이 미리 재판부에 서면으로 제출한 서증書證(서류로 된 증거) 내용을 구두로 설명했다.

검찰이 이 사건 피고인들에 대한 공소 사실을 뒷받침할 수 있는 증거로 제시한 것은 다음과 같다.

1) 검찰관 및 군사법경찰관이 작성한 피고인들에 대한 피의자 신문 조서와 진술서 = 입증 취지: 피고인들의 자백 내용

2) 검찰관 및 군사법경찰관이 작성한 심민경, 신재순, 김용남, 강무홍, 김일선, 남효주에 대한 진술 조서; 군사법경찰관이 작성한 박상범, 이종오에 대한 진술 조서; 심민경, 신재순, 김용남, 강무홍, 김일선, 엄익종, 남효주, 김기한, 김정학이 작성한 진술서 = 입증 취지: 살해 현장에서의 피고인들의 범행 경위

3) 검찰관 및 군사법경찰관이 작성한 송계용, 정규행, 서영준에 대한 진술 조서; 검찰관이 작성한 김병수에 대한 진술 조서; 송계용, 정규행, 서영준, 김병수의 진술서 = 입증 취지: 국군서울지구병원에서의 김계원과 유성옥의 범행 경위

4) 검찰관 및 군사법경찰관이 작성한 유혁인에 대한 진술 조서; 검찰관이 작성한 최규하에 대한 진술 조서; 검찰관이 작성한 이재전에 대한 피의자 신문 조서 사본 및 군사법경찰관이 작성한 이재전에 대한 진술 조서; 유혁인, 이재전, 이상주, 유홍모가 작성한 진술서 = 입증 취지: 청와대 및 육본과 국방부에서 있었던 김계원의 범행 경위

5) 검찰관 및 군사법경찰관이 작성한 김정섭, 정승화, 이재전에 대한 진술 조서 = 입증 취지: 김재규의 살해 후 육본과 국방부에서의 범행 경위

6) 검찰관 및 군사법경찰관이 작성한 송은익, 홍시교, 장윤수, 유승문, 최종률, 엄현희, 이강철, 이말륜, 김인수에 대한 진술 조서; 군사법경찰관이 작성한 장민순, 김기한, 홍승수에 대한 진술 조서; 장민수, 김기한, 홍승수의 진술서 = 입증 취지: 김재규 및 김계원을 제외한 나머지 피고인들의 살해 후 내란 부분

7) 검찰관 및 군사법경찰관이 작성한 김정섭, 현홍주, 김병주, 김금수, 이병호, 주진균, 윤병서에 대한 진술 조서; 군사법경찰관이 작성한 조승구에 대한 진술 조서; 김정섭, 김병주, 조승구, 윤병서, 주진균, 박기준, 안석희, 강필원, 현순이 작성한 진술서 = 입증 취지: 김재규의 범행 동기

8) 현장 검증 조서 및 사고 현장 약도, 사진 = 입증 취지: 살해 현장에서의 피고인들의 범행 경위를 검증한 결과

9) 육군과학수사연구소 감정관 지장현 작성의 감정서 = 입증 취지: 피고인들이 살해 범행에 사용한 총기와 탄피, 탄원 등에 대한 감정 의뢰

10) 이기덕이 작성한 진술서 = 입증 취지: 김재규의 체포 경위

11) 국군서울지구병원장 공군준장 김병수가 작성한 박정희 대통령에 대한 사체검안서; 육군과학수사연구소 법의과장 소령 정상우 작성의 차지철, 정인형, 안재송, 김용태, 김용섭에 대한 사체검안서; 위 병원 육군소령 성상철이 작성한 박상범에 대한 진단서; 위 병원장 김병수가 제출한 박 대

통령 유해 X레이 사진; 성누가병원장 김준철이 작성한 김용남에 대한 총
상 진단서; 위 서울지구병원 성상철 작성의 이종오에 대한 총상 진단서 =
입증 취지: 피해자들의 사인 및 상해 부위와 정도

만찬석 여인들의 증언 1: 증인 신재순

나도 이제 죽는구나

증인 신문을 위해 법정이 대법정에서 소법정으로 옮겨졌다. 소법정은
대법정이 있는 건물 2층에 있었다. 아마도 방청인을 제한하려는 의도
같았다. 재판부는 사건 현장에 있던 두 여인의 증언 내용이 적잖이 신경
쓰이는 모양이었다. 만찬석의 여인에 관해서는 피고인 신문 당시에도
공소 사실과 관계없는 부분이라고 하면서 자세한 것을 묻지도 못하게
하고 박선호 역시 입을 굳게 다물지 않았던가.

오후 4시 15분경 두 여인이 짙은 남색 브리사 승용차를 타고 소법정
으로 통하는 계단 앞마당에 도착했다. 당시 합수부에서는 언론 보도에
서 두 여인의 사진을 뒷모습만 게재하도록 제한했으며, 이름도 가명으
로 손금자, 정혜선으로 발표토록 했다. 손금자는 심민경(예명 심수봉)이
고, 정혜선은 신재순이었다.

방청인도 보도진 4명과 기관원으로 제한하였고, 가족이나 일반인 방
청은 허용되지 않았다. 심민경은 자주색 벨벳 상의와 짙은 밤색 스커트
에 고동색 터틀넥 스웨터 차림이었고, 신재순은 베이지색 바바리코트
속에 검은 원피스를 입고 밝은 색의 실크 머플러를 목에 둘렀다. 심민경
은 1미터 57센티미터의 키에 K자가 선명한 감색 야구모자를 깊숙이 눌
러썼고, 신재순은 1미터 63센티미터의 훤칠한 키에 긴 머리칼과 반듯한

이마가 돋보였다. 차에서 내려 법정에 들어가 앉을 때까지 시종 아래만 보고 있었으므로 정면으로는 얼굴을 볼 수 없었다.

증인 이름을 부르자 그제야 심민경은 야구모자를 벗었고, 신재순은 바바리코트를 벗고 증언대로 나왔다. 이날 증인 신문은 5시경 시작하여 7시 23분까지 약 2시간 반 동안 진행되었다.

법무사가 출석한 증인 신재순과 심민경에 대한 인정신문을 했다. 성명, 연령, 직업, 주거를 차례로 물었다. 신재순은 1957년생으로 직업은 대학생이었고, 심민경은 1955년생으로 가수 겸 대학생이었다. 증인들에게 선서를 시킨 다음 심민경은 옆방에서 대기토록 하고, 신재순부터 신문하였다.

변호인과 공동으로 신청한 증인인데, 검찰관이 먼저 물었다. 신재순은 검찰관과 수사관 앞에서 조사받을 때 모두 사실대로 말했고, 현장 검증 때도 참석하여 사실대로 재연했다고 말했다.

"증인은 한양대학교 연극영화과 3학년에 재학하고 있나요?"

"예."

"79년 10월 26일 궁정동 소재 중앙정보부 식당에서 대통령 각하의 시해 장면을 목격한 일이 있나요?"

"예."

검찰관 신문은 검찰관이 물으면, 신재순은 거의 "예"라고 대답하는 식으로 진행되었다.

처음에 연회 장소에 들어가보니 정치 이야기를 하고 있었고, 그 후 대통령이 삽교천 이야기를 했다고 했다. 김재규는 세 번 자리를 떴는데, 두 번째 자리를 떴을 때는 오래 걸렸고 7시 뉴스가 끝날 무렵이었다. 김재규가 시계를 자주 본 것으로 기억하고, 김계원은 초조한 기색으로 약간 고개를 떨어뜨리고 있었다고 했다.

총격 직전에 대통령이 증인에게 고향도 묻고, 음식도 주고 했다. 심민경이 처음 부른 노래는 〈그때 그 사람〉이었고, 그다음 〈눈물 젖은 두만강〉을 부른 것으로 기억했다. 그러고는 차지철 실장이 〈도라지〉를 불렀고, 그때쯤 남효주가 와서 김재규에게 뭐라고 귓속말을 하더니 함께 나갔다.

차지철이 노래한 다음 신재순이 〈사랑해 당신을〉을 불렀는데, 대통령이 따라 부르자 차지철이 "각하도 그 노래 아십니까?"라고 했다. 대통령과 같이 부르면서 톤이 잘 맞지 않았다. 신재순은 노래를 잘 못 부르는 편이었다.

조금 있다가 김재규가 들어오고, 얼마 지니지 않아 총소리가 났다. 신재순은 김재규가 차 실장에게 먼저 발사하고, 옆자리에 있던 김계원을 툭 치면서 대통령에게 발사한 것 같다고 했다.

총소리가 나며 "이 버러지 같은 놈" 하는 것밖에 못 들었는데, 조금 있더니 "피, 피", "왜 이래"라는 소리가 들렸다. 그러고는 좀 있다가 또 총성이 났는데, 대통령이 머리를 떨군 채 식탁 옆으로 쓰러졌다. 김계원 실장은 총소리가 나고는 보이지 않았다. 그 후 불이 나가고 심민경과 함께 각하를 부축하고 있는데, 차 실장이 "경호원, 경호원" 하고 소리치면서 화장실에서 나와 문갑을 잡고 있었다.

"차 실장이 화장실에서 나온 이후에 기억나는 것 있나요?"

"각하를 일으켜 식탁에 기대도록 부축했는데 그때 김재규 부장이 다시 들어와서 문갑을 잡고 피하는 차지철을 쏘았습니다. 그러고 나서 탁자 왼쪽으로 돌아와 각하의 머리를 향해 총을 겨누었는데, 그때 놀라서 '나도 이제 죽는구나' 하고 실내 화장실로 뛰어 들어갔습니다. 총소리가 계속 나더니 조용해진 것 같아 나왔는데, 까만 옷 입은 사람 세 사람이 각하를 업고 나갔습니다."

증인 신문에서는 나오지 않은 이야기이지만, 1997년 조갑제 기자와의 인터뷰에서 신재순은 "그 사람의 눈과 마주쳤을 때를 영원히 잊지 못할 것입니다. 인간의 눈이 아니라 미친 짐승의 눈이었어요. 그가 대통령의 머리에 총을 갖다 대었을 때는 다음에는 나를 쏘겠구나 생각하고 후다닥 일어나 실내 화장실로 뛰었습니다"라고 술회했다. 미친 짐승의 눈. 그렇다. '야수의 심정'이라고 했으니 어찌 짐승의 눈이 아닐 수 있었으랴.

"차 실장을 본 일이 있나요?"

"방에서 빠져나가려는데 차 실장이 문가에 쓰러진 채 살아 있어서 누군지 모르는 사람(식당관리인 남효주 같았다)과 함께 부축하면서 일어나시라고 했더니, '나는 못 일어날 것 같아'라고 하기에 그냥 밖으로 나왔습니다. 그때 남효주가 안내해줘 어느 방으로 들어가 있는데, 어디선지 신음 소리도 났고, 조금 후 총소리가 계속해서 7발 정도 났습니다. 그 방에 전화가 몇 번 왔는데 무조건 모른다고 했어요."

그 방에는 심민경이 먼저 와 있었다.

방 안의 조명은 말하기 곤란하다

이어 신재순에 대한 변호인들의 신문이 계속되었다. 먼저 김재규의 변호인인 나부터 시작했다.

"검찰관 신문 때처럼 그냥 '네, 네' 하지 말고 사실대로 대답해주세요. 궁정동에 도착해서 방으로 바로 들어갔나요?"

"6시 30~40분경에 도착해서 잠깐 대기했다가 심민경과 같이 들어갔습니다."

두 여인은 대기하는 동안 궁정동에서 보고 들은 사항에 관하여 비밀을 유지하겠다는 이른바 '보안 각서'를 작성해서 박선호에게 제출했다.

궁정동에 도착하기 전에 대통령을 만난다는 사실을 알고 있었느냐고 묻자 사전에는 몰랐다고 대답했다. 이때 법무사가 공소 사실과 관계 없는 사실은 묻지 말라고 하였다. 신재순은 10월 초순경 같은 CF 모델인 '경희'라는 친구로부터 큰언니로 불리는 숙경 마담(약수동 소재 요정 '대하' 주인)을 소개받았는데, 그로부터 '좋은 사람이 있는데 소개할 테니 오라'는 연락이 있어서 10월 24일 박선호를 만나게 되었다고 검찰 조사에서 진술한 바 있다.

"방에 들어갔을 때 대화가 계속되고 있었나요?"

"대화 중에 들어가니 말씀을 멈추셔서 인사하고 앉았습니다. 앉은 다음에는 그분들끼리 말씀하셨습니다."

"누가 주로 이야기했나요?"

"각하입니다."

대통령이 주로 묻고, 경호실장, 비서실장, 중정부장이 대답했는데, 처음이라 긴장해서 어른들 말씀에 별로 귀를 기울이지 않아 기억이 없고, 삽교천 이야기를 한 것으로 기억하고 있다고 했다.

"대화 도중에 언성이 높거나 한 적은 없었나요?"

"없었던 것 같습니다."

"각하가 누구를 꾸지람한 적 없나요?"

"꾸지람한 것은 기억이 안 납니다."

"과격한 언사나 귀에 거슬리는 것은 없었나요?"

"저의 귀에 거슬리는 것은 없었습니다."

"비교적 대화 내용이 부드러운 분위기였나요?"

"심각하다는 것은 못 느꼈습니다."

신재순이 방에 들어간 지 약 30~40분 후에 노래가 시작되었고, 대통령이 신재순의 〈사랑해 당신을〉 노래를 따라 부르다가 음정이 안 맞아 심민경이 기타의 음을 맞추기 위해 조정하던 중에 김재규가 총을 쏘았다고 했다.

총을 쏘는 것을 직접 보지는 않았으나 신재순의 맞은편에서 총을 들고 경호실장을 겨누고 있는 것을 보았고, '버러지 같은……'이라는 말은 기억하지만 다른 말은 자세히 기억나지 않는다고 했다.

다음 신호양 변호사가 총성이 끝나고 차 실장이 살아 있었느냐고 묻자 그렇다고 했다. 김재규가 총을 들고 있을 때 서 있었느냐 앉아 있었느냐는 물음에는 엉거주춤했다고 말했다.

김계원의 변호인 이병용 변호사가 물었다.

"김 실장이 고개를 떨구고 당황한 빛이라고 했는데, 어떻게 아나요?"

"고개를 떨구고 있었으니까 압니다. 무엇인가 초조해하는 것 같았습니다."

대통령을 병원으로 모시라고 한 사람이 누구인지는 어두워서 잘 보지 못했으며, 대통령이 총을 맞고 아무 소리가 없어서 병원으로 가기 전에 운명한 것으로 생각했다고 말했다. 대통령이 병원으로 간 후 7발의 총성이 났는데, 연달아 난 것이 아니라 3~4초의 간격을 두고 났다고 했다. 어떻게 7발을 기억하고 있는지는 설명하지 않았다. 신재순은 훗날 언론 인터뷰를 통해 자신의 증언이 당시 합수부에서 시킨 내용임을 고백한 바 있다.

김수룡 변호가 보충신문을 했다.

신재순은 대통령의 오른편에 앉아 있었는데, 총소리가 나자마자 대통령이 신재순에게 기대면서 쓰러졌고, 비명 같은 것은 없이 숨소리만 거칠었다. 등에 출혈이 있어 손으로 지압하여 막았다.

"그 방의 조명은 어느 정도였나요?"

"말씀드리기 곤란합니다."

내가 끼어들어 다그쳤다.

"조명이 어두웠는지, 밝았는지는 말할 수 있지 않나요?"

"잘 모르겠습니다."

말하기 곤란하거나, 모르겠다는 것은 무슨 뜻인가.

김 변호사가 방 안이 어두웠음을 전제로 추궁했다.

"증인은 관상학을 공부했나요? 조명이 흐린데 어떻게 김계원의 표정이 초조한 것이 보이나요?"

"어두울 때도 오래 있으면, 표정을 알 수가 있습니다."

실내가 밝지 않았다는 간접적인 증언이었다. 여자를 양쪽에 앉혀놓은 대통령 전용 만찬석의 불빛도 일반 룸살롱처럼 어두웠던 모양이다.

김 변호사가 신재순에게 뒤를 돌아보고 김계원의 지금 표정이 어떤지 말해보라고 하자, 검찰관이 나서서 증인이 나이도 어린데 그런 질문은 삼가달라고 했다. 신재순은 돌아보기 싫다고 끊듯이 단호하게 거절했다.

강신옥 변호사가 그날 대통령을 만나러 간다는 것을 사전에 알았느냐고 묻자, 몰랐다고 했다.

태윤기 변호사가 총성 2발이 난 후 바로 여러 발의 총성이 울렸는데 7발인지 어떻게 아느냐고 묻자, 다시 몇 발인지는 모른다고 정정했다.

법무사가 차지철 실장이 손을 흔들며 못 일어난다고 한 것이 사실이냐고 묻자, 사실이라고 했다. 옆방으로 갔을 때 어디인지는 모르나 신음소리가 났으며, 몇 사람의 소리인지는 몰랐다고 했다.

신재순이 1시간 10분 동안의 증언을 끝내고 코트를 집어 들고 법정을 나서려는데, 피고인석에 앉아 있던 김재규가 갑자기 흔들흔들하더니 몸을 가누지 못했다. 헌병 2명이 부축하여 긴 의자에 누이고 머리에 담요를 받쳐줬다. 그사이에 김계원은 일어나 가벼운 다리 운동을 했다.

5분쯤 뒤에 군의관이 들어와 '지금 상태가 어떠냐'고 묻자, 김재규가 '메스껍고 어지럽다'고 대답했다. 군의관이 눈꺼풀을 뒤집어보더니 안정을 취하라고 했다. 옆에 있던 헌병이 보기가 안쓰러웠던지 '지난번에도 법정에서 서서 답변하시던데, 앞으로는 앉아서 답변하도록 하세요'라고 권하였다. 변호인들도 김재규의 상태를 걱정하면서 지켜보고 있었다.

휴정했던 공판이 6시 17분경 속개되었다. 김재규가 누워 있던 자리에서 벌떡 일어나 다시 자세를 바로 하고 앉았다. 내가 다가가서 누워 있어도 좋다고 하였으나 괜찮다고 사양하더니 앉은 채로 다음 증인의 증언을 들었다.

만찬석 여인들의 증언 2: 증인 심민경(예명 심수봉)

대통령의 마지막 말, '나는 괜찮아'

증인 심민경에 대한 신문도 검찰관이 먼저 시작했다. 심민경은 그날 6시경 신재순과 함께 도착해서 경호원 2명이 있는 방에서 대기하였다. 증인은 태릉사격장 회원으로 다녔기 때문에 사격선수 출신인 안재송을 알고 있었다.

20~30분 대기하다가 신재순과 같이 만찬석으로 들어가 증인은 대통령 왼쪽에, 신재순은 오른쪽에 앉았다. 만찬석에 들어가기 전 대기 중에 만찬석으로부터 누구의 소리인지는 모르나 언성이 높아지는 것을 들었다.

"만찬석에 들어간 후 각하가 총을 맞을 때까지 있었던 일을 말해보시오."

"각하가 시계를 자주 보니까 차 실장이 시간이 되면 텔레비전을 틀어드리겠다고 했는데, 그때 시계를 보니 7시 10~15분 전 같았습니다. 좀 있다가 뉴스를 보면서 삽교천 말씀이 있었고, 뉴스에 관한 이야기를 주로 했는데, 사회 문제가 나오니까 텔레비전을 *끄*자고 했습니다."

누가 *끄*자고 했는지는 기억이 안 나고, 그다음 시사 이야기를 하다가 대통령이 노래를 들어보자고 하여 대기하던 방으로 가서 기타를 가져왔다. 그 기타는 심민경이 그날 새로 사온 것이었다.

처음엔 〈그때 그 사람〉을 불렀고, 흘러간 노래를 듣자고 해서 〈눈물 젖은 두만강〉을 불렀다. 다음 노래 부를 사람을 지명하라고 했고, 당시 김 부장과 김 실장은 표정이 굳어 있어서 차 실장을 지명했다. 차 실장이 〈도라지〉와 〈나그네 설움〉을 불렀다. 그때 심부름하는 사람이 와서 김 부장에게 작은 소리로 과장이 뵙자고 한다고 말했다.

그다음 차 실장이 신재순을 지명해서 〈사랑해 당신을〉을 불렀는데, 심민경의 기타 반주가 안 맞아 시간이 지체되었다. 그때 김 부장이 언제 들어왔는지 기억은 안 나지만 노래 초반쯤 지난 뒤였고, 차 실장에게 총을 쏘는 것을 보았다. 김 부장이 차 실장에게 "버러지 같은 놈"이라고 욕을 하고 고함을 쳤다. 그때 대통령의 말은 못 들었다.

첫 번째와 두 번째 총소리 간격은 5초 정도였다. 첫 발을 앉아서 쏘고, 둘째는 서서 쏜 것 같았다. 첫 총격으로 차 실장이 화장실로 피신했다가 화장실 문을 열고 내다보며, "각하 괜찮습니까?"라고 물었고, 대통령이 "나는 괜찮아"라고 해서 심민경이 "진짜 괜찮습니까?"라고 말한 기억이 난다고 했다.

박 대통령이 생전에 남긴 마지막 말은 "나는 괜찮아"였다. 어느 기자는 이 최후의 말을 '나는 괜찮은데 너희들이 걱정된다'는 말로 풀이했다. 절명의 순간에도 자신보다는 주위 사람의 안위를 걱정하는 초인超人의 기품이라는 것이다. 시저가 브루투스의 손에 죽으며 남긴 마지막 말은 "브루투스, 너마저 나를……"이었던가?

그날 분위기에 대해서는 대통령과 차 실장은 기분이 좋은 것 같았고, 김 부장과 김 실장은 웃음이 없었고 오히려 대통령이 분위기를 조정하는 것 같았다고 말했다.

"총을 쏠 때 김 실장은 어떻게 행동하던가요?"

"김 부장이 차 실장한테 쏜 다음 김 실장은 방에서 나갔습니다."

"각하 앞에서 이거 무슨 짓이야, 하고 말렸다는데 본 일 있나요?"

"본 일 없습니다. 그래서 공포가 심했습니다."

"김재규가 차 실장을 쏜 후 각하를 쏘고 나서 그다음에 어떻게 됐나요?"

"처음에 차 실장을 쏘는 총소리를 듣고서 기타를 멈추고 각하 얼굴을 봤는데, 바른 자세를 하시더니 눈을 감으셔서 제가 일어날 때까지는 괜찮았습니다. 그때 부장이 각하에게 총을 쐈는데 각하가 맞았는지도 몰랐었습니다. 그리고 곧 불이 나갔습니다."

김재규가 두 번째로 들어왔을 때 차 실장이 문갑으로 막고 있었는데, 그때 1발 이상 쏜 것 같고, 차 실장이 넘어지자 탁자를 돌아 가까이 다가와서 대통령의 머리를 쏘았다고 했다.

"증인은 어떻게 각하를 부축했나요?"

"제가 기타를 세우고 일어서 있는데 제 자리로 쓰러지면서 '나는 괜찮아' 하시더니 조금 있다가 신음 소리가 났습니다. 괜찮으시냐고 했더니 괜찮다고 하시면서도 고통스러워하는 소리를 내시기에 부축해서 앉혔는데, 몸에서 피가 나는 걸 보고 그제야 다치신 것을 알았습니다. 신재순도 제가 있는 데로 와서 등 뒤의 피를 손으로 막았습니다. 그때부터 혼수 상태였습니다."

김재규가 두 번째로 들어왔을 때 눈이 마주쳐 무서웠고, 머리에 총을 겨누는 것을 보고 놀라서 밖으로 뛰어나갔는데, 남효주가 부속실로 가라고 해서 그곳에 가 있었다. 두 번째로 총을 쏠 때 김계원은 못 보았고, 마루에서도 안 보였다. 부속실에 있을 때 신재순이 들어왔고, 남효주가 꼼짝 말고 있으라고 해서 있는데, 조금 있다가 옆방에서 6~7발의 총소리가 났다.

누군지 모습은 못 보았으나 "각하, 괜찮습니까?"하며 빨리 모시라고 하는 소리는 들었다. 만찬석에서 나오는 신음 소리를 들었고, 한참 있다가 경호원 대기실에서 "다 죽었다"라는 말이 들렸다.

부속실에 있는 동안 경호원 대기실에 놓아둔 핸드백을 가지러 갔는데 쓰러져 있는 사람의 다리가 보여 무서워 못 들어가고, 신재순이 갔다 왔는데 두 사람이 쓰러져 있다고 했다.

부속실에서 꼼짝 않고 2시간쯤 있다가 경비원 대기실로 갔다. 텔레비전에서 〈금주의 인기가요〉를 하고 있는 것을 보아 10시 30~40분경이었던 것 같다고 했다.

김 부장과 김 실장은 침울했다

심민경은 신재순과 내자호텔에서 같이 왔다. 박선호가 프라자호텔에서 신재순을 만나 내자호텔로 가서 심민경을 데리고 같이 온 것이다. 내가 심민경에게 물었다.

"대기하는 동안 방 안에서 언성이 높았나요?"

"설명하는 음성 같았지만 목소리가 컸습니다."

두 사람이 만찬석에 들어갔을 때는 꽤 술이 오간 것 같았고, 그 후에는 별로 언성이 높아지지 않았다고 했다. 그리고 총을 쏘는 것을 보았는데, 총소리와 함께 고함 소리가 났다고 했다.

이병용 변호사가 김재규와 김계원의 기분 나쁜 표정을 어떻게 구별할 수 있느냐고 물었다. 그러자 그 전에 5명이 함께 노래 부르러 갔을 때 김재규를 본 일이 있는데, 그때와 비교하여 침울한 것 같았고, 김계원은 그날 처음 보았지만 대통령과 차 실장에 비해 침울하다고 느꼈다고 말했다.

최초의 총소리와 그다음 총소리의 간격이 5초라고 말한 것은 기타를 치우려고 했던 간격이 있어서 그 정도로 생각한다고 했다. 먼저 쏜 2발까지는 김 부장이 대통령을 향해 쏜 것이라는 인식을 못했고, 재차 쏠 때 겁을 먹고 뛰어나갔다고 했다.

노래를 한 후에는 정치 이야기는 안 했으며, 대통령과 대화를 나눈 정도는 김 실장과 차 실장이 비슷했고, 김 부장이 제일 적었다고 기억했다.

"각하를 빨리 병원으로 모셔", "각하 괜찮습니까?"라는 목소리는 명령조로 보아 김 실장인 것으로 생각한다고 했다.

다음으로 김수룡 변호사가 물었다.

김 실장은 처음 보지만 김 부장과 차 실장은 두 번째라고 했다. 방 안의 조명은 아주 밝았고, 이상하게 흐린 느낌은 없었다고 말했다. 신재순의 증언과는 다른 부분이었다. 이때 검찰관이 경호원 대기실 불빛과 차이가 있었느냐고 물으니 차이는 못 느꼈다고 대답했다.

김홍수 변호사의 물음에 "다 죽었다"라는 말은 6~7발의 총성이 있고 난 후에 들었고, 그 후에도 신음 소리가 들렸다고 했다. 법무사의 물음에는 "다 죽었다"라는 말은 누가 물어보니까 그렇게 대답하는 것 같다고 했다. 신음 소리는 옆에서 난 것 같은데, 경호원 대기실인지 주방인지는 모른다고 했다.

심민경은 김재규가 차지철에게 쏠 때는 앉아서 쐈고, 대통령에게는 서서 쏜 것으로 기억했다.

법무사가 뒤에 앉아 있던 김재규와 김계원을 향해 증인에게 물어볼 말이 있느냐고 묻자 둘 다 변호인이 다 물었기 때문에 없다고 하였다.

증인 신문이 끝난 시각은 7시 23분. 들어올 때와 마찬가지로 두 증인이 군복 차림인 수사관의 안내를 받아 밖으로 모습을 드러내자 그때까지 기다리던 30여 명의 보도진이 일제히 카메라 플래시를 터뜨렸다. 그러나 그다음 날 조간신문에는 증인들이 법정 밖을 걸어가는 뒷모습 사진만 게재되었다. 내 사진첩에는 누가 전해주었는지 기억이 없지만 증언대에 선 증인들의 칼라 사진이 남아 있다.

11   증인 김병수, 송계용, 남효주,
     김용남, 서영준, 김인수, 김일선,
     윤병서, 임상봉, 이종우, 정갑순,
     성상철, 지장현, 정상우, 유혁인에
     대한 신문

아직도 열람 안 되는 공판 조서

12월 17일 오전 10시 제8차 공판이 열렸다. 14명의 증인이 출석했는데 그중에는 아직 정식으로 채택되지 않은 증인도 있었다. 국군서울지구 병원의 병원장과 군의관, 중앙정보부 궁정동 직원, 합수부 수사관 등이었다.

개정하자마자 기다렸다는 듯이 변호인들의 불만이 봇물처럼 터져 나왔다. 내가 먼저 '공판 조서 열람 청구서'와 김재규, 유성옥에 대한 '외부 의사 진단 허가 신청 보충서'를 제출하고 요지를 설명했다.

김재규의 경우 "피고인의 현증現症에 관하여 1970년경부터 주치의로서 피고인의 병력을 잘 알고 있는 서울대학교 부속병원 내과의사 김정룡으로 하여금 진단케 하여주기 바라며, 특히 피고인은 12월 15일 공판 도중 메스껍고 어지러운 증세를 일으켜 휴정하는 동안 누워 있는 상태웠으므로 조속한 진찰을 받도록 허가하여주시기 바랍니다" 하는 진단 사유를 미리 서면으로 제출했으나 아무런 조치가 없었다.

1차 공판에서 8차 공판에 이르도록 아직 한 차례도 공판 조서가 열람되지 않았고, 절차를 무시하고 재판을 급속하게 진행하는 데 대해 변호인들의 항의는 거세어졌다.

김홍수 변호사가 일어나 군법회의법에 의한 절차에 따라 재판할 것을 요구하였다. 궁지에 몰린 법무사가 되도록 빠른 기일 안에 공판 조서를 작성하여 열람토록 하겠다고 변명하듯 정중하게 약속한 후 증거 조사에 들어갔다. 그러나 재판이 끝날 때까지 공판 조서는 끝내 열람되지 않았다.

당시 공판 입회 서기는 평소 문관 가운데 성실하고 글씨 잘 쓰기로 이름난 육군법무감실 소속 군무관 김종열 씨가 혼자 맡고 있었다. 지금 내가 자료로 보관하고 있는 당시 공판 조서는 전부 김종열 씨가 특유의 달필로 직접 쓴 것이다. 한 자 한 획도 허투루 쓴 것이 없이 예쁜 글씨로 꼼꼼하게 적었다. 지금 보아도 그 정성에 감탄하지 않을 수 없다. 1000여 매가 넘는 많은 분량을 타자도 아니고 육필로 법정에서 받아 적고 나중에 녹음테이프를 듣고 확인한 다음 다시 조서에 기재하는 작업은 여간 어려운 일이 아니었을 것이다. 매일 하루도 쉬지 않고 밤늦게까지 재판에 입회하면서 언제 틈을 내어 다음 기일 전에 조서를 작성할 수 있겠는가. 도저히 물리적으로도 불가능하였음은 짐작하고도 남는다.

우리는 이러한 재판 진행 상황 아래에서는 그때그때 공판 조서를 작성한다는 것이 불가능함을 알기에 재판의 신중함과 조서 작성을 위해서도 아무리 기일을 빨리 지정한다고 해도 적어도 1주일 간격을 달라고 했다. 그러나 촉박한 시간표대로 움직이는 당시 재판부로서는 매일매일 재판을 강행하는 터에 우리의 요구가 받아들여질 리 만무하였다.

법무사가 검찰관이 제출한 각 서류 및 증거물에 대한 변호인들의 의견을 물었다. 나를 비롯한 변호인들이 차례로 일어나 각각 자기가 맡은 피고인들을 대신하여 증거에 대한 의견을 말했다. 검찰관이 작성한 피고인들에 대한 각 피의자 신문 조서는 그 진정성립을 인정하고, 그 이외의 서류에 대해서는 증거로 함에 부동의不同意하였다. 진정성립을 인정한다고 함은 진술자에 대한 조서가 작성자에 의하여 적법하게 성립된 것임을 인정한다는 취지이다. 신문 조서들은 진정성립이 인정되어야 증거로 사용할 수 있으며, 변호인이 증거로 동의하지 않은 경우는 법정에서 원진술자의 증언에 의해 확인되어야 비로소 증거로 쓰일 수 있는 것이다.

압수한 증거물에 대해 모든 변호인들은 별 의견이 없다고 하였다. 현장 검증 조서, 압수 조서, 사체검안서에 대해서는 그 진정성립을 인정하나, 그 내용은 피고인들이 이 법정에서 진술한 내용과 일치하는 부분만 증거로 함에 동의한다고 하였다. 다만 김태원의 변호인 김홍수 변호사는 사체검안서의 인부認否를 보류하였다.

검찰관이 재정 증인으로 김인수, 김일선, 윤병서, 임상봉, 이종우, 정갑순, 성상철, 지장현, 정상우 등을 신청하자 법무사가 이를 모두 채택한다고 하고 증인 신문으로 들어갔다.

증인 김병수에 대한 신문

처음엔 환자가 각하인 줄 몰랐다

먼저 김병수 공군준장에 대한 증인 신문이 있었다. 그는 1935년생으로 청와대 의무실장을 거쳐 사건 당시 국군서울지구병원장으로 있었다.

1980년 예편한 후 전두환 정권에서 환경청 차장, 보사부 차관을 역임했다.

검찰관이 김병수에게 대통령의 엑스레이 사진, 사체검안서 내용을 보여주고, 사실대로인지를 물으니 틀림이 없다고 대답했다.

"증인은 어떻게 해서 10월 26일 밤에 급히 병원으로 오게 되었나요?"

"당직사령 송계용 소령으로부터 청와대 비서실장이 응급 환자를 데려왔다는 전화를 받고 바로 나왔습니다. 8시 25분 전후해서 도착했습니다."

도착하자마자 당시 당직 군의관인 송계용 소령과 정규형 대위에게 물으니 총기 사고 환자라고 했다. 또 환자는 이미 죽었고, 누구인지 모른다고 했다.

김병수가 도착했을 때 낯선 사람 둘이 있었다. 당시는 몰랐으나 나중에 알고 보니 김병수가 응급실에 들어갈 때 제지한 사람이 유성옥이었고, 안에 서영준이 있었다. 주위 사람에게 누구냐고 물으니 잘 모른다고 해서, 당신들 누구냐고 직접 물었다. '알 필요 없다'고 해서 어디 소속이냐고 했더니 '비서실 직원이다'라고 말했다.

"그 당시 환자가 대통령이라는 사실을 알 수 없었습니까?"

"전혀 알 수 없었습니다."

"환자는 어떤 상태였습니까?"

"제가 도착했을 때 환자는 피로 흠뻑 젖은 수건으로 얼굴이 가려져 있었습니다. 제가 이 자리에서 말씀드리고 싶은 것은 대통령 비서실장이 대통령을 모시고 왔다가 그냥 가버렸다는 것은 도저히 상상도 할 수 없는 일이라 예사스런 환자로 생각했다는 것입니다. 솔직히 말씀드려서 제가 당직사령에게 '그 정도면 왜 나에게까지 연락했나? 당직계통에서 처리할 일이지'라고 이야기했습니다."

그는 매우 화가 난 투로 말했다.

"평소 김계원 피고인이 그 병원에 온 일이 있나요?"

"각하의 진료가 끝나고 약 처방이 끝날 때까지 실장은 저의 방에서 기다리는데, 그날은 실장이 이미 가고 없어서 비서실장보다는 형편없는 사람으로 취급했습니다."

"김계원 피고인으로부터 전화 받은 것이 있나요?"

"예. 그 당시 메모해둔 것이 있는데, (메모지를 보고 나서) 처음에 '어떻게 되었나?' 묻기에 '실장님이 모시고 올 때 이미 죽었습니다' 했더니 '그럼 정중히 모셔라' 해서, 그때 병원에는 영안실도 없는데 어디에 모시느냐고 했습니다. 그랬더니 '각하 입원실에 모셔라'고 해서 각하 방에 어떻게 죽은 사람을 모시느냐고 했더니 알았다고 하며 정중히 모시라고 했습니다."

증인이 메모지를 보면서 증언하는 것에 관하여 변호인들의 항의가 있었다. 증인은 기억에 따라 증언해야지 메모지를 보면 안 된다고 하자 이후로는 메모를 보지 않고 증언했다.

당시 김계원은 증인에게 사정조로 부탁을 했지만, 대통령 각하를 모시는 병원이라 영안실을 만들어놓지 않았고, 그 병원에서 사람이 죽어 나가지 않게 하기 위해 사람이 죽을 것 같으면 미리 다른 병원으로 보내거나 국군수도통합병원으로 보내는데, 당시 죽은 사람을 데리고 와서 기분이 나빴다고 했다.

처음 응급실로 갈 때 유성옥으로부터 제지당하고 위협을 당하여 그 당시는 '사복을 입고 있어서 그런가 보다' 생각했고, 준장 계급장이 달린 가운을 입었는데도 계속 감시하여 계급장이 선명하게 보이는 장군 점퍼로 갈아입고 조치를 취했다. 그리고 김계원과 통화를 하고 나서 김계원이 '그 친구 바꿔' 해서 유성옥을 바꿔주었다.

'코드 원'입니까?

"그 시신이 각하라는 것을 어떻게 알았나요?"

"김 실장이 두 번째 전화에서 각하 방으로 모시라고 할 때 시신 확인을 하려고 애를 썼습니다. 그 전에 서영준에게 설명하고 엑스레이 촬영을 지시하였고, 실장과 두 번째 전화 통화를 할 때 '어떻게 했느냐?'고 해서 '어떻게 하란 말입니까?' 하니까 '어떻게 모셨느냐, 각하 방으로 모셔라' 해서 '산 사람도 아닌데 어떻게 각하 방으로 모십니까? 수도통합병원으로 모시지요' 하니까 '절대 안 돼' 해서 '그럼 어떻게 하란 말입니까?' 하니 '정중히 잘 모셔라' 했습니다. 저는 그때 몹시 격해 있었습니다. 그래서 가만히 생각해보니 각하 방으로 모시라고 하는 것이 좀 이상하게 여겨져서 환자 얼굴을 다시 보기 위해 응급실로 갔습니다. 서영준이 왜 또 보느냐고 하기에 다시 보자고 하여 자세히 보니 각하와 비슷했습니다. 그래서 와이셔츠를 아래에서 위로 걷어 올려 벗겨보니 흰색 반점이 희뜩희뜩 보였습니다. 얼마 전 각하가 그 반점을 고칠 수 없느냐고 물은 적이 있어 기억하고 있었는데, 바로 그 반점을 보는 순간 각하라는 것을 확인했습니다."

박 대통령의 치명적 상처는 두부 총상이었다. 흉부 총상은 극단의 경우 쇼크에 빠질 수는 있으나 살릴 수 있다. 1탄은 가슴을 관통해 폐를 뚫고 나갔고, 2탄이 머리를 관통한 것이었다. 그렇다면 대통령의 결정적 사인은 박선호의 권총을 가지고 와서 쏜 김재규의 두 번째 확인 사살에 있었다.

시신이 대통령이라는 것을 안 김병수는 보안사에 통보하고 난 후 통금 시간까지는 시간이 남아 있어서 군의관과 위생병을 전부 퇴근시켰다. 시신이 대통령이라는 것을 알아서는 도움이 안 될 것 같아서였다. 그제야 관계있는 장사병將士兵에게 각하의 특별 지시로 시신을 옮긴다고 말하고 각하의 방으로 운구했다.

유성옥, 서영준에게도 지시하여 각하라는 사실이 알려지면 충격이 대단할 것이니 옷을 갈아입히자고 하여 세 사람이 갈아입혔다.

그때 김계원으로부터 전화가 와서 "하라는 대로 했습니다" 하자 "각하 방으로 모셨나?"라고 해서 "예, 모셨습니다" 했는데, 그제야 "그럼 각하를 각하 방에 모셔야지"라고 처음으로 각하라는 말을 했다. 그러고는 "국무위원들이 갈 것이다. 깨끗이 해놔라"라고 말했다는 것이다.

"보안사령부에 연락하게 된 경위는 어떤가요?"

"혼자 고민하면서 보안사에 연락해야겠다고 생각하고 있었는데, 유성옥이 따라다니고 있어서 당번병에게 보안사와 전화 연결토록 하기 위해 '어이, 저쪽에 전화, 어이' 하고 손짓을 했으나 알아듣지 못하여 연락을 못하던 중에 보안사 참모장 우국일 준장으로부터 전화가 왔습니다."

보안사 우국일 준장은 무언가 이상한 첩보를 접하고 김병수에게 확인 전화를 한 것이다. 그는 요령이 있었다. 병원장이 외부에서 온 사람의 감시하에 있어서 자유롭지 못한 상태에 있음을 감지하고 물었다.

"김 장군이 지금 부자유스러운 것 같은데 내가 묻는 말에 '예', '아니오'라고 대답하시오. 병원에 들어온 시신이 비서실장이나 경호실장인가요?"

"아닙니다. 그런 거 아닌데요."

병원장의 말이 약간 떨려 나왔다.

그러자 우 준장이 다급히 물었다.

"그러면, '코드 원'입니까?"

"예."

병원장은 짧게 응답했다. '코드 원'이라는 것은 군대 용어로 대통령을 지칭한다. 유성옥이 무슨 전화냐고 하자 "보안사 참모장인데 내가 신변에 위협이 있느냐고 물어서 그런 거 없다고 안심하라고 했다"고 말해주었다.

이렇게 해서 보안사가 국내 정보기관 가운데 가장 먼저 대통령 사망 정보를 청취한 것이다. 이로 인해 보안사가 계엄사 합수부를 장악하고, 이를 기회로 정권 창출의 기틀을 만드는 계기가 될 줄이야 아무도 예측하지 못했다.

우 준장은 즉각 전두환 보안사령관에게 보고했고, 참모진을 비상 소집했다. 당시 보안사 비서실장은 허화평 대령(육사 17기), 인사처장 허삼수 대령(육사 17기), 보안처장 정도영 대령(육사 14기), 대공처 수사과장 이학봉 중령(육사 18기) 등 주로 당시 명성이 높던 군대 내 사조직인 '하나회' 소속 엘리트들이 포진하고 있었다. 그들은 하나같이 박 대통령 사망이라는 절대권력 붕괴 이후의 정치 향방에 대하여 촉각을 곤두세웠다. 보안사령관을 합수본부장으로 임명토록 하는 시나리오도 이들에 의해 미리 치밀하게 준비된 것이다. 이들의 보스인 전두환 소장이 정치권력의 중심으로 이동하는 것은 시간문제였다. 뒷날 전 소장이 정권을 잡은 후 허화평은 청와대 정무수석과 국회의원을, 허삼수는 청와대 사정수석과 국회의원을, 정도영은 사회정화위원회 위원장과 성업공사 사장을, 이학봉은 청와대 민정수석과 국회의원을 역임했다.

비서실장 지시인데 전화를 삼가시오

김병수 병원장에 대한 변호인 신문은 가장 이해관계가 있는 김계원 비서실장의 변호인 이병용 변호사가 먼저 물었다.

"증인의 전공과목은 무엇인가요?"

"일반외과입니다."

"비서실장과 세 번째 통화했을 때 그제야 김 실장이 환자가 각하라고 말해서 불쾌했나요?"

"예."

"각하 신상에 관한 것은 국가의 중대사라 그런 것 아닌가요?"

"제가 각하를 오래 모셔왔고 부대를 지휘하는 장군인데, 내 병원에 모시고 왔으면 나에게만큼은 신분을 이야기해줘야 되지 않았겠느냐 하는 뜻이었습니다."

박 대통령은 1년에 3~4회가량 진료를 받으러 병원에 왔으나, 진찰 군의관 이외에는 모두 자기 방에 있어야 하므로 대통령을 접촉할 수 없어 대통령을 잘 알 수 없었다고 했다.

김병수는 김 실장이 각하 아닌 사람을 각하 방으로 모시라고 해서 분격했다. 처음에는 비서실장이 팽개치고 간 것으로 보아 아무도 아니라는 생각을 했고, 두 번째 각하 방으로 모시라고 할 때는 VIP라는 인식을 했으나 각하라고는 생각하지 못했다.

통상 대통령의 죽음은 일정 기간 보안이 유지되어야 한다고 생각하느냐는 질문에는 그렇다고 대답했다.

김수룡 변호사의 보충신문에서 김병수는 대통령의 사체를 검안한 결과 탄흔을 볼 때 앉아서 쏜 것이 아니라 서서 쏜 것으로 생각한다고 했다. 김병수의 입장에서도 대통령 죽음은 보안 유지를 해야 한다고 생각할 정도라면, 비서실장 입장에서는 더할 것이 아니냐는 물음에는 그럴 수도 있겠으나 필요한 사람은 알아야 되지 않겠느냐면서 당시 병원장인 자신에게까지 각하라는 말을 안 해준 것을 못내 서운해했다.

내가 물었다.

"유성옥이 따라다녀서 전화 연락도 못했다는데, 따라다닌 이유는 보안 유지 때문이 아닌가요?"

"예. 저는 당시 각하라는 것을 알고 난 후에는 유성옥이나 서영준이 갸륵하다고 느꼈습니다."

"강압하거나 무례하게 제지한 일이 있나요?"

"처음 병원에 들어갈 때 병원장인 줄 모르고 제지한 것이 무례했으나, 그다음은 그렇지 않았습니다. 비서실장과 통화하고 나서, '비서실장 지시인데 전화를 삼가시오'라고 하여 기분이 좀 나빴습니다."

유성옥의 그날 행동은 비서실장의 지시를 받들어 수행하는 것 같았고, 조금도 월권적인 행동은 없었다. 유성옥이 외부와 전화하는 것을 여러 번 보았는데, 몇 번인가 비서실장을 찾았고, 그때마다 "비서실장, 대"라고 말했다는 것인데 실제로 통화는 안 된 것 같았다. 나머지는 상관에게 물어보는 전화를 하는 것 같았고, 12시 전후해서는 보안사 참모장으로부터 전화가 와서 1개 소대를 보내 신변 보호를 하겠다고 해서 유성옥에게 물어보자 어딘가로 전화해보더니 안 된다고 했다.

새벽 1시 반경 총리와 국방부장관, 비서실장 등이 다녀갈 때 국무위원들이 울먹여 김병수도 눈물이 났는데, 그때 "실장님, 각하를 우리가 모시겠습니다. 이 사람들을 철수시켜주십시오" 했더니 "누군가, 이 친구들" 하며 "나와 같이 온 사람인가?" 했다. 그러고는 병원장실에 올라가 있는데 5~10분 후쯤 비서실로부터 전화가 와서 이재전 차장이 보내는 경호원 2명과 대체하라고 했다. 그래서 유성옥과 서영준에게 인적 사항을 적으라고 했더니 '중정'이라고 소속을 적어서 그제야 비로소 중정 직원임을 알았다고 했다.

증인 송계용에 대한 신문

다음 증인은 송계용 육군소령이었다. 그는 1948년생으로 사건 당일 국군서울지구병원 당직사령을 한 군의관이다.

검찰관이 일직 근무 당시의 상황을 물었다.

"그날 밤 7시 55분경 세 사람이 환자를 업고 들어와 환자를 보았는데, 심장 소리가 없고, 맥도 잡히지 않고, 호흡조차 없어서 이미 사망했다고 판단했습니다. 응급 처치를 한 후에도 회생이 안 되어서 이미 돌아가셨다고 했습니다."

환자가 누구인지는 짐작 못했다. 얼굴을 자세히 볼 시간적 여유도 없었다. 또 옆에서 환자 얼굴을 보여주지 않으려고 했으나 피를 닦으며 보았는데도 누구인지 알아보지 못했다. 환자를 업고 온 일행 중 한 사람이 청와대 비서실장이란 것도 당시에는 몰랐다.

이병용 변호사가 물었다.

"증인의 전공과목은 무엇인가요?"

"해부병리입니다."

"그 병원에 들어오면서 수술 준비 빨리 하라는 말 들은 일 있나요?"

"예. 두 번 정도 들었습니다."

'이분을 꼭 살려야 된다'는 말도 한 번 들었다. 세 사람 중 업고 온 사람은 말을 안 하고, 한 사람은 부축했는데, 나이 많은 사람이 말한 것으로 기억했다. 환자를 응급 처치할 때 체온을 좀 느낄 수 있어서 조금 전에 사망한 것으로 판단했다.

김수룡 변호사가 보충신문을 했다. 송계용에 따르면 당시 응급실에 있던 사람은 군의관으로는 증인과 정규형 대위뿐이었고, 위생병 몇 명이 있었다. 차에서 응급실로 환자를 옮긴 사람은 같이 온 일행이었고, 응급실에서는 수술은 안 하고 인공호흡을 했다. 그는 전에 대통령을 진료한 사실도 없고, 그가 4월 28일부로 전입한 이래 대통령이 두 번 왔는데 직접 본 일은 없었다.

내가 묻자, 환자와 함께 온 두 사람이 권총을 휴대한 것은 눈으로 확인하지 못했다고 답했다. 서영준이 환자의 얼굴을 수건으로 가렸으며, 유성옥은 주로 밖에 나가 있었는데, 처음에만 감시하는 기색을 느꼈다고 했다.

증인 남효주에 대한 신문

만찬석은 좋은 분위기가 아니었다

다음 증인은 남효주 사무관이었다. 검찰관이 먼저 물었다. 그는 1936년생으로 중정 나동 식당 관리인으로서 사건 당일 주방에 있었다. 대통령이 온 후 술과 안주를 나르는 등 평소와 같이 만찬석의 시중을 들었다.

"만찬석을 드나들면서 김재규 피고인이 자리를 오래 비워서 증인이 찾은 일 있지요?"

"예. 각하 시중을 들기 위하여 들락거리다가 보니 김 부장이 자리에 없어 박선호 과장에게 알려주었습니다."

"박선호 피고인이 증인에게 김재규 피고인을 불러달라고 한 일 있나요?"

"그날 오후 7시 35~40분경 음식을 들고 들어갔다가 나오는데, 박선호 과장이 불러서 가보니 김 부장을 뵙자고 한다는 말을 전해달라고 해서 전해드렸더니 부장이 박 과장에게 갔습니다."

그러고는 얼마 안 되어 남효주가 주방에 있는데 총소리가 났다. 처음에는 어디서 무슨 소리가 났지만 총소리인지는 분간을 못 했는데, 같이 있던 김용남이 총소리라고 하여 소리가 난 곳으로 뛰어갔다. 만찬석 안을 바로 못 보고 앞문 쪽에서 보니 김재규 부장과 박선호 과장이 문턱에 서 있는 것이 보였고, 안에는 화장실 쪽에 차지철 경호실장이 있는 것이 보였다. 방 안에서 김계원 비서실장은 보지 못했다.

그때 전기가 나갔고, 바로 옆에서 누가 불을 켜라고 소리치기에 주방으로 가서 손전등을 찾아 들고 마루로 나왔더니 이미 불은 켜져 있었다. 현관 앞에서 김계원 비서실장이 각하를 차에 모시라고 말하는 소리를 들었다. 불을 켜라는 소리는 당황해서 누구 목소리인지 알 수 없었다. 각하를 모시라는 소리를 듣고 만찬석으로 갔더니 대통령이 테이블에서 왼쪽으로 쓰러져 있었는데, 그때 서영준이 들어와서 등을 대기에 대통령을 업는 것을 도왔다.

대통령이 업혀 나간 후 돌아보니 왼편에 차지철 경호실장이 누워 있었다. 남효주를 보았는지 "남군, 남군" 하면서 찾고 있었다. 그래서 옆에 있던 여자 손님(신재순)과 함께 나오다가 일으키려 했더니 무슨 이야기를 했는데 잘 모르겠고, 자칫하면 자신까지 죽을 것만 같아서 그 여자 손님을 데리고 부속실로 갔다고 했다. 부속실에는 이미 다른 여자 손님(심수봉)이 와 있어서 함께 가만히 있으라고 한 뒤 자신도 일단 피하는 것이 좋을 것 같아 지하실로 갔다. 그곳에서 보일러공 강무홍과 한동안 같이 있었는데, 총성 2발만 기억이 난다고 했다. 누가 올 것만 같아 총을 찾아 허리에 차고 있었다.

한참 만에 지하실에서 나오니 주방 뒤 마당이었다. 주방 직원 김일선, 김용남이 서 있는 것을 보고 안도의 숨을 쉬며 어떻게 되었느냐고 했더니 아무것도 모른다고 해서 경비원 대기실로 가 이기주를 만나 휴대하고 있던 총을 주었다.

그 후 박선호 과장이 오기에 2층으로 따라가자 아무 걱정 말고 라디오를 들으라고 해서 무슨 소리인지 모르고 있었는데, 푹 쉬라고 해서 경비원들과 같이 대기실에 계속 있었다. 거기에서 이정오가 부상을 입었다는 이야기를 듣고 과장에게 보고하자 알아서 입원시키라고 하여 이화여대 부속병원에 입원시켰다.

병원으로 가기 전에 청와대 경호원이 와서 총소리가 났는데 들은 일이 없느냐고 묻자, 이기주가 자세히는 모른다고 하고 자체에서 비상근무를 하고 있었다고 했다. 청와대 경호원이 남효주를 가리키며 누구냐고 하자 이기주가 여기 근무하는 사람이라고 말하니 이름을 적어달라고 하여 적어주자 그냥 돌아갔다. 이기주는 정확히 밝히는 것이 내키지 않았던지 증인 이름을 남효령이라고 거짓으로 알려주었다. 이정오를 입원시킨 후 박 과장의 지시로 김태원을 보내 다른 이야기는 하지 말고 보안과에서 근무한다고 하고 오발 사고라고 하라고 전했다.

검찰관이 마지막으로 물었다.

"그날 만찬석 분위기는 어떠했나요?"

"다른 날과 비교하면 좋은 분위기는 아니었다고 생각합니다."

업혀드릴 때 운명하셨나요?

이병용 변호사가 물었다.

"각하가 계신 만찬석에 몇 번이나 들어갔나요?"

"그날은 자주 드나들지 않는데 횟수는 기억이 안 납니다."

"좋은 분위기가 아니었다면 그 연회석에서 노래가 나올 수 없었을 텐데요?"

"제가 각하를 모시는 동안 차에서 내리실 때 기분이 좋으시면 웃으시면서 '별일 없나' 하시고 그렇지 않으면 그냥 들어가시고 해서 압니다."

그날은 아무 말씀 없이 들어갔으므로 기분이 나쁜 것으로 알았다는 것이다.

만찬석에서 여자의 노래는 조금 들렸으나 다른 사람의 노래는 못 들었다. 전기가 나갔을 때 '불을 켜라'는 소리와 '각하를 빨리 차에 모셔라'는 소리는 음성이 달랐다. 김계원이 차에 시동을 걸라고 한 소리는 못 들었다. 서영준이 대통령을 업을 때 남효주와 또 한 사람이 부축했는데 나중에 알고 보니 이기주였다.

김수룡 변호사가 물었다.

"박선호 과장의 목소리는 자주 들어서 잘 알 텐데 불 켜라는 소리가 그 목소리가 아니기 때문에 모른다고 하는 것 아닙니까?"

"평소의 말소리는 알지만 그때의 목소리는 큰 소리라서 누구의 것인지 기억이 없습니다."

첫 총성을 듣고 대통령을 병원으로 후송하기까지의 시간은 얼마 걸렸는지는 모르나, 상당히 급하게 후송한 것으로 보아 짧은 시간이었다고 했다.

신호양 변호사가 물었다.

"각하를 등에 업혀드릴 때 운명하셨나요?"

"그건 모르겠습니다."

"연회 도중 김 부장에게 가서 박 과장이 뵙자고 한다고 전했을 때 분위기가 어떠했나요?"

"몇 초 정도의 짧은 시간이라 몰랐습니다."

그 전에도 박 과장이 찾으면 뵙자고 한다고 전한 일이 있었는데, 그날도 평소와 다름없었다.

대통령을 모실 때 전에도 불이 나간 일이 있어서 그곳에는 전기 시설이 이중으로 설치되어 있었다. 그날은 보일러공이 총소리를 듣고 전기가 합선되어 나는 소리로 알고 일단 껐다가 켰는데, 약 10~15초가량 걸렸다고 했다.

내가 증인에게 물었다.

"이기주 피고인은 평소에 잘 모르는 사이인가요?"

"친한 사이는 아닙니다."

"각하를 업혀드릴 때 서영준 외에 또 한 사람이 있었는데, 나중에 알고 보니 이기주라고 했지요?"

"예. 평소에는 이기주가 그곳에 들어올 수 없게 되어 있는데 그때 그 장소에 들어오리라는 생각은 못해서 각하를 업힐 때는 몰랐습니다."

"그때 각하를 업혀드릴 때 누구에게 화를 당했다고 알고 있었나요?"

"전연 몰랐습니다."

청와대 경호원들에게 사인해준 것은 남효주가 그곳에 근무하고 있는 사실을 요구해서 그대로 해준 것이었다. 경비원 대기실에서는 남효주가 상급자였다.

그다음 날 아침 대기실에 있는데 이기주가 와서 "남 사무관님, 어제 박선호 과장이 치우라고 하며 총 두 자루를 주기에 받아서 유석술을 시켜 정원에 묻었습니다. 그런데 저걸 어떻게 할까요?"라고 묻기에, 남효주는 무기와 관계가 없어서 그대로 두라고 했다.

남효주가 경비원 대기실에 있을 때 유성옥으로부터 전화를 받은 일은 있으나 이기주를 바꿔달라고 해서 바꿔준 일이 있을 뿐 내용은 모른다고 했다.

법무사가 대기실이나 주방에 있을 때 신음 소리를 들었냐고 묻자 못 들었다고 답했다. 그리고 지하실로 피신한 후 여러 발의 총소리가 들릴 때까지 걸린 시간은 길어도 5~6분 이내라고 했다.

증인 김용남에 대한 신문

다음은 김용남의 증언이다.

김용남은 1944년생으로 사건 당시 중정 궁정동 식당 운전사로 주방에 있으면서 청와대에서 나온 경호처장과 부처장이 경호원 대기실에 있을 때 그곳으로 음식을 나르는 등 시중을 들고 있었다.

당시 주방에는 중정 직원으로는 남효주 사무관, 이종오·김일선 요리사, 김용남 등 4명이 있었고, 청와대 직원으로는 김용섭·박상범 경호관, 대통령 차량 운전사 김용태 등 3명이 있었다. 대기실에 있던 경호처장, 부처장을 합하면 청와대에서 나온 사람은 5명이 된다.

주방에 있을 때 이기주가 연락을 하여 박선호 과장에게 준비는 다 되었다고 전해달라고 해서, 대기실로 가 박 과장에게 그대로 전했다. 이 부분에서 김용남은 처음에는 그 말을 전한 지 1분도 안 되어 총성이 났다고 했다가, 나중에 대기실에서 음식 준비를 하는 데 지체한 시간을 넣지 않아 착각한 것이라고 정정했다.

첫 총성을 듣고 총소리 같다고 남효주에게 말하자 만찬석 쪽으로 달려갔고, 그다음 돌아서는 순간 주방 입구 쪽에서 '꼼짝 마라. 움직이면 쏜다'라는 소리가 들렸다. 유성옥의 목소리 같았다. 그 순간 김용남은 총격을 당해 그 자리에 쓰러졌다.

여기까지 진술했을 때 유성옥이 김용남에게 그 고함 소리가 박흥주의 것이 아니냐고 항의하였으나, 김용남은 유성옥의 목소리로 기억한다고 했다. 총격은 외부에서 여러 병력이 와서 무차별로 사격하는 것으로 알았는데, 어느 쪽에서 먼저 총성이 났는지는 모르겠다고 했다.

총격을 받고 처음엔 정신이 없었으나 어깨에 통증이 느껴지면서 김용섭과 이정오의 신음 소리도 들렸다. 그 후 다시 1발의 총소리가 나서 이제는 내 차례구나 했는데, "김형, 일어나시오" 해서 보니 김태원이었다. 부상을 당했다고 했더니, 위의 지시이니 누워 있으라고 해서 그대로 있었다.

잠시 후 "우리 식구는 다 나와"라는 소리에 김일선과 같이 나오고 이종오는 나중에 데리고 나왔다. 나올 때 불을 끄고 나왔는데, 김용태, 박상범, 김용섭 등 청와대에서 온 사람은 주방 안에 남겨둔 채였다. 그후 김용남은 후문으로 나가 응암동에 있는 병원으로 가서 응급조치를 받고 밤 10시 반경 다시 들어와 경비원 대기실에 앉아 밤을 지새웠다. 다행히 상처는 어깨의 살을 스친 정도였다.

그때 김태원이 근무하고 있는 것을 보았는데, 혼잣말로 "주사위는 던져졌다"고 말하는 것을 들었다. 당시는 당황해서 그 말이 무슨 뜻인지 깊게 생각하지 않았다고 했다. "주사위는 던져졌다The die is cast"는 줄리어스 시저가 루비콘 강을 건너 로마로 입성할 때 사태는 이미 결정되었다고 해서 던진 말이다. 당시 시저는 자신의 군대를 이끌고 로마에 입성하여 황제가 되었지만, 김재규는 단신으로 수행비서만 데리고 육본 벙커로 감으로써 거사 실패가 예정되어 있었던 것이 아니던가.

그러나 김태원은 검찰 조사에서 "주사위는 던져졌다"라고 말한 사실을 진술하지 않았지만 김용남의 증언이 맞는 것 같다.

총격 당시 중정 직원은 주방 안에 3명과 식당 마루에 1명, 청와대 직원은 대기실에 2명, 주방 안에 3명이 있었는데, 결과적으로 중정 직원은 2명만 부상당했다. 공교롭게도 청와대 직원은 사망 4명, 부상 1명으로 전원의 사상자를 낸 것이다. 만찬석의 대통령과 경호실장을 합하면 사망자는 6명이고, 멀쩡한 생존자는 비서실장 1명뿐이었다.

증인 서영준에 대한 신문

서영준은 1945년생으로 중정 경비원으로 6년 근무했는데, 궁정동 식당에서만 4년을 근무했다.

대통령이 사건 당일 궁정동 식당에 도착할 당시 유석술과 같이 정문 경비 근무를 하고 있었다. 오후 5시 45분경 김계원 실장과 김 부장이 도착했고, 6시에서 6시 5분 사이에 대통령이 도착했다. 그 후 근무 교대를 하고, 7시부터 다시 근무했다. 그런데 7시 20분경 박선호 과장, 유성옥, 이기주가 함께 와서 이기주와 근무 교대를 하라고 해서 가동 식당에서 쉬고 있었다. 인터폰으로 나동 정문에서 박 과장이 찾는다고 하여 가보니, 이기주가 무기를 휴대했느냐고 물어 아니라고 하자 휴대하라고 해서 총을 가지고 다시 정문 근무를 했다. 근무 중에 1발의 총성이 났고, 잠시 있다가 또 1발의 총성이 난 뒤 불이 나갔다가 순간적으로 다시 들어왔다. 여러 발의 총소리가 난 뒤 흰 와이셔츠 입은 사람이 구관 쪽으로 가는 것이 보였다.

그때 현관문이 열리며 김계원 실장이 '애들아, 각하 빨리 모셔라' 해서 뛰어갔다. 식당에 들어가 신을 벗으려는데 그냥 들어오라고 해서 만찬석으로 들어가보니 차 경호실장의 팔이 움직이는 것 같았다. 대통령이 유혈이 낭자해 있어서 놀라서 서 있는데 김 실장이 '빨리 업고 병원으로 모시라'고 해서 이기주와 남효주가 함께 대통령을 업혀주었다. 서영준이 등에 업고 나와 대통령 차량 뒷좌석 오른편에 비스듬히 뉘었고, 왼쪽에서 김 실장이 부축했다.

유성옥이 운전하고 서영준이 그 옆에 탔는데, 왜 이기주가 안 타고 증인이 타게 되었느냐고 내가 묻자 "이기주가 문을 열어주어서 차에 탄 것"이라고 대수롭지 않게 이야기했다.

차를 타고 가며 김 실장이 차 안에 있는 전화로 병원에 연락하게 했으나 연결이 안 되었다. 차 안에서 김 실장이 한 번인가 빨리 가자고 독촉한 일이 있고, 병원에 도착해서 빨리 수술 준비하라는 말은 기억이 안 난다고 했다.

병원에 도착하여 응급실로 갔는데, 병원에서는 대통령인지 몰랐을 거라고 했다. 그곳에서 인공호흡을 한 뒤 이미 사망했다고 했는데, 그때 김 실장이 "꼭 살려야 한다"고 하기에 병원에 오기 전에 운명했다고 했다. 김 실장은 서영준에게 "너희들은 내 지시가 있을 때까지 여기를 지켜라. 나는 청와대로 간다"고 했다. 보안을 철저히 하라는 말은 듣지 못했다. 유성옥이 따로 지시를 받았는지, 그 자리에 있었는지도 기억이 없다. 김 실장이 떠난 시간은 병원에 온 지 5~10분쯤 된 것으로 기억하고, 병원장이 병원에 도착하기 전에 응급실을 떠났다. 그는 김 실장이 지키라고 해서 그 자리를 지켰을 뿐 그곳을 감시한 것은 아니라고 했다.

병원장이 와서 청진기로 진찰을 하여 이미 운명한 것을 알고 어떻게 된 일이냐고 묻기에 서영준은 모른다고 하였다. 유성옥은 병원장실로 가고, 서영준은 대통령 곁에 계속 있으면서 머리의 피가 엉겨 붙어 지저분해진 수건을 벗기고 깨끗한 것으로 다시 씌웠다. 서영준은 유성옥이 준 권총을 탄피를 빼고 차고 있었고, 유성옥은 차에 가서 권총을 가지고 와 둘 다 무장하고 있었다.

국무총리 일행이 병원에 왔을 때 김 실장이 증인들을 가리키며 '저 사람들이 차를 운전하고, 각하를 모시고 왔다'고 소개하였다. 누가 옆에서 물으니까 비서실에서 나왔다고 했다. 그러나 국방장관이 물었을 때 중정 직원이라고 밝혔다. 그 후 청와대에서 인솔하러 온다고 하여 대기하고 있는데, 보안부대 사람들이 와서 무장 해제를 당하였다.

마지막으로 내가 물었다.

"만약에 이기주와 같이 지시를 받았다면 증인도 이러한 일을 했을까요?"

"그 당시 과장 지시라면 저희도 다 했을 겁니다."

증인 김인수, 김일선, 윤병서에 대한 신문

김인수는 1951년생으로 육군대위로서 중정 비서실 안전과에 근무했다. 주요 임무는 중정부장의 신변 보호이고 직속 상관은 안전과장이지만, 부장을 수행할 때는 수행비서관의 지시를 받았다.

사건 당일 오후 8시 50분경 전 국민대학 자리 옆에서 그쪽에 이상이 없느냐는 박흥주의 연락을 받고 이상 없다고 보고했다. 경호차량은 독립문을 돌아서 육본으로 오라는 지시대로 육본으로 갔다. 오는 길에 이상이 없느냐고 해서 별일 없었다고 보고했다. 박흥주로부터 남대문과 서울역에 안전원 1명씩을 배치하여 병력 이동 상황을 파악하라고 하여 병력을 배치했다.

그 후 남대문과 서울역에 나가 있는 직원으로부터 보고를 받았는데, 지프 1대, 트럭 3대가 지나갔고, 남대문으로부터는 '개미 두 마리가 지나갔다'고 하여 이를 박흥주에게 보고하였는데, "그런 것까지 보고하느냐"는 핀잔을 받았다. '개미 두 마리'는 '군인 두 사람'을 말한 것이었다. 경호차량은 부장 차인 1호 차량을 따라다니게 되어 있으므로 그 후에도 당연히 1호차를 탄 박흥주를 따라다녔다.

김일선은 1927년생으로 중정 궁정동 식당 요리사였다. 사건 당일 오후 4시부터 요리가 시작되었다. 저녁 7시 40분경 총소리가 나서 주방에 엎드려 있었다. 총성이 끝나고 나니 어디선가 살려달라는 신음 소리가 났다. 또 총성이 나고 몇 초 있다가 김태원이 들어와 김용남에게 일어나라고 해서, 그때 김일선도 같이 일어나 따라 나갔다. 중정 직원은 복장만 보면 바로 알 수 있었고, 주방 안은 어둡지 않았으므로 김태원이 청와대 경호원과 중정 직원을 구별할 수 있었다고 했다. 김일선은 처음 총소리가 났을 때는 손 씻으러 갔었다.

뚱뚱한 경호원이 '나 살려줘'라고 말했는데, 나중에 알고 보니 김용섭이었다. 김태원이 총 쏘기 전까지 한두 번 신음 소리가 있었다. 이종오가 관통상을 입고 김용남이 어깨에 부상을 입었으나, 김일선은 마침 싱크대로 가서 손을 씻고 있었으므로 화를 면했다. 처음 총소리가 난 후에 '움직이면 쏜다'는 말이 들렸다.

강신옥 변호사가 김일선에게 만찬석에 있는 여자들을 누가 집까지 데려다주었느냐고 물으니 모른다고 했다. 강 변호사가 그때 박선호가 20만 원을 주며 데려다주라고 하지 않았느냐고 구체적으로 묻자 "여자 관계는 모릅니다"라고 입을 다물었다. 실제는 남효주가 오후 11시 30분경 여인들을 내자호텔까지 데려다주었고, 거기에서 그들은 심민경의 차로 바꿔 타고 함께 떠났다.

김일선은 박선호보다 궁정동에 먼저 근무했기 때문에 박선호가 처음 근무할 때부터 잘 아는데, 그동안 한 번도 결근한 날이 없었다고 증언했다.

윤병서는 1949년생으로 중정 궁정동 식당 본관 관리인 겸 부장 비서였다. 사건 당일 오후 4시 반경 박흥주로부터 손님 3인분 식사를 준비하라는 말을 들었다. 손님이 누구인지는 당시는 몰랐다.

5시 20분경 김계원 비서실장이 와서 회의실로 안내하고 부장에게 보고했다. 5~10분 정도 지나서 부장이 내려와 10~15분 함께 이야기하다가 만찬 장소로 갔다. 당시 청와대 비서실장도 중정 관할 지역에 와서는 부장을 5~10분 정도 혼자 기다려야 했다. 부장 지시를 받은 중정 직원의 안내 없이는 궁정동 청사 내를 다닐 수 없을뿐더러 수행원도 대동할 수 없게 되어 있었다. 비서실장 기사가 어디에서 대기하는지도 몰랐다. 그날도 비서실장 차량은 2~3시간 후에 돌아갔다.

7시 10분경 김재규 부장이 본관으로 와 손님에게 식사를 먼저 대접하라고 했다. 총소리가 난 후 윤병서는 정문에 인터폰으로 확인했더니 알아본다고 했고, 경비원 대기실에 전화했더니 김태원이 받았는데 아무런 영문도 모르고 있었다.

총소리가 난 후 얼마 안 지나 김재규 부장이 웃옷도 안 입고 뛰어 들어오며 물을 달라고 하여 주었더니 주전자째로 마셨다. 윤병서는 그때 무슨 돌발 사태가 난 것으로 생각했다. 그 후 부장 차의 기사로부터 육참총장 차와 2차장보 차를 보내라는 연락이 있었다. 남산으로부터 병력 이동 보고가 계속 전문으로 들어와 박선호에게 보고했다.

윤병서는 평소 중정부장과 경호실장 사이가 좋지 않다고 생각했다고 했다. 부장이 언젠가 지나가는 말로 '차 실장은 경호만 하면 된다'고 비난하는 말을 들었다. 그러나 즉석에서 박흥주가 경호실장과 부장 사이는 예의범절을 잘 지키는 관계였다고 반박했다. 김 부장이 경호실장을 비난하는 말은 있을 수 없다는 것이었다.

끝으로 김재규의 평소 성격은 어떠냐는 물음에 윤병서는 "온화하고 자상하십니다"라고 말을 맺었다.

증인 임상봉, 이종우, 정갑순, 성상철, 지장현, 정상우에 대한 신문

임상봉은 1930년생, 이종우는 1933년생으로 같은 육군준위로, 정갑순은 1938년생으로 육군상사로 함께 합동수사본수에 수사관으로 근무하고 있었다. 1948년생 성상철은 육군소령으로 국군서울지구병원 정형외과 과장으로 근무하고 있었으며, 1942년생 지장현은 4급갑 문관으로, 1948년생 정상우는 육군소령으로 함께 육군과학수사연구소에 근무하고 있었다.

검찰관이 증인 임상봉, 이종우, 정갑순에게 합동수사본부 수사관으로 대통령 시해 사건 수사를 담당하면서 현장 검증 조서, 압수 조서를 작성한 사실, 현장 검증 시 범행 재연을 사실대로 작성하고 사진 촬영을 한 사실, 탄피, 탄두, 권총 등을 압수한 사실 등을 물어 확인하였다.

또 성상철에게는 대통령에 대한 사체검안서와 박상범, 이종오에 대한 진단서를 작성 발부한 사실에 관해 묻고 확인하였다.

지장현에게는 총기 감식 업무를 하면서 이 사건의 총기, 탄두, 탄피, 흰색 와이셔츠, 흰색 손수건 등을 감정하고 사실대로 그 결과를 기재하여 감정서를 작성했는지를 확인하였다.

정상우에게는 법의학과에서 시체 부검, 혈액 감정 업무를 하면서 그동안 500여 회 시체 부검을 한 경험을 바탕으로 차지철, 안재송, 김용태, 김용섭에 대한 사체검안서를 사실대로 작성했는지 확인하였다.

이러한 검찰관의 증인 신문은 현장 검증 조서, 압수 조서, 감정서 등 모든 증거 서류를 변호인들이 증거로 함에 동의하지 않았기 때문에 원래 작성한 사람에게 확인시켜 증거 능력을 갖추고자 함에 목적이 있었다.

이 기회를 이용하여 변호인들의 반대신문이 있었다. 내가 임상봉에게 물었다.

"유성옥 피고인은 수사관이 하라는 대로 했을 뿐이라고 말하는데 그런가요?"

"박흥주, 유성옥, 이기주가 차에서 대기했다고 해서 어느 위치에서 어떻게 대기하였느냐고 물어보고, 그대로 재연시켰던 것입니다."

"총 쏘는 장면은 어떤가요?"

"언제 어디서 어떻게 했느냐고 물으니까 그때 쏜 자세대로 시늉을 했는데, 보도진도 많고 해서 그대로 사진을 찍은 것입니다."

이병용 변호사가 증인 임상봉에게 물었다. 현장 검증 사진에는 '김계원, 김재규가 경계석에 앉아서 모의, 응락하는 장면'이라는 설명이 쓰여 있었는데, 어떤 의미로 그 말을 써 넣었냐고 묻자 임상봉은 정확한 진실을 몰라 두 사람의 이야기를 듣고 그 장면을 설명하기 위해 사진을 찍고 써 넣은 것이라고 했다.

또 만찬석에서 '김재규 김계원을 툭 치는 장면'이라는 사진 설명이 있는데 어떻게 된 것이냐고 물으니, 김재규의 말을 그대로 묘사해서 쓴 것이라고 했다. '살해하는 것 주시 장면'이라는 표현도 김재규의 설명에 따라 그대로 적었다고 했고, '이기주로부터 권총을 뺏는 장면' 역시 김계원이 이기주로부터 뺏었다고 해서 그대로 적어 넣은 것이라고 했다.

임상봉에게 김계원이 갖고 있던 권총의 압수 경위가 분명치 않은 점을 지적하자, 법무사가 김계원 피고인에게 그 경위를 물었다. 임상봉은 김재규가 체포된 후 김계원이 이기주에게서 뺏은 총을 육군총장에게 전달했던 것이라고 했다.

그다음 김용섭의 사체를 검안한 증인 정상우에게 김용섭이 몇 발 맞았느냐고 묻자, 부검 결과 6발을 맞았다고 증언했다. 무슨 총에 의해 맞았는지는 식별할 수 없다고 하였다. 공교롭게도 김용섭에게만 사격이 집중되었던 것이다.

증인 유혁인에 대한 비공개 신문

증인 유혁인에 대한 신문은 야간에 비공개로 진행되었다. 공판 조서에는 시간이 오후 8시 30분이었지만 좀 더 늦었던 것 같다. 장소는 이례적으로 육본 법무감 집무실이었다. 재판장과 심판관은 참석하지 않고 별도로 수명受命법무사 황종태 대령으로 하여금 신문케 하였다. 당시 청와대 정무1수석비서관에 대한 예우와 증언 내용의 보안성 때문이었을 것이다. 신문에 참여한 사람도 피고인 김계원, 검찰관 전창렬 중령, 그리고 김계원의 변호인 이병용·김수룡 변호사, 김재규의 변호인 나와 신호양 변호사, 박선호의 변호인 강신옥 변호사만 참석하였다.

검찰관이 먼저 물었다.

"합수본부 수사관과 검찰관 앞에서 조사받은 일 있나요?"

"예."

"그때 사실대로 진술하고 내용 확인 후 서명무인署名拇印했나요?"

"예."

유혁인은 그다음 물음부터는 직속상관이었던 김계원을 의식하였음인지 김계원과 관계되는 민감한 부분에 대해서는 거의 "혼돈이 되어서 잘 기억할 수 없습니다", "특별히 기억이 안 납니다"라고 말했다. 여기서는 증언 내용에다 검찰 조사 내용을 참고하여 재구성한다.

증인은 1934년생으로 1971년 청와대 정무비서관으로 임명되어 1973년 12월부터 정무1수석비서관으로 6년째 근무하고 있었다.

사건 당일 밤 8시 30분경 외부에서 저녁식사 중이었는데, 청와대에서 급히 찾는다는 전화 연락을 받고 바로 청와대로 갔다. 8시 50분경 청와대에 도착했다. 비서실장이 총리와 관계장관, 수석비서관 전원을 소집한 것이었다. 이미 고건 정무2수석비서관 등 몇 명이 도착해 있었다.

최규하 국무총리와 구자춘 내무장관, 김치열 법무장관도 일찍 도착했다. 박동진 외무장관은 좀 늦게 온 것으로 기억했다. 분위기가 모두 침울한 상태에서 무슨 영문인지 모르고 서로 아무 말도 하지 않고 있었다.

그때 구자춘 내무장관이 "도대체 어떻게 된 일입니까?"라고 김계원 비서실장에게 물었다. 김 실장이 "각하께서 유고이십니다"라고 하자 "유고가 무엇이오?"라고 다시 물으니 "각하께서 다치셨습니다. 간신배 한 놈 때문에 일이 일어났습니다"라고 말했다. 그제야 유혁인도 가슴이 덜컥하여 어찌할 바를 몰랐다. 그때까지도 대통령이 다치셨다는 의미의 말로 들렸다. 당시 김 실장은 얼굴에 술기운이 꽤 올라 있었다.

김치열 법무장관이 몹시 흥분한 목소리로 "차지철이 그 새끼 뭐 해?"라고 다급하게 물었다. 김 실장은 "죽었는지도 모릅니다"라고 대답했다.

김 장관이 이어서 "정보부장은 뭐하는 자식이야"라고 말하자, 그에 대한 김 실장의 답은 없었던 것으로 기억했다. 유혁인은 그곳에 좀 더 있다가 밖의 부속실로 나오니 그때 서석준 경제1수석, 오원철 경제2수석, 최광수 의전수석, 박승규 민정수석, 임방현 대변인 등이 속속 도착하고 있었다.

당시 비서실장의 동태에 관해 증인이 기억나는 것을 물었다. 유혁인은 그 후 실장실과 부속실을 들락거리며 들은 것인데, 비서실장이 국방장관과 육군총장에게 전화하여 청와대로 오라고 하는데 그들은 오히려 그쪽으로 오라고 하는 것 같았다고 했다. 김 실장은 주로 서 있었던 것으로 기억이 나며, 외부와 전화한 자세한 내용은 모른다고 했다.

김 실장이 유혁인에게 육군본부 B1, B2, B3 벙커의 위치를 물어서 대답해주었더니, 유혁인에게 "이리 오시오" 하며 육본 B2벙커로 같이 가자고 말했다. 오후 9시 15분경 김 실장과 함께 국무총리, 내무·법무·외무 장관이 육본 벙커로 동행하였고, 유혁인도 따라갔다.

9시 30분경 육본 벙커에 도착하여 육군총장실로 들어가니 그곳에 총장, 김재규, 노재현 국방장관, 김종환 합참의장, 유병현 한미연합사부사령관 등이 있었다. 장성들이 웅성거리고 김재규는 앉았다 섰다 하고 있었고, 김계원은 왔다 갔다 하면서 서성거리고 있었다. 그때 설왕설래한 내용은 '전방이 문제다. 이북이 알면 큰일이다. 계엄을 선포하자'는 것이었고, 육군총장이 전방은 조치를 해두었다고 총리에게 보고했다. 그곳에서 특별히 김재규, 김계원의 행동 중에 기억나는 것은 없다고 했다.

그러나 유혁인은 검찰 조사에서는 "김재규나 김계원의 행동에 의심되는 점은 없었나요?"라는 검찰관의 물음에 "그 당시 김재규가 왔다 갔다 하기에 이상하게 생각했으며 김계원은 나중에 생각하니까 경위를 설명하지 않고 '유고다, 간신배 때문에 그렇다'는 등 단편적인 이야기만 해서 이상하게 생각했습니다"라고 답했다.

최규하 총리의 말씀 가운데 특히 기억나는 부분이 없느냐는 물음에도 유혁인은 잘 기억나지 않는다고 했다. 다만 최 총리가 계엄 관계 국무회의 서류를 만들라고 해서 그 자리에서 작성하여 나중에 김성진 문공장관에게 인계해주었다. 총리가 국무회의를 국방부에서 할 테니 연락하라고 해서 유혁인이 최택원 총무처차관에게 연락하여 비상국무회의의 소집을 요청했다. 심의환 총무처장관은 나흘 전에 사망하여 최 차관이 대행하고 있었다. 오후 10시 40분경 장소를 육본 벙커 참모총장실에서 국방부장관실로 옮긴 후 회의실에서 좀 떨어져 앉아 있었다. 누구인가 김 실장에게 대통령의 신상에 관해 묻자 김 실장이 "각하께서 유고인 것 같습니다"라고 말했다. 그제야 유혁인은 '유고'라는 말이 대통령이 돌아가셨다는 의미인 것으로 느껴졌다.

왜 이야기 안 합니까?

검찰관이 그때 누가 김 실장에게 대통령의 유고에 관해서 따져 묻지 않았느냐고 물었다. 유혁인은 기억이 없다고 하였다. 검찰 조사에서 유혁인은 "누군가 어떻게 된 것이냐고 따지자 김계원은 각하께서 운명하셨다고만 말하고 구체적인 상황은 말하지 않았으며 김재규는 보안 유지만 강조했습니다"라고 진술했다.

내가 유혁인에게 비서실장에 관련한 사항을 몇 가지 더 물었지만, 유혁인은 김 실장에 관한 부분은 거의 '기억이 없다', '기억이 나지 않는다'는 식으로 증언했다. 김 실장이 유혁인의 직속상관인 비서실장으로 있었음을 염두에 둔 대답으로 느껴졌다. 나는 인지상정이려니 하고 더 추궁하지 않았다.

계엄을 선포하는 데 계엄 사유를 무엇으로 하느냐를 가지고 토론을 했는데, 김재규가 보안 유지를 강조하며 다른 이유로 해야지 '유고'로 하면 큰일 난다고 하였다. 그때 일부에서는 감추면 어떻게 하느냐는 항의성 발언도 있었다.

오후 11시경 장관들이 보안이 무엇에 대한 보안이냐, 경위를 말하라고 하며 와글와글할 때 유혁인이 김계원 실장을 옆방 대기실로 잠깐 오라고 해서 말했다.

"이게 무슨 소리입니까? 왜 이야기 안 합니까? 우리야 몰라도 관계없지만, 이야기하셔야 하지 않습니까?"

그러자 김계원은 순순히 말했다.

"어어, 알았어. 그렇겠구먼. 국방장관을 불러줘."

유혁인이 노 장관에게 가서 "김 실장이 보시자고 합니다"라고 전했다. 그때까지는 유고 내용이 구체적으로 밝혀지지 않은 상태였다.

국방장관과 육군총장에게 김재규가 범인이라는 김계원의 통보는 유혁인의 충동衝動이 직접적 영향을 끼쳤는지도 모른다.

"그 외에 김재규와 김계원에 관해서 기억나는 것 없나요?"

"특별히 유심히 유념한 것은 없습니다."

"각하 시신을 확인하러 간 것은 언제인가요?"

"자세히 모르겠습니다."

검찰 조사에서 유혁인은 "27일 오전 1시경 장관들이 각하가 돌아가셨으면 확인을 하자는 의견을 내어 오전 1시 30분경 총리, 국방·내무·법무·문공 장관, 합참 김용금 소장이 김 실장을 앞세워 서울지구병원으로 출발했다가 2시경 돌아왔고, 김 실장은 3시경 청와대 대변인을 데리고 도착했으며, 3시 50분경 국무회의에서 계엄을 의결한 것을 전해 듣고 4시경 청와대로 돌아왔습니다"라고 진술했다.

그다음 변호인 신문에서 이병용·김수룡 변호사가 유혁인에게 구체적인 사실 관계를 집요하게 추궁했으나 유혁인으로부터 특기할 만한 사항을 얻어내지는 못했다. 유혁인의 증언은 모든 신문에 대해서 문제가 될 만한 말을 되도록 삼가고, 원론적이고 의례적인 답변으로 일관한다는 느낌이 들었다.

검찰 조사에서 유혁인은 몇 가지 구체적인 진술을 했다. 차지철과 김계원의 사이는 평소 별로 내왕이 없었던 것으로 보아 좋은 사이는 아니었다고 했다. 처음에는 김재규의 차량이 경호실 앞에 자주 있어 왕래가 잦은 것으로 알았고, 근래는 좀 뜸한 것으로 보아 긴밀한 사이는 아닌 것으로 생각되나 구체적인 것은 모른다고 하였다. 김재규와 김계원의 사이는 사무실에 자주 들러 보고도 하는 등 사이가 좋은 것으로 알고 있었다. 각하와 차지철, 김계원, 김재규와의 관계를 묻는 질문에는 구체적인 관계는 잘 모르고, 비서실장이 매일 업무 보고를 하고 경호실장은 매일 업무 보고는 없는 것이 원칙인데, 최근에는 아침에 차지철이 먼저 보고하는 경우가 더러 있어 김계원이 기다리기도 했다고 말했다.

"청와대 내에서 김계원과 차지철에 대한 평가는 어떠하였나요?"라는 질문에는 "김계원은 두서가 없는 사람처럼 느껴졌으며, 차지철은 경호실장으로서 국회의원 등 정치인들이나 신문사 사장, 대학교수 등을 초대해서 식사 대접을 하는 등 경호실장으로서 안 해도 될 일을 하고 있다고 생각했습니다"라고 진술했다.

마지막으로 내가 물었다.

"김재규 부장과 차 실장과의 관계에 대하여 검찰에서 진술한 것은 그 내용이 사실인가요?"

그러자 한발 물러서면서 말했다.

"추측으로 이야기한 것입니다."

"김계원 피고인이 그 당시 이상하다고 느낀 적은 없나요?"

"나중에 생각하니까 경위를 설명하지 않은 것이 이상하다고 생각됩니다."

이렇게 유혁인에 대한 증인 신문이 끝나자 밤 11시가 가까워져 있었다.

"내일 구형 공판 예정이니 변론 준비를 해오십시오."

법무사가 변호인들에게 일방적으로 통보하고 폐정했다. 다음 날 아침 개정 시간까지는 10시간 남짓 남았을 뿐이었다. 그사이 잠도 자지 않고 언제 변론 준비가 가능할지 아득하였지만, 계엄군법회의의 시간표는 이를 아랑곳하지 않았다.

12   # 구형과 변론

변호인들의 마지막 안간힘

12월 18일 오전 10시. 마지막 공판이었다. 이른 아침부터 지난 공판 때보다 많은 약 30명의 가족들이 대법정에 나와 초조하게 개정을 기다리고 있었다.

김재규의 세 여동생은 9시 20분부터 일찍 법정에 들어와 침통한 표정으로 고개를 숙이고 있었고, 가끔 피고인석에 앉아 있는 오빠의 뒷모습을 뚫어지게 바라보았다. 그들은 김재규의 부인 김영희 씨가 10·26 사건 이후 계속 앓아누워 뉴스를 들으면 쇼크를 받을까 봐 신문, 라디오를 가까이하지 못하게 했으며, 그래서 이날 구형 공판이 있다는 사실도 모른다고 전했다.

이날 박흥주의 부인 김묘춘 씨(38세)는 그동안 하루도 빠짐없이 법정에 나왔는데, 이날은 어찌 된 까닭인지 나오지 않았다. 박선호의 부인도 매일 교회에 나가 철야 기도를 하느라 나오지 못했고, 그의 처남 변영근 씨, 유근 씨가 담담한 표정으로 앉아 있었다. 피고인들의 부인 가운데 가장 어린 나이인 유성옥의 부인 서명숙 씨(26세)는 희망을 내비치며 말했다.

"구형이 어떻게 나올지는 전혀 모르겠지만, 예감이 잘될 것만 같습니다."

가족들 중 누군가는 눈물을 머금은 채 이렇게 말했다.

"초조하고 불안하지만 자식들을 위해 벌써 지쳐선 안 되겠다는 마음으로 지냈습니다."

극형을 예감하고 마음을 다잡는 말투였다.

12월 4일 제1차 공판이 시작된 지 2주일 만에 결심結審 공판에 이르렀다. 10·26 이후 54일 만이다. 이 나라 사법사상 유례가 드문 초고속 재판이었다. 일반 형사 사건의 경우 2주면 잘해야 겨우 1차 공판을 진행하게 된다. 더구나 대통령 살해 사건이라는 전무후무한 국가적 중대 사건을 이렇게 절차를 소홀히 하여 재판하는 것에 변호인들은 무척 분개하고 있었다.

모름지기 형사소송은 절차가 기본이다. 아무리 결과가 옳은 결정이라 하더라도 정당하고 적법한 절차가 보장되지 않고 이를 제대로 거치지 않는 것이라면, 그것은 이미 정의로운 재판이 아니다. 그래서 무릇 형사소송에서의 정의는 '절차적 정의'라고 일컬어지는 것이 아닌가. 그 옛날 '원님재판'이나, 공산독재국가의 '인민재판'을 자유민주사회가 받아들이지 않는 것은 한마디로 절차의 정당성이 없기 때문이다.

법무사가 전회 재판에서 증거조사를 하지 않은 것으로 변호인들이 신청한 각 증거는 모두 일괄하여 기각한다고 고지하였다. 이 한마디로서 전회 재판을 마지막으로 증거조사는 끝마쳤다는 것이다.

그동안 변호인들이 줄기차게 요청한 공판 조서 열람 청구도, 공판 조서에 대한 이의 신청도, 외부 의사 진단 신청도, 현장 검증 신청도, 그 많은 증인 신청도 모두 물거품이 된 것이다. 더욱이 이러한 급속 결심을 예상하고 12월 17일 자로 내가 제출한 공판 조서 열람 청구서에 "그러나 공판 조서가 아직 작성되지 않는 등 열람할 수 없는 사정이 있다면, 열람이 이루어질 때까지 이 사건의 결심을 미루어주시기 바랍니다"라고 호소하였으나 역시 받아들여지지 않았다.

재판장의 개정 선언 직후 검찰관이 공소장 변경 신청서를 제출하고 취지를 진술했다. 재판장은 공소장 변경 신청을 허가한다는 결정을 고지하였다.

공소장 변경 내용은 적용 법조에 있어 유석술을 제외한 김계원 등 나머지 6명의 피고인에게만 해당한 것이다. 그들은 김재규 피고인에게 적용한 형법 제87조(내란) 1호 대신 87조 2호를 적용토록 하였다. 즉 김재규만 1호의 '내란수괴'로 하고, 나머지 피고인들은 모두 2호의 '중요임무 종사자'로 한 것이다. 그에 따라 종전의 공소 사실 가운데 6명 모두 공모공동정범으로 된 부분을 "김재규는 수괴로서, 김계원, 박선호, 박흥주, 이기주, 유성옥, 김태원은 중요임무 종사자로서 공모하여"로 변경한 것이다.

내가 변호인석 앞자리에 있다가 벌떡 일어나 마지막으로 안간힘을 썼다.

"피고인 이기주, 유성옥에 대하여는 불이익이 있으니, 방어 준비를 할 수 있는 기회를 갖기 위해 공판 절차를 정지하여주십시오."

이미 공판 절차 정지 신청서도 미리 별도로 제출해둔 상태였다.

검찰관은 공소장 변경으로 인한 피고인들의 불이익이 없다고 하였다. 법무사는 공소장 변경 내용이 변호인들의 요구에 의해 검찰관이 석명釋明한 것을 서면으로 제출한 것에 불과하기 때문에 변호인의 신청은 이유가 없으므로 기각한다고 하였다. 재판장은 이 사건의 사실 심리 및 증거조사를 모두 마치겠다고 한 뒤 검찰의 논고論告 준비를 위해 잠시 휴정한다고 했다. '논고'는 법률 용어는 아니나, 피고인 신문과 증거조사가 종료된 뒤 검찰이 사실과 법률 적용에 관해 의견 진술을 하는 것을 말하며, 논고 중에서 피고인에 대한 형벌의 종류 및 그 형량에 대한 의견을 '구형求刑'이라고 한다.

검찰의 논고 — 반국가 대역 행위이다

오후 1시 30분 공판이 속개되었다. 마침내 피고인들에 대한 구형 공판이 열리는 것이다. 대법정 안은 무거운 침묵과 긴장이 흘렀다. 김재규의 가족 등 법정을 가득 메운 방청객들은 검찰관의 논고를 기다리느라 숨을 죽인 듯 고요했고, 가끔 가족들이 애써 감추며 터뜨리는 오열이 무거운 법정 공기에 빨려들고 있었다.

재판장이 검찰관에게 본건 피고인들에 대한 의견을 진술하라고 하자, 검찰부장 전창렬 중령이 일어났다. 검찰의 의견 진술은 "본 검찰관은 먼저 이 사건에 대한 검찰관 측의 의견을 밝히기에 앞서 고 박정희 대통령 각하의 서거를 애도하며, 삼가 명복을 기원하는 바입니다"로 시작되었다. 이어 "김재규, 김계원 피고인은 국가의 요직에 있으면서도 현재 국가가 처한 국내외의 어려운 문제들을 도외시하고 국가 원수를 시해한 것은 어떠한 말로도 변명할 수 없는 반국가적 대역 행위"라고 밝히고, "김재규 피고인은 자신의 범행 동기가 국가와 민족을 위한 것이고, 민주 회복을 위한 것이라고 거창한 명분을 내걸고 있으나 법정에서 이것이 모두 거짓으로 드러났다"고 말했다.

전 중령은 또 "혁명을 한다는 사람이 국가의 근본 상황을 무시한 채, 개인적 감정과 정권욕으로 폭력적이고 충동적인 천박한 야욕을 가지고 박 대통령에게 충성하던 태도를 하루아침에 돌변, 시해한 것은 대역죄로 다스릴 수밖에 없다"고 말하고, "그 동기가 설혹 순수했다 하더라도 자기주장을 관철하기 위해 폭력을 사용하는 것이 용인된다면 우리 사회에 폭력의 악순환이 되풀이될 것"이라고 목소리를 높였다.

김계원에 대해서는 "육군참모총장, 중앙정보부장을 역임, 대통령 비서실장으로 근무한 사람으로서 국가와 헌법을 수호할 책임을 지고 있으면서도 개인적인 감정에 따라 김재규 피고인의 범행에 동조한 것은 일신상의 영달을 위해 국민 전체를 배신한 행위이며, 고 박정희 대통령과는 깊은 인간적 신뢰 관계를 맺고 있었다는 점에서 추악한 배신자였다는 비난을 면할 수 없다. 또한 상황에 따라 자신이 빠져나갈 구실을 만들기 위해 노력한 것은 기회주의자적인 행동이며, 그러한 행위는 대통령의 분신이어야 할 직분을 저버린 것으로 엄단되어야 한다"고 논고했다.

이 밖에 박선호, 박흥주, 이기주, 유성옥, 김태원 피고인들도 김재규 피고인의 내란 행위에 가담하여 반국가적·반민족적이고 잔인한 살육 행위를 자행했다는 점에서 재론의 여지가 없다고 전제하고, "피고인들은 사사로운 개인이 아니라 국가의 안전과 직결되는 업무를 수행하는 중앙정보부 직원이었다는 점에서 그들의 행위는 국가에 대한 배신이라고 볼 수밖에 없다"고 주장했다.

특히 박선호는 예비역 해병대령이고, 박흥주는 현역 육군대령으로 적의 심장부를 겨누어야 할 총으로 국군통수권자와 그 경호원을 살해한 것은 용납할 수 없는 반역 행위이며, 법정에서도 범행을 뉘우치는 기색도 없이 김재규의 지시에 따르지 않을 수 없었다고 변명함에 있어서는 검찰관은 전율을 금할 수 없다고 하였다. 유석술도 내란 행위에 적극 가담한 것은 아니지만 은닉한 총기들이 대통령 등을 살해하고 정권을 탈취하려는 대역 행위에 사용된 것을 알았으므로 상응한 징벌을 받아야 마땅하다고 했다.

전 중령이 매우 단호하고 상기된 표정으로 약 12분간에 걸친 논고를 끝내고 본건 피고인들에 대한 공소 사실은 그 유죄의 증명이 충분하므로 공소장 기재 적용 법조를 적용하여, 피고인 김재규, 김계원, 박선호, 박흥주, 이기주, 유성옥, 김태원 등 7명에게 내란목적살인 및 내란미수죄로 각각 사형死刑에, 피고인 유석술에게 증거은닉죄로 징역 5년에 처함이 상당하다는 의견을 진술했다.

전 중령의 카랑카랑하고 고조된 목소리로 검찰의 구형 형량이 알려지는 순간, 숨 막히는 정적 속에 잠겨 있던 법정이 눈물과 탄식으로 술렁거렸다. 7명의 피고인들에게 사형이 구형되자, 김재규는 고개를 잠깐 돌렸을 뿐 꼿꼿한 자세로 정면을 응시했고, 김계원은 놀란 듯 잠시 고개를 번쩍 들었다 놓았다.

이때 방청석에 있던 김재규의 여동생 재선, 단희, 순희 씨와 김계원의 두 아들 병덕, 병민 씨 등은 모두 고개를 들지 못하고 있었다. 박흥주의 아버지 박천순 씨(62세)는 아들의 뒷모습을 응시한 채 눈물을 글썽였다. 이기주의 부인 김명순 씨(29세), 유성옥의 부인 서명숙 씨, 김태원의 부인 은영자 씨(32세), 유석술의 부인 김동문 씨(29세) 등은 고개를 숙인 채 소리 없이 흐느끼며 손수건에 얼굴을 묻었다.

김재규, 이기주, 유성옥에 대한 변론 요지 — 국헌문란으로 볼 수 없다

시저와 브루투스

제9차 공판 조서에는 "변호인 변호사 안동일은 피고인 김재규, 동 이기주, 동 유성옥을 위하여 별지 변론요지서를 제출하고 유리한 변론을 하다"라고 아주 간략하게 적혀 있지만, 졸지에 엄청난 사건의 변론에 임하는 나로서는 참으로 그렇게 간단한 것이 아니었다.

그 전날 증인 유혁인에 대한 비공개 재판을 마지막으로 내가 지친 몸을 끌고 기록 보따리를 안은 채 귀가한 시간은 자정이 가까워서였다. 다음 날 아침 10시에 결심 공판을 앞두고 있으니 그 안에 김재규뿐만 아니라 이기주, 유성옥에 대한 변론요지서를 작성해야만 했다.

우선 잠시 눈을 붙이는 둥 마는 둥 하다가 보니 새벽 1시였다. 김재규에 대한 변론요지서부터 시작했다. 밤늦은 시간에 끝난 재판을 어찌 하루의 여유도 주지 않고 바로 그다음 날 변론하게 하는지 재판부가 원망스러웠지만 이를 탓할 계제가 아니었다. 시간의 톱니는 어김없이 돌아가고 있었다. 머리는 띵한 채 펜을 쥔 손에는 진땀이 흐르고 경련이 일었다. 새벽녘에야 부랴부랴 김재규에 대한 변론요지서를 대강 마치고, 이기주, 유성옥에 대한 부분을 착수할 수 있었다.

아침 일찍 사무실에 비서를 나오게 하여 타이핑한 뒤 가까스로 10시 정각에 법정에 들어섰다. 변호인석에 털썩 주저앉았지만 이미 나는 초죽음 상태였다. 눈꺼풀이 자꾸만 내려앉았다. 다행히 공소장 변경 절차를 마치고 구형과 변론에 대한 공판은 오후 1시 30분으로 늦추어져서 법정에서나마 잠시 숨을 돌릴 수 있었다. 당시 어느 신문 보도에서 김재규에 대한 나의 변론을 소개하면서 "목이 잠긴 듯 낮은 목소리로 심금을 울리는 처연悽然한 변론"이라고 표현했듯이 변론에 임하는 나의 모습은 말 그대로 처연했던 모양이다.

재판장이 김재규 피고인의 변호인부터 변론하라고 해서 내가 처음으로 변론에 나섰다. 오전 동안 변호인석에 앉아서도 틈나는 대로 수정을 거듭한 변론요지서(괘지로 22장, A4 타자지로 16장 분량)를 들고 일어났다.

왠지 슬펐다. 쓸쓸하고 구슬픈 마음이 일었다. 눈물이 왈칵 쏟아질 것만 같았다. 무슨 운명으로 오늘 국선변호를 맡은 세 사람이 모두 사형 구형을 받아 내가 이들을 차례로 변론해야만 하는 것인가.

나는 고교 시절 변론반에서 웅변 연습할 때 장내의 이목을 집중시키는 방법은 작은 목소리로 시작하는 것이라고 배웠다. 처음부터 목소리는 떨려 나왔다. 들릴 듯 말 듯 아주 조용한 음성으로 차분히 시작했다. 법정 안은 물을 끼얹은 듯 고요해졌다. 내 작은 목소리를 한 마디라도 놓칠세라 귀를 기울이는 모습이었다. 김재규도 변호인석으로 고개를 돌려 오른손을 펴서 귀에 대고 나를 뚫어지게 응시하고 있었다.

나는 먼저 이 사건 변론 준비에 있어 기록의 등사, 특히 공판 조서의 열람, 피고인과의 충분한 접견, 유리한 증거의 수집 등 제반 여건이 조성되지 않았던 점을 지적했다. 변론 준비에 시간상의 제약이 있었으므로 변론 연기를 간청했던 점도 말했다. 또한 공소장 변경에 따라 공판 절차 정지 신청을 한 점도 거론했다. 이러한 변호인의 모든 노력이 받아들여지지 않은 채 부득이 변론에 임할 수밖에 없음을 대단히 유감으로 여긴다고 했다. 그러고는 추후 변론 취지를 보충코자 하니 상당 기간 선고 기일을 연기해달라고 요청하고 나서 변론에 들어갔다.

피고인들의 최후 진술 후 고지된 선고 기일은 연기는커녕 이틀 후로 잡혔다. 추후에 변론을 보충할 기회도 없이 1심에서의 나의 처음이자 마지막 변론이 되고 만 것이다.

처음에는 서론 삼아 '변론 머리에'를 읽어나갔다.

본건은 역사상 그 유례를 찾아볼 수 없을 정도로, 굳이 찾는다면 시저와 브루투스의 예밖에 없습니다만, 공적으로나 개인적으로나 대통령과 가까웠던 한 나라의 중앙정보부장이 대통령을 시해한 사건이다. 그리고 이 땅에 두 번 다시 있어서는 안 될 사건이다. 또한 이 사건의 귀추를 온 국민과 세계의 이목이 지켜보고 있다.

더욱 중요한 것은 이 사건 이후 우리 국민은 화해와 자제로써 국민적 합의에 입각한 민주 발전을 기약하면서 이 나라 건국이념인 자유민주적 기본 질서를 더욱 공고히 다지고 있다는 사실이다.

사건 후 50여 일간에 10·26 이전에는 상상조차 못하던 일들이 뒤따랐다. 고 박 대통령의 국장을 치르고, 그 뒤를 이어 최규하 대통령이 탄생하였고, 유신 헌법 개정 작업이 진행 중이며, 이 사건 재판 기간 중에 긴급조치 9호가 해제됨으로써 정치 발전의 기틀을 마련하였고, 내년 교과서부터는 유신 내용을 삭제키로 하였으며, 12월 14일 신내각이 출범하여 신현확 총리는 민주 발전의 스케줄에는 아무런 이상이 없다고 천명하였다.

따라서 이 사건의 재판에 있어서는 그 실체 면과 절차 면에 있어서 형사사법에 의한, 그리고 형사사법에 있어서의 정의가 이루어질 수 있도록 소송 당사자의 엄숙한 결의가 바람직하다. 그리하여 후세 이 나라 역사와 사법사상 한 점 부끄럼 없는 공정한 재판이 이루어져야 한다.

내란목적살인이 아닌 단순살인

그다음 '국선변호인의 입장'을 말했다.

사선변호인단의 거부로 국선변호인으로 선임되었지만 변호인의 지위는 단순한 대리인이 아니고, 피고인의 보호자로서 피고인의 권리 이익을 옹호하는 한도에서 진실 발견에 협력해야 하는 것이므로 국선변호인이라

하여 다를 바 없고, 오히려 사선변호인단의 변론을 거부한 피고인의 권리 이익을 위하여 더더욱 변호인의 권리 의무를 충실히 다하여야 하는 것이다. 그러나 빨리 국민의 궁금증을 풀어주고 신속한 재판을 하여야겠다는 재판부의 충정을 선의로 받아들이고 싶지만 12월 4일 첫 공판을 한 이래 재정 신청으로 정지되었다가 12월 8일(토요일) 속개된 후 3회의 야간 재판까지 하면서 하루도 빠짐없이(12·12 사태로 단 하루 연기됨) 공판을 강행해 온 터에 중도에서 아무런 변론 준비 없이 갑자기 선임되어 2차의 야간 접견만 하였을 뿐 수사 기록도, 공판 기록도 열람되지 못한 사정 아래 신문 보도만을 스크랩하여 공판에 참여하여왔으니 피고인의 인권 옹호와 이익 보장에 얼마나 도움을 줄 수 있는 것인지 심히 의문이 앞서고, 또 최종 변론 준비의 기회마저 없이 막바로 변론에 임하게 되었으니, 피고인에게 미안하고 국선으로 선임한 재판부에도 미안할 따름이다.

나는 국선변호인의 열악한 사정을 호소하듯 변명했다. 다음으로 이 사건에서 내가 늘 강조해온 '절차상의 하자'를 지적했다.

기본적 인권의 옹호와 형사 절차의 공정은 아무리 강조해도 지나치지 않을 만큼 형사소송의 요체이다. 그런데 유감스럽게도 이번 공판 절차에 있어서 법이 정한 적법 절차가 외면당한 경우가 허다하였다. 군법회의법상 보장된 증거 서류의 열람등사권, 재판공개원칙, 공판조서열람권, 변호인의 신문권이 무시되거나 제한당하는 등 지켜지지 않은 주요한 8가지 절차상 하자가 있다.

다음은 '공소 사실 죄명, 적용 법조'에 관하여 법률적 주장을 강하게 제기했다.

먼저 국헌문란 목적이 없음을 강조한다. 일본 판례에도 "수상 살해는 내각의 붕괴 우려가 없지 않지만 내각 구성원의 경질을 초래할 뿐 내각 제도를 근본적으로 파괴하는 것이 아니므로 이를 가지고 정부를 전복하는 행위라고 칭할 수 없다"고 판시한 바 있고, 또한 "국헌문란의 내용은 제도로서의 내각의 파괴 등을 말하고 특정 시에 있어서의 내각의 파괴를 포함하지 않는다"고 하고 있다. 결국 국헌문란은 우리 헌법의 이른바 '자유민주적 기본 질서'를 파괴하는 것을 의미하는 것이며, 특정 시特定時에 있어서의 특정 인물(비록 대통령직에 있는 사람일지라도)의 제거에 국한할 뿐 제도로서의 자유민주적 기본 질서를 파괴하는 것이 아니라면, 나아가 이를 보다 수호코자 하는 것이라면, 이를 국헌문란으로 볼 수 없는 것이다.

무엇보다도 내란죄의 행위는 폭동 행위를 구성 요건으로 하는데, 폭동이라 함은 다수인이 결합하여 폭행 협박을 하는 것을 말하며, 그 정도는 한 지방의 평온을 해할 정도의 위력이 있음을 요하는 것이다. 그리고 다수인의 결합은 그 결합이 조직화되어 분담적 책임을 질 수 있을 정도에 이르러야 하는 것이다. '한 지방'의 의미가 400평의 궁정동 식당의 평온을 깨뜨릴 정도의 소요를 뜻하지 않음은 물론이다. 따라서 국헌문란 목적이 결여된 경우는 그 객체가 대통령이나, 그를 경호하는 사람일지라도 단순살인죄의 적용을 받아야 한다.

그렇다면 공소장 변경(단순살인죄로)이 없는 한, 본건 공소 사실은 범죄의 방법(특히 폭동의 구체적 방법)이 명시가 없으므로, 공소 기각 판결이 선행되어야 한다.(군법회의법 372조) 또한 살인죄는 별론別論으로 하고라도 범죄 사실의 증명이 없으므로 무죄 판결이 있어야 한다.

여기까지는 김재규, 이기주, 유성옥 피고인에게 공통된 변론이었다.

저항할 수 없는 폭력에 의해 강요된 행위

다음으로 나는 이기주, 유성옥 피고인에 대한 변론을 통해 그들 행위의 법률적·사실적 논점을 차례로 지적했다.

피고인 이기주, 유성옥의 행위는 이른바 강요된 행위(형법 12조)이므로 벌할 수 없다. 즉 저항할 수 없는 폭력(심리적 폭력도 포함된다)에 의하여 강요된 행위이다. 그렇지 않더라도 중앙정보부와 같은 명령 계통과 비밀 보장이 철저하고 엄격한 군 이상의 상명하복 체제하에서 상관의 명령이 위법인가, 적법인가를 판단할 여유도 없이, 또한 명령의 이행 여부를 선택할 수 없을 정도의 사정 아래에서 피고인들에게 달리 적법 행위를 기대할 수 있을 것인가? 따라서 기대 가능성 내지는 비난 가능성이 없으므로 피고인들의 행위는 책임이 조각阻却되어 무죄이다.

검찰관 제시의 증거는 이 사건 공소 사실에 있어 아무런 증명을 주지 못하고 있다. 특히 내란 목적과 폭동의 점에 관하여는 아무런 증명이 없다. 이기주, 유성옥의 경우에는 피해자의 사인死因에 관한 뚜렷한 입증이 없다. 한마디로 검찰관은 추상적이고 애매모호한 정황 증거만을 내세울 뿐이다. 의심스러운 때는 피고인의 이익으로 돌려야 하며, 따라서 본건은 공소 사실에 대한 증명이 없는 경우에 해당하여 무죄이다.

다음으로 '정상론情狀論'을 폈다. 먼저 김재규에 관해서 말했다.

김재규는 이른바 확신범이다. 확신범은 도덕적·정치적, 또는 종교적 의무의 확신을 결정적인 동기로 하여 행하여지는 범죄이다. 확신범의 경우에는 과연 위법성의 인식이 있느냐, 기대 가능성이 있느냐를 둘러싸고 학자 간에도 오랜 논쟁이 그치지 않고 있다. 또한 형사정책상으로 확신범, 양심범에 대하여 형벌을 가하는 것이 적당한 것인가가 오랜 논쟁점이다. 더욱이 확신범에게 사형이란 형벌은 바람직하지 않다는 것은 널리 알려진 이론이다. 왜냐하면 확신범은 자기의 규범의식으로는 절대적으로 정당하다고 행위를 한 자이므로 확신범, 특히 정치범은 적법 행위에 대한 기대 가능성이 전무하다는 것이다.

김재규는 "소신과 신념을 가지고 한 10·26 민주회복 국민혁명이 오히려 변호를 받음으로써 원형이 퇴색될 가능성이 있다"고 진술한 바 있다. 그리고 그는 민주 회복과 대통령 시해는 숙명적 관계가 있다는 확신을 가지고 있다. 이 점에 관하여 최 대통령이 공약한 헌법 개정과 민주 발전이 무엇을 뜻하며, 긴급조치 9호 해제 후 저명한 헌법학자가 "개정 청원도 할 수 없는 헌법은 수호할 가치고 없다"고 갈파했고, 신내각에서 물러난 모 장관이 "박 대통령이 1년 전에 그만두셨더라면……"이라는 아쉬움을 말한 점에 주목하여주기 바란다.

개인적으로 그는 고령의 노모와 병석에서 신음하는 처와 외동딸이 있고, 자신은 오랜 지병인 간경변증으로 이 법정에서도 몸을 가누기 어려울 정도로 병세가 악화되고 있다. 그리고 일생을 군과 국가 발전에 바쳐 반공 전선에서, 행정의 일선에서 국가 민족을 위해 많은 업적을 남겼다. 박흥주, 박선호의 진술에도 그는 사심 없고, 옳은 일만 하였고, 나라 걱정을 하면서 맡은 일을 성실히 해내었다. 현재의 심경은 아버님의 교훈대로 정의를 위해 남아로서 죽을 자리를 잘 찾았다고 하고 있다.

그다음은 이기주와 유성옥에 관해서 정상론을 폈다.

피고인들이 아니더라도 당시 중앙정보부의 어느 직원이었더라도 상관의 명령을 받았더라면 피고인들과 같은 행동에 나아갔을 것임은 분명하다.

피고인들은 아무런 생각도 없이 마치 '생명 있는 도구'로서 무조건 복종에 임하였을 뿐이다.

개인적으로 이기주는 노령의 어머니와 처, 4살 된 딸, 8개월 된 아들이 있고, 130만 원짜리 전세방에서 근근이 어려운 생활을 하고 있다. 박봉에도 어머니에게는 매달 생활비를 보내는 효성이 지극한 사람이다.

유성옥은 처와 2살, 4살 된 아들과 전세방에 살고 있으며, 생활고로 결혼식을 올리지 못하여 11월 13일 결혼식 날짜를 받아놓고 있었다.

이 법정을 통하여 그들은 어리석다고 하기보다는 너무나 순진하였고, 굳이 탓한다면 상관에 대한 복종심이 남달리 강하였다는 점뿐이다. 상관을 처벌할지언정 부디 부하들에 대한 재판부의 관용을 빈다.

공동국선변호인 신호양 변호사도 김재규와 유성옥에 대해서 나의 변론과 거의 같은 취지의 변론을 했는데, 중복을 피하기 위하여 여기서는 줄인다.

김계원, 박흥주에 대한 변론 요지 — 내란죄는 무죄다

이병용 변호사가 김계원을 변론했다.

피고인 김계원은 상피고인 김재규 및 그 부하들인 상피고인들과 공동정범으로 공소 제기되어 있는바, 다른 피고인들은 모두 살해 등의 행동이 전제되어 있으나, 유독 김계원만은 살상에 관한 아무런 사실의 적시가 없다. 김계원 피고인은 이번 사건에서 아무도 살해하지 않았으며, 정원에서 김재규 피고인이 차지철 경호실장을 해치우겠다는 말을 들은 것만으로는 사전 모의로 볼 수 없다. 그렇다면 공동정범의 성립에 있어 상호 모의에 따른 실행 행위의 분담이 있어야 할 것이며, 그와 같은 것이 이건 공판정에서 하나도 나타나 있지 않은 것이므로 적어도 이 건 범행에 있어서 피고인 김계원의 공모 가담 행위를 전제하지 않은 본건 공소 사실은 법리상 허구의 사실을 전제한 것이 아닐 수 없다. 본건은 다른 형사범과 달리 단순히 범의 있는 행동으로서 족한 것이 아니고 목적범으로서 규정되어 있는바, 목적범은 적어도 결과 발생을 인식하는 것으로는 부족하고 나아가 필수적으로 공동 목적의 존재가 전제되어야 할 것인데, 피고인 김계원과 상피고인 김재규 이하 다른 상피고인들과의 사이에는 아무런 공동 목적의 존재를 증명할 수 없는 것이므로 내란목적살인에 있어서나 내란미수죄에 있어서의 필요적인 공동 목적의 존재가 결여된 이 사건 김계원의 경우는 무죄이다.

김수룡 변호사가 덧붙였다.

김계원 피고인이 만찬석상에서 김재규 피고인이 총을 쏘는 것을 저지 못하고 밖으로 피신한 행위는 도덕적으로 비난받을 수는 있어도 법률적 의무는 없는 것이다. 더구나 일시적인 피신행위를 내란목적살인죄나 내란죄의 실행 분담 행위로는 도저히 볼 수 없다.

태윤기 변호사가 박흥주에 대한 변론을 했다. "역사적인 본건 재판에 있어 박흥주 피고인의 변론을 맡게 돼 눈으로 직접 이 재판을 봤고, M16소총을 든 군인들의 삼엄한 경비를 받으며 진행되는 재판에 임하게 된 것을 영광으로 생각한다"라고 다소 시니컬한 어조로 서두를 꺼냈다.

형법 87조의 내란죄와 88조의 내란목적살인죄는 다 같이 '국토를 참절하거나 국헌을 문란할 목적'이라고 적시하고 있는데, 김재규 피고인이 국방부에서 계엄을 합법적으로 펴려 했으므로 국헌을 문란하게 하려는 것은 아니다. 또 혁명위를 설치하려 한 것은 어디까지나 북괴에 대처하기 위한 것이다. 그러므로 자연인 박정희 씨를 살해한 사건이다. 김재규가 "나라가 잘못되면 자네나 나나 같이 죽는다", "참모총장 등이 와 있다"고 했을 때, 박흥주는 "무언가 내가 잘 모르는 큰일이 벌어지고 있구나"라고 생각한 것이다.

박흥주 피고인의 행위는 어느 다른 부장의 지시였더라도 복종해야 하는 중정의 엄한 규율 때문이다. 박 피고인은 "명령과 이행은 조직의 필수 여건"이라고 했고, 김재규 피고인도 "박 피고인 등에게 명령을 선택할 시간적 여유를 주지 않았다"고 말했듯이 누구도 명령을 따르지 않을 수 없는 상황이었다. 또 복종과 명령은 조직원의 필수 요건으로 특히 중정의 경우, 부하는 명령을 비판할 자유가 없다.

또 다른 이유는 법률상의 의무 충돌이다. 박 피고인은 상관의 명령과 도덕적 의무(살인하지 말라) 중 군인으로서 상관의 명령을 택한 것이다. 개인을 떠나 군대라는 조직을 생각할 때 박 피고인에게서 위법성을 찾을 수 없다.

끝으로 박 피고인은 육사를 나온 군인으로 중정부장 수행비서관이라는 막강한 권력 기관에 있으면서도 현재 행당동 꼭대기에 초라한 집에서 살고 있다. 부인과 아이들을 생각하여 정상을 참작해주길 바란다.

태 변호사는 마지막으로 '이 사건에 대한 다른 변호인들의 변론을 원용하겠다. 마라톤 재판이어서 변론 준비가 엉망으로 됐다'고 한마디 더 꼬집었다.

박선호, 김태원, 유석술에 대한 변론 요지 — 내란목적살인의 요건

강신옥 변호사가 박선호 피고인에 대한 변론을 했다.

본건 박선호 피고인에 대한 내란목적살인 및 내란죄에 관한 구성 요건은 첫째, 국토를 참절하거나, 둘째, 국헌을 문란케 했다는 점에 있는 것으로 볼 때, 박 피고인은 첫 번째 구성 요건은 명백히 제외된다. 내란죄에 대한 일본의 판례는 의회 제도의 부인이나 내각 제도의 변형 및 제도로서의 내각 파괴 등을 인정하고 있다. 내란죄에 대한 우리의 판례는 마련되어 있지 않으나 학자들의 공통된 견해는 자유민주적 기본 질서를 파괴하는 행위 라고 볼 것이다. 그렇다면 박 피고인의 정인형, 안재송에 대한 살해 행위 가 내란목적살인 및 내란미수의 요건을 갖추었다고 볼 수는 없다.

또한 박선호 피고인은 평소 존경하던 상사 김재규 피고인이 30분간의 여유를 주면서 명령을 내려 도덕적으로 정당하다거나 법률적으로 적법하 다는 판단을 할 여유가 없었다. 이는 김재규 피고인이나 박흥주 피고인의 진술에 의해 분명히 드러났다.

그러므로 박선호 피고인은 정치적 동기로 일반적으로 따를 수밖에 없 는 상사의 명령에 따라 그들을 살해한 것으로 볼 수 있는데, 검찰관 측이 박 피고인의 행위가 국헌을 문란케 하고 정치적 기본 조직과 자유민주주 의의 파괴를 가져올 목적으로 내란을 음모했다고 주장하는 것은 엄청난 논리적 비약이 아닐 수 없다. 박 피고인이 김 부장의 판단에 따른 명령에 의해 그들을 살해한 것이라면 김재규의 거사가 내란죄의 구성 요건에 해 당되는가를 우선 살펴봐야 할 것이다.

또 공소장이 김 피고인의 행위가 기본적 정치 조직을 파괴했다는 구 체적 내용을 적시하지 못한 것을 볼 때 형사소송법에 따라 박선호 피고인

에 대해서는 공소 기각을 해야 하며, 설사 한발 양보한다 하더라도 국헌문
란의 증거가 없으므로 단순살인으로 공소장을 변경해야 마땅하다.

강 변호사는 끝으로 정상론을 폈다.

재판부는 상사의 명령이 나라를 위해 좋은 것으로 판단하고, 해병대 동기
인 친구 정인형을 쏘아야 했던 박 피고인의 운명적인 입장을 냉철하게 판
단해주기 바란다. 그는 남아로서의 씩씩한 기개를 가졌던 사람이다. 더구
나 국가대표 사격선수인 안재송의 속사에 생명을 빼앗길지도 모르는 상
황에서 마지막까지 자신의 생명을 걸고, 그들을 설득했던 인간적인 측면
은 눈물 없이는 들을 수 없다. 피고인의 범행은 분명히 정치적인 것일 뿐
이지, 사욕에 의해 내란을 목적한 것은 아니다. 현재 각국의 행형 제도가
사형을 폐지하는 쪽으로 기울고 있으며, 더구나 정치범의 판결은 당시의
흥분 상태가 제거될 때까지 기다리는 것이 일반적인 흐름일진대 재판부
는 박 피고인에게 신중한 판단으로 무죄를 내려주기 바라며, 설사 죄를 인
정하더라도 가벼운 처벌을 바란다.

김홍수 변호사가 김태원을 위하여 변론했다.

재판은 재판관의 세계관과 의식 구조를 바탕으로 한 것으로 전인격의 표
현이라 할 수 있다. 어느 경우에나 법리法理는 같다. 형사소송법과 군법회
의법에 피고인의 1심 구속 기간을 6개월로 정했는데 이는 많은 경험에서
나온 것이다. 이 재판은 불과 2주 만에 결심을 했다. 왜 급하게 몰고 가는
가? 나는 나이도 많고 피곤해 체중이 1킬로그램 이상 줄었다. 검찰관도 지
적했듯이 이 재판에 세계의 이목이 집중되어 있고, 후세에 남길 재판이라

고 했는데, 어째서 2주 만에 결심을 하는 건가? 특히 분리 신문은 수사관의 수사 방법은 될지언정 재판에서는 있을 수 없다. 이상의 점으로 미루어 재판 결과에 의문을 갖고 있어 변론을 안 할까 했는데 가족들 때문에 변론을 한다.

김 변호사는 느리지만 노한 음성으로 그동안 마뜩지 않은 재판 진행 절차에 강한 불만을 터뜨렸다. 그다음 김태원에 대한 검찰 측 증거인 사체검안서의 문제점을 조목조목 반박했다.

김태원은 사건 발생 25분 후에 현장에 들어갔으며, 특히 피해자 김용섭의 치명상은 흉부 2발인데, 김태원이 쏜 1발은 엉덩이 부분이라는 것이고, 또 한 꿈틀대는 차지철을 쏜 것으로 되어 있으나 차지철이 살아 있는 것을 본 것은 대통령을 병원으로 후송하기 전에 본 두 여인과 남효주 등인데 한참 후 김태원이 쏠 때에도 살아 있었다고 단정할 수는 없다. 따라서 살인 부분에 대해 무죄이다. 피고인이 범행을 부인하는데 사형 선고는 있을 수 없다.

김성엽 변호사가 유석술에 대해 변론했다.

첫째로 궁정동 식당에 근무하던 중정요원의 상하 관계를 지적하겠다. 이들은 엄격한 상명하복 관계로 명령을 거역할 수 없도록 되어 있다. 둘째로 궁정동 식당의 특수한 위치를 고려해야 한다. 김정섭 제2차장보조차 식당 위치를 몰랐다고 진술할 만큼 기밀이 엄수됐던 곳이다. 이 두 가지 사항을 고려할 때 피고인에 대한 법률적 제재는 있을 수 없다. 유석술은 이기주의 명령을 받고 권총 등을 매몰했고, 4시간 후 윤병서 비서에게 이 사실을 알렸다. 이기주의 명령을 거부할 수 없었다. 또 범행에 사용한 권총 등이라는 점을 모르고 행동한 것이다. 정상론은 퍼지 않겠다.

유석술, 김태원, 유성옥, 이기주, 박흥주, 박선호의 최후 진술 — 다시 그 상황이 와도 그렇게 할 수밖에 없다

가족을 면회하게 해달라

검찰의 구형에 이어 오후 1시 45분경 시작된 변호인들의 변론이 4시 30분경에 끝났다. 재판장이 피고인들에게 마지막으로 최후 진술을 하라고 했다.

피고인들의 최후 진술은 다른 재판 때와는 거꾸로 유석술부터 하게 했다. 아무래도 김재규에게는 맨 나중에 최후 진술 기회를 주려는 재판부의 의도일 터였다.

유석술이 쭈뼛거리며 일어났다. 다른 피고인들이 모두 사형 구형을 받았는데, 혼자 징역 5년을 받아 미안하다는 표정 같았다. 그는 최후 진술이 최후로 설명하라는 말로 알아들은 듯 범행 당시 상황을 다시 설명했다.

"대통령을 저격한 권총인 줄 모르고, 이기주의 지시에 따라 묻었을 뿐입니다. 권총을 땅에 묻고 나서 직원들과 윤병서 비서관에게 신고하였습니다. 수사가 시작된 후 스스로 합수부에 가서 사실대로 말했습니다. 관대한 처분을 바랍니다."

다음 김태원이 일어났다. 그 역시 최후 진술이 범행 사실에 대한 최후 신문으로 알았다.

"당시 윗분들로부터 총격 사건에 대하여 들은 바 없었습니다. 총소리가 난 후 20분이 지나 박선호 과장이 따라오라고 해서 나갔고, '들어

가서 다시 한 번 쏘고 나오라'는 명령을 거역할 수 없었습니다. 과장의 지시로 이기주에 인계되어 대통령과 비서실장이 피하셨다는 말을 듣고 명령을 거역할 수 없는 상황에서 쏜 것입니다. 차 실장을 제외한 죽은 사람의 얼굴은 총 쏠 당시나 지금도 기억 못합니다. 수사 기관에서 '차 실장의 신음 소리를 듣고 나서 총을 쏘았다'고 말한 진술서는 강요된 것으로 불러주는 대로 썼습니다."

이렇게 김태원은 그의 무고함을 끝까지 주장했지만 그는 항소심이 끝난 후 담당 변호인이 아닌 강신옥 변호사에게 특별히 접견을 와달라고 부탁하여 찾아간 강 변호사에게 '와전옥쇄瓦全玉碎'라는 한자를 써주었다고 한다. 온전한 기왓장보다 깨어진 구슬이 낫다는 뜻으로, '아무 보람도 없이 삶을 이어가기보다 명예를 위해 깨끗이 죽겠다'라는 기개가 담겨 있는 한자성어였다.

사건 현장 주방에 있다가 살아난 김용남의 증언에 의하면 그는 사건 당일 밤 대기실에서 혼잣말로 '주사위는 던져졌다'고 말했다고 하는데, 김태원은 이 사건과 관련하여 '주사위는 던져졌다'와 '와전옥쇄'의 두 마디를 남긴 셈이다. 일개 중정의 말단 직원일지라도 그는 역사의 흐름과 그 의미를 알고 있었음일까?

다음 유성옥이 최후 진술을 했다.

"공무원 생활 16년 만에 법정에 서게 되어 가책을 느끼고 국민에게 미안합니다. 중앙정보부 요원으로 명령에 따라 움직이지 않으면 안 되는 상황을 참작해주시기 바랍니다. 가족과 면회할 수 있게 해주시고, 고막 상처를 치료할 수 있게 선처 바랍니다. 지은 죄에 대한 처벌은 달게 받겠습니다."

당시까지 그들에게는 한 번도 가족의 면회를 시켜주지 않았음을 호소한 것이다. 사형 구형을 받고 나서 가족에 대한 그리움이 사무친 모양이었다. 그리고 신병 치료를 부탁함으로써 간접적으로 고문 후유증을 항변하였다.

다음은 이기주 차례였는데, 훤칠한 키에 이목구비가 반듯한 미남형 얼굴이 잠시 흔들리는가 싶더니 결심했다는 듯 고개를 번쩍 들었다. 뚜벅뚜벅 마이크 앞에 다가서더니 한참 만에 "할 말 없습니다"라고 짤막하게 말하고는 한마디 빈정거렸다.

"검찰관이 나를 경호원 조장으로 진급시켜줘 대단히 감사합니다."

경호조장이란 직책이 없는데, 조사 당시 그가 다른 직원들을 지휘한 것으로 하기 위하여 경호조장으로 부른 데 대한 항의성 발언이었다.

가장 적절하고 정확한 행동이었다

다음 박흥주의 최후 진술이었다. 현역 대령인 그에게는 단심이 적용되어 2심도, 3심도 없었으므로 그야말로 최후로 하는 진술이었다.

"현역 군인으로서 대통령을 시해한 데 잘못을 느낍니다. 저는 육군사관학교에 입교한 이후, 전후방 각 부대에서 군인으로서는 최선을 다해 근무했으며, 1978년 4월 1일 중앙정보부장 수행비서관으로 임명받은 후에도 최선을 다해왔고, 국가의 막중한 임무를 수행하는 중정부장을 조금이라도 돕는다는 자부심을 갖고 근무해왔습니다. 저는 평생을 군에서 보내고, 국군묘지에 묻히기를 원했던 사람입니다.

실로 이번 일은 국민과 국가와 전 세계에 영향을 크게 미친 충격파라고 생각합니다. 물론 본인으로서는 예기치 않았던 일이고, 행동에 참여는 했지만, 큰 계획도 모르고 실시했던, 생각해보면 복잡한 생각을 가져오게 하는 사건이었습니다. 단지 본인은 부장이 일국의 정보 책임자로 중요 임무를 수행함으로써 남들이 취급하지 못하는 각종 정보와 국내의 움직임을 누구보다도 더 예민하게 감지하고 있다고 생각했었고,

심지어 부산·마산 사태에 부장을 수행해서 밤 1시에 현장에 내려가 그 심각성도 보고 돌아온 사람입니다. 평소에 국제 정세, 특히 이란 정세를 비롯한 각종 소요로 인한 국가에 미치는 영향에 대해서도 본인이 잘 알고 있었고, 항상 뇌리에 남아 있었습니다.

사건 이틀 전에도 국내의 여러 가지 복잡한 문제의 해결을 위해서 부장이 애쓰는 것을 봤고, 전반적 상황으로 보아 상당히 문제점을 안고 있는 시기로 본인은 생각했습니다. 당일 갑자기 부장께서 '나라가 잘못되면 자네나 나나 다 죽는 거야'라고 말씀하시고, '자유민주주의를 위하여'라고 외치며 들어가실 때, 본인은 부장의 평소 인격과 판단력과 본인 스스로 갖고 있던 소요 사태에 대한 핵심 문제, 이런 것들만 생각하고 실제 행동에 옮겼던 것입니다.

물론 사건이 다 끝난 오늘에 와서는 생각되는 점이 많이 있습니다. 그러나 당시에는 가장 적절하고 가장 정확한 판단에 의해서 행동했다고 생각합니다. 이제 본인은 궁정동의 비극이 발전하는 민주대한의 활력소가 되기를 간절히 바랍니다. 그리고 유족 여러분께 죄송하다는 말씀 드립니다. 이상입니다."

그는 평생 군인으로 일하다가 국립묘지에 묻히기를 원했다는 대목에서 울음을 터뜨렸다. 그는 최후 진술에 이르러 10·26 당시 그의 행동은 가장 적절하고 정확한 행동이었다고 힘주어 말했다.

민주 회복을 몇십 년 앞당겨놓은 분이다

다음은 박선호의 최후 진술이었다.

"본인은 그때 당시의 상황을 지금 당해도 그와 같이 할 수밖에 없는 입장에서 그날 일이 벌어졌다는 것을 말씀드립니다. 저로 인해 저의 훌륭한 부하들이 이 법정에 서게 된 데 대하여 마음 둘 바 없습니다. 오로지 존경하는 재판관님들께서 관대히 처분하여주시기를 말씀드립니다. 그리고 저희는 사람을 죽이는 게 목적이 아니었습니다. 단지 그때는 판단을 잘못했습니다만, 위협을 하면 모든 사람의 행동을 제지할 수 있을 것으로 생각하고 심지어 운전기사까지 데려갔습니다. 이렇게 제가 자진해서 겁도 없이 들어가서 전우를 살리려고 했던 것이 오히려 제 손으로 희생시키고 나니까 뼈가 저립니다. 나름대로 최선을 다했지만 그 길밖에 없었습니다.

그리고 부장을 제가 존경하게 된 동기는 이미 말씀드렸습니다만, 이분의 지시를 왜 제가 따랐느냐? 부장은 다른 사람과 달라서 국민의 가려운 데를 긁어주고 아픈 데를 어루만져줄 수 있는 정확한 판단하에 일을 집행하시는 점에서 제가 존경하고 따랐던 것입니다. 제가 생각할 때는 이 나라에서 정보 면에서 가장 정확하게 많이 알고 계시는 분입니다. 김 부장이 중앙정보부장을 3년가량 하신 것은 국민 모두가 아실 것으로 생각됩니다. 그러면 이분께서 직접 민주주의 회복을 위해서 몸소 건의해도 안 되고, 마지막으로 부산까지 가서서 실제 체험을 하고 오셨고, 또한 부산과 같은 상황이 서울에서도 일어나기 직전의 상황에 이르렀고, 서울에서 그와 같은 일이 일어난다면 4·19 때보다 더 큰 일이라 판단했고, 부장님도 그렇게 판단하심으로써, 이번 거사를 하신 것으로 생각됩니다. 이로 인해서 최소한 대한민국의 모든 국민이 갈망했던 민주 회복은 10~20년은 앞당겨놓은 분이라고 알고 있습니다. 이상입니다."

박흥주와 박선호는 그들 자신을 위한 최후 진술이라기보다는 김재규 부장에 대한 무한한 존경심에서 상관을 위해 최후로 변론하는 기회로 삼았다. 상하 간에 이와 같은 신의信義를 어디서 또 찾을 수 있을까 싶었다.

김계원의 최후 진술 — 홍모鴻毛의 보은도 드리지 못하고

다음은 김계원의 최후 진술이었다. 그는 헛기침을 한 번 하더니 조용히 말을 시작했다.

"재판장님, 심판관님. 부질없는 생명이 붙어 있어서 공소장에 의해 이와 같은 모양으로 재판정에 선 것을 대단히 유감으로 생각합니다. 돌아가신 각하께 또 하나의 누를 끼치는 것이 아닌가 싶어서 가슴 아픕니다. 10월 26일 각하를 모시고 왜 죽지 못했던가 하는 것이 천추의 한이 됩니다. 김재규가 왜 나를 각하와 함께 사살하지 않았는지 원망스럽기 한이 없습니다.

각하로부터 말할 수 없는 총애와 신뢰를 받아온 저입니다. 하해와 같은 은덕으로 본인이 생각해보지도 못하던 영광된 자리에까지 올라와 있었습니다. 그와 같은 각하께 홍모鴻毛의 보은도 드리지 못하고, 마지막에 국립묘지까지 모시고 가지 못한 불충을 지금 백만 번 사죄한들 무슨 소용이 있겠습니까? 다만 각하의 명복을 빌고 그 유족에게 하나님의 위로와 가호가 같이하기를 바랄 뿐입니다.

각하를 그렇게도 숭상하시던 국민 여러분, 각하의 서거를 그렇게도 애통해하시던 국민 여러분, 군 장병 여러분, 죄송합니다. 각하 보필을 제대로 못한 것을 사과드립니다. 바라건대 새로운 영도자를 모시고 모든 국민이 일치단결해서 각하께서 이룩하지 못한 민족중흥의 대업을 한시바삐 완성시켜주시기를 바랄 분입니다. 광명한 20세기 대한민국에서 이번 같은 끔찍한 사건이 나리라고 과연 누가 상상인들 해봤겠습니까? 중세기 암흑세계에서 일어난 궁중 모반 사건 같은 것이, 그것도 공산당에 의해서가 아니라, 가장 친근하게 믿는 각하 주변에서 일어났다는 것, 과연 누가 상상인들 했겠습니까.

이것이 민주주의로 가는 빠른 길이라면 우리는 방법을 고쳐야 할 줄 압니다. 한 나라의 영도자를 살해하고 민주주의가 쉽게 획득된다면, 이런 사건은 우리나라에 두고두고 계속 일어날 것으로 생각됩니다. 명분이 제아무리 좋고, 어떠한 미명하에서도 이와 같은 인류 도덕을 무시하는 모반 사건이 이 나라에서 다시 재현되어서는 안 되겠습니다. 이런 사건의 종지부를 찍는 계기가 되어야 하리라고 생각됩니다.

수사 과정에서 범죄 사실을 신속하게 파악하기 위해 열성적으로 일을 하는 데 깊은 감명을 받았습니다. 혈육 이상의 온정이 넘친 열성적인 변호인들에게 감사드립니다.

각하는 돌아가셨습니다. 너무나도 처참히 돌아가셨습니다. 그러나 각하께서 구상하고 시작하셨던 조국 근대화의 계획은 너무나도 컸고, 그 청사진은 상상할 수 없을 정도로 컸습니다. 그러기에 각하의 서거는 원통하고 애석하기 한이 없습니다. 그동안 각하께서 이룩하신 위대한 업적은 우리 민족사에 길이 남을 수 있는 큰 업적이라고 생각합니다. 역사에 큰 페이지를 차지하리라고 봅니다. 그 마지막 페이지에 기록될 이 재판 과정에서 발견된 진실한 사항이 재판관님들의 이름으로 생생하게 기록될 것을 믿어 마지않습니다. 10년, 50년 후에 가서 변동될 내용이어서는 안 되겠습니다. 재판부에 감사드립니다.”

마치 충성스런 부하가 상관에 대한 추모사를 읽는 대목같이 보였다. 그는 홍모의 보은도 드리지 못한 자신을 탓했는데, ‘홍모’란 기러기의 털을 뜻하는 것으로 극히 가벼운 사물을 비유하는 말이다.

여기까지 피고인들 7명의 최후 진술을 듣고는 10분간 휴정을 하였다. 재판부는 김재규의 최후 진술은 국가 기밀을 공개할 우려가 있다는 이유로 비공개로 한다고 선언했다. 아무래도 최후 진술을 통해 김재규의 입에서 무슨 말이 튀어나올지 모르기 때문에 미리 통제한 것이다. 재판부는 휴정하는 동안 법정 내의 모든 방청인을 내보냈다.

김재규의 최후 진술 — 자유민주주의는 3700만이 갈구하는 것

오후 6시 42분. 방청석은 썰렁하게 텅 비었다. 방청인이라고는 관계 기관 요원 외에 김재규의 가족 4명뿐이었다. 재판부 5명, 검찰관 3명, 그리고 변호인 8명이 이 역사적 광경을 지켜보고 있었다.

나는 김재규의 최후 진술을 기침 소리, 숨소리 하나 놓치지 않으려고 받아썼다. 최후 진술은 김재규가 마지막 혼신의 힘을 다해 쏟아낸 웅변이었으나, 당시 언론에는 그 내용이 일체 공개되지 않았다. 그는 메모지 한 장 없이 30여분 동안 최후 진술을 통해 '10·26 민주혁명'의 동기와 의의를 역설했다. 당시 정부 관계자로 유일하게 법정에서 방청했던 K씨는 지금도 생생하게 김재규의 최후 진술이 유신 정부의 폐부를 찌르는 듯 감동적이었다고 회고한다.

나는 재판이 끝난 후 받아쓴 내용을 정서하여 타이핑해두고 필요로 하는 곳에 나누어주었다. 여기에서는 나의 메모와 공판 조서, 그리고 그후 밝혀진 녹취 내용을 중심으로 그의 최후 진술을 엮어본다. 공판 조서에는 당시 비공개임이 기재되지 않았으나, 김재규의 최후 진술은 이례적으로 9장에 걸쳐 비교적 충실히 기록되었다.

"재판장님, 그리고 심판관님. 최후 진술의 기회를 주셔서 감사합니다. 목이 잠겨서 제대로 될지 모르겠지만, 최후 진술이니까 끝까지 해보겠습니다.

금번 피고인들이 내란죄로 기소되어 재판받고 있습니다. 그런데 우리나라에서는 그동안 합법적으로 수립됐던 민주당 정권이 5·16혁명에 의해서 밀려났습니다. 그다음에 10월 유신은 자기 집 안마당에서 또 한 번 치르는 혁명이었습니다. 이 혁명은 자유민주주의를 말살했습니다. 그리고 금번 10·26혁명은 이 나라의 건국이념이고 국시이며, 6·25를 통해서 전 국민이 수난을 겪으며 생명을 바치고 지켜온 자유민주주의를 회복하기 위해서 혁명한 것입니다.

이 혁명이 어떻게 내란죄의 심판을 받아야 합니까? 오늘날 자유민주주의는 우리 대한민국 전체 국민 남녀노소 할 것 없이 3700만이 다 같이 갈구하고 있습니다. 이것을 회복시키는데 어찌하여 내란죄의 적용을 받아야 되느냐는 생각이 듭니다. 또 10·26혁명은 순수하고 깨끗합니다. 집권욕이나 사리사욕이 있는 게 아닙니다. 오로지 자유민주주의를 회복하겠다는 일념에서 이루어진 것입니다. 이 혁명의 결과 자유민주주의는 완전히 회복되었고, 보장되었습니다.

최 대통령께서는 권한대행 시절에 국민 앞에 공약을 했습니다. 현 대통령의 자리를 임기를 다 마치지 않고 도중에 그만두겠다고 하였는데, 이는 '과도정부'를 의미하는 것이고, '과도'라는 것은 자유민주주의로 이행해가는 과도기를 의미합니다. 따라서 10·26혁명의 목적은 완전히 달성되었습니다.

뿐만 아니라 국회에서 긴급조치 9호를 해제했습니다. 10·26혁명이 없었던들 이런 일이 어떻게 일어날 수 있었으며, 꿈이라도 꿀 수 있는 일입니까? 이 또한 이 혁명의 성공을 입증하는 것입니다.

10·26혁명은 5·16혁명이나 10월 유신에 비해 정정당당한 것입니다. 허약한 민주당 정권을 무력하다는 이유로 밀어치우는 것과 집 앞마당에서 자유민주주의를 말살한 것에 비하면, 서슬이 시퍼렇고 막강한 힘을 갖고 있는 유신 체제를 정면에서 도전하여 타파하는 데 성공한 것입니다. 그리하여 민주회복 국민혁명은 완전히 성공했습니다. 10·26혁

명이야말로 역사상 가장 정정당당한 혁명이라고 생각합니다.

물론 무혈혁명이 가장 이상적입니다. 그러나 무혈로 혁명의 목적을 달성할 수 없을 때는 최소한의 희생은 부득이한 것입니다. 이번 혁명에서 최소한의 희생은 불가피했습니다.

여러분도 아시다시피, 박정희 대통령 각하께서는 자유민주주의 회복과 자신의 희생과를 숙명적 관계로 만들어놓았기 때문에, 자유민주주의의 회복을 위해서는 각하께서 희생되지 않을 수가 없게 되어 있었습니다. 대통령 각하를 잃은 것은 매우 가슴 아픈 일이고 마음 아픔을 비할 데가 없습니다.

그러나 유신 이후 7년이 경과되었고, 영구 집권이 보장된 오늘날 박 대통령이 살아 있는 한, 20년 내지 25년 내에는 최소한 자유민주주의 회복이 안 된다고 볼 때, 가슴 아프지만 국민들의 희생을 막기 위하여 이 혁명은 필연성이 있는 것입니다.

지금 우리들 모두 감상적이고 감정이 몹시 앞서 있기 때문에 사리 판단에 있어서 지나치게 판단하기 쉽습니다. 저에 대한 내란죄 심판도 그런 까닭이라고 생각합니다. 따라서 우리는 감상이나 감정에 사로잡히지 말고 정치 현실은 정치 현실대로, 감상은 감상대로 냉정히 판단해서 엄연히 구별해야 합니다.

저는 법을 잘 모르지만, 때나 경우를 가리지 않고, 공정한 법을 적용하기 위해 판례를 매우 중요시한다고 생각합니다. 저는 저 스스로의 생명을 구걸하기 위해 최후 진술을 하는 것은 결코 아닙니다. 오히려 대장부로 태어나서 제가 죽을 수 있는 명분을 찾은 것으로 죽음의 복을 잘 타고난 사람이라고 생각합니다. 다시 말해서 저는 오늘 죽어서도 영생할 수 있다는 자부가 있기 때문에 조금도 생명을 구걸할 필요가 없습니다.

그런데 10·26혁명의 이념과 정신과 그 성공 결과를 뚜렷이 하기 위해 그 목적을 달성하기 위해, 또한 법이 허용하는 한 저는 투쟁할 수밖에 없습니다. 5·16혁명, 10월 유신이 범법이 아니라면, 10·26혁명도 범법이 아니라고 생각하기 때문에, 마지막까지 투쟁하는 것입니다. 10·26혁명이 범법이라면 의미 없는 혁명이 되고 맙니다.

여러분, 우리나라는 자유민주주의 국가여야 합니다. 새삼스럽게 설명할 필요도 없이 건국이념이요, 우리의 국시입니다. 수없이 많은 국민들의 희생을 치르고, 전체 국민이 수난을 당하며 지켜온 자유민주주의입니다. 무슨 이유로든 이것은 말살될 수가 없습니다. 그런데 10월 유신과 더불어 까닭 없이 말살되어버렸습니다. 10월 유신은 국민을 위한 체제가 아니라 박 대통령의 종신 집권을 위한 체제였습니다. 저는 민주주의 국가에서는 대통령이라도 자유민주주의를 지킬 의무와 책임은 있어도 이를 말살할 권한은 없으며, 자유민주주의는 누구에게도 빼앗길 수 없는 것입니다.

그리하여 우리나라에는 모순의 시대가 온 것입니다. 특히 유신 체제에 대한 반대의 소리가 높아지고 민주주의를 회복하라는 소리가 높아지자 긴급조치 9호가 발동된 것입니다. 수없이 많은 사람들이 구속되었습니다. 그러나 민주 회복의 불길은 영원히 꺼지지 않고, 계속 타고 번져나갔습니다. 전국에 팽배한 상태까지 번졌습니다. 제가 정보부장으로서 파악한 바에 의하면, 유신 체제를 유지하려면 정부와 국민 간에 치열한 공방전이 예상됩니다. 이승만 대통령과 박정희 대통령을 비교하면, 이승만 대통령은 그만둘 때 그만둘 줄 알았으나 박 대통령은 많은 국민이 희생되더라도 끝까지 방어를 해낼 사람으로 그만둘 사람이 아닙니다. 많은 희생자가 나도 자유민주주의는 회복되지 않습니다. 본인은 이를 알기 때문에 유신 체제를 지탱하는 지주支柱 역할을 담당한 사람이지만, 더이상 국민들이 당하는 불행을 방관할 수가 없어 이 사회의 모든 모순된

문제들을 해결하기 위해 뒤돌아서서 그 원천을 두드려 부순 것입니다.

저의 10·26혁명의 목적을 말씀드리자면 다섯 가지입니다.

첫째는, 자유민주주의 회복입니다.

둘째는, 국민의 보다 많은 희생을 막는 것입니다.

셋째는, 궁극적으로는 적화방지赤化防止에 목적이 있습니다.

넷째는, 혈맹이요 우방인 미국과의 관계가 건국 이래 가장 나쁜 상태이므로, 이 관계를 완전히 회복해서 돈독한 관계를 가지고 국방을 위시해 외교, 경제까지 보다 적극적인 협력을 통해 국익을 도모하자는 것입니다.

다섯째는, 국제적으로 독재국가라는 나쁜 이미지를 씻고 국제사회에 이바지하여 이 나라 국민과 국가의 국제사회에서의 명예를 회복하자는 것입니다.

그런데 이 모두가 10·26혁명의 결행으로 해결이 보장되었습니다. 여기서 제가 한마디 확실히 해둘 것은 저는 결코 대통령이 되려는 목적이 없다는 점입니다. 저는 군인이요, 혁명가입니다. 군인이 정권을 잡으면, 독재자가 될 우려가 있습니다. 독재를 마다하고 혁명을 한 사람이 다시 독재의 요인을 만들겠습니까? 각하와의 개인적 의리를 청산하고 혁명했습니다만, 각하의 무덤 위에 올라설 정도로 저의 도덕관이 그렇게 타락되지 않았습니다.

혁명의 결행은 성공했습니다만, 혁명 과업은 손대지도 못한 채, 50여 일이 흘렀습니다. 혁명 결행에 못지않게 혁명 과업 수행이 중요합니다. 장장 19년 동안 이 나라에는 많은 쓰레기가 꽉 들어찼습니다. 이런 쓰레기를 설거지하지 않고 어떻게 하겠습니까? 증권파동 등 4대 의혹 사건은 국민을 우롱했으며, 국민의 재산권을 침해한 행위로서 많은 치부를 하고도 아무도 책임지지 않았습니다. 이것은 곧 6·3사태를 불러일으켰습니다. 그 당시 저는 사단장으로 서울에 나와서 사태를 진압하는 지휘관이었습니다. 그래서 그때 상황을 역력히 기억하고 있습니다. 지금까지 그때 치부한 돈 한 푼도 정부에서 환수한 일이 없습니다. 이래가지고도 이 사회에 정의가 살아 있다고 할 수 있습니까? 이런 것들을 설거지하지 않고도 자유민주주의를 출범시켜서 순조롭게 가겠습니까?

지금은 우리나라에 핵심이 없습니다. 각하께서 돌아가시고 나서 핵심이 없어져버렸습니다. 이 상태가 가장 어려운 상태이고, 가장 위험한 상태입니다. 4·19혁명 이후와 비슷합니다. 주인이 없습니다. 이런 상태로 자유민주주의가 출범하게 되면, 힘센 놈이 밀면 또 넘어갑니다. 악순환이 계속됩니다. 이것을 막는 길은 오로지 민주 회복을 지도한 저만이 할 수 있다고 생각했습니다. 저는 군의 주요 지휘관들과 협력해서 자유민주주의를 출발시켜놓고 이것을 보호하는 데 제 역할이 있다고 생각했습니다.

우리나라는 건국 이래 지금까지 한 번도 순리적으로 대통령과 정권이 교체된 바가 없고, 4·19, 5·16 등 악순환이 거듭되었습니다. 이와 같은 악순환을 언제까지 가져가야 하겠습니까? 저는 군 수뇌들과 손을 잡고 이 나라의 정권이 앞으로는 국민의 뜻에 따라 순리적으로 오가도록 토착화시켜야겠다고 생각했습니다. 단 한 번이라도 그렇게 만들어놓으면, 정권이 바뀌든 대통령이 바뀌든 국민의 뜻에 따라 순리적으로 이루어질 수 있다고 생각했습니다. 그것이 제가 할 일이라고 생각했습니다.

최 대통령에게 말씀드립니다. 자유민주주의가 대문 앞까지 와 있는데 지금 문을 열지 않고 있습니다. 그래서 자유민주주의가 들어오지 못하고 있습니다. 자유민주주의를 빨리 회복시킨다고 해서 절대 혼란이 올 리 없습니다. 자유당 때 자유민주주의 안 하고 부정 선거를 해서 혼란이 온 것입니다. 공화당 정권이 되고 난 이후에 국민을 우롱하는 사건을 만들어내니까 혼란이 온 것이지 자유민주주의를 해서 혼란이 온 게 아닙니다. 물론 지나치게 급격한 변화를 가져오는 것도 문제가 있지만, 3~5개월이면 충분하지 1년이나 1년 반씩 끌 이유가 없습니다. 그래서 저는 오히려 빨리 민주 회복을 안 하고 시간을 끌다가는, 내년 3~4월이면 틀림없이 민주회복운동이 크게 일어나서 큰 문제가 될 것으로 봅니다. 그때는 걷잡을 수 없는 사태가 벌어집니다. 지금은 국가의 핵核이 없습니다. 정부가 통제력이 없고 국민은 자제력이 없습니다. 이런 상태에서 큰일을 당하면 뭐가 될지 모릅니다. 저는 그래서 문제가 될 만한 요인을 미리미리 없애라고 권고드리고 싶습니다.

또 입법부에 말씀드리고 싶습니다. 진정 민의를 대변하는 국회라면 국민의 갈망을 받아들여 10·26혁명 지지 결의를 해야 한다고 봅니다. 만약 이렇게 하지 않는다면 자유민주주의 회복을 위해 무엇을 했느냐고 물어보고 싶습니다. 그동안 긴급조치 9호 해제를 결의했지만, 지엽적인 일입니다. 더 긴급한 것은 자유민주 회복뿐이므로 자유민주주의 회복 결의가 더 원천적인 일이라고 생각합니다.

저는 지금 모든 것을 체념하고 가만히 눈감고 생각하면, 저의 혁명이 원인이 되어 혼란이 오고 국기마저 흔들릴 요인이 생길까 봐 몹시 걱정이 됩니다.

최 대통령에게 지금도 말씀드리고 싶습니다. 감상에 사로잡혀 있지 말고 정치는 냉혹한 것이니 제가 아무리 밉더라도 밉다고 생각지 말고 저를 끌어내어 저와 같이 혁명 과업을 수행합시다. 저와 함께 국가의 핵을 만들고 중심 세력을 만듭시다. 국가의 장래를 반석 위에 올려놓읍시다. 이러한 이야기가 현재 분위기로 보아 받아들여질 리 없다고 생각합니다만, 진정 나라의 장래를 걱정한다면 감정을 초월해서 이성으로 돌아가 냉혹하게 정치 현실을 전망하여 국사를 그르치는 일이 없기를 바랍니다.

재판부에 말씀드립니다. 연일 공판에 매우 피곤하실 텐데도 장황한 이야기를 경청해주셔서 고맙습니다. 이 세상을 하직하고 가더라도 여러분에 대한 고마움을 간직하고 가겠습니다. 저는 오늘 마지막으로 자유민주주의 회복을 20~25년 앞당겨놓았다는, 누구와도 바꿀 수 없는 자부심을 가지고 갑니다.

대한민국의 발전이 잘되도록 기원합니다. 대한민국의 앞날에 '자유민주주의 만만세'를 기원하고, '10·26 민주혁명 만만세'를 기원합니다. 다만 제가 이 세상을 빨리 하직함으로써 자유민주주의가 이 나라에 만발하는 것을 보지 못하고 가는 그 여한이 한량없습니다. 그러나 이미 모든 것이 기약되어 있기 때문에 제가 못 보았다 뿐이지 틀림없이 오기 때문에 저는 웃으면서 갈 수 있습니다. 저의 소신에 의한 행동이니 그에 알맞은 형벌을 내려주시기 바랍니다.

끝으로 저의 부하들은 착하고 양같이 순한 사람들입니다. 너무 착하기 때문에 저와 같은 사람의 명령에 무조건 철두철미하게 복종했으며, 또 그들에게 선택의 여유나 기회를 주지 않았습니다. 그들 입장에서 볼 때 죄를 지었고, 저의 입장에서는 혁명을 했습니다만, 그러나 모든 것은 저에게 책임이 있습니다. 많은 사람을 희생시킨다고 해서 법의 효과를 얻는다고 생각하지 않습니다. 저 하나 중정부장을 지낸 사람이 총 책임을 지고 희생됨으로써 충분합니다. 저에게 극형을 내려주시고 나머지 사람들에게는 극형만은 면해주시기를 바랍니다.

특히 박 대령은 단심單審이라 가슴이 아픕니다. 매우 착실한 사람이었고, 가정적으로도 매우 모범적이고 결백했던 사람입니다. 청운의 꿈을 안고 사관학교에 지망했고, 지금 선두로 올라오는 대령입니다. 군에서는 더 봉사할 수 없겠지만, 사회에서 더 봉사할 수 있도록 극형만은 면하게 해주시기를 간곡히 부탁드립니다. 두서없는 말을 장황하게 해서 죄송합니다. 이것으로 마치겠습니다."

김재규가 최후 진술을 마치니 시간은 7시 13분을 가리키고 있었다. 그는 두서없는 장황한 말이라고 했지만, 그의 소신에 따라 앞뒤가 분명하게 논리 정연했고, 장황하기보다는 한 편의 드라마의 클라이맥스를 지켜보는 것 같았다.

김재규의 최후 진술이 끝났는데도 법정 안은 한동안 무거운 침묵이 긴 여운을 되새김질하듯 짓누르고 있었다. 법정 밖도 깜깜한 밤의 침묵이 먹물처럼 짙게 물들고 있었다.

재판장이 다음 선고 공판은 이틀 후인 12월 20일 11시에 개정한다고 고지하고 폐정을 선언하였다. 나는 김재규의 최후 진술의 충격에 잠시 얼이 빠져 있었는지 재판장의 폐정 선언을 듣고 나서야 꿈에서 깨어난 듯 천근만근 무거운 몸을 간신히 일으켰다.

13   1심 판결
선고

김재규, 김계원, 박흥주, 박선호 등 7명 사형 선고

10·26 사건의 1심 선고 공판일인 12월 20일 11시가 되자 법정 안은 터질 듯한 긴장과 숨 막히는 정적이 교차했다. 10·26이 일어난 지 55일, 재판이 시작된 지 16일 만이었다. 이날의 공판 조서에는 "재판장은 판결서에 의하여 판결을 선고하고 상소 기간과 상소 군법회의를 고지"라고 간단히 적혀 있다.

　육군본부 계엄보통군법회의(재판장 김영선 중장, 심판관 유범상 소장, 이호봉 소장, 오철 소장, 법무사 황종태 대령)는 피고인 김재규에게 내란목적살인 및 내란수괴미수죄로, 피고인 김계원, 박선호, 박흥주, 이기주, 유성옥, 김태원 등 6명에게 내란목적살인 및 내란중요임무종사미수죄를 적용하여 구형대로 각 사형을, 유석술 피고인에게는 증거은닉죄를 적용하여 징역 3년을 선고했다.

재판장 김영선 중장이 "79보군형공 제88호 내란목적살인 등 사건에 대하여 판결을 선고한다"고 선언하고, 이어 단호한 어조로 판결 주문을 낭독했다.

"피고인 김재규를 사형에 처한다……."

이미 극형을 예측한 듯 체념한 자세로 피할 수 없는 마지막 순간을 기다리던 피고인들은 일순 표정이 굳어졌다. 초췌한 얼굴에는 경련이 일었다. 방청석의 가족들은 막연한 기대마저 무너지자 고개를 숙인 채 눈물과 탄식을 쏟아냈다.

귀에다 손바닥을 대고 재판장의 판결을 경청하던 김재규는 사형이 선고되는 순간에도 흐트러지지 않은 자세로 재판장을 응시했다. 여전히 수염이 텁수룩한 채 병색이 짙은 검은 얼굴에 눈은 충혈되어 있었다. 흰색 한복에 검은 고무신과 털양말도 그대로였고, 두 손을 무릎에 얹은 자세도 구형 공판 때와 변함이 없었다. 이따금 마른기침을 했고, 길게 자란 머리칼을 쓸어 올렸다. 카메라 기자를 위하여 가끔 얼굴을 돌려주기도 했다.

김계원은 약간 부은 듯한 얼굴에 입을 야무지게 다물고 팔짱을 낀 채 애써 태연한 자세를 취하는 듯했으나 사형 선고가 내려지자 안색이 창백하게 변했다. 그 역시 흰색 한복에 검은 고무신을 신고 있었다.

군 작업복 차림의 박흥주는 지친 듯 눈을 감았다 떴다 하면서 사실상 이번 선고가 최종 선고임을 감안했음인지 수염을 깎지 않은 텁수룩한 얼굴에 초조하고 긴장된 표정을 감추지 못했지만 정면을 바라보며 가슴을 편 부동 자세였다.

박선호 등 나머지 사형 선고를 받은 피고인들도 낙담한 듯 굳은 표정에 차가운 시선이었다. 푸른 수의를 입은 박선호는 재판부 쪽을 응시한 채 자세를 바로 하고 있었고, 가끔 취재 기자들을 둘러보았다.

이기주는 눈을 감은 채 단정히 앉아 있었으며, 유성옥은 평소 웃으며 뒤를 돌아보기도 했던 모습과는 달리 웃음기가 가신 채 시종 긴장한 표정이었다.

1심 판결 이유

비인륜적인 대역 행위

김영선 재판장이 양형 이유量刑理由를 설명했다.

"국내외적으로 국가가 위기에 처한 시점에서 국가 원수를 시해한 것은 명백한 대역 행위로 어떠한 명분으로도 정당화될 수 없기 때문에 내란 행위에 가담한 전 피고인들에게 극형을 선고한다."

김 재판장은 김재규에 대해 이렇게 판결 이유를 말했다.

박 대통령의 고위 정책보좌관으로 중앙정보부장이라는 직책상 국가적 난국의 문제점과 원인을 정확히 진단하여 사태를 수습하여 국가 원수를 보필해야 할 위치에 있으면서도 최근 일련의 사태에 대한 책임을 박 대통령에게 전가하고 나아가 이를 거사의 계기로 역이용하여 대통령을 시해한후 정권 탈취를 기도한 점은 가증스러운 일이며, 피고인이 자신의 잘못을 뉘우침이 없이 '자유민주주의 회복'이라는 거창한 구호를 내걸고 범행 동기를 미화하려는 치졸한 작태를 계속하고 있으나, 범행 전에는 유신 체제를 유지하기 위하여 누구보다도 앞장서온 장본인이 상황이 악화되자 하루아침에 변심하여 체제 타도를 부르짖는 자가당착적인 행위를 납득할수 없고, 또한 설사 피고인의 동기가 제아무리 숭고하고 순수한 것이라 할지라도 총칼로써 민주 회복을 기도하였다면 그것은 폭력의 악순환만을 초래하는 시대착오적 과대망상이라 아니할 수 없고, 오히려 그 자체가 자유민주주의에 대한 중대한 도전이요 위협이라 아니할 수 없으며, 인간적인 측면에서 볼 때도 그간 대통령의 절대적인 신임과 총애를 받아 군과 정부의 요직을 두루 거친 자로서 아무런 주저 없이 대통령의 가슴에 총부리를 겨누고, 두부를 향하여 확인 사살까지 서슴지 않은 잔학성을 자행한 피고인의 행위는 인간의 양심마저 저버린 비인간적인 비인륜적 행위로서 일말의 동정도 받을 수 없다.

이어 김계원에 대해서도 말했다.

박 대통령의 신임과 총애를 얻어 주요 요직을 거쳤고, 비서실장으로 재직하면서 대통령 직책의 중요성과 그분의 영도력이 어느 때보다 필요하다는 것을 절감하면서도 사건 현장을 목도하고 김재규의 살해 기도에 동조하여 자신의 안전만을 생각한 나머지 대통령을 보호하기는커녕 김재규의 범행을 용이하게 한 것은 법의 심판에 앞서 윤리적 비난을 면치 못하며, 시해 이후 정권 탈취를 위한 일련의 행위 상황에 있어서 김재규의 의도에 적극 호응하여 진상을 은폐시킴으로써 김재규의 반역 행위를 직간접으로 도와오다가 김재규의 거사 실패가 예상되는 결정적 시기에 밀고한 기회주의적 행동을 자행한 것은 동정의 여지가 없다.

김영선 재판장은 박선호, 박흥주, 이기주, 유성옥, 김태원 등 5명의 피고인에 대하여 "국가 원수의 면전에서 사람을 살상한 하나만으로도 대역죄의 비난을 면치 못할 것인데, 하물며 시해에 가담하여 수행 경호원들을 무참히 살육한 것은 다른 정상을 살필 필요조차 없다"라고 못 박았다.

우리나라 형법상 '대역죄大逆罪'라든가, '시해弑害'라는 법률 용어는 없다. 단지 그에 해당하는 '외환外患죄'와 '내란內亂죄', 그리고 '살인殺人죄'라는 용어만이 존재한다. 아마도 검찰과 재판부는 '대역죄'라느니 '시해'라는 절대왕조 시대의 용어를 사용함으로써 10·26의 반역성을 극대화하고자 한 것으로 보인다.

김 재판장은 예비역 대령인 박선호와 현역 대령인 박흥주에 대해서는 "국군 통수권자를 시해한다는 것을 알고서도 김재규에 대한 개인적 의리와 자신의 영달을 위해 주저 없이 범행을 분담하고 다른 나머지 피고인들을 지휘한 것은 더욱 비난을 가중케 하고 있다"라고 밝혔다.

또한 이기주, 유성옥, 김태원에 대해서는 "상사의 지시에 따라 범행을 수행했을 뿐이라고 변명하고, 본건 범행이나 그 결과에 대하여 한 점 후회의 빛을 보이지 않고 있음은 역시 그 정상을 참작할 여지가 없다"라고 판시했다.

마지막으로 김 재판장은 "폭력에 의한 헌정 질서의 중단은 국가를 파괴시키고 사회적 혼란을 가중시킬 뿐이며, 폭력을 통한 정권 수립이란 또 다른 폭력의 악순환만 초래할 것이라는 확고한 신념과 이와 같은 불행한 역사의 오점이 두 번 다시 점철되어서는 안 된다는 강인한 결의를 아울러 밝히면서 판결을 선고한다"라고 판결 이유의 결론을 끝맺었다.

증거의 요지와 변호인 주장에 대한 판단

재판장의 양형 이유 설명과 별도로 법무사 황종태 대령이 증거의 요지를 설명했다.

피고인들에 대한 범죄 사실은 피고인들의 이 법정에서의 각 진술, 검찰관이 제출한 이 건 수사 기록과 증인 신재순 등의 진술 및 압수되어 이 법정에 현출된 증 제1호 내지 45호의 각 현존現存을 종합해보면 모두 인정할 수 있으므로 그 증명이 충분하다.

이어서 법무사가 변호인들의 주장에 대한 판단을 설명했다.

1) 피고인 김재규, 김계원, 박흥주, 이기주, 유성옥의 변호인들은 이 사건 공소장 기재 공소 사실이 특정되어 있지 아니하여 공소 제기의 절차가 위법이니 공소 기각의 판결을 해야 한다고 변소하나, 이 사건 공소장 기재 범죄 사실은 판시 범죄 사실을 인정하기에 충분할 정도로 그 기본적 구성 요건을 특정하여 설시說示하고 있으므로 위 변호인들의 변소는 이유 없어 받아들이지 아니하고, 피고인 박선호의 변호인은 이 건 범죄는 초실정법 규적超實定法規的이며 자연권自然權인 저항권의 발로로서 처벌의 대상이 되지 아니하므로, 이 건 공소장에 기재된 사실이 진실하다 하더라도 범죄 가 될 만한 사실이 전연 포함되어 있지 않아서 죄를 구성하지 아니하니 공 소 기각의 결정을 해야 한다고 변소하나, 판시 범죄 사실에서 본 바와 같 이 이 건 범죄는 판시 범죄에 해당하므로 위 변호인의 변소는 받아들일 만 한 것이 못 된다.
2) 피고인 박선호, 박흥주, 이기주, 유성옥, 김태원, 유석술의 변호인들은 중앙정보부 직원들은 정보부장을 정점으로 하여 군대 조직보다 더 엄격 한 상명하복 관계에 있으므로 상관의 명령이 위법한가 여부를 판단하거 나 그 명령의 이행 여부를 선택할 수 있는 여지가 없고, 따라서 상관의 명 령을 거부할 수 없는 특별한 상황에서 한 이 건 피고인들의 각 소위는 강 요된 행위이거나 기대 가능성이 없는 경우에 해당한다 할 것이므로 결국 처벌할 수 없다고 주장하는바, 무릇 공무원은 직무를 수행함에 있어서 소 속 상관의 직무상의 명령에 복종해야 할 의무는 있으나 명백히 위법한 명

령에 대해서까지 복종할 의무는 없을 뿐만 아니라, 중앙정보부 직원은 비록 상관의 명령에 절대 복종하여야 한다는 것이 불문율로 되어 있다 하더라도 단지 그 점만으로는 이 건 판시 범죄와 같이 중대하고도 명백한 위법 명령에 따른 범법 행위가 강요된 행위이거나 적법 행위에 대한 기대 가능성이 없는 경우라고는 도저히 볼 수 없고, 달리 이 건 범행 시 피고인들이 저항할 수 없는 폭력이나 방어할 방법이 없는 협박에 의하여 자유롭게 의사 결정을 할 수 없는 강요된 행위였으며, 또한 상관의 위법한 명령을 거부할 수 없는 특별한 사정하에 있었기 때문에 적법 행위를 기대할 수 없었다고 볼 하등의 자료를 찾아볼 수 없으므로 위 주장은 모두 이유가 없다.

관할관 확인, 피고인들의 항소

이날 선고된 형량은 육군본부 계엄군법회의의 관할관인 계엄사령관의 확인 조치에 따라 1심 최종 형량이 확정된다. 관할관은 확인 과정에서 직권으로 감형 또는 형 집행을 면제할 수 있으나 당시 사정으로는 기대하기 어려웠다.

피고인 중 현역 군인인 박흥주는 단심제를 적용받아 1심 판결 후 관할관의 확인 조치로 형이 확정되며, 나머지 피고인들은 고등군법회의와 대법원에 차례로 상소할 수 있다.

특히 사형이 선고된 피고인들은 군법회의법 및 형사소송법의 규정에 따라 상소를 포기할 수 없으므로 3심까지 모두 거쳐야 한다. 이들은 관할관의 확인 조치 후 5일 내에 그 내용을 송달받고 그로부터 7일 이내에 항소해야 한다. 대법원에서 형이 확정되면 관할관을 경유해 국방부장관에게 소송 기록을 제출하도록 되어 있으며, 사형은 국방장관의 명령에 의해 집행된다. 또 사형 집행의 방법은 민간인일 경우 교수형이지만, 군인의 경우는 총살형이다.

육군본부 계엄보통군법회의의 관할관인 이희성 계엄사령관은 판결 선고가 있은 지 이틀 후인 12월 22일 피고인 김재규 등 8명에 대한 1심 판결 형량을 아무런 경감 없이 확인 조치하였고, 그 확인 조치가 12월 26일 피고인들에게 송달되었다.

이희성 계엄사령관은 12·12 사태로 물러난 정승화 육군참모총장의 후임이었다. 이로써 8명의 피고인들에 대한 1심 형량이 확정된 것이다. 이들 가운데 현역 육군대령인 박흥주 피고인은 단심 적용으로 사형이 확정되어 사형 집행을 기다리게 되었다.

관할관의 확인 조치를 송달받은 다음 날인 12월 27일 박흥주를 제외한 나머지 피고인들 7명은 1심 판결에 불복하여 모두 육군본부 계엄고등군법회의에 항소를 제기하였다.

김재규 피고인은 본인 자신과 노모 권유금, 부인 김영희 씨의 이름으로 항소장을 제출했으며, 나머지 피고인들도 본인 또는 부인의 이름으로 항소장을 제출했다. 피고인들의 변호인들도 각각 피고인을 위하여 항소장을 별도로 제출했다. 중복되지만 항소장 제출은 1심 담당 변호인도 할 수 있는 것이다.

항소장은 원심인 계엄보통군법회의에 제출하며, 이는 14일 이내에 소송 기록과 증거물과 함께 그 군법회의 검찰관에게 송부되고, 7일 이내에 계엄고등군법회의 검찰관에게 송부된다. 그리고 5일 이내에 계엄고등군법회의 재판부에 송부된다. 송부받은 즉시 항소인과 변호인에게 접수 통지를 하고, 통지 받은 날로부터 20일 이내에 항소이유서를 제출해야 한다.

항소이유서를 제출받으면 고등군법회의 재판부를 구성하고, 최소한

1회 공판 5일 전에 공판 기일을 지정해 통고해야 한다. 고등군법회의 재판부는 재판장을 포함한 심판관 2명, 법무사(현 군판사) 3명으로 구성되는데, 법무사를 제외한 재판장과 심판관은 원심군법회의의 재판장 및 심판관과 같은 서열이거나 그보다 상급자여야 한다. 법무사가 1심에서는 1명이었으나, 3명으로 된 것은 군법회의법(현 군사법원법)상 2심이 1심보다 법률심法律審적 성격을 강화한 제도이기 때문이다.

박흥주의 사형 집행

박흥주의 변호인 태윤기 변호사는 12월 26일 어떻게 해서든지 박흥주를 구해보려고 마지막 법률 수단인 재심再審 청구를 하였다. 당시 사정으로 재심이 받아들여지기는 어렵겠지만 재심을 청구함으로써 적어도 사형 집행 시기만은 연기해보려는 의도도 있었다.

그러나 이러한 노력의 보람도 없이 박흥주는 이 사건의 다른 피고인들에 대한 대법원 확정 판결이 나기도 전인 1980년 3월 6일 경기도 시흥군 소래면의 야산에서 총살형 집행으로 이승에서의 생을 마감하였다. 공교롭게도 이날은 김재규의 생일이었다.

박흥주는 사형 집행 직전 '대한민국 만세'를 두 번이나 소리 높이 외쳤다. 그의 장례에는 고교 동창생들(서울고 10회)이 자리를 지켜주었고, 육사 동기생이나 다른 군 관계 인사는 한 사람도 없었다.

뒤에 밝혀진 그의 유서는 사형이 확정된 후 2월 2일 자로 작성된 것인데, 미농지 3장에 깨알같이 적혀 있었다.

아내에게는 다음과 같이 썼다.

"아이들에게 이 아빠가 당연한 일을 했으며, 그때 조건도 그러했다는 점을 잘 이해시켜 열등감에 빠지지 않도록 긍지를 불어넣어주시오. 앞으로 살아갈 식구들을 위해 할 말을 다 못하고 말았지만 세상이 다 알게 될 것이오. 그리고 우리 사회가 죽지 않았다면 우리 가정을 그대로 놔두지는 않을 거요. 정신적으로나 경제적으로나 도와줄 것이라고 생각하오. 설령 그렇지 않더라도 의연하고 떳떳하게 살아가면 되지 않겠소."

당시 초등학생인 두 딸에게는 이렇게 썼다.

"아빠가 없다고 절대로 기죽지 말고 전처럼 매사에 떳떳하게 지내라. 아빠는 조금도 부끄러움이 없는 사람이다. 너희들이 자라나는 동안 어머니와 친척 어른들의 지도를 받고 양육되겠지만 너희 자신은 커서 독립하여 살아가야 하는 것이다. 독립정신을 굳건히 가져야 한다. 조금 더 철이 들 무렵이나 어른이 된 후에도 공연히 마음이 약해지거나 기죽지 말고 용기를 가지고 헤쳐 나가려는 강한 정신력을 가져야 한다. 우리가 살아나가는 데 가장 중요한 것이 바로 선택을 어떻게 하느냐가 아니겠느냐. 자기 판단에 의해 선택하면 그 선택에 대한 책임은 지게 되어있다. 후회하지 않는 선택을 해야 한다. 주일을 잘 지키고 건실하게 신앙생활을 하여라."

이를 보고 어느 언론인은 독립운동가 뺨치는 유언이라고 평했다. 박흥주는 슬하에 1남 2녀를 두었는데, 아내와 두 딸에게 유언을 남겼지만, 아들은 당시 생후 8개월이어서 따로 유언을 남기지 않았다. 그렇지만 아내와 딸에게 한 유언을 통해 아들에게도 남긴 셈이다. 재판 당시 두 딸이 기자들 앞에서 "박흥주 우리 아빠 살려주세요"라는 플래카드를 펼쳐들고 울부짖으며 탄원하는 모습은 세인의 눈시울을 적시게 했다.

박흥주는 감방 벽면에 '선비는 자신을 알아주는 사람을 위해 죽는다[士爲知己者死]'라는 낙서를 남겼다고 전해진다. 그는 경기도 포천의 재림 공원묘지에 묻혔다.

김재규와의 접견에서 나온 이야기들

혁명가 집안답게 살아라

나는 12월 29일 오후 2시 찬바람이 세차게 몰아치는 가운데 육군교도소로 가서 김재규를 접견하였다. 1심 선고가 끝난 후 일주일 동안 나는 그동안의 피로로 몸져누웠다. 판결 선고 이후 9일 만에 만나는 것이지만, 재판 중간에 두 번 야간 접견을 한 이후로 낮에 만나기는 처음이었다.

그동안 좀 휴식을 취한 탓인지 김재규는 안색이 밝아졌고, 목소리도 맑아진 상태였다. 손에는 여전히 산복숭아씨로 만든 단주가 쥐어져 있었다. 그러나 간경변 증세는 더욱 심해졌다고 하였다. 잔잔한 미소를 띤 채 나에게 국선변호인으로 너무 수고가 많았다고 말하며 손을 꼭 붙잡고 한동안 놓지 않았다. 그러고는 결심 당시 안 변호사의 최후 변론에 깊은 감명을 받았다고 덧붙였다. 언뜻 김재규의 눈가에 축축한 이슬이 맺히는 듯했다.

나는 얼른 화제를 바꾸었다. 며칠 전 내가 병원에 입원해 있는 부인을 찾아뵈었다는 이야기를 꺼냈다. 몸은 많이 회복되었고, 어느 정도 안정을 찾았다고 전했더니 금방 얼굴빛이 환해졌다. 전에는 몰랐지만, 김재규의 부인 김영희 씨는 나의 처와 여고 선후배 사이였다. 차지철 부인과도 선후배가 되었다. 어느 기자가 이를 취재하여 피고인 김재규와 피해자 차지철, 그리고 변호인 나, 이 세 사람의 부인들이 하필이면 모두 같은 학교 동창생이라니 얼마나 기구한 운명이냐고 쓴 일이 있다.

김재규가 처에게 전해달라고 하며 말했다.

"제일 보고 싶다. 건강에 주의해라. 어머니를 잘 돌봐드려라. 동요하지 말고, 의연한 자세로 혁명가 집안답게 살아라. 궁색하거나 목숨 구걸하는 추한 꼴을 보이지 마라. 앞으로 더욱더 절약해서 살아라."

그러고는 이때 재산포기서에 포함된 딸의 피아노를 제외해달라고 부탁했다.

뒤에 항소이유보충서를 통하여 밝힌 바 있지만, 10월 27일 새벽에 보안사의 서빙고 분실로 연행되자마자 군 작업복으로 갈아입히고 당한 고문은 말로 형언할 수 없었다. 수사관들이 전신을 각목으로 구타하고, 심지어 EE8 군용 전화선을 손가락에 감고 전기 고문을 했다. 이러한 고문이 며칠간 계속되어 여러 차례 졸도하였으며, 견디다 못한 나머지 어느 수사관에게 "이대로 죽으면 이 꼴로 고향에 보내지 말고 서울에 묻어달라"고 유언을 했다. 본래 간이 나빠 지혈이 안 돼 온몸이 피하출혈로 시뻘겋게 되었으며, 지금도 그 흔적이 남아 있다고 했다. 군의관이 쫓아와 응급 치료를 할 정도였다. 이러한 고문 끝에 작성된 재산포기서나 헌납서는 강요된 것이니 언젠가는 본인에게 환원되어야 한다는 말도 덧붙였다.

그는 나에게 항소심에서 사선변호인을 맡아달라고 부탁했다. 단독으로 변론해도 좋고 다른 변호인을 더 선임해서 함께 해도 좋지만, 주主변호인이 되어달라는 것이었다. 그러면서 원심에서 사선변호인단을 거부한 취지를 살려 정치변호사는 안 된다고 하였다. 나는 변호사 경력이 아직 일천하니 여러 선배 변호사들과 의논하여 결정하겠다고 대답했다. 그는 그날로 나를 변호인으로 선임하는 변호인선임서에 무인捬印 증명을 해주었는데, 아직도 그의 무인이 선명하게 찍힌 변호인선임서가 내 기록철에 보관되어 있다. '무인'이란 서면의 효력을 위해 엄지손가락으로 지장을 찍는 것을 뜻한다.

그는 항소이유서에는 자신의 혁명 정신이 그대로 표현되도록 해달라고 했다. 자신은 대통령 하려는 생각도 없었고, 이러한 혁명이 악순환이 되어서도 안 된다고 하였다. 10년 더 살 것을 잘라버린 셈이니 생명 구걸은 안 한다고 했다. 2심에서 더 할 말은 없지만 그의 진정이 법정에서 나타날 수 있도록 유도해주고, 특히 제대로 기록으로 남도록 신경 써달라고 했다. 그래서 나는 그 후에도 재판 상황에 대한 메모를 철저히 함으로써 이 책을 쓸 수 있게 되었다.

또한 나라를 위해 한 일이니 변론에서 말을 잘하거나, 정치 연설은 필요 없다고도 했다. 1심 사선변호인 가운데 몇몇 분은 그분들의 명예 때문에 망설였지만, 2심에서는 선임하지 않도록 해달라고 하면서, 자신의 혁명이 퇴색되지 않게 원형原形대로 재판 받게 해달라고 다시금 다짐하였다.

헤어지면서 김재규는 다시 국선변호에 감사하며, 대만족이었고 오히려 1심이 국선이라 객관적인 평을 받을 수 있어 다행이었다고 말하면서 자주 접견을 와달라고 부탁했다. 나는 이 접견 내용을 강신옥·황인철 변호사에게 전하고, 항소심에서의 사선변호인단 선임 문제를 두 변호사가 주선해줄 것을 요청하였다.

나는 김형욱 실종 사건과 관련이 없다

그 후로도 항소심 재판을 전후하여 여러 차례 김재규를 접견하였다. 1980년 1월 19일 접견했을 때, 그는 전날(18일) 검찰에 불려가 정승화 사건과 기타 문제로 조사를 받았는데 '기록으로 남겨달라'고 말하고 녹음기를 요청했더니, 다 녹음하고 있다고 하더라고 말했다. 누군지 이름은 기억나지 않는데 어느 검찰관이 '1심에서 계속 혁명을 했다고 주장하는데 단순살인이지, 혁명일 수는 없지 않느냐?'고 묻기에 '혁명의 목적과 대상에 따라 다르게 해석할 수 있다'라고 대답했다고 말했다. 검찰관까지 단순살인이라고 하는데 왜 1심 판결은 내란목적살인이라고 판단했을까? 또 '혁명이라고 하면서, 뒤치다꺼리하는 참모 하나 없느냐?' 고 따지기에 '전체 국민이 희망하는 자유민주 회복이므로 기존 질서를 그대로 이용하려고 했다'고 말했다고 했다.

그러고는 '대통령을 살해했기 때문에 사형 선고를 받은 것은 어쩔 수 없지 않느냐? 양형 부당을 항소이유로 할 필요는 없지 않느냐?'고 묻기에, 그는 이렇게 대답했다고 했다. '죽지 않겠다는 것이 아니다. 우리 나라는 대한제국帝國이 아니고 대한민국民國이 아닌가? 국민이 주인이다. 대한민국을 되찾는 데는 다른 방법이 없었다. 전에는 자결할 생각이었지만 혁명 과업을 생각해서 마음을 바꾼 것이다.'

그리고 자신의 성격에 대해서 몇 가지 말했다. 그는 무관武官이라기보다는 문관文官의 성품이라고 했다. 그가 잘 사용하지는 않았지만 아호도 '수리水理'였다. '수리'의 본뜻은 땅속으로 흐르는 물의 줄기를 말하는데, 물이 흐르듯 자연스러운 이치를 좋아하기 때문에 지은 것이라고 했다. 그러면서 '중정부장으로 있을 때에도 모든 일을 강압적이거나 강경하게 처리하지 않았다고 자부한다. 그러나 정의감 하나만은 남에게 지지 않았다. 천품은 문관적 성격이었으나 마음속에 타고 있는 불덩이 하나, 정의감만은 누구보다도 강했고 누구보다 앞장섰다'고 말했다.

그는 항소심 변론에 관하여 항소이유서 작성 등 몇 가지 사항을 이야기하는 가운데 그동안 듣지 못했던 말을 토해냈다.

6·3데모 때 사단장으로 서울에 부대를 이끌고 왔을 당시 그에게 혁명을 하자고 종용한 사람이 있었다는 것이다. 박 대통령이 유신 독재를 할 줄 알았더라면 그때 혁명을 했어야 하는 것 아니었느냐고 아쉬워했다. 그 사람의 이름은 밝힐 수 없다고 했다(장준하 씨의 측근은 생전에 장준하 씨가 김재규를 지칭하면서 '민주화 일을 같이 할 애국 군인'이라고 말했으며, 장준하 씨의 집을 몰래 도왔다고 밝혔는데, 6·3데모 때 혁명을 종용한 사람이 장준하

씨인지는 확인되지 않았다. 다만 장준하 씨와 함께 복역했던 이해학 목사, 이부영 씨의 증언에 의하면 김재규와 장준하의 의기투합은 믿을 만하다고 한다).

6·3데모, 또는 6·3운동이란 박정희 군부 세력이 쿠데타로 집권하여 1963년 12월 기만적인 '민정 이양'을 통해 제3공화국을 출범시킨 지 얼마 안 된 1964년 3월 24일부터 시작해, 1965년 9월까지 연인원 350여만 명이 참여하여 1년 6개월여에 걸쳐 전개된 5·16 군사 정권에 항거한 민주화 투쟁과 굴욕적인 한일회담에 대한 반대 투쟁을 총칭하는 학생운동을 말한다. 그래서 6·3데모는 4·19혁명 정신을 계승한 시위로 평가받고 있다.

또 한 가지 의문점에 관하여 그는 다소 흥분하여 말했다. 전 중앙정보부장 김형욱 씨가 1979년 10월 7일 파리에서 실종된 사건이다. 1973년부터 미국으로 망명하여 박 대통령을 맹렬히 비난해온 김형욱 씨의 처리 문제에 관하여 김재규는 박 대통령 및 차지철과 적지 않은 의견 충돌을 빚었다. 그는 끝까지 회유하는 온건한 방법을 제시했는데 받아들여지지 않았다. 그리고 자신은 김형욱 씨 실종과는 아무런 관련이 없다고 했다. 항간에 나도는 중앙정보부 관련설을 완강히 부인했다. 오히려 중정이 나서서 실종 사건의 진상을 알아보려고 백방으로 조사 중이었다고 했다.

그러면 중정이 아니더라도 김형욱 씨 실종 사건에 박 대통령이나 다른 정보 기관이 관련되지 않았느냐는 나의 물음에는 더 이상 입을 열지 않았다. 그러나 계속되는 추궁에 적어도 박 대통령과 차지철이 관여되었을지도 모른다는 김재규 나름대로의 추측과 암시를 어렵사리 내비쳤다. 확실한 것은 김형욱 씨 실종에 그는 관여하지 않은 것이라고 거듭 강조했다. 특히 김형욱 씨 실종 사실 자체에 관해 몹시 분개하면서 어떻게 이런 일이 일어날 수 있느냐고 탄식했다. 미루어 짐작컨대 본인은 분명하게 말하지 않았지만 6년여 재직한 전직 중앙정보부장을 정치적 목적으로 하루아침에 무참하게 제거하는 절대 권력의 횡포 앞에 김재규가 전율하지 않을 수 없었음도 그의 10·26 거사에 한 가닥 동인動因이 되지는 않았을까?

나 스스로 자결케 하라

김재규는 음력 11월 22일(1980년 1월 9일) 낮에 헌병이 감방 문고리를 만지는 우연한 순간에 견성見性한 것 같다는 말을 내게 겸연쩍은 듯 웃으며 했다. '견성'이란 '성품을 보다', '본성을 확인하다'라는 뜻으로 곧 자신의 마음이 본디 깨끗함, 청정했음을 확인함을 말한다. 본성이 본디 깨끗함을 확인했다면 그와 동시에 오염, 즉 번뇌 망상은 사라진 것이나 마찬가지이다. 사라지지 않았다면 깨끗해질 수가 없을 것이다. 청정한 마음淸淨心, 그것을《육조단경六祖壇經》에서는 '불성佛性'이라고도 한다. 따라서 '견성'이란 자기 자신에게 불성(청정심)이 존재하고 있음을 확인한 것이기도 하다. 그래서 '견성성불見性成佛'이라고도 한다. 그는 내가 불자임을 알기에 말한 것일 게다.

그는 그동안 불경에 심취하여 그날도 열심히 경전을 독경하고 있었는데, 꿈인지 생시인지 하늘에 무지개가 22개의 줄기로 서쪽에서 동쪽으로 반짝반짝 색색의 빛깔을 뿌려놓는 것 같았다. 육신은 전혀 떠오르지 않고 마음과 생각만이 자유자재로 전 세계와 우주를 왕래하고 있었다. 언젠가 치질 수술할 때 마취제 놓는 순간처럼 적막 상태에서 아무것도 귀에 들리는 것이 없었다. 일체중생이 다 같이 부처이면서도 이를 좀처럼 볼 수 없는 것인데 그날은 무언가 보이는 것 같았다. 그가 늘 화두話頭로 들던 '원圓'과 '무無'를 체험하는 듯했다. 그날따라 그동안 풀리지 않던 여러 가지 화두가 그 순간은 자유자재로 답이 되어 나왔다. 그는

'진검승부眞劍勝負', '발백심비백髮白心非白', '관자재보살觀自在菩薩' 세 마디를 불러주며 나에게 그대로 받아쓰게 했다.

이렇게 깨달음의 경지에 관해 말하면서도 그는 불효를 끼친 어머니, 불쌍한 처와 자식에 대한 애착, 세상에 더 할 일이 있었을 것이라는 과거에 대한 집착을 여전히 끊지 못하고 있었지만, 사형 선고를 받은 후 무척 열심히 종교에 빠져들면서 죽음에 대한 준비를 스스로 철저히 하고 있다는 느낌이 들었다.

항소심 결심을 하루 앞두고 1월 23일 접견 때에는 사실심에서의 마지막 기회라고 생각했는지 몇 가지 종전 주장을 보충했다. 10·26 거사 10일 전까지도 박찬현 문교장관과 세 차례 만나 긴급조치로 제적된 학생들의 구제 문제에 관해 협의를 했다는 것이다. 학생들을 잘못 버려두면 공산주의자가 될 수밖에 없으니 백 번 잘못했더라도 백한 번 용서해주는 것이 스승의 도리가 아니냐고 했다. 대학생들 가운데 긴급조치 위반자가 속출하고 있지만, 그들의 외침이 정당하다고 생각했기에 양심상 도저히 더 이상 처벌할 수는 없다고 생각했다는 것이다.

박 대통령은 야당에 대해서도 너무나 가혹했다고 했다. 김영삼 총재를 국회에서 제명한 것도 모자라 사법 조치하라고 했고, "야당 사람들에 대한 비위 조사가 다 돼 있는데도 왜 딱딱 입건해서 구속하지 않느냐"고 닦달했다. 김재규가 만찬석상에서 총을 겨누며 "정치를 대국적으로 하십시오"라고 말한 것은 이러한 까닭도 있었다.

김재규는 내처 말했다. 박 대통령은 집권욕이 강하여 애국심보다는 집권욕이 앞선 사람이라는 것이었다. 유신 체제를 미국이 반대한다면 미군이 철수해도 좋다고 말할 정도였다. 국가와 민족의 안보보다는 정권의 안보, 즉 집권이 우선인 것처럼 보였다는 것이다. 유신 체제에 조금이라도 숨구멍이 있어야 할 텐데 완전히 봉쇄돼 있어서 이를 보다 못해 이젠 다른 방법이 없다는 생각을 했다고, 김재규는 말했다. 박 대통령은 장기 집권을 하다 보니 자신을 너무 과신하고 있었다고도 했다. 김재규는 부마사태 이후 박 대통령이 "내가 직접 발포 명령을 하겠다"고 말하는 것을 듣고는 "내가 아니면 아무도 할 수 없다"고 혁명을 결심했다는 것이다.

김재규는 1심 판결의 '내란' 인정에 관해 강한 불만을 나타냈다. 그가 한 혁명의 목적은 유신 체제를 자유민주 체제로 고치는 것이고, 절차도 계엄이라는 합법적 절차를 거치고자 한 것이었다고 주장했다. 그는 국내외 정세가 매우 어려운 지경에 있는데, 자신을 죽이면 김주열 죽음처럼 된다고 했다. 김주열 군의 참혹한 시체가 마산 합포만에 떠올라 4·19혁명에 불을 붙였듯이, 김재규를 죽이면 틀림없이 민주화를 위한 대정부 투쟁이 나온다고 했다. 그렇게 되면 국론 분열과 혼란이 일어나고 이를 틈타 북괴가 호시탐탐 남한 적화의 기회로 삼을 것이라고 했다.

"그러므로 제안합니다. 나를 제거하되 정부가 책임지지 말고, 나 스스로 자결케 하십시오. 유서를 써놓고 떳떳이 명예롭게 가게 해주십시오."

이렇게 말하고는 눈을 감고 잠시 기도하는 듯했다.

그러고는 뒤에 그의 항소이유보충서에 담을 이야기들을 누누이 강조했다. 접견실의 교도관이 시간이 다 되었다고 재촉하자, 아쉬운 듯 한마디 덧붙였다.

"박선호 등 부하들은 명령에 무조건 복종한 것입니다. 그들에게 명령을 선택할 여유를 주지 않았습니다. 어떤 일이 있더라도 극형만은 면하도록 해주십시오. 나한테 미룰 수 있으면 모든 것을 미루십시오. 모든 짐을 지겠습니다."

밖에는 때마침 눈이 내렸다. 온 강산이 흰 천을 두른 듯 경계를 구분하기 어려웠다. 발목까지 빠지는 눈길을 내려오면서 그가 3군단장 시절 썼다는 한시 〈장부한丈夫恨〉을 떠올렸다. 1973년 2월 비행기를 타고 전선을 시찰하던 중 휴전선 일대에 눈이 쌓여 남북의 경계가 보이지 않는 풍경에 크게 느낀 바가 있어 썼다는 시로, 그의 웅혼한 기상을 엿보게 해준다.

장부한

眼下峻嶺 覆白雪　　안하준령 복백설
(눈 아래 준령은 백설로 덮였는데)

千古神聖 誰敢侵　　천고신성 수감침
(천고의 신성한 땅을 누가 감히 침노하리)

南北境界 何處在　　남북경계 하처재
(남북의 경계가 어디에 있느냐)

南北統一 不成恨　　남북통일 불성한
(남북통일을 이루지 못한 것이 한이로다)

14   항소심 재판

김재규의 항소이유

대의를 위해 소의를 버렸다

나는 육군본부 계엄고등군법회의로부터 이기주, 유성옥, 김태원 피고인 등에 대한 국선변호인으로 지정되어 12월 31일 자 소송기록접수통지서를 받았다. 통상 항소심 접수까지는 선고 후 한 달 이상 걸리는데 이례적으로 10일 만에 이루어졌다. 실권을 쥔 신군부가 무엇이 급한지 서두른 것이다.

사건 번호는 '79년고군형항 제550호'였다. 김재규의 변호인선임서를 아직 제출하기 전이었기 때문에 김재규에 대한 소송기록접수통지는 본인에게 보내졌다. 항소이유 마감일은 1980년 1월 21일이었다.

김태원은 사선변호인이 선임되었으므로, 나는 이기주와 유성옥에 대한 항소이유서를 작성했다. 그리고 이기주와 유성옥의 가족으로부터 변호인선임서를 받아 항소이유서와 함께 제출했다. 김재규뿐만 아니라 1심대로 이기주와 유성옥의 변호인도 함께 맡은 것이다. 나는 1심 재판을 통하여 이들, 부하들의 법정에서의 의연하고 충성스러운 태도에 각별한 애정을 가졌었다. 그래서 무료 사선을 자청한 것이다.

김재규의 사선변호인단은 김제형, 이돈명, 강신옥, 조준희, 홍성우, 황인철, 그리고 나 이렇게 7명으로 구성되었다. 물론 무료 사선이었다. 우리는 항소이유서를 마감일에 제출하자고 했다. 하루라도 재판 일정을 늦추고 싶었던 것이다. 그러나 항소이유서가 제출되기도 전인 1월 15일 공판기일통지서가 송달되었다. 첫 공판 기일이 1월 22일 10시로 지정되었다. 항소이유 마감일 바로 다음 날인 것이다. 항소이유서가 제출되기도 전에 공판 기일부터 지정하는 것은 통상 있을 수 없는 일이다. 항소심 재판부 역시 몹시 시간에 쫓기고 있음이 틀림없어 보였다.

항소이유서는 피고인별로 각각 제출했다. 피고인들의 항소이유의 요지는 1심 변론 내용과 거의 비슷한 주장을 담고 있었다. 여기서는 김재규의 항소이유의 요지를 먼저 소개한 다음 다른 피고인들의 항소이유의 요지를 간추려보기로 한다.

김재규에 대한 항소이유서는 총 122페이지였다. 먼저 사건의 개요와 피고인이 말하는 혁명의 목적과 그 내용을 상세하게 밝혔다.

항소이유로는 1) 내란죄에 있어서의 국헌문란의 목적에 대한 법률 해석을 그르쳤다는 점, 2) 내란죄 구성 요건에 해당하는 사실 적시가 없다는 점, 3) 저항권과 정당행위에 관한 법리를 간과한 점, 4) 재판 절차에 있어 군법회의법의 제 규정을 위반한 점, 그리고 5) 양형 부당의 점을 들었다.

항소이유서 말미에 1심 공판 조서에서 빠진 변호인단의 모두발언과 양형에 대한 자료로서 피고인이 지금까지 살아온 성장 과정, 경력, 상훈

관계, 그리고 원심 법정에서 피고인이 한 최후 진술을 첨부했다.

김재규 피고인의 변호인단은 항소이유서에서 피고인의 기본적인 입장을 다음과 같이 밝혔다.

피고인은 이 유신이라는 거대한 괴물은 막강한 것이나, 박 대통령 한 사람만을 위하는 괴물이고, 이 괴물은 박 대통령 한 사람이 없어지면 그대로 없어질 것으로 보았고, 피고인과 박 대통령과의 인간적 의리는 형제 같은 것이기는 하지만 유신을 부수고 국가와 민족의 장래를 위해서 뺏겨버린 자유민주주의 헌법을 회복시켜놓아야겠고, 박 대통령과 유신은 불가분의 숙명적 관계에 있어 둘 중의 어느 하나를 택하지 않을 수 없음을 알고, 피고인은 3700만 국민에게 민주 회복을 주어야겠다는 대의大義를 위하여 박 대통령에 대한 소의少義를 버려야겠다고 결심한 것이다. 피고인은 박 대통령을 제거하는 것만으로 우리 국민에게 민주 회복이 확실히 이루어질 수 있을 것이라는 것을 곰곰이 생각한 끝에 피고인 자신이 민주회복 국민혁명의 지도자가 되어 혁명을 하지 않고서는 이 나라에 확실한 민주 회복이 이루어질 수 없을 것으로 보아 이를 결행한 것이다.

항소이유 가운데에는 "원심은 군법회의법상에 규정된 재판의 공개, 공판 조서의 열람등사권, 피고인의 변론을 비롯한 모든 절차의 참여권, 진술권 등 피고인의 방어권이나 관련된 절차에 잘못이 있어 판결 결과에 영향을 미친 위법이 있다"라고 주장했는데, 이 부분은 특히 내가 1심 때부터 강조한 것이다.

10·26은 안중근 의사 의거일

변호인들이 항소이유서에서 김재규의 정상 관계에 관해 특기한 부분이 있다. 즉 피고인의 이번 혁명 결행일이 구한말 우국지사로서 한국인의 기개를 만방에 떨친 안중근 의사의 거사일(1909년 10월 26일)과 똑같은 10월 26일로, 70년 만에 이루어진 역사적 의미를 뜻깊게 받아들여야 한다고 말한 부분이다. 비록 피고인이 박 대통령을 살해한 행위는 소의少義의 입장에서 안된 일이긴 하나, 박 대통령이 민주공화국의 대통령으로서 한 사람의 공복公僕일 뿐이지 전제군주국가에서의 군주나 왕은 아니므로, 우리나라에서는 대통령을 잃었지만 피고인의 이번 혁명의 결행으로 피고인이 목적하던 민주 회복은 달성된 것이나 다름없다는 주장이었다.

또한 변호인들은 김재규에 대한 양형 부당의 결론 부분에서 이렇게 주장했다.

평소 피고인의 성격은 무관이라기보다는 오히려 문관적인 편이었습니다. 그가 실제로 사용하지 않았으나, 아호雅號로 지어놓은 것이 '수리水理'였던 것처럼 그는 물 흐르는 이치와 같이 순리적으로 모든 일을 생각하기를 좋아하였고, 심지어 군인이면서도 살생을 금기로 삼아왔을 정도였습니다. 부하에게 지시할 때도 무리하거나 강경한 자세보다는 설득과 이해의 방법을 택해왔습니다.

독실한 불교신자로서 한때는 교편을 잡았고, 시와 서예를 좋아하여 천품은 문관적 성격이면서도 마음속에 타고 있는 불덩이 하나 '정의감'만은 누구보다도 강렬하였습니다.

그리하여 어느 누구도 감히 엄두도 내지 못하는 10·26 민주회복 국민혁명을 그만이 결행할 수 있었다고 자부하고 있는 것입니다. 그는 자유민주주의를 회복하고 이 나라를 구하는 길에 10·26혁명 이외의 다른 어떤 방법이 있다면 제시해보라, 만약 다른 방법이 있을 수 있다면 나는 입을 다물고 죽겠다고 절규하고 있습니다.

지금 그는 조용히 산복숭아씨로 만든 단주를 왼손에 쥐고 관자재보살을 음미하면서 성불의 경지에 이르고 있습니다. 오직 이 나라 이 민족의 먼 장래를 가늠하면서 자유민주주의의 꽃이 피고 열매 맺기를 기원하는 단 하나의 소망을 안은 채 그 자신 희생되어도 영생할 수 있음을 그는 알고 있습니다.

김계원·박선호·이기주·유성옥·김태원의 항소이유

김계원, 박선호, 이기주, 유성옥의 경우에도 변호인들은 항소이유서에서 공통적으로 "공소장 기재 사실에 의해서도 내란죄의 구성 요건인 국헌문란의 목적과 폭동 행위 및 공모 내용 등에 관한 구체적 사실의 적시가 없고, 공소 사실이 특정되어 있지 않으므로 군법회의법 제373조 1항 4호에 의하여 공소 기각의 결정을 하여야 함에도 불구하고 이를 간과한 원심은 법리를 오해한 위법이 있다"라고 주장했다. 특히 "의회 제도의 폐지나 독재 국가의 수립 등 자유민주적 기본 질서를 파괴하는 행위가 아닌 자연인에 대한 살상 행위를 내란죄로 다스릴 수 없다"라고 주장했다.

김계원의 변호인들은 항소이유서에서 특히 이렇게 주장했다.

1) 피고인은 김재규가 차지철을 살해함에 있어서 김재규와 공모한 사실이 없고, 그에 따른 실행 행위의 분담도 없었음에도 불구하고, 유죄를 인정한 원심은 심리 미진 및 채증 법칙을 위배함으로써 사실을 오인하였거나 공동정범에 관한 법리를 오해하였고, 2) 피고인은 내란죄의 행위 주체가 될 수 없고, 내란 목적이 없었을 뿐만 아니라 또한 상피고인들의 폭동

행위에도 가담한 사실이 없고, 피고인의 소위는 정당하고, 최선의 직무집행행위로서 범죄가 되지 아니함에도 불구하고, 내란중요임무종사미수죄로 상피고인들과 공동정범으로 처벌한 원심은 심리를 미진하였거나, 채증법칙에 위배함으로써 판결에 영향을 미친 사실 오인, 법리 오해, 이유 모순 및 불비, 판단 유탈의 위법이 있다.

이러한 주장은 뒤에 김계원에 대한 공소장 변경의 단초를 제공했다. 박선호의 변호인은 김재규의 경우와 마찬가지로 다음과 같이 주장했다.

1) 내란죄의 구성 요건인 '국헌문란의 목적'이 없는, 즉 대통령이라는 직위에 있는 자연인인 박정희와 차지철 및 경호원을 살해한 것에 불과하고, 특히 박선호는 내란이란 죄를 알지 못하였으므로(단순살인죄는 별론으로 하고) 내란목적살인이나 내란미수죄를 인정할 수 없고, 2) 현대 헌법 이론이 인정하고 있는 저항권의 발동으로서의 정당행위임에도 불구하고, 유죄를 인정한 원심은 심리 미진 또는 채증 법칙을 위배하고, 사실을 오인함으로써 내란죄 및 정당행위에 관한 법리를 오해하여 판결에 영향을 미친 위법이 있다.

박선호, 이기주, 유성옥, 김태원의 변호인들은 "중앙정보부 직원들은 정보부장을 정점으로 하여 군대 조직보다 더 엄격한 상명하복 관계에 있으므로 상관의 명령이 위법한가 여부를 판단하거나, 그 명령의 이행 여부를 선택할 수 있는 여지가 없고, 따라서 상관의 명령을 거부할 수 없는 상황에서 행한 피고인들의 소위는 강요된 행위이거나 기대 가능성이 없는 경우에 해당하여 결국 처벌할 수 없다"라는 주장을 항소이유서에 보냈다.

내가 쓴 이기주와 유성옥에 대한 항소이유서는 27페이지였다. 항소
이유의 요지는 다음과 같다.

1) 원심은 심리 미진 및 채증 법칙 위반으로 사실을 오인하였고, 2) 원심
은 내란죄의 법리를 오해하였으며, 3) 원심 판결문에 기재된 사실 자체만
으로도 공소 기각이 되어야 하고, 4) 강요된 행위와 기대 가능성에 관한
법리를 오해하였으며, 5) 백보를 양보하여 견해를 달리한다 하더라도 극
형을 선고한 것은 형의 양정을 잘못했다.

나는 특히 "피고인들은 박선호의 지시에 의해 기계적·맹목적으로
판시 행위를 하였을 뿐이며, '국헌문란의 목적'으로 김재규, 박선호 등과
이 건 범행을 공모한 바 없다. 따라서 피고인들은 내란죄의 구성 요건인
'국헌문란의 목적'으로 '폭동 행위'에 이른 바 없다. 국헌문란 행위에 착
수한 바도 없고, 상피고인들의 판시 범행이 내란 행위인 점을 알지 못하
였으며, 내란중요임무종사자로서 행동한 바 없다. 그럼에도 불구하고,
막연히 피고인들을 내란목적살인죄의 공동정범과 내란중요임무종사미
수죄로 처벌한 원심은 심리를 미진하고, 채증 법칙에 위배하여 증거 없
이 사실을 인정함으로써 판결에 영향을 미친 위법이 있다"라는 요지의
주장에 힘을 주어 강조했다.

김태원의 변호인은 "피고인이 피해자들(차지철, 김용섭)에게 총을 쏘
았을 당시에는 이미 이들이 사망한 후이므로 살인죄가 성립될 수 없고,
또한 자연인인 대통령만을 살해한 것은 내란죄가 될 수 없을 뿐만 아니
라 더욱이 피고인은 국헌문란의 목적으로 상피고인들이 범행을 한 것임
을 알지 못하였음에도 불구하고 원심은 심리 미진 및 채증 법칙을 위배

함으로써 살인죄 및 내란죄에 관하여 사실을 오인하였거나 법리를 오해한 위법이 있다"라고 주장하였다.

유석술의 변호인도 1심 변론 요지와 같은 취지의 항소이유서를 제출했다.

제1차 공판(1980년 1월 22일) : 김계원·김태원에 대한 사실심리

내란목적살인죄에서 단순살인죄로

10·26 사건에 대한 항소심 첫 공판이 1980년 1월 22일 오전 10시 육군본부 대법정에서 열렸다. 1심 때와 같은 법정이다.

이 사건을 맡아 심리할 육군본부 계엄고등군법회의 재판부는 재판장 육군중장 윤흥정, 심판관 육군소장 소준열, 법무사 육군중령 김진흥, 법무사 육군중령 신학근, 법무사 육군중령 양신기였고, 간여검찰관은 육군중령 김익하, 육군소령 이병옥이었다.

항소심에서 김재규는 사선변호인 김제형, 이돈명, 강신옥, 조준희, 황인철, 홍성우 변호사, 그리고 나, 이렇게 7명을 선임했다. 김계원은 이병용, 김수룡 변호사를, 박선호는 강신옥 변호사를, 김태원은 김홍수 변호사를, 유석술은 김성엽 변호사를 1심과 똑같이 사선변호인으로 선임했으며, 피고인 이기주와 유성옥은 국선변호인으로 1심에 이어 내가 또다시 선임되었지만 나는 후에 사선변호인선임서를 제출했던 것이다. 나는 1심 때부터 이미 김재규와 이기주, 유성옥에 대한 무료 변론을 대법원까지 맡으리라 마음먹고 있었다.

나는 항소심에서도 3인의 변호를 맡게 되었지만 1심보다는 한결 마음이 가벼웠다. 김재규의 경우 쟁쟁한 선배 변호사들이 포진하고 있었으므로 가장 막내로서 선배들이 시키는 대로 열성껏 심부름한다는 생각이었다. 그래서 이기주와 유성옥에 대해 좀 더 시간을 내서 1심에서 못다 한 변론 준비를 할 수 있었다.

이날 첫 공판에는 김재규 등 7명의 관련 피고인 가운데 김계원과 김태원만 출정시켰다. 김계원은 흰 한복 저고리에 회색 바지 차림으로 1심 때보다는 비교적 말끔한 모습이었다. 이들 2명 이외에 김재규, 박선호, 이기주, 유성옥, 유석술 등 5명과 그들의 변호인은 법정에 나오지 않았다. 공판 조서에는 이들에 대해 "공판 기일에 출석이 필요하지 않다고 인정되어 출석을 명하지 않았음"이라고 되어 있다. 군법회의법상 항소심에서 피고인이 반드시 출석해야 되는 것은 아니기 때문이다.

이날 공판은 사실심리에 앞서 법무사 신학근 중령이 재판장을 대신해서 김계원, 김태원 두 피고인에 대한 인정신문을 하고, 변호인들이 제출한 항소이유의 요지를 고지하고 변호인들에게 확인시켰다.

법무사는 사실심리에 들어가기 전에 변호인과 검찰관에게 1심 심리와 중복되는 내용이나 공소 사실과 무관한 사항에 대해서는 신문을 삼가달라고 말하고, 피고인들에게 불이익한 신문에 대해서는 답변을 거부할 수 있다고 알려주었다. 법무사들은 1심 때와는 달리 무척 부드럽게 진행하려고 애쓰는 기색이 역력했다.

이어 사실심리에 들어가려는데 간여검찰관 김익하 중령이 김계원 피고인에 대한 공소장변경신청서를 재판부에 제출했다. 검찰관은 공소장 변경에서 김계원에게 적용한 죄명 중 내란목적살인죄를 단순살인으로 죄명을 바꾼다고 재판부에 신청했다. 이로써 김계원에 대한 공소 사실 중 내란을 일으키기 위해 살해에 가담했다는 부분은 차지철 경호실장을 살해하는 데 공모한 것으로 바뀌었고, 적용 법조도 1심 때의 형법 88조, 30조, 89조, 87조 2항에서 형법 250조 1항, 30조, 89조, 87조 2항으로 변경되었다. 검찰관은 공소장변경신청서에서 공소 사실 중 "내란을 목적으로 김재규와 공모하여 박정희 대통령을 살해했다"는 부분을 빼고, "김재규와 공모하여 차지철을 살해했다"는 내용으로 바꾼다고 밝혔다.

검찰관의 공소장 변경이 있자, 재판부는 이를 검토하기 위해 이날 오전 10시 15분경 10분간 휴정을 한 후 다시 개정하여 이 신청을 받아들였다.

비서실장으로서 최선을 다했다

김계원이 이병용 변호사의 신문에 더듬거리며 답했다.

"김재규가 '그 친구 오늘 해치워버릴까'라고 한 말은 과거에도 해왔고 그날 특별히 강경한 어조로 반말로 하지 않았습니다. 또 그런 말을 들었는지 확실하지 않으나 수사 기관에서 김재규 피고인이 그런 말을 했다고 하기에, 했다면 들었을 것이라고 시인했습니다."

이 변호사가 다시 물었다.

"피고인이 두 번 고개를 끄덕끄덕해서 자기의 뜻을 받아들이는 것으로 알고 '형님 뒷일을 부탁합니다'라고 김재규 피고인이 말했다는데, 사실인가요?"

"앞서 한 진술과 같이 수사 기관에서 김재규가 그렇게 말했다고 해서 본인이 그랬다고 했다면 그 말이 사실이라고 시인한 것입니다."

이때 법무사가 1심에서 신문한 중복 사항이므로 변호인 신문을 제한한다고 알렸다. 그 이후에도 여러 번 1심 때처럼 신문 제한이 반복되었다.

또 사건 당일 정원 경계석에 앉아서 주로 시국에 관한 얘기를 했을 뿐이며, 살인 모의 같은 것에 대해서는 의사조차 비치지 않았다고 했다.

만약 그 자리에서 김재규가 격앙된 어조로 '그 친구 해치우겠다'는 얘기를 했다면 4~5미터 앞에 대통령 도착을 기다리고 서 있던 궁정동 식당 담당 남효주 사무관이 충분히 들을 수 있었을 것이라고 말했다.

김계원은 김재규의 보안 유지 요구에 "알았소"라고 대답한 것은 김재규를 빨리 현장에서 이탈시키고 각하를 응급조치하기 위해서 그런 것이라고 했다. 만약 김재규의 의사에 따라 보안 유지를 하려고 했다면 대통령을 병원으로 옮기지 않았을 것이라고 했다.

김수룡 변호사가 특유의 경상도 사투리로 감칠맛 나게 물었다.

"피고인이 취한 일련의 조치는 비서실장으로서 최선을 다했다고 했는데 지금도 그렇게 생각하는가요?"

"변함없습니다."

"수사 기관에서 진술한 것을 1심 법정에서 번복한 이유는 무엇입니까?"

"수사 기관에서는 시간이 많이 걸려서 쉽게 넘어가려고 했고, 각하를 구하지 못하고 변명하는 것 같아서 그렇게 진술했습니다."

"차 실장이 살해되면 피고인에게 이익이 있는가요?"

이 질문에 김계원은 갑자기 양팔을 들어 올리더니 울부짖었다.

"지금 이렇게 당하고 있습니다."

김재규가 총을 쏠 때 "각하 앞에서 무슨 짓이야" 하고 두 손으로 김재규를 밀었다고 김계원은 1심 때와 같은 주장을 했다.

최규하 총리에게도 '위독'이라고 하지 않고 '서거'라고 분명히 보고하고 지휘해달라고까지 말했다고 했다. 만일 '위독'이라고 말했다면 총리가 병원으로 가봤을 것이라고 했다. 시신을 확인하기 위해 병원으로 가지 않고 육본 벙커로 바로 간 이유를 묻자 "각하의 시신을 모시는 것도 중요하지만 국가 안전 문제 때문에 바로 육본 벙커로 왔으며 총리께서도 울면서 북괴 남침을 걱정했습니다"라고 답했다.

법무사 신학근 중령이 물었다.

"육참총장과 중정 2차장보가 와 있다는 것을 언제 알았나요?"

"각하 오시기 직전에 알았습니다."

검찰관의 질문이 이어졌다.

"'김재규가 잘못 쏜 총에 대통령이 맞았다'고 총리에게 거짓 보고를 하지 않았나요?"

"그때는 그렇게 알았고, 육본 벙커에 가서 김재규의 말을 듣고서야 고의로 한 것을 알았습니다. 총리에게만 보고하고, 다른 장관에게 말하지 않은 것은 김재규 체포 직전까지는 체포 요원 이외에는 누설시키지 않기 위해 그랬던 것입니다."

이날 공판에서 김계원과 김태원에 대한 변호인 및 재판부의 심리는 1심에서의 진술 내용을 반복해서 확인하는 정도의 것으로서 새로운 내용은 없었다.

이날은 김계원, 김태원에 대한 사실심리를 마치고, 재판장이 필요한 증거조사 신청을 서면으로 23일 오후 3시까지 하라고 고지한 후 오후 2시 35분에 일찍 폐정했다. 항소심 재판이 단기간에 끝날 것 같은 예감이 들었다.

제2차 공판(1980년 1월 23일): 박선호 등에 대한 사실심리

연예계와 고인에게 욕되기 때문에

2차 공판은 1980년 1월 23일 오전 10시에 개정했다. 1차 공판 때 출석하지 않은 김재규, 박선호, 이기주, 유성옥, 유석술 피고인 등 5명에 대한 사실심리가 진행되었다. 김계원과 김태원은 재판부가 부르지 않아 출석하지 않았다.

먼저 박선호 피고인에 대한 심리를 시작했다. 김재규 피고인은 나중에 심리할 모양이었다.

법무사 신 중령이 피고인 신문과 증거조사를 병행하기 위하여 24일 12시까지 서면으로 증거 신청을 할 수 있음을 고지했다. 김재규에 대하여는 오후 2시에 신문하기로 하고 유석술에 대한 신문부터 한다고 하자, 김재규가 일어나 말했다.

"1심 공판 기록에 피고인의 10·26혁명의 뜻을 명확하게 기재해주시고, 항소이유서 제출 마감일이 21일인데 그 전에 공판 기일 통지를 받아 항소이유보충서를 제출할 기회가 없었습니다."

이돈명 변호사가 덧붙여 말했다.

"피고인의 취지는 1심 공판 기록을 열람하겠다는 것과 변호인이 제출한 항소이유서에 피고인이 보충이유서를 제출할 기회를 달라는 뜻입니다."

그리고 나는 김재규가 오후보다 오전에 건강이 양호하니 오전에 진술할 기회를 달라고 했으나, 재판부는 받아들이지 않았다.

유석술부터 신문하였는데, 1심 내용과 다른 내용은 없었다. 다만 김성엽 변호사가 피고인이 총 등을 묻은 다음에야 대통령이 살해됐다는 공식 발표가 있었다는 참고 자료로 10월 27일 자《동아일보》사본을 제출했다.

다음은 박선호의 신문 차례였다. 그때 신학근 법무사가 신문의 범위를 제한하는 듯한 말을 했다.

"박선호 피고인이 원심 법정에서 진술한 내용의 요지는 김재규 부장의 지시로 총을 쏘기는 쏘았지만, 차 경호실장은 처치하고 각하는 납치하는 정도라고 생각했다는 것입니다. 여기에 관해서 신문해주십시오."

박선호의 변호인 강신옥 변호사가 매우 의아스럽다는 듯 대꾸했다.

"여기에 관해서라니 무슨 말인가요?"

신학근 법무사가 머리를 긁적이더니 장난기 어린 미소를 띠며 대답했다.

"1심에서의 진술 외에 신문 사항이 있으면 하시라는 말입니다." 신 중령은 나의 대학 후배로 평소 나를 친형처럼 따랐는데, 당시 법무관 동기 가운데 최연소자였다.

강 변호사가 신문을 시작했다.

"당시 피고인은 각하까지 포함되느냐고 물었지요?"

"부장이 고개를 끄덕였습니다."

그렇다면 사격 대상에 대통령까지 포함되는 것인데, 그런 명령에 따른 이유가 무엇이냐고 물었다. 박선호는 1심 때와 마찬가지로 단호하게 말했다.

"부장님을 20~30년 모시는 동안 한 번도 부당한 지시가 없었으며, 제가 존경하지 않을 만한 점은 없었습니다. 부장의 명령은 어떤 명령이든 정의로운 명령이고, 무조건 따른다는 신념을 가졌습니다. 특히 군에서도 마찬가지이지만 상관이 전투 명령을 하는데 부하가 그것의 옳고 그름을 판단할 필요가 없습니다. 상관이 지시하면 무조건 들어야 합니다. 정보부의 경우 명령에 따르지 못할 때 오히려 국가에 위해가 있다고 생각합니다. 부장님 지시는 무조건 듣는 것이 상책이라고 판단하며, 무슨 명령이든 듣게 되어 있습니다."

강 변호사가 유도신문을 했다.

"부장 명령만을 따른 것이 아니라, 피고인 생각도 우리나라 사태가 심각하구나, 그러니 어떤 일이 있어야겠다고 생각했던 것은 아닌가요?"

"부장님께서 부산·마산 사태를 직접 보시고 국가를 크게 걱정하시며, 이런 식으로 가다가는 많은 피를 흘리겠다고 염려하시는 것을 들었습니다. 큰일을 막기 위해서는 작은 희생은 있어야 되겠다는 것을 피부로 느꼈습니다. 그래서 저는 모든 것을 대략 알고 있었습니다."

박선호는 부장이 명령을 내리면서 참모총장도 여기 와 있다고 했을 때 비로소 정승화 총장이 온 것을 알았다. 박선호는 재판 과정에서 살기 위해 비굴하게 거짓말한 적이 없고, 전부 사실대로 말했다고 했다.

"피고인이 같이 살기 위해 정인형과 안재송을 담당했다는데, 사실인가요?"

"제가 한마디 명령만 하면, 20~30명의 경비원이 움직입니다. 심지어는 수류탄도 있고, 기관단총도 있어서 1분 내로 다 배치되어서 2~3분이면 다 처치할 수 있는 모든 여건이 갖추어져 있습니다. 그러나 부장님의 의도는 어디까지나 정당하게 하려는 것이었습니다. 각하까지 살해하지 않을 거라고 생각한 이유는 두세 명의 숫자로는 어렵기 때문이었습니다. 저는 제가 죽을 각오로 명령을 수행했기 때문에 상대방을 죽인다는 관념이 없었습니다. 제가 착각한 것은 총을 먼저 뽑아서 위협하면 이 사람들이 제 말에 응할 줄 안 것입니다. 경호처장과 부처장이 있는 방에 제가 안 들어가고 다른 사람을 시켰으면, 총성 신호와 함께 그 사람들 등 뒤로 쏠 수 있고, 그 방에 두세 사람도 보낼 수 있었습니다. 나하고 친하니까 내 말은 듣겠지, 하고 제가 들어간 것입니다. 나머지도 사살하라는 명령은 한 적이 없습니다. 전부 한곳으로 몰아라, 몰면 들을 거라고 했는데, 만약 총을 쏘면 어떻게 하느냐고 묻기에 그때는 응사하라고 지시한 것입니다."

여기까지 문답이 이어지자 법무사가 제지했다. 원심에서 신문한 것과 똑같은 내용은 삼가달라는 취지였다. 그러자 강 변호사가 작심한 듯 새로운 것을 묻겠다고 했다.

"피고인은 1심 법정에서 변호인이 사건 당일 여자 두 사람을 인솔해 온 데 대해서 물었을 때, 대답을 않겠다고 했는데 지금도 그런가요?"

"그 문제는 제가 답변하게 되면, 지금 시내에서 일류 배우로 활동하고 있는 분들께 역효과가 납니다. 또 사회적으로도 혼란을 일으키고, 고인을 욕되게 하므로 피했던 것입니다."

공판 조서에는 이 부분이 "연예계와 고인이 욕되기 때문에 진술하지 않겠습니다"라고 되어 있다.

"지금도 그렇게 생각합니까?"

"지금도 말하고 싶지 않습니다."

이렇게 박선호는 또다시 입을 다물었다. 그러나 이름은 밝히지 않았더라도 시내의 일류 배우들이 궁정동을 다녀간 사실을 2심 법정에선 폭로한 셈이 되었다.

궁정동 식당이 사람 죽이는 곳인가?

박선호에 대한 강 변호사의 질문은 계속되었다.

"이번 행동의 숨은 동기 가운데 혹시 그런 여자들과 관련된 사정이 영향을 미쳤다고 생각지는 않습니까?"

"1년 내내 하루도 쉬지 못했어요. 여러 가지 이유가 있는데, 각하께서 불시에 오시기 때문에 그랬습니다. 그러나 저는 그때 그런 동기라는 것보다는 존경하는 부장님의 지시라면 무조건 한다는 것 외에는 없었습니다. 만약 그때 다른 지시를 했어도 응했을 것입니다."

"만찬에 참석한 여자 둘은 몇 시에 보냈나요?"

"11시경입니다."

"돈도 줘서 보냈나요?"

"돈도 다 계산해서 보냈습니다."

돈 관계 부분은 공판 조서에는 빠져 있다.

"거사가 실패할 것으로 알았다면 어떻게 했을까요?"

박선호는 그 물음에 강하게 반발했다. 그는 거사의 성공 여부에는 관심이 없었다. 수사 과정에서 거사의 장래 목적을 물었는데, 총 쏘는 문제는 죽고 사는 문제이지 장차 어떤 기대를 한다는 것은 있을 수 없다고 했다. 그를 보고 심지어 똑똑한 줄 알았는데, 참 바보라는 얘기도 있었다. 그때 김 부장을 쏘고 밀고하면 영전하지 않겠느냐는 얘기도 있었지만, 그는 그냥 듣고는 웃어넘겼다. 그는 상관과의 신의를 굳게 지켰다. 국가가 국민으로부터 신임을 못 받았을 때 그 정부는 망하게 되는 것과 마찬가지로 상관이 직속부하에게 신임을 못 받으면 그 상관은 죽은 거나 마찬가지라고 했다. 그는 목숨을 바쳐서 직속상관을 받든다는 신념 하에 앞뒤를 생각할 여지가 없었다.

저간의 '박근혜-최순실 게이트'를 보면서, 대통령과 국민 사이의 신뢰 관계가 얼마나 중요한지 몸서리치게 느끼지 않는 사람이 얼마나 될까? '김재규-박선호 상하 관계'의 신의도 새삼 음미하는 계기가 되었다는 생각을 멈출 수 없다.

강 변호사의 계속된 질문에 새로운 사실 하나가 나왔다. 김재규가 군단장 시절 번스틸 미8군사령관이 엽총 하나를 선사하면서 사냥을 권한 일이 있었다. 김재규는 그 엽총을 사용하지 않고 다른 사람에게 주었다. 김재규는 불교 신자이기 때문에 살생을 하지 않는다고 말했고, 박선호에게도 테니스나 스케이트 같은 검소한 운동을 하라며 살생은 안 된다고 여러 번 강조했다. 그리고 평소 피고인에게 세상을 밝게 볼 수 있는 교양서를 보라고 했다. 지위 고하를 막론하고 손님이 오시면 현관까지 마중을 나오기에 부장이 저 정도까지 할 필요가 있는가 생각한 적도 있었다.

검찰관의 신문 차례가 오자, 김익하 중령이 비웃듯이 시니컬한 물음을 던졌다.

"궁정동 식당이 사람 죽이는 뎁니까?"

"네?"

박선호가 의아하다는 듯이 반문했다.

"궁정동 식당의 설립 목적이 뭡니까?"

"각하의 연회 장소입니다."

"그러니까 각하를 보호하는 장소인데, 의전과장은 부장 개인의 과장인가요, 아니면 국가를 위해서 있는 것인가요?"

"그야 당연히 국가의 것이지 부장 개인의 것은 아닙니다."

검찰관이 박선호에 대한 신문을 마친다고 하자, 법무사가 생각났다는 듯 느닷없이 김재규 피고인에게 물었다.

"항소이유보충서를 제출한다고 했는데, 언제까지 하시겠습니까?"

"4~5일 시간을 주십시오."

"그 내용은 대체로 범행 동기에 관한 것입니까?"

"조사 과정과 1심 재판에서 모든 것이 제대로 다루어져 있지 않습니다. 이 나라 민주주의 발전을 위해서 뚜렷이 남겨놓고 가야……"라고 김재규가 항소이유보충서에 담겨질 내용을 말하려는데 법무사가 중간에서 끊었다.

"그러니까 범행의 동기나 과정이라든지 피고인의 인간 철학이 1심에서 충분히 진술되지 않았고, 공판 조서를 열람하지 못했기 때문에 항소이유보충서를 내는 데 시간적 여유를 달라는 것이지요?"

"네."

그러나 이렇게 법무사가 직접 항소이유보충서의 필요성과 내용을 친절하게 확인해놓고서도 끝내 그 제출을 기다리지 않았다. 3차 공판으로 서둘러 항소심을 결심한 것이다. 그 속셈은 알다가도 모를 일이다. 짜여진 시간표대로 재판을 진행할지언정 애당초 김재규의 항소이유보충서에는 관심도 없으면서 일부러 관심이 있는 척했는지도 모른다. 그런데 이 부분도 공판 조서에는 한 마디도 기재되지 않았다.

아이쿠, 오늘 죽었구나

다음은 이기주에 대한 신문으로 이어졌다. 내가 피고인에게 물었다.

"궁정동 식당은 통상 '중정의 안가安家'라고 하는데, '안가'의 뜻을 알고 있습니까?"

"'보안상 안전한 가옥'으로 알고 있습니다."

"'안가'는 원래 내부의 보안이 외부에 철저히 가려지고, 외부로부터의 침투가 차단되는 곳입니까?"

"그렇습니다."

경비원의 임무와 행위 분담 지시는 의전과장과 그 밑에 윤병서 비서와 남효주 사무관이 했다. 피고인은 주로 윤 비서의 명령을 받고 심부름을 했다. 중정 내에서는 의전과장을 부장의 오른팔로 생각했고, 그 지시라면 무조건 복종해야 한다고 했다.

이기주는 부장 얼굴도 정문에서 본 정도이고, 집무실이 있는 건물에 들어가본 일이 없었다. 이 사건 장소에도 그날 박선호 과장을 따라 처음으로 담장 안으로 들어가보게 되었다고 했다. 그리고 박 과장이 지시할 때 총성이 나면 주방 안의 사람들을 한쪽으로 몰아붙이고 만약 상대방이 사격해오면 응사해도 좋다고 해서 그 말을 따른 것이라고 했다.

검찰 조사 때 "부장님 지시다. 부장님이 총을 쏘면……"이라는 이야기는 수사관들이 말을 맞춰야 된다며 쓰라고 해서 썼고, 총소리는 누가 누구를 쏘는지, 무슨 총소리인지 전혀 알 수 없었다고 했다.

이기주는 명령을 받자마자 속으로 '아이쿠, 오늘 죽었구나' 생각했다. 왜냐하면 주방이 어디 있는지, 경호원이 어디 있는지, 아무것도 모르는 상태인데, 총소리를 기다리는 동안 경호원들에게 먼저 들키면 죽을 것이기 때문이었다. 또 총을 쏠 때 실탄을 다 쏜 것은, 남들은 다 쐈는데 남아 있으면 혹시 욕먹지 않을까, 혼나지 않을까 해서 주방 안에다 대고 다 쏴버렸다는 것이다. 불이 나가 컴컴한 데에 쐈기 때문에 사람이 맞았는지는 모른다고 했다.

검찰 조사에서 이기주를 경비원 조장이라고 불렀으나 경비원끼리는 친구처럼 지냈으며, 유석술은 이기주보다 선임자이고, 김태원도 평소 부를 때 서로 '태원아', '기주야' 하며 지내는 사이였다.

사건 당시는 박선호 과장의 지시를 전달하는 입장이었을 뿐이었다고 했다. 청와대에서 나왔을 때 총성을 듣지 못했다고 거짓말한 것이나, 유석술에게 권총 등을 묻으라고 한 것은 모두 남효주 사무관과 의논해서 한 것이고, 범행을 돕기 위해 한 것은 아니라고 했다.

검찰관이 물었다.

"평소에도 박 과장의 지시는 부장의 지시를 받고 하는 것이라고 여겼기 때문에 당시 박 과장의 범행 지시도 부장의 지시로 생각하지 않았습니까?"

이기주는 잠시 생각하더니 "네"라고 대답했다.

"박선호가 피고인에게 그런 지시를 해서 무척 원망스럽지 않은가요?"

"상관이 저를 그만큼 신임했기 때문에 그와 같이 시켰을 것으로 보고 스스로 위로했습니다."

다음 법무사가 유성옥에 대한 신문 사항을 서면으로 제출해달라고 하자, 내가 일어나 말했다.

"유성옥 피고인이 신병으로 재판 받기 어려운 실정인데, 외부 의사의 진단을 받을 때까지 공판 절차를 정지하여주십시오."

물론 이 신청은 받아들여지지 않았다.

오후 2시에 공판이 속개되자, 법무사가 심리에 앞서 몇 가지 고지하겠다고 말했다.

피고인 유성옥에 대해서는 의사로 하여금 진료를 허가하고, 김재규 피고인이 요구하는 항소이유보충서는 추후 제출하면 기록에 편철編綴하되 재판 절차는 예정대로 진행하며, 변호인들이 주장하는 원심에서의 군법회의법상의 공개 원칙, 공판조서 열람등사권, 피고인의 변론을 위한 모든 절차 참여권 등 피고인의 방어권과 관련된 소송 절차의 위법 부당 여부에 대해서는 재판부가 신중히 검토하여 그 결과를 다음에 고지하겠다고 하였다.

그리고 전 기일에서의 김계원 피고인에 대한 검찰의 공소장 변경 신청 내용을 설명하고 이에 대해 변호인들에게 신문을 하라고 했는데, 변호인들은 이 점에 대해서는 물을 것이 없다고 하였다.

김재규 피고인이 오전에 건강 상태가 좋지 않다고 해서 피고인에 대한 심리를 다음 날 속개한다고 하고 오후 2시 9분 폐정하였다. 1심보다는 훨씬 관대해진 듯한 모습이었다.

제3차 공판(1980년 1월 24일): 항소심 심리, 변론과 최후 진술

대통령 유해가 나가서는 안 되는데 나갔다

항소심 3회 공판이 1월 24일 오후 2시 대법정에서 속개되었다. 김재규가 건강상 오후 재판을 피해달라고 했는데도 공판 시간을 오후로 잡은 것이다. 이날 공판에는 김재규, 김계원 등 7명의 피고인과 변호인 전원이 출정했다. 피고인들로서는 사실심의 마지막 진술 기회였다.

법무사 신학근 중령이 재판장을 대리하여 재판부의 합의 결정된 사항을 고지하였다. 피고인 및 피고인들의 변호인들이 주장하고 있는 군법회의법상 규정된 재판의 공개, 공판조서의 열람등사권, 피고인의 변론을 비롯한 모든 절차 참여권, 진술권 등 피고인의 방어권과 관련된 원심의 소송 절차, 법규 위반의 점에 대하여 재판부가 원심 기록을 신중히 검토한 결과, 모든 절차가 적법하게 이루어졌다고 판단되고, 그 밖에 피고인들의 방어권을 침해했다고 볼 수 있는 자료가 없어 위 주장을 받아들이지 않는다고 했다. 또한 유성옥에 대한 공판절차정지신청도 질병으로 인하여 출정할 수 없는 상태에 있다고 보이지 않고, 변호인이 선임되어 있으므로 받아들이지 않는다는 것이다. 이때 내가 유성옥에 대한 의사 작성의 소견서를 제출하고 종합병원의 검진을 받도록 해달라고 하자, 이를 불허한다고 하였다.

재판장이 1심 공판정에서 김재규 피고인의 최후 진술 요지를 공판조서에 따라 읽어주고 맞느냐고 물었다.

"네, 그러한 내용으로 최후 진술을 했습니다."

재판장이 처음부터 김재규에게 왜 이렇게 물었을까? 아마도 1심에서 할 얘기를 다 했으니 더 할 말이 없지 않느냐는 의도로 보였다.

재판부가 김계원 피고인에 대한 공소장 변경에 따른 보충신문을 김재규 피고인에게 했다. 김재규는 사건 당일 궁정동 식당 정원 경계석에서 차지철 경호실장의 살해 모의를 김계원 피고인과 한 사실은 전혀 없었다고 말했다.

1심 때와 마찬가지로 이병용 변호사가 '그 친구 해치워버리겠다'라고 한 말의 뜻을 묻자, "총으로 쏜다고 한 일은 없고, 술자리에서 술을 퍼붓든지 주먹으로 한 대 때려서 망신이나 주자는 것인데 총으로 쏜다는 것으로 해석한 것은 과잉된 말입니다"라고 말했다. 이어서 "살해 모의도 안 했는데 뒷일을 부탁할 리 없고, 뒷일을 부탁한다는 말을 한 일이 없습니다"라고 보탰다. 또한 대통령 유해가 밖으로 나간 부분에 대해서는 "나가서는 안 되는데 나갔습니다. 당부했는데 안 지켰습니다"라고 말했다. 김재규는 보안 유지를 부탁했는데 김계원이 이를 지키지 않았다는 말이다.

내가 피고인 유성옥에 대한 보충신문을 했다. 정상에 관해 물었다. 그는 월남전에 소대 선임하사로 참전하여 죽을 고비를 세 번이나 넘기며 다리 관통상과 얼굴에 부상을 입고 공을 세워 훈장을 탔다. 재판 당시 이마의 상처 부위는 그때의 부상이 아니라 이 사건 수사 과정에서 고문을 당해 생긴 것이었다. 당시 고문 후유증으로 아직까지 오른팔이 마비 상태라고 했다.

검찰관 이병옥 소령이 유성옥에게 물었다.

"박선호 피고인으로부터 그 가족을 살해하라는 지시를 받았다고 해도 살해할 것인가요?"

"그렇지 않습니다."

유서를 품속에 넣고 다녔다

이제 김재규에 대한 신문 차례였다. 법무사 신학근 중령이 피고인 김재규에 대한 신문 순서를 정하라고 고지하자, 연장자인 김제형 변호사가 일어나 김재규에 대한 변호인 신문은 변호인단을 대표해서 강신옥 변호사가 신문하겠다고 말했다. 그러자 법무사 신 중령이 이렇게 고지했다.

"피고인 김재규에 대한 변호인들의 항소이유는 거의 법리 오해 주장으로 1심 공판 기록에 상세히 기록되어 있고, 이는 재판부의 전권 사항이고, 사실 오인 주장이 없었기 때문에 사실 오인 주장에 대한 신문은 제한하겠습니다."

이에 구애받지 않고 강 변호사가 "저항권을 행사할 수 있는 사실이 전제되어야 하겠기에 사실 오인 부분을 신문하겠습니다"라고 말하고 김재규에게 묻기 시작했다.

"1심에서 긴급조치 해제를 건의했다고 했는데 몇 번이나 건의했나요?"

"1978년도에 세 번 건의했으며, 10·26 전까지 외국에서 보도된 우리나라 체제에 관한 비판은 일일이 보고하고 해제 건의를 했습니다."

"외국 보도를 어떤 방법으로 건의했나요?"

"중앙정보부 안에 국제문제연구소가 있습니다. 세계 주요 신문, 잡지를 포함한 정기 간행물이 전부 입수되는데, 전문가들이 보고 유신 체제에 대한 비판이 실리면 발췌 번역하여 참고하시라고 계속 보고했습니다. 무슨 방법으로든지 해결해보려고 1년 전에 대통령 선거를 통일주체국민회의에서 하지 말고 직선해도 충분히 당선된다고 했으나 손톱도 들어가지 않았습니다. 긴급조치 해제와 유신 체제를 고쳐보기 위해 무한히 노력했습니다. 저는 순리대로 일하기를 원합니다. 군에 있을 때도 그랬지만 무리한 일이나 횡포를 싫어합니다. 결국 무슨 방법으로든지 고쳐보려고 했으나 결과적으로 하지 못했습니다."

이때 법무사가 피고인 김재규의 진술 중 국가 안전 보장 내지 안녕질서를 해할 염려가 있다고 판단되면 비공개로 해야 하므로 변호인들의 신문 사항을 미리 서면으로 제출케 했으나 아직 제출하지 않고 있다면서 그 제출을 촉구하고 잠시 휴정했다.

속개한 후 김재규가 의자에 앉아 진술하겠다고 하자 재판장이 그렇게 하라고 했다. 김재규는 오후가 되면 건강상 견디기 어려운 모양이었다. 강 변호사가 신문을 계속했다.

"피고인의 생각으로는 혁명이란 어떤 뜻인가요?"

"금번 10·26 민주회복 혁명은 이름 그대로 비민주주의적인 유신 체제를 철폐하고 자유민주주의 체제로 환원하는 것입니다. 자유민주주의는 우리나라의 건국이념이며 국시인데, 5·16 후에 자유민주주의가 무너졌고, 10월 유신으로 자유민주주의가 끝장이 났기 때문에 10·26은 자유민주주의를 회복하는 혁명입니다. 그런데 저는 지금 내란목적살인죄로 기소되어 재판을 받고 있다는 것이 이해가 가지 않습니다. 건국이념과 국시에 맞을 뿐, 제가 공산주의를 하자고 한 것도 아니지 않습니까?"

"대통령으로부터 긴급조치를 해제해야 되겠다는 말이 있었나요?"

"아는 바 없고, 그런 일도 없었습니다."

그가 건의했으나 유신 체제를 바꿀 수 없었고, 긴급조치가 유신 체제의 방어 수단이었으므로 대통령은 전혀 해제할 생각이 없었다는 것이다. 김재규가 한마디 덧붙였다.

"여기 있는 사람들도 자유민주주의를 희망하지 않는 사람은 한 사람도 없다고 봅니다."

자유민주주의를 희망하지 않는 사람은 박정희 대통령 한 사람뿐이라는 말이었다.

"피고인은 중앙정보부장으로 근무 중 긴급조치 사범을 처리하는 과정에서 많은 고충이 있었다는데 사실인가요?"

"이율배반이었습니다. 한쪽으로는 시행 안 할 수 없었고, 시행하자니 정당한 일을 한 사람을 처벌하는 것이 마음이 아팠습니다. 900여 명의 학생들이 긴급조치 위반으로 제적되었고, 날이 갈수록 그 수는 늘어

낳으며, 이런 모순 사회가 되어서는 안 되겠기에 결국은 중앙정보부장이란 중책을 가진 사람이 이런 혁명을 아니 할 수 없었습니다. 제 심정을 정당히 평가해주십시오."

"박선호나 박흥주에게 나라가 망하면 너나 나나 다 같이 죽는다고 했다는데요?"

"공산주의와 대결하기 위해서는 자유민주주의의 장점을 살려야 되는데, 장점을 다 죽이고 무엇으로 대항할 수 있습니까? 계속 그대로 가면 적화가 되기 쉽습니다. 부산·마산 사태에는 불순분자가 없었으며, 선량한 국민들의 체제에 대한 도전이었습니다. 그래서 박흥주, 박선호에게 나라 걱정을 했던 것입니다. 부마사태를 보고 와서 나는 이렇게 보는데 너희는 어떻게 생각하는가, 장기 집권을 하니 국내적으로는 부마사태 같은 일이 벌어지고 국제적으로는 우방인 미국과 거리가 멀어지니 나라가 망하면 너나 나나 어디에서 살겠느냐는 뜻이었습니다."

"건설부 장관으로 재직할 때 유서를 5통 쓰고 자그마한 태극기의 모서리에 민주, 민권, 자유, 평등을 써서 늘 품속에 넣고 다녔다는데 사실인가요?"

"작년(1979년) 4월부터 비로소 혁명할 생각을 한 것이 아니고, 그 전부터 그런 생각을 가졌던 것입니다. 그래서 각하를 살해하고 자결할 경우 나중에 살해 이유를 확인시키기 위해서 그렇게 한 것입니다. 중앙정보부장으로 가면서 절호의 찬스라고 알고 여러 가지 방법을 다 썼으나 전혀 변화가 없었습니다. 종전 생각을 그만두고 태극기와 유서도 불태워버리고 무슨 방법으로 할까 고민했으나 다 여의치 않아서 작년 4월에 모든 준비를 했다가 여건이 맞지 않아 실행을 못했습니다."

시퍼렇게 젊은 친구들, 제발 죽이지 마시오

"지금 심정은 어떠한가요?"

"지금 영어圈圈의 치욕보다 빨리 죽었으면 합니다. 그러나 명색이 중앙정보부장으로 자유민주주의를 회복한 혁명을 했는데, 죽는다면 앞으로 계엄이 해제될 때 틀림없이 데모가 일어나고, 제 죽음이 그 데모의 이슈가 되어 사회가 혼란해지고, 그러면 북괴는 위장평화 공세로 나올 것입니다. 미국도 대통령 선거 전에 정책 발표가 있을 것인데, 한시적으로는 우리나라를 멀리할 것입니다. 이렇게 되면 어떻게 대처할지 걱정스럽습니다.

지금 저는 재판을 받고 있으나 재판받을 수 있는 대상이 되지 않으며 심판을 받는다면 국민의 심판 대상일 뿐입니다. 저는 이렇게 생각합니다. 저의 재판은 정치적인 면이 큽니다. 내가 죽고 나라가 잘된다고 생각되지 않습니다. 앞으로 나라가 잘되어야만 10·26혁명이 민주주의 역사에 남을 것인데, 그렇게 되지 않고 자유민주주의를 회복해놓고도 제가 나라를 망하게 만들어놓았다고 한다면 땅속에서도 눈을 감을 수 없겠습니다.

우리가 자유민주주의를 지키기 위해 6·25 사변을 거치며 태극기 앞에 얼마나 많은 희생을 했습니까? 재판장님께 말씀드릴 것은 나를 죽여서 나라에 문제를 만들지 말고 혼란을 야기시키지 않도록 하는 것이 좋겠다는 것입니다. 자유민주주의는 전체가 한결같이 지켜야 합니다. 한마음 한뜻으로 지켜야 합니다. 원컨대 국가의 대사요, 국시를 지키는 문제이기에 국민 전체가 이성으로 돌아가야 합니다. 제 목숨 하나가 문제가 아니라 정말로 나라의 국기가 흔들리지 않도록 하기 위해서 어떻게 해야 할지를 냉정히 생각해서 이 사건을 다뤄주시기 바랍니다.

그런 의미에서 재판에서 저를 처리하지 말고, 저로 하여금 스스로 자결할 수 있도록 기회를 주십시오. 제가 생각하기에는 국가의 장래가 지금 기상도로 보아 위태위태합니다. 소나기가 올지 태풍이 불지 모릅니다. 가능한 한 소나기가 안 오고, 태풍이 안 불도록 조용하게 하기 위해서 이런 것을 건의드립니다. 아무 준비를 안 했기 때문에 두서없는 얘기가 됐습니다만……"

이 부분은 공판 조서에는 줄여서 요지만 기재되었다.

김재규는 유신 체제를 타파하고 마음껏 자유민주주의를 구가해야 할 1980년 민주화의 봄이 전두환을 중심으로 한 신군부에 의해서 처참히 무너지고 동토凍土 속에 묻히고 말 것을 예상했단 말인가?

이때 법무사가 "말씀 잘 들었습니다. 이상 끝이지요?"라고 김재규의 진술을 중단시켰다. 그러자 강 변호사가 "부하들에 관한 질문을 하나 하겠습니다"라고 운을 뗐다. 그러자 생각났다는 듯이 김재규의 진술이 터져 나왔다.

"제가 한마디만 더 하겠습니다. 재판장님, 일본의 2·26 사건이나 5·15 사건의 판례를 인용하겠습니다. 일본의 대신들을 살해한 경우에도 장교들은 희생시키고, 하사관과 병은 한 사람도 희생시키지 않았습니다. 군대 명령은 선택적으로 받아들일 수 없습니다. 명령은 무조건 받아야지 선택적으로 받으면, 극단적인 경우 전쟁터에서도 이 명령을 받을 것인가 안 받을 것인가가 될 때에는 작전 임무를 수행할 수 없게 됩니다.

그렇기 때문에 일본에서 그런 판결을 했다고 보는데, 여기 있는 우리 경비원들은 군대로 말하면 모두 하사관 이하 병에 가깝습니다. 그런데 이 사람들은 저와 같이 무슨 목적이나 이념이 있어서 행한 것이 아니라, 졸지에 명령에 의해서 동원된 것입니다. 그러니 제가 결행한 이 어마어마한 일에 가담은 됐다고 하더라도, 이들 한 사람 한 사람의 행위는 말하자면 지극히 간단하고 단조롭습니다. 이 시퍼렇게 젊은 친구들, 제발 죽이지 말아주십시오. 남의 나라 판례지만 참고해주시고, 중정의 특색이 군대보다 더 강한 명령 체계를 갖고 있는 점을 충분히 고려하셔서 저에게만 극형을 내려주십시오.

저는 마음의 준비도 되어 있고, 지금 심경으로는 살아서 고통을 당하기보다는 죽는 것이 훨씬 편합니다. 또 박선호와 박흥주에게도 제가 시간적 여유를 주지 않았습니다. 이 사람들에게 생각할 여유를 주면 틀림없이 반대할 것 같아서 선택의 여지를 주지 않은 것입니다. 그대로 명령으로서 밀고 나갔습니다. 결과보다는 명령을 주고받은 상황에 대해 충분히 정상 참작해주시기 바랍니다. 모든 책임은 명령을 한 저에게 있다는 것을 거듭 말씀드립니다."

변호인들은 김재규의 범행이 국가 기관의 전복을 목적으로 한 것이 아니라는 범행 목적과 동기 부분에 대해 집중적으로 신문했다. 1심 때의 신문 내용과 거의 중복되므로 생략한다.

검찰관은 김재규 피고인에게 더 신문할 사항이 없다고 하였다.

재판장이 끝으로 한마디 물었다.

"피고인이 중정부장 직에 있는 동안 박 대통령의 신임을 받고 있었다고 생각하나요?"

김재규는 순순히 긍정했다.

"예. 여기에 김계원 실장도 계십니다만, 몹시 신임해주셨습니다."

법무사 신 중령이 김재규에게 더 할 말이 있느냐고 물으니 "더 할 말은 항소이유보충서로 제출하겠으며 그 외에 할 말은 없습니다"라고 끝맺었다.

법무사는 이상으로 김재규에 대한 사실심리를 마친다고 하였다.

그리고 변호인들이 피고인들을 위해서 제출한 증거조사 신청과 다른 피고인들에 대한 신문 신청은 1심에서 거의 조사가 되어 있는 사항이기 때문에 일률적으로 받아들이지 않는다고 하였다.

김재규의 경우 변호인이 증인으로 박찬현 전前 문교부장관, 조성구 정보부 외사국장, 김근수 정보부 안전국장, 현홍주 정보부 기정국장, 김병주 정보부 서울지부장, 김재선(김재규의 여동생) 등 6명을 신청했고, 김계원의 변호인은 이재전 전 청와대 경호실차장 등 11명을 증인으로 신청하였으나 모두 기각한 것이다.

이상으로 항소심의 사실심리 및 증거조사를 마치고 검찰관에게 의견 진술을 하라고 하였다. 3일간에 걸친 2심 재판 중 실제로 심리에 소요된 시간은 8시간 남짓한 초고속 재판이었다.

검찰관 김익하 중령은 "공소장이 변경된 김계원 피고인에게는 원심 구형을 원용하고, 김재규 등 나머지 피고인에 대해서는 항소를 기각해 달라"고 검찰 의견을 진술했다.

그리하여 김재규, 김계원, 박선호, 이기주, 유성옥, 김태원 등 6명의 피고인에게는 1심대로 사형이, 유석술 피고인에게는 징역 3년이 항소심에서 각각 구형되었다.

김재규에 대한 항소심 대표 변론

변호인들의 항소심 변론은 항소이유서에 기재된 내용과 거의 같았다. 여기서는 김재규 피고인의 사선변호인단의 대표 변론만 소개하기로 한다. 대표 변론은 연장자이며 법조계 원로인 김제형 변호사가 맡았다.

저희들 변호인들은 이 재판의 1심에 임하면서 사건의 중요성을 지적하고, 특히 적법 절차의 보장 문제를 누누이 강조한 바 있습니다마는 이제 사건 발생으로부터 불과 3개월도 되지 않은 이 시점에서 사실심으로는 최종심인 고등군법회의의 결심까지 보게 되니 이러한 재판의 무리한 강행군이 자칫 졸속에 빠져 돌이킬 수 없는 오류를 범하게 되지 않을까 하여 심각한 우려를 표명하지 않을 수 없습니다. 김재규 피고인은 '10·26 민주회복 국민혁명'이라고 표현하고, 항간에서는 '10·26 사태'라고 일컬어지는 이 사건은 그 호칭을 어떻게 하든 결과적으로는 이 나라의 역사에 중대한 전환점을 이룩한 사건임에 틀림이 없으며, 이 사건으로 인하여 이 나라의 국민은 억눌렸던 자유를 다시 찾고 참된 민주정치의 개화를 바라볼 수 있게 되었음은 분명합니다. 10·26 사태를 계기로 하여 4년 7개월간이나 국민의 자유를 억압하던 대통령 긴급조치 9호가 해제되었고, 나라의 민주 회복을 외치다가 투옥되었던 많은 양심범들이 석방되었습니다.

그뿐입니까? 박정희 대통령 치하에서는 유신 체제만이 이 나라가 살수 있는 길이라고 해서 감히 그 개정 논의조차 할 수 없었던 저 말썽 많은 유신 헌법은 10·26 사태와 더불어 온 국민은 물론 박정희 대통령에 의하여 영도되어온 정부와 공화당에서조차도 스스로 개정의 불가피성을 인정하고 적극적으로 개헌을 추진할 정도로 이제 유신 헌법의 폐기와 새로운 민주 헌법의 제정은 필지의 사실이 되었습니다. 이제 1980년대의 문턱에 들어서면서 이 나라의 국민은 유신 이후의 정치적 암흑기의 악몽을 청산하고 바야흐로 찬란한 민주주의의 발전을 눈앞에 바라보며 희망에 부풀어 있습니다. 이 모든 것이 10·26 사태의 결과라는 것을 부인할 사람은 아무도 없을 것입니다. 한마디로 10·26 사태는 그 결과로서 이 나라의 국민들에게 자유와 민주주의를 회복시켜준 것입니다.

이와 같이 이 사건으로 인하여 커다란 변화가 일어났습니다. 다시 말하면, 국민 어느 한 사람도 10·26 사태 이전의 유신 체제를 계속 유지해야 한다는 사람은 없습니다. 그런데도 이 사건의 주인공인 김재규 피고인은 이 사건으로 사형 선고를 받고 지금 이 법정에서 2심 판결 선고를 기다리는 처지에 있습니다. 이러한 김재규 피고인의 처지를 어떻게 헤아려야 하는지 착잡하기만 할 뿐입니다. 김재규 피고인은 변호인들이 면접할 때 5·16혁명은 민주주의를 역행한 혁명이고, 10월 유신은 민주주의를 말살한 혁명이며, 10·26 사태는 민주주의를 회복한 혁명이라고 말하였습니다. 과연 그렇다면, 10·26 사태의 주인공인 김재규 피고인의 거사에 대한 평가는 거시적이고 대국적인 역사적 안목에서 이루어져야 할 것이며, 특히 충분한 시간적 여유를 가지고 신중에 신중을 더하여 처리되어야 할 것입니다.

10·26 사태의 진상이나 그 정치적 의의가 이 나라의 역사에 길이 남을 중대 사건이라면, 그 사건의 주인공인 김재규 피고인에 대한 재판의 경위와 결과에 대한 평가 역시 두고두고 후세 사가들의 관심의 대상이 될 것임은 분명합니다. 이 재판의 1심에서 본 변호인들은 마치 타임 스케줄을 미리 정해놓고 그 일정표에 맞추어 재판 진행을 몹시 서두르는 듯한 인상을 받고 심각한 의아심과 우려를 표명한 바가 있습니다마는 그러한 의아심과 우려는 항소심인 이 계엄고등군법회의의 법정에 이르러서도 가시지 않고 있다는 것을 솔직하게 말씀드리지 않을 수 없습니다. 이 사건 항소이유서의 제출 마감일이 1980년 1월 21일이었는데, 변호인들이 항소이유서를 제출하기도 전에 바로 1월 22일로 첫 재판 기일의 통지가 있었다는 점만으로도 왜 이토록 이 사건의 재판이 속결되어야 하는지 납득할 수가 없었습니다.

이와 같이 이 중대한 사건에 관하여 이례적일 만큼 급속한 재판 진행을 하였습니다마는 재판을 결론 내리는 데 있어서는, 첫째, 이 사건의 동기가 말살되었던 자유민주주의를 회복하고 그렇게 함으로써 필연적으로 일어날 수 있는 국민적 저항으로 말미암아 많은 국민이 희생되고 급기야는 국가적 위기마저 초래될 것을 방지하기 위하여 애국애족의 충정에서 단행하였다는 점, 둘째, 말살된 민주주의를 회복하기 위하여 이 방법을 택하는 것 외에는 달리 방법이 없었다는 점, 셋째, 이 사건으로 말미암아 유신 헌법은 폐기되고 다시는 독재와 장기 집권을 할 수 없도록 하는 민주 헌법을 만들어야 한다고 국민적 합의가 이루어졌다는 점, 넷째, 그렇기 때문에 온 국민은 물론이요 전 세계의 민주 우방국가에서 이 재판 결과에 대하여 깊은 관심을 가지고 주목하고 있다는 점, 다섯째, 또 이 사건의 재판 결과는 이 사건에 관여한 검찰관이나 변호인, 피고인 및 재판관 모두가 바라든 바라지 않든 간에 역사에 길이길이 남게 되어 사가들의 평가를 받게 될 것이라는 점 등을 신중히 고려해서 온 국민의 참된 뜻에 어긋나지 않고 후세의 사람들에게 떳떳하게 대할 수 있도록 현명한 재판이 있기를 바랍니다.

김계원과 박선호의 최후 진술

항소심에서는 김계원 피고인부터 최후 진술을 하였다.

"충성스럽게 각하를 보좌하지 못한 불충한 죄인이 이 자리에서 새삼 드릴 말씀이 없고, 1심에서 다 말씀드렸습니다. 다시 말씀드립니다만, 이와 같은 민족적·국가적으로 불행한 사건이 앞으로는 영원히 일어나지 않도록 이 사건의 진상이 진실되게 사실대로 판명되어서 변함없이 후세에 남기를 간절히 바랍니다. 검찰관께서 공소장 변경을 해주시고 재판부에서 채택해주신 데 대해서 기쁘게 생각하고 감사드립니다. 재판 결과가 공정하고 승복할 수 있는 결과가 나오기를 진심으로 바라 마지 않습니다."

다음은 박선호 피고인의 최후 진술이었다. 법정에서 내내 온화한 얼굴을 유지하던 그의 눈빛에 언뜻 노기怒氣가 서렸다. 무언가 작심했다는 듯 말을 꺼냈다.

"최후 진술의 기회를 주셔서 영광으로 생각합니다. 제가 정보부에서 근무하여 존경하는 김 부장님을 모신 것이 영광스럽고, 지금까지 원망이나 비관해본 일이 없습니다. 이것은 저의 솔직한 심정입니다. 부장님께서 구국을 위해, 민주를 위해 수시로 청와대에 들락날락하시면서 간혹 저희에게 숨통이 막히는 절박한 상황을 전달해주셨고, 저희로 하여금 일깨워주셨습니다. 국가의 앞날을 버러지의 눈이 아니라 창공을 나는 새의 눈으로 볼 수 있게 똑바른 눈이 되도록 길러주신 데 대해서 항상 영광으로 생각합니다.

그리고 당일에 있었던 긴박한 상황에서는 아마 100명 중 90명은 (공판 조서에는 90~100퍼센트라고 표현되어 있다) 반드시 제가 한 행동 그대로 취하리라 믿습니다. 지금 또 그와 같은 상황에 처해도 저는 그 길밖에 취할 수 없다는 것을 분명히 말씀드립니다. 저는 궁정동 일대의 모든 건물을 관리하였으며, 제 밑에 많은 부하들이 있습니다. 완전히 사살을 목적으로 했다면, 여러 가지 방법이 있고, 저 역시 구두로 지시만 하면 됩니다. 그러나 부장님의 뜻은 그게 아니었고, 이것이 과연 누구를 사살하고 누구를 어떻게 하는 것인지도 모르겠고, 제가 생각하기에도 각하 정도는 납치하면 되지 않나 생각했습니다. 하지만 윗분이 하는 일을 제가 알 바도 아니고 하달하신 명령만 충실히 하기 위해서 했습니다. 전우를 살리려고 들어갔다가 오히려 희생시킨 데 대해서 이 자리를 빌어서 다시 한 번 애통한 마음을 금할 수가 없습니다. 이렇게 될 바에는 차라리 제가 그 장소를 피했어도 될 것을 살려보겠다는 마음으로 그랬다는 것을 말씀드립니다.

여기에 제 부하였던 이기주, 유성옥, 김태원, 유석술이 있습니다. 이들은 아무 뜻도 모르고 나왔고, 제가 지시한 대로 내용도 모르고 따라하다가 이 법정에 서게 되어 가슴이 아픕니다. 아무튼 이 부하들에 대해서만은 관대하게 처리해주실 것을 말씀드립니다. 어제 여기에서 검찰관께서 그 집은 사람 죽이는 집이냐 하는 질문 같지 않은 질문도 하셨습니다. 그 집은 사람 죽이는 집이 아닙니다. 그와 같은 건물은 대여섯 개가 있는데, 이것은 각하 전용 연회장으로서……"

박선호가 무언가 중요한 말을 꺼내려는 듯 언성이 고조되어가자, 여기서 갑자기 법무사가 가로막았다. 범죄 사실에 관련되는 사항만 말하라는 것이다. 그러나 내친김에 박선호는 마음에 담았던 말을 쏟아냈다.

"예. 그래서 이것을 제가 발표하면 서울 시민이 깜짝 놀랄 것이고, 여기에는 여러 수십 명의 일류 연예인들이 다 관련되어 있습니다. 명단을 밝히면 시끄럽고, 또 그와 같은 진행 과정을 알게 되면 세상이 깜짝 놀랄 일들이 많이 있습니다. 각하가 평균 한 달에 열 번씩 오는데, 이것을……"

공판 조서에는 이 부분이 빠져 있다. 다시 법무사가 가로막았다.

"범죄 사실에 관해서만 말하시오."

"예?"라고 박선호가 반문하자, 법무사가 다급하게 "피고인의 범죄 사실에 관해서만 말하시오"라고 재차 제지했다.

박선호가 서둘러 마무리를 지었다.

"예. 그래서 제가 연중 하루도 쉬지 않고 열심히 근무했고, 상관의 명령을 충실히 이행했다는 것을 이 자리에서 말씀드립니다."

전 기일에서의 검찰관 신문에서 '궁정동 건물이 사람 죽이는 곳이냐?'는 물음이 박선호의 마음을 격동시켰는지 여태까지 애써 감추어오던 말을 일부나마 터뜨리는 계기가 된 셈이다. 잠자는 사자의 코털을 건드린 격이다.

이기주, 유성옥, 김태원, 유석술의 최후 진술

이기주의 최후 진술 차례였다.

"상관의 명령에 목숨을 바치는 충성심으로 일해왔습니다. 상관이 저를 신임했다는 것을 위로로 삼고 있습니다. 관대한 처분을 바랍니다."

이어서 유성옥이 최후 진술을 했다.

"이 사건은 사실대로 밝혀지지 않았습니다. 고문당하는 고통, 유감스럽습니다. 부장님과 과장님 말씀을 듣고 보니 더 잘 모시지 못한 것이 죄송스럽습니다. 구치소에서 귀를 치료할 수 있게 해주신 데 대하여 감사드리고 치료해주신 의사께 감사드립니다. 끝으로 훌륭하신 부장님 근처에 있었다는 것을 영광스럽게 생각합니다."

김재규가 수사 과정에서 혹독한 전기 고문까지 당한 것을 보면 그 부하들에 대한 고문이 얼마나 가혹했는지는 능히 짐작이 간다. 내가 국방부 법무관으로 재직 중이던 1970년대 초에 전해 들은 이야기로는 중정이나 보안사의 조사실에서의 고문은 '나는 어머니의 자식이 아니다'라는 말만 아니고는 어떠한 거짓 자백도 할 수밖에 없는 형언할 수 없는 극악무도한 고문이 자행되고 있었다고 했다. 그래서 심지어 정권 안보를 위해서 필요하면 언제든지 이른바 '관제官製 빨갱이'를 양산해낼 수 있었다는 것이다.

다음은 김태원의 차례였다.

"중앙정보부 경비원 수칙이 있습니다. 과장 명령이라면 살아 있다 해도 쐈을 것입니다. 김용섭은 6발 맞았는데, 5발 맞은 다음 저에게 1발 맞았습니다. 이미 죽었는데 제가 쏜 것입니다. 차 실장에 대해선 6~7발 맞고도 신음 소리가 났다면 김용섭을 쏘고 나서 다시 쏘지 않고 나왔겠습니까?"

유석술이 마지막으로 말했다.

"사건에 대해선 아무것도 모르고 총을 묻었고, 그 후 상관에게 보고 했습니다. 많은 반성을 하고 있으니 관용을 바랍니다."

부하들 누구도 지시한 상관에 대해서 원망하거나 후회한다는 말은 한마디도 없었다.

다음 김재규의 최후 진술을 듣기 위해 10분간 휴정했다.

김재규의 항소심 최후 진술

오후 6시 23분 김재규의 최후 진술이 시작됐다. 김재규의 항소심 최후 진술은 1심에서와 마찬가지로 한 편의 드라마처럼 펼쳐졌다. 조리가 있었고, 설득력 있는 연설이었다. 명쾌하고 신념에 차 있었다. 그러나 몸이 몹시 불편한 모양이었다. 접견 때마다 그는 특히 오후가 되면 정신이 희미해진다고 하였다. 그동안 앉아서 진술하라는 재판장과 변호인의 거듭된 권고에도 꼿꼿이 서 있던 김재규가 도저히 못 견디겠는지 일어섰다가 다시 자리에 앉아서 진술했다. 병자답지 않게 빠른 속도로 구슬 굴러가듯 말했는데, 조용하지만 힘이 들어 있는 목소리였다.

법무사가 지금까지의 피고인의 진술과 변호인의 변론, 그리고 앞으로 제출될 피고인의 항소이유보충서를 참고할 테니 짧게 하라는 취지로 넌지시 권고했다. 그러나 김재규는 이에 구애받지 않고 하고 싶은 말을 다 했다.

"최후의 기회이기 때문에 저의 진실을 말하고자 합니다. 이 나라에 있어서 자유민주주의 혁명은 필연적인 것이고, 그것이 바로 10·26 민주국민혁명인 것입니다. 저는 정보부의 책임자로서 다른 방법이 있을 수 없다고 생각했습니다. 이 혁명의 필연성을 여러분들께서는 혹 의아하게 생각할지 모르지만, 실제로 정보를 책임졌던 사람으로서 이제는 도리가 없다, 모든 방법이 다 끊어졌다, 이런 결론에 도달했기 때문에 이 혁명을 결행한 것입니다.

7년이라는 유신 체제의 억압이 계속되는 사이에, 국민의 유신 체제에 대한 누적된 항거 의식은 전체 국민 사이에 팽배해 있었습니다. 작년의 부산과 마산 사태는 그러한 국민적 항거의 표본이었고, 삽시간에 전국의 5대 도시로 확산될 것으로 확인되었습니다.

이승만 대통령은 4·19혁명의 마지막 순간에, 국민의 희생을 뒤늦게나마 염려하여 물러설 줄 알았습니다. 그러나 박정희 대통령은 군인 출신이고, 또 모든 면에서 너무 완벽한 분입니다. 그러니까 어떠한 저항이 있더라도 기어이 방어해서 권력을 유지하려 했을 것입니다. 이 과정에서 많은 사람이 희생될 것은 불을 보듯 뻔합니다. 부마사태의 본질과 전국으로의 확산 조짐을 보고드렸더니, 각하께서 말씀하셨습니다. '앞으로 만일 서울에서 이런 사태가 발생하면 내가 직접 발포 명령을 하겠다.' 간담이 서늘했습니다. (이때 법무사가 항소이유보충서로 내라고 진술을 잠시 중단시켰지만, 김재규는 알았다고 하면서 계속했다.)

4·19 때 심한 불행이 있었습니다. 완벽한 성격의 이분이 위에서 방어를 할 때 어떤 험한 결과가 올지 상상해보십시오. 이 결과가 몇 사람의 희생으로 끝나면 그나마 다행이지만, 급기야는 국기를 흔들어놓습니다. 미국도 우리하고 등집니다. 그러면 사상적으로도, 국가 방위에서도 문제가 됩니다. 그래서 더 이상 늦출 길이 없다, 방법이 없다고 생각했습니다. 개인적으로는 대통령과의 관계가 친형제간 이상의 관계이지만, 개인적인 정분을 야수의 마음으로 돌렸습니다. 그래서 저는 처음부터 내 목숨을 이 혁명과 바꾼다는 것을 각오하고 한 일입니다. 보다 많은 희생을 막은 것입니다. 대통령 한 분을 희생시켰다는 것은 매우 마음 아픈 일이고, 역사적으로도 엄청난 일이 되기는 했습니다만, 민주화 과정에서 희생은 불가피한 것이고, 그 희생을 줄이는 것이 저의 대의였습

니다. 민주주의 국가에서는 국민 한 사람 한 사람의 생명은 고귀한 것이며 똑같은 것입니다. 그렇기 때문에 많은 사람을 희생시키는 것보다는 한 사람의 생명을 희생시킬 수밖에 없었던 것입니다.

그다음은 가볍게 얘기하고 넘어가겠습니다. 민주주의 국가는 헐렁헐렁하게 좀 여유가 있어야 합니다. 완벽하면 곤란합니다. 너무 완벽해서 어디를 눌러도 손톱이 들어가지 않으니 마지막 길로 치닫는 것밖에 방법이 없습니다. 솔직히 말씀드려서 이 나라의 민주주의가 20~25년 앞당겨졌습니다. 여러분께 이런 말씀을 드리는 것은 당돌한 이야기입니다만, 제가 제 목숨을 걸고 하지 않으면, 대한민국에 할 사람이 없습니다. 그렇지 않으면 결국 우리는 앞으로도 20~25년 동안 자유의 맛을 못보고 그냥 가게 되어 있었습니다.

정치 체제에 대해서도 그렇습니다. 야당을 긴급조치로 죄인을 다 만들어놓고, 매일같이 왜 빨리 입건하지 않느냐고 하니, 이거 다 입건하면 무엇으로 정치를 합니까? 김영삼 총재를 국회에서 제명하는 것도 모자라 사법 처리하라고 하니, 이래 가지고야 누가 누구를 믿고 삽니까? 결국 완전히 사면이 봉쇄된 상태였습니다. 민주주의 정치는 찬성이 있으면, 반드시 반대가 있게 마련입니다. 99.9퍼센트 지지하는 대통령 선거가 있을 수 있는 것입니까? 민주주의 국가라는 것은 여당도 필요하고 야당도 필요합니다. 전체가 지지하더라도 오히려 몇 사람이 일어나서 '난 반대요' 하는 것이 민주주의라고 알고 있습니다. (여기서 법무사가 '항소이유보충서에서 하시지요'라고 또다시 제동을 걸었지만 김재규는 계속했다.)

다음에, 이 사건 처리를 잘 알아서 하시겠지만, 제가 말씀드리고 싶은 것은 여러분 재판관들은 군인이란 특정 사회에 있기 때문에 보는 눈이 제한되어 있다는 것입니다. 나라의 정치를 좁게 보아서는 안 됩니다. 이 재판의 결과는 군에 미치는 것이 아니라 정치에 미칩니다. 재판이 잘못되고 민주주의가 천연遷延하면 혼란이 옵니다. 4·19와 같은 일이 생기면 어렵고 복잡하게 됩니다. 혼란이 와서 나라가 위태하면 김재규가 그렇게 만들었다고 할 것 아닙니까? 저는 죽어도 이 소리는 들을 수 없습니다. 이것은 모두에게 불행한 일입니다. 그러니 제 몸뚱이 처리가 뭐 그리 대단하다고 졸속하게, 또 잘못된 편견을 가지고 처리했다가 나중에 되돌릴 수 없는 결과가 온다면 땅속에 들어간 저도 불행한 것이고, 대한민국 국민 전체가 불행을 겪게 됩니다. 그래서 정치적 이유가 뚜렷한 재판이니만큼, 국민들이 앞으로 어떤 문제를 삼는 데 그 이슈가 되지 않도록 저 스스로 제 목숨을 끊을 수 있는 기회를 부여해달라, 그래서 아무런 요인을 남기지 말아달라, 이것을 말씀드리고 싶습니다.

그리고 거듭 말씀드립니다만, 이 사건은 전적으로 저의 책임하에 이루어진 것이고 오로지 저 한 사람이 10·26혁명 사건의 전부입니다. 그 누구와도 사전이나 사후에 모의한 바가 없습니다. 그러므로 이 문제에 대한 전체가 저요, 책임도 저입니다. 정승화 총장도 말도 안 되게 억울합니다. 다만 제가 불러들였을 뿐입니다. 이 사건과 관련하여 정 총장을 문책해서는 안 됩니다. 김계원 비서실장도 아무런 책임이 없습니다. 김 실장이 있었든지 없었든지 간에 저는 그 계획대로 했습니다. 여러분이 만약 그 자리에 있었다면 어떻게 할 것입니까? 형님, 동생 하는 사이인데 이럴 수도 저럴 수도 없지 않았겠습니까? 김 실장이 24시간만 입을 다물었다 해도 어떻게 될 줄 모릅니다. 그런데도 김 실장이 사형 선고를 받는다는 것은 난센스입니다.

유신 체제가 박정희 대통령의 죽음으로 완전히 무너지듯이 10·26 사건도 저 하나 처리하면 모든 것이 끝납니다. 그 모든 영예도 비판도 저의 책임입니다. 제 나이 56세, 병든 몸입니다. 저에게 만약 죄가 있다면, 저는 저 스스로 목숨을 끊을 용의가 있습니다. 죽음을 두려워할 만큼 어리석지 않습니다.

아무쪼록 법률 조항에 매달리지 마시고 정상 참작을 십이분 하셔서 제 부하와 제 부하의 불쌍한 가족들을 각별히 처리해주시기 바랍니다. 저는 10·26혁명의 처음이요, 끝이요, 전부입니다. 오직 저의 책임인 것입니다. 아무쪼록 자유민주주의를 지켜오신 재판부 여러분께서 법률에 너무 치우치지 마시고 이 사건의 성격 자체와 역사적 관점에서 심판해주십시오."

여기까지 무척 힘겨운 듯, 그러나 또렷한 어조로 혼신의 힘을 다해 최후 진술을 이어오던 김재규가 재판부와 변호인석을 번갈아 쳐다보며 이렇게 호소했다.

"지금 제 머리가 좀 어지럽습니다. 제가 더 할 얘기라든지, 빠진 것 없습니까? 조금만 상기시켜주세요."

사실심의 마지막 최후 진술에서 혹시 꼭 말해야 할 것이 빠졌는지 노심초사하는 모습이었다. 법무사가 "나중에 항소이유보충서로 제출해주세요"라고 말했다.

김재규가 느릿한 음성으로 기진한 듯 말했다.

"감사합니다. 보충서로 하겠습니다. 지금 건강이 나빠져서 오후가 되면 독소가 위로 올라가는지 머리가 돌지 않습니다. 서면 심사로 끝낼 수 있는데도, 장황한 얘기를 진지하게 들어주신 데 대해 감사드립니다."

나는 김재규가 건강이 나빠져서 머리가 어지러운데도 이렇게 웅변으로 말했는데, 김재규의 부탁대로 오전에 최후 진술의 기회를 주었더라면 얼마나 더 훌륭한 연설이었을까 생각했다.

항소심 판결 선고(1980년 1월 28일)와 확인 조치 — 김계원, 무기로 감형

1980년 1월 28일 오후 1시 45분 피고인들은 미리 대법정에 입정하여 차분하게 선고 공판을 기다렸다. 1심은 결심한 지 이틀 만에 선고를 했는데, 2심에서는 결심한 지 나흘 만에 선고 공판을 열었다.

금테 안경을 쓴 김재규는 앞코가 잘려 나간 하늘색 고무신을 신고 피고인석 맨 앞에 앉아 시종 정면을 무표정하게 응시하고 있었다. 금테 안경은 평소 즐겨 쓰던 것인데, 반입되지 않아 접견 때 나에게 부탁해서 넣어준 것이었다. 박선호, 유성옥 피고인 등은 포승을 푸는 순간 뒤돌아서서 가족들을 바라보기도 했다. 가족들은 공판이 시작되기 전부터 더러는 눈시울을 붉히며 무척 초조해하고 있었다.

선고 기일을 앞두고 내가 마지막 방법으로 1월 25일 제출한 이기주, 유성옥 피고인들에 대한 변론 재개 신청은 받아들여지지 않았다. 유성옥에 대한 신문 사항을 별도로 제출하기도 했으나 마이동풍馬耳東風 격으로 아무 소용이 없었다.

오후 2시 정각에 열린 항소심 선고 공판에서 김재규, 김계원, 박선호, 이기주, 유성옥, 김태원 등 6명의 피고인에게 원심대로 사형이, 유석술 피고인에게도 원심대로 징역 3년이 각각 선고되었다.

김재규 피고인에게는 내란목적살인 및 내란수괴미수죄가, 박선호, 이기주, 유성옥, 김태원 피고인에게는 내란목적살인 및 내란중요임무종사미수죄가, 김계원 피고인에게는 살인 및 내란중요임무종사미수죄가, 그리고 유석술 피고인에게는 증거은닉죄가 적용되었다.

재판부는 판결을 통해 "원심은 김계원 피고인에 대하여 다른 피고인들과 함께 내란목적살인죄의 공동정범으로 기소된 것을 그대로 받아들여 피고인을 처단하였는데, 당심에서 검찰관이 피고인을 차지철에 대한 살인죄의 공동정범으로 인정하고, 그에 따른 일부 범죄 사실을 수정, 공소장을 변경한 이상, 원심이 인정한 범죄 사실과 죄명 및 적용 법조와는 달리 인정해야 할 것"이라고 서두를 꺼냈다. "이에 따라 김재규 등 다른 피고인에 대해서도 김계원 피고인에 해당하는 공통 부문에 대하여는 역시 범죄 사실의 일부를 수정할 필요가 있다고 인정되므로 이 점에 있어서 원심 판결을 파기한다"라고 하였다.

재판부는 "김재규 피고인을 비롯하여 박선호, 이기주, 유성옥, 김태원 등 5명의 피고인들의 범행 동기, 수단, 결과, 피해 정도, 피고인들의 연령, 성행, 환경, 범행 후의 정황 등 원심에서 적법하게 조사한 여러 가지 사정으로 미루어 원심이 피고인에 대하여 선고한 형량은 모두 적당하며, 변호인들이 제시한 양형이 과중하다는 주장은 이유 없어 사형을 선고한다"라고 밝혔다.

또 재판부는 김계원 피고인의 양형에 대해 "내란목적살인죄가 차지철에 대한 단순살인죄로 공소장이 변경됐으나, 피고인은 대통령이 있는 곳에서 단순한 개인 감정만으로 차지철 경호실장을 살해하기로 공모하였으며, 범행 후 김재규의 의도에 순응하여 범행을 은폐시키는 등 국가 요직에 있던 피고인이 일신상의 영달만을 위해 기회주의적 범행을 자행하였고 원심 법정에서부터 당 법정에 이르기까지 자신의 범행을 부인하는 등 뉘우치는 기색이 없어 원심대로 사형에 처한다"라고 판시했다.

재판부는 유석술 피고인에 대하여도 원심 형량은 적당하다고 판단되어 피고인의 항소를 받아들이지 않는다고 했다.

불과 20분 만에 선고가 끝났다. 재판장이 판결 선고를 하는 순간 김재규와 박선호는 이미 모든 것을 체념한 듯 담담한 표정이었다. 그러나 김재규가 최후 진술을 통해 관대한 처분을 호소했던 이기주, 유성옥, 김태원 피고인 등은 일순 창백해지며, 낙담의 빛을 감추지 못했다. 특히

단순살인으로 죄명이 바뀌어 한 가닥 기대를 걸었던 김계원 피고인은
실망의 빛이 역력했다.

방청석에 나온 10여 명의 가족들도 물을 끼얹은 듯한 침묵 속에 최
후의 순간을 기다리다 재판장의 선고가 내려지자 고개를 떨어뜨린 채
하염없이 눈물을 흘렸다.

선고가 끝난 직후 김재규는 자리에서 일어나 박선호 등 5명의 부하
들과 일일이 생전에 마지막이 될지도 모르는 악수를 나눴다. 김재규는
입술에 경련을 일으키며, 나지막한 목소리로 "모두들 건강해라"는 말을
남기고 법정을 떠났다.

이날 선고 공판으로 이 사건 관련 피고인들에 대한 계엄군법회의 공
판은 사건 발생 94일, 1심 공판 개시 이후 55일 만에 모두 끝났다.

선고 다음 날 1월 29일 관할관인 이희성 계엄사령관은 이들 가운데
김계원의 형량을 무기징역으로 감형하고, 나머지 피고인들에 대해서는
모두 선고한 형량대로 확인 조치를 함으로써 피고인들에 대한 2심 형량
은 확정되었다.

피고인들은 상고 마감일인 2월 5일까지 각각 변호인을 통하거나 또
는 본인이 직접 육군본부 계엄고등군법회의 재판부에 상고장을 제출함
으로써 최종심인 대법원에 상고했다. 항소 때와 같은 절차에 따라 고등
군법회의 검찰부와 대검찰청을 거쳐 대법원에 상고장이 접수되면 대법
원은 기록이 접수됐다는 통지를 피고인 측에 보내고, 피고인이나 변호
인은 20일 이내에 상고이유서를 제출하게 된다.

김재규의 항소이유보충서 — 공개 법정에서 밝힐 수 없는 것

항소심 선고가 있는 1월 28일, 김재규의 항소이유보충서가 계엄고등군법회의 재판부에 제출되었다. 항소심 재판부는 피고인에게 이 항소이유보충서를 제출하라고 해놓고는 받아보지도 않은 채 판결 선고를 했다. 그래서 김재규의 항소이유보충서는 항소심 판결에 영향을 미치기에는 때늦은 것이었다.

그동안 항소이유서, 변호인의 변론, 그리고 본인의 최후 진술을 통하여 주장된 것 가운데 필요한 것만 피고인이 옥중에서 요약했다. 그리고 몇 가지 새로운 사실을 보탰다.

괘지에 쓴 16장으로 된 항소이유보충서는 항소심에서는 무용지물이 되었지만, 변호인들은 상고이유서 작성 때 참고 자료로 이용했다. 처음엔 김재규 자신이 직접 육필로 쓰려고 하였으나 건강이 허용하지 않아 황인철 변호사가 김재규의 구술을 받아쓰고 김재규가 다시 이를 가다듬어 본인의 무인拇印을 찍어 육군교도소 상사 변후연의 무인 증명을 받아 제출한 것이다.

항소이유보충서의 대강을 살펴본다. 이는 세 단락으로 나뉜다.

첫 번째 단락과 두 번째 단락은 그동안의 재판 과정을 통해서 변호인과 김재규가 충분히 주장한 것이어서 요지만을 줄여서 싣고, 세 번째 단락만은 새로운 사실이라 원문 그대로 옮긴다.

(1) 첫 번째 단락에서는 10·26혁명이 자유민주주의의 회복을 위한 혁명인 점을 강조하였다.
① 10·26 민주회복 국민혁명의 필연성
유신 체제를 철폐하고 자유민주주의를 회복하는 것이야말로 우리나

라의 국시에 맞는 일이고, 건국이념을 되살리는 일이다. 전 국민은 물론 미국 등 우방이 모두 열망하고 있었다. 만일 이를 하지 않고는 북괴와 싸워 이길 수 없고, 궁극적으로 적화될 수밖에 없었음이 분명한 이상 본인이 결행한 10·26혁명은 필연적이고 불가피한 것이었다.

② 10·26혁명의 적시성適時性

국민들의 유신 체제에 대한 저항은 일촉즉발의 한계점에 있었다. 이와 같은 위기에 처하여 박 대통령은 절대로 물러설 줄 몰라 국민의 엄청난 희생이 강요되고 있었다. 우리가 원하지 않는 불행한 사태가 발생할 경우 국제적으로 고립되고 특히 미국이 대한對韓 정책을 바꾸게 될 가능성이 있는 등 절박한 상황에서 도저히 더 이상 늦출 수가 없어서 10·26혁명을 결행한 것이다.

③ 10·26혁명의 방법

박 대통령의 희생 이외에 다른 방법이 없었다. 자유민주주의 회복과 박 대통령의 생명은 숙명적인 관계였다. 박 대통령을 사살하는 그 자체가 혁명이었다. 혁명이라고 하여 기본 룰Rule이 있는 것이 아니다. 그 목적과 대상에 따라 그 방법이 결정되는 것이다. 유신 체제를 깨기 위하여 그 심장을 멈추게 할 수밖에 없었고, 그것으로 충분하였다.

④ 10·26 민주혁명의 결과

본인이 결행한 민주 회복을 위한 혁명은 완전히 성공한 것이다. 10·26 이후 유신 체제는 무너졌고, 자유민주주의는 회복되었다. 혁명 후에 완성하려던 혁명 과업을 수행할 수 없게 된 점은 심히 유감스럽다.

⑤ 나로 하여금 자결케 하라

자유민주주의를 회복한 나를 처형하면, 1960년 김주열이 죽어 4·19가 일어났듯이 국민이 가만있을 리 없다. 우리 정부가 내 죽음에 대한 책임을 지지 말고 나로 하여금 자결케 하도록 바란다. 본인은 자유민주주의를 회복시킨 것이 결과적으로 이 나라에 불행을 가져오는 일이 없도록 거듭 당부한다.

(2) 두 번째 단락에서는 그동안 언급되지 않던 고문에 의한 재산 강제 헌납 부분을 말했다.

마지막으로 반드시 밝혀두지 않으면 안 될 사실이 있다. 그것은 본인이 수사 과정에서 본인이 소유한 모든 재산을 포기하고 헌납한다는 내용의 문서에 서명 날인하였으나, 이것은 구타와 전기 고문 등 모진 고문으로 강요당한 것이다. 따라서 본인 소유의 모든 재산은 마땅히 본인에게 되돌려져야 한다. 그리하여 모든 환원된 재산을 처분하여 본건으로 만일 처형당하는 사람이 있으면 그들에게 공평하게 나누어줄 수 있기를 바란다.

(3) 세 번째 단락에서는 그동안 전혀 일언반구도 없었던 '10·26혁명 동기의 보충'을 말했다. 이 책의 초판에서는 그 요지만 밝혔지만 박근혜 대통령의 파면을 가져온 이른바 '박근혜–최순실 게이트'의 원초原初를 알 수 있는 중요한 정보이므로 아래에 항소이유보충서에 있는 원문 그대로를 옮긴다.

본인이 결행한 10·26혁명의 동기 가운데 간접적인 것이기는 하지만 중요한 것 한 가지는 박 대통령이나 유신 체제 자체에 관한 것이 아니라 대통령의 가족에 관한 것이기 때문에 공개된 법정에서는 밝힐 수 없는 것이지만 꼭 밝혀둘 필요가 있으므로 이 자리에서 밝히고자 합니다.

① 구국여성봉사단과 관련한 큰 영애의 문제

구국여성봉사단이라는 단체는 총재에 최태민, 명예총재에 박근혜 양이었는바, 이 단체가 얼마나 많은 부정을 저질러왔고 따라서 국민, 특히 여성 단체들의 원성怨聲의 대상이 되어왔는지는 잘 알려져 있지 아니합니다. 그럼에도 불구하고 큰 영애가 관여하고 있다는 한 가지 이유 때문에 아무도 문제 삼은 사람이 없었고, 심지어 박승규 민정수석비서관조차도 말도 못 꺼내고 중정부장인 본인에게 호소할 정도였습니다.

본인은 백광현(당시 서울고검 검사로 정보부에 파견 근무를 했고, 후에 내무부 장관을 지냄) 안전국장을 시켜 상세한 조사를 시킨 뒤 그 결과를 대통령에게 보고하였던 것이나 박 대통령은 근혜 양의 말과 다른 이 보고를 믿지 않고 직접 친국親鞫까지 시행하였고, 그 결과 최태민의 부정 행위를 정확하게 파악하였으면서도 근혜 양을 그 단체에서 손 떼게 하기는커녕 오히려 근혜 양을 총재로 하고, 최태민을 명예총재로 올려놓은 일이 있었습니다. 중정본부에서 한 조사보고서는 현재까지 안전국(6국)에 보관되어 있을 것입니다.

② 지만 군의 문제

육군사관학교는 전통적으로 honor system이 확립되어 있습니다. 그런데 육사에 입학한 지만 군은 2학년 때부터 서울 시내에 외출하여 여의도 반도호텔 등지에서 육사 생도로는 도저히 용납될 수 없는 오입을 하고 다녔습니다. 그래서 본인이 박 대통령에게 육사의 명예나 본인의 장래를 위하여 다른 학교에 전학시키거나 외국 유학을 보내는 것이 좋겠다고 간곡하게 건의한 일이 있었습니다. 그러나 그러한 건의는 결코 받아들여지지 아니하였습니다.

③ 위와 같은 문제는 아이들의 문제이기는 하지만 이 문제에 대한 박 대통령의 태도에서 본인은 그의 강한 이기심과 집권욕을 읽을 수 있었습니다. 비록 자녀들의 문제이지만, 이런 일들이 있다는 것 자체가 국민을 우매하게 보기 때문에 일어나는 것임은 물론입니다. 따라서 이 문제를 이

런 기회에서나마 밝혀두지 않을 수 없는 것입니다.

이상이 항소이유보충서의 대강이다. 김재규는 이 보충서에서 차마 다하지 못한 말을 나와의 접견에서 털어놓은 일이 있다. 대법원에 상고한 다음 1980년 2월 19일 접견 때였다.

'내 입에서 이런 문제에 대한 얘기가 나가는 것은 싫다. 안 변호사에게만 진실을 말해준다'라고 말을 꺼내더니 한동안 침묵이 흐른 다음에야 몇 마디 어렵게 입을 열었다.

김재규는 큰 영애 박근혜 양이 관련된 구국여성봉사단의 부정과 행패에 관해 매우 분개하였다. 시중에 원성이 자자하여 이 문제를 조사해서 대통령에게 보고하자 대통령은 "정보부에서 이런 것까지 하나" 하면서 몹시 불쾌해했다. 박 대통령은 근혜 양과 지만 군 등 자식들의 문제가 나오면 아예 처음부터 말도 못 붙이게 감싸고도는 바람에 사태가 계속 악화되어도 더 이상 어쩔 수가 없었다는 것이다. 심지어 당시 K장관의 전언에 의하면 정보부뿐만 아니라 다른 사정 기관에서도 박근혜와 최태민의 관계에 대한 보고가 청와대에 많이 올라와도 박 대통령이 이를 어찌하지 못하고 '내가 근혜의 고집을 꺾을 수 없으니 임자들이 어떻게 해보게'라고 하소연하더라는 것이다. 그만큼 박근혜의 고집불통이 대단했거나, 어미 없는 딸을 생각하는 박 대통령의 심정을 헤아릴 수 있는 에피소드이다. 박 대통령은 영부인 육영수 여사가 사망한 다음에는 더욱 철저히 자식들을 애지중지했다. 평소 엄격했던 대통령으로서의 자제력과 인내심도 흐트러졌다.

그리고 박 대통령의 여성 편력과 탐닉 정도에 관해서 김재규는 그동안 남자의 허리띠 아래 얘기는 하지 말자면서 굳게 다물었던 입을 드디어 조금씩 떼었다.

궁정동 안가에서 박 대통령을 거쳐 간 여성이 200명가량 되는데, 이 때문에 박선호가 무척 고생했다고 했다. 웬만한 일류 연예인은 대통령에게 다 불려갔다고 했다. 심지어 당시 항간에 나돌던 유부녀인 간호장교를 임신시킨 이야기, 얼마 전 영화로 상영된 바 있던 인기 연예인 모녀 이야기 등이 모두 사실이었다. 여기에 옮기기엔 부적절한 더 심한 얘기도 있었지만 변죽만 울리는 것으로 그치고, 나 역시 박선호의 말처럼 독자의 상상에 맡긴다고 말하고 싶다. 나는 당시 이 이야기를 김재규의 부탁대로 지금까지 누구에게도 옮기지 않았다.

그러나 최근 '박근혜-최순실 게이트'로 온 국민의 관심이 집중되자 몇몇 언론사에서 김재규를 변호한 나를 집중적으로 인터뷰하며 보도한 일이 있어서 그 가운데 몇 가지만 보태기로 한다.

《신동아》 2016년 송년호에는 "박-최 일가 악연, 딸바보(박정희)가 끊었어야"라는 제목 아래 정현상 기자가 나를 인터뷰한 내용이 실렸는데, 이 가운데 몇 부분만 소개한다.

"요즘 최순실 사태를 보면서 김재규 전 중앙정보부장 생각이 많이 났을 것 같습니다."

"참으로 안타깝습니다. 일반인도 사교邪教에 빠지면 헤어나지 못하고 패가망신하는 경우가 많은데, 박근혜 대통령이 40년에 걸쳐 최씨 일가에게 당한 것을 보면 정말 믿기 어렵고 이해할 수도 없습니다. 10·26 사건 재판 중 접견을 간 나에게 김재규 부장은 '박정희 대통령에게 사이비 종교인으로 조사된 최태민과 큰 영애(박근혜)의 관계를 단절시키라고 여러 차례 건의했으나 받아들여지지 않았고, 오히려 대통령이 친국親鞫까지 해 두 사람의 관계를 인정해주는 결과가 초래됐다'고 개탄했습니다. 만약 그때 두 사람 관계가 끊어졌다면 지금의 최순실 사태는 없지 않았을까요?

업보란 게 이렇게도 무서운 것인지……."

"박근혜 대통령은 자신은 사교에 빠지지 않았다고 반박했습니다."

"그 말을 믿고 싶고, 그러기를 바라는 마음도 간절합니다. 그러나 사교에 빠지지 않았다면 40년 악연을 설명할 길이 없습니다. 큰 영애는 열 살도 안 돼 청와대에 들어가 1979년 27세 때 나왔습니다. 그때껏 박정희 독재 정권의 구중궁궐에서 공주처럼 살았지요. 1974년 어머니 육영수 여사를 여의었을 때가 22세, 최태민을 만난 1975년엔 23세에 불과했습니다.

최태민은 1912년생으로 큰 영애보다 40년 연상입니다. 1970년대 초부터 불교, 기독교, 천도교 등을 뒤섞어 만든 영세교 교리인 영혼합일법을 내세우고 사이비 종교 행각을 벌였습니다. 안수기도로 난치병 환자를 치유한다고 주장하기도 했습니다. 그러다가 1975년 2월 말경 큰 영애에게 3차례 서신을 보냈고, 큰 영애가 3월 초에 청와대로 불러 접견했다고 합니다.

박근혜 대통령이 처음 최씨를 만났을 때는 어머니를 총탄에 잃고 외로운 처지에서 그의 위로와 격려가 큰 힘이 됐을 것으로 짐작합니다. 그러나 이후 두 사람 사이에 어떠한 관계가 형성됐는지는 정확하지 않지만 영애의 영靈이 최씨에게 함몰됐다는 설도 있습니다. 이후 최씨는 영애의 후견인 노릇을 했고, 영애는 김재규 부장이 최씨의 비리와 비행을 박정희 대통령에게 보고해도 최씨를 적극 옹호하는 관계가 됐습니다.

최순실 씨는 구국봉사단 대학생 회장을 맡으면서 영애와 밀착했습니다. 영애가 청와대를 떠난 후에도 관계가 유지됐죠. 1980년대 후반 육영재단에서도 최태민과 최순실이 관여하며 물의를 일으킵니다. 박근혜 대선 후보 시절에 이것이 문제되자 박 후보는 음해이며 모략이라고 그들을 적극 감쌌습니다.

그 무렵 언론 인터뷰에서 박 후보가 '친구는 누구이고, 얼마나 있으며, 자주 만나느냐'는 물음에 '친구가 없습니다'라고 답한 것을 보고 경악했습니다. 중고교와 대학을 나온 사람이 친구가 없다면 누구를 만나고, 중요한 일을 누구와 상의할까요. 이런 사정을 종합해보면 박 대통령이 그동안 사교의 홀림에 빠져 있었다고 볼 수밖에요."

(…)

"박근혜 대통령은 나중에라도 자신의 문제가 10·26의 간접 동기였다는 것을 알았을까요?"

"그걸 몰랐을까요? 자신이 최태민과 함께 대통령 앞에서 조사까지 받았는데요."

"그러고도 박 대통령은 40년 가까이 최태민 일가와 연을 이어왔습니다."

"제가 도저히 믿기 힘든 게 그겁니다. 어쩌다 사교에 빠질 수도 있어요. 그러나 사교도 종교라면 도덕성이 있어야죠. 최태민이 얼마나 많은 불의를 저질렀습니까."

(…)

"구국여성봉사단은 어떤 부정 행위를 저질렀습니까?"

"봉사단의 부정이라기보다는 최태민의 불의, 부정을 말하는 것입니다. 최태민은 봉사단의 운영비 조달이라는 명목으로 재벌급 실업인 60여 명에게 운영위원을 맡겨 찬조비, 월 운영비 명목으로 거금을 갈취했습니다. 또 영애의 후견인을 자처하면서 각종 이권 개입, 금품 수수, 엽색 행각을 저질렀어요. 그래서 횡령, 사기, 변호사법 위반 등으로 형사 입건되기도 했습니다."

"특히 당시 여성 단체들의 원성이 자자했다고 하더군요."

"대통령의 큰 영애요, 영부인 역할을 하는 박근혜 양을 앞세우고 호가호위狐假虎威하면서 온갖 부정과 불법을 자행했으니 당연하죠. 구국여성봉사단은 정부 육성 단체인 부인회, 주부클럽, 어머니회 등 여성 단체 조직도 잠식했습니다. 무리한 조직 확대와 사업 추진으로 온갖 마찰과 부작용을 야기했고요. 지금 최순실의 행각과 다를 바 없습니다."

"박정희 대통령은 구국여성봉사단의 '최태민 총재-박근혜 명예총재' 체제를 왜 '박근혜 총재-최태민 명예총재' 체제로 바꿨을까요?"

"1978년 초 구국여성봉사단이 사단법인으로 발족하면서 박근혜 양이 총재로 취임했습니다. 그러나 실제로는 최태민이 전권을 위임받아 전횡을 했다고 해요. 박정희 대통령은 딸에게 영부인으로서 사회 활동의 폭을 넓혀주려 했을 수도 있습니다. 아니면 어머니를 잃고 외로운 처지인 큰 영애의 말에 어찌할 수 없었던 건지, 혹은 박 대통령도 최태민에게 홀렸던 건지…… 당시 상황을 짐작케 할 만한 에피소드가 있는데, 유신 말기에 장관을 지낸 분이 저에게 이런 얘기를 했어요. 박 대통령이 '나는 근혜를 맘대로 못해, 임자들이 어떻게 해볼 수 없어?'라며 하소연하더라는 겁니다. 요즘 말로 '딸바보'였던 거지요?"

"최태민 씨가 1975년 초 박근혜 당시 영애에게 보낸 편지의 구체적인 내용은 뭔가요."

"편지를 직접 보지는 못했지만, 내용에 대해선 김재규 부장 등 여러 사람에게서 들었습니다. 최태민이 자신의 꿈에 육영수 여사가 나타나 '근혜를 도와주라, 나는 죽은 것이 아니라 근혜를 위해 자리를 비켜준 것이다. 근혜가 위대한 사람이 돼 이 나라를 이끌도록 도와주라'고 했다는 내용이 있었다고 합니다."

"김재규 부장의 당시 증언이 모두 사실이라고 볼 수 있을지는 의문입니다. 백광현 전 내무부장관은 1970년대 말 서울지검 검사 시절 중앙정보부에 파견돼 최태민 수사를 맡았는데, 2007년 '신동아' 인터뷰에서 '김재규가 항소이유서에서 최태민을 언급했다는데, 김씨는 최태민 문제를 억지로 갖다 붙였다. 최태민 문제는 대통령 시해 사건과 관련이 없다'라고 말했습니다."

"물론 직접적인 관련은 없다고 말할 수도 있겠지요. 그러나 김 부장 본인이 그게 간접적인 동기라며 연관성을 얘기했으니 서로 무관하다고 할 수는 없다고 봅니다. 10·26 직전에는 아무리 중요한 정책 사안을 건의해도 제대로 받아들여지지 않았고, 대통령은 여성 편력이 심해져 말하자면 황음荒淫 상태에 빠져 있고, 영부인 역할을 하는 이도 사이비 교주에 빠져 있고…… 그런 감성적인 것들이 쌓여 하나의 동기가 된 게 아닌가 하는 생각이 듭니다."

(…)

"10·26의 현재적 의미는 무엇이라고 봅니까?"

"2005년에 발간한 저의 책 제목이 '10·26은 아직도 살아 있다'인 것처럼 '아직도'에 의미가 있다고 생각합니다. 자유민주주의를 훼손하고 후퇴시키는 정권이나 세력은 10·26과 같은 준엄한 심판을 받을 것이라는 의미입니다. 민주주의의 요체는 절차와 시스템입니다. 민주주의의 근간이 무너져 내린 작금의 위중하고 엄혹한 국면에서 제2의 4·19, 제2의 6월항쟁을 떠올릴 수밖에 없어요. 37년 전 국정을 농단한 차지철은 그래도 시스템 내에서 대통령 경호실장을 했지만, 최순실은 시스템 밖의 인물입니다. 저부터 광화문 시위 대열에 동참하고 싶은 심정이에요."

이 밖에 몇 가지 인터뷰 내용이 더 있지만 여기서는 이것으로 줄인다.

최태민은 이름이 7개, 부인이 6명으로 알려져 있으며, 최순실은 다섯 번째 부인 임씨의 딸이다.

그리고 윌리엄 스탠턴William Stanton 주한 미국대사관 부대사가 미 국무부에 보낸 보고서가 '위키리크스'에 의해 2007년에 공개되었는데, 이렇게 기록되어 있다.

"카리스마가 있는 고 최태민이 인성 형성기의 박근혜의 몸과 영혼을 완전히 지배했으며, 그 결과로 그의 여러 자녀가 막대한 재산을 축적했다는 소문이 파다하다."

　외신外信에 의하면 최태민은 '한국의 라스푸틴Grigori Rasputin'으로 불렸다고도 한다. 라스푸틴은 제정 러시아 말기의 파계 수도자이자 예언자인데, 혈우병에 걸린 황태자를 치료해준 일로 황제와 황후의 신임을 얻었고, 당시 극심한 신경쇠약에 걸린 황후가 라스푸틴 없이는 하루도 견디지 못하는 지경에 이르게 되자 황실의 전권을 쥐고 황제를 사실상 허수아비로 만들어 폭정을 일삼다가 암살당했다. '라스푸틴'은 '방탕한 사람'이라는 뜻으로 본래는 그의 이름이 아닌데 젊어서부터 워낙 방탕하여 붙여진 이름이라고 한다. 최태민이 '한국의 라스푸틴'이었는지는 독자의 상상에 맡긴다. 다만 최태민은 암살당하지 않았지만, 그의 연장선인 최순실과 박근혜는 영어의 몸으로 떨어지지 않았는가.

15 　 상고심 재판

상고이유서

김재규에 대한 상고이유

대법원으로부터 1980년 2월 6일 자로 접수되었다는 소송기록접수통지
서를 2월 8일 송달받았다. 상고이유 마감일은 2월 28일이었다. 여기서
는 내가 취급한 김재규, 이기주, 유성옥에 대한 상고이유서를 설명한다.

　　김재규의 사선변호인단은 대법원에서도 항소심과 같이 김제형, 이
돈명, 강신옥, 조준희, 홍성우, 황인철, 그리고 나 등 7명이 맡아 상고이
유서 작성에 전심전력을 다하였다. 우리는 자유민주주의의 최후의 보루
인 대법원에 마지막 기대를 걸었다. 서로 일정한 양을 분담해서 각자 작
성한 다음 마감일에 임박하여 합숙에 들어갔다.

　　서울시청 뒤 N호텔의 널찍한 온돌방을 빌려 연세 드신 분은 매일 열
린 상고심변론대책회의를 하고는 귀가했고, 젊은 층은 철야 작업을 했

다. 상고이유서의 골격은 이돈명 변호사가 가다듬었고, 모든 일을 취합하고 정리하는 총무 일은 황인철 변호사가 맡았다. 가장 나이 어린 내가 선배들 심부름을 하며 함께 지낸 추억은 지금도 매우 보람된 일로 기억된다.

1980년 2월 28일 자로 작성된 상고이유서는 173페이지의 방대한 분량이었다. 내용은 머리말과 상고이유 제1점에서 제9점까지였다.

우리가 김재규의 상고이유로 삼은 것은 1) 증거 법칙에 위배한 점, 2) 내란죄의 범죄 불성립, 3) 심리 미진의 점, 4) 저항권과 본건 행위의 특징, 5) 긴급 피난의 점, 6) 변호인 입회 없는 심리의 무효, 7) 공판 절차상의 위법, 8) 독립 재판권의 침해, 9) 양형 부당이었다.

나는 공판 절차상의 위법과 양형 부당의 일부를 작성하는 역할을 맡았다. 상고이유서 전문은 부록으로 돌리고 여기서는 머리말과 양형 부당의 결론 부분을 소개하기로 한다.

머리말

1) 무릇 한 나라 한 민족의 흥망성쇠의 계기는 그 속에서 일어나는 대소 사건의 진실한 모습과 참된 원인을 밝혀내고 그 사건 결과로 파급되는 모든 현상을 바르게 파악하여 그 사건에 내리는 올바른 가치 판단을 발전적 계기로 삼는 역량에 달려 있는 것입니다. 이러한 이치는 인류사, 민족사뿐 아니라 나라 안의 입법, 사법 등 각 분야별로 좁혀보아도 타당하고, 작게는 한 개인의 삶에서도 그대로 적용되는 진리임에 의심이 있을 수 없습니다.

2) 그런데 현행 헌정 체제 아래서 국가 권력의 핵을 맡고 있는 현직 대통령을 현직 중앙정보부장이 살해한 이 사건은 우리나라뿐 아니라 세계 정치사에서도 몇 세기에 한 번 있을까 말까 한 중대한 도전적 사건이라고 할 수 있고, 그렇기 때문에 이 도전에 대응하는 응전으로서의 이 사건의 사법적

판단이 이 나라의 사법사와 이 겨레의 발전사에 미치는 영향의 파고波高와 진폭振幅은 매우 큰 것이라고 아니할 수 없습니다.

3) 그렇기 때문에 이 사건에 임했던 우리 변호인들은 제1심 개정 벽두에 모두발언이라는 형식을 빌려 이러한 취지로 공정한 결론과 적법한 절차의 준수를 힘주어 당부하면서 다 같이 영광스러운 역사의 주인이 되자고 한 바 있었던 것입니다. 그러나 변호인들의 이러한 소망은 불행하게도 아홉 가지 상고이유의 점에서 보는 바와 같이 그 절차나 내용이나 결론 할 것 없이 비참하리만큼 무너지고 말았습니다. 바라건대 대법원에서는 정치, 경제, 사회 등 모든 분야가 혼미하고 불투명하여 진로를 찾지 못하고 있는 이 시점에서 이 민족의 위험스러운 현실 타개에 보탬이 될 올바른 판단을 내려주실 것을 바라 마지않습니다.

양형 부당의 점 가운데 결론 부분만을 옮긴다.

이상 기술한 바에 의하여 본건 행위로 국가가 입은 손해가 거의 없고, 또한 피고인의 성품과 행적에 비난의 요소가 없으며, 확신범인 정치범 사건의 규율에 대한 선례와 사형 제도의 전근대성에 비추어 본건 양형이 부당함을 밝혔습니다. 더욱 본건 행위 이후에 수많은 우국지사가 감옥에서 석방되고, 길고긴 억압의 시대가 가고, 목마르게 바라던 민주 시대의 막이 열리고 있습니다. 이것은 오직 본건 행위의 결과에서 비롯된 것임을 국민 누구도 의심하지 않고 있는 것으로 우리는 알고 있습니다.

그럼에도 불구하고 그러한 역사적 계기를 마련한 피고인은 사형을 선고받았습니다. 이것은 분명 논리적 모순이 아닐 수 없습니다.

우리는 우리가 지향하는 자유민주적 정치문화 체계를 이렇게 이해하고 있습니다. 모든 사람이 자유롭고 당당하고 활기 있게 자기가 맡은 직역에서 최선의 효과를 거두는 일에 종사하는 것을 최고의 가치로 알고, 또 그것이 그대로 인정되어지는 사회, 도덕과 윤리가 충만하여 신뢰와 진실이 넘치는 사회, 양심 지키고 부지런한 자 잘살고, 양심 팔고 게으른 자 못살며, 어디에나 이치가 통하는 사회, 명랑하고 활발하고 능동적인 사회 분위기 속에서도 질서가 정연한 사회, 그리하여 우리가 능동적으로 세계 평화에 기여하여 인류 공동선共同善 건설을 선도할 수 있는 사회로 생각하고 있습니다.

이와 같은 사회는 인간이 인간으로 대우받고 대우하고, 능동적 창조적으로 문화 건설에 참여할 수 있는 자유가 모든 이에게 평등하게 보장되는 제도에서만이 가능한 것임을 우리는 확신하고 있습니다.

그렇다면 지금 우리 겨레는 10·26 사건 이후에 바로 이러한 사회 건설의 기회를 포착하고 있는 것입니다.

우리의 위와 같은 생각이 그른 것이라고 지적할 이론이나 이유가 없다고 한다면, 이러한 역사적 계기를 마련한 피고인에 대한 처우는 저절로 결론이 날 것으로 우리는 믿습니다.

요컨대 발전적인 이 역사적 계기에 순응할 자와 거역할 자의 구별에 따라 그 결론이 다를 수밖에 없음을 우리는 믿고 정의롭고 용기 있는 판결을 기대합니다.

이기주, 유성옥에 대한 상고이유

나는 이기주, 유성옥에 대한 상고이유서도 2월 28일 자로 작성하여 제출했는데, 46페이지에 달하는 내용이었다. 내란목적살인과 내란미수 부분 가운데는 김재규와 공통되는 부분도 있었지만, 부하의 특성상 따로 주장할 내용이 많았다.

나는 박선호의 부하들 이야기만 나오면 지금도 가슴이 찡하다. 어찌 그런 상관에 그런 부하들이 있었는지 지금도 생각만 하면 안타까울 뿐이다. 그들만을 소재로 한 재판 이야기를 별도로 책으로 내고 싶을 만큼할 이야기가 많은데 지면이 허락하지 않음이 아쉬울 뿐이다. 내 평생에, 아니 누구도 그러한 부하 직원을 한 사람이라도 둘 수 있을까?

나는 이기주, 유성옥에 대한 상고이유를 일곱 가지로 삼았다.

1) 1심에서의 절차상의 위법을 간과하고, 그 위법 절차에 의한 심리 결과를 토대로 한 원심 판결은 위법이다. 그 예로, 공판 조서의 미비와 열람 등사권의 박탈, 신문 및 진술의 제한, 재판 공개 원칙의 위반 등을들었다.

2) 변호인 없이 개정함으로써 판결 결과에 영향을 미친 위법이 있다. 특히 항소심 1차 공판 기일에는 피고인과 변호인의 출석 없이 진행되었다.

3) 원심 판결은 증거 없이 범죄 사실을 인정하였거나 채증 법칙을 어긴 증거 취사로 범죄 사실을 인정하였다. 또한 심리 미진으로 판결에 영향을 미쳤다.

4) 원심 판결은 내란죄에 대한 법리를 오해하여 내란 목적과 폭동 등에 관한 법률 해석을 그릇한 잘못으로 판결에 영향을 미쳤다.

5) 내란죄의 구성 요건에 해당하는 사실 적시 또는 공모 내용에 관한 사실 적시가 없어 공소 기각이 되었어야 했다.

6) 원심 판결은 강요된 행위 및 기대 가능성 또는 긴급 피난에 대한 법리를 오해한 위법이 있다.

7) 원심 판결은 부당한 양정量定으로 피고인에게 극형을 선고한 잘못을 범하였다. 피고인들은 아무런 생각도 없이 마치 생명 있는 도구로서 무조건 맹목적으로 복종에 임하였을 뿐이다.

말단 직원이 김재규 부장 등과 같은 상관들과 같은 죄목으로 재판을 받고, 같은 형벌을 받는다는 사실 자체가 우스꽝스러운 난센스이다.

김재규에 대하여 김정두·채훈천 변호사 등이 별도로 상고이유서를 제출하였는바, 내용이 중첩되므로 생략한다. 또한 김계원에 대하여 원심 변호인과 배영호·김홍재 변호사 등이, 박선호·김태원·유석술에 대하여도 원심 변호인이 각각 상고이유서를 제출하였는바 원심에서의 항소이유와 대동소이하므로 여기서는 줄인다.

대법원 판결 선고(1980년 5월 20일)

전원합의체의 다수의견에 따라 상고 기각

1980년 5월 20일 화창한 늦은 봄날 아침인데 벌써 후텁지근한 공기가 초여름을 방불케 했다. 10·26 사건에 대한 사법부의 마지막 심판의 날이었다.

사건 발생 후 207일, 2심 선고 후 113일 만에 열린 대법원의 선고 공판에는 김재규 피고인의 가족 3명 등 피고인들의 가족 16명, 내외 보도진 50여 명, 기타 관계자 등 120여 명이 참석하여 역사적 재판의 종결을 지켜보았다.

대법원 전원합의체(재판장 이영섭 대법원장, 주심 유태흥 대법원판사)는 10·26 사건 관련 피고인들에 대한 상고심 선고 공판에서 피고인들의 상고를 모두 기각, 원심 형량대로 확정했다.

오전 10시 정각 서울형사지방법원 대법정(현 서울시립미술관 옆 건물로 지금은 개축되어 없어졌다)에는 이영섭 대법원장을 중심으로 좌우에 주재황, 양병호, 임항준, 안병수, 김윤행, 이일규, 김용철, 유태흥, 정태원, 서윤홍 대법원판사들이 서열 순에 따라 자리를 잡고 앉았다. 이 대법정은 오늘의 역사적 재판을 위해 새로 수리해서인지 법정 안에는 아직도 칠 냄새가 코끝에 묻어났다.

변호인 전원이 오른쪽 변호인석에 착석했다. 대법원판사 가운데 민문기, 한환진, 나길조 씨는 해외 출장으로 선고 공판에는 참여하지 않았다. 1, 2심 선고 때와는 달리 피고인들은 출정하지 않았다. 재판부가 들어선 후 7분여간 보도진이 바쁘게 사진 촬영을 했다. 원래는 법정 내 촬영은 허용되지 않으나 역사적 사건인 만큼 특별히 받아들인 것이다.

재판장 이영섭 대법원장은 오전 10시 8분, 개정 선언을 했다.

"사건 번호 80도 306호 김재규 피고인 등 7명에 대한 내란목적살인, 내란수괴미수, 내란중요임무종사미수, 증거은닉, 살인 사건에 대해 판결한다."

사진 촬영으로 소란스러웠던 분위기가 갑자기 물을 끼얹은 듯 숙연해졌다.

재판장은 판결 주문을 말하기 전에 변호인들과 피고인들이 낸 상고 이유서의 주장을 요약해서 아홉 가지로 나눠 설명했다.

1) 이 사건은 재판 관할과 절차 등의 잘못으로 공소 기각되어야 한다.

2) 비공개 재판, 신문권 제한, 변호권 박탈, 공판 조서 미비, 열람 등 사권 박탈, 재판 독립성 침해 등 절차법 위반이다.

3) 검찰 신문 조서 등은 임의성이 없는데 유죄의 증거로 삼은 잘못이 있다.

4) 국헌문란목적, 폭동 등 구성 요건 해당성이 없음에도 채증 법칙 위배, 심리 미진 등이 있다.

5) 살인죄의 공동정범 인정에 법리 오해가 있었다.

6) 범행의 중지 미수를 장애 미수로 잘못 인정했다.

7) 피고인 행위는 저항권 행사로 정당방위나 긴급 피난에 해당하여

위법성이 조각阻却돼야 한다.

8) 일부 피고인 행위는 강요된 것으로 기대 가능성이 없어 책임조각 사유에 해당한다.

9) 원심의 형량은 심히 무거워 부당하다.

그러나 위와 같은 이유는 각 피고인마다 대법원판사(현 대법관)의 의견이 일치하지는 않으나 모두 상고이유가 없다는 것이 다수의견이라고 말하고, "피고인들의 상고를 모두 기각한다"라고 선고했다.

대법원 전원합의체는 대법원장을 포함한 14명의 대법원판사가 참여하여 김재규와 박선호의 경우는 상고 기각 10·반대의견 4, 김계원은 상고 기각 9·반대의견 5, 이기주, 유성옥, 김태원은 상고 기각 8·반대의견 6, 유석술은 상고 기각 14의 의견으로 각 상고를 기각했다.

반대의견을 낸 6명의 대법원판사들

판결 선고를 끝낸 재판장을 비롯한 대법원판사들이 재판정 뒤편으로 총총히 사라졌다. 10시 21분이었다. 불과 13분 만에 대법원 판결 선고가 끝나고 10·26 사건을 역사 속으로 밀어낸 것이다. 이 사건을 대법원에서 심리한 지 104일 만이었다.

다수의견을 따르지 않고 반대의견을 개진한 대법원판사는 6명이었다. 당초 이 사건은 대법원 형사 3부(재판장 안병수, 주심 유태흥, 배심 양병호, 서윤홍 대법원판사)가 심리를 맡기로 하여 4월 8일과 4월 9일 이틀에 걸쳐 합의를 하였는데, 합의 과정에서 반대의견에 부닥쳤다. 재판관들이 모여 판결 내용을 논의한 뒤 결론을 도출하는 과정을 '합의' 또는 '평의'라고 부른다.

1995년 발간된 양병호 변호사의 《법조 반백년에 이른 나의 소신》이라는 회고록에는 당시 주심인 유태흥 대법원판사는 상고 기각 의견이었는데, 양 대법원판사가 처음으로 반대의견을 강력히 주장했고, 다른 대법원판사와 재판장이 일부 반대의견을 내어 결국 이 사건을 대법원 전원합의체로 회부하기에 이르렀다. '전원합의체'라 함은 대법원장을 포함한 대법원판사 전원이 모여 합의하는 것을 말한다.

4월 16일 전원합의체로 넘어가 심리를 한 끝에 4월 28일 합의를 종결했다. 5월 3일 피고인들에게 선고 기일 통지서를 발송하고, 5월 20일 선고 공판에 이른 것이다.

전원합의체에서도 내란죄의 성립 여부를 두고 서로 의견이 달라 합의가 이루어지지 않았다. 민문기, 양병호, 임항준, 김윤행, 정태원, 서윤홍 대법원판사 등 6명이 내란죄의 성립이 인정되지 않는다는 이유로 이 사건을 원심으로 파기 환송해야 한다는 의견을 제시한 것이다.

그러나 이러한 내란죄 불성립의 소수의견은 당시 언론에는 일체 보도되지 않았다. 1987년 6월항쟁을 거쳐 헌법 개정에 따라 새 정부가 탄생한 뒤에 거의 10년 가까이 지나서야 비로소 일반에 공개될 수 있었다.

당시 언론에 보도되었던 대법원 판결은 다수의견만을 게재하였다. 판결문은 재판 용지로 206 페이지, 6만여 자에 달하는 방대한 양이었다. 다수의견에 반대하여 적극적으로 장문의 소수의견을 피력했던 민문기, 양병호, 임항준, 김윤행, 서윤홍 대법원판사는 그로부터 석 달도 안 되어 신군부의 압력에 못 이겨 1980년 8월 9일 모두 사표를 내고 대법원을 떠났다. 적극적인 의견 개진 없이 소수의견의 일부에 동조하는 의견을 냈던 정태원 대법원판사는 사표 종용에서 제외되었으나 그 역시 이듬해인 1981년 4월 재임용에서 탈락되었다. 이 가운데 양병호 대법원판사는 대법원 선고 직후 보안사에 끌려가 사흘간 온갖 수모를 당했다. 끝내 사표를 내고 나온 후에도 변호사 개업 당시 집권 세력의 방해는 계속되어 그의 이름으로는 법무부로부터 합동법률사무소의 허가를 받을 수조차 없었다. 양병호 변호사는 1993년 10월경《시사저널》정희상 기자와의 인터뷰에서 이렇게 당시를 회고했다.

"육군본부 계엄고등군법회의에서 넘어온 자료를 샅샅이 뒤져도 내란을 꾀했다는 법적 증거는 없었다. 군부가 대법원에 압력을 행사하지 않고, 기록을 꼼꼼히 검토했더라면 군법회의 판결이 깨져서 고등군법회의에 환송되어 내란을 입증할 조사를 다시 했든지 일반살인으로 고쳐서 대법원 재판을 다시 했을 것이다. 김재규의 운명은 일반살인죄를 적용하더라도 당시 시국 분위기로 보아 사형으로 갔을 것이다. 그러나 민주 회복을 위해 그런 살인을 했다고 평가받아 역사에 남았을 것이라고 본다."

당시 대법원의 판결문 요지를 다수의견과 소수의견을 포함하여 부록에 싣는다.

김재규 변호인단의 피신, 그리고 재심청구 기각

대법원 판결이 있는 날인 5월 20일 오전 11시경 김재규의 변호인 7명은 선고가 끝나고 대법정을 나오자마자 사무실에도 들어가지 못하고 모두 피신했다.

판결 선고 직후 대법정을 나오는 순간 나의 고교 후배로 보안사 법무관으로 있는 박준광 대위(현재 변호사)가 "형님, 형님" 하며 나를 다급히 쫓아왔다. 조만간 보안사에서 김재규의 변호인단을 체포하려는 계획이 있음을 귀띔해준 것이다.

변호인단 가운데 일부는 사무실에 들어가지 않고 막바로 육군교도소로 김재규를 만나러 가려고 했다. 거기까지 체포의 손길이 닿지 않을 것이라는 생각에서였다. 그러나 대법원 선고 이후에는 접견이 금지되어 불가능했다. 마지막으로 김재규를 접견한 변호인은 선고 닷새 전인 5월

15일 찾아간 강신옥 변호사뿐이었다.

잠시 사무실에 들렀다가 피신하겠다고 한 강신옥 변호사는 사무실 빌딩 앞에서 혼자만 보안사 요원에게 끌려가 고초를 겪었다. 대부분의 변호인들은 강 변호사가 자유의 몸이 될 때까지 약 20일 동안 각자 곳 곳으로 숨어 지냈다. 5월 17일 비상계엄 이후 5·18 광주사태의 악화로 인하여 변호인단 검거에까지 신경 쓸 여유가 없었음인지 다행히도 검거 방침이 철회되어 우리는 사무실로 돌아갈 수 있었다.

피신해 있는 동안 집사람이 사무실과 집에 있는 10·26 사건에 대한 모든 기록들을 사과상자에 실어 초등학교 친구인 이희춘의 집에 안전하 게 보관해놓았다. 혹시 있을지도 모르는 압수 수색에 대비한 것이었다. 그 후로도 당국의 추적을 피하려고 오랫동안 찾아오지 못했다. 그 자료 가 없었더라면 이 책은 햇빛을 보지 못했을 것이다. 검거 방침은 철회되 었다지만 신군부의 속셈을 알 수 없어 불안한 날의 연속이었다.

나로서는 5·16 직후 당시 서울대학교 재학 중에 전국 대학생들의 조직인 '민족통일연맹' 간부들에 대한 체포령이 내렸다는 소식을 듣고 약 두 달간 피신한 일이 있었는데, 이번이 두 번째 피신 행각이었다.

나는 피신하는 길에 공중전화박스로 가서 사무실로 전화를 걸었다. 직원에게 당분간 사정이 있어 사무실에 들어가지 못한다고 말하고는 미 리 사무실에 작성해놓은 김재규, 이기주, 유성옥에 대한 재심 청구서를 5월 20일 당일로 대법원에 제출하라고 지시했다. 대법원 판결 선고 후 빠른 시일 내에 사형 집행을 할 것이라는 소문을 법조 출입 기자로부터 들었던지라 어떻게서든 사형 집행을 하루라도 미루어보려는 의도였다.

우리가 피신하고 있는 동안 재심 청구 사건(사건 번호 김재규 80소 1, 이 기주 80소 3, 유성옥 80소 5)은 대법원 제4부(재판장 대법원판사 김윤행)에 배 당되어 곧바로 5월 22일 재심 청구에 대한 의견 요청서가 변호인들에게 송달되었다. 이 사건에서 소수의견을 낸 김윤행 대법원판사가 재판장이라서 재빨리 처리를 한 것이다. 그러나 이러한 노력에 대한 아무런 보람도 없이 선고한 지 나흘 만인 5월 24일, 사형 선고된 전원에게 사형이 집행되고 말았다.

재심 청구는 그로부터 4개월이 지난 9월 30일 대법원 제1부(재판장 김태현)에 의해 기각 결정이 되었다는 통지가 송달되었다. 재판장이 바뀐 것은 김윤행 대법원판사가 신군부에 의해 강제로 사직당하여 대법원을 떠났기 때문이다. 재심 기각 결정 통지는 변호인들의 아픈 상처에 다시금 소금을 뿌린 격이었다. 그 당시 10·26 사건의 변론 여파로 보이지 않게 후유증에 시달리고 있던 나로서는 아직 가시지 않던 아린 기억을 더욱 아프게 만들었다.

사형 집행(1980월 5월 24일)

집행 후에도 염주를 놓지 않았다

5월 20일 대법원 판결로 사형이 확정된 김재규, 박선호, 이기주, 유성옥, 김태원 등 5명에 대한 형 집행이 1980년 5월 24일 토요일 오전 7시부터 시작하여 10시까지 간격을 두고 서울구치소에서 교수형으로 집행되었다.

사형 집행은 극비리에 준비되었다. 5월 17일 비상계엄 전국 확대에 따른 광주사태로 시국의 앞날이 불투명했을 때 전두환을 중심으로 한 신군부 세력은 김재규의 존재가 하나의 불씨로 작용할 여지가 있다고 판단했음인지 사형 집행을 서둘렀다.

5월 24일 새벽 3시 남한산성의 육군교도소를 출발한 호송 차량은

4시 서대문 영천의 서울구치소에 도착하여 보안청사의 지하실 독방에 김재규를 이감했다. 김재규의 수형 번호는 101번이었다. 단순한 이감 절차를 밟았지만 김재규는 이미 집행을 직감한 듯 수형 생활을 잘하라는 구치소 측의 인사치레에도 아무런 대꾸를 하지 않고 손에 쥔 염주 알만 굴리고 있었다. 그는 전날부터 식음을 전폐하고 한숨도 눈을 붙이지 않았던 것이다.

그로부터 3시간 후 아침 7시 정각, 김재규는 사형 집행실로 향했다. 집행관이 유언이 있느냐고 물었다. 그는 이미 그 전날 녹음으로 유언을 남겼음인지 짧게 두 마디를 했다.

"나는 국민을 위해 할 일을 하고 갑니다. 나의 부하들은 아무런 죄가 없습니다."

죽는 순간까지 부하들이 눈에 밟혔다. 집행관이 다시 스님과 목사를 모셨으니 집례를 받겠느냐고 물어도 눈을 꼭 감은 채 아무 대답이 없었다. 고광덕 스님과 김준영 목사가 새벽부터 나와 대기하고 있었다. 김재규는 다만 "나를 위해 애쓰시는 여러분께 감사드립니다"라고 하직 인사를 했다.

사형이 집행된 후 그의 손에는 집행의 충격에도 불구하고 긴 염주와 작은 염주 2개가 그대로 손에 꽉 쥐어져 있었다. 독실한 불자가 스님의 예불을 왜 마다하였을까? 그의 말대로 이미 성불의 경지에 이르렀기 때문일까, 아니면 구차한 절차를 생략한 채 모든 것을 홀홀 털어버리고 피안으로 가고 싶었던 것일까?

이로부터 한 시간 후에 같은 장소에서 사형이 집행된 박선호는 교수대에 오르기 직전 김준영 목사에게 집례를 부탁했다. 그가 선택한 찬송가는 〈괴로운 인생길 가는 몸이〉(찬송가 290장)였다. 그는 김 목사의 손을 잡고 얼굴에는 미소를 한껏 머금은 채 힘차게 찬송가를 불렀다.

"괴로운 인생길 가는 몸이 편안히 쉴 곳 아주 없네, 걱정과 고생이 어디는 없으리, 돌아갈 내 고향 하늘나라, 광야에 찬바람 불더라도 앞으로 남은 길 멀지 않네, 산 넘어 눈보라 재우쳐 불어도 돌아갈 내 고향 하늘나라, 날 구원하신 주 모시옵고 영원한 영광을 누리리라, 그리던 성도들 한자리 만나리, 돌아갈 내 고향 하늘나라, 아멘."

그러고는 눈을 감고 아무런 미련도 후회도 없이 죽음을 담담히 받아들였다. 괴로운 인생길에선 억지로 맡았던 채홍사의 일로 마음이 꺼림칙했고, 끝내는 상관의 명령을 충실히 따르다가 사형 선고를 받았을지라도 그는 모든 것을 훨훨 털어버리고 기꺼이 그의 고향 하늘나라의 품에 안긴 것이다.

사형 집행 전날 남긴 유언

김재규는 집행장에서는 별다른 유언을 남기지 않았지만, 사형 집행이 있기 전날 녹음기까지 마련하고 마지막 유언을 남겼다.

"나는 이 사건으로 1심에서 3심까지 재판을 받았지만, 또 한 차례 재판이 남아 있다. 이것은 하늘이 하는 재판이다. 사람이 하는 재판은 오판이 있을 수 있지만, 하늘이 하는 재판은 오판이 있을 수 없다. 하늘의 심판인 역사의 4심에서는 나는 이미 승리자이다. 내가 목적했던 민주회복 국민혁명은 성공했다. 자유민주주의가 이 나라에 회복되고, 보장된다는 사실은 누구도 의심할 수 없다."

이에 앞서 김재규는 변호인을 통해 국민 및 궁정동에서 희생된 이들의 유가족에게도 유언을 남겼다. 국민에게 보내는 유언은 다음과 같았다.

"국민 여러분, 저는 민주 회복을 하고 갑니다. 자유는 하늘로부터 받은 것입니다. 이것이 까닭 없이 병들어 말살됐습니다. 이것을 회복하는

데 이렇게 많은 고귀한 희생이 뒤따랐습니다. 다시는 이렇게 되지 않도록 우리 손으로 애지중지 키워야 합니다. 자유가 흐르는 강을 가로막았던 제방을 제가 제거해서 흐르게 했습니다. 이제 도도히 자유의 물이 흐릅니다. 누구도 그것을 막지 못할 것입니다. 자유민주주의는 방임과 무관심 속에서 장애 요인이 생기는 것입니다. 잘 관리하고 보살펴야 합니다. 그렇지 않으면 다시 병들고 장애물이 생깁니다. 자유가 속박됐을 때 우리는 많은 고생을 했습니다. 우리는 자유민주주의를 회복해놓았습니다. 나는 기쁘게 갑니다. 국민 여러분, 자유민주주의를 꽃피우고 편안히 사십시오. 국민 여러분, 자유민주주의를 만끽하십시오."

유가족에게도 충심으로 사과하는 유언을 남겼다.

"부처님 말씀에 인연법이 있습니다. 모든 것이 연기緣起에 따라 생기고 없어집니다. 우리는 자유민주주의 회복이란 대의 때문에 사적 감정이 없음에도 이런 큰 희생을 입었습니다. 이것은 불행한 일입니다. 이 불행은 여기서 그쳐야 합니다. 양쪽 가족 모두 이런 관계를 계속하게 되면 제2, 제3의 불행이 생깁니다. 서로 원수 관계가 계속되지 않게 해주십시오. 유가족에게 충심으로 사과드립니다."

김재규는 대법원 선고로 상고가 기각된 직후 위로 차 찾아간 사람들에게 거꾸로 이렇게 위로의 말을 전했다고 한다.

"현 실정에서 누가 재판을 하든 간에 그런 결과가 나올 것입니다. 나는 내 의견에 동조하는 소수의견이 대법원판사 일부에게서 나왔다는 것을 기쁘게 생각합니다. 재판 기록은 영원히 남는 것이니 내 뜻이 기록으로 남을 것이 아닙니까. 현재는 10·26 사태라고 하지만, 언젠가는 10·26혁명이라 부를 것이고, 헌법의 전문에 4·19와 함께 10·26혁명 정신도 들어갈 수 있을 것입니다. 3심 재판은 끝났지만 역사라는 제4심이 남아 있습니다. 나는 지금 희생되지만 훗날 빛을 볼 것으로 믿습니다. 나를 재판한 사람들도 궁극적으로 그런 사실을 알고 재판했을 것입니다."

사형 집행 전날 말한 유언과 비슷한 내용이었다. 그는 이러한 내용을 가슴속에 품고 보리수나무로 깎아 만든 긴 염주와 짧은 산복숭아씨 단주를 양손에 거머쥔 채 《금강경金剛經》의 마지막 구절을 외우며 이승을 떠났을 것이다.

"일체유의법一切有爲法이 여몽환포영如夢幻泡影하며 여로역여전如露亦如電하니 응작여시관應作如是觀이니라"(일체 현상계의 모든 생멸법生滅法은 꿈이며 환幻이며 물거품이며 그림자 같고 이슬 같고 번개 같으니 마땅히 이와 같이 볼지어다).

회천回天의 그 기상 칠색 무지개 되어

김재규는 사형이 집행되기 전날 가족들에게 남긴 유언에서 자기가 죽으면 시신에 군복 동정복을 입혀주기를 바랐다. 사후에는 '김재규 장군'이나 '의사 김재규'로 불리기를 원했다. 묘비도 '김재규 장군지묘'로 했으면 좋겠다고 했다.

나에게는 다른 부하들이 죽게 되면 언젠가는 함께 묻어달라고 접견 때마다 부탁했다. 그는 끝까지 군인이었고, 부하 사랑이 애틋한 상관이었다. 그러나 그의 희망은 대부분 이루어지지 못했다. 부하들과 같이 묻히지도 못했다. 부하들의 묘지는 보안사 측의 집요한 감시 아래 뿔뿔이 동서남북으로 흩어졌다. 그는 경기도 광주, 박선호는 고양, 박흥주는 포천, 이기주는 양주에 각각 묻혔다.

김재규의 묘비명은 한동안 없었다. 그를 추모하는 광주, 전남 지역의 재야 인사 모임인 '송죽회松竹會'가 중심이 되어 1989년 2월 경기도 광주 삼성공원묘원 맨 윗자락에 자리 잡은 김재규의 묘에 '의사 김재규 장군 추모비'를 세웠다. 내가 다음 해 5월 24일 10주기에 묘소를 찾을 무렵에는 그 추모비가 온전한 채로 나를 맞아주었다.

그런데 어느 날인가 추모비 가운데 '의사'와 '장군'의 네 글자가 보기 흉하게 깎여 나가고, 비석과 기단은 파헤쳐 쓰러져 있었다. 비석은 제자리에 다시 세웠지만, 지금도 네 글자가 훼손된 채 그대로 있다. 박정희 전 대통령의 추종자로 보이는 일단의 사람들이 몰래 올라가 예리한 끌과 연장으로 파손하고 추모비를 파서 내동댕이친 것이다. 공원묘원 관리실에서도 누가 했는지 모른다고 했다. 글씨는 파손된 채로 있지만, 지금도 묵묵히 산 아래를 내려다보고 서 있는 그 비석 뒷면에는 아래와 같은 추모시가 새겨져 있다.

먹구름이 하늘을 덮고
광풍을 몰아 덮칠 때
한 줄기 정기를 뿜어
어두운 천지를 밝혔건만
눈부신 저 햇살 다시 맞지 못하고
슬퍼라 만 사람 가슴을 찢는구나
아, 회천의 그 기상 칠색 무지개 되어
이 땅 위에 길이 이어지리

김재규가 남긴 시

김재규가 1심 재판에 앞서 1979년 11월 30일 육군교도소로 찾아간 변호인들에게, 그의 늙으신 어머님께 남자답게 죽겠다는 말과 함께 전해달라면서 구술한 한 편의 시가 있어 아래에 소개한다.

나와 자유

나를 만약 신神이라고 부른다면
자유의 수호신이라고 부르겠지

나 내 목숨 하나 바쳐
독재의 아성 무너뜨렸네

나 내 목숨 하나 바쳐
자유와 민주주의 회복하였네

나 사랑하는 3700만 국민에게
자유를 찾아 되돌려주었네

만세 만세 만만세
10·26 민주회복 국민혁명 만만세
10·26 민주회복 국민혁명 만만세

3부

남은 이야기들

16　불붙는 구명운동

보도되지 못한 윤보선 전 대통령의 성명

10·26 사건의 재판이 진행되는 약 6개월 동안 종교계와 일부 재야 단체에서는 김재규 구명운동이 요원燎原의 불길처럼 일어났다. 그러나 당시는 언론에 보도되지 않아 일반 국민은 잘 알지 못했다.

구명운동 단체 일부에서는 1980년 3월 말경 김재규 등의 구명에 관한 자료집을 인쇄하여 비밀리에 배포했다. 내가 지금도 보관하고 있는 142페이지에 달하는 이 책자의 표지는 앞뒤가 백지로 아무런 표시가 없다. 내용에는 김재규의 시 2편, 변호인단의 1심 재판 모두발언, 김재규의 최후 진술(1, 2심), 김재규의 경력과 인품, 김재규의 항소이유보충서, 김재규의 2심 법정에서의 심경, 변호인단의 2심 대표 변론, 김재규의 상고이유서 등과 함께 김재규 등 10·26 사건 피고인들의 구명을 위한 성명, 청원서, 호소문, 기도문 등이 실려 있다.

이 책자는 당시 관계 요로와 정계, 재야 단체, 지식인 사회에 암암리에 배포되었다. 여기서는 구명성명, 청원서, 호소문, 기도문 중 일부를 소개한다.

제일 먼저 성명을 낸 사람은 윤보선 전 대통령이었다.

1979년 12월 12일 윤보선 전 대통령은 1심 재판의 불공정한 졸속 처리에 항의하는 〈역사와 국민 앞에 떳떳한 재판을〉이라는 제목의 성명을 발표했다. 당시는 계엄당국의 언론 검열로 보도되지 않았다.

10·26 사태는 민주주의 회복과 인권 회복을 위한 국민적 열망과 주장이 줄기차게 전개되어왔고, 마침내 부산과 마산에서 민중의 구체제에 대한 저항이 확대됨에 따른 체제 내의 모순으로 나타난 것이다. 따라서 민주주의에 대한 국민적 확신에 의한 구체제 거부가 10·26 사태로 귀결된 것이다.

민주주의 회복과 실현은 시대적 사명이며 국민적 동의의 바탕이다. 10·26 사태 이후 민주 회복과 인권 회복 논의가 비로소 이루어지게 되었음을 상기할 필요가 있다.

김재규 전 중앙정보부장 등에 대한 재판은 행위의 진정한 의도와 개인의 진실이 국민 앞에 밝혀지도록 공개적으로, 그리고 성실하게 진행되어야 할 것이다. 나는 최근 군법회의에서의 재판이 졸속과 성급함, 그리고 불공정한 절차에 의해 진행되고 있는 인상을 주고 있음에 크게 우려하는 바이다. 뿐만 아니라 피고인의 진의와 진실이 공개적으로 밝혀지지 않고 있음에 유감의 뜻을 표하지 않을 수 없다. 또한 본건 재판에 관여하고 있는 변호인단에 대한 직접, 간접의 압력과 공포 분위기가 즉각 시정되기 바란다.

재판은 민주적 법 절차를 통해 충분한 심리를 할 것이며, 그 진실이 국민에게 전달될 수 있기를 요망한다. 한마디로 역사와 국민 앞에 떳떳한 재판이 되기를 바란다.

윤 전 대통령은 심지어 "김재규 장군은 이토 히로부미伊藤博文를 죽인 안중근安重根 의사와 마찬가지로 '의사'로 봐야 한다"고 말할 정도였다.

천주교 정의구현 사제단의 구명청원서

1980년 1월 28일 항소심 재판이 끝나자 김재규 등에 대한 구명운동은 더욱 활발해졌다. 2월 5일 천주교 정의구현 전국사제단은 〈김재규 전 중앙정보부장 등의 구명을 위한 청원서〉를 발표했다. 이 청원서는 최규하 대통령 등 관계 요로에 보내졌다.

> 우리는 사회의 빛과 소금이 되어야 하는 교회의 사명과 하느님의 진리를 실천, 증거하고자 하는 천주교회 성직자들입니다. 우리 교회는 어둠이 빛을 가리고, 허위가 진실을 압도하는 사회현실 속에서 빛과 진실을 증거하다가 지학순 주교님을 비롯하여 많은 동료 성직자와 신자들을 영어의 몸으로 빼앗긴 바 있었습니다.
>
> 10·26 사태 이후 우리와 격리되어 감옥에 있었던 동료 성직자와 신자, 그리고 지식인과 학생들이 속속 교회와 그들 가족의 품으로 돌아오게 되었음을 우리는 경하해 마지않는 바입니다.
>
> 10·26 사태 이후 긴급조치 9호가 해제되고 새로운 민주 헌법의 제정 논의가 활발해지며, 나라의 민주화가 진행됨으로써 이 땅에는 칠흑 같은 암흑이 가시고 새로운 민주한국 건설의 위대한 도정 위에 이 나라가 서 있게 되었습니다.
>
> 10·26 사태는 반민주 독재정치로 실추된 나라의 위신을 회복하는 데 있어 커다란 긍정적인 기여를 하는 계기가 되었음을 부인할 수 없을 것입

니다. 10·26 사태의 이러한 의미와 결과에도 불구하고 10·26 사태의 장본인인 김재규 전 중앙정보부장 등은 이러한 사태 발전과 격리되어 현재 1, 2심에서 사형을 선고받고 대법원의 판결을 기다리고 있습니다. 우리는 이와 관련하여 우리들 종교인의 입장과 견해를 밝히고자 합니다.

하느님께서 인간을 당신 모양대로 창조하셨기에(창세기 1장 26~27절), 생명에 대한 권리는 오로지 하느님께 속한 것이며, 인본 사상에 입각한 인간생존권에 바탕을 둔 민주사조에 의하더라도 인간의 생명은 절대 귀중한 것으로 다루어져야 한다고 생각합니다.

비록 제한되어 보도되기는 하였으나 김재규의 법정 진술에 의하면, 10·26 사태는 애국적 동기에서 출발되었고, 조국의 자유민주주의를 회복하고 국민 희생의 극소화를 위한 것이었다고 합니다. 부산과 마산 사태의 엄청난 충격과 희생 등 10·26 사태 전후의 객관적 상황에 비추어볼 때 그의 주장은 충분한 설득력을 가지고 있습니다.

10·26 사태는 억압의 권력에 대한 국민적 저항이라는 연장선 위에서 보아야 할 것입니다. 따라서 10·26 사태를 살인이라는 범법적 차원에서 볼 것이 아니라 자유와 민주주의를 지향하는 나라의 기본 이념에 입각하여 국가적·국민적 차원에서 다루어야 할 것입니다.

우리는 김재규의 진술 중 대의를 위하여 소의를 희생시킬 수밖에 없었던 안타까움의 토로를 통하여 그의 인간적인 고뇌를 읽어볼 수 있습니다. 따라서 우리는 박정희 대통령의 죽음이라는 충격과 그에 따른 감정으로부터 벗어나 10·26 사태의 의미에 대한 냉철한 판단과 자세를 갖출 필요가 있다고 생각합니다.

그러한 의미에서 1, 2심의 재판 과정은 10·26 사태의 의미를 확인하고자 하는 국민적 관심에 비추어 지나치게 인색하였고 졸속한 것이 아니었나 하는 의구심을 갖고 있습니다. 10·26 사태의 영예로운 수습은 역사와 국민 앞에 한 점 부끄러움이 없는 방향에서 이루어져야 할 것입니다.

우리는 10·26 사태 이후 전개되고 있는 민주화 작업이 화해와 관용의 정신으로 마침내 성취될 수 있다고 믿습니다. 마찬가지로 화해와 관용의 정신은 김재규 전 중앙정보부장 등 10·26 사태 관련자들에게도 적용되어야 한다고 믿습니다. 그것이 10·26 사태의 의미와 교훈을 확인하는 길이기도 할 것입니다. 사랑과 화해야말로 오늘의 난국을 극복하는 무기요, 정신이 되어야 한다는 것이 우리들의 믿음입니다. 이제 이 같은 우리의 뜻을 모아 김재규 전 중앙정보부장 등 관련 피고인들이 민주발전도상의 대의에 입각하여 극형만은 면하게 조처되기를 청하면서, 우리들의 뜻이 이루어지기를 위하여, 그리고 나라의 평화와 민주주의를 위하여 기도 바치고자 합니다.

1980년 2월 5일 천주교 정의구현 전국사제단

서울대교구대표	오태순 신부,	춘천교구대표	김정식 신부
인천교구대표	황상근 신부,	수원교구대표	정지웅 신부
대전교구대표	이계창 신부,	대구교구대표	허연구 신부
안동교구대표	정호경 신부,	부산교구대표	송기인 신부
전주교구대표	문정현 신부,	광주교구대표	강영식 신부
청주교구대표	김원택 신부,	마산교구대표	서원열 신부
원주교구대표	최기식 신부,	수도회대표	박문식 신부

천주교여자수도회의 조국을 위한 기도문

1980년 2월 9일 한국천주교여자수도회 장상연합회가 그들의 뜻을 최규하 대통령 등에게 〈조국을 위한 기도문〉을 통하여 전했다. 당시 한국의 3500여 명의 수녀들은 매일 이 기도를 하느님께 바치고 있었다.

모든 인류를 사랑하시는 주님, 사람은 누구나 당신 앞에 동등하게 귀하고 사랑받도록 창조하시었습니다. 사람이 당신이 부여하신 인간의 존엄성을 귀히 간직하지 못한 죄 때문에 당신의 아들 예수 그리스도를 이 땅에 보내시기까지 하시며 그의 생애와 고난과 죽음, 부활을 통해 우리를 새사람이 되도록 구원하시었습니다. 우리나라도 이제 당신의 뜻대로 모든 국민이 국가의 주인다운 존엄성을 부여받는 민주주의 국가로 발전시키는 전환기에 놓여 있음을 당신이 아십니다. 이는 당신의 은총이고 당신의 뜻임을 우리는 믿고 알고 감사드리고 있습니다.

각 사람의 마음속까지 깊이 뚫어보시는 하느님, 지금 우리 국민들의 가슴 깊이 흐르는 소망, 염원을 당신은 잘 알고 계십니다. 국가의 정치 발전을 위해 물가고의 변천에 따른 큰 어려움도 슬기롭게 견디며 지켜보고 있습니다.

국민의 가슴속에 이런 새로운 발전의 계기가 된 10·26 사건은 참으로 모든 것을 인내롭게 지켜보며 국가 지도자들에게 협력하는 원동력이 된 것도 당신은 잘 아십니다. 그러하오니 자비하신 주님, 김재규와 그의 동료들이 극형을 받기를 원하지 않는 우리 국민의 마음을 어여삐 보아주옵소서.

그들이 죄를 지었다면 뉘우치고 당신 앞에 용서받을 수 있는 다른 방법이 있기를 우리는 소망합니다. 당신은 분명히 성서에 이르시기를 "죽을 죄를 지은 사람이라도 사람이 죽는 것은 나의 마음에 언짢다. 회두하여 마음을 고쳐라"고 하시지 않으셨습니까?

이 어려운 전환기에 우리나라의 장래 건설을 맡고 있는 지도자들에게 국민을 위한, 국민의, 국민에 의한 민주국가 건설을 위해 지금 국민들의 소망이 무엇인지를 알 수 있는 지혜를 주시어 김재규와 그 외 모든 피고인들을 극형에서 사면하도록 은총 내리소서.

그리하여 이 어려운 시기에 국운을 맡은 지도자들이 국민의 신뢰와 존경과 사랑을 받는 새 역사의 창조자 되도록 도와주소서.

우리 주 예수 그리스도의 이름으로 비나이다. 아멘.

이 기도는 우리나라 방방곡곡에서 복음을 전하는 데 봉사하고 있는 3500명 천주교회 수녀들이 민중 속에 살며 인간 깊은 속의 고뇌와 소망을 나누는 사람의 체험으로부터 우러나온 것입니다.

희생 재계와 함께 드리고 있는 이 기도의 뜻을 살피시며 국민들의 존경과 신뢰를 받는 지도자 되시기를 간절히 비는 저희들의 소망을 통찰해 주시옵기 바라옵니다. 주님의 축복을 기원해드리며.

1980년 2월 9일　한국천주교여자수도회 장상연합회

회장	이완영 수녀,	부회장	김재숙 수녀
상임위원	박승애 수녀,	상임위원	황우경 수녀
상임위원	김지상 수녀,	상임위원	박종목 수녀
상임위원	김순복 수녀		

10·26 사건 가족, 윤보선 전 대통령, 양심범가족협의회, 구명위원회의 호소

10·26 가족 일동의 호소문

1980년 2월 12일에는 '10·26 사건 가족 일동'이 '김재규와 그 부하들의 구명을 간곡히 호소합니다'라는 제목의 호소문을 내놓았다. 호소문은 10·26 사건은 내란이 아니며, 김재규는 확신범이고 정치범이며, 양심범이라는 전제 아래 10·26 거사는 국민의 심판에 맡겨야 한다고 말했다.

그 호소문 말미는 이렇게 끝맺고 있었다.

우리는 그동안 이 사건 처리의 추이를 지켜보면서 재판부 법관들도 국가 민족을 위한 최소한의 충정은 있을 것으로 믿었고, 이 사건 관련자를 극형에 처하지는 않을 만큼 일말의 양심은 남아 있을 것으로 믿어 은인자중해왔으나, 지난 1, 2심 공판 진행 과정에서 의도적인 졸속 처리를 강행해왔고, 또 1980년 2월 2일 국내 각 신문지상에 김재규를 엄벌하라는 어용 단체의 건의와 엄벌하겠다는 계엄사령관의 방침이 실리는 등 요즘 일련의 사태 진전을 보아 정부 당국은 김재규와 그 부하들을 서둘러 처형할 것이 명백해졌기에 국가 민족의 장래를 걱정한 나머지 더 이상 은인자중하고 있을 수 없어 이에 김재규와 그 부하들의 구명을 간곡히 호소하는 바입니다.

윤보선 대통령의 호소

1980년 3월 1일 윤보선 전 대통령은 〈3·1절에 고함〉에서 김재규의 구명과 관련하여 '전체 국민과 민주주의의 이름으로 구명하자'고 호소했다.

(…) 지금 이 시점에서 공개적으로 유신을 지지하거나, 민주화를 반대하는 사람은 없습니다. 그 민주화 논의는 10·26 사태로부터 시작되고 있는 것입니다. 민주화가 전체 국민의 소망이었고, 그것이 이루어져야 할 역사적 과정이라면, 그 민주화는 김재규 전 중앙정보부장에게 빚을 지고 있는 것입니다. 우리는 우리 모두가 걸머지고 있는 빚을 전체 국민과 민주주의의 이름으로 갚아야 할 것입니다. 그 빚을 외면하는 사람이 있다면, 그는 유

신 체제의 특권을 향유했고, 영원히 향유코자 하는 사람일 것입니다.

양심범가족협의회의 성명서

1980년 3월 13일 양심범가족협의회가 〈민주주의의 입장과 시각에서 처리를〉이라는 제목의 성명서를 발표했다.

성명서는 박홍주 대령에 대한 처형이 김재규 등의 확정 판결이 끝나지 않은 상태에서 집행된 것에 분노하면서 그 유족에 대한 위로와 그 영혼의 평안을 기원하는 내용이었다. 아래에 결론 부분을 옮긴다.

우리는 10·26 사태가 독재 권력에 의한 엄청난 국민적 희생을 막아낸 것이었고 그렇듯 갈망하던 나라의 민주화를 앞당긴 것이었음이 분명하다고 믿습니다. 조국과 민족 그리고 자유와 민주주의는 김재규 전 중앙정보부장 등의 10·26 사태에 커다란 빚을 지고 있는 것입니다. 10·26 사태의 처리 결과는 앞으로 이루어질 민주화의 내용과 관련이 있을 것입니다. 구체제의 눈으로 10·26 사태를 보아서는 안 될 것입니다. 민주주의와 국민의 입장에서 10·26 사태를 똑바로 보아야 할 것입니다. 구체제의 법과 사고로 10·26 사태를 재판해서는 안 될 것입니다. 역사와 국민의 이름으로 10·26 사태를 판결해야 할 것입니다.

이제 우리는 10·26 사태 관련 가족들의 피눈물 나는 호소를 국민 앞에 공개하면서, 그 호소가 또한 우리들의 호소임을 밝히는 바이오니, 그들의 생명만은 하나님의 뜻에 맡기도록 각계에서 노력해주시기를 바라는 바입니다.

김재규 등을 위한 구명위원회의 서명운동

대법원의 최종 판결이 가까워짐에 따라 구명운동이 더욱 활발해져갔다.

그 가운데 종교계, 학계, 문화계의 일부 재야 인사들이 '김재규 전 중앙
정보부장 등을 위한 구명위원회'를 구성하여 구명 청원을 위한 서명운
동을 전개하였다.

구명위원회가 1980년 3월 26일 발표한 내용은 다음과 같다.

김재규 전 중앙정보부장 등 10·26 사태 관련 피고인들의 생명은 구출되
어야 한다는 것이 사회 각계각층에서 주장되어왔다. 다만 보도되지 않았
을 뿐이다. 또한 국민 일반은 결코 그들의 처형을 원하지 않는다. 다만 그
주장을 하지 못하고 있을 뿐이다. 이러한 국민적 요구가 자연발생적으로
일어나 구명을 위한 서명이 전국적으로 일어나고 있는바, 지방에서의 서
명 결과가 집계되는 대로 관계 요로에 제출하고자 한다. 우선 그동안 있었
던 서명의 결과를 이에 발표한다.

원　로: 윤보선, 함석헌
가톨릭: 지학순, 김승훈, 함세웅, 김택암, 신현봉
개신교: 문익환, 김정준, 박형규, 강희남, 안병무
언론계: 천관우, 송건호, 임재경, 이병준, 정태기
문　단: 고 은, 박태순, 양성우, 김병걸, 이호철
학　계: 김동길, 이문영, 백낙청, 이영희, 박현채, 이효재
여　성: 공덕귀, 김옥실, 박영숙, 박용길, 박용길, 조정하 등 수백 명

그 후 구명위원회는 4월 5일 1500명의 서명을 첨부한 구명청원서를
작성하여, 변호인단을 통해 최규하 대통령, 이영섭 대법원장, 이희성 계
엄사령관에게 각각 제출했다.

17   무참히 짓밟힌 민주화의 봄

유신 폐지 선언 후 3개월 만의 2 · 29 복권

윤년인 1980년 2월 29일 긴급조치 위반자 687명에 대한 이른바 '2 · 29 복권'이 이루어졌다. 이에 앞서 1979년 12월 6일 통일주체국민회의에서 새 대통령에 당선된 최규하 대통령은 그 첫 조치로서 이튿날 12월 7일 악명 높던 긴급조치 9호를 해제하였다.

12월 8일 0시를 기해 긴급조치 위반으로 실형 선고를 받았던 일반인 35명과 학생 33명 등 68명이 모두 석방되었다. 같은 날 김대중 씨도 오랜 연금軟禁 상태에서 풀렸다. 그는 1973년 8월 일본에서 납치 귀국당한 후 1976년 '3 · 1 민주구국 사건'으로 징역 5년을 선고받았다. 1978년 12월 27일 형 집행 정지로 석방된 뒤 동교동 자택에 연금당해 있었던 것이다. 우리나라 어느 법률에도 '연금'이라는 제도가 없음에도 신군부는 이렇게 무법 불법을 자행한 것이다.

'2·29 복권'은 1979년 12월 7일 오후 5시에 발표된 최 대통령의 이른바 '유신 폐지 선언'이 있은 후 3개월 만에 이루어진 것이다. 복권 조치는 긴급조치 해제를 발표할 당시 긴급조치 위반자에 대한 복권 조치를 검토 중이라고 하여 이미 예정되어 있었지만, 1980년 1월 18일 최규하 대통령은 연두 기자회견에서 다소 느슨한 태도를 보였었다. "법률적인 문제도 있어서 현재 신중한 검토가 진행 중이다. 우리 사회 내부에서 정치 과열 상황이 조성되고 있는 데 대해 매우 우려스럽다. 국민의 자제가 아쉽다"라고 말한 것이다. 유신 철폐 작업이 과거 유신 잔존 세력에 의해 진행됨으로써 빚어지는 한계 상황을 느낄 수 있는 대목이다.

2·29 복권으로 윤보선 전 대통령, 김대중 씨, 정일형 씨 등 정치인 22명, 지학순 주교, 문익환 목사, 함세웅 신부 등 종교인 42명, 김동길, 이영희, 백락청 교수 등 교직자 24명, 성유보, 안성열 씨 등 언론인 9명, 학생 373명, 기타 217명 도합 687명이 복권됐다. 이날 정부는 발표문에서 이영희, 백락청 교수 등 반공법 위반자가 복권된 것은 헌정 사상 처음 있는 일이라고 하면서 앞으로의 국민 화합을 당부하기도 했다.

이렇듯 10·26 사건에 대한 재판이 대법원에 계류 중인데도 김재규가 목적한 대로 유신 철폐와 민주 회복 작업은 터진 봇물처럼 도도히 흘러가고 있었다. 다만 김재규가 걱정하였듯이 민주화에 따른 '서울의 봄'은 그렇게 쉽사리 다가오지 않았다.

은밀히 진행되는 신군부의 집권 음모

'12·12 쿠데타'에 따른 새로운 집권 음모가 계엄사 합수부본부장 전두환 보안사령관을 중심으로 착착 진행되고 있음을 그 누가 짐작이나 했던가?

그러나 우리 언론보다 이미 일본의 언론은 이를 일찍 간파하였다. 1979년 11월 1일 자《마이니찌每日신문》은 〈전두환 계엄사 합수부본부장, 한국의 실권을 잡다〉라는 제목으로 일본 외무성의 소식통을 인용하여 다음과 같이 보도했다.

비상계엄하의 한국은 현재 군부가 국정과 치안의 전반을 책임지고 있다. 계엄사령관 정승화 대장, 합참의장 김종환 대장, 보안사령관 전두환 소장 등 군수뇌가 그 중심에 있다. 그 가운데 육사 11기 엘리트 출신인 전 소장이 앞으로 실권자가 된다.

그 이유로 육사 11기가 전후방 사단장을 맡고 있고, 실제로 합수부가 10·26 사건의 수사 책임을 지고 있는 점에서 군의 질서 유지의 중심에 있다는 것이다. 10·26 사건 일주일 만에 나온 분석 기사로는 성급한 진단이었으나, 결과적으로 정확한 예측이었다.

12·12 직후 윌리엄 글라이스틴William Gleysteen 주한미국대사는 "민주 회복에 반대하는 박 대통령 지지파가 쿠데타를 일으켰다"라고 워싱턴에 보고했다. 미 국무성도 "민주주의적 지배로 접어들고 있는 상황에 역행하는 행위는 한미 관계에 중대한 영향을 미칠 것"이라고 우려를 표명했다. 미국은 10·26 이후의 민주화 과정을 반기고 있었는데, 12·12 사태가 찬물을 끼얹었다고 우려한 것이다.

그렇지만 신군부의 집권 프로그램은 예정대로 진행되고 있었다. 권력의 정점이 신군부로 초점이 맞혀져가자 권력을 따라 움직이는 부나비들이 재빨리 신군부 주위로 몰려들었다. 관료들은 물론 정치교수나 재야인사들까지 신군부에 줄을 대려고 눈알이 빨개졌다. 심지어 어느 장관은 '참고하시라'고 하면서 전두환 사령관에게 국정 자료를 보고하는 해프닝도 보였다. 나는 지금도 당시 각계의 지도급 인사들이 신군부에 협조하지 않았다면 그들이 어떻게 그토록 쉽게 정권을 장악할 수 있었겠느냐고 몹시 회의하는 편이다. 지금도 마찬가지이지만 정치권력의 등불을 따라 촉각을 곤두세우며 움직이는 부나비들만 아니었다면 역사의 시계추는 달라지지 않았을까?

내가 보관하고 있는 자료 가운데 1980년 4~5월 사이에 발행된 두 권의 이색적인 책자가 있다. 발행처는 없지만, 어디서 만들었는지는 충분히 짐작되는 책자이다.

두 권 중 하나는《누가 박 대통령을 살해했는가? ― 일본 지식인들의 논평(1)》이고, 다른 하나는《한국, 충격과 위기의 55일 ― 일본 지식인들의 논평(2)》이다. 여기에는 1980년 3~4월경 일본에서 발표된 일본 언론인과 교수들의 논평이 취합되어 실려 있다. 대부분 '한국 근대화의 시조 박 대통령'에 대한 긍정적 평가와 함께 그 계승자는 누가 될 것인가에 대한 논평이었다.

예를 들면 3월 28일 자《산케이신문》에 게재된 시바다 미노루柴田實의 칼럼을 그대로 옮겼다. 그 가운데는 이런 대목이 있다.

박 대통령을 한국 근대화의 시조로서 모시는 데 반대하는 한국 국민은 없을 것으로 생각한다. 박 대통령의 혁명 사업은 기본적으로 성공했으나, 미완성인 채로 박 대통령이 세상을 떠나고 말았다. 이 혁명 사업의 계승을 반대하는 한국 국민은 없다. 그러면 누가 그 주체 세력이 될 것인가? 앞으로의 추진력은 '5·16 군사혁명'과 '12·12 사건'을 이어 '박정희 노선'을 담당한 군 지도층과 '소리 없는 대중'이라고 생각한다.

시바다 미노루는 1980년부터 한국에서 취재해왔으며《김대중의 좌절》,《죽竹의 장막: 모왕조비사毛王朝秘史》,《외국인의 눈에 비친 북한의 실상》등 많은 저작을 남긴 일본의 저명한 언론인이다.

또 다른 인용에는 신군부 세력인 '전두환 그룹'이 궐기해 정승화 총장을 체포하고, 군의 지휘권을 장악한 일련의 사태를 당연시하면서, 권력 쟁탈전에서 정승화 총장보다 재빨리 선수를 친 '전두환 그룹'의 승리를 예단한 논평도 실었다.

당시 공직 사회에 대량으로 배포된 정체불명의 이 두 책자가 지향하는 목적은 무엇이었을까? 언론에 처음 등장한 전두환 소장을 띄우려는 일련의 계획적인 포석이었음은 불문가지不問可知이다.

어떻든 민주화의 봄은 그야말로 이제야 꽃이 피는가 하는 순간 뜻하지 않은 '5·17 사태'로 무참히 짓밟혔다. 민주화의 열매는커녕 꽃망울도 맺기 전이었다. 1980년 4월 이후 학생들의 민주화 시위가 전국적으로 확산되어갔고, 노동자들의 생존권 투쟁이 가열되었다. 이를 진압하는 한편 군부의 재집권을 위해 전두환 소장이 주도하는 계엄사령부가 5월 17일 밤 12시를 기해 비상계엄을 전국에 확대한 것이다. 이어 18일에는 김대중, 김종필 등 정치인 26명을 학원데모와 노사분규를 선동하고 권력형 부정 축재를 했다는 혐의로 연행 구속하고, 김영삼을 가택연금 시키는 등 정치인에 대한 일대 탄압에 들어갔다. 이러한 조치는 계엄군이 무력으로 국회를 봉쇄한 가운데 취해진 불법 조치였다. 12·12 쿠데타에 이은 혁명적 상황이 계속된 것이다.

이에 항의하는 5·18 광주민주화운동을 신군부는 유혈로 진압했다. 신군부는 그들이 계획한 대로 정치권력을 장악하고 제5공화국 군사 정권을 수립함으로써 이른바 '5, 6공 시대'의 개막을 가져왔다.

5·16과 3공, 그리고 12·12와 5공

1980년 5월 31일 최규하 대통령을 의장으로 하는 '국가보위비상대책위원회'(약칭 '국보위')가 발족하였다. 그러나 '국보위'는 전두환 보안사령관 겸 중앙정보부장이 위원장으로 있는 상임위원회가 거의 전권을 장악하여 권력의 핵으로 등장했다.

'상임위'는 대대적인 사회개혁운동을 전개함으로써 국민의 환심을 사려고 하였다. 7월에는 장관 1명을 포함한 고급 공무원 232명을 숙청하는 등 5000명에 달하는 공무원을 숙청하였다. 아울러 폭력배, 불량배 소탕 등 과감한 사회악 제거 작업을 단행하였다.

이를 틈타 스스로 권력의 구심점이 된 전두환 국보위상임위원장은 그해 8월 6일 육군대장으로 진급했다. 중장으로 진급한 지 5개월 만의 초고속 승진이었다. 이 8월을 생각하면 나는 지금도 치가 떨린다.

이날로부터 열흘 뒤인 8월 16일 최규하 대통령은 하야 성명을 발표했다. 1979년 12월 6일 제10대 대통령으로 당선된 후 12월 21일 취임식에서 '1년 정도'의 개헌 시한을 밝혔던 최 대통령은 8개월도 안 되어 아무런 개헌 작업도 마치지 못한 채 신군부에 의해 밀려난 것이다.

최 대통령이 하야하자 곧바로 전두환 대장은 대장으로 진급한 지 보름 만인 8월 22일 성대한 전역식을 가졌다. 사흘 후인 8월 25일 제11대 대통령 단일 후보로 등록하기 위해서였다.

1980년 8월 27일 실시된 대통령 선거에서 전두환 대통령 후보는 통일주체국민회의 대의원 2525명의 투표 가운데 2524표를 얻어 제11대 대통령으로 당선되었다. 그 많은 대의원 가운데 어느 누구도 신군부의 전광석화 같은 횡포한 정권 인수를 비판하기는커녕 수수방관할 뿐이었다. 오히려 새 정권에서 한 자리라도 꿰차려고 충성 맹서를 하는 행사처럼 보였다.

전 대통령이 이끄는 새 정부는 9월 29일 제5공화국 헌법안을 공고하였고, 이는 10월 22일 국민투표에서 투표율 95.5퍼센트, 찬성률 91.6퍼센트라는 사상 유례가 없는 절대적 지지로 확정되어 10월 27일 공포되었다.

이 사이 8월 14일 육군본부 계엄보통군법회의에서 내란 음모 및 국가보안법 위반 등으로 첫 재판을 받은 김대중은 9월 17일 사형 선고를 받았다.

김재규가 박정희 유신 독재를 처부순 지 1년도 안 되어 다시 제5공화국 군사 정부로 회귀함으로써 민주화의 봄은 기약 없이 자꾸만 멀어지고 있었다. 12·12 쿠데타 이후 '5공화국'의 탄생은 5·16 쿠데타 이후 '3공화국'의 유얼遺孼에 다름 아니었다.

18 박정희와
김재규

박정희에 대한 평가 ― 영욕이 교차한 시대

1997년 4월《동아일보》여론 조사에 따르면, 박정희 전 대통령은 역대 대통령 평가에서 75.9%라는 압도적인 수치의 지지를 받았다. 물론 이전에도 박정희는 대개의 여론 조사에서 '정치·행정력이 가장 뛰어난 대통령'으로 꼽혔다. 하지만 지지율이 그 정도로 육박하지는 않았고, 또 경제 분야에서는 정주영 현대 회장, 이병철 삼성 회장에 이어 3위에 그치곤 했다. 지지를 넘어 '경제 신화의 주인공'으로서 이른바 '신드롬'이 된 것은 일반적으로 IMF 외환위기를 전후로 경기 침체에 대한 대중들의 불안이 반영된 현상인 것으로 평가된다.

이후로도 그 열기가 꺼지지 않은 '박정희 신드롬'은 2012년 대선에서 박근혜 대통령 당선에 큰 역할을 했다. 그러다가 2013년 12월 리서치뷰 여론 조사에서 박정희는 처음으로 역대 대통령 호감도 순위에서

2위로 내려갔다. 1위는 노무현 전 대통령이었고, 이는 2016년까지 변하지 않았다. 그 누구도 아닌 박근혜 정부에서 이 같은 지지율 변화가 일어났다는 것은 참 아이러니한 일이다. 더구나 박근혜-최순실 게이트가 터지면서는 새로운 시대로 나아가기 위해 반드시 청산해야 할 '적폐'의 맹아萌芽로서 박정희가 국민의 심판대에 오르기까지 했으니, 역사의 흐름이라는 건 참으로 절묘하다는 생각이 든다.

사실 박정희 전 대통령이 18년간 통치한 이른바 '박정희 시대'를 어떻게 평가할 것인가는 우리나라 근현대사에서 아주 민감한 부분이다. 물론 지금은 박정희 시대의 독재 정치나 유신 체제를 옹호하거나 찬양하는 사람들은 일부에 불과하다. 그러나 박정희 시대의 전체적 평가에 관해서는 진보 성향과 보수 성향의 학자들 사이에 뚜렷한 시각차를 보인다.

보수 성향의 학자들은 박정희 시대의 정치와 경제는 불가분의 관계였다고 주장한다. 열악한 국내 자본과 바닥에 이른 대외 신인도 속에서 대규모 외자 도입을 위해서는 한일 국교 정상화와 베트남 파병 등 이외에 다른 현실적 대안이 없었다는 것이다. 박정희의 조국 근대화와 산업화에 대한 열정과 동력이 없었던들 오늘날 대한민국의 경제 성장은 이룰 수 없었고, 이는 오로지 박정희의 리더십에 연원한다는 것이다.

반면 진보 성향의 학자들은 박정희의 가장 큰 업적인 경제 정책에 관해서도 이는 장기 집권을 합리화하기 위한 수단이었다고 말한다. 심지어 경제발전계획 자체도 1960년 장면張勉 민주당 정권 때 수립한 것을 답습한 것이라고 격하한다. 오히려 정권의 안보를 위해 성장 위주의 정책을 추진하다 보니 정경 유착과 빈부 격차를 낳았고, 우리 사회에 절차나 과정보다는 성과나 목적을 중시하는 도덕적 가치 파탄을 만연시키고, 자유시민사회의 기본 틀을 무너뜨렸다고 지적한다.

나는 개인적으로 대학 재학 시절에 겪은 5·16 쿠데타에 대한 쓰라린 기억 때문에 박정희 군사 정권의 출현을 증오할 수밖에 없었다. 4·19혁명으로 이루어낸 자유민주주의의 기쁨을 채 구가하기도 전에 군부에 의해 무참히 중단되었기 때문이다. 친구들은 혹독한 옥고를 치렀고, 나 역시 5·16 직후 '학생운동권'으로 수배되어 몇 달간 도망자의 신세가 되기도 했다.

그러나 나의 이러한 개인적인 경험과 군사 정부의 철권 정치에 따른 간난艱難에도 불구하고, 박정희 시대를 일관한 철저한 근대화·산업화 업적이 세계가 주목하는 경제발전모델이 되었음은 결코 부인할 생각이 없다. 그래서 박정희 시대에 대한 내 나름대로의 결론은 '영욕榮辱이 교차한 시대'라는 것이다. '영'도 '욕'도 우리의 소중한 역사이다. 그리고 그 총체적 결과가 국가 발전의 플러스 방향이었다는 평가에 인색하지 않겠다. 그러나 그 '영'과 '욕'의 비율이 어떠했는가는 독자들이 판단할 몫으로 남겨둔다.

김재규에 대한 평가 — 역사가 판단할 몫

김재규에 대한 평가 또한 팽팽하게 갈린다. 10·26 사태로 유신 체제가 종식될 수 있는 계기가 마련되었다는 점에서 민주화에 기여한 인물로 보아야 한다는 주장과 김재규의 행위는 한낱 권력 투쟁의 소산에 불과하다는 주장이 맞서는 것이다. 학계나 전문가들의 입장은 진보 성향이냐 아니냐에 따라 나뉘고, 또 진보 성향이라 하더라도 관점에 따라 천차만별의 견해로 갈린다.

민주화 관련자로 볼 수 없다는 주장에는 살인자이자 패륜아이며 대역 죄인이라는 윤리적 앵글과, 나라와 경제 발전의 버팀목을 잘라냄으로써 국가 발전을 저해했다는 정책적 앵글이 함께 담겨 있다. 혹자는 잘 사는 나라로 만들어가고 있던 유신 체제가 뭐가 나빴느냐고 반문하기도 한다.

진보 성향의 논자 가운데는 당시 민주화를 향한 민중의 항쟁이 거세 지고 있어서 유신 체제의 몰락이 눈앞에 있었는데 오히려 김재규가 이를 가로챈 셈이라고 주장하기도 한다. 또 민주화 세력의 입장에서는 박정희의 죽음이 객관적으로 손해 볼 일은 아니었지만, 김재규의 거사는 권력 내부의 갈등과 모순 때문으로 봐야 하고 민주화 흐름의 본체와는 거리가 있다고 한다. 더욱이 중앙정보부장이라는 대표적 억압 기관의 책임자가 어느 날 박 대통령을 살해했다는 이유로 갑자기 민주화운동자라고 한다면, 당시 그에 의해 탄압받던 민주화운동자들을 모독하는 셈이라고 주장한다. 김재규가 아니라 민주화 투쟁을 하던 사람이 박정희를 살해했다면 민주화운동 관련 여부에 대해 누구도 시비할 일이 아니지만, 당시 유신 체제의 주구走狗인 김재규 중앙정보부장을 민주화운동자에 견준다는 것은 곤란하다는 것이다.

그러나 김재규의 명예 회복을 추진하는 쪽의 인사들은 완전히 견해를 달리한다. 당시의 유신 체제의 철옹성 같은 사정으로 보아 김재규의 거사가 아니었던들 어찌 자유민주주의의 회복을 꿈이나 꿀 수 있었겠느냐는 것이다.

강신옥 변호사나 함세웅 신부는 안중근 의사의 이등박문 사살과 비견할 만한 거사라고 주장한다. 박정희 제거는 나라와 겨레를 위해 누군가 반드시 결행해야 할 일이었고, 김재규는 사심 없이 그 일을 스스로 떠맡은 것이라는 점에서 안중근 의사의 행위와 다를 바 없다는 것이다. 비록 사람을 죽인 죄인이지만 유신의 공포 정치를 타파하는 일에 자신의 생명을 걸었던 사람이라는 건 분명한 사실이라고 한다. 그래서 그들은 오랫동안 신군부 세력에 의해 가려져 있던 10·26 사건의 실체와 진실을 밝혀내 김재규의 명예를 반드시 회복해야 한다고 주장한다.

어느 주장이 옳은 판단인가는 역시 역사와 독자가 판단할 몫으로 남겨둔다. 법철학자 로스코 파운드Roscoe Pound가 그의 저서《법에 의한 정의Justice according to the law》의 서문에서 밝혔듯이 "정의란 무엇인가의 물음에 대하여 빌라도는 그 대답이 하나이기를 기다리지 않았을 것이다"라고 하는 대목에 주목하고 싶다. 10·26 사건에 대한 해답도 그 답이 하나이기를 기대하기는 어려울 것이다.

다만 10·26 사건이 우리에게 남겨준 숙제가 무엇인지를 생각해보는 것은 가능하리라 본다.

김재규는 "야수의 심정으로 유신의 심장을 쏘았다"고 했다. 유신의 심장은 박정희 그 자체를 말한다. 유신 체제의 모든 연원은 박정희라는 것이다. 따라서 박정희라는 자연인 한 사람만 제거하면 유신의 심장은 멎게 되고 자유민주주의는 부활한다는 것이다. 자유민주주의를 막고 있었던 것은 바로 박정희 시대의 군사 독재와 영구 집권을 유지시킨 유신 체제, 그리고 긴급조치 체제였기 때문이다.

실제로 그랬다. 박정희의 죽음으로 인하여 유신 체제는 붕괴되었다. 제일 먼저 유신 체제를 지탱하던 긴급조치가 허물어지고, 민주 인사들이 대거 석방되고 복권되지 않았던가?

그러나 이것이 전부는 아니었다. 박정희만 제거하면 민주화가 순풍의 돛을 달고 항해할 것으로 알았지만, 우리의 역사는 그렇게 흐르지 않았다.

박정희 시대의 18년(1961~1979)은 그 후 전두환·노태우 시대의 14년(1979~2003)을 더하여 군사정권 32년의 통치가 이 땅을 경작하게 만들었다. 그 영향이 얼마나 크면 3공은 물론 5공, 6공의 부라퀴들이 이 나라 보수 세력의 주류를 형성하여 지금도 여전히 그 위력을 발휘하고 있겠는가. 그 대표적인 예가 김영삼 정부를 탄생시킨 '3당 합당'이었고, 김대중 정권의 김종필, 박태준 국무총리를 가능케 한 'DJP 연합'이 아니던가? 일컬어 '문민정부', '국민의 정부'라고 말하지만 과거 군사정권 세력의 협력 없이 어떻게 그들의 집권이 가능했단 말인가. 노무현의 '참여정부'도, 이명박 정부도 여기에서 비켜날 수 없을 것이다. 파면당한 박근혜 전 대통령의 정부는 더 말해 무엇하랴.

뿐만 아니라 일제 36년(1910~1945)의 식민 통치가 이 땅을 거쳐 간 후 지금까지도 알게 모르게 영향을 미치는 일제의 잔재들이 여기저기 남아 있다. 군사정권 32년의 통치도 마찬가지이며, 그 후 박근혜 정권에 이르기까지 청산하고 치유해야 할 문제들이 얼마나 쌓여 있는가.

박근혜의 대통령직 파면을 맞아 어느 정치인이 '시대 교체'가 과제라고 말했다. 맞는 말이다. 그러나 그 '시대 교체'는 '10·26' 때 끝냈어야 했다. 10·26 때 해방 후 곳곳에 쌓여 있는 문제들을 김재규의 표현대로 '설거지'했더라면, 그래서 1980년 민주화의 봄을 맞아 '제왕적 대통령'에 대한 '시대 교체'를 했더라면 오늘의 박근혜는 탄생했을 리 만무하다고 나는 생각한다. 대한민국 대통령 가운데 윤보선과 최규하를 제외하고 박근혜에 이르기까지 '제왕적 대통령'이 아닌 사람이 어디 있었던가? 그래서 나는 이 책의 초판 제목처럼 '10·26은 아직도 살아 있다'라고 말하는 것이다. '아직도'는 두 가지 의미가 있다. 하나는 자유민주주의에 역행하는 독재 체제는 '10·26'처럼 당연히 거부당한다는 것이고, 다른 하나는 '아직도' 청산해야 할 문제들이 여기저기 남아 있다는 뜻이다.

그러나 나는 적어도 우리나라의 독립운동, 건국, 근대화 및 산업화,

민주화의 방향이 항상 플러스 방향으로 진행해온 것을 자랑으로 삼는다. 어느 때는 잠시 마이너스 방향으로 흐르기도 했고, 한때는 좌절과 비탄의 나락으로 굴러 떨어진 적도 있지만, 그때마다 우리 민족은 오뚝이처럼 뒤뚱거리며 다시 일어서곤 했다.

일제 때는 3·1 독립운동과 6·10 만세 사건을 일으켰다. 안중근과 윤봉길 의사같이 의혈을 뿌리기도 했고, 도산 안창호처럼 애국운동을 하신 분들이 부지기수다. 자유당 독재에 항거하여 4·19혁명을 일으켰다. 6·3 학생운동, 부마항쟁, 5·18 민주화운동을 거쳐 6월항쟁을 이루어냈다. 이것이 이 나라를 지켜온 불꽃이자 저력이다.

김재규는 분명 박정희 시대의 유신 체제에 조종을 울렸다. 자유민주주의의 부활을 앞당겼다. 그러나 박정희 시대의 찌꺼기를 완전히 제거할 수는 없었다. 박정희 시대를 비롯하여 과거 정권의 쓰레기들이 무엇인지를 찾아내고, 이를 제거하는 몫은 우리와 우리의 후손에게 남겨진 책임이다. 역사와 시대에 대한 평가에서 그 시대를 살아온 우리 모두는 자유로울 수 없기 때문이다.

10 · 26 영령英靈 37주기를 맞으며

10 · 26 희생자들의 첫 합동추도식

1981년 5월 24일 나는 김재규가 생전에 살던 서울 동대문구 보문동 집으로 강신옥 변호사와 함께 찾아갔다. 김재규의 1주기였다. 현관에 들어서니 벽면을 채운 김재규의 대형 사진이 우리를 반갑게 맞아주었다. 동정복 차림의 늠름한 모습으로 입가에는 잔잔한 미소를 띠고 있었다.

제사를 지내면서 잔을 올리는데 울음이 북받쳤다. 자신을 희생하여 유신 체제와 긴급조치 체제를 물리치고 국민에게 자유민주주의를 되살려준 이 훌륭한 의인義人을 우리가 살려내지 못한 것이 너무나도 죄스러웠다.

사모님(김영희 여사)의 만류로 그다음부터는 가족 제사에 참석하지 못했다.

대신 매년 5월 24일 10 · 26 사건 재판의 당시 변호인들과 일부 재야

인사들이 경기도 광주시 오포읍 삼성공원묘원의 정상 부근(해발 380여 미터) 산 윗자락에 있는 김재규의 묘소를 찾아 참배하며 추모식을 가졌다. 묘소로 올라가는 길은 공원묘원의 맨 왼쪽 가파른 비탈길이라서 어른들도 숨이 차는 곳이라 쉬엄쉬엄 올라야 한다. 2013년에 김재규 평전 《바람 없는 천지에 꽃이 피겠나》를 쓴 문영심 작가는 이 길을 "예수가 가시면류관을 쓰고 십자가를 메고 죽으러 올라가는 골고다 언덕을 닮았다"고 표현했다.

처음에는 이돈명·유현석·강신옥·조준희 변호사와 나, 그리고 김승훈·함세웅 신부와 몇몇 재야인사들이 함께했는데, 이돈명 변호사를 비롯한 다른 변호사들이 작고한 뒤로는 변호사 가운데는 강신옥 변호사와 나만 참석하게 되었다.

김재규의 묘소 아랫자락에는 텅 빈 묘역이 지금도 남아 있다. 이는 김재규가 유언으로 부하들과 함께 묻어달라고 하여 그의 동서 공정대 씨가 마련한 것인데, 이 또한 당시 신군부의 방해로 이루어지지 않았던 것이다. 그래서 김재규를 제외한 나머지 부하들의 추모식은 갖지 못하여 안타까운 심정이었는데, 마침 김재규의 30주기 추모식에 맞추어 '합동추모제'(김재규, 박흥주, 박선호, 유성옥, 이기주, 김태원)를 열게 되었다. 주최는 '10·26 재평가와 김재규 장군 명예회복추진위원회'(상임대표 함세웅 신부, 이하 '추진위')가 맡았고, '안중근 의사 기념사업회'와 '기쁨과 희망 사목연구원'이 후원했다.

2010년 5월 24일, 장소는 성남의 '봉국사'라는 절의 법당이었다. 당시 봉국사 주지는 시인이자 불교계 개혁 운동을 이끌던 효림 스님이셨는데, 온갖 정성을 다하여 추모제를 준비해주셨다. 종교는 서로 다르지만 30주기가 되어서야 처음으로 합동추모제를 지낸다는 것만으로도 가슴 벅찬 일이었다. 불자인 나는 절에서 추모제를 하게 되어 더욱 뜻깊었다.

강 변호사와 함께 봉국사에 도착하여 주지실에 들어가니 먼저 오신 함세웅 신부가 효림 스님과 말씀을 나누고 계셨다. '제단에 여섯 영령의 영정을 모셔야 하는데 미리 준비가 안 돼 김 장군의 영정 이외에 나머지 영령에 대한 사진을 재판 당시의 초라한 사진으로밖에 모시지 못하여 못내 아쉽다'는 내용이었다.

추모제는 주로 함 신부와 효림 스님이 주관하였는데, 가족들에게는 연락이 닿지 않았다고 했다. 대회사는 강신옥 변호사, 추모사는 함 신부와 이해학 목사, 그리고 내가 했고, 효림 스님이 인사 말씀을 했다.

나는 이 책의 초판 제목인 '10·26은 아직도 살아 있다'라는 내용의 추모사를 하였는데, 다음은 그 요지이다.

고 김재규 장군님을 비롯한 여섯 분이 떠나신 지 30년. 당신들이 그토록 사랑했던 대한민국은 아직 혼돈 속에 있습니다. 그동안 대통령이 일곱 번 바뀌었으며, 경제 규모는 세계 열 몇째라는 성장을 이루었고, 올해 G20회의가 우리나라에서 열립니다. 그러나 한반도는 세계 유일의 분단국가로 남아 있을뿐더러 남북의 대립과 갈등은 일촉즉발의 위기 상태까지 와 있습니다. 이 사회는 점점 더 소통과 화합에서 멀어져 있고, 그늘진 곳, 어두운 곳은 여전합니다.

1979년 12월 18일 김재규 장군은 1심 최후 진술에서 '10·26 민주혁명'의 목적은 첫째, 자유민주주의의 회복이요, 둘째, 국민의 보다 많은 희생을 막고, 셋째, 궁극적으로 적화 방지에 있으며, 넷째, 혈맹이요 우방인 미국과의 악화된 관계를 회복하고, 다섯째, 독재 국가의 이미지를 씻어 국제 사회에서의 명예를 회복하자는 것인데, 이 모두가 10·26혁명의 결행으로 그 해결이 보장되었다고 역설했습니다.

김 장군의 말대로 10·26의 결행은 성공했습니다만 열망했던 혁명 과업 수행을 이루지 못했습니다. 김 장군은 5·16 이후 18년 동안 들어찬 쓰레기를 설거지 못한 것을 못내 아쉽게 여기면서 10·26 이후의 혼란을 염려하셨습니다.

(…)

일제 36년의 잔재들이 여기저기 남아 있어 여태껏 과거사 청산의 이슈로 떠올라 있는 것처럼 군사 정권 32년의 유산에서 우리는 자유롭지 못합니다. 저는 우리나라의 독립운동, 건국, 근대화 및 산업화, 그리고 민주화의 방향을 긍정적으로 평가하는 편입니다. 그러나 여러분이 유신의 심장을 멈추게 하여 자유민주주의의 회복을 가져왔지만, 안타깝게도 계층, 지역, 이념, 세대 등 사이의 갈등과 반목이 극심한 현실입니다. 그렇다면 어떻게 지혜롭게 함께 더불어 대한민국의 번영과 통일을 이룰 수 있을까요?

사랑하는 10·26 영령이시여! 김 장군과 저는 같은 불자입니다. 그래서 이에 대한 해답을 원효의 '화쟁和諍' 사상에서 찾으려 합니다. 자기의 견해만이 맞는다고 하는 아만과 집착에서 벗어나 부정과 긍정의 극단을 버릴 때 자유자재한 지혜를 얻게 될 것입니다. '화쟁'이야말로 '더불어 살고 나누며 사는' 이 시대를 꿰뚫는 화두일 것입니다.

모처럼 한자리에 모이신 영가 여러분의 뜨거운 충절과 높은 뜻을 추모하며 극락왕생을 빕니다. 나무아미타불.

그 후 10·26 영령들에 대한 31주기 추모식부터는 당국의 허가를 받아 서울 서대문 영천 소재 독립공원의 서대문형무소 역사관(구 서울구치소)에서 열렸다. 31주기 때는 김재규 등이 사형 집행을 당한 장소 옆의 공터 야외에서 열렸고, 그다음 해부터는 그곳 강당에서 열렸다. 주최는 역시 '추진위'가 계속 맡았고, 많은 종교인과 언론인, 시민사회단체 인사들이 대거 참석하였으며, 이부영, 천정배 등 정치인들의 모습도 보였다.

10·26이 이제는 조금씩 일반 민중의 관심의 대상이 되고 있는 것 같았다. 추모식이 끝난 다음에는 언제나 김재규의 묘에서 참배하는 것으로 마무리했다.

앞으로 '박정희-박근혜'의 어두운 그림자가 말끔히 가실지는 예단하긴 어렵겠지만, 그래도 앞으로의 추모식과 더불어 10·26의 재평가와 그들의 명예 회복이 요원의 불꽃처럼 활발히 이루어지길 기대하는 것은 나만의 바람일까.

'추진위'의 활동 상황

전두환 군사독재 정권이 계속되는 동안 10·26의 재평가는 입도 뻥긋하지 못하고 지내다가 '6·10 민주항쟁' 이후 그나마 민선 대통령인 노태우 정부 때에 이르러서야 숨통이 좀 트였다.

1989년 2월 24일 전남 광주의 '송죽회'가 중심이 되어 김재규 장군 묘비 제막식이 있었고, 그다음 해 1990년 5월 24일 묘소에서 김재규 장군 10주기 추모식 및 '추진위' 출범식을 천주교 정의구현 사제단, 10·26 사건 변호인단, 송죽회 등을 중심으로 열렸다. 그리고 그해 10월 25일 마침내 서울 종로 5가 기독교회관 2층 강당에서 '추진위' 결성대회를 갖게 되었다. 이날 '10·26을 어떻게 볼 것인가?'라는 제목의 학술 심포지엄도 함께 열렸다. '추진위'의 결성 선언문의 요지를 아래에 소개한다.

우리는 오늘 새로운 21세기에 대비해야 할 민족사의 커다란 분수령이 될 중요한 시점에 서 있습니다. 우리 민족에게 있어 지난 세기는 씻을 수 없는 치욕과 오욕으로 점철된 질곡의 역사 그 자체라 할 수 있을 것입니다.

(…) 따라서 우리의 짧은 헌정사의 3분의 1을 총칼로 유린하고 군사독재 문화를 통하여 국민을 억압했던 박정희를 살해한 10·26 사건은 그 자체 만으로도 큰 의미를 지닌다 할 수 있습니다. (…)

우리는 분명히 하고자 합니다. 이 시대가 우리에게 요구하는 것은 반민주, 반인권적인 국사독재자 박정희와 화해하라는 것이 아니고 참된 민주주의와 구체적인 인권 신장, 그리고 평화 통일을 위해 더욱 정진하기를 바라는 것입니다.

따라서 청산되어야 할 대상인 독재자 박정희가 부활해서는 결코 안될 것이며, 10·26의 은폐되고 왜곡된 사실을 밝히고 바로 세우는 데 우리는 모든 노력을 함으로써 이 나라에서 언제나 참되고 선함이 모든 불의를 이겨나가는, 그래서 정의가 꽃피는 아름다운 나라를 이루어나가고자 하는 것입니다.

그 후 '추진위'는 매년 김재규의 추모식을 열고, '10·26과 김재규 장군' 관련 각종 학술 심포지엄을 개최하였다. 특히 2009년 11월 3일에는 '10·26 의거 30주년 기념행사'로 '박정희 시대의 재평가 — 정치, 경제 학술대회'가 '추진위'와 한겨레신문사, 한국경제정책연구회, 기쁨과 희망사목연구원의 공동 주최로 열린 바 있다. 이때부터 10·26에 대해 입속으로만 부르던 '의거'라는 호칭을 외부로도 발산할 수 있었고, 남의 눈치를 보지 않고 김재규 장군을 '의인' 또는 '의사'로 부르는 데 주저하지 않게 되었다.

10·26 영령 유족의 그날 이후

10·26 사건으로 사형당한 6인 희생자의 유족은 지난 37년 동안 형언할 수 없는 간난신고艱難辛苦와 시련 속에서 죽은 목숨처럼 숨죽이며 살아왔다. 그러나 이들은 고통스런 세월 속에서도 차츰 충격에서 깨어나 드물게나마 가족끼리, 또는 지인들과 왕래하면서 '10·26 재평가와 명예회복'에 한 가닥 희망을 안고 살아가고 있다.

《시사저널》의 정희상 기자는 1980년 사형 집행 후 13년 만인 1993년 10월 14일 처음으로 유족에 관한 기사를 썼다. 그 전까지 언론에서는 유족의 현황에 대한 취재를 꺼리던 터였다. 기사의 제목은 〈김재규는 왜 유신의 심장을 쏘았나〉였고, "사형당한 6인의 유족 현주소 — 벙어리 냉가슴 13년, 명예 회복 한 가닥 희망"이라는 부제가 달렸다.

김재규의 직계 가족으로는 어머니 권유분 씨와 부인 김영희 씨, 외동딸 수영 씨가 있다. 대법원 선고 이틀 후이자 사형 집행 이틀 전인 1980년 5월 22일, 김재규의 노모는 아들과의 마지막 면회에서 "후세에 다시 만나자"며 울면서 불교의식의 대표적인 경전인 《반야심경》을 함께 독송하는 것으로 이별 의식을 마쳤다.

부인 김영희 씨는 10월 26일 이후 남편이 사형당하고 전 재산이 몰수되자 친정아버지가 재산 일부를 떼어주며 10·26 사건에 희생된 다른 유족들을 돕게 했다. 김 씨는 10·26 이후 딸이 살고 있는 미국으로 가기를 원했으나 신군부의 방해로 뜻을 이루지 못하다가 1989년에야 도미해 딸을 만날 수 있었다. 김 씨는 1988년 가을에 늘 도움을 주는 사돈의 권유로 천주교 신자가 되어 '엘리자벳'이라는 세례명을 얻었다. 실은 김재규가 처형되기 직전에 면회 온 아내에게 '내가 죽거든 비구니가 되라'고 당부했는데도 김 씨가 가톨릭 신자가 된 것이 남편의 유언에 반하는 것이 아닌가 하여 몹시 괴로워했다고 한다. 딸 수영 씨는 미국 유학 중 전 공화당 의장 전예용 씨의 막내 동생인 전시용 씨의 아들 전홍건 씨와 결혼해 보스턴에 살다가 현재는 귀국해 있다. 전 씨는 K대학의 임원으로 일하고 있고, 수영 씨는 모 장학재단 일을 맡고 있다.

김재규는 3남 5녀 가운데 맏이었다. 재판 때마다 여동생들이 법정을 줄곧 지켰다. 남동생으로 항규, 영규가 있는데, 바로 밑의 남동생인 항규 씨를 생전에 "내 동생이지만 보기 드문 능력자이다"라고 자랑스러워했다. 동생 영규 씨는 육군에 있다가 대령으로 예편했다.

항규 씨는 10·26 직후 합수부에 끌려가 모진 고초를 당한 뒤 전 재산을 몰수당하고 불가에 귀의해 '혜원'이라는 법명으로 경북 봉화 현불사에 들어가 수도 생활을 했다. 그 후 1989년 항규 씨가 강신옥 변호사를 대리인으로 선임하여 국가를 상대로 10·26 당시 강제 헌납당한 재산 등에 대한 반환청구 소송을 제기하였으나, 고문 등으로 강제로 헌납한 것은 인정되나 시효가 지났다는 이유로 기각당하였다. 그러나 1990년 김영희 씨가 이해수 변호사를 대리인으로 제기한 헌납재산반환 소송에서는 일부나마 승소하여 선산과 전답 등을 되찾게 되었다고 한다.

박흥주는 유족으로 법정에서 아들의 재판을 지켜본 아버지 박천순 씨, 그리고 부인 김묘춘 씨와 슬하에 10·26 당시 초등학생이었던 두 딸과 8개월 된 아들이 있는데, 큰딸이 4학년이었다. 현역 군인 신분이라는 점 때문에 단심에 묶여 다른 공범들보다 먼저 총살형이 집행된 박흥주는 청렴결백하여 성동구 행당동 산동네 12평짜리 집에 살았고, 가진 재산도 별로 없었다. 서울고등학교 재학 중에도 성적이 우수하였고, 육사 18기로 임관하여 선두로 달리며 앞으로 육군참모총장감이라고 친구들의 찬탄을 받아왔다.

총살형이 집행된 후 시체가 국군통합병원으로 갔다는 소식을, 마침 서울고 10기 동창으로 형 집행 장소에 참관했던 최용길 기자의 말을 듣고 당시 동창회장 정윤표(치과원장)가 연락하여 황남규(황순원의 2남), 이재후(변호사), 박철우(변호사) 등 여러 명의 동창들이 병원에 모여들었다. 당시 병원은 삼엄한 경계 아래 출입이 통제되었는데도 관리자들과 아귀다툼을 하면서 많은 친구들이 밤을 새워 빈소를 지켰다고 한다. 이들 동창들은 그 후에도 가족들을 크고 작게 도왔고, 특히 당시 개인 사업으로 성공한 황남규 씨가 열성껏 도왔다고 한다.

　협심증으로 고생하던 부인은 여러 사람의 도움으로 서울의 한 아파트에 살면서, 압구정동에서 식당을 열어 자식들 뒷바라지를 열심히 했다. 큰딸이 장성하여 결혼할 때도 하객으로 동창들이 많이 모였으며, 그중 손광식 씨(전 문화일보 사장)는 결혼식에 다녀와서 "요전 결혼식에 가 보았더니, 부인은 1남 2녀를 아주 훌륭하게 잘 키웠더군. 그 집의 비원은 '상명하복' 명령에 살고 죽었을 뿐인 아버지의 죽음을 '대역죄인'의 명부에서 빼달라는 것이지"라고 2001년에 쓴 글을 동창회 문집에 회고담으로 남겼다.

　큰딸은 독일에서 살다가 귀국해 있고, 작은딸이 병환 중인 어머니를 모시고 있다. 아들은 모 대학병원 레지던트로 있다.

　다만 아쉬운 것은 다른 5인의 유족들은 공무원연금법에 따라 부족하나마 정상적인 액수의 절반 규모지만 일부의 연금을 받고 있는데, 박흥주의 유족은 군인연금법의 완고한 규정 때문에 아직도 한 푼의 연금도 받지 못하고 있는 실정이다. 군인연금법에는 "군 복무 중의 사유로 금고 이상의 형을 선고 받을 경우 연금 지급을 하지 않는다"라고 되어 있기 때문이다.

　언론인 김정남 씨가 2011년 10월 27일 다산연구소에 남긴 글에는 이러한 이야기가 있다.

아내와 두 딸에게 보낸 유언 편지를 읽는 우리를 숙연하게 하거니와, 나는 특히 '우리 사회가 죽지 않았다면 우리 가정을 그대로 놔두지는 않을 거요' 하는 대목이 목에 걸리는 것이었다. 그는 그래도 남아 있는 우리 사회와 사람들을 믿고 떠났는데, 남아 있는 우리 사회와 사람들은 그를 위하여, 그의 남겨진 가족을 위하여 무엇을 했는가. 그 말이 내 가슴을 칠 때, 나는 그렇게 부끄러울 수가 없었다. 그 이후 10·26 사태를 생각할 때, 그 사람들을 떠올릴 때, 나는 차마 부끄러움 없이는 그들의 이름을 부를 수 없는 사람이 되었다.

박선호는 유족으로 부인 변영주 씨와 2남 2녀를 남겼다. 부인은 독실한 기독교인으로 10·26 당시 자결하려던 박선호를 기독교인이 자결하면 안 된다고 만류했던 사람이다. 순복음교회 신도였던 부인은 사건 후 신앙생활에만 전념하면서 전도사의 봉급으로 생활했다고 한다. 당시 이화여대 불문과 4학년이던 맏딸 혜련 양은 갑작스런 극심한 충격으로 이듬해 감리교 신학대학에 들어갔다. 이곳에서 서울 법대 출신으로 긴급조치를 위반해 구속된 경력이 있는 양명수 씨와 결혼하여 2남을 두었는데, 결혼식 때 주례는 박선호를 변호한 강신옥 변호사가 맡았다. 그후 남편 양 씨는 목사가 되어 모 대학교 교수 겸 교목校牧으로 일하고 있고, 큰아들 박동찬도 대형 교회의 담임목사로 목회를 이끌고 있다.

인터넷 사이트 '나무위키'에는 이렇게 소개되어 있다. 재판 당시 검찰관이 "왜 10·26에 가담했느냐?"고 묻자 박선호는 "나는 명령을 받았고, 그것을 이행한 것이다"라고 답했다. 다시 검찰관이 "잘못된 명령이라고 생각하지 않았느냐?"고 묻자 "나는 상관이 명령하면 그 대상이 하나님이라 해도 쏜다. 나는 그렇게 배웠고, 그렇게 해왔다"라고 의연함을 보였다. 이에 대한 각주에는 "박선호가 사형 직전까지 독실한 크리스천이었다는 것을 생각해보면 굉장히 인상 깊은 발언이다. 자신이 믿는 신조차 죽일 수 있다고 말하는 것은 해당 종교에서는 영원히 지옥에 떨어지는 신성 모독도 각오했다는 뜻이기 때문"이라고 적혀 있다. '하나님이라도 쏜다'는 이 대목은 공판 조서에도 없고, 나의 메모에도 없다. 어떻게 이러한 설명이 들어갔는지 당시 변호인인 강신옥 변호사에게 확인했으나 그 역시 잘 모른다는 대답이다. 이 부분에 대한 '나무위키'의 글 마지막은 "그리고 사후 36년 만에 (…) 최순실 게이트가 터지는 바람에 10·26 사건이 재평가를 받게 되면서 박선호를 알게 되는 이들이 생기고 있다"라고 마무리하고 있다.

사형당한 6명 중 가장 말단 직원이었던 이기주, 유성옥, 김태원의 경우는 그야말로 날벼락 중의 날벼락이었다. 그럼에도 법정에서 어느 누구 하나 상관에 대한 원망이나 후회 없이 지금 다시 명령을 받아도 그렇게 하겠노라고 담담하고 의연하게 대답하여 변론하던 변호인들마저 감탄하게 만들었다.

이기주는 법정에서 "한번 해병이면 영원한 해병"이라는 말을 강조해 세인의 유행어가 되게 하기도 했다. 유족으로 어머니와 부인 김명순 씨, 그리고 1남 1녀를 두었는데, 나는 두 남매의 이름을 지금도 기억하고 있다. 누나는 정선이고, 남동생 이름은 두선이다. 두 남매는 어머니를 따라 나의 사무실에 가끔 찾아오고, 해마다 자신들이 그림을 그려 예쁘게 만든 크리스마스카드를 보내기도 했다. 명절 때마다 내가 과일 등 작은 선물을 보냈는데, 그것이 부담이 되었는지 언제부턴가 찾아오지 않았다. 부인은 김재규의 아랫동서가 경영하는 병원에 영양사로 취직하여 생활하면서 두 자녀를 훌륭하게 키웠다. 정선이가 대학원을 나와 어느 큰 제약회사의 연구실에 근무한다는 소식을 들은 뒤에는 연락을 받지 못했다.

유성옥은 부인 서명숙 씨와 2남이 있었는데, 부인은 당시 26세로 희생자 부인들 중 가장 나이가 어렸다. 더욱 애처로운 것은 그동안 서로 집안 사정이 어려워 결혼식을 올리지 못하다가 10·26 다음 달인 11월에 결혼식을 올리기로 청첩장까지 보낸 상태였다. 부인 서 씨는 생활력이 강하여 닥치는 대로 장사를 하며 두 아들을 모두 대학에 보내고 훌륭하게 키웠다고 한다.

김태원은 부인 은영자 씨와 2남을 두었다. 부인은 사건 후 개신교 전도사가 되어 목회 활동에 전념했다. 김태원은 동료에게 '주사위는 던져졌다'라고 말했을 뿐만 아니라 강신옥 변호사에게 특별 접견을 신청하여 '와전옥쇄瓦全玉碎'라는 단어를 적어주는 강단과 패기를 보여주어 변호인들을 감동케 하였다.

여기까지가 유족에 관하여 내가 아는 내용이다. 10·26 영령의 자녀들은 대부분 반듯하게 자랐지만 언론에 노출되는 것을 기피하고 있다고 한다. 아직도 그들은 실명을 밝히는 것을 꺼리고 있다고 들었지만, 나는 이 책에서 아는 대로 밝혔다. 이제는 그들도 양지에서 떳떳하게 살아가야 하지 않겠는가. 앞으로 10·26의 재평가 운동이 전개될 때는 유족들의 근황도 많이 알려질 것으로 기대한다. 박흥주의 유언대로 우리 사회가 죽지 않았다면 유족들을 내버려두지는 않을 것이라는 믿음을 다시금 다짐해본다.

김재규, 역사의 심판대에 다시 오르다

2016년 12월 초《시사IN》의 정희상 기자는 10·26과 김재규 재평가를 위한 '현대사콘서트'와 전시회 등을 개최하는 데 쓰이는 후원금을 모으기 위해 스토리펀딩을 시작했다. 이 프로젝트는 애초에 1000만 원을 목표로 2017년 1월 23일까지 49일간 진행되었는데, 1207건의 후원 참여로 2700만 2900원으로 후원 완료를 하는 예상 밖의 성과를 올렸다.

6인의 희생자 가운데 처음으로 사형당한 박흥주의 37주기 기일인 2017년 3월 6일을 기하여 첫 번째 '현대사콘서트'를 열었다. 이날 오후 서울가톨릭청년회관 니콜라오홀에서 2시간 동안 열린 모임에서는 함세웅 신부, 강신옥 변호사,《시사IN》의 정희상·주진우 기자가 출연하여 열띤 분위기를 장식했다.

함세웅 신부는 현대사의 주요 장면마다 자리를 지켰다. 1974년 지학순 주교 등 각계 인사들이 박정희 정권에 항거하여 민주화운동을 벌이다가 대거 구속된 사건을 계기로 '천주교 정의구현 전국사제단'을 창립하고 민주화운동에 투신하며 옥고도 치렀다. 노무현 정부 시절 '민주화운동 기념사업회' 이사장을 지냈으며, 현재는 '안중근 의사 기념사업회' 이사장, '민족문제연구소' 이사장을 맡고 있다. 10·26 사건 당시 김재규의 구명 운동에 앞장섰으며, 지금까지 '추진위'를 이끌고 있는 현대사의 산증인이다.

이날 콘서트에서 강신옥 변호사는 말했다. "성삼문 같은 사육신도 250년이 지난 후에야 충신으로 인정받은 역사적 사실을 돌아보면 김재규 장군도 반드시 역사의 재평가를 받을 것이 틀림없습니다."

전시회는 'F5, 현대사 고침 전 ― 김재규와 10·26 다시보기'라는 제목으로 5월 17일부터 28일까지 서대문형무소 역사관 12옥사에서 열린다. 이곳은 해방 전후 독립운동가와 민주화운동 관련자들이 수감되었던 곳이자 김재규 등 10·26 관련자들이 처형당한 장소이다.

전시 프로그램은 ① 10·26 당시의 역사적 배경, ② 10·26 거사 당일의 재구성, ③ 김재규와 그 부하들의 관련 자료와 유물 등 3부로 구성되어 있다.

전시 기간 내 바로 옆 역사관 10옥사에서는 광주민주화운동 정신을 되새기는 '5·18 기념재단'의 전시회도 함께 열린다.

전시회 중간쯤인 5월 24일에는 10·26 희생자 여섯 영령의 37주기 합동추모제가 예년처럼 역사관 강당에서 '추진위' 주최로 엄수된다.

10·26으로부터 38년, 그동안 김재규는 역사의 뒤안길에서 밀려나 있었다. 10·26 당시부터 김재규의 구명을 위해 앞장섰던 윤보선, 지학순, 문익환, 천관우, 고은, 김동길, 공덕귀 등 구명위원회와 추진위의 함세웅 신부 등을 비롯한 여러 사람들이 10·26의 재평가와 김재규의 명예 회복을 위해 노력했으나 세인의 관심을 끌어내기는 역부족이었다. 그것은 아직도 10·26 때 끝냈어야 할 유신의 잔재가 여전히 남아 있고 유신의 망령이 곰비임비 역사의 발전을 가로막고 있기 때문일 것이다.

이제 박정희-박근혜의 시대가 마감되고 있다. 문재인 대통령은 후보 시절 일찍부터 '적폐積弊 청산'을 주장했다. 그리고 제19대 대통령 선거일인 2017년 5월 9일 밤에 당선이 확실시되자 촛불민심의 현장인 광화문 광장을 찾아 '개혁과 통합'의 대통령을 선언했다. 바야흐로 문재인 정부가 들어선 지금이야말로 우리 모두 10·26 재평가와 김재규 장군을 비롯한 6인의 명예 회복에 눈을 뜰 때가 아닌가.

부록

차례

金載圭 10·26 維新民主主葬

변론요지서

피고인 **김재규**
동 **이기주**
동 **유성옥**

위 피고인들에 대한 내란목적살인죄 등 피고 사건에 관하여 피고인의 변호인은 변론 준비의 여건(기록의 등사, 특히 공판조서의 열람, 피고인의 충분한 접견, 유리한 증거의 수집 등)과 시간상의 제약으로 인하여 변론을 연기하여 주실 것을 간청하였으나, 그리고 금일 공소장 변경이 있어 공판 절차를 정지하여 주실 것을 신청하였으나 받아들이지 않아 부득이 변론에 임할 수밖에 없어 우선 다음과 같이 변론요지의 일단을 피력하는 바이며, 추후 변론취지를 보충코자 하오니 상당 기간 선고기일을 연기하여 주시기 바랍니다.

1979. 12. 18.

위 피고인들의 변호인

변호사 안동일

육군본부 계엄보통군법회의 귀중

1. 변론 머리에

(1) 본건은 역사상 그 유례를 찾아볼 수 없을 정도로(굳이 찾는다면 시저와 브루투스의 예) 공적으로나 개인적으로나 대통령과 가까웠던 한 나라의 중앙정보부장이 대통령을 시해한 사건이다. 그리고 이 땅에 두 번 다시 있어서는 안 될 사건이다. 시공을 초월하여 사안이 얼마나 중요한 것인가는 췌언을 요하지 않는다. 또한 이 사건의 귀추를 온 국민과 세계의 이목이 지켜보고 있다. 더욱 중요한 것은 이 사건 이후 우리 국민은 화해와 자제로써 국민적 합의에 입각한 민주발전을 기약하면서 이 나라 건국이념인 자유민주적 기본질서를 더욱 공고히 다지고 있다는 사실이다. 사건 후 50여 일간에 10·26 사건 이전에는 상상조차 못하던 일이 뒤따랐다.

고 박 대통령의 국장(國葬)을 치르고 그 뒤를 이어 최규하 대통령이 탄생하였고 유신헌법 개정 작업이 진행 중이며 이 사건 재판 기간 중에 '긴급조치 9호'가 해제됨으로써 정치 발전의 기틀을 마련하였고, 내년 교과서부터 유신 내용을 삭제키로 하였으며, 12월 14일 신내각이 출범하여 신현확 총리는 민주발전의 스케줄에는 아무런 이상이 없다고 천명하였다.

따라서 이 사건의 재판에 있어서는 그 실체면과 절차면에 있어서 형사사법에 의한, 그리고 형사사법에 있어서의 정의가 이루어질 수 있도록 소송당사자의 엄숙한 결의가 바람직하다.

그리하여 후세 이 나라 역사와 사법사상 한 점 부끄럼 없는 공정한 재판이 이루어져야 한다.

(2) 국선 변호인의 입장
피고인 김재규에 관하여는 원래 20여 명의 사선 변호인이 선임되어 12월 11일 4차 공판의 오전 공판까지 참여하여 오다가, 동일 오후 법정에서 피고인 김재규가 돌연 사선 변호인단의 변론을 거부하였다. 재판부가 그 이유를 묻자, 피고인은 '소신과 신념, 확신을 가지고 한 10·26 민주회복국민혁명이 오히려 변호를 받음으로써 원형(原形)이 퇴색될 가능성이 있으므로 변호인 없이 재판받겠다.'고 했다. 그때부터 우리 두 변호사는 국선 변호인으로 선임되어 공판 중도에서 선배 법조인이 물러가신 뒤를 이어 막중한 임무를 부여받았다. 군법회의는 일반 형사소송과는 달리 변호인이 없는 경우에 국선 변호가 필요하다. 물론 변호사는 기본적 인권 옹호와 사회정의 실현을 사명으로 하는 까닭에 그리고 형사소송 구조로 보아 변호인의 지위는 단순한 대리인이 아니고 피고인의 보호자로서 피고인의 권리이익을 옹호하는 한도에서 진실 발견에 협력해야 하는 것이므로 국선이라 하여 다를 바 없고, 오히려 사선 변호인단의 변론을 거부한 피고인의 권리이익을 위하여 더더욱 변호인의 권리 의무를 충실히 다하여야 한다.

그러나 빨리 국민의 궁금증을 풀어 주고 신속한 재판을 하여야겠다는 귀 군법회의의 충정을 선의로 받아들이고 싶지만 12월 4일 첫 공판을 개정한 이래 재정신청으로 정지되었다가 12월 8일(토요일) 속개된 이래 3회의 야간재판까지 하면서 하루도 빠짐없이(12·12 사태로 단 하루 연기되었을 뿐) 공판을 강행하여 온 터에 중도에서 아무런 변론 준비 없이 갑자기 맡아 2차에 걸친 야간접견만 하였을 뿐 수사기록도, 공판기록도 열람되지 못한 사정 아래 신문 보도만을 스크랩하여 공판에 참여하여 왔으니 피고인의 인권옹호와 이익보장에 얼마나 도움을 줄 수 있을 것인지 심히 의문이 앞서고, 또 최종 변론 준비의 기회 없이 막바로 변론에 임하게 되었으니 피고인에게 미안하고 국선으로 선임하신 재판부에도 미안할 따름이다.

2. 절차상 하자

형사소송의 목적은 사안의 진상을 파악하여 형벌 법규를 적용 실현하는 실질상의 목적과 그 절차에 관한 절차상의 목적으로 나뉘며, 절차상의 목적은 공익의 유지와 개인의 기본적 인권의 보장을 완수하는 데 있으므로(두 가치가 충돌할 때는 후자가 우위이다) 기본적 인권의 존중과 형사 절차의 공정은 아무리 강조해도 지나치지 않을 만큼 형사소송의 요체이다.

무릇 형사소송의 기본 구조는 공소권의 주체인 검찰과 변호권의 주체인 피고인과의 대립과 공격, 방어의 엄숙한 투쟁 과정이다. 피고인은 유죄의 재판 확정이 있을 때까지는 당연히 무죄로 추정된다. 소송 절차라 함은 재판, 특히 판결을 종점으로 하여 법원과 양 당사자의 3주체 간에 단계적으로 진전하는 절차이다. 각 단계에 있어서의 행위 내지 절차는 모두 법률에 의하여 규정되고 있다. 피고인도 자기의 생명, 신체, 자유 등에 관한 검찰의 공격(공소권)에 대하여 부당한 침해로부터 방어할 권리(응소권)을 가진다. 특히 군법회의법은 강학상 당사자주의 소송 구조와 공판중심주의가 일반 형사 소송법보다는 강화되어 있는 훌륭한 절차법이다. 그런데 유감스럽게도 이번 공판 절차에 있어서 법이 정한 적법 절차가 외면당한 경우가 허다하였다. 몇 가지 지적한다면,

① 공소 제기 후 변호인의 본질적인 권리인 서류, 증거물의 열람 등사권이 보장되지 않았다.(군법회의법 64조)

② 재판의 심리와 판결의 공개 원칙이 납득하기 어려운 이유로 제한되었다.(동법 67조)

③ 공판조서의 열람은 변호인의 수차에 걸친 서면 내지 구두 항의에도 아랑곳없이 이 사건 결심 당시까지 이루어지지 않았다.(동법 82조, 86조, 89조)

④ 더욱이 공판조서의 녹취는 처음부터 허용되지 않았다.(동법 90조)

⑤ 피고인 신문의 방식은 변호인으로서의 본질적 권리로서 공소 사실과 정상에 관하여 직접 신문하도록 규정되어 있는바, 중복되고 사건에 관계없는 사항 또는 국가기밀이라 하여 무참히 제한되고 중단되었다.(동법 324조, 344조)

⑥ 증거조사를 신청함에는 미리 상대방에게 이를 열람할 기회를 주어야 하는데도 충분한 기회를 주지 못하였다.(동법 332조)

⑦ 증거된 서류의 증거조사 방식은 그 요지를 고지하여야 함에도 목록의

제시 이외에 요지의 고지 또는 낭독이 없었다.(동법 338조)

⑧ 증명력을 다투는 권리를 부여하는 적당한 기회를 주지 않았다.(동법 340조)

따라서 이 사건 공판에 있어서 절차의 공정은 근저에서부터 동요를 일으켰고 이를 가지고 공정한 재판을 기대할 수 있을 것인가.

3. 공소 사실 죄명, 적용 법조에 관하여

(1) 공소장에는 피고인 유석술을 제외한 7명이 '… 각 국헌문란 목적의 폭동·살상에 가담할 것을 순차로 상호 공모하고' '… 동 김재규가 군수사기관에 체포됨으로써 국헌문란의 목적을 달성하지 못하고 미수에 그치고'라고 함으로써 내란수괴 및 중요 임무종사미수죄와 내란목적살인죄로 의율하고 있다.

(2) 강학상 일반적으로 내란죄의 보호법익은 국가의 존립(구체적으로 대한민국의 존립)의 기초 그 자체이며 내란죄를 통하여 대내적으로 국가 존립의 기초가 되는 '국헌적 법질서'에 대한 침해를 보호하는 데 있다.

(3) 형법 91조는 국헌문란의 목적의 정의를, 첫째, 헌법 또는 법률에 정한 절차에 의하지 아니하고 헌법 또는 법률의 기능을 소멸시키는 것, 둘째, 헌법에 의하여 설치된 국가기관을 강압에 의하여 전복 또는 그 권능 행사를 불가능하게 하는 것을 말한다고 하고 있다.

일본 판례에 의하면 '조헌(朝憲) 문란이란 국가의 정치적 기본 조직을 불법으로 파괴하는 것'을 말하며, '견양 수상 저격 사건'에 있어서 본건 행위로 의회제도의 부인, 내각제도의 개혁 기타 국가의 정치적 기본의 파괴를 직접 기도한 것이 아니므로 '국헌문란의 해당성이 없다.'고 밝히고 '수상 살해는 내각의 붕괴 우려가 없지 않지만 내각 각원의 경질을 초래할 뿐 내각

제도를 근본적으로 파괴하는 것이 아니므로 이를 가지고 정부를 전복하는 행위라고 칭할 수 없다.'고 판시한 바 있고(일대판 소화 10. 10. 24), 또한 소위 '신병대 사건'에 있어서 '조헌 문란의 내용은 제도로서의 내각의 파괴 등을 의미하고 특정 시에 있어서의 내각의 파괴를 포함하지 않는다.'고 판시한 바 있다.(일대판 소화 16. 3. 15)

결국 국헌문란은 우리나라 헌법 7조의 이른바 '자유민주적 기본 질서'를 파괴하는 것이 아니라면(나아가 이보다 수호코자 하는 것이라면) 이를 국헌문란으로 볼 수 없다는 것이다—이 점에 관하여 독일 형법 80조(국헌문란)와 독일법 21조(자유민주적 기본질서)는 내란 목적의 해석에 관하여 중요한 시사를 하고 있다.

(4) 그리고 위와 같은 내란 목적은 직접적인 목적을 요하는 것이므로 집단적인 폭행 행위가 있어도, 만약 직접 목적이 아니고 폭동을 계기로 하여 발생할 수 있는 다른 폭동에서 국헌문란의 사태가 나타남을 기대하는 경우에도 내란죄는 해당하지 않는다.(대법원 1968. 3. 5. 66도 1056)

(5) 무엇보다도 내란죄의 행위는 폭동 행위를 구성 요건으로 하고 있다. 폭동이라 함은 다수인이 결합하여 폭행·협박을 하는 것을 말하며 그 정도는 한 지방의 평온을 해할 정도의 위력이 있음을 요한다.(한 지방의 의미가 400여 평의 궁정동 식당의 평온을 깨뜨릴 정도의 소요를 뜻하지 않음은 물론이다.) 그리고 다수인의 결합은 조직화되어 분담적 책임을 질 수 있는 정도에 이르러야 하는 것이다. 따라서 폭동은 내란 목적과 서로 목적 수단의 관계에 있다. 만약 폭동이 있지만 내란 목적의 실행 수단이 아닐 때에는 내란죄의 태양(態樣)인 폭동이라 할 수 없고 더욱이 내란 목적이 있더라도 폭동에 나가지 않으면 내란죄로 의율할 수 없음은 물론이다.(조고판대정 8. 9. 18)

(6) 내란죄는 필요적 공범의 일종으로서 다중적 범죄 또는 집합적 범죄이므로 내란 행위는 일정한 조직력을 가진 집단적 행위로서 이에 대한 처벌을 그 분담한 관여의 정도에 따라 수괴, 모의참여자, 부화뇌동자의 세 가지 종류로 구분된다. 하나는 수괴이고 둘은 모의참여자, 지휘자, 중요임무종사자이며, 셋은 부화뇌동자, 관여자를 의미한다.(공소장에 의하면 집합적 범죄임을 의식하여 7명을 공동 정범으로 하여 수괴와 중요임무종사자로 구분, 구색을 맞춘 흔적이 역력하다는 느낌이 든다.)

(7) 내란죄의 특별 관계적 규정인 내란목적살인죄에 있어서도 그 구성 요건은 '국헌문란 목적으로 사람을 살해'한 경우를 규정하고 있다. 즉 행위자가 폭동의 고의가 없거나 혹은 고의가 있다 해도 폭동의 실행 행위에 나아가지 아니한 때에 그 해당성이 없다는 것이다. 따라서 국헌문란 목적이 결여된 경우는(객체가 대통령일지라도, 또한 그를 경호하는 사람일지라도) 단순살인죄의 적용을 받음은 물론이다.

(8) 이렇게 본다면, 피고인 김재규에게 내란 목적이 없었고 또 폭동에 나아간 바가 없으며 피고인 이기주, 유성옥의 경우에는 더더욱 내란 목적을 가진 바 없고 폭동에 이른 바도 없다. 이 사건으로 희생된 사람은 대통령과 그곳에 있던 몇 사람이다. 그리고 총격은 그때 그 장소뿐이었고, 그 후 피고인 김재규뿐만 아니라 이기주, 유성옥도 집단적 행위로써 폭행·협박에 이른 흔적은 하나도 찾아볼 수 없다. 오히려 피고인 김재규는 사태 수습을 위하여 정부와 의논하였고 그 수습 방법도 합법적 절차에 따랐다. 뿐만 아니라 실제로 대통령 서거 후 합헌적 절차에 따라 순리적으로 사태가 수습되었고 국민적 합의에 의거한 민주발전에 따라 새 민주공화국의 출범을 기약하고 있다. 피고인 김재규는 '자유민주주의 회복과 박 대통령 시해는 상호 숙명적인 관계가 있으므로 민주회복을 위하여 혁명을 했다.'고 변소하고 있다. 또한 '박 대통령을 시해하고 그 무덤 위에 올라앉아 정권을 잡을 정도로 도

덕적으로 타락하지는 않았다.'고 변소하고 있다. 특히 '거사는 단독구상이며(공소장 7면에도 밝히고 있음) 혼자 행위한 것이다.'고 변소하고 있다. 또한 '혁명방법은 기존 질서와 제도를 그대로 이용하고자 했다.'고 말하고 있다. 그렇다면 어찌 이를 가지고 국헌문란의 목적이 있다고 할 것이며, 나아가 폭동 행위가 있었다고 할 것인가.

(9) 피고인 이기주, 유성옥의 행위는 이른바 '강요된 행위'(형법 12조)이므로 벌할 수 없다. 즉, 저항할 수 없는 폭력(심리적 폭력도 포함된다)에 의하여 강요된 행위이다. 그렇지 않더라도 중앙정보부와 같은 명령계통과 비밀보장이 철저하고 엄격한 군 이상의 상명하복 체제하에서 상관의 명령이 위법인가, 적법인가 판단할 여유도 없이 또한 명령의 이행 여부를 선택할 수 없을 정도의 사정하에서 피고인들에게 달리 적법 행위를 기대할 수 있을 것인가. 따라서 기대 가능성 내지는 비난 가능성이 없으므로 피고인들의 행위는 책임이 조각된다 할 것이다.

(10) 그리고 형사재판은 증거재판주의이며, 범죄구성사실 가운데 객관적인 부분의 증명은 엄격한 증명에 의하여야 하며, 또한 그것은 논리칙과 경험칙에 따른 의심의 여지가 없을 정도의 합리적인 증명이어야 한다. 재판부가 검찰관의 논고와 같이 예단에 좌우된다거나 자유 심증의 전횡에 이른다면 이는 구시대의 규문(糾問) 절차와 다를 바 없다. 검찰관 제시의 증거는 본건 공소 사실에 있어 아무런 증명을 주고 있지 못하고 있다. 특히 내란 목적과 폭동의 점에 관하여는 아무런 증명이 없다. 그리고 이기주, 유성옥에 관하여는 피해자 사인의 점에 관한 한 뚜렷한 입증을 못하고 있다. 한마디로 검찰관의 추상적이고 애매모호한 정황 증거만을 내세울 뿐이다. 의심스러울 때는 피고인의 이익으로 돌려야 하며 따라서 본건은 공소 사실에 대한 증명이 없는 경우에 해당한다.

(11) 결론

그렇다면 공소장 변경(단순살인죄로)이 없는 한, 본건 공소 사실은 범죄의 방법(특히 폭동의 구체적 방법)이 명시가 없으므로 공소 기각판결이 선행되어야 하고(군법회의법 372조) 살인죄는 별론으로 하고라도 범죄사실의 증명이 없으므로 무죄 판결이 있어야 한다.

4. 정상론

(1) 피고인 김재규에 관하여

김재규는 이른바 확신범이다. 두말할 것도 없이 확신범은 도덕적·정치적 또는 종교적 의무의 확신을 결정적인 동기로 하여 행하여지는 범죄이다. 이론상 확신범의 경우에는 과연 위법성의 인식이 있느냐, 기대 가능성이 있느냐를 둘러싸고 학자 간에 오랜 논쟁이 그치지 않고 있다. 또한 형사 정책상으로 확신범에 대하여 형벌을 가하는 것이 적당한 것인가가 쟁점이다. 더욱이 확신범의 경우에는 사형이란 형벌은 바람직하지 않다는 것은 널리 알려진 이론이다. 왜냐하면 확신범은 자기의 규범의식으로는 절대적으로 정당하다고 행위하는 자이므로 확신범, 특히 정치범은 적법행위에 대한 기대 가능성이 전무하다는 것이다.

앞서 말했지만 김재규는 '소신과 신념, 확신을 가지고 한 10·26 민주회복 국민혁명이 오히려 변호를 받음으로써 원형이 퇴색될 가능성이 있다.'고 진술한 바 있다.(이 점에 관하여 국선 변호인의 입장으로는 피고인을 위하여 변론하는 것이 바람직하지 않을지 모른다.) 그리고 그는 민주회복과 대통령 시해는 숙명적 관계가 있다는 확신을 가지고 있다.(그 확신이 과대망상이라든가, 소영웅주의적 사고라도 매도하여도 좋다. 허나 그 사람의 확신을 그 사람이 되지 않고서야 아무도 평가할 수 없다. 가사(假使) 검찰관이 기대 가능성의 표준에 관하여 평균인 표준설의 이론을 따른다면 공소 제기 전에 정신감정을 하였어야 옳다.) 이 점에 관하여 최 대통령께서 공약하신 헌법개정과 민주발전은 무엇을 뜻하며 '긴급조치 9호' 해제 이후 어느 저명한 헌법학자가 "개정 청원도 할 수 없는 헌법은 수호할 가치도 없다."(조선일보 12월 9일 자)라는 시론을 발표한 바 있고, 보도에 의하면 모 장관은 신내각에서 물러나면서 "박 대통령께서 1년 전에 그만두셨더라면…"(동아일보 12월 16일 자)이라는 아쉬움을 말하기도 하였다는 점을 주목하여 주기 바란다.

개인적으로 그는 고령의 노모와 병석에서 신음하고 있는 처와 딸이 있고, 그 자신은 오랜 지병인 간경변증으로 이 법정에서도 몸을 가누기 어려울 정도로 병세가 악화되고 있다(2차에 걸친 외부 의사 진단 허가 신청서 참조). 그리고 일생을 군과 국가에 바쳐 반공전선에서, 행정의 일선에서 국가와 민족을 위해 많은 업적을 남겼다. 상 피고인 박흥주, 박선호의 진술에 의하면 그는 사심이 없고 옳은 일만 하였고 나라 걱정을 하면서 맡은 일을 성실히 해내었다고 한다. 현재의 심경은 아버님의 교훈대로 정의를 위해 남아로서 죽을 자리를 잘 찾았다고 하고 있다. 변호인으로서 어떻게 더 정상론을 펼 것인가 말문이 막힌다. 오히려 긴 말은 췌사(贅辭)가 될 것이다.

(2) 피고인 이기주, 유성옥에 관하여

피고인들이 아니라도 당시 중앙정보부 직원이 어느 누구였더라도 상관의 명령을 받았더라면 그대로 행하였을 것이고, 따라서 피고인들은 아무런 생각도 없이 마치 생명 있는 도구로서 무조건 복종에 임하였을 뿐이다. 그리고 고의로 폭동에 관여하거나 가담한 행위가 없다.

개인적으로, 이기주는 노령의 어머니와 처, 4살 된 딸, 8개월 된 아들이 있고, 130만 원짜리 전세방에서 근근이 어려운 생활을 하고 있다. 박봉에도 어머니에게는 매달 생활비를 보내는 효성이 지극한 사람이다.

유성옥은 처와 2살, 4살 된 아들과 전세방에 살고 있으며 생활고로 결혼식도 하지 못하여 지난 11월 13일에 결혼식 날짜를 받아 놓았었다. 근무 중에는 모범공무원 표창까지 받았다.

　이 법정을 통하여 그들은 어리석기보다는 너무나 순진하고, 굳이 탓한다면 상관에 관한 복종심이 그 누구보다 강하였다는 점뿐이다. 두 피고인에 대하여는 무죄를 다시 한 번 주장하며 이 두 사람에 대한 법률 적용과 양형에 있어 재판부의 현명하신 판단과 관용을 바란다.

항소이유서

피고인 **김재규**

위 피고인에 대한 79고 군 형항 제550호 내란목적살인 등 사건에 관하여 피고인의
변호인들은 다음과 같이 항소이유서를 제출합니다.

1980. 1. 21.

위 피고인의 변호인

변호사 김제형
동 이돈명
동 강신옥
동 조준희
동 홍성우
동 황인철
동 안동일

육군본부 계엄고등군법회의 귀중

사건의 개요

1. 피고인 김재규가 이번 거사에 이른 경위 및 동기

(1) 피고인 김재규가 유신헌법을 폐기하고 자유민주주의를 회복시키고자 결행한 이번 거사의 결심은 유신헌법의 공포 당시로 거슬러 올라갑니다. 1972년 12월 27일 유신헌법이 공포되었을 때 피고인은 3군단장으로 있으면서 유신헌법을 두세 번 읽어보니 이 헌법은 대통령이 영구집권하려는 헌법이지 민주헌법이 아니구나 하는 부정적인 생각에 이르기 시작하였다는 것입니다. 그때 피고인은 벌써 보안사령관을 역임한 관계로 정치적 감각이 예민할 때였습니다. 박 대통령은 여당 일각의 반대세력마저도 억누르고 3선 개헌을 통과시킨 후 3선 때에 김대중 대통령 후보자와의 선거전에 대세가 여의치 않자 장충단공원에서 마지막으로 대통령에 출마하는 것이라고 국민에게 공약하고 당선된 후 다시는 선거로써 당선되기는 어려울 것이라는 판단 아래 앞서의 공약을 식언하고 종신집권을 하기 위해 소위 '10월 유신'이라는 것을 단행하여 그 3선이 못마땅한 것이긴 하였어도 그래도 민주헌법의 모습은 갖고 있던 자유민주주의 헌법의 기본을 파괴한 유신헌법을 공포하였다는 것입니다. 그때부터 피고인은 박 대통령의 애국심이 집권욕에 못 미치고 있다고 느끼기 시작하였고 박 대통령의 집권욕을 철저히 싫어하게 되었다는 것입니다. 그때 피고인은 3군단 사령부의 울타리를 만들면서 박 대통령이 군단에 방문할 것을 예상하여 통상 울타리를 만드는데 밖에서 안으로 침입하는 것을 막기 위한 형태를 취하는 것인데도 일단 사령부로 들어온 사람은 밖으로 나갈 수 없는 이례적인 형으로 울타리를 만들게 한 사실도 있었고, 이 울타리는 지금도 군단에 그대로 있다는 것입니다. 그때 피고인 내심의 의사는 박 대통령이 3군단에 피고인을 방문하면 박 대통령을 연금해놓고 하야시켜볼 생각을 가졌으나 막상 박 대통령이 군단을 방문하여 만나보면 전에 한 결심이 사그라졌다는 것입니다.

(2) 3군단장에서 유정회 국회의원을 거쳐 중앙정보부차장으로 옮긴 뒤에도 역시 유신헌법은 안 되겠다는 마음이 점점 굳어져 독재체제를 내 목숨 하나 바쳐 바꾸어 버릴까 하는 생각을 갖기 시작하다가 마침 1974. 9. 건설부장관으로 발령받고 발령장을 받으러 가는 때 박 대통령을 쏘고 피고인도 자결하여 독재체제를 무너뜨리려는 결의를 갖고 국민과 어머니, 집사람, 딸 및 남동생들에게 전할 유서 다섯 통을 준비하여 자택 피고인 책상 서랍 속에 넣어두고 조그마한 태극기의 네 면에 민주, 인권, 자유, 평등이라 쓴 것을 피고인의 포켓 속에 넣고 사령장을 받으러 들어갔으나 결행하지 못하고 위 유서와 태극기는 그대로 갖고 있었다가 대통령의 1975년 초도 순시 때에 똑같은 생각으로 건설부 장관실에 있는 태극기의 축 늘어진 귀퉁이를 면도칼로 잘라서 그 속에 권총을 넣어 두었다가 순시하는 대통령을 피고인의 목숨과 함께 끊겠다고 결의했으나 막상 대통령과 만난 뒤 대화해보면 모진 마음이 약해져서 그 생각을 버리고 위에 말한 유서들과 태극기를 태워 버렸다는 것입니다.

(3) 위와 같은 심경을 갖고 있는 피고인이 중앙정보부장에 임명되자 피고인은 지금까지는 물리적인 방법으로 독재체제를 부숴 보려 하였으나 이제는 방법을 바꾸어 순리적인 방법으로 민주회복을 해볼 수 있겠다는 호기로 알고 필생의 사업으로 민주회복을 하도록 작정하고,
① 그때 한창 소위 박동선 사건이 시끄러울 때라 3개월간 그 사건을 검토한 결과 한국인의 미국에서의 로비활동이 이스라엘이나 자유중국 등 다른 나라들에 비해서 크게 문제될 것 없는데 미국에서 유독 우리나라의 로비만 문제 삼는 것은 미국 사람들이 한국의 독재체제를 마땅하지 않게 보기 때문에 독재체제를 못하게 하기 위한 것이라는 것을 알고 드디어 1977년 2월말 대통령에게 이를 보고하는 자리에서 '체제를 바꾸는 게 좋겠습니다.'라고 솔직한 건의를 드렸으나 대통령은 미군들이 철수해도 좋다고 강경한 반응을 보일 뿐 위 건의를 받아들이려 하지 않았기 때문에 피고인은 6·25 사

변도 미국에서 에치슨 라인을 잘못 그어서 일어난 것인데 미군 철수까지 해도 좋다는 과신을 어떻게 하는가 하고 내심 못마땅하게 느끼고 당시 국무총리로 있던 최규하 씨와 자신이 간곡하게 권유하여 대통령께서도 그 후 조건부 철수로 양보는 하였다는 것입니다.

② 1977년 6월 대통령에게 '직선제에서 단독으로 출마하셔도 당선될 수 있습니다.'라고 하면서 직선제란 결국 유신체제의 철폐라는 생각으로 건의를 드렸으나 그것도 받아들이지 않았으며,

③ 1978년도에 긴급조치의 해제 건의를 드렸는데도 안 된다고 했고,

④ 1979년 7월과 8월에 피고인은 '긴급조치 9호'가 긴급조치 그 자체를 비방하는 것이 범죄로 되게 되어 있는 것과 너무 광범위하게 개인의 자유를 제한하는 것은 없애야겠다는 생각에서 대통령에게 "'긴급조치 9호'는 칼이 너무 녹슬고 무뎌졌습니다. 시퍼런 칼을 주십시오."라는 말로 9호의 독소조항을 없애고 규제범위를 훨씬 줄인 10호를 건의하였으나 박 대통령은 피고인의 진의를 모르고 10호의 건의를 받아들이지 않았으며(이 점에 관해서는 수사기록 중 중앙정보부 기정국장 현홍주의 진술조서에 동인이 피고인으로부터 9호의 규제범위를 줄일 수 있는 10호를 연구해 보라는 지시를 받고 이를 연구한 적이 있다는 진술이 뒷받침하고 있습니다)

⑤ 국제문제와 국내문제에 대하여 외국에서 보도되는 것을 해석하여 숨김없이 보고드렸고 대통령이 싫어할 어려운 보고도 서슴없이 보고하면서 꾸지람을 듣는 한이 있더라도 솔직하게 보고한 것입니다.

⑥ 부산소요사태에 대해서도 피고인이 현장인 부산에까지 가서 본 결과 60여 명을 구속하였는데 학생은 불과 16명밖에 안 되고 나머지는 순수한 민간인이고 남민전 같은 불순세력의 배후조종이 없고 오히려 민란이나 민중 봉기와 같은 것으로서 수십 대의 자동차와 10여 개의 파출소가 파괴되었고 데모대원들에게 주부들이 음료수와 맥주를 날라다 주는 등의 방법으로 격려를 보내어 그 사태가 심각한 것을 알았으며 대통령께 보고할 때도 "유신체제에 대한 도전이고 물가고에 대한 반발과 조세에 대한 저항에다가

정부에 대한 불신까지 겹쳐진 민중 봉기입니다. 불순 세력은 배후에 없습니다. 위 같은 민란은 정보 자료로 판단컨대 5대 도시로 확산됩니다." 이 같은 보고를 드렸는데도 박 대통령은 돌아가신 그날 저녁에도 "부산사태는 신민당이 개입해서 하는 일인데 괜히들 놀라가지고 야단이야 오늘 삽교천 행사에 가보았더니 대다수 국민들은 그렇게 열심히 일하는데 부산 데모만 하더라도 식당 보이나 똘마니들이 많지 않아, 그놈들이 어떻게 국회의원의 사표를 선별 수리하느니 뭐니 알겠는가. 신민당에서 계획한 일인데도 괜히 개각이니 뭐니 국회의장을 사퇴시켜야 한다느니 하면서 중앙정보부가 수고는 많이 하는 줄 알지만 더 정확한 정보를 수집해야겠어"(위 대통령의 부산사태에 대한 언급은 상피고인 김계원에 대한 검찰관의 신문 조서 중 40정에서 인용)라는 정도로 피고인의 정보보고를 받아들이지 않았으며 부산사태에 대해 보고한 후 청와대에서 대통령과 차지철 경호실장, 김계원 비서실장이 피고인과 점심을 들고 있는 자리에서 이야기하던 중 박 대통령은 "데모가 5대도시로 확산될 겁니다."라는 말을 듣고 앞으로 "서울에서 4·19와 같은 데모가 일어난다면 자유당 때는 최인규나 곽영주 같은 친구들이 발포 명령을 하여 사형을 당하였지만 이번에는 대통령인 내가 발포 명령한 것을 가지고 대통령인 나를 사형에야 처하겠는가."라는 말을 하였고 그 자리에 있던 차지철 경호실장은 "캄보디아에서는 300만 정도 죽여도 끄떡없었는데 데모대원 100~200만 정도 죽여도 걱정 없습니다."라는 말을 함부로 하였던 정도입니다.

　피고인이 중앙정보부장에 취임하였을 때는 위에서 언급하였듯이 대통령을 순리적인 방법으로 설득할 수 있을 거란 선의의 기대는 허물어지기 시작했으며 특히 '긴급조치 9호'는 국민들의 숨통을 틀어막아 놓은 법률로서 피고인이 많은 학생들을 석방하여도 자꾸 들어오는 처지였고, 1,000여 명의 학생들을 제적하게 되었을 뿐 아니라 신민당 국회의원들을 모두 구속 기소할 수 있는 비위조사서를 갖고 있었으나 갖은 방법을 다 쓰면서 이들의 구속 기소를 보류하고 있으면 박 대통령은 "김 부장은 왜 신민당의원들의 비위조사서만 움켜잡고 그냥 갖고만 있느냐"라는 재촉을 두서너 번이나 들었던 실정이었던 것입니다. 결국 피고인은 박 대통령이 온건한 건의를 하는 사람을 충성심이 부족한 것으로 알고 강경한 주장을 하는 사람이 충성심이 있는 것처럼 알고 있는 것으로 보였고, 대통령 개인의 권력 유지를 위해서 3,700만 국민이 피해를 입는 것에 대해서는 조금도 생각지 않고 유신체제를 지키기 위해서는 국민들과 공방전까지 할 분인 것을 간파하였으며, 1975년 5월 구국여성봉사단 총재로 있는 최태민이란 자가 사이비 목사이며 자칭 '태자마마'라고 하고 사기·횡령 등의 비위사실이 있는 데다 여자들과의 추문도 있는 것을 알게 되었는데 이런 일을 누구도 문제 삼는 사람이 없어서 대통령에게 보고하였더니 박 대통령은 "정보부에서 그런 것까지 하냐" 하면서 반문하시길래 피고인으로서는 처음에 대통령의 태도를 보고 놀랐으며 대통령은 큰딸 근혜에게 그 사실을 알렸으나 근혜가 그렇지 않다고 부인하여 대통령이 직접 조사하겠다고 하였는데 그 조사 후에 최태민이란 자를 총재직에서 물러나게는 했으나 그 후 알고 보니 근혜가 총재가 되고 그 배후에서 여전히 최태민이 여성봉사단을 조종하면서 이권개입을 하는 등의 부당한 짓을 하는데도 박 대통령은 김 피고인의 "큰 영애도 구국여성봉사단에서 손떼는 게 좋습니다. 회계장부도 똑똑히 하게 해야 합니다"라는 건의를 받아들이지 않았던 일도 있어서 대통령 주변의 비위에 대하여 아무도 문제 삼지 못하고 또 대통령 자신도 그에 대한 판단을 그르치고 있었다는 것입니다.

이렇게 되어 피고인은 유신체제에 반대하는 반체제가 그릇된 것이 아니라 독재체제인 유신체제가 그릇된 것이란 확신을 갖게 되었고, 대통령이 자유민주주의를 보호할 책임과 의무는 지고 있을지언정 자유민주주의를 말살할 수 있는 권리를 어느 누구로부터 받을 수 없는 것으로 본다면 10월 유신이야말로 오로지 박 대통령 개인이 그 자신의 영구 집권을 보장하기 위하여 자유민주주의 헌법을 근본부터 파괴하고 유신체제란 이름의 부정하고 불의한 체제를 구축하여 3,700만 국민을 긴급조치라는 형식적으로만 합법적이지 실질적으로는 부정하고 악한 법률에 의해서 다스리고 있었던 것입니다.

피고인은 이 유신이라는 거대한 괴물은 막강한 것이나 박 대통령 한 사람만을 위하는 괴물이고, 이 괴물은 박 대통령 한 사람이 없어지면 그대로 없어질 것으로 보았고, 피고인과 박 대통령과의 인간적 의리는 형제 같은 것이기는 하지만 유신을 부수고 국가와 민족의 장래를 위해서는 뺏겨버린 자유민주주의 헌법을 회복시켜 놓아야겠고 박 대통령과 유신은 불가분의 숙명적 관계에 있어 둘 중의 어느 하나를 택하지 않을 수 없음을 알고 피고인은 3,700만 국민에게 민주회복을 주어야겠다는 대의를 위하여 박 대통령에 대한 소의를 버려야겠다고 결심한 것입니다.

피고인은 박 대통령을 제거하는 것만으로는 우리 3,700만 국민에게 민주회복이 확실히 이루어질 수 없을 거란 것을 곰곰이 생각한 끝에 피고인이 민주회복혁명의 지도자가 되어 혁명을 하지 않고서는 이 나라에 확실한 민주회복이 이루어질 수 없을 것으로 보고 1979년 4월부터 피고인의 생각으로는 이조시대부터 2인 이상이 혁명을 하여 성공한 사례는 거의 없는 것이고 더욱 유신체제하에서는 그 보안유지가 도저히 불가능할 것이라는 판단 하에 피고인 혼자서 박 대통령을 살해한다고 마음을 먹습니다. 장소는 궁정동, 때는 박 대통령의 만찬 시로 하여 혁명할 수 있는 기회를 보고 있다가 1979년 4월 마침 박 대통령이 궁정동 가동에서 만찬한다는 연락을 받고 그날도 이번 거사에 정승화 육군참모총장을 불렀던 것과 마찬가지로 3군참모총장을 궁정동으로 불러놓고 3군참모총장들에게는 박 대통령과의 예기치 않던 만찬으로 그곳에 다녀오겠다고 하고 김학호 감찰실장으로 하여금 3군참모총장들을 모시게 하고 피고인은 박 대통령의 만찬에 참석하였다가 당시에는 대통령의 주변 경호가 삼엄하다고 판단되어 그날 결행을 포기한 사실까지 있었던 것입니다. 그때 피고인은 박 대통령과의 만찬을 끝내고 궁정동 본관 집무실로 돌아가 보니 그때까지 3군총장들이 기다리고 있어서 피고인은 그들을 모시고 연희동 소재 음식점에 가서 술을 대접했던 일이 있었습니다. 1979년 10월 26일 오후 4시 10분 남산 집무실로 차지철 경호실장으로부터 만찬이 있다는 연락을 받고 오늘이야말로 대통령을 제거할 적절한 시기라고 생각하고 거사를 결의하고 4시 30분 궁정동에 도착하여 권총을 준비한 뒤 그곳에 있는 침대에 드러누워 혁명과업 수행을 생각하였고 그 후 6시경 대통령과 차 경호실장이 만찬 장소에 도착하자 박 대통령은 피고인에게 "신민당 공작은 어떻소." 하기에 피고인은 "공화당 발표 때문에 다 틀렸습니다. 사표를 내겠다고 한 친구들 모두 다 강경으로 돌아섰습니다. 암만 해도 당분간 대행 출범이 어렵겠습니다. 주류들이 강경해져서 다소 시끄럽겠습니다." 하니 박 대통령은 공화당 간부들이 약간 못마땅하다는 말을 하자 옆에 있던 차지철이 "새끼들 까불면 신민당이고 학생이고 간에 전차로 싹 깔아뭉개 버리겠습니다."라고 하므로 피고인은 마음속으로 '자식 여전히 지랄이구나'라고 생각하고 마음이 언짢았습니다. 이어 대통령은 "오늘 가보니 삽교천 공기는 좋고 공해도 없는데 신민당은 왜 그 모양이오." 하시기에 피고인은 "주류가 주축이 되어서 신민당이 초강경으로 돌아섰습니다. 국민들은 비주류를 사꾸라시하고 정운갑이는 친비주류이기 때문에 주류의 협조 없이는 사태수습이 불가능할 것입니다. 우리가 공작하던 당직자 백지화는 수포로 돌아갔습니다." 하자 차 실장이 또 옆에서 "그까짓 자식들 국회의원 그만둘 놈 하나도 없습니다. 언론을 타고 반체제 인사들을 의식해서 그럽니다. 까불면 싹 쓸어버리겠습니다."고 말했습니다. 그 후 술자리의 분위기가 계속되다가 또 박 대통령은 신민당 총재 김영삼에 관하여 "미국의 브라운 장관이 오기 전에 구속 기소하라고 했는데 유혁인이가 말려서 취소했더니 역시 좋지 않아. 국방장관 회의고 뭐고 볼 것 없이 법대로 하는데 뭐가 잘못이란 말이야. 미국놈은 범법해도 처벌 안 하나" 하시기에 피고인은 "김영삼은 사법조치는 아니지만 이미 국회에서 제명이 된 걸로 국민들이 처벌했다고 봅니다. 같은 것으로 두 번 처벌하는 인상을 줍니다." 했더니 각하께서는 언짢은 표정을 지으면서 피고인을 보고 "정보부가 좀 무서워야지. 당신네는 비행조사서만 움켜쥐고 있으면 무엇하나. 딱딱 입건

해야지." 하여 피고인은 "알겠습니다." 하고 "정치는 대국적으로 상대방에게 구실을 주고 국회에 나오라고 해야지 그렇지 않고서는 나오지 않을 것입니다" 그러자 차 실장이 "신민당 놈들 그만두고 싶은 놈은 한 놈도 없습니다. 언론을 타고 반정부적인 놈들의 선동에서 그러는 거지" 하면서 "문제가 없다고 봅니다. 그 자식들 신민당이고 뭐고 나오면 전차로 싹 깔아뭉개겠어요." 하는 순간 차 실장을 향하여 "이 버러지 같은 놈" 하고 총을 한 발을, 대통령에게는 "각하, 정치 좀 대국적으로 하시오" 하고 또 총 한 발을 쏘았으나 차 실장에게 쏜 총이 명중하지 않아 다시 상 피고인 박선호의 총을 뺏어 차 실장의 복부를 향하여 한 발, 대통령에게는 두부에 한 발을 쏘아 절명케 하였던 것입니다.

2. 피고인이 말하는 혁명의 목적과 그 내용

(1) 피고인은 위에서 이번 거사에 이르게 된 경위에 대해서도 간간이 혁명이라는 말을 사용하기도 했으나 피고인이 의도하던 바를 진술하면 아래와 같습니다.

우선 피고인은 3군단장 시절부터 건설부장관 때까지는 피고인의 목숨과 박 대통령의 생명을 맞바꾸려던 생각을 가졌다가 중앙정보부장에 임명되면서 순리적인 방법으로 박 대통령을 설득해 보자던 선의가 실패한 것을 자인하고 1979년 4월부터는 이제 설명하려는 혁명을 해야겠다고 마음을 먹게 된 것입니다. 피고인은 보통군법회의 법정에서 법무사가 혁명의 뜻은 무엇인가요?라는 물음에 기존 질서를 파괴하고 새로운 질서를 수립하는 것이라고 대답한 바 있습니다.(기록 242정)

① 그가 말하는 기존 질서란 바로 유신헌법에 의하여 지탱되고 있는, 자유민주주의적 기본요소가 파괴된 독재체제 그 자체를 지칭하는 것이고 이 독재체제를 부수고 새로운 질서, 쉽게 말하면 5·16 이전에 민주당 정권 때 갖고 있던 자유민주주의적 기본질서가 체현되어 구체화되어 있던 헌법이나

5·16 이후 유신체제 전 헌법정신 속에 들어 있는 민주헌법 질서를 회복하려는 것이 바로 피고인이 말하는 혁명을 뜻하는 것입니다. 피고인은 유신체제 그 자체는 우리나라의 국시인 민주공화이념을 근본으로부터 파괴하고 박 대통령 개인의 종신집권만을 안중에 둔 채 모든 권력이 대통령에게 집중되었고, 행정권은 물론 사법권까지도 대통령이 장악하는 결과가 되었고, 입법권도 유정회 의원의 임명권을 사실상 대통령이 갖고 있어 대통령에게 예속되는 제도였으며, 통일주체대의원을 통한 간접적인 대통령 선출 방법을 통하여 박 대통령의 지위는 그가 죽을 때까지 보장되었던 것입니다. 위 유신헌법상의 대통령 긴급권에 의하여 박 대통령이 무엇이나 할 수 있었고, 실제로 국가안보를 빙자하여 긴급조치 1호부터 9호까지 발동하여 위의 부정하고 악법이라 할 수 있는 헌법 그 자체를 개정하려는 운동이나 노력을 범죄로 규정하였고, 나아가서 유신헌법을 비판하거나 긴급조치 그 자체를 비방하는 것을 범죄로 하는 세계 역사상 볼 수 없는 공포의 법을 제정하였던 것입니다. 피고인은 위와 같이 정의에 반하는 악법과 독재체제를 무너뜨리고 이 땅에서 우리나라가 국시로 하고 있는 민주주의를 회복하여 진정한 자유민주주의 헌법질서를 세워 보자는 것이었습니다. 자유민주주의적 기본질서에 대한 염원은 3,700만 국민 모두의 바람이었고 또한 우리나라는 6·25 사변을 통하여 고귀한 사람들의 피까지 흘려가면서 지켜오던 것이었는데 유신으로 말살되었다는 것입니다.

② 박 대통령은 위에서 말하였듯이 이 유신체제를 지키기 위해서는 수많은 선량한 시민의 자유와 생명까지도 뺏어가면서 국민들과 치열한 공방전까지 할 사람이지 이승만 대통령처럼 하야할 인물도 아니었습니다. 이런 형편에서는 장래 일어나게 될 국민의 보다 많은 희생을 막기 위해서도 이 혁명은 불가피하고 필연적인 것이라는 것입니다.

③ 박 대통령은 공산주의 북한과 대적하기 위하여는 유신체제가 필요하다는 안보상의 구실을 들고 있습니다. 그러나 공산주의와 대처하기 위해서는 진정한 민주주의만이 이를 할 수 있고 공산주의에 대항해 이길 수 있는 체

제는 유신체제가 아니라 자유민주주의 체제라야 국민이 이 체제를 지키기 위해 피도 흘릴 각오가 되어 있지만 독재체제를 위해서는 국민들의 희생을 강요할 명분을 잃어버리는 것입니다.

④ 미국과의 우방관계가 회복되자면 우리나라의 유신체제를 버려야 한다는 것입니다. 미국의 도움 없는 우리나라만의 자주국방이란 현실적으로 불가능한 것인데 우리가 계속 유신체제를 이끌고 가면 미국은 우리들과의 혈맹관계를 끊어버릴 위험이 있는 것입니다. 사실 박 대통령과 미국과의 관계는 극히 위험할 정도로 악화되었던 것입니다. 미국과의 관계정상화란 국방상의 국익을 도모한다는 점에서도 무시될 수 없습니다.

⑤ 국제사회에서도 한국은 독재체제 국가라고 하는 불명예를 입고 있었습니다. 민주회복을 하여 하루빨리 국제사회에서 추락된 한국인의 명예를 회복해야겠다는 것입니다.

위에 든 다섯 가지 혁명의 목적을 위해서 피고인은 박 대통령의 생명과 민주회복은 숙명적으로 불가분의 관계에 있기 때문에 그의 희생 없이는 민주회복이 안 된다고 판단하고 유신체제의 심장과 핵이라고 할 수 있는 박 대통령을 희생시키게 된 것입니다.

(2) 또한 피고인은 박 대통령을 살해한 후의 혁명 내용에 대해서 1979년 11월 17일 검찰관 앞에서 다음과 같이 진술하고 있습니다.(검찰수사 기록 제23정)

"김계원 실장에게는 보안을 유지시키고 현장 부근에 군 실력자를 유인 대기시켜 놓고 거사 직후 본인의 거사 목적과 의도를 설득 또는 협력하여 끌어들이고 비상 국무회의를 소집하여 전국에 비상계엄을 선포하고 계엄 사령관을 조종하여 사태를 장악하고 계엄사령부를 서서히 혁명위원회로 전환시켜 국민혁명으로 이끌려고 하였습니다. 그리고 최단 시일 내에 혁명 과업을 완수하기 위하여 국회를 해산하고 기존 정당을 해체하고 집행기관 인 혁명위원회를 구성하고 위원장은 본인이, 부위원장은 육군참모총장으로 하여 군인들로만 구성하고 이를 감독하기 위하여 혁명 의회를 설치 구성함에 있어서 본인이 의장이 되고 국무총리를 부의장으로 하고 혁명 위원은 관구사령관급 이상의 육군 주요 지휘관, 함대사령관급 이상의 해군 주요 지휘관, 작전사령관급 이상의 공군 주요 지휘관, 도지사급 이상의 각료 전원으로 하고, 다시 재경지구에 재직하는 사람은 상임위원, 지방에 재직하는 사람은 비상임 위원으로 구성하려고 하였습니다. 또한 혁명의회는 입법과 행정을 관장하고 부설기구로서 혁재와 혁검을 그 산하에 설치하되 혁검은 군민합동으로 참신한 검사와 군 검찰관으로 구성, 재판부는 군에서 명망 있는 장성급으로 구성하여 유신헌법 기초에 참여한 자, 5·16 혁명 주체로 권력 주변에서 치부한 자 및 악덕기업 및 특혜 재벌 등 비동조세력을 처단, 재산을 국고에 환수한 후 본인의 거사 목적과 의도를 국민에게 널리 홍보하여 국민의 지지기반을 확보하려고 하였으며 또한 헌법 기초위원회를 설치하여 국민이 원하는 헌법안을 연구 작성케 하여 국민투표에 회부함으로써 확정시킨 후에 선거를 실시하려고 하였습니다."라고 하고 있습니다.

피고인은 이번 혁명의 주체는 국민 모두이고, 주체가 따로 없는 게 특징이라고 말하고 있습니다.

(3) 피고인은 보통군법회의의 최후 진술에서 다음과 같이 진술하였습니다.(별첨 최후 진술 참조)

피고인은 피고인 자신이 대통령이 되려는 사사로운 마음으로 이 혁명을 일으킨 것이 아니라는 것입니다. 피고인은 군인 출신이고 혁명가일 뿐 군인이 정권을 잡으면 독재자가 될 우려가 있다는 것인데 독재의 요인을 만들겠느냐고 합니다. 또 게다가 피고인은 개인의 의리를 배반하고 대통령 무덤 위에 올라갈 정도로 도덕관은 그렇게 타락한 사람이 아니라는 것입니다.

피고인은 혁명의 결행은 성공했으나 혁명과업은 수행 못 했습니다.

이 나라에는 5·16 이후 19년 동안 많은 쓰레기가 꽉 들어차 있고 이런 쓰레기 위에 자유민주주의가 회복을 한다면 출발과 동시에 자유민주주의가 또 곤욕을 치르게 되고 나아가서는 자유민주주의가 나쁘다는 애매한 수모를 먹게 됩니다. 이런 쓰레기를 설거지 않고 어떻게 사회 정의가 살았다고 할 수 있겠습니까? 6·3 데모가 일어난 것도 자유민주주의를 철저히 했기 때문에 일어난 게 아니고 오히려 4대 의혹사건과 같은 반민주주의적인 일을 했기 때문에 이러한 사태가 발생하고 악순환인 것입니다. 4대 의혹사건 자체도 국민을 우롱하는 일이었습니다. 국민의 재산권을 침해한 행위로서 수없이 많은 돈을 치부하고 책임진 사람이 지금까지 아무도 없습니다. 또 그때 치부한 돈이 한 푼도 회수되지 않았습니다.

이를 설거지 않고서야 혁명과업을 완수했다고 할 수 있겠습니까? 지금은 이 나라에 핵심이 없습니다. 이 상태가 가장 어려운 상태이고 가장 위험한 상태입니다. 4·19와 같이 주인이 없습니다. 4·19 이후와 같은 힘센 놈이 덤비게 되고 그렇게 되면 악순환이 또 옵니다. 이를 막는 것은 오로지 민주회복혁명을 지도한 저만이 할 수 있습니다. 자유를 회복해 놓고 새로운 정권을 보호하여 민주당 정권의 전철을 밟지 않겠다는 것이 내 생각이었습니다.

건국 이래 지금까지 한 번도 평화적 정권교체가 된 적이 없었습니다. 4·19, 5·16 등의 악순환을 언제까지 가게 하겠습니까? 정권을 순리적으로 넘어가게 하는 것을 토착화하려고 생각한 것입니다.

항소 이유 제1

원심은 피고인 자신이 자인하고 있는 대통령과 차지철을 살해한 행위와 그의 명령에 따라 상 피고인 5명이 대통령의 경호관들을 살해한 행위에 대해 내란목적살인으로 형법 제88조와 내란 수괴미수의 형법 제89조, 제87조 제1호를 적용하였는바, 원심판결은 내란죄에 있어서의 국헌문란의 목적에 관한 법률 해석을 그릇한 잘못이 있습니다. 내란목적살인이나 내란미수 등에서 그 범죄 구성 요건의 가장 중요한 것은 국토를 참절하거나 국헌을 문란할 목적으로 한 것인가 하는 점입니다.

이 사건에서는 국토를 참절할 목적은 분명히 아니니 국헌문란의 목적만이 검토의 대상이 되겠는데 국헌문란에 관한 형법상의 정의는 형법 제91조에 적힌 대로 헌법 또는 법률에서 정한 절차에 의하지 아니하고 헌법 또는 법률의 가능을 소멸시키는 것과 헌법에 의하여 설치된 국가기관을 강압에 의하여 전복 또는 그 권능행사를 불가능하게 하는 것이라고 규정되어 있습니다.

이 규정 자체만으로는 너무나 추상적이어서 그 내용을 쉽게 알기 어려우나 일본법 시대의 판례에 의하면 국가의 정치적 기본조직을 불법하게 파괴하는 것을 말한다고 하고, 의회제도의 부인, 내각제도의 변혁, 기타 국가의 정치적 기본 조직의 파괴를 직접 기도하지 않은 것은 그 당시의 법상 조헌문란의 해당성이 없다고 소위 '이누카이(犬養) 수상 저격 사건'에서 판시한 바가 있고, 그 후 유명한 '신병대(神兵隊) 사건'에서는 조헌문란의 내용은 '제도로서의 내각의 파괴' 등을 의미하고 특정 시에 있어서의 내각의 파괴를 포함하지 않는다고 판결하였던 것입니다. 우리나라에서는 아직 구체적 사건에서 판시한 사례를 갖고 있지는 않으나 국헌문란이라고 하는 것은 우리나라의 헌법상의 기본원리인 자유민주적 기본 질서를 파괴하는 것과 동일한 의미라고 하는 것이 법률가들의 일치된 견해인 것입니다. 그러면 이 사건에서는 피고인의 행위가 과연 우리나라의 헌법상의 기본원리인 자유민주적 기본질서를 파괴할 목적으로 이루어졌는가란 사실이 인정되는가에 따라 원심의 법률 적용이 옳게 되었는가 아닌가가 판가름 날 것입니다.

피고인이 박 대통령을 살해하게 된 동기와 목적에 관해서는 이 항소이유서 첫머리에 피고인이 구상하고 있던 혁명의 내용에서 소상하게 밝힌 바와 같이 유신헌법이 자유민주적 기본질서를 파괴한 악법이기 때문에 이 유신헌법을 고쳐 자유와 민주 회복을 하기 위한 것이었으니 유신헌법이라는 이름으로 우리나라의 민주적 정치적 기본 조직이 파괴된 내란상태에 있던 것을 오히려 정당한 헌정 질서인 것으로 복구시키려는 것인데 이와 같은 목적이 내란죄를 구성한다는 것에 실로 아이러니하다고 볼 수밖에 없습니다.

따라서 피고인이 목적하고 있는 바는 국헌문란의 목적이 있는 것이 아니라 민주회복이고 자유회복이기 때문에 문란된 국헌의 회복이요 정상화에 있는 것입니다. 따라서 피고인이 한 혁명이라는 이번 거사의 동기는 형법에서 말하는 내란 목적이 된다고는 할 수 없는 것입니다. 이렇게 본다면 원심이 피고인에 대하여 내란미수나 내란목적살인의 죄를 적용한 것은 결국 내란에 관한 법률 해석을 잘못하여 판결 결과에 영향을 미쳤다고 할 것입니다.

항소 이유 제2

공소장 자체에 기재된 공소 사실 자체만을 보아도 내란죄의 구성요건인 국헌문란의 목적이 될 만한 사실 적시가 되어 있지 아니함에도 원심이 공소기각의 결정을 하지 아니한 잘못이 있습니다.

즉 원심판결문이 그대로 인용하고 있는 공소 사실은 '계엄을 선포하고 중앙정보부의 권한과 조직력을 이용, 계엄군을 장악하여 무력으로 사태를 제압하고 입법·사법·행정권을 총괄하는 혁명위원회를 구성, 자신이 위원장에 취임하여 집권 기반을 확보한 후 대통령에 출마할 것을 계획하고'라고 되어 있는데 공소 사실에 의하더라도 현재의 법절차에 따라서 대통령에 출마한다는 의미나 어떤 절차에 따르던 대통령에 출마하겠다는 사실만 들어 있지 우리나라의 정치적 기본조직이나 자유민주주의적 기본질서를 파괴할 것을 기도하였다는 적시는 되어 있지 않습니다. 이와 같이 내란죄의 구성요건에 가장 핵심이 된다고 볼 수 있는 국헌문란의 사실 적시가 되어 있지 않은 공소 사실에 대하여는 원심이 군법회의법 제373조 1항 제4호에 따라 공소장에 기재된 사실이 진실하다 하더라도 범죄가 될 만한 사실이 포함되어 있지 않다면 공소기각이 되어야 할 것인데 원심판결은 이를 간과하였습니다.

항소 이유 제3

원심판결에는 현대법 이론에서 일반적으로 인정하고 있는 저항권과 형법 제20조가 정한 정당행위에 관한 법리를 간과한 잘못이 있습니다.

1. 이미 사건의 개요에서 본 바와 같이 피고인은 이번 거사에 관하여 다음과 같이 밝히고 있습니다. 즉, 박정희 대통령은 3선 개헌까지 하여 대통령에 출마하여서 장충단공원에서 이번 한 번만 당선되면 다시는 대통령이 되지 않겠다고 국민 앞에서 공약하고 그 선거전에서 김대중 후보와 경쟁하여 고전한 결과 당선되고 난 뒤 국민에 대한 공약은 식언하고, 1972년 10월 하루 아침에 유신정책을 발표하면서 법률상에 근거 없이 비상계엄을 선포하고 합법적인 국회를 해산하였을 뿐 아니라, 국민의 참여도 없이 국가안보를 핑계로 당시의 자유민주주의적 기본 질서를 근본으로 삼고 있는 민주공화국 헌법을 대통령 취임 시 그 헌법의 준수를 맹세하였으면서도 대통령 자신이 종신 집권과 독재를 하기 위해 구헌법의 효력을 정지시키고 새로운 유신헌법을 만들어서 결국 국민들에게 민주헌법을 파괴하고 유신헌법을 준수하라고 강요하여 국민들의 기본권을 유린하고, 박 대통령 개인의 종신 집권만을 안중에 둔 채 모든 권력이 대통령에게 집중되었고, 행정권은 물론 사법권까지도 대통령이 장악하는 결과가 되었고 입법권도 유정회 임명권을 사실상 대통령이 갖고 있어 대통령에게 예속되는 제도였으며, 통일주체 국민회의 대의원을 통한 간접적인 대통령 선출방법을 통하여 박 대통령의 지위는 그가 죽을 때까지 보장됐던 것입니다. 위 유신헌법상의 대통령 긴급권에 의하여 박 대통령은 무엇이나 할 수 있었고, 실제로 국가안보를 빙자하여 긴급조치 1호부터 9호까지 발동하여 위 부정하고 악법이라고 할 수 있는 헌법 그 자체를 개정하려는 운동이나 노력을 범죄로 규정하였고, 나아가 유신헌법을 비판하거나 긴급조치 그 자체를 비방하는 것을 범죄로 하는 세계 역사상 볼 수 없는 공포의 법을 제정하였던 것입니다.

피고인은 위와 같이 정의에 반하는 악법과 독재체제를 무너뜨리고 이 땅에서 우리나라가 국시로 하고 있는 민주주의를 회복하여 진정한 자유민주주의 헌법질서를 세워보자는 것이었습니다. 자유민주주의적 기본질서에 대한 염원은 3,700만 국민 모두의 바람이었고, 우리는 또 6·25 사변을 통하여 고귀한 사람들의 피까지 흘려가면서 지켜오던 것이었는데, 유신으로 말살되었다는 것입니다.

이 유신헌법을 폐기하고 국민들에게 민주회복과 자유민주주의적 기본질서를 회복시켜주기 위해서는 박 대통령이 바로 유신의 핵이고 심장이기 때문에 유신과 박 대통령은 불가분의 관계에 있어 박 대통령의 생명을 끊지 않고서는 유신철폐가 불가한 것이므로 유신의 핵을 깨고 그 심장을 멈추게 하기 위하여 그 자신과 박 대통령과 맺어진 인간적 의리마저 뛰어넘어 국가의 장래를 위해 야수의 심정으로 박 대통령을 살해하게 된 것이고, 박 대통령이 없으면 유신은 자연적으로 없어질 것이고, 그렇게 되면 구헌법상의 자유와 민주회복이 가능할 것이라는 것이 그의 생각이고 그것이 이번 거사의 동기라고 밝히고 있습니다. 따라서 피고인은 현재의 헌법이 유신이라는 혁명에 의하여 불법하게 만들어진 무효의 헌법이라고 보기 때문에 유신으로 잃어버린 진정한 헌법을 되찾기 위해 유신헌법을 파괴하기 위하여 이번 혁명을 한 것이라고 주장하는바, 이와 같은 피고인의 행위는 자연법에서 인정한 저항권의 행사라고 보아야 할 것입니다.

2. 저항권을 실정법적으로 규정하고 있는 예를 들어 보면 미국의 독립선언문 중에 '어떠한 정치의 형태이더라도 만약 천부의 인권을 확보하기 위한 목적을 해치는 것이 될 때에는 인민은 그것을 고치거나 파괴할 수 있으며 그들의 안전과 행복을 가져올 수 있는 것으로 보이는 새로운 정부를 조직할 수 있는 권리를 가진다'고 하였고, 그 말은 어떤 정치체제가 그 본래의 목적에 맞지 않을 때에는 주권자인 국민이 그것을 고칠 권리를, 즉 '혁명권'을 인정한 것입니다.

이와 똑같은 취지의 권리는 버지니아 인권선언에도 설정되어 거기서는 '이 권리는 의심의 여지도 없고 양도할 수도 없고 버릴 수도 없는 것'이라고 하였습니다. 불란서에서의 1789년의 인권선언은 사람의 자연권으로서 자유, 재산, 안전과 나란히 '압제에의 저항'을 들고 있습니다. 1793년 6월 24일 헌법의 인권선언은 '압제에의 저항은 기타 모든 인권의 귀결이다'(동법33조)라고 하여 '반란권'이라고 부르는 것을 인정하고 있습니다.

프랑스의 1964년 4월 헌법 초안은 그 인권선언에서 '정부가 헌법에서 보장된 자유 및 권리를 침해한 경우에는 어떤 형식으로든지 저항은 가장 신성한 권리이고 또 가장 절실한 의무이다'(동 21조)고 정했고, 1946년 10월 프랑스 제4공화제 헌법에는 '프랑스 인민은 1789년의 권리선언에 의하여 승인된 사람 및 시민의 권리와 자유를… 엄숙하게 재확인한다'고 하여 분명하게 1789년의 인권선언 그 자체를 인정하고 있으므로 여기서도 '압제에의 저항'의 권리를 승인하고 있음은 분명한 것입니다. 이 점에서 주목되는 것은 프랑스와 같이 '자유주의적 저항권의 모국'이라고 부를 수 있는 나라뿐만 아니라 그때까지 그와 같은 근대 저항권과는 인연이 멀었던 독일에서도 그것이 헌법에 규정됨에 이르렀다는 것입니다. 즉 1946년 1월 2일 헷센 헌법에는 '헌법에 위반하여 행사된 공권력에 대한 저항은 각인의 권리이며 의무이다. 헌법파괴 또는 헌법파괴를 목적으로 하여 기도하는 자는 군사재판소에 제소하고 책임자의 형사소송을 요구할 의무가 있다. 상세한 것은 법률로 정한다.'(동147조) 여기에 이어 1947년 10월 21일 브레멘 헌법의 '헌법에서 확정된 인권이 헌법에 막혀서 공권력에 의해서 침해되었을 때에는 저항은 각인의 권리이며 의무이다'(동19조)라는 규정과 1947년 1월 31일 마르그브란덴부르그 헌법의 '도덕과 인간성에 반하는 법률에 대해서는 저항권이 성립한다'(6조 2항)고 규정하고 두었습니다.

3. 한국의 헌법교과서에서도 김철수의 '헌법학연구' 69페이지에는 '그러나 최종적인 헌법의 수호자의 손에는 최종적인 수단으로서 치자 계급의 긴급

권보다 헌법 보장의 도구 원리로서는 훨씬 우월한 의무를 가지고 있다. 헌법 체제가 권력자의 측에서 위기에 빠뜨려져 인권을 무시하는 탄압이 행하여지는 것 같은 경우 자유로운 인권의 기저에 숨어 있는 저항권을 불러내는 것밖에 다른 수단이 발견될 수 없을 경우도 있다. 부득이한 경우, 즉 입헌적인 의지의 통로가 폐쇄되어 정상적인 헌법질서가 파괴되려고 하는 경우, 즉 입헌적인 의지의 통로가 폐쇄되어 정상적인 헌법질서가 파괴되려고 하는 경우에 저항권의 발동까지도 불사하는 강인한 의지와 자각을 가진 국민이 있으면 헌법은 최대의 보장을 그들에게 준다는 발견을 할 수 있을 것이다'고 설명하고 있다. 일본의 헌법학 교수 궁택(宮澤) 교수는 "이 저항권이야말로 사회 질서와 인간 양심의 충돌에서 빚어지는 인간사회의 딜레마로서 인간에 대한 압제가 있는 한, 없을 수 없는 기본권이고 이 저항권의 존재는 다른 모든 기본권을 담보해 주는 최후의 권리로 이해해야 하고 저항권이 어떤 때에 있다고 봐야 할 것인가는 어려운 문제이지만 함부로 법을 악법이라고 하면서 순종하지 않는다면 무정부상태로 전락할 가능성이 있으므로 저항권을 행사할 때에는 그의 전인격적 판단에 의하여 순교자적 결단으로 이를 냉정히 생각하여야 한다."고 주장한 바 있습니다.

4. 피고인은 우리 국민들이 유신헌법이라는 박 대통령 개인만을 위한 헌법 아래서 그들의 기본권이 유린당하고 있는 것을 볼 수 없어 그들에게 자유와 민주를 회복시켜 주기 위해 나라를 위한 대의에서 그 유신의 핵이며 심장이라고 할 수 있는 박 대통령을 순교자적 결단에 의해서 살해한 것이라고 하고 있는바, 이와 같이 사실로부터 보면 피고인의 본건 행위는 앞에 든 여러 나라에서 실정법으로까지 되어 있고 현재 문명국들이 모두 인정하고 있는 저항권의 행사에 지나지 않는다고 보아야 할 것입니다. 유신헌법이 우리들의 진정한 헌법을 파괴하였다는 사실은 객관적으로 인정할 수 있는 것이고, 또 이 피고인의 혁명 직후 유신헌법은 폐기되어야 한다는 것이 국민의 열망이고 현재 이 열망에 따라 헌법 개정 작업을 거국적으로 하고 있는

것은 바로 피고인의 이번 혁명의 정당성을 간접적으로나마 인정하는 것이라고 아니할 수 없을 것입니다. 피고인이 그의 최후 진술에서도 밝혔지만 10·26혁명은 5·16혁명이나 10월 유신에 비해서도 정정당당한 것입니다. 5·16혁명이나 10월 유신은 위에서 설명한 저항권의 이론으로도 정당화하기 어려운 것입니다. 10·26혁명에서 박 대통령을 비롯하여 6명의 생명을 잃게 된 것은 무혈혁명을 이상으로 본다면 마음 아픈 일이지만 무혈이 안될 때는 최소한의 희생이 따르고 최소한의 희생은 불가피하였던 것입니다.

5. 이렇게 본다면 피고인의 공소 사실 그 자체는 바로 저항권에서 인정되고 있는 혁명권의 발동으로서 동인들의 몇 사람의 자연인 살해행위는 형법 제20조에서 정하는 정당행위로서 벌할 수 없다고 하겠습니다.

항소이유 제4

원심의 재판절차에는 아래와 같이 군법회의 제 규정에 위반하고 절차에 있어서의 정의라는 소송법의 이념에 위배하여 판결결과에 영향을 미친 위법이 있습니다.

1. 비공개 결정에 관하여
군법회의법 제67조는 '재판의 심리와 판결은 공개한다'라고 하고 예외적으로 비공개할 수 있는 요건을 '안녕·질서를 방해하거나 풍속을 해할 염려가 있는 때 또는 군기밀보존상 필요한 경우'로 한정하고 있습니다. 그런데 원심 군법회의는 1979년 12월 8일 제2회 공판 기일에 있어서의 피고인 김재규에 대한 변호인 신문 및 법정 신문과 1979년 12월 18일 같은 피고인의 최후 진술을 안녕·질서를 방해하고 군기밀보존상 필요하다는 이유로 비공개 결정하에 진행하였습니다(후자의 경우 공판조서 중 공개라고 한 부분은 뒤에 보는 바와 같이 명백한 허위 기재입니다). 그러나 기록 중 위 각 해당 공판조서의 기재에 의하여 알 수 있는 바와 같이, 비공개리에 한 피고인 김재규의 사실 진술이나 최후 진술은 모두 이 사건 거사 동기·목적, 전후 경위와 현재의 심경 등을 밝힌 것으로서, 그중 어디에도 외부에 알려질 경우 안녕·질서를 해칠 우려가 있다거나 군사기밀에 해당하는 것이라고 볼 만한 것은 전혀 없습니다. 따라서 위의 비공개 결정은 위의 요건 중 어느 하나도 갖추지 못한 것이고, 나아가 이 사건의 역사적 중대성이나, 이번 거사의 참된 동기가 무엇이며 그 역사적 의미는 어떠한 것인가 하는 점에 관한 전 국민적 관심을 외면한 채 진실의 은폐에만 급급했다는 인상마저 주는 한편, 갖가지 유언비어를 양산함으로써 오히려 사회의 안녕질서를 해치는 결과를 빚었습니다. 이상과 같이 원심의 비공개 결정은 명백히 위법 부당한 것입니다.

2. 공판조서의 미비와 열람·등사권의 박탈

원심은 공판조서를 적시에 작성치 아니하고 이로 인하여 군법회의법 제64조에 의한 변호인의 조서열람, 등사권을 사실상 박탈하였습니다. 군법회의법에 형사소송법 제54조와 같은 조문은 없다 하더라도, 공판조서의 증명력을 규정한 군법회의법 제89조, 공판조서에 대한 진술자의 증감·변경 청구권을 규정한 같은 법 제86조 단서, 변호인의 서류열람·등사권을 규정한 같은 법 제64조 등의 취지를 종합해 볼 때에, 군법회의에 있어서의 공판조서도 차기 공판기일 이전까지, 아니면 늦어도 사실 심리가 끝나기 이전까지는 작성되어야 할 것입니다. 그렇게 보지 아니할 경우 앞에 본 변호인, 진술인 등의 각 권리는 유명무실해질 것이기 때문입니다. 그런데, 원심은 적어도 사실 심리가 끝난 1979년 12월 17일 8차 공판 기일에 이르기까지 공판조서를 작성치 못하고 있었음이 분명한바, 이 점은 위의 8차 공판조서 중, 법무사가 "공판조서의 정리에 관하여 형소법 54조는 각 공판기일 5일 내에 신속히 정리하게 되어 있으나 군법회의법에는 같은 규정이 없습니다. 되

도록 빠른 기일에 신속 정확하게 기재토록 하겠습니다. 공판조서에 대한
이의 청구에 관하여도 그 기간이 없으니 빠른 시일 안에 공판조서를 작성
케 하여 열람할 수 있게 하겠습니다."라고 고지한 사실의 기재(공판기록 제
626정 후면)를 보아도 알 수 있습니다. 위 법무사의 해명은 피고인의 변호
인이 같은 날 변론 준비를 위해 공판조서 열람 청구를 하자(서면까지 제출,
기록에 편철되어 있음) 법무사가 그때까지 아직 공판조서가 작성되지 않고
있는 사실을 자인하였던 대목이고, 실제에 있어서는 그 이후 변론 종결 시
까지도 조서가 완성된 바 없었으며, 따라서 변호인들은 공판조서 열람의 기
회를 갖지 못한 채 변론을 마치기에 이르렀던 것입니다. 이상과 같이, 원심
이 공판조서 작성을 해태하고 이로 인하여 변호인들로 하여금 공판조서를
열람할 권리를 박탈한 것은 명백한 위법입니다.

또, 원심은 공판조서의 내용에 있어서도 군법회의법 제85조를 어겼습
니다. 즉, 위 법조 제2항, 제5항에 의하면, 공판조서에는 재판의 공개 여부
와 공개를 금한 때에는 그 이유를 반드시 기재하게 되어 있습니다. 그런데
1979년 12월 18일 제10차 기일에서의 피고인 김재규의 최후 진술은 분명
히 비공개리에 행하여졌음에도 불구하고(도하 각 신문 참조) 그 날짜 공판
조서에는 당일의 모든 재판진행에 관하여 「공개」라고 기재하였을 뿐, 위 최
후 진술에 관하여 비공개라는 사실과 비공개의 이유에 관한 기재가 전혀
없습니다. 이 점, 바로 조서작성요건에 관한 군법회의법 제85조 2항에 위
배된 것이고, 만일 위의 조서 기재가 정확하게 된 것이라면, 이는 그날의 공
판 절차에 있어서 군법회의가 비공개 결정을 한 바 없다는 것을 의미하는
것이고, 그렇다면 원심은 군법회의법 제67조에 위배하여 비공개 결정 없이
사실상 공판을 공개하지 아니한 것에 해당되어, 어느 모로도 위법임을 면치
못할 것입니다.

3. 피고인의 퇴정에 관하여
원심은 1979년 12월 10일 제3차 공판기일에 상 피고인 김계원 등에 관한

신문을 할 때와, 같은 해 12월 17일 증인 유혁인 등에 대한 증인신문을 할 때에, 군법회의법 제343조 2항을 내세워, 상 피고인과 증인들이 피고인 김 재규의 면전에서는 충분한 진술을 할 수 없다는 이유로 피고인 김재규의 퇴정을 명한 바 있음은 당해 공판조서의 기재에 의하여 분명합니다. 형사 피고인은 원칙적으로 모든 공판절차에 재정(在廷)할 권리, 증인신문에 참 여할 권리가 있으며(군법회의법 204조) 이는 자기 방어를 위한 기본적 권 리입니다. 더욱이 전 피고인이 공범으로 기소되어 있는 이 건에 있어서 상 피고인의 진술, 특히 김계원의 진술은 피고인 김재규의 평소의 사상, 이 건 거사의 동기 등에 깊숙이 관계되는 것이어서, 피고인 김재규로서는 방어권 의 행사를 위하여 상 피고인들의 진술을 직접 청취할 필요가 있었다 함은 더 말할 나위가 없습니다. 그런데, 원심은 상 피고인 김계원 등에게, 과연 김 재규의 면전에서 진술(또는 증언)할 수 있는지 없는지 여부를 물어 확인해 본 사실도 없고, 달리 충분히 진술(또는 증언)할 수 없다고 인정할 만한 아 무런 특단의 사유도 없음에도 불구하고, 검찰관의 신청 하나에만 의하여 피 고인 김재규를 퇴정시켰고, 더구는 동 피고인을 아예 처음부터 당해 기일에 출석조차 시키지 아니하였는바, (엄격히 따져서 법제 343조에 의한 퇴정명 령인지, 법제 347조에 의한 변론의 분리인지조차 알 수 없습니다) 이는 명 백한 위법입니다. 또 군법회의법 제343조 제3항, '피고인을 퇴정시킨 경우 에 다른 피고인 또는 증인의 진술이 끝났을 때는 퇴정한 피고인을 입정시 킨 후 서기로 하여금 진술의 요지를 고지케 하여야 한다. 이 경우에 피고인 은 그 진술자에게 직접 신문할 수 있다'라고 하여, 퇴정된 피고인으로 하여 금, 퇴정 중의 진술내용을 즉시 알 권리와 동 진술자에 대한 신문권을 보장 하고 있습니다. 그런데 원심은 다른 피고인과 증인에 대한 신문을 마치고 피고인 김재규를 다시 입정시키지도 않은 채 그대로 당일의 폐정 선언을 함으로써 피고인 김재규로 하여금 퇴정 중의 진술내용을 즉시 알 수 없도 록 하고 그 진술자에 대한 신문의 기회(특히, 증인의 경우)도 갖지 못하게 하였습니다. 이상과 같이 원심은 군법회의법 제343조 2항 3항을 위배하였을 뿐 아니라 동 조항을 내세워 피고인의 증인에 대한 신문권까지 박탈해 버린 것입니다.

4. 신문 및 진술의 제한

군법회의법 제324조는 검찰관과 변호인은 피고인에 대하여 공소사실과 정상에 관한 필요사항을 직접 신문할 수 있다고 하였고, 같은 법 제344조는 신문제한의 요건을 규정하면서 그러한 경우에도 소송 관계인의 본질적인 권리를 해하지 아니하는 한도에서 제한할 수 있다 하여 신문 제한의 한계를 명시하고 있습니다. 형사 피고인이 자기에게 유리한 모든 진술을 할 수 있다는 것은 피고인의 자기방어를 위한 본질적 권리이고, 피고인으로 하여금 충분히 진술할 수 있도록 보조하는 것은 또한 변호인의 본질적 권리입니다.

그런데 피고인 김재규에 대한 검찰관 및 변호인의 신문 과정에서, 특히 이번 거사의 동기에 관련된 신문을 할 때에, 동 피고인이 이번 거사의 목적이 자유민주주의 회복에 있었다고 하고 자신의 입장과 확신을 좀 더 구체적으로 밝히고자 할 때에, 원심 재판부는 거의 조건반사적으로 신문 제한을 하여 왔습니다.

이 사건의 역사적 중대성에 비추어 볼 때, 거사의 동기, 목적이 무엇이며, 거사 직전의 국내정정이 어떠하였던가를 밝히는 것은 이 사건에서 파헤쳐야 할 실체 진실의 전부이기도 합니다. 그런 의미에서 피고인 김재규와 검찰 및 변호인들에 각자의 입장에 따라 동기와 목적 및 그 관련 사항에 관하여 신문하고 진술하는 것은 당해 소송 관계인의 본질적 권리라 할 것이고, 따라서 바로 이점에 관한 원심 재판부의 잦은 신문 제한은 한계를 넘은 위법 조치일 뿐 아니라, 피고인이나 변호인들로 하여금 재판의 공정성 자체에 대한 의구심마저 갖게 한 대목입니다.

5. 기타

변호인은 군법회의법 제90조 2항에 따라 피고인 신문의 내용을 녹취할 수 있고 이는 군법회의의 허가사항이 아니라 변호인이 법률상 당연히 갖는 권리인데, 원심은 변호인들의 전시 녹취권을 사실상 박탈하였습니다. 즉, 피고인의 변호인들은 원심 제1회 제2회 공판기일에 녹취를 위한 녹음기를 휴대하려 했으나 그때마다 법정 입구 경비원들에게 수색, 제지당하였고, 이런 사정을 심판부에 항의하였으나 심판부는 끝내 이를 묵살함으로써, 위 법조를 정면으로 위배하였습니다. 사안의 중대성에 비추어 피고인 진술 등의 녹취는 변호권의 충분한 행사를 위하여 필요 불가결한 것이었음에도 불구하고 변호인들은 위와 같은 불법 처사로 말미암아 끝내 단 한 줄의 녹취도 하지 못하였습니다.

다음, 증인을 신문함에 있어서는 군법회의법 제106조 내지 108조에 따라 정식의 소환장을 송달, 소환하는 절차를 거친 바 없음은 물론이고, 더러는 검찰이 증거신청도 하기 전에 당해 증인들을 미리 대기시켰다가 신청 즉시 채부결정을 하고 채택과 거의 동시에 그 자리에서 신문한 사례까지 있었음은 일건 기록과 각 일간 신문 기사를 보아도 알 수 있습니다. 이와 같은 일은 단지 위 각 법조가 정한 절차 위배일 뿐 아니라, 결과적으로 피고인과 변호인이 반대신문을 준비할 기회를 갖지 못하게 하는 일로서 공격, 방어의 균형을 깨뜨리는 중대한 절차상의 위법이라 아니할 수 없습니다. 끝으로 더욱 유감스러운 것은, 1심 공판의 진행과정에 있어서, 과연 심판부가 군법회의법 제28조에 따라 헌법과 법률에 의하여 독립하여 심판한 것인가 하는 근본 문제에 관한 의구심마저 갖게 하는 사례가 있었던 점입니다. 즉, 이 사건 제1회, 제2회, 공판일에 있어서, 재판 진행 도중, 심판관석의 뒤쪽 문을 통하여 심판관들에게 외부로부터의 연락이 쪽지로 공공연하게 그리고 수없이 전달된 사례가 있었습니다. 변호인들로서는 물론 그것이 공판의 진행과는 무관한 것들이라고 보아 넘기고 싶었으나, 공교롭게도 절차진행 문제로 변호인단과 검찰 또는 심판관이 첨예하게 대립, 논쟁을 벌일 때나 피고인 김재규에 대한 변호인의 신문이나 답변이 이 건 거사 동기의 심층으로 언급되어 갈 때 주로 그 외부 연락이 있었고, 거의 그럴 때마다 심판부의 어떤 결정이나 신문제한 처분 등이 내려졌다는 사실 등에 비추어, 그것은 제1심 재판의 독립성을 의심하기에 족한 사례였다 하겠습니다. 민주 법정으로서는 상상조차 할 수 없는 일이고, 따라서 일의 진상이 어떠하든 간에 사태의 외형 그 자체만으로서도 민주사법에 대한 국민적 신뢰를 일거에 저버린 중대한 오점이라 아니할 수 없습니다.

6. 피고인 김재규의 변호인들은 제1심 공판 개시 벽두에, 모두진술을 통하여 이 사건을 가늠하는 것은 어떠해야 하며, 적법절차의 보장이 얼마나 중요한 것인가 하는 점에 관한 소신을 밝힌 바 있습니다(별첨 서면 참조, 같은 서면까지 제출하였는데 기록에 편철되어 있지 아니하고 공판조서에도 전혀 기재되지 않았습니다). 그런데, 유감스럽게도 제1심 군법회의는 앞에 말한 갖가지 절차상의 위법을 저질렀을 뿐 아니라 극도로 악화된 피고인의 건강을 외면한 채 마치 거대한 자석에 이끌려가듯 1979년 12월 4일부터 12월 18일까지 거의 연일 아침부터 밤까지 무리한 공판진행을 하고 그로 인하여 변호인들은 방대한 수사기록을 거의 열람할 기회도 갖지 못한 채 최종변론에 임해야 했습니다. 또한 막강한 언론 통제로써 이번 거사의 목적·동기에 관한 피고인의 주요 진술 부분은 언론에 의하여 거의 보도되지 아니하였고, 한편으로는 재판 진행 도중에 계엄사 당국이 이른바 「김재규의 비행」이라 하여 개인 사생활과 정보부장 시절의 일 등에 관한 과장 내지 허위 발표를 한 바 있습니다. 그 발표의 시기가 1979년 12월 8일 피고인 김재규가 행위 동기를 밝히는 제2회 공판기일에 때맞춰졌다는 사실에서, 그리고 그 발표의 내용이 동 피고인을 인격적으로 격하시키고 이 사건에 관하여도 어떤 예단을 갖게 할 수도 있을 것이라는 점에서, 위 계엄사의 발표는 이 사건 결론에 어떤 영향을 미치고저 한 것이라는 의심을 풍겨 마지않는 사태였습니다(당시의 신문보도 내용을 별첨함). 이 사건 1심 재판은 이상과 같이 법정 안팎에서의 각가지 위법 부당한 절차와 불투명한 분위기 속에서 시종하였는바, 이와 같은 위법 부당한 절차와 분위기가 이 사건 판

결결과에 영향을 미쳤을 것임은 명백합니다.

항소이유 제5

원판결은 형의 양형을 잘못하여 피고인에게 극형을 선고한 잘못이 있습니다.

1. 피고인의 이번 혁명이 헌법에서 인정하는 저항권의 행사로 보지 못한다고 하더라도 피고인은 아무런 사심이 없이 국민들에게 민주회복을 시켜주어 우리나라에 자유민주주의와 정권의 평화적 교체를 토착화시키려는 우국충정에서 이 혁명을 결행한 것입니다. 피고인으로서는 이 혁명을 오랜전부터 구상해왔고 이 혁명은 피고인의 생명을 걸고 하는 혁명인 것입니다. 피고인이 하려던 혁명의 성공 가능성은 오히려 희박한 것이라고 보아야 할 것입니다. 우선 일차적으로 궁정동 현장에서 살해될 가능성이 있고, 이차적으로는 현재와 같은 실패를 할 가능성이 훨씬 많은 것입니다.

이와 같은 커다란 위험을 무릅쓰고 이번 결행을 하는 데는 장부의 의기(義氣)가 없으면 못하는 것입니다. 정의를 위하여 한 목숨을 초개같이 버릴 수 있는 순교자적 결단이 없으면 못할 일인 것입니다.

피고인의 지금까지의 일생을 보아도 의리를 중히 여기는 분이었습니다. 이런 피고인이 나라를 위하여 민주주의 회복을 위하여 그 자신과 박 대통령 개인 간에 맺어진 인간적 의리마저 배반하고 이 건을 결행한 데는 남다른 고뇌가 뒤따랐을 것입니다. 피고인이 평소부터 즐겨 쓰던 그의 붓글씨 중, 원심에서 증거로 제출되어 있는 바와 같이 '爲 民主正道, 民主民權自由平等, 自由民主主義, 非理法權天, 爲大義 등'의 글을 보아도 피고인의 이번 혁명의 진의는 쉽게 알아볼 수 있을 것입니다.

우리 피고인의 변호인단 일동은 피고인의 이번 혁명의 결행일이 구한말의 우국지사로서 한국인의 기개를 만방에 떨친 안중근 의사의 거사일

(1909년 10월 26일)과 똑같은 1970년대 말 10월 26일에 이루어진 역사의 의미를 의미 깊게 받아들여야 한다고 보고 있습니다. 피고인은 원심법정에서 혁명은 성공했으나 혁명과업은 혁명을 주도한 피고인이 완성하지 못하고 다른 사람들이 하고 있다고 하였습니다. 마치 전쟁에서 승리한 자가 포로가 된 기분이라고 하고 있습니다. 혁명을 한 피고인을 내란죄로 다스리는 것은 극히 감정에 사로잡혀서 하는 일이고 감상 때문이라고 했습니다.

혁명가를 이렇게 구속하여 놓고 유신헌법에 의하여 재판한다는 것은 우리들 국민들이 후일 용납하지 않을 것이라고 주장하였습니다.

비록 피고인이 박 대통령을 살해한 행위는 소의의 입장에서 안된 일이긴 합니다. 그러나 박 대통령이 민주주의 대통령으로 한 사람의 공복일 뿐이지 전제 군주국가에서의 군주나 왕과 같은 지위 있는 분은 아닌 것입니다. 우리나라에서는 대통령을 잃었지만 피고인의 이번 혁명의 결행으로 피고인이 목적하던 민주회복은 달성된 것이나 다름없습니다.

2. 피고인에 대해서 형을 양형하는 데는 피고인의 이번 혁명이 우리나라에 기여한 민주회복에로의 공헌도와 이 혁명으로 희생된 귀한 생명의 생명 가치가 비교 교량되어야 할 것입니다. 10·26 민주회복 혁명으로 유신헌법은 조만간 폐기될 운명에 놓여 있습니다. 박 대통령 재임 시에 주장하였듯이 '우리나라는 유신만이 살 길이다. 우리나라의 안보를 위해서는 유신혁명이 불가피하였다.'는 주장에 대해서는 우리 국민 모두가 비판적이었으면서도 긴급조치가 무서워서 양심에 따른 비판을 하지 못하던 실정이었는데 10·26혁명 이후에는 유신만이 살 길이라고 외쳤던 정치지도자들까지도 유신헌법은 개정되어야 하는 것이 국민의 열망이라고 말하는가 하면 모든 국민들이 자유롭고 활발하게 헌법 개정에 관한 의견을 개진할 수 있게 되었습니다. 어떤 사람은 앞으로는 안보를 빙자한 독재자를 내지 않기 위하여 대통령과 국무총리를 이원화하는 이른바 이원집정부제도를 꾸미자는 의견을 내는가 하면 시민의 저항권을 헌법 속에 명문으로 규정하자는 주장도

나오고 있습니다. 피고인의 10·26 국민혁명으로 국민들에게 베풀어진 자유와 민주회복의 가치는 우리나라가 장래 민주주의 국가로서 발전해가는 긴 안목에서 보아 실로 엄청나게 큰 것이라고 해야 할 것입니다.

또 긴급조치라는 굴레 속에 구속되었던 학생이 자유를 되찾았으며 수많은 시민이 석방되었고 제적된 많은 학생이 금년 봄에 복교할 수 있게 된 것도 이번 혁명이 없었던들 상상이나 해보겠습니까. 신민당이 야당으로서 여당인 공화당과 유정회와 동수의 비율로 헌법개정 특별심의위원회의 구성에 참여할 수 있는 일이라든지, 신민당의 총재는 김영삼이라고 공화당 스스로 인정하는 일이라든지, 입법부가 자기 본래의 권능을 되찾게 된 것, 그리고 사법권도 민주회복에 발맞추어 회복될 수 있게 되었다는 사실 역시 이 혁명의 결과라 아니할 수 없습니다. 전국의 학생들의 교과서에서 유신 내용을 삭제하겠다고 문교부에서 밝힌 일은 장래 자라나는 국민교육에 크게 이바지한 것일 겁니다. 이렇게 보면 피고인의 이번 거사가 대한민국 국민 한 사람 한 사람에게 말할 수 없는 자유에의 희망을 불어넣어 준 원동력이 된 것을 솔직하게 인정해야 할 것입니다.

또 한편 역사에 가정은 금물이라지만 피고인의 이번 거사가 없었던들 부산·마산사태가 5대 도시로 확산되어 피고인이 걱정하는 정부와 국민 간에 공방전이 일어난다면 앞으로 얼마나 많은 국민과 선량한 학생들이 다칠 것이고 생명을 잃게 될 것인지 이것도 장담할 수 없을 것입니다. 이와 같은 장래의 위해예방의 관점에서도 피고인의 공로를 높게 인정해야 할 것입니다.

끝으로 피고인의 이번 거사는 피고인이 민주회복을 하기 위해서 감행한 혁명으로서 피고인이 분명히 밝히듯이 나라를 위해서 소신을 갖고 한 행위입니다. 피고인은 변호인과의 접견 중에 '혁명한 사람의 행위를 어떻게 혁명 안 한 사람들의 자로 잴 수 있는가' 하고 최후진술에서도 '혁명가로서 민주회복을 20~25년은 앞당겨 놓았다는 자부심을 갖고 간다' 하였고 '영생을 할 수 있는 것을 믿기 때문에 웃으며 간다'고 했습니다.

3. 피고인은 선대 때부터 불교를 신봉하여 피고인 자신도 독실한 불교 신자이기 때문에 살생을 하지 않을 것을 그의 종교적 덕목으로 삼고 있었습니다. 전에 미8군 사령관이 좋은 엽총을 선물로 주었을 때도 피고인은 살생할 수 없어서 그 총을 다른 친구에게 주고 만 일이 있었습니다. 6·25 사변 중에도 피고인이 직접 직결처분 같은 것으로 사람을 죽인 일도 없고 근무할 때는 부하장교들의 처벌도 관용을 원칙으로 해 온 사람입니다. 보안사령관 때는 모 장군이 입건되어 문제되었을 때도 '장군을 군법회의에 회부하면 이 나라의 끝이다'는 생각으로 부하로 하여금 그 장군에게 양심적인 자술서나 써 내라고 하여 사건을 불문에 부친 일이 있는 그런 성격의 소유자입니다.

그는 이번 혁명에서 처음으로 사람을 희생시켰습니다.

이와 같은 피고인이 오죽하면 동향 출신이고 동기생인 박 대통령을 희생시키게 되었겠습니까. 피고인이 민주회복을 위해서는 대통령을 희생시키지 않을 수 없는 필연성 때문이었습니다. 대통령을 희생시켜서는 안 된다는 생각은 소의에 사로잡혀 대의를 망각하는 것이라고 보았고 피고인이 최고 국록을 먹은 값어치가 없거나 공인으로서 의무를 저버리는 것으로 알았던 것입니다. 그래서 피고인은 결행하는 순간 마음을 야수와 같이 먹고 유신의 심장을 멈추었다는 것입니다.

피고인은 대의를 위해 희생한 사람을 위해 명복을 빌고 있으며 그의 부인에게도 여생을 그들의 명복을 비는 데 바치라고 하였습니다. 피고인은 1979년 11월 30일 변호인과 접견 때 어머니에게 전해 달라면서 다음과 같은 시를 지어주었습니다.

나와 자유

나를 만일 신이라고 부를 때는
자유의 수호신이라고 부르겠지

나를 만일 사람이라고 부를 때는
자유대한의 국부라고 부르겠지

나 내 목숨 하나 바쳐
독재의 아성 무너뜨렸네

나 내 목숨 하나 바쳐
자유민주주의 회복하였네

나 사랑하는 3,700만 국민에게
자유를 찾아 되돌려 주었네

만세 만세 만만세
10·26 민주회복 국민혁명 만만세

10·26 민주회복국민혁명지도자 김재규

4. 현대 문명국 중에는 현재 형법으로서의 사형 그 자체를 폐기한 나라가 더 많으며 앞으로의 추세는 더욱 늘어날 전망입니다. 이론적으로도 사형 폐지를 주장하는 편이 훨씬 우월하다고 할 수 있습니다. 재판은 인간이 하는 것이고, 또 하나의 제도이기 때문에 아무리 만전의 조치를 취한다고 하더라도 죄 없는 자에 대해 유죄판결을 하는 오판은 절대로 없다는 것을 어느 누구도 단언할 수 없는 것입니다.

사형은 일단 집행되면 생명은 돌이킬 수 없기 때문에 사형은 만회 불가능한 형인 것입니다. 특히 이 피고인의 사건 성질은 범죄가 된다고 하더라도 확신범이고 양심범이며 정치범인 것입니다. 사형제도가 존치되고 있는 나라에서도 확신범이나 양심범에 대해서는 사형은 하지 않는 것이 문명국의 태도입니다. 가까운 일본에서는 1979년 5월호 법률시보에 나타난 '사형제도의 검토'란 특집논설 중 명치대 국전행일 교수의 '사형제도와 세론'을 보면 세론조사 결과 정치적인 목적으로 정부 관리를 살해한 경우에 대해서는 내란의 경우와 같이 사형제도의 존치를 찬동하는 사람이 40프로 전후로서 반수 이하인 것으로 되어 있고, 어떤 학자는 정치범의 처벌은 현실적으로 역사에 드러난 바와 같이 사법적 재판제도에 맞지 않는 것이라는 의견까지도 제시하였음을 기술하고 있습니다.

　사형제도를 없애야겠다는 이론은 보편적으로 인간의 기본권을 신봉하고 더 인간적인 세상이 되기를 바라는 현대 세계에서는 인간의 권리 중 사회가 그에게 반드시 보장해야 할 삶에 대한 권리, 즉 생존권이 가장 귀중한 권리임에 틀림없으니 사람을 죽여서는 안 된다는 것이 국가가 지켜야 할 가장 중요한 의무라는 데 있는 것입니다. 자유주의·민주주의의 입장에서 보면 사형은 인간의 인격적 가치를 부정하는 것이기 때문에 부정되어야 한다는 것입니다. 피고인의 이번 거사가 우리나라의 민주발전에 어떤 기여를 한 것인지는 역사적으로 두고두고 평가받아야 할 일인 것입니다. 현직 대통령을 죽였다는 사실 때문에 일부 국민들은 흥분하고 있는 것도 사실입니다. 이런 흥분된 분위기 속에서는 피고인이 한 혁명의 참뜻을 냉정하게 평가할 수 없는 것입니다. 위 항소이유 제4점에서 밝힌 바와 같이 피고인의 이번 혁명의 진실한 동기와 목적에 대해서는 계엄당국의 왜곡된 보도로 여론 자체를 오도하고 있는 오늘의 현실 때문에 일부 국민이 사건의 진상을 모르고 나아가서는 오해까지 하고 있는 것도 숨길 수 없는 사실인 것입니다.

　이와 같은 분위기 속에서도 대부분의 국민들은 피고인을 의사(義士)로 생각하고 의인(義人)을 죽여서는 안 된다는 것이 현재의 여론인 것도 재판관들께서 깊게 생각하셔야 할 것입니다. 훗날 의인을 잘못 죽였다는 후회를 할지도 모른다는 겸허한 자세로 피고인에게 정할 형을 숙고해주셔야 할 것입니다. 어떤 사람은 피고인을 죽이는 것이 마땅하다고 하는 생각을 말하는 이도 있으나, 죽은 후에 받게 될 의사(義士)의 평가로 만족하라는 것은 이

상세계를 향해 노력하는 인간에게 현실에 만족하라는 이야기와 같은 것입니다. 의인이라고 인정은 하면서도 죽어야 한다는 것은 우리들이 스스로 옳은 것의 실현을 위해 노력하는 것을 포기하는 패배주의자이거나 현실에 안주하는 현실주의자란 비난을 받아야 할 것입니다.

5. 피고인에 대한 양형을 참작하는 데 참고가 되는 1908년 미국 샌프란시스코 고등법원 판결을 소개해보면, 1908년 한국정부에 외교고문으로 있던 미국인 스티븐즈가 본국에 귀국하여 한국에 신정부가 조직된 이후 정계에 참여치 못한 자들이 일본을 반대하지만 농민과 일반 백성은 전일의 정부가 일삼던 바와 같은 학대를 하지 아니하므로 일본인을 환영하고 있다는 담화를 샌프란시스코 신문에 보도하자 이에 격분하여 위 스티븐스가 일본 총영사 고이께와 같은 워싱턴행 열차를 타기 위해 오클랜드 페리에 도착하였을 때 재미 한국인 장인환 의사가 위 스티븐스를 저격하여 이틀 만에 죽은 사건입니다.

장인환의 저격사건에 대한 공판에서 일본 측은 사형을 강력히 주장하였으나 미국인 변호사의 열렬한 변론과 배심원 12명의 2시간에 걸친 평의 끝에 형기 25년의 금고로 낙착되었던 일입니다. 결국 장인환 의사는 그 후 감형까지 되어 출감하였던 것입니다. 당시 미국에서 한국인이 자국인을 저격한 사건에 대해 그와 같이 관대한 판결을 내린 일을 참고해 주시기 바랍니다.

6. 평소 피고인의 성격은 무관(武官)이라기보다는 오히려 문관(文官)적인 편이었습니다. 그가 실제로 사용하지는 않았으나 아호로 지어놓은 것이 '수리(水理)'였던 것처럼 그는 물 흐르는 이치와 같이 순리적으로 모든 일을 생각하기를 좋아하였고, 심지어 군인이면서도 살생을 금기로 삼아왔을 정도였습니다. 부하에게 지시할 때도 무리하거나 강경한 지시보다는 설득과 이해의 방법을 택하여 왔습니다. 독실한 불교신자로서 한때는 교편을 잡았고 시와 서예를 좋아하여 천품은 문관 성격이면서도 마음속에 타고 있는

불덩이 하나, '정의감'만은 누구보다도 강열하였습니다.

그리하여 어느 누구도 감히 엄두도 내지 못하는 10·26 민주회복 국민혁명을 그만이 결행할 수 있었다고 자부하고 있는 것입니다. 그는 이 나라의 자유민주주의를 회복하는 구국의 길이 10·26혁명 이외의 다른 어떤 방법이 있다면 제시해 보라, 만약 다른 방법이 있을 수 있다면 나는 입 다물고 죽겠다고 절규하고 있습니다. 지금 그는 조용히 산복숭아씨로 만든 단주를 왼손에 쥐고 관자재보살을 음미하면서 성불의 경지에 이르고 있습니다. 오직 이 나라 이 민족의 먼 장래를 가늠하면서 자유민주주의의 꽃이 피고 열매가 맺기를 기원하는 단 하나의 소망을 안은 채 자신이 희생되어도 영생할 수 있음을 그는 알고 있습니다.

7. 끝으로 피고인에 대한 양형의 자료로 피고인이 지금까지 살아온 경력과, 원심법정에서 피고인에 대한 최후진술을 별첨하오니 참고하시고 피고인에 대하여 후세에 길이 부끄럼 없을 적절한 판결이 내려지기를 바라는 것입니다.

＊별첨 자료는 본문에 나와 있으므로 생략함

항소이유보충서

피고인 **김재규**

피고인은 피고인의 변호인들이 1980년 1월 21일자로 제출한 바 있는 항소이유서에 대하여 다음과 같이 보충합니다.

1980. 1. 28.

육군본부 계엄고등군법회의 귀중

1. 본인이 결행한 이번 10·26 거사는 자유민주주의의 회복을 위한 혁명이었습니다. 5·16과 10월 유신을 거쳐 완전하게 말살시켜 놓은 자유민주주의를 회복시켜 놓기 위한 혁명이었습니다. 자유민주주의는 우리나라의 건국이념이며 국시입니다. 따라서 자유민주주의를 지키고 보전하는 일은 이 땅에 생을 누리고 있는 모든 국민의 제1차적이고 가장 중요한 의무에 속합니다. 국시인 자유민주주의가 완전히 말살되었을 때 그 압제와 말살의 원인을 제거하고 자유민주주의를 회복시키는 일 또한 우리 국민이 갖는 막중한 책무요, 그 고유한 천부의 권리라고 하지 않을 수 없습니다. 저항권 내지 혁명권이 바로 그것입니다. 10·26 민주회복 국민혁명이 이 저항권 내지 혁명권의 행위였음은 말할 나위도 없습니다.

(1) 10·26 민주회복 국민혁명의 필연성

첫째로, 우리나라의 건국이념은 자유민주주의입니다. 우리 대한민국의 국기(國基)요 국시입니다. 6·25 전란을 통하여 많은 고귀한 피를 흘리면서까지 지켜온 것입니다. 4·19 의거의 희생 역시 자유민주주의를 위한 것이었습니다. 이 자유민주주의가 완전히 말살되고 1인 독재체제를 구축한 것이 10월 유신이었던 이상 유신체제를 철폐하고 자유민주주의를 회복시켜야 함은 당연한 명제입니다.

둘째로, 자유민주주의의 회복은 전 국민이 열망하는 것입니다. 유신체제 7년 동안 이 체제에 대한 도전과 항거는 온 국민의 생각 속에 팽배해 있었습니다. 작년 10월의 부산·마산사태가 그 좋은 증거입니다. 그뿐만이 아닙니다. 박 대통령이 영도하는 정부 안의 국무총리를 비롯한 전 각료, 공무원과 공화당의 당원들조차도 겉으로 드러내지 못하고 있었을 뿐 내심으로는 유신체제의 철폐나 자유민주주의의 회복을 다 같이 원하고 있었습니다. 10·26혁명 이후 정부나 공화당 모두가 입을 모아 개헌을 주장하는 것으로도 이 점은 분명한 것입니다.

셋째로, 우리의 우방에서도 자유민주주의의 회복을 강력하게 원하고 있습니다. 우리나라는 역사적으로나 현실적으로나 미국·일본을 비롯한 자유 우방과 강력한 유대관계를 지속시키지 않고는 살아남을 수조차 없게 되어 있습니다. 경제적인 측면에서도 그렇거니와 무엇보다도 중요한 국가안보라는 차원에서도 그렇습니다. 자주국방이 이상일는지는 몰라도 현실적으로는 잠꼬대에 지나지 않습니다. 서독 같은 나라도 집단 안보를 강조하고 있는 터에 우리가 자주국방을 내세운다는 것은 그 발상 자체가 우스운 것입니다. 우리나라의 안전보장에 직접적인 책임을 지고 있는 우리의 혈맹인 미국을 위시한 모든 우방이 자유민주주의의 회복을 원하고 있었습니다.

넷째로, 만일 우리가 자유민주주의를 하지 않는다면 북괴와 싸워 이길 수 없고 궁극적으로 적화되고 말 것입니다. 국가의 안보란 무력만으로 가능한 것이 아닙니다. 더구나 독재체제로 북괴를 닮아서는 절대로 적을 이길 수 없습니다. 이념적으로도 우월한 체제를 유지하고 있어야 함은 물론 무엇보다도 자유민주주의를 지키겠다는 강한 국민의 의지만이 적을 이길 수 있는 가장 강력한 무기가 되는 것입니다. 독재체제가 계속되어 국민들이 나라를 지키겠다는 의지가 식어간다고 할 때 나라의 운명이 어떻게 될 것인지는 굳이 설명할 필요도 없을 것입니다. 그뿐만이 아닙니다. 10월 유신으로 독재정치가 계속되면서 외교관계, 특히 미국과의 관계는 건국 후 최악의 상태에 놓이게 되었습니다. 미국과의 관계가 이처럼 악화되어서는 우리의 안보도 끝장인 것입니다.

이상과 같이 유신체제를 철폐하고 자유민주주의를 회복하는 것이야말로 우리나라의 국시에 맞는 일이고 건국이념을 되살리는 일로서 전 국민은 물론 우방이 모두 열망하고 있었고, 만일 이를 하지 않고는 북괴와 싸워 이길 수 없고 궁극적으로는 적화될 수밖에 없었음이 분명한 이상 본인이 결행한 10·26혁명은 필연적인 것이고 불가피한 것이었습니다.

(2) 10·26혁명의 적시성(適時性)
첫째로, 유신체제는 더 이상 지탱할 수 없을 정도의 한계점에 와 있었습니다. 우리 민족은 본래 자유와 평화를 사랑하는 우수한 민족입니다. 일제의 압제에 항거하여 3·1운동까지 일으킨 민족이고 안중근 의사 같은 훌륭한 분을 낸 민족입니다. 이러한 역사 속에 살아온 우리 국민이 유신체제 같은 혹독한 독재를 용납할 리가 없습니다. 유신체제 7년 동안 끊임없이 압제와 독재에 항거하여 왔습니다.

본인이 중앙정보부장으로 재직하는 동안 기회 있을 때마다 무슨 명목을 붙여서든지 구속된 사람을 많이 풀어 주었지만 그럼에도 불구하고 '긴급조치 9호'로 구속되는 학생의 수는 늘어만 갔습니다. 안타까운 일이었습니다. 제적 학생 수는 더 많았습니다. 그 제적 학생들은 다른 대학에 새로 입학할 수도 없었습니다. 완전히 대학에서 추방하도록 박 대통령 자신의 지시로 방침까지 세워 놓고 있었습니다.

그러나 백 번 잘못을 저지른 국민을 백한 번 용서하는 것이 정부의 태도여야 한다고 믿은 본인은 당시 박찬현 문교부장관에게 먼 훗날 우리가 어떤 심판을 받겠느냐면서 제적된 학생들을 모두 복교시키자고 세 번씩이나 간곡하게 애소도 해본 일이 있었습니다만 복교시킨 뒤에 학생들이 또 무슨 일을 저지르면 자기가 책임질 수 없다고 하면서 거절을 당한 일도 있었습니다. 어떻든 이와 같은 가혹한 처벌에도 불구하고 국민, 특히 학생들의 유신체제에 대한 저항은 더욱 거세어졌고 급기야 부산·마산사태로까지 발전하였던 것입니다. 부마사태는 그 진상이 일반국민에게 잘 알려지지 않았지만 굉장한 것이었습니다. 특히 부산에는 본인이 직접 내려가서 상세하게 조사하여 본 바 있습니다만 민란의 형태였습니다.

본인이 확인한 바로는 불순세력이나 정치세력의 배후조종이나 사주로 일어난 것이 아니라 순수한 일반시민에 의한 민중봉기로서 시민이 데모대원에게 음료수와 맥주를 날라다 주고 피신처를 제공하여 주는 등 데모하는 사람과 시민이 완전히 의기투합하여 한 덩어리가 되어 있었고 수십 대의 경찰차와 수십 개소의 파출소를 파괴하였을 정도로 심각한 것이었습니다. 그것은 체제에 대한 반항, 정책에 대한 불신, 물가고 및 조세저항이 복합된

문자 그대로 민란이었습니다. 이러한 사태는 본인이 당시에 갖고 있던 정보에 의하면 서울을 비롯한 전국 5대도시로 확산되어 연쇄적으로 일어나게 되어 있었습니다. 국민들의 유신체제에 대한 저항은 일촉즉발의 한계점에 와 있었던 것입니다.

둘째로, 이와 같은 위기에 처하여 박 대통령은 절대로 물러설 줄 몰라 국민의 엄청난 희생이 강요되고 있었습니다. 본인이 부산사태 직후 부산을 다녀오면서 바로 청와대로 들어가 박 대통령에게 보고를 드린 일이 있습니다. 김계원 실장과 차지철 실장과 동석하여 저녁식사를 막 끝낸 식당에서였습니다. 부산사태는 체제반항과 정책불신 및 물가고에 대한 반항에 조세저항까지 겹친 민란이라는 것과 전국 5대도시로 확산될 것이라는 것, 따라서 정부로서는 근본적인 대책을 강구하지 아니하면 안 되겠다는 것 등 본인이 직접 시찰하고 판단한 대로 솔직하게 보고를 드렸음은 물론입니다.

그랬더니 박 대통령은 버럭 화를 내면서 "앞으로 부산 같은 사태가 생기면 이제는 내가 직접 발포명령을 내리겠다. 자유당 때는 최인규나 곽영주가 발포명령을 하여 사형을 당하였지만 내가 직접 발포명령을 하면 대통령인 나를 누가 사형하겠느냐"고 역정을 내셨고, 같은 자리에 있던 차지철은 이 말 끝에 "캄보디아에서는 300만 명 정도를 죽이고도 까딱없었는데 우리도 데모대원 100~200만 명 정도 죽인다고 까딱 있겠습니까" 하는 무시무시한 말들을 함부로 하는 것이었습니다.

그런데 박 대통령의 이와 같은 반응은 절대로 말만에 그치는 것이 아니라는 것은 본인의 판단이었습니다. 박 대통령은 그 누구보다도 본인이 잘 압니다. 그는 군인 출신이고 절대로 물러설 줄을 모르는 분입니다. 더구나 10월 유신 이후 집권욕이 애국심보다 훨씬 강하여져서 심지어 국가의 안보조차도 집권욕의 아래에 두고 있던 분입니다. 이승만 대통령과 여러모로 비교도 하여 보았지만 박 대통령은 이 박사와는 달라서 물러설 줄을 모르고 어떠한 저항이 있더라도 기필코 방어해내고 말 분입니다. 4·19와 같은 사태가 오면 국민과 정부 사이에 치열한 공방전이 벌어질 것은 분명하고 그렇게 되면 얼마나 많은 국민이 희생될 것인지 상상하기에 어렵지 아니한 일이었습니다. 그런데 4·19와 같은 사태는 눈앞에 다가왔고, 아니 부산에서 이미 4·19와 같은 사태가 벌어지고 있었습니다.

셋째로, 그리하여 우리 모두가 원하지 않는 불행한 사태가 발생할 경우 국제적으로도 고립되고, 특히 미국은 대한정책을 바꾸게 될 충분한 가능성도 있었던 것입니다. 그렇게 될 경우 나라의 장래는 어떻게 되겠습니까? 결국 본인은 이와 같은 절박한 상황에서 도저히 더 이상 늦출 수가 없어서 10·26혁명을 결행하였던 것입니다.

(3) 10·26혁명의 방법

첫째로, 다른 방법이 없었습니다. 유신체제를 철폐하고 자유민주주의를 회복시키는 것이 당위의 명제로서 불가피하였고, 또 이를 더 이상 늦출 수 없는 절박한 상황에 이르렀다고 하더라도 박 대통령의 희생 없이 이를 달성할 수 있는 다른 방법이 단 한 가지라도 있었다면 박 대통령의 희생은 없었을 것입니다. 그러나 다른 방법은 전혀 없었습니다. 본인이 중앙정보부장에 취임한 뒤 순리로 체제를 바꾸거나 완화하여 보려고 여러 차례에 걸쳐서 여러 각도로 노력하여 왔던 일은 변호인들이 제출한 항소이유서에 상세히 적혀 있습니다만 그러한 노력이라는 것들도 저 자신의 전인격과 직위를 걸지 않고는 할 수 없는 것들이었습니다. 그러나 손톱도 안 들어갔습니다. 자유민주주의 회복과 박 대통령의 생명과의 숙명적인 관계만을 확인할 따름이었습니다. 박 대통령은 국민의 어떠한 건의나 요구에 대하여서도 한 치도 양보할 줄 모르는 그런 성품이었습니다. 따라서 그의 생명과 바꾸는 방법 이외에는 절대로 다른 방법이 있을 수 없었습니다.

둘째로, 박 대통령을 사살하는 그 자체가 바로 혁명이었습니다. 혁명이라고 하여 기본 룰이 있는 것은 아닙니다. 그 목적과 대상에 따라 그 방법이 결정되는 것입니다. 박 대통령은 자유민주주의를 말살한 유신체제를 출범시키고 이를 유지하여 온 장본인입니다. 박 대통령이 바로 유신체제라고 보아도 좋을 것입니다. 따라서 유신체제를 깨기 위하여는 그 심장을 멈추게 할 수밖에 없었고 또 그것으로 충분하였습니다. 대통령이라 할지라도 자유민주주의를 수호하고 보전할 책임은 있을지언정 이를 말살할 아무런 권리도 없는 것이기 때문입니다.

(4) 10·26 민주혁명의 결과

본인이 결행한 민주회복을 위한 혁명은 완전히 성공한 것입니다. 10·26 이후 유신체제는 완전히 무너졌고, 자유민주주의는 회복되었습니다.

다만 본인이 혁명 후에 완수하려던 혁명과업, 즉 유신 기간 동안 사회에 쌓여온 많은 쓰레기들을 설거지하고 자유민주주의가 이 땅에 뿌리내리도록 지켜 주는 일은 이를 수행할 수 없게 되었을 뿐이고 이 점 심히 유감으로 생각합니다.

(5) 나로 하여금 자결케 하라

이 땅에 자유민주주의를 회복시켜 놓은 10·26혁명은 위에서 본 바와 같이 완전히 성공한 혁명입니다. 자유민주주의를 회복시킨 바로 그것이 죄가 된다면 무슨 처벌이라도 달게 받겠습니다. 그러나 나를 처형한다면 이 땅에 더 큰 문제가 일어날 것입니다. 우리 국민은 3·1운동도 하였고, 4·19도 한 국민으로서 불이 붙으면 무서운 국민입니다. 결코 우리 민족의 혼, 우리 민족의 저력을 무시하여서는 안 될 것입니다. 본인이 한 일은 자유민주주의를 회복한 일이기 때문에 그 이해득실이 일부 국민에게만 미치는 것이 아니라 전체 국민에게 미치는 것입니다. 따라서 자유민주주의를 회복한 나를 처형한다면, 1960년 김주열이 죽어 4·19가 일어났듯이 국민이 가만히 있을 리가 없습니다. 내 죽음이 이슈를 제공합니다. 나를 죽이면 학생, 인텔리, 종교인 등 국민들이 대정부투쟁을 벌이고 나올 것입니다. 여기에 북괴가 추파를 던져 국론을 분열시킬 것이고 혼란을 틈타 장난할 가능성도 있습니다.

이와 같은 국내외 정세로 보아 지금 우리나라가 대단히 어려운 때임을 알 수 있습니다. 현재 군부가 우리 정치 전체를 요리하고 있는 것 같은데 그 군부나 재판하는 여러분보다 정치에 관한 한 내가 전문가입니다. 유니폼을 입은 당신들이 편견을 가지고 이런 식으로 정세 전망을 하여서는 아니 됩니다. 나의 사건을 군대에서 생긴 조그마한 범죄를 다루는 것같이 하고 있지만 이 사건은 자유민주주의에 관계되는 것이므로 정치 전반에 대한 뚜렷한 판단을 필요로 합니다.

그래서 나는 우리 정부가 내 죽음에 대한 책임을 지지 말고 나로 하여금 자결하도록 하기를 원합니다. 내가 자결하면 내 죽음에 대하여 국민들이 정부를 원망하지는 않을 것으로 보기 때문입니다. 물론 내 목숨 하나로 전 책임을 지고 내 부하들은 살려 주어야 되겠습니다. 그리하여 대법원과도 상의하여 나를 제거하되 정부가 책임지지 않도록 신중히 처리하기 바랍니다. 본인은 자유민주주의를 회복시켜 놓은 것이 결과적으로 이 나라에 불행을 가져오는 일이 없도록 거듭 당부하는 바입니다.

2. 본인이 명백히 하지 않으면 안 될 사안 한 가지가 있습니다. 그것은 본인이 수사과정에서 본인이 소유한 모든 재산을 포기하고 헌납한다는 내용의 문서에 서명 날인할 것을 강요당하며 포기서와 헌납서를 쓴 바 있으나 이는 모진 고문으로 강요된 것이고, 따라서 본인 소유의 모든 재산은 마땅히 본인에게 되돌려져야 한다는 것입니다.

1979년 10월 27일 새벽 보안사의 서빙고로 연행되자마자 수사관들은 본인의 전신을 닥치는 대로 구타하고 심지어 EE8 전화선을 손가락에 감고 전기고문까지 자행하였습니다. 이러한 고문이 며칠간이나 계속되었는지 모릅니다. 여러 차례 졸도도 하여 심지어 어떤 수사관에게 이대로 죽으면 이 꼴로 고향에 보내지 말고 서울에 묻어달라는 유언까지 한 일이 있었습니다.

본래 간이 나쁜 본인은 지혈이 안 돼 온몸이 피하출혈로 시뻘겋게 되었었고 그 흔적이 현재까지 남아 있습니다. 산송장이나 마찬가지였습니다. 이러한 가운데 수사가 진행되어 진술서 등이 작성되면서 10월 28일인지 29일

경인지 본인 소유의 재산은 물론 고향에 있는 선산과 위토(位土), 심지어 동생 명의로 된 아파트까지가 포함된 여러 통의 재산목록을 제시하며 포기서, 나중에는 헌납서를 쓸 것을 요구하므로 그대로 써주었던 것입니다.

그러나 본인은 본인 재산을 국고에 환수당할 만큼 부정한 행위를 한 일이 전혀 없고 헌납을 강요당할 아무런 이유도 없습니다. 본인이 이번에 처벌받는 것과 본인의 재산과는 아무런 관계도 없습니다. 따라서 본인의 재산은 마땅히 되돌려져야 할 것입니다. 그리하여 그중에서 묘답(墓畓), 선산 등과 세간 내면서 동생에게 준 재산을 제(除)한 나머지 재산을 모두 처분하여 본건으로 만일 처형당하는 사람이 있으면 그들에게 공평하게 나누어 줄 수 있게 되기를 바랍니다.

3. 10·26혁명의 동기 보충

본인이 결행한 10·26혁명의 동기 가운데 간접적인 것이기는 하지만 중요한 것 한 가지는 박 대통령이나 유신체제 자체에 관한 것이 아니라 박 대통령의 가족에 관한 것이기 때문에 공개된 법정에서는 밝힐 수 없는 것이지만 꼭 밝혀둘 필요가 있으므로 이 자리에서 밝히고자 합니다.

(1) 구국여성봉사단과 관련한 큰 영애의 문제

구국여성봉사단이라는 단체는 총재에 최태민, 명예총재에 박근혜 양이었는바, 이 단체가 얼마나 많은 부정을 저질러 왔고 따라서 국민, 특히 여성단체들의 원성의 대상이 되어 왔는지는 잘 알려져 있지 아니합니다. 그럼에도 불구하고 큰 영애가 관여하고 있다는 한 가지 이유 때문에 아무도 문제삼은 사람이 없었고 심지어 박승규 민정수석(民情首席)비서관조차도 말도 못 꺼내고 중정부장인 본인에게 호소할 정도였습니다. 본인은 백광현 안전국장을 시켜 상세한 조사를 시킨 뒤 그 결과를 대통령에게 보고하였던 것이나 박 대통령은 근혜 양의 말과 다른 이 보고를 믿지 않고 직접 친국까지 시행하였고, 그 결과 최태민의 부정행위를 정확하게 파악하였으면서도 근혜 양을 그 단체에서 손 떼게 하기는커녕 오히려 근혜 양을 총재로 하여, 최태민을 명예총재로 올려 놓은 일이 있었습니다. 중정본부에서 한 조사보고서는 현재까지 안전국(6국)에 보관되어 있을 것입니다.

(2) 지만 군의 문제

육군사관학교는 전통적으로 honor system이 확립되어 있습니다. 그런데 육사에 입학한 지만 군은 2학년 때부터 서울시내에 외출하여 여의도 반도호텔 등지에서 육사생도로는 도저히 용납될 수 없는 오입을 하고 다녔습니다. 그래서 본인이 박 대통령에게 육사의 명예나 본인의 장래를 위하여 다른 학교로 전학시키거나 외국유학을 보내는 것이 좋겠다고 간곡하게 건의한 일이 있었습니다. 그러나 그러한 건의는 결코 받아들여지지 아니하였습니다.

(3) 위와 같은 문제는 아이들의 문제이기는 하지만 이 문제에 대한 박 대통령의 태도에서 본인은 그의 강한 이기심과 집권욕을 읽을 수 있었습니다. 비록 자녀들의 문제이지만 이런 일들이 있다는 것 자체가 국민을 우매하게 보기 때문에 일어나는 것임은 물론입니다. 따라서 이 문제를 이런 기회에서나마 밝혀 두지 않을 수 없는 것입니다.

상고이유서

피고인 **김재규**

위 피고인에 대한 내란목적살인 등 상고사건에 관하여 피고인의 변호인들은 다음과 같이 상고이유서를 제출합니다.

1980. 2. 28.

위 피고인의 변호인

변호사 김제형
변호사 이돈명
변호사 강신옥
변호사 조준희
변호사 홍성우
변호사 황인철
변호사 안동일

대법원 귀중

머리말

1. 무릇 한 나라 한 민족의 흥망성쇠의 계기는 그 속에서 일어나는 대소사건의 진실한 모습과 참된 원인을 밝혀내고, 그 사건 결과로 파급되는 모든 현상을 바르게 파악하여 그 사건에 내리는 올바른 가치판단을 발전적 계기로 삼는 역량에 달려 있는 것입니다.

이러한 이치는 인류사, 민족사뿐 아니라 나라 안의 입법, 사법 등 각 분야별로 좁혀보아도 타당하고, 작게는 한 개인의 삶에서도 그대로 적용되는 진리임에 의심이 있을 수 없습니다.

2. 그런데 현행 헌정체제 아래서 국가권력의 핵을 맡고 있는 현직 대통령을 현직 중앙정보부장이 살해한 이 사건은 우리나라뿐 아니라 세계 정치사상에서도 몇 세기에 한 번 있을까 말까 한 중대한 도전적 사건이라고 할 수 있고, 그렇기 때문에 이 도전에 대응하는 응전으로서의 이 사건의 사법적 판단이 이 나라의 사법사와 이 겨레의 발전사에 미치는 영향의 파고와 진폭은 매우 큰 것이라고 아니할 수 없습니다.

3. 그렇기 때문에 이 사건에 임했던 우리 변호인들은 제1심 개정벽두에 모두발언이라는 형식을 빌어 이러한 취지로 공정한 결론과 적법한 절차의 준수를 힘주어 당부하면서 다 같이 영광스러운 역사의 주인이 되고자 한 바 있었던 것입니다.

그러나 변호인들의 이러한 소망은 불행하게도 다음의 상고이유에서 보는 바와 같이 그 절차나 내용이나 결론 할 것 없이 비참하리만큼 무너지고 말았습니다.

바라건대 귀 원에서는 정치, 경제, 사회 등 모든 분야가 혼미하고 불투명하여 진로를 찾지 못하고 있는 이 시점에서 이 민족의 위험스러운 현실 타개에 보탬이 될 올바른 판단을 내려주실 것을 바라마지 않습니다.

상고이유 제1점

원판결은 증거없이 범죄사실을 인정하였거나 채증법칙을 어긴 증거취사로 범죄사실을 인정함으로써 판결결과에 영향을 미쳤습니다.

1. 즉 원판결은 "피고인 김재규는 중앙정보부장으로서의 직무를 수행함에 있어 동 피고인이 입안하여 시행한 정국수습책이 거듭 실패하여 그 직무수행상의 무능함이 노출되어 박정희 전 대통령으로부터 질책을 당하고 인책 해임설이 나돌아 그 지위에 불안을 느끼는 한편, 군 후배이고 연하인 전 대통령 경호실장 차지철의 오만방자한 태도와 월권적 업무 간섭에도 불구하고 대통령은 위 차지철을 더 신임하는 데 불만을 품고, 1979년 4월 일자 불상 경부터 대통령 등을 살해한 후 정권을 잡을 것을 기도하고, 보안유지를 위하여 단독으로 그 구체적인 거사계획을 세움에 있어서, 장소는 피고인이 관리하는 서울 종로구 궁정동 50번지 소재 중앙정보부 식당으로 하고 시기는 적절한 때를 선택하여, 대통령과 위 차지철은 자신이 직접 살해하고 수행한 경호관들은 현장에서 심복인 피고인 박선호와 원심 피고인 박흥주 등을 시켜 처치키로 하며, 대통령을 살해한 후 국가안전과 질서교란을 이유로 계엄을 선포하고, 중앙정보부의 권한과 그것의 조직력을 이용, 계엄군을 장악하여 무력으로 사태를 제압하고 입법, 사법, 행정권을 총괄하는 혁명위원회를 구성, 자신이 위원장에 취임하여 집권기반을 확보한 후 대통령에 출마할 것을 계획하고, 부산, 마산 소요사태를 거사의 계기로 역이용하여 기회를 엿보아 오던 중 1979년 10월 26일 16시경 위 차지철로부터 동일 18시경 위 궁정동 소재 식당에서 대통령 주재 만찬이 있다는 전화연락을 받고 당일 대통령과 위 차지철 및 경호원 일행을 살해할 것을 결심하고"……"위계획에 따라 상피고인 등과 분담하여 동인 등을 살해"한 사실과……"김재규는 수괴로서 중요임무종사자인 상피고인 김계원에게 보안유지를 철저히 하라고 당부하여 그 응락을 얻고, 육군참모총장 정승화를 유인 육군본부 병

커에 도착하여 각군 참모총장에게 3일간 대통령 서거사실의 보안유지를 강조하고, 육군참모총장등 군 주요 장성과 국무위원들의 동향을 감시함과 아울러 비상계엄을 선포하도록 유도하고, 동 김계원으로 하여금 최규하 이하전 국무위원을 국방부 회의실로 불러 국무회의를 열어 대통령 유고로 계엄령을 선포하도록 건의케 한 후, 동인에게 최단시일 내에 계엄사령부의 간판을 혁명위원회로 바꾸어 달도록 유도해야 된다고 하였는바, 동 김계원이 국방부장관과 육군참모총장에게 김재규가 대통령 살해범이라고 말하여 체포됨으로써 국헌문란을 위한 폭동의 완성에 이르지 못하고 미수에 그친" 사실을 인정하고, 그 증거로 피고인 등의 법정진술과 피고인 등에 대한 검찰관 작성의 각 피의자 신문조서와 그 밖의 증거들을 인용하였고, 그 인정 사실에 내란목적살인의 형법 제88조와 내란미수의 형법 제89조 제87조 제1호를 적용하여 상상적 경합범으로 의율하였습니다.

2. 그러나 내란죄는 형법조문에 있는 바와 같이 국토를 참절하거나 국헌을 문란할 목적으로 폭동을 하거나 살인을 한 경우에 범죄가 성립되는 점은 의심의 여지가 없습니다. 그러므로 국토참절이나 국헌문란의 목적은 내란죄의 구성요건이며, 따라서 그 목적을 단정할 사실은 엄격한 증거에 의하여 인정되지 아니하면 적법할 수가 없음도 자명한 바라고 하겠습니다.

(1) 그런데 원심은 이 목적에 해당하는 사실로 "피고인이 정보부장 직무를 수행함에 있어 피고인이 입안하여 시행한 정국 수습책이 거듭 실패하여 그 직무수행상의 무능함이 노출되어 대통령으로부터 질책을 당하고 인책 해임설이 나돌아 그 지위에 불안을 느꼈다."

"군 후배이고 연하인 전 대통령 경호실장 차지철의 오만방자한 태도와 월권적 업무간섭에도 불구하고 대통령은 위 차지철을 더 신임하는 데 불만을 품었다."

그리하여 "1979년 4월경부터 대통령을 살해한 후 정권을 잡을 것을 기도

하고 보안유지를 위하여 단독으로 구체적 거사계획을 세웠다."

그 계획 속에 대통령을 살해한 다음에 "국가안전과 질서교란을 이유로 계엄을 선포하고 중앙정보부의 권한과 조직력을 이용 계엄군을 장악하여 무력으로 사태를 제압하고 입법, 사법, 행정권을 총괄하는 혁명위원회를 구성, 자신이 위원장으로 취임하여 집권기반을 확보한 후 대통령에 출마할 것을 계획"하였다는 사실을 인정하고, 이러한 사실에 비추어 피고인에게 국헌문란의 목적이 있는 것으로 단정하고 있습니다.

(2) 그러나 원판결이 인용하고 있는 어느 증거를 보아도 위와 같은 사실을 인정할 자료를 발견할 수 없고, 오히려 피고인은 바로 이 점에 관하여 다음과 같이 밝히고 있습니다.

먼저 정책건의 등 문제에 대하여 피고인은

① 이른바 박동선 사건의 마무리로 1977년 2월경 대통령에게 이 사건은 유신이라는 독재체제 때문에 시끄러운 것이니 이제 우리가 민주체제로 바꾸어 우방의 신뢰를 회복하자고 건의한 바 있었고,

② 이 사건과 관련하여 그 후 미국에서 내정개혁 즉 민주환원을 종용하고 불응하면 주한미군을 철수하겠다고 서신 또는 특사를 통하여 수차 종용할 때에, 대통령은 내정간섭이라고 분개하면서 미군철수에 동의한다고 하자, 이에 크게 놀란 피고인은 집단안보의 필요성을 역설하고, 미군이 철수하면 국가안보는 심히 위태로워질 것이라고 역설하여 대통령의 양보를 받아내, 자주국방력이 생기는 정도에 따른 점진적 철수로 낙착을 본 바 있었고,

③ 1977년 6월 통대에 의한 대통령 선출제도를 직선제로 바꾸어도 박정희 대통령의 당선 가능성이 있다고 하면서 직선체제로의 개선을 건의하였고,

④ 1978년도에 긴급조치 9호의 해제를 건의한 바 있었고, 1979년 7월과 8월의 두 차례에 걸쳐 헌법개정 요구나 비판을 처벌할 뿐 아니라 그것을 규정하고 있는 긴급조치를 비방하는 행위도 처벌한다는 긴급조치 9호를 해제하기 위해, 강력한 억압책만을 능사로 아는 대통령의 비위를 크게 손상시

키지 않고 실효를 거두고자, 근로자 문제를 선동하는 사회질서 교란행위 등 최소한도의 질서위반을 규율하는 내용의 긴급조치 10호라는 이름의 것을 발표하자고 은근히 권유한 바 있었고,

⑤ 1979년 10월 부산, 마산 사태를 직접 현지 조사한 피고인은 이 사태는 유신체제에 대한 도전이요 정부불신에 인한 민란형태의 소요사건이니 시급히 근본적인 대책을 세워야 한다고 건의하였으나, 계속 강경책을 지시하면서 이 건의를 받아주지 않았고,

⑥ 김영삼 신민당 총재를 제명하기로 했다는 말을 듣고 피고인은 그 불가론을 간곡히 건의하였으나, 대통령은 이미 차지철, 태완선, 박준규에게 지시한 일이니 더 거론하지 말라고 하였으며,

⑦ 1978년 중에 대통령의 큰딸 박근혜를 등에 업고 새마을구국여성봉사단이란 이름 아래 수많은 협잡과 사기행각을 하는 최태민의 비행을 조사하여 대통령께 시정을 건의한바, 대통령은 근혜 말에 동조하여 이를 믿지 않으려 하자 간곡하게 그 시정을 권고하여, 대통령이 친히 관계자를 조사하여 최태민을 총재에서 사임시키고 명예총재로 한 일이 있었다는 것입니다.

그리고 이상 건의에 대하여는 안 들어준 것도 있기는 하였으나 들어주지 않은 건의는 오히려 뒷날 후회를 하기도 하고, 비록 건의를 들어주지 않은 것도 피고인이 우국충정에서 하는 건의인 것을 의심하지 않았던 대통령은 피고인에 대한 신임이 더 두터워져 가고 있었다고 말하고, 또한 개각설이나 경질설을 피고인으로서는 들어본 바 없었다고 말하고 있습니다.

(이 점에 대하여 상피고인 김계원뿐 아니라 증인 유혁인도 그 무렵 개각설이나 정보부장 경질설을 들은 바 없고, 김재규에 대한 대통령의 신임이 약화된 사실을 알지 못한다고 진술하고 있습니다.)

따라서 피고인이 직무수행상의 무능함이 노출되어 대통령으로부터 질책을 당한 일이 있을 수 없고, 경질설에 불안을 느꼈다고 하는 것은 피고인으로서는 있었던 일도 아니고 있을 수도 없는 일이었다고 하고 있습니다.

(3) 다음에 오만방자한 차지철의 월권적 처사를 대통령이 더 신임하는 데 불만을 품었다고 하는 사실에 대하여도 피고인은 그 사람이 나이 젊고 패기가 있어 버릇이 없기는 하였으나 그와 피고인 사이에 충돌은 없었고, 오히려 김계원이 동인에 대해 불만을 토로한 적이 몇 차례 있었는데 그때마다 아직 젊은 애들을 데리고 탓할 수 있느냐, 대장이 대위와 다투었다고 하면 오히려 대장이 욕을 먹는다고 하면서 참을 것을 종용한 일이 있을 정도로 동인에 대하여 피고인은 어른의 자세로 대하였을 뿐 아니라, 피고인에 대한 대통령의 신임이 두터운 처지에 아직 철이 덜든 젊은이를 상대로 신임을 다툴 그러한 처지가 아니었다고 말하고 있습니다.

(4) 1979년 4월경부터 대통령을 살해할 것을 기도하였다고 하는 점과, 살해 후에 정권을 잡을 것을 기도하였다고 하는 점에 대하여 피고인은 다음과 같이 말하고 있습니다.

① 박정희 대통령이 1972년 10월 17일 이른바 유신을 선포할 때에 피고인은 3군단장으로 있었는데, 그에 앞서 피고인이 보안사령관직에 있을 때에 박정희 대통령이 3선 개헌을 시도함을 보고 이미 그 장기집권욕을 간파한 바 있으므로, 그는 유신체제가 그의 종신집권과 그 집권을 위한 독재체제 구축임을 알고, 대통령이 그해 말경에 3군단을 방문할 계기가 있음을 예상하고, 그 사령부의 울타리를 밖에서 안으로 침입하는 것을 방지하는 통상방식과 반대로 안에 들어오면 밖으로 나갈 수 없는 방식으로 만들고, 대통령이 사령부 안에 들어오면 이를 감금하고 하야성명을 발표케 할 것을 구상하였다가 예상대로 방문의 기회를 맞이하기는 하였으나 그 실천을 하지 못하고, 그 후 피고인은 기회만 있으며 그도 죽이고 자기도 죽음으로써 유신으로 말살된 자유와 민주를 회복할 것을 결의하였다는 것입니다.

피고인은 이러한 결의의 실천기회를 엿보던 중에 피고인이 1974년 9월 건설부장관으로 임명됨을 계기로 그 발령장을 받으러 갈 때에 피고인은 가족에게 전할 유서를 준비해놓고, 태극기 네 변에 민주, 민권, 자유, 평등이란 글자를 써넣어 권총과 그 태극기를 주머니에 넣고, 대통령으로부터 사령장을 받을 때에 그 결의를 실천하려 하다가 주위 사정이 여의치 못하여 그 결행을 못하고, 그 이듬해 건설부 초도순시 때에도 그 기회를 엿보다가 뜻을 이루지 못하고 계속 실행기회를 포착하지 못하고 있던 중에, 1976년 12월에 중앙정보부장에 임명됨을 계기로 이제는 스스로가 항상 대통령과 가까운 곳에 있게 되고, 또한 권력의 핵에서 대통령을 보필하게 되었으므로 종전의 살해 결의를 버리고 순리로 대통령을 설득하여 잃어버린 자유민주체제를 되찾으려 하였다는 것이고,

② 따라서 피고인은 정보부장으로 재직시에 위 2항 (2)호 각항에서 보는 바와 같이 이모저모로 대통령을 설득하여 순리로 민주화를 시도하여 보았으나, 피고인의 건설적인 건의를 받아들이기는커녕 오히려 점점 강경한 입장을 굳혀 나감으로써 대통령 스스로 자신의 생명과 자유민주주의의 회복을 숙명적인 관계로 만들어놓아, 대통령 자신을 살리자면 민주주의가 죽어야 하고 민주주의를 살리자면 대통령 자신이 죽지 않고는 안 될 상황으로 끌고 갔을 뿐 아니라, 긴급조치라는 무서운 강압수단이 있는 한 순리로 정치체제를 민주체제로 바꾼다는 것은 전혀 불가능한 것으로 판단, 이 나라에 유신으로 말살된 자유민주주의를 회복시키는 길은 역시 대통령을 살해하는 길밖에 없으므로 일단 포기한 바 있는 살해결의를 다시 굳히게 되었다는 것이고, 그리하여 1979년 4월 박 대통령의 궁정동 만찬 시에 그를 살해하려고 1차 시도 하였다가 결행하지 못한 일이 있었으며, 그 후 1979년 10월 17일 부산, 마산의 민란사태를 사실 그대로 보고하면서 이 사태는 미구에 전국 5대도시로 확산될 것이 확실하여 매우 긴박하므로 근본대책을 세워야 한다고 건의를 하자, 대통령은 "데모가 나면 내가 발포명령을 하겠다. 4·19 때는 최인규, 곽영주가 발포명령을 하였으니 사형을 당하였지만, 설마 대통령인 내가 발포명령을 한 것을 가지고 나를 사형하라고 하지는 못할 것이 아니냐"고 하고, 그 자치에서 차지철은 "캄보디아에서는 300만 정도 죽여도 걱정없더라, 데모가 나면 100만 내지 200만 명만 전차로 깔

아 뭉개면 데모는 끝날 것이다"는 등의 말을 예사로 하였다는 것입니다. 그런데 한편 피고인이 그간 정보부에서 파악한 자료로는 반체제 데모는 점차 대규모로 일어나게 되어 있고, 대통령은 강경책 건의자만 충성을 하는 것으로 생각하며, 차지철 등 주위의 강경론자로 인해 데모가 나면 발포로 진압책을 강구할 것이 확실시되므로, 피고인은 그로 인해 희생될 수많은 시민과 어린 학생의 생명을 구할 길이 없고, 그 혼란을 틈타 남침을 노릴 북괴의 침략가능성, 체제에 반대하는 국민의 생명을 대가로 정권유지를 기도하는 독재를 이유로 한 자유우방과의 절연을 생각할 때에 피고인은 대통령과 그와의 사이에 맺어진 사사로운 정분이라는 소의는 결국 민주회복으로 인한 구국의 대의 앞에 희생될 수밖에 없다 생각하고 있던 중 10월 26일 만찬 기회가 있어 그 결의를 실행하게 되었다는 것입니다.

③ 그리고 피고인이 대통령을 살해한 후 스스로 대통령이 되려고 하였다는 점에 대하여 피고인은 "내 스스로 대통령을 죽이고 그 무덤 위에 올라서서 내가 대통령을 할 정도로 타락된 윤리를 가진 자는 아니다" "나는 군인 출신이라 군인이 집권을 하면 독재를 하기 쉽다. 박정희 대통령에서 산표본을 보아온 내가 어떻게 그를 죽이고 그를 올라타고 앉아 대통령을 하겠다고 꿈꿀 수 있는가" "나는 오직 민주회복과 자유의 회생을 염원하는 사람이다. 나는 명예욕은 있어도 집권욕은 없다" "나는 자유민주주의 정부의 산파는 될 수 있어도 대통령이 될 자질이 없음을 스스로 인식하고 있다"고 일관하여 되풀이 진술하고 있습니다.

3. 이상에서 본 바와 같이 원판결이 인정한 국헌문란의 목적에 대하여 피고인이 변소하는 내용은 그 어느 것도 원판결이 인정한 그것과는 너무도 거리가 먼 것을 알 수 있습니다.

(1) 원판결은 피고인들의 법정진술을 비롯 여러 가지 증거를 종합하여 위 목적사실을 인정한다고 하고 있으나, 피고인의 그 점에 대한 대답은 이상

기술한 바와 같으며, 상피고인 김계원의 진술 일부에 차지철이 평소 오만불손하고 월권적 행동이 많았다는 점과 그것으로 피고인과 동인과의 사이가 그리 좋지 못하였을 것이다 하는 진술 부분이 있기는 합니다. 그러나 동 김계원도 피고인과 차지철 사이가 원수간과 같이 나쁘다는 것도 아니고, 그 점에 관하여 깊이 아는 바가 없다는 듯이 말하고 있고, 오히려 피고인이 대통령에 대한 불만을 가진 점은 있을 수 없을 것이라고 하고, 개각설이나 정보부장 경질설 같은 것은 자신도 들어보지 못하였다고 하고 있으며, 증인 유혁인의 증언도 같은 취지이고 그 밖의 상피고인 등의 진술이나 원판결이 나열한 많은 증거들은 10월 26일 오후 6시 이후 궁정동 현장에서 있었던 일, 그 시신처리과정, 국방부로 옮겨가서 각의 전후에 있었던 일에 관한 진술이나 증거일 뿐 위 목적사실을 뒷받침할 증거는 전연 없습니다.

(2) 다만 피고인에 대한 검찰관 작성의 피의자신문조서 중의 일부에 위 피고인의 법정진술과 상충되는 듯한 부분이 있기는 하나, 그 점에 대하여 피고인은 검찰에서 그러한 진술을 한 것은 인정하지만 그 내용을 다투고 있습니다. 그러므로 그 조서가 된 경위를 살펴볼 필요가 있습니다. 그 조서가 이루어지기 전에 피고인은 보안사 수사대에서 조사를 받으며 무수한 고문을 당하는 중에 그 수사관들이 위 원심인정사실과 같은 내용으로 피고인의 진술을 통일시켰다는 것이고(피고인의 항소이유보충서 참조), 그 무렵 계엄사는 그 결과를 3차에 걸쳐 신문, 텔레비전, 라디오를 총동원하여 온 국민과 세계에 수사결과라고 하여 발표한 것은 공지의 사실인 것입니다.

우리는 이 중대한 역사적 사건의 진상이 불과 몇 사람의 수사관에 의하여 왜곡되고, 진상은 민주회복을 위한 것이었는데 발표된 내용은 개인의 집권을 위한 것이라고 하였으니, 이렇듯 허위 사실을 마치 진상인양 발표한 것 자체도 우리는 재판에 임하여 비로소 알게 된 것입니다.

이러한 사실은 슬프다고 하기보다는 양심 있는 자의 분노를 금할 길이 없는 일이 아닐 수 없습니다.

김재규 피고인의 그 크고 맑은 충정을 의도적으로 추하고 탁한 야욕으로 변질시키는 것도 있어서는 안 될 통탄할 일이지만, 이와 같이 온 겨레의 운명을 좌우하는 중대사건을 수사함에 있어 야만적인 물리력을 행사하여 본인의 진술과 다른 사실을 본인의 진술인 양으로 조서를 작성하고, 그것을 근거로 온 국민과 온 세계의 눈앞에 허위사실을 공공연하게 진상인 양으로 발표하여 진실을 은폐 왜곡하려 하였음은 뜻있는 자의 분노를 유발하지 않을 수 있겠는가 하는 것입니다.

이러한 와중에서 김재규 피고인은 검찰관의 신문 시에 심신이 지쳐, 위 진술 부분을 검찰의 간곡한 권유로 본의 아니게 진술하였다고 말하고 있습니다.

따라서 위 검찰조서는 사법경찰이 작성한 조서의 연장이라 할 것이어서 임의성이 없는 진술을 담은 조서라고 하여야 할 것입니다.

(3) 설사 위 검찰조서의 임의성이 인정된다고 하더라도 그 조서 기재내용과 피고인의 법정 진술이 상충될 때에는 각각 그것을 뒷받침할 자료에 의하여 그 신빙성을 견주어야 하고, 그 뒷받침할 자료가 평형을 이룰 때에는 그 상충된 내용을 논리칙과 경험칙으로 풀이하여야 될 것입니다.

그런데 피고인의 위 법정에서의 변소내용은 변호인이 증거로 제출한 사진으로 건설부장관 사령장을 받을 때의 권총휴대 사실이 입증되고, 역시 변호인이 제출한 피고인의 휘호는 피고인이 1979년 봄부터 이 사태가 나기까지 사이에 쓴 것임은 그 내용자체로 명백하고 그 많은 휘호들의 내용은 위민주정도(爲民主正道), 민주민권자유평등(民主民權自由平等), 자유민주주의(自由民主主義), 위대의(爲大義), 비리법권천(非理法權天) 등이어서 그가 얼마나 자유와 민주회복을 열망하고 있었는가 하는 사실을 웅변으로 증명하는 자료라고 할 것입니다.

또한 참고인 현홍주에 대한 검찰관작성의 진술조서에 의하면 피고인이 건의하였다는 긴급조치 10호라는 것은 말로만 긴급조치이지 그 내용은 9호의 독소를 뽑고 체제의 완화를 시도하고자 하였다는 사실을 충분히 엿볼 수 있는 것입니다.

뿐만 아니라 논리적으로 보더라도 원판결인정 내용과 같이 피고인은 거사계획을 보안유지를 위하여 단독으로 구상하였다고 인정하고 있고, 피고인 또한 그 점을 시인하고 있습니다. 그렇다면 이러한 계획은 논리칙상 다른 사람의 증언으로 입증할 수가 없는 것들임이 명백하다고 하겠습니다.

그리고 우리의 일반적 경험칙에 비추어서도 대권장악을 꿈꾸는 자가 스스로 총이나 칼을 뽑아 상대자를 직접 살해한다는 것은 좀처럼 듣고 볼 수 없는 일일 뿐더러, 궁정동 살해행위가 있은 후 국방부 회의실에서 각의를 하고 있을 때에 피고인은 그 자리에 들어가지 않고, 장시간을 국방부 장관실에서 장차 할 일을 명상하고 있다가 체포되었다는 것이 기록상 분명한 사실이므로, 만일 피고인이 원판결이 인정한 대로 집권야욕을 가졌다면 당시 무장한 부하가 호위를 하고 있었고, 본인의 무기를 휴대하고 있는 터에 생사의 운명과 성패의 기로가 걸려 있는 그 중대한 시간에 그러한 행동을 취할 수 있다는 것은 누구에게 물어도 수긍이 갈 수 없는 일이 아닐 수 없습니다.

(4) 따라서 원판결이 국헌문란의 목적을 인정하면서 내세운 사실들은 그 뒷받침하는 입증 자료면에서나, 건전한 논리칙이나 경험칙으로 보나 간에 인정될 수 없는 허위사실임이 명백하게 드러났다고 할 것이고, 또한 법률상으로도 그 목적사실은 위에서 언급한 바와 같이 내란죄에 있어서는 엄격한 증거에 의하여서 인정되어야 할 범죄의 구성요건 사실에 속하는 것인바, 설사 전술 검찰관 작성의 피고인에 대한 피의자 신문조서가 증명력이 있는 것이라 하더라도, 그것은 피고인의 자백조서에 불과하고 그 밖에 보강증거가 없으니, 원판시 인정사실은 그 어느 모로 보나 인정될 수 없는 것이므로, 결국 원판결은 범죄구성 사실을 증거없이 혹은 채증법칙에 위배하여 인정한 중대한 위법을 범하였다고 아니할 수 없습니다.

상고이유 제2점

원판결은 내란목적살인죄와 내란미수죄에 있어서의 국헌문란의 목적에 관한 법리를 오해하여 내란에 관한 죄가 될 수 없는 행위를 내란에 관한 죄로 인정하여 처단한 위법을 저질렀습니다.

1. 내란죄는 국토를 참절하거나 국헌을 문란할 목적으로 폭동을 하거나 살인을 하는 경우에 적용되는 범죄이며, 국헌문란이란 형법 제91조에서 "헌법 또는 법률에 정한 절차에 의하지 아니하고 헌법 또는 법률의 기능을 소멸시키는 것과 헌법에 의하여 설치된 국가기관을 강압에 의하여 전복 또는 그 권능행사를 불가능하게 하는 것"이라고 규정하였는바, 이는 결국 "국가의 정치적 기본조직 자체를 불법으로 파괴하는 모든 것을 말하고, 따라서 구체적인 정부, 내각의 도괴나 타도를 외치고 혹은 그 도괴 타도의 방법이 폭력에 의한 경우거나 대통령, 국회의장, 대법원장, 혹은 국회의원, 각부 장관, 대법원 판사 등 구체적 헌법기관을 살해하고 그 계승 혹은 개선을 기도하였다고 하여도 그것은 국헌문란 행위가 될 수가 없다. 그 이유는 그 구체적 정부, 내각, 또는 각 헌법기관의 제거 축출은 정치적 기본조직 자체의 파괴에 해당하지 않기 때문이다. 그리고 위와 같은 내란행위로 인하여 새롭게 만든 불법적인 정치적 기본조직을 파괴하여 원래의 조직으로 환원하는 행위는 그 방법이 아무리 불법이라고 할지라도 그 내란행위가 되지 않는다" 하는 것은 다 같이 국내 어느 학자의 학설이나 국외의 학설 판례가 예외없이 일치하고 있는 바입니다.

2. 그러므로 여기에서 문제되는 것은 첫째로 우리나라의 정치적 기본조직이 무엇이냐 하는 것이고, 둘째로는 어떻게 하는 것이 그 기본조직의 파괴인가 하는 점이 가려져야 되는 것입니다.

(1) 그 첫째 문제인 우리나라의 정치적 기본조직은 말할 것도 없이 자유민

주주의 정치체제입니다. 그것은 1948년 제헌 당시의 헌법전문과 헌법 제 1조와 제2조에서 천명한 바와 같이 "대한민국은 민주공화국이고 대한민국의 주권은 국민에게 있으며 모든 권력은 국민으로부터 나온다"는 국체와 정체에 관한 규정이 이것을 뒷받침하고 있고, 그 규정은 제헌 이후 1972년 유신헌법에 이르기까지 집권욕에 불타는 독재자들의 손에 의하여 수없이 헌법이 개폐되는 과정을 반복하는 중에서도 엄존하여 왔고, 10·26 이후 헌법개정 논의가 어느 때보다 무성한 오늘에도 이 국체 정체에 관하여 이론을 품는 국민은 한 사람도 없는 것은 공지의 사실에 속하는 일입니다. 인간의 존엄과 자유와 평등이 보장되고 모든 권력이 국민으로부터 나오는 정치체제를 가진 국가의 기본조직은 국가 3권을 분립하여 입법은 국민의 대표로 선출된 국회가, 행정은 국회나 국민이 선출한 대통령 또는 내각이, 재판은 국회, 정부와 독립된 법원이 각각 분립 견제하면서 독립하여 행사하는 조직으로 되어야 하는 것도 만인의 의심이 없는 바라고 하겠습니다.

(2) 따라서 우리나라의 정치적 기본조직을 파괴하는 국헌문란 행위는,

① 근본적으로 모든 권력의 연원을 국민으로부터 찬탈하여 군주나 혹은 노동자, 농민 등 일정계급만이 갖거나 혹은 형식은 국민주권주의 같은 외형을 갖춘 듯하면서도 실질은 특정인 또는 특정계급만이 갖는 따위의 정치조직으로 바꾸려 하는 것과

② 입법권을 국민이 대표하는 국회로 하여금 행사하지 못하게 하고 행정부나 대통령이 갖는다든가 혹은 외형상 국회를 구성하여 입법권을 행사하되 그 국회의원을 행정부 수반이 임명하거나, 또는 선출을 하여도 그 수반의 뜻대로 과반수가 되게 하여 실질적으로 행정부 수반이 입법권을 전횡하는 것과 같은 결과를 가져오게 하는 제도로 바꾼다거나

③ 재판권을 독립된 법원으로부터 박탈하여 국회 또는 정부관서로 하여금 자의로 행하게 하거나 혹은, 외형상은 독립된 사법부를 두고 인사, 예산 등 권한을 행정부 수반이 장악하여 실질적으로는 행정부의 지시대로나 행정

부의 의사대로 재판의 진행과 결론이 나게 하는 따위로 사법제도를 개정하는 행위

등 요컨대 국민주권의 원리와 국민의 기본적 자유와 평등을 실질적 혹은 형식적으로 파괴하는 행위가 곧 국헌문란에 해당하는 정치적 기본조직의 불법 파괴행위에 해당할 것은 법리상 이론이 있을 수 없습니다.

3. 그런데 본건 피고인 김재규는 그가 "박정희 대통령을 살해한 것은 박정희 대통령이 유신의 핵이었으므로 그 핵을 제거하면 유신은 종식될 것이고, 그 유신체제는 국민주권의 정치적 기본조직인 자유민주체제를 파괴한 불법적인 것이므로 그 불법을 제거하고 자유민주체제를 회복하기 위한 것이었다. 민주주의국가의 대통령은 자유민주주의를 수호할 의무는 있어도 자유민주주의를 말살할 권한은 없는 것이다. 그런데 박정희 대통령은 자유민주주의를 말살하였다" 그리하여 피고인은 그 회복을 위해 본건 거사에 이르게 된 것이라고 거듭 진술하고 있고, 그 진술이 진실한 사실이라는 것은 이미 상고이유 제1점에서 밝힌 바와 같습니다.

따라서 피고인의 본건 행위가 내란죄가 되는 여부를 가리려면 마땅히 위 피고인의 말과 같이 유신체제가 과연 자유민주주의를 말살한 것인가 그리고 유신체제는 자유민주체제가 될 수 없는 것인가를 가리지 않을 수 없습니다.

4. 이제 유신헌법의 성립경위와 내용을 살펴보기로 합니다.

(1) 4·19 혁명으로 성립된 제2공화국의 헌정을 현역군인 박정희와 그 추종자들이 중단시킨 죄과는 1963년 중에 국민의 자유의사로 제3공화국헌법을 제정하고 그를 대통령으로 선출한 결과로 인하여 정치적 사면이 되었다고 하겠거니와, 그는 대통령으로 선출된 후 그 헌법의 준수를 엄숙히 선서하고 중임한 후 불법한 방법으로 3선 개헌을 하였고, 그에 따라 3선 이상은 출

마하지 않을 것을 선거공약으로 언명한 후 3차 피선이 된 2년 만인 1972년 10월에 그 선서와 공약을 식언하고 전시에만 할 수 있는 비상계엄을 평화시에 선포하고, 헌법상 전연 근거 없이 국회를 해산하면서 입법권을 행정부 각의 사항으로 정한다고 선포하고, 비상각의의 이름으로 그 수많은 법령의 제정과 개폐를 한 사실과

(2) 유신헌법이라는 현행헌법을 초안하여 비상계엄 상태하에서 일체의 반대토론을 금하고 공무원을 동원하여 그 찬성을 계몽함으로써 국민투표에 부쳐 이를 공포한 사실 등은 1972년 10월 17일 이후 각종 법령집에 수록된 당시의 법령과 정부문서에 의하여 명백한 바 있습니다.

(3) 이른바 유신헌법의 내용은
① 정당에 가입하지 않는 자를 통일주체국민회의 대의원(이하 통대)으로 선출하여 그들의 회의를 대통령이 주관하고, 그 회의에서 추대되는 자만이 대통령이 되게 함으로써 형식적으로나 실질적으로나 당시 대통령이던 자기만이 대통령이 되게 함으로써 국민의 대통령 선출권을 제도적으로 박탈하고,
② 국회의원의 1/3을 대통령이 지명선출하고 그 밖에 국회의원을 대통령이 공화당총재의 자격으로 공천함으로써 제도적으로 야당이 다수당으로 진출할 길을 봉쇄하여 국회의 운영을 대통령이 자의로 할 수 있도록 제도화함으로써 국민의 대표에 의한 입법권 행사를 거세하고,
③ 전 법관의 임명과 보직을 대통령이 전행하고 사법부 예산을 행정부가 장악함으로써 형식적으로나 실질적으로나 사법권 독립을 없애고 행정부에 예속시켰고,
④ 그 밖에 정치적 중립지대이어야 할 선거관리위원회 위원과 헌법위원회 위원 전원을 사실상 대통령이 임명할 수 있게 하여 정치적 중립지대는 완전히 대통령의 수중에 들어가게 된 점

등은 현행헌법의 각 조문에 의하여 분명한 바 있습니다.

(4) 그렇다고 하면 현행헌법인 유신체제는 그 성립이 제3공화국의 헌정을 중단한 상태하에서 불법하게 되었고, 그 내용은 어느 모로 보나 제도적으로 국민주권의 원리인 참정권을 제한 내지 박탈하고 국가권력의 균형과 견제장치인 3권분립을 유명무실하게 하였음이 분명하므로, 이는 형식만 대한민국을 민주공화국이라고 부를 뿐, 그 내용은 국민의 주권을 대통령 1인으로부터 나오게 한 것이라 할 것이니 이는 현대판 군주국가로 바꾼 것이라고 밖에 할 수가 없는 것입니다.

(5) 따라서 유신헌법의 제정 자체가 주권을 찬탈한 불법한 것일 뿐 아니라 그 제정한 내용은 민주국가의 정치적 기본조직을 불법으로 파괴한 것에 해당하므로, 이는 국헌문란으로서 그 일련의 행위는 완벽한 내란죄를 범한 것이고, 그 유신체제의 유지는 그 내란상태를 지속시키고 있는 것임이 법리상 명백합니다.

5. 그런데 유신헌법의 성립과 존속이 범법 상태하에 있다고 할지라도 혹시 그 운영의 실태는 민주적이었는가 하는 점을 볼 필요가 있습니다.

(1) 먼저 박정희 대통령은 유신체제를 발족시킬 때에, 세계조류가 냉전시대에서 화해시대로 바뀌면서 국제정세가 급격하게 변하므로, 이에 신속한 남북통일대책을 강구하기 위하여 이 유신체제가 필요하다는 명분을 내걸었는바, 이는 민족적 대과제인 남북통일을 명분으로 내세워 반대여론을 봉쇄하기 위한 위계이기도 하지만, 그 이듬해 월남사태가 나자 재빨리 유신의 존속은 안보를 위해 불가피하다고 명분을 바꾸었고, 그 후 몇 년이 지나자 안보만으로는 유신체제의 유지명분이 빈약하였던 탓인지 고도의 경제성장에 필요한 체제라고 하면서 안보와 경제성장을 명분으로 혼용하여 왔으나,

기실 그것은 정권안보를 국가안보라는 보자기에 싸서 국민을 기망한 것이고, 경제건설은 유신의 정체가 국민 앞에 탄로되어 그 반대운동이 일어날 것을 저지하기 위한 수단으로 국민의 시각을 흐리게 하는 방편에 불과하였던 바, 그것은 10·26 사태 이후 국민 누구나 관료 누구나 간에 유신체제의 정당성을 말하는 자가 없다고 하는 사실로 충분히 입증되었다고 할 것이니, 결국 이러한 명분의 제시는 국민여론을 오도한 것이었고 오도된 국민의 의사는 결코 국민으로부터 나온 진정한 국민의 의사라고 할 수 없을 것인즉, 이 점에 있어서도 유신체제의 성립과 존속은 국민의 의사와는 아무 상관이 없다는 것을 뜻한다고 할 것입니다.

(2) 그는 통일이라는 명분을 내세워 통일주체국민회의를 구성하였으나, 동 기구는 단지 대통령선출기관에 그쳤을 뿐 통일문제에는 실제로 아무런 기여도 한 바가 없이 남북대화는 그동안 중단된 채 아무런 진전이 없었으며,

(3) 또 하나의 명분인 안보문제는 강대, 약소국을 막론하고 집단안보체제를 취하고 있고 그럴 수밖에 없는 것이 세계대세라고 할 수 있는바, 우방 미국은 이 유신체제하의 독재국가와는 맹방이 될 수 없다고 하여 미군철수를 거론하면서 그 일부를 실천에 옮기고 군원을 삭감함에 따라 국민이 불안을 느끼자, 그는 대국민무마책으로 자주안보를 내세워 막대한 방위세 부담과 국방비의 증액, 방위성금의 염출 등으로 국민 부담만 가중시켰고, 6·25 전란 때에 많은 고귀한 생명들이 희생된 것은 자유 그것을 지키기 위한 것이었는데, 이제 우리가 지켜야 할 자유마저 말살한 유신체제 아래서 과연 우리 국민이 무엇을 위하여 목숨을 바쳐 싸울 것인지 뜻있는 국민이 걱정하지 않을 수 없어, 결국 안보문제는 유신 실시로 매우 걱정스러운 상황이 되었다고 하겠으며,

(4) 또 다른 명분의 하나인 경제건설은 노동3권을 국가보위에 관한 특별조

치법으로 묶어 저곡가 저임금정책을 강행하고, 한편 재벌기업에 대하여 각종 금융, 세제의 혜택을 제공하여 이를 세칭 문어발 기업으로 육성, 부(富)를 집중시키고, 독재를 은폐하기 위한 화려한 경제성장정책을 쓰기 위하여 각종 이익을 보장하는 제도를 마련하고 막대한 외채를 도입하여, 선성장 후분배의 구실을 달아 노(勞), 농(農)의 희생으로 공업분야에서 이룩한 고도성장의 실적은 결국 분배의 격차와 농촌의 피폐로 균형을 상실한 불구경제가 되고 말았습니다.

(5) 정치분야에서는 정치권력이 대통령 1인에게 집중되어 버리므로 이를 비판하는 건전한 정치인은 투옥되거나 축출당하고, 그 밖의 정치인은 창조적 참여를 포기한 채 대통령 입만 쳐다보고 있다가 충효다 녹화다 100억불 수출이다 하는 식의 말 한 마디만 나오면 일파동 만파기의 작태로 출렁대는 가위 중세 봉건군주국가를 연상케 하는 정치만이 있게 되었고,

(6) 사법부는 공안사건 등에 관한 한 검찰의 공소를 확인하는 판결을 되풀이하고 독립된 판단을 포기함에 이르러, 국민이 재판을 통한 권리구제를 받기를 포기하는 상태에 도달함으로써, 사법권의 행정권 예속을 실증하였습니다.

(7) 행정부서의 각 관료들은 오직 대통령의 지시를 준수 집행하는 기관으로 전락하여, 국민에게 책임을 지고 법에 의하여 행정하는 민주행정은 자취를 감추고 대통령 지시에 따라 대통령에게 책임을 지는 이른바 지시행정으로 전락하고 말았고,

(8) 국민의 도의는 경제 제일주의의 정부선전에 마취되어 가치관은 물질우위, 권력지향으로 바뀌고, 권력층과 부유층의 사치방종은 서민층에까지 미쳐 허장성세와 일확천금의 꿈을 부풀게 하여 근검절약의 미덕은 사라졌고

정의와 양심을 지키는 지식인, 성직자는 투옥되거나 감금당하고, 오직 대통령을 떠받들고 추앙하는 곡학아세의 무리만이 횡행번성하고, 언론은 오직 정부발표의 전달과 유신치적의 찬양만 허용될 뿐 이를 비판하는 언론인은 축출됨으로써, 국민의 눈과 귀는 대통령 말만 듣고 보는 외짝이 됨으로써 명실상부하게 1인체제를 구축하고, 국민의 사상, 양심, 언론, 학문 등 기본적 자유는 완전하리만큼 짓밟혔습니다.

(9) 결국 유신 7년 동안에 걸친 그 운영결과는 통일도, 안보도 위태로운 상황 속에서 정치, 경제, 문화, 사회 할 것 없이 각 분야 구석구석에서 인간의 존엄과 창의는 사라지고, 3권의 운영은 대통령 1인 수중으로 장악되었으며, 기본적 권리인 모든 자유는 억눌리고, 국민의 평등은 깨어짐으로써 오직 대통령 한 사람의 뜻과 생각에서만 살아야 되는 획일사상의 지배체제만 남게 되었으니, 그것은 박정희라는 한 사람에 의한 한 사람을 위한 한 사람의 정치가 되고 만 것입니다.

6. 그렇다고 하면 유신체제는 앞에서 언급한 바와 같이 그 성립과 존속 자체로도 불법적인 범법상태일 뿐 아니라, 그 내용과 그 운영결과는 민주국가의 정치적 기본조직을 계속 파괴하는 상태를 지속한 것이라고 할 것이고, 그 주체는 박정희 대통령이라고 하지 않을 수 없는 것입니다.

　따라서 앞서 기술한 바와 같이 피고인 김재규가 "유신체제는 민주주의를 말살한 제도이며, 박정희 대통령은 유신체제의 핵이다. 그러므로 그 핵을 제거하면 유신체제는 무너지고, 유신체제가 무너지면 자유민주주의는 회복된다. 따라서 민주회복과 유신타파, 유신타파와 핵의 제거, 핵의 제거와 박정희 대통령의 살해는 불가피한 관계에 서게 된다"는 취지로 한 말은 전술유신체제의 성립과 그 내용, 그 운영실태에서 분명하게 증명되었다고 아니할 수 없습니다.

7. 뿐만 아니라 이러한 사실은 다음과 같은 다른 사실에 의하여 더 생생하게 증명되고 있습니다.

(1) 10·26 이전 유신 7년 기간 동안에 유신헌법의 부정(否定)이나 개정이나 비판 등은 일체 불허되고, 그것을 어기면 처벌하는 긴급조치를 발동하고, 그 긴급조치를 5년간을 지속시키는 동안에 유신헌법의 철폐를 주장하는 시민과 학생과 정치인, 종교인, 언론인을 수없이 투옥 감금하면서, 박정희 대통령을 위시하여 10·26 이후 이른바 통대에서 대통령으로 선출된 당시 국무총리직에 있던 최규하 씨와 그 예하 각부 장관, 공화당, 유정회 의원 등은 입을 모아 유신체제는 전 국민의 합의에 의하여 성립된 한국적 민주 정치제도라고 쉬는 날이 없이 선전하여 왔고, 그 선전에 따르면 유신체제가 무너지는 날, 우리나라는 그날로 북괴의 침범에 넘어가고 경제는 마비될 것으로 인식하게끔 되었습니다.

따라서 이를 반대하는 사람은 절대다수 국민의 의사를 거역하고 국민총화를 깨는 자이며, 안보관념이 없고 국가관념이 없는 일부소수 몰지각한 분자라고 하여, 예외 없이 실형으로 투옥을 시켜온 사실은 천하가 다 아는 사실입니다.

(2) 그런데 10·26에 박정희 대통령이 피살되고 그 장사를 끝낸 직후인 그해 11월 10일에 바로 같은 최규하 씨는 이제 가능한 빠른 시일 내에 민주헌법을 제정하여 선거를 시행하여 정권을 이양하는 것이 대다수 국민의 뜻이라고 말 하였고, 이어서 같은 공화당, 유정회, 정부관계자 등 다수 간부들이 입을 모아 민주헌법을 제정 시행하는 것은 전 국민적 합의라고 일반국민보다 한 발 앞서 외치고, 이후 우리나라 개국 이래 처음 본다 할 정도로 헌법 제정의 논의가 무성하고, 그 개정내용은 국민저항권 인정, 국회권한 강화, 대통령 권한 축소, 사법권 독립, 영구집권 불허제도가 되어야 한다는 데에 국민의 소리가 집약되고 있으며, 또한 그렇게도 필요성을 고집하던 긴급조

치를 풀어 많은 애국시민이 석방되었으나 북한이 침략해온 바도 없고 안보가 더 위태로워진 것도 없었습니다.

그리고 1979년 10월 26일 이후 현재까지 국내 국외 할 것 없이 우리나라에 어떤 영향을 미친 사실이라고는 박정희 대통령의 피살 사실 외에 아무런 사정변화가 없다 함은 오늘 이 시점에서 온 국민이 다 아는 공지의 사실입니다.

(3) 그렇다고 하면 박정희 대통령이 사망한 사실 외에 다른 변화가 없음에도 불구하고 유신헌법을 폐지하여야 된다는 것은, 곧 유신체제가 그 한 사람만을 위해 있어왔다는 것을 증명하는 것이요, 새로운 헌법은 국민저항권을 인정하고 국회권한을 강화하고 대통령 권한을 축소하고, 사법부의 독립을 보장하고 영구집권을 막아야 된다는 데에 국민의 여론이 집약된다는 것은, 유신헌법이 대통령 1인으로 권한을 집중한 영구집권의 독재체제였다는 것이 전 국민적 합의 또는 대다수 국민의 뜻이라고 하는 말은 유신헌법은 처음부터 대다수 국민의 의사에 반하여 성립되었다는 것을 입증함과 아울러 10·26 이전에 박정희 대통령과 그들이 유신체제가 전 국민 합의사항이라고 말하여 온 것은 전적으로 허구였다는 것을 자백한 것이라고 보아야 할 것입니다.

8. 그렇다면 피고인이 민주회복을 위하여 유신을 타파하고 그 타파를 위하여 박정희 대통령을 살해한 행위는 그가 저질러놓은 내란상태를 종식시키고, 그 내란상태로 파괴된 정치적 기본조직을 회복한 행위에 해당함이 명백하므로, 이는 본 상고이유 제1항 설시의 법리에 비추어 내란죄가 될 수 없다 함에 이설이 없는 바이니, 원심은 마땅히 무죄를 선고하여야 함에도 불구하고, 이를 내란미수와 내란목적살인으로 판단한 것은 내란죄의 법리를 오해하여 범죄가 될 수 없는 행위를 범죄로 인정한 위법을 범하였다고 할 것입니다.

9. 설사 백보를 양보하여 유신체제의 성립과 존속이 불법이 아니고 그 내용이 민주적 정치제도의 기본조직을 파괴하는 것이 아니라고 할지라도, 피고인의 거사목적은 박정희를 대통령직에서 제거하고 민주적 헌법을 제정하여 민주적 방법으로 민의에 의한 국회와 정부를 구성하려 하였음이 상고이유 제1점에서 밝힌 바와 같으므로, 이는 반민주적인 구체적 헌법기관을 개선하자는 것에 불과하고, 결코 민주정치체제의 기본조직 자체를 파괴하는 행위에 해당할 수 없음이 본 상고이유 제1항 설시 법리에 비추어 명백한 바 있으니, 이 점에 있어서도 피고인의 본건행위가 내란미수죄나 내란목적살인죄에 해당될 수 없음은 자명합니다.

이러한 이유에 의하여서도 원판결은 역시 내란죄의 법리를 오해하여 그릇된 판단을 한 것이라고 아니할 수 없습니다.

10. 그리고 원판결은 모두(冒頭)에서 본 바와 같이 본건행위를 내란목적살인과 내란미수죄의 상상적 경합을 인정하였는바, 형법 제87조의 내란행위는 그 소정 목적으로 폭동을 한 경우에 그 가담 역할의 정도에 따라 적용하는 죄이고, 그 경우의 폭동의 개념은 어느 정도 조직을 가진 다수인의 결합체가 한 지방의 평온을 해하는 정도의 폭행협박을 가하는 것을 말한다 함에 이설이 없습니다. 그런데 본건에서 10월 26일 궁정동에서 있었던 일은 일 지방은 차치하고 사건 현장 옆집에 있었던 육군참모총장 정승화와 정보부차장 김정섭도 몰랐을 정도였고, 또한 본건행위에 가담한 피고인 등이 어느 정도 조직체를 가진 다수인의 결합이라고 할 수는 도저히 없다고 할 것입니다.

따라서 원판결이 본건에 위 법조를 적용한 것은 위법한 것으로서 그 점에 있어서도 원판결은 파기되어야 할 것입니다.

상고이유 제3점

원판결은 범죄사실에 대한 심리를 다하지 아니한 채 범죄사실을 인정한 위법을 범하였습니다.

1. 즉 원판결은 위 상고이유 제1점의 1, 내용과 같은 범죄사실을 인정하고 그 인정사실에 형법 제88조, 제89조, 제87조 1항을 적용하였는바, 그 내용은 1심의 그것과 같은 내용입니다.

그리하여 변호인은 항소이유에서 위 사실은 국헌문란의 목적이 없으므로 내란목적살인이나 내란미수죄가 될 수 없다고 하였는바, 이 항소이유에 대하여 원심은 "피고인 김재규는 자유민주주의 회복이라는 미명아래 대통령을 살해한 후 국가안전과 질서교란을 이유로 계엄을 선포하고 중앙정보부의 권한과 동부(同部)의 조직력을 이용, 계엄군을 장악하여 무력으로 사태를 제압하고, 입법, 사법, 행정권을 총괄하는 혁명위원회를 구성, 자신이 위원장으로 취임하여 집권기반을 확보한 후, 대통령에 출마할 것을 목적으로 본건 범행에 이르는 사실이 인정되고, 이는 폭력에 의하여 정부를 전복시켜 정권을 탈취하려 한 것이므로 형법 제91조에서 규정하고 있는 '헌법에 의하여 설치된 국가기관을 강압에 의하여 전복 또는 그 권능행사를 불가능하게 하는 것'에 해당된다 할 것으로서 1심의 사실인정, 법률적용에 위법이 없다"고 판시하여 위 항소이유를 배척하였습니다.

2. 그러나 내란죄에서 말하는 국헌문란의 내용을 형법 제91조에 규정하기는 하였으나, 이는 요컨대 국가의 정치적 기본조직을 불법으로 파괴하는 것을 의미하는 것이고, 그렇기 때문에 각료를 살해하여 내각의 경질을 기도한다든가 대통령이나 대법원장이 불법을 자행한다고 인식한 어느 사람이 그 자리에 새사람을 선출시킬 목적으로 살해한다든가 하는 따위는 국헌문란이 되지 않는다 함에 국내 국외의 각 학설이 일치하고 있다 함은 상고이유 제2점에서 말한 바와 같습니다.

위에서 본 원심의 사실인정이 증거 없이 또는 채증법칙에 위배된 증거취사로 이루어진 위법이 있을 뿐 아니라, 그 원심인정 사실대로라고 하더라도 내란에 관한 죄의 법리에 비추어 죄를 구성한다고 보기 어렵다고 함은 이미 상고이유 제1점과 제2점에서 상세하게 밝힌 바 있거니와, 설사 원심의 사실인정이 옳고 또 그것이 죄를 구성한다고 하더라도 원판결의 위 설시대로 피고인이 계엄군을 장악하여 무력으로 사태를 제압하고, 입법, 사법, 행정권을 총괄하는 혁명위원회를 구성, 자신이 위원장에 취임하여 집권기반을 확보한 후 대통령에 출마를 기도하였다고 하는 사실을 국헌문란으로 다스리려면, 적어도 그 혁명위원회의 구성과 기능, 입법 등 3권의 총괄 내용과 집권기반 확보책 등이 구체적으로 밝혀지고, 그 밝혀진 내용이 국가의 현행 정치적 기본조직을 불법으로 파괴하는 것으로 인정되어야만 적법할 수 있으므로, 원심은 마땅히 위와 같은 점을 심리확정하였어야만 될 것입니다.

3. 그런데 증거로 현출된 모든 자료에 의하여도 이 점을 인정할 자료는 없습니다. 설사 그러한 증거자료가 있다고 하더라도 그것이 심리과정에서 조사되고 그 결과가 판결에 구체적으로 판시되어야 적법한 것인바, 위에서 본 바와 같이 그러한 판시도 없고 그러한 심리를 한 흔적도 없습니다.

피고인은 이 점에 대하여 계엄이 선포되면 그 간판을 조속하게 혁명위원회로 갈아 달고, 육, 해, 공 3군 주요 장성으로 혁명위원회를 구성하고, 자신이 위원장이 되며, 1972년 10월 제3공화국 헌법을 폐기하고 유신헌법을 제정하여 유신체제를 발족하는 데 관여한 모든 정치인, 학자, 관료, 군인 등과 유신기간 동안에 정치권력과 결탁하여 국민을 괴롭히고 지위를 획득한 자와 치부를 한 자, 그리고 5·16 혁명 이후 갖은 불법적 방법으로 수백억에 달하는 재산을 모은 혁명주체 세력 등을 조사하여 그들의 재산을 국가에 환원하고 응분의 처치를 하려 하였다는 것이고, 그와 같은 일을 하지 아니하면 민족정기와 사회정의를 되찾을 수 없을 뿐 아니라, 이들 유신잔당의 결속과 방해로 민주회복 작업이 방해를 받기 때문에 그 표현을 그대로 빌리면 유신잔당의 설거지 작업을 하기 위하였다는 것이며, 또 그 작업을 혁명위원회라는 이름아래 혁명적 방법으로 하지 않고는 달리 방도가 없으므로 혁명위원회를 구상한 것이라고 말하고, 자기가 스스로 그 위원장에 취임하려 하였다는 것은 혁명을 일으킨 사람이 자기 자신이기 때문에 스스로 그 일을 하지 아니하면 국민의 호응이 없을 것으로 보고 그렇게 생각하였다는 것입니다.

그리고 민주회복은 유신으로 폐기된 제3공화국 헌법을 3선조항만 수정하여 바로 국민투표에 붙여 확정한 후 그 헌법절차에 따라 국민의 자유의사에 의한 대통령과 국회의원을 선출하고 민주정부의 구성을 하되, 그 전 과정을 3개월 늦어도 5개월 내에 끝마치려 하였다는 것이고, 그렇게 구상한 동기는 과도정부는 기간이 짧을수록 안정이 빨라 좋고, 제3공화국 헌법이 유신으로 중단되었으므로 그것을 회복하는 것이 법통에 부합하고, 그 소요기간은 4·19 때의 경험에 비추어 3개월이면 족하다고 보았다는 것입니다.

이어서 피고인은 말하기를 위와 같은 민주정부 수립이 완료되고 유신잔당의 설거지 작업을 끝내고 나면, 우리나라가 방대한 군사력을 갖지 아니하면 안 되는 특수 사정 때문에, 혹시 일부 군인들이 무모한 행동으로 새로 선 민주정부의 기반이 정착되지 못한 틈을 이용하여, 5·16과 같은 불법행동을 일으키지 못하도록 새 정부의 군부통제를 도와 그 정착에 성공하면, 피고인은 초야에 묻힐 생각이었다는 것입니다.

4. 피고인의 혁명위원회에 대한 구상내용이 이와 같은 것이라면 이는 첫째로 피고인 스스로는 집권을 한다든가 대통령이 되려고 하였다든가 하는 마음이 전연 없다는 것이고, 둘째로 혁명위원회가 입법 사법 행정 등 국가기관을 총괄하는 기관이 될 수 없다는 것이 되며, 셋째로 민주회복 작업은 현존 국가기관을 그대로 정상 가동시키면서 제3공화국의 정부 형태로 환원하겠다는 것이 분명하다고 하겠습니다.
그러할진대 원판결이 피고인의 위와 같은 주장 내용을 믿지 아니하고 그

혁명위원회가 불법적으로 국가의 기본적 정치제도를 파괴하는 것으로 인정하려면, 원심은 마땅히

(1) 군사단체가 아닌 정보부의 조직요원으로 군사단체인 계엄군을 어떠한 방법으로 장악하려고 하였는가를 밝혀 수긍할 수 있는 대답을 얻어야 할 일이고,

(2) 또 무력으로 사태를 제압한다는 말의 구체적 뜻이 무엇인지 무력으로 각 기관을 해산한다는 말인가 국민을 살상한다는 뜻인가 등이 밝혀졌어야 할 것이며,

(3) 혁명위원회가 3권을 총괄하는 방법에 대하여도 정부와 법원을 없애버리고 혁명위원회가 3권을 다 행사하려 했다든가 하는 등 그 구체적 방법이 있어야 할 것이며,

(4) 피고인이 혁명위원회 위원장으로 취임하여 집권기반을 확보한 후에 대통령에 출마하려고 하는 것이 국헌문란이 된다고 하려면, 그 집권기반의 내용이 정당을 조직하여 지지를 받는다는 것인지, 그렇지 아니하면 유신 때와 같이 계엄령이나 긴급조치로 반대자의 발언이나 집회를 일체 금지하고, 무력이나 조직의 힘으로 강압적 수단을 써서 국민의 뜻이야 어찌되었건 형식상으로 국민의 지지를 얻으려고 하였다든지를 가려냈어야 할 것이며, 더욱 피고인이 대통령에 출마를 기도한 것이 불법이라고 평가하려면 그 출마란 어떤 선거제도하에서 어떠한 방식으로 출마하는가를 가려보아 유신하에서와 같이 통대에 그 스스로 출마하여 99.9퍼센트의 당선을 획책한 것인가 그렇지 아니하면 정정당당한 선거제도하에서 국민의 선택권을 행사할 수 있는 형태하에서 출마를 기도한 것인가를 밝혔어야만 할 것입니다.

(5) 그런데 원판결은 이상과 같은 점을 추호도 심리하지 않았을 뿐 아니라 그 진상을 밝히려는 소송 관계인의 노력을 상고이유 제7, 8점에서 보는 바와 같이 국가안보와 기밀이라는 이름으로 적극 방해 회피하고 나서, 위 판시내용에서 보는 바와 같이 그저 막연하고 애매하게 무력으로 사태를 진압, 3권을 총괄, 정치기반의 확보, 대통령 출마의 기도를 알맹이 없는 단어를 나열하여 놓고, 이를 일컬어 국헌문란의 목적이 있다고 단정하고 극형을 선고하기까지 하였으니, 이러한 재판의 초보적 기본과제마저 외면한 원심판결을 심리미진으로 나무라 파기하라고 하기에 앞서 재판기관의 이름으로 이러한 법정을 갖고 있는 오늘날의 우리 현실이 슬프기만 합니다.

상고이유 제4점

> 원심판결에는 현대 법이론에서 일반적으로 인정하고 있는 저항권과 형법 제20조가 정한 정당행위에 관한 법리를 오해하여 판결결과에 영향을 미친 잘못이 있습니다.

1. 즉 원판결은 변호인이 항소이유로 피고인의 본건행위는 저항권을 행사한 것이므로, 형법 제20조에서 말하는 정당행위에 속하는 것으로 범죄가 될 수 없다고 주장한 데 대하여, "저항권의 개념 그 자체가 초실정법 질서 내의 권리주장으로서 그 개념자체가 막연할 뿐 아니라 실정법을 근거로 국가사회의 법질서 위반여부를 판단하는 재판권 행사에 있어 이를 주장하는 것은 그 이유 없다 할 것이고, 그 외 정당행위를 인정할 만한 합리적 사유 및 자료가 없으므로 위 주장은 그 이유 없다"고 판시하고 있습니다.

2. 대저 저항권이라고 하면 우리 법조사회에서는 얼핏 낯선 말로 들리는 경향이 있습니다. 그러나 그것은 그간 우리 정치체제가 이미 보아온 바와 같이 혹독한 1인 독재정치체제하에 있어온 관계로 그 체제에서 가장 금기될

이 저항권 이론이 논의될 수 없는 사정하에 있었던 것과, 또한 유신기간 동안 많은 긴급조치 위반 등 사건에서 수월치 않게 이 저항권 주장이 있어왔지만 그것이 일체 보도 금지된 때문이었을 뿐, 고대로부터 생성하여 오늘에 이르기까지 수많은 학자들에 의하여 논의되고 판결에 판단되어온 저항권 이론이 우리나라에서라고 생소할 이치는 없습니다. 그것은 10·26 이후 헌법개정 논의과정에서 가장 두드러지게 두각을 보이는 헌법이론이 바로 저항권 이론이라는 사실을 보면 저간의 사정이 수긍된다고 하겠습니다.

3. 맹자의 역성혁명론이나 플라톤의 폭군정벌론에서 보는 바와 같이 고대 봉건군주정치 시절에도 국민의 자유와 재산을 침범하는 폭군은 반드시 절멸되어야 하고, 그 정벌은 도덕적 선(善)으로 평가받아 마땅하다고 하여왔고, 기원 12~13세기의 유명한 기독교 신학자인 존 솔스베리도 "참된 군왕은 신의 영상이므로 존경되고 추앙되고 또한 그에 복종하는 것이 의무이지만, 폭군은 이미 신으로부터 버림받은 사악의 영상이므로 일반적으로 피살되어야 한다. 그것은 폭정은 유독(有毒)식물로 자라는 나무이기 때문에 잘라야 한다" 하여 폭군토벌의 신학적 정당성을 역설한 바 있으며, 근대 초기에 로크나 루소는 사회계약론의 이론에서 "누구나 간에 수임받은 범위를 넘어 법률에 의하지 아니하거나 법률을 악용하여 상대방의 권리를 침해하는 자는 폭력을 행사하는 것에 해당한다. 이러한 상태하에서는 그자와의 계약은 이미 해약되어 그 계약상 의무에서 해방되므로 모든 사람은 자기 자신을 방위하고 침략자에 저항할 권리를 갖는다. 이것은 너무나 명백한 사리이기 때문에 국왕의 권력과 신성성의 위대한 옹호자인 바클래까지도 그러한 경우는 국민이 군왕에 저항하는 것을 합법적이라고 인정 안 할 수 없다고 말하고 있다……" 하여 거듭 논의되고 일반적 인정을 받아, 드디어 저항권은 현대에 이르러 실정법으로까지 등장하게 된 것입니다.

4. 이제 저항권을 실정적으로 규정하고 있는 예를 들어보겠습니다.

미국의 독립선언문 중에 "어떠한 정치의 형태이더라도 만약 천부의 인권을 확보하기 위한 목적을 해치는 것이 될 때에는 인민은 그것을 고치거나 파괴할 수 있으며, 그들의 안전과 행복을 가져올 수 있는 것으로 보이는 새로운 정부를 조직할 수 있는 권리를 가진다" 하였고 위에 든 말은 어떤 정치체제가 그 본래의 목적에 맞지 않을 때는 주권자인 국민이 그것을 고칠 권리를, 즉 혁명권을 인정한 것입니다.

이와 똑같은 취지의 권리는 버지니아 인권선언에도 설정되어 거기서는 "이 권리는 의심의 여지도 없고 양도할 수도 없고 버릴 수도 없는 것"이라고 하였습니다.

프랑스에서의 1789년의 인권선언은 사람의 자연권으로서 사유재산, 안전과 나란히 압제에의 저항을 들고 있습니다.

1793년 6월 24일의 헌법의 인권선언은 "압제에의 저항은 기타 모든 인권의 귀결이다"(동법33조)라고 정하고, 다시 "정부가 인민의 권리를 침해할 때에는 반란은 인민 및 그 각 부분이 취할 가장 신성한 권리이며 가장 불가결한 의무이다"(동법35조)라고 하여 반란권이라고 부르는 것을 인정하고 있습니다.

프랑스의 1946년 4월 헌법초안은 그 인권선언에서 "정부가 헌법에서 보장된 자유 및 권리를 침해한 경우에는 어떤 형식으로든지의 저항은 가장 신성한 권리이고 또 가장 절실한 의무이다"(동21조)고 정했고, 1946년 10월의 프랑스 제4공화국 헌법에는 그 전문에서 "프랑스 인민은 1789년의 권리선언에 의하여 승인된 사람 및 시민의 권리와 자유를…… 엄숙하게 재확인한다"고 하여 분명하게 1789년의 인권선언 그 자체를 인정하고 있으므로, 여기서도 '압제에의 저항'의 권리를 승인하고 있음은 분명한 것입니다.

이 점에서 주목되는 것은 프랑스와 같이 자유주의적 저항권의 모국이라 부를 수 있는 나라뿐만 아니라 그때까지 그와 같은 근대적 저항권과는 인연이 멀었던 독일에서도 그것이 헌법에 규정됨에 이르렀다는 것입니다.

즉 1946년 12월 1일 헷센헌법에는 "헌법에 위반하여 행사된 공권력에 대한 저항은 각인의 권리이며 의무이다. 헌법파괴 또는 헌법파괴를 목적으로 하는 기도를 하는 자는 국사재판소에 제소하고 책임자의 형사소추를 요구할 의무가 있다. 상세한 것은 법률로 정한다"(동147조), 여기에 이어 1947년 10월 21일의 브레멘 헌법의 "헌법에서 확정된 인권이 헌법에 반해서 공권력에 의해서 침해되었을 때에는 저항은 각인의 권리이며 의무이다" (동19조)라는 규정과 1947년 1월 31일 마르그 브란덴부르그 헌법의 "도덕과 인간성에 반하는 법률에 대해서는 저항권이 성립한다"(6조 2항)고 규정하고, 1968년 6월 24일 서독연방공화국헌법은 그 제20조 4항에서 "이 자유민주주의 질서를 제거하려고 시도하는 어떠한 자에 대해서도 모든 독일국민은 다른 구제방법이 없을 때에는 저항할 권리를 갖는다"고 규정하고 있습니다.

5. 한국의 헌법학계에서도

(1) 김철수 교수는《헌법학연구》69페이지에서 "그러나 최종적인 헌법의 수호자의 손에는 최종적인 수단으로서 남겨진 저항권이라는 무기가 있다. 저항권은 치자계급의 긴급권보다 헌법보장의 도구로서 원리로서는 훨씬 우월한 의미를 가지고 있다. 헌법체제가 권력자의 측에서 위기에 빠뜨려져 인권을 무시하는 탄압이 행하여지는 것 같은 경우, 자유로운 인권의 기저에 숨어 있는 저항권을 불러내는 것밖에 다른 수단이 발견될 수 없을 경우도 있다. 부득이한 경우 즉 입헌적인 의지의 통로가 폐쇄되어 정상적인 헌법질서가 파괴되려고 하는 경우에 저항권의 발동까지도 불사하는 강인한 의지와 자각을 가진 국민이 있으면, 헌법의 최대의 보장을 그들에게 발견할 수 있을 것이다"고 설명하고 있고,

(2) 고려대학교 심재우 교수는
① 요즘 활기를 띠고 있는 개헌논의에 있어서 특히 주목을 끄는 것은 저항

권 조항을 헌법에 규정하자는 것이다. 지난날 헌정의 쓰라린 경험들이 이 권리의 필요성을 절실하게 요청하고 있는 것 같다. 그 이유는 저항권을 인정하면 혼란과 무질서를 초래해서 법적 안정성이 파괴될 것이라는 염려 때문이다. 그러나 저항권은 그 자체의 내재적 성질로 말미암아 자유와 안정이라는 두 가지 요구에 다같이 만족을 줄 수는 없다.

결국 자유에 대한 신앙이 헌법적 결단을 내릴 때 저항권은 헌법상의 새로운 기본권으로 등장하게 될 것이다. 그러면 저항권을 헌법에 규정한다고 할 때 그것이 어떠한 성질의 권리이며, 어떠한 전제하에서 발동될 수 있으며, 어떠한 형태로 행사될 수 있으며, 또 그것에 대해서 어떠한 법적효과가 나타날 수 있을 것인가를 알아볼 필요가 있다.

② 이상의 헌법규정들에서 알 수 있듯이 저항권은 자유민주주의 헌법질서와 기본적 인권을 수호하려는 최후의 보루로 되어 있다. 여기서 주의할 것은 저항권을 통한 보호대상은 자유민주주의 헌법질서와 기본적 인권만이라는 점이다. 어떤 독재적 헌법질서의 수호를 위해서 저항권을 원용할 수는 없으며, 또 민주적 헌법질서를 파괴하기 위해 그것을 원용할 수도 없다. 저항권은 인간의 존엄과 가치를 존중하고 보호하는 자유민주주의 헌법질서에 대해서만 충성을 서약하고 있는 것이다.

자유민주주의 헌법은 그 자신의 체제를 지키기 위해서 권력 분립과 헌법재판소의 사법권의 독립, 언론의 자유, 탄핵제도 등 여러 가지 제도적 장치를 강구하고 있다. 그러나 이러한 제도적 장치가 제대로 기능을 발휘하지 못하고 마비상태에 빠지면, 그 헌법은 위기에 처하게 되며 국민들에 대해서 긴급 구조를 호소하게 된다. 이 호소에 응하는 것이 저항권이다. 따라서 저항권은 위기에 처한 자유민주주의 헌법을 되살리기 위한 긴급구조권이며, 적나라한 인권침해에 대하여 힘으로써 대응하는 긴급방어권이다.

③ 저항권은 이와 같이 국민들의 긴급권이기 때문에 물론 평상시에 발동되어서는 안 된다. 마치 국가긴급권이 비상사태하에서만 발동될 수 있듯이 국민의 저항권도 비상사태하에서만 발동될 수 있다. 그러나 여기서 말하는 비

상사태는 전자의 것과는 그 의미가 다르다. 전자의 경우는 국가존립의 안위에 관계된 비상사태를 말하는 것이지만, 후자의 경우는 민주주의의 사망에 따른 인권부재의 비상사태를 말하는 것이다. 이와 같이 저항권의 행사가 정당화될 수 있는 상황은 합법적인 수단을 통해서 인권의 보호가 불가능한 경우, 또는 자유민주주의 헌법질서가 송두리째 마비되거나 찬탈된 경우에만 존재한다.

그러므로 아직 인권에 대한 사법적 구제가 가능하고 자유민주주의 헌법질서가 기능을 계속 발휘하고 있는 한 저항상황은 발생하지 않는다. 표현의 자유, 비판의 자유와 같은 헌법상의 권리가 아직 국민에 의해서 행사되는 것이 허용되어 있는 한 비록 이런 것들의 표현이 데모의 형태로 행동화되었다 할지라도 그것은 결코 저항권의 행사는 아니다. 왜냐하면 헌법상 보장되어 있는 기본적 자유가 아직 기능을 발휘하고 있기 때문이다. 오히려 그러한 헌법상 보장된 기본적 자유가 완전히 억압되어 부정당할 때 자유를 다시 회복하기 위하여 실력행사를 하는 것은 저항권의 발동이다. 그러므로 모든 데모나 난동이 저항권으로 정당화되는 것은 결코 아님을 알아야 한다. 양자의 개념을 혼동하지 않는다면 평상시에 나타나는 데모의 불안요소 때문에 저항권을 인정하기 곤란하다는 우려는 안 해도 될 것이다. 저항권은 어차피 데모조차 할 수 없는 민주주의의 막다른 골목에 이르러서야 비로소 발동되는 것이기 때문이다.

그러면 저항상황이 주어졌을 때 어떠한 형태로 저항권을 행사할 것인지 그 행사양태는 특정되어 있지 않다. 주어진 저항상황의 특성에 따라 소극적 저항으로 대처할 수도 있다. 소극적 저항의 경우로는 국가권력에 대한 복종거부, 직무집행거부, 특히 법관에 의한 악법의 적용거부, 입법자에 의한 악법의 입법거부, 정치적 파업, 태업, 납세불응, 동맹휴학, 낙서 등에 이르기까지 모든 비폭력적 저항이 이에 속하며, 적극적 저항의 경우로는 폭력적 시위, 정치적 테러, 기타 생각될 수 있는 모든 폭력적 저항이 이에 속한다.

이러한 폭력적 저항의 경우는 심하면 무정부상태를 야기시킬 수도 있기 때문에 그 합법성이 논란되지만, 그것이 이 자유와 인권을 쟁취하기 위한, 또는 회복하기 위한 유일하게 남겨져 있는 수단일 때에는 저항권의 행사로서 정당화된다. 환자가 피흘리는 것이 두려워 수술을 단념한다고 그대로 죽일 수는 없는 노릇이다. 어느 한 국가에 이러한 막다른 저항상황이 발생하는 것은 참으로 불행한 일이다.

오히려 이러한 저항상황에 이르지 않도록 평소에 비판의 자유를 충분히 보장해서 입법적으로 개혁해 나가는 것이 가장 현명한 방법일 것이다.

④ 저항권의 법적 효과는 그것이 대내적 저항이건 대외적 저항이건 그 저항권의 행사가 정당화되어 불법으로 되지 않는다는 점에 있다. 마치 정당방위 행위나 긴급피난 행위가 법적으로 정당화되어 반란이나 반역으로 처벌되지 않는다. 이러한 정당화 사유는 물론 자연법에 근거를 두고 있다.

그러나 저항권이 자연법에만 근거하고 있으면 법관이 재판규범으로 원용할 수가 없다.

법적 효과면으로 볼 때 저항권을 헌법에 규정하는 실익은 그것을 재판의 준거규범으로 만든다는 데 있다. 그러나 저항권은 그것을 헌법에 규정함으로써 비로소 법적권리가 되는 것은 아니며, 그 이전에 이미 자연권으로 존재한다. 그것은 마치 정당방위권이나 긴급피난권이 형법에 규정되기 이전부터 하나의 자연권으로 존재했던 것과 마찬가지다.

그러므로 저항권을 설령 헌법에 규정하지 않는다 할지라도 그러한 권리는 헌법밖에서 의연히 존재한다는 사실을 잊어서는 안 된다.

아무리 좋은 헌법을 만들지라도 그 헌법을 준수하지 않으면 그것은 명목상의 헌법으로서 단순한 활자 이외의 아무 것도 아닐 것이다.

또 아무리 좋은 헌법을 가져도 국민들이 그 헌법을 수호하지 않으면 그것은 조만간 사문화되고 만다. 전자는 특히 위정자가 지켜야 할 일이고, 후자는 특히 국민이 담당해야 할 일이다. 지금 우리는 좋은 헌법을 가지려고 애쓰고 있으며 이것은 중요한 일이다.

그러나 그 좋은 헌법을 수호하는 일은 더 더욱 중요한 일이다. 그 헌법수호의 마지막 수단으로서 저항권을 헌법에만 명시하는 것은 법적으로도 의의 있을 뿐만 아니라, 정치적으로도 민주수호에 대한 국민의 단호한 의지를 표명하는 것으로서, 새 헌법에는 이 저항권의 조문화가 꼭 이루어지기를 바란다고 논하고 있습니다. (1980년 2월 4일 자 동아일보 참조)

(3) 숭전대학의 양건 교수는

① "우리나라 헌법에는 저항권에 관한 명시적인 규정이 없다. 종래의 헌법도 현행의 헌법도 마찬가지다. 그러나 5·16 이후의 제3공화국 헌법 이래로 헌법전문에서 건국이념의 하나인 '4·19 의거의 이념을 계승'한다고 규정하고 있다. 4·19 혁명의 법적성질에 관하여는 여러 견해가 있을 수 있겠으나, 이를 저항권의 행사로 파악한다면 우리 헌법도 결국 간접적으로나마 저항권을 인정하고 있는 것으로 된다" 하고

② 특히 원심판결이 그 견해에 따른 것으로 보이는 1975년 4월 8일 선고 74다3323호 사건의 대법원 판결에 대하여,

첫째, 저항권론을 '일부 극소수의 이론'으로 몰고 있는 것은 무지가 아니라면 고의적인 왜곡이다. 서독의 연방헌법재판소가 독일 공산당에 대한 위헌판결에서 "명백한 불법정부에 대한 저항권은 오늘날 법률관에 의할 때 당연한 것으로 인정된다"고 말하고 있는 것에 비추어볼 때 우리 대법원 판결은 도대체 어떻게 이해해야 할 것인가. 외국의 경우를 볼 것도 없이 우리나라에서도 대표적인 헌법학자들은 극히 일부의 극소수가 아예 논급하고 있지 않은 것을 제외하면 거의 대부분 저항권을 자연법상의 권리로서 이를 인정하고 있다.

둘째, 위의 판결은 철저한 법 실증주의에 입각하고 있다. "법은 법이다"라는 19세기적인 법 실증주의를 오늘날에도 고집하고 있다는 것은 시대착오도 이만저만이 아니다.

전술한 것처럼 그것이 결국 나치즘으로 연결되었다는 것은 주지하는 대로이다. 실정법의 해석 적용에 있어서도 자연법적 원리를 도입하는 것이 중

요하다.

셋째, "국가의 법질서 유지를 그 사명으로 하는 사법기능 운운"하는 부분은 우리 대법원의 전근대성을 단적으로 드러내고 있다. 오늘날 민주국가에서의 법원의 사명이 국민의 인권보장에 있다는 것은 초보적인 상식에 속한다. 법질서 유지의 목적은 인권보장을 위한 것이어야 한다고 비판하고 있는 것입니다.(1980년 2월 10일 자 주간조선 참조)

6. 요컨대 오늘날 저항권은

첫째로, 그 나라 헌법에 규정되어 있고 없음을 가림이 없이 당연한 권리고 인정되어야 한다.(이 점에 대한 참고로 1956년 8월 서독연방정부에 의한 공산당 해산 사건에 대한 독일연방공화국 헌법재판소 판결 이론 중 일부를 인용하면 "서독 헌법은 저항권의 조항을 두고 있지 않다. 그러나 그렇다고 해서 그와 같은 저항권이 이 헌법질서에서 인정될 수 있느냐 하는 문제가 애당초부터 부정적으로 대답될 것은 아니다. 특히 명백한 불법정권에 대한 저항권은 현대 법률관에 있어서는 결코 생소한 것이 아니다. 그와 같은 불법정권에 대하여 정상적인 법적 구제가 불가능하다 함은 우리가 경험을 통하여 잘 아는 바이다. 이 점에 대한 자세한 조사는 필요하지도 않다……")
그리고 성문규정이 없는 경우에 굳이 성문적 근거를 찾자면 헌법의 전문, 국민주권의 원리, 인간의 존엄과 가치를 보장하는 헌법의 기본권 규정의 이면해석 등이 바로 그 근거가 된다는 것도 많은 학자의 찬동을 얻고 있는 실정이고,

둘째로, 저항권은 자유민주주의의 헌법질서유지와 기본적 인권의 수호를 위해서만 허용된다. 따라서 그것을 파괴하는 행위에는 여하한 경우에도 저항권 이론은 적용될 수 없다.

셋째로, 저항권은 그 헌법질서에 의하여 보장된 모든 방법에 의한 권리구제가 되지 않을 때에 최종적으로 적용된다. 따라서 헌법위원회라든가 사법기능이 건재하고 급박하지 않을 때에는 적용될 수 없다.

넷째로, 그 형태는 수동적 저항이나 능동적 저항이나 폭력적 저항이나 비폭력적 저항이나를 가리지 않고 위 세 가지 요건만 충족하면 적법한 저항권 행사로 인정된다고 하는 것이 그 골자라고 할 수 있습니다.

7. 그러면 피고인의 본건행위 즉 박정희 대통령은 유신헌법의 제정으로 자유민주주의를 말살하고 그 불법을 유지 존속시키는 유신의 핵이었으므로 자유민주주의를 회복하기 위하여 그 핵을 제거하는 수단으로 다른 선택방법이 없어 그를 살해한 행위가 위 저항권 행사에 해당하는 여부를 가리려면

첫째로, 본건행위로 인하여 파괴되는 대상이 자유민주주의 헌법질서와 기본적 인권인가 하는 점과 그 행위의 결과로 회복하고자 하는 질서가 또한 민주헌정과 인권보장제도인가의 여부와,

둘째로, 행위 당시에 그러한 질서와 인권의 침해가 모든 헌법기관에 의하여도 구제될 수 없었는가 하는 점과 아울러 그 침해상태가 급박하였던가 하는 점이 규명되어야 할 것인바,

(1) 위 첫째 점에 관하여 상고이유 제2점에서 논급한 바와 같이 유신헌법은 그 성립자체가 정당한 제3공화국 헌정을 불법 중단시킴으로써 생겼고, 그 성립 경위가 국민의 의사에 의하지 아니하였으며, 그 내용이 기본적 인권은 대폭 유보되고 국가 3권은 대통령 1인의 수중에 집중됨으로써 그것은 도저히 자유민주주의 헌법질서가 될 수 없는 것이었고, 그 운영의 실제와 결과는 그나마 유신헌법에 규정된 국민의 자유와 기본적 권리가 보호되지 아니하였을 뿐 아니라 철저히 유린된 것은 객관적으로 명백하였고, 10·26 이후 긴급조치는 해제되고 유신헌법 폐지와 아울러 민주헌법 제정은 민과 관할 것 없이 거국적으로 그 진행이 논의되고 있으므로, 더 여러 말을 보탤 것이 없이 피고인이 본건행위로 파괴한 것은 반민주적 법질서와 반인권적 제재이고, 그 결과로 회복되고 또한 추구되고 있는 것은 민주적 헌법질서이고 기본적 인권의 보장체제인 것이 너무나 명백합니다.

(2) 그다음 본건행위 당시에 기본권 침해와 헌정마비가 급박하였고 모든 합법적 구제 절차가 불가능하였는가 하는 점에 대해서도 같은 상고이유에서 상론하였는바

① 신체의 자유는 유신체제 지지에 소극적인 국민은 누구나 불법하게 감시, 미행, 연행, 구금, 고문 등 말할 수 없는 침해를 받아왔고, 유신헌법, 긴급조치 비판자는 물론 박정희 대통령과 그 아들 딸들에 대한 사생활에 관한 소문을 퍼뜨렸다는 사람까지도 긴급조치 위반이다, 국가보안법 반공법 위반이다, 등등으로 소추되고 이렇게 소추되는 국민은 형사소송법 소정절차에 의한 피고인의 방어권을 제대로 행사할 수 없었을 뿐 아니라 판결은 전부 정부측 요구대로 떨어졌으니, 제일 중요한 신체의 자유는 극도로 침해되었고, 모든 구제 절차에 의한 구제가 불가능하였으며,

② 언론, 학문, 종교 등 자유도 전술 상고이유에서 논급한 바와 같은 바 그중 한 가지 예만 들자면 동아일보사의 광고탄압사건, 동아·조선일보사의 기자 축출사건, 각 공사립 대학에서의 양심 교수 해직사건, 시인 김지하를 위시한 교수 문인 등의 필화사건, 현재까지도 문공부 창고에 가득 차 있는 유신헌법 또는 긴급조치 9호 위반이라는 이유로 압수된 각종 출판물, 이른바 반체제 성직자가 있는 성당과 교회 그리고 각 대학 주위를 항상 감시하고 있는 수사정보 기관원 등등 이루 다 그 침해사실을 제시할 필요도 없이 그 침해는 극에 달하였고, 재판으로도, 진정으로도, 언론으로도 아무런 구제방도가 없었으며,

③ 근로자의 노동3권은 국가보위에 관한 특별조치법으로 묶이고, 노동조합은 거의 기업주와 정부측 사람으로 채워져 어용화되고, 그 구제를 행동화하는 경우는 평화시장 사건과 같이 공무집행방해죄명으로 처단되거나, Y.H. 사건과 같이 경찰의 곤봉세례로 해산되거나 동일방직 사건과 같이 오물세례를 받고 축출될 수밖에 없었으니, 그 침해 정도와 구제방도를 더 논해서 무엇하겠습니까?

④ 재산권의 보호도 유신 전에 공공수용된 개인의 재산에 대한 정당한 보

상과 국가공무원의 불법행위에 대한 손해배상청구권에 관하여 부당한 제약을 가한 국가배상법 등이 위헌이라고 하는 판결에 가담한 대법원 판사 전원을 유신 후에 해임한 후, 유신헌법 조항에 국가배상에 관한 규제 규정까지 두어, 정부는 그가 원하는 대로 안보시설이다 시가정비다 하여 개인의 재산권을 안일하게 요리할 수 있었으므로, 오늘날 국민 누구에게 물어도 자기땅 자기집이라고 생각하는 사람이 거의 없을 것으로 생각하는 바이니 그 침해의 정도와 구제의 실상을 어떻다고 말할 필요가 없을 것 같습니다.

⑤ 그리고 모든 기본권 침해의 구제 청구재판사건에서 제기된 많은 위헌 주장에 대하여 위헌판결은 고사하고 단 한 건도 법원의 헌법위원회에 위헌 심사를 청구한 일도 없었음은 귀원에 현저한 사실로 우리는 알고 있습니다. 그렇다면 국민의 공권력에 의한 침해를 합법적으로 구제받을 수 없었음은 스스로 입증된 것이라고 하겠습니다.

⑥ 그다음에 위와 같은 권리침해에 저항하는 방법으로 평화적 시위나 집회가 가능하였는가를 볼 필요가 있습니다.

법령에 수록되어 있는 긴급조치 9호의 조문 내용을 보면 잘 알 수 있거니와, 그 조치는 제도적으로 그러한 평화적 저항까지도 근원적으로 봉쇄하였고, 그러한 시위나 집회도 단 두 사람이나 세 사람이 모여 의논만 하여도 시위의 예비다 음모다 하여 모조리 검거하여 소추 처단한 것은 귀원에 있는 관계 형사기록을 보시면 더 잘 알 수 있을 것입니다.

시위나 집회를 단속하는 당국의 방법은 유신하에서 실로 대단하였습니다. 그 막대한 숫자의 기동경찰 병력이 무자비하고 난폭한 데모 대처와 전화도청, 신서검열, 다방 술집 등에서의 정보수집에 종사하는 기관요원 등의 숫자는 실로 데모에 가담하는 숫자보다 더 많았을 것으로 추측됩니다.

실정이 이상과 같을진대 국민의 권리침해는 그 이상의 설명을 요하지 않고 극에 달하였다고 할 것이며, 그 구제는 합법적 소추의 방법으로도, 수동적 저항방법으로도, 혹은 평화적 능동적 저항방법으로도 길이 막혀 있었다고 아니할 수 없습니다.

그렇다면 인권침해는 급박 현존하고 민주헌정질서는 비상상태에 들어 있다고 아니 할 수 없을 것이니, 이 경우에 그 침해원천을 제거한 행위를 곧 국민의 권리수호를 위한 저항권 행사라고 아니하면 어느 경우에도 저항권은 적용될 수 없을 것입니다.

8. 뿐만 아니라 본건에서의 피고인의 위 행위는 비록 폭력적 능동적 저항권의 행사라고 할지라도 외국의 사례에서 찾아보기 드문 특수한 권리구제를 한 저항권 행사라고 할 수 있습니다.

즉 상고이유 제1점에 기술한 바와 같이 피고인이 1979년 10월 17일 박정희 대통령에게 부산 마산 사태의 실상은 그 가담한 자가 아직 순수한 학생만이 아니라 대다수가 성인시민으로서 체제도전, 정부불신, 고물가정책에 대한 항의, 조세저항 등 민란의 형태였고, 정보부의 정확한 자료에 의하면 그보다 더 큰 규모의 데모가 미구에 5대도시로 확산되게 된다는 보고를 하는 자리에서 박정희 대통령은 내가 발포명령을 하겠다고 하고, 차지철은 탱크로 100만 내지 200만 명만 깔아뭉개면 된다고 되풀이 말하고, 그 후 계속 강경자세를 추호도 누그러뜨리지 않는 것을 본 피고인은 앞으로 수많은 애국시민의 생명이 희생될지도 모른다고 우려한 나머지 그 일주일 후인 10월 26일 본건 거사를 하게 된 것이라 함은 이미 위에서 본 바와 같습니다. 이 점에 관하여는 별도의 상고이유로 언급도 하겠거니와 이러한 경우와 같이 그 침해하려는 대상이 그 수많은 국민의 전 인격인 생명이었다는 점과 그 침해가 매우 급박한 상황하에 있었을 때에 피고인과 같은 지위에 있는 사람이 아니고, 또 피고인이 본건행위에서 취한 것과 같은 방법이 아니었더라면 진정 수많은 국민의 생명이 무참하게 쓰러졌을 것이라는 것은 가정이 아니라 어느 누구도 수긍할 수 있는 일이라 할 것이니, 저항권 행사도 이쯤 되면 참으로 순교자적인 결단에 따른 고결한 권리행사라고 하지 않을 수 없고, 지금 헌법제정 논의 과정에서 저항권이론이 가장 활발하게 논의되는 것도 이와 그 관점을 같이하는 것이라고 생각됩니다.

9. 따라서 민주국가에 당연히 인정되는 이러한 저항권행사 행위를 실정법상 근거가 없는 막연한 개념 운운하면서 이를 형법상 정당한 행위로 보지 아니하고 적용을 배척한 원판결은 마땅히 파기되어야 할 것입니다.

상고이유 제5점

원판결에는 긴급피난의 위법성조각사유를 간과한 잘못이 있습니다.

1. 본건행위가 이루어진 10·26 당시의 국내정치 상황이 유신헌법상으로도 일정한 요건과 잠정적으로만 할 수 있는 긴급조치를 박정희 대통령은 발동 요건인 국가의 안전과 공공질서가 위태롭게 된 급박하고 중대한 아무런 사실이 없음에도 오직 그 정권안보를 위해 위와 같은 요건이 있다는 구실을 붙여서 발동하고, 근 5년간을 지속시키면서 많은 국민의 신체의 자유와 언론, 학문, 결사, 집회 등 모든 자유를 억압하고 있었고, 또한 그 해제와 유신 철폐를 주장하는 많은 국민의 생명을 희생시키겠다고 공언하고 있었으며, 피고인은 그 유신철폐 긴급조치 해제 등을 수없이 권유하였으나 불응하므로 위 유신체제 등으로 인해 침해받고 있는 많은 국민의 자유와 생명을 방어하기 위하여 다른 방도가 없어, 할 수 없이 본건 거사를 한 것이라고 함은 이미 위 각 상고이유에서 주장하여 온 바와 같습니다.

2. 그렇다면 위 10·26 당시에 수많은 타인의 생명, 신체, 자유에 대한 위난이 현재하고 있다고 할 것이고, 본건행위는 위와 같은 현존하는 위난을 피하기 위하여 어찌할 수 없이 한 일에 해당하고, 또한 본건행위로 인하여 발생한 피해는 피하려고 하였던 피해와는 비교가 안 될 정도로 과소한 것이라고 하여야 할 것입니다. 그렇다고 하면 원심은 위와 같은 사유로 위법성이나 책임조각사유에 해당한다 하여 무죄선고를 하였어야 할 것인데, 이를

간과하고 판결하였으니 이 또한 잘못한 일이라고 할 것입니다.

상고이유 제6점

> 원심은 군법회의법 제62조, 제315조에 위배하여 변호인 없이 개정을 함으로써 판결결과에 영향을 미친 위법을 범하였습니다.

군법회의법 제62조, 제315조에 의하면 군법회의 사건은 필요적 변론이고, 따라서 변호인의 출석 없이는 개정할 수 없게 되어 있는데, 원심은 1980년 1월 22일 제1차 공판기일에 피고인 김재규 변호인들의 출석없이 개정, 심리를 하였습니다.

위의 기일에 이 사건 피고인들 중 상피고인 김계원, 같은 김태원만이 출석하고 피고인 김재규를 위시한 나머지 피고인들은 출석치 아니하였으나, 원심이 위와 같이 일부 피고인만의 출석을 명한 것은 군법회의법 제416조에 의한 조치이었을 뿐, 같은 법 제347조에 의한 변론의 분리는 아니었던 바, 이 점은 원심의 1차 2차 공판조서 중 피고인 출석사유란의 기재와 2차 공판기일에서의 법무사 신학근의 고지내용을 보아도 알 수 있습니다.

이와 같이 변론의 분리가 아닌 이상, 위 1차 공판기일의 심리대상은 당연히 상호 공범관계에 있는 김재규 등 불출석 피고인을 포함한 이 사건 공소사실 전체에 걸친 것으로 보아야 할 것입니다.

그리고 위 기일의 공판조서를 보면, 피고인 김재규에 대한 공소사실 중 일부의 수정이 포함된 공소장 변경이 허가되고, 출석 피고인 김계원에 대한 신문과 진술 중에는 이 사건 거사의 동기, 경위 등 피고인 김재규에 관한 사실의 확정 및 법적평가와 불가분의 관계에 있는 사항들도 포함되어 있어서, 현실적으로도 당일의 심리가 피고인 김재규에 대한 공소사실까지 그 대상으로 삼았던 것임은 의심의 여지가 없습니다.

1차 공판기일에 있어서의 심리의 대상과 내용이 그러하였음에도 불구하고, 원심은 피고인 김재규의 변호인들에게 1월 22일 10시로 지정 고지되었던 1차 공판기일을 1월 23일 10시로 변경통지를 하고, 이 통지에 따라 위 변호인들이 출석치도 아니한 1월 22일에 1차 공판기일을 개정하였는바, 이는 변호인의 조력을 받을 권리를 보장한 헌법과 군법회의법의 위 각 규정에 배치되는 것이고, 따라서 위 기일의 심리는 효력이 없는 것이므로, 이에 기초한 원판결은 당연히 파기되어야 합니다.(대법원 64. 6.1 6. 선고 64도 151호, 66. 7. 19 선고 66도577호 각 판결 참조)

상고이유 제7점

원심은 제1심에서의 갖가지 절차상의 위법을 간과하고, 그 위법절차에 의한 심리결과를 토대로 판결함으로써 판결 결과에 영향을 미친 위법이 있습니다.

1. 비공개 심리에 관하여

헌법 제24조 3항, 제107조 및 군법회의법 제67조는 공개재판의 원칙을 천명하고, 예외적으로 비공개의 요건을 '안녕질서를 방해하거나 풍속을 해할 우려가 있는 때 또는 군기보지상 필요한 경우'로 엄격히 한정하고 있으며, 비공개의 경우에는 반드시 군법회의 비공개 결정에 의하여야 한다고 규정하고 있습니다.

이와 같은 재판의 공개는 형사피고인의 기본적 권리인 동시에 국가사법작용의 적정성을 보장하고, 국민일반의 알권리에 봉사한다는 의미를 갖는 것입니다.

그런데 제1심 군법회의는 1979년 12월 8일 제2회 공판기일에 있어서의 피고인 김재규에 대한 변호인 및 법정신문과 1979년 12월 18일 제9회 공판기일에서의 같은 피고인의 최후 진술을 비공개리에 진행하였습니다. 그러나 위의 비공개는 우선 그 요건 사유에 있어서 헌법과 군법회의법을 위배한 것입니다. 즉 기록 중, 위 각 해당공판조서의 기재에 의하여 알 수 있는 바와 같이, 비공개리에 한 피고인 김재규의 사실진술이나 최후진술은 모두 이 건 10 · 26 거사의 동기목적, 전후경위와 현재의 심경 등을 밝힌 것으로서 그 중 어디에도, 공개될 경우 안녕질서를 해칠 우려가 있다거나 군사기밀에 해당하는 것이라 볼 만한 것은 전혀 없습니다.

따라서 위의 비공개는 전시 요건 중 어느 하나도 갖추지 못한 것이고, 나아가 이 사건의 역사적 중대성이나, 이 거사의 참된 동기가 무엇이며, 그 역사적 의미는 어떠한 것인가 하는 점에 관한 전 국민적 관심을 외면한 채, 진실의 은폐에만 급급했다는 인상마저 주는 한편, 그 당연한 반작용으로서, 유언비어를 양산하는 계기를 제공함으로써 오히려 사회의 안녕질서를 해치는 결과를 빚었습니다.

다음 1심 9차 기일에서의 최후진술의 경우는 군법회의법 제67조에 의한 군법회의 비공개 결정도 하지 아니한 채 사실상 공개를 금한 것이었습니다. 즉 법 제85조 제2항 제5호에 의하면 재판의 공개를 금한 때에는 공판조서에 그 취지와 공개를 금한 이유를 반드시 기재하도록 되어 있습니다.

그런데 위 최후진술은 분명히 비공개리에 행하여졌음에도 불구하고 그날짜 공판조서에는 공개를 금했다는 취지나 공개를 금한 이유에 관한 기재라고는 전혀 되어 있지 아니합니다. 이는 그날의 공판절차에 있어서 군법회의가 비공개 결정을 한 바 없다는 것을 의미하는 것이고, 따라서 비공개결정 없이 사실상 공개를 금한 위법을 범한 것이라 하겠습니다.

이상과 같이 제1심의 비공개 심리는 비공개의 사유, 그 절차 양면에서 명백한 위법인바, 비록 원심이 제1심 판결을 파기하고 재판을 하였다 하더라도 원심판결이 제1심의 위와 같은 위법절차에 의한 심리결과를 토대로 삼은 것임은 원판결 이유설시에 의하여 분명하므로, 제1심의 절차상의 위법은 당연히 원판결 결과에 영향을 미쳤다 할 것이고 따라서 원판결은 파기되어 마땅합니다.

2. 피고인에 대한 퇴장명령에 대하여

제1심 군법회의는 1979년 12월 10일 제3차 공판기일 중 상피고인 김계원 등에 관한 신문을 할 때에, 군법회의법 제343조 2항을 내세워, 상피고인 등이 피고인 김재규의 면전에서는 충분한 진술을 할 수 없다는 이유로 피고인 김재규의 퇴정을 명한 바 있음은 당해 공판조서의 기재에 의하여 분명합니다.

형사피고인은 원칙적으로 모든 공판절차에 재정(在廷)할 권리를 갖는 것이고, 특히 이 사건에서와 같이 전 피고인이 공동정범으로 기소가 되고 더러는 이해가 상반할 가능성이 있는 경우에 있어서, 피고인이 자기방어를 위하여 다른 상피고인의 진술을 직접 청취할 권리가 있다는 것은 더 말할 나위가 없습니다.

그런데 제1심은 상피고인 김계원 등에게 과연 피고인 김재규의 면전에서 진술을 할 수 없는지 여부를 물어 확인해본 사실도 없고, 달리 위와 같은 사정을 인정할 아무런 사유도 없었음에도 불구하고, 검찰의 신청 하나 만에 의하여 곧바로 피고인 김재규의 퇴정을 명하였는바, 이는 정당한 사유 없이 피고인의 재정할 권리를 박탈한 위법 명령이라 아니할 수 없습니다.

또 군법회의법 제343조 제3항은, 피고인을 퇴정시킨 경우에 다른 피고인 또는 증인의 진술이 끝났을 때는 퇴정한 피고인을 입정시킨 후, 서기로 하여금 진술의 요지를 고지케 하여야 하고, 이 경우 피고인은 그 진술자에게 직접 신문할 수 있다라고 하여 퇴정했던 피고인으로 하여금 퇴정 중의 진술내용을 즉시 알 권리와 진술자에 대한 신문권을 보장하고 있습니다.

그런데 위 기일 공판조서에 나타나는 바와 같이 제1심은 상피고인 김계원 등에 대한 신문을 마치고 피고인 김재규를 다시 입정시키지도 아니한 채 그대도 폐정을 함으로써, 동 피고인으로 하여금 퇴정 중의 진술내용을 즉시 알 권리와 필요한 경우 이에 대한 반대신문을 할 권리마저 박탈하였습니다.

특히 퇴정 중에 한 상피고인 김계원의 진술 중에는, 피고인 김재규의 평소의 사상과 이 건 10·26의 행위동기, 목적 및 그 필연성 등 이 사건의 핵심적인 쟁점에 관하여 피고인 김재규와는 상반되는 진술이 허다하였다는 점을 감안할 때에, 제1심의 위법한 퇴정명령이 피고인 김재규의 방어권 행사에 미친 영향이 어느 정도이었던가 하는 것은 쉽게 짐작할 수 있습니다.

이상과 같이, 제1심의 퇴정명령은 군법회의법 제343조 2항, 3항을 어겨 피고인 김재규의 방어권행사를 크게 침해한 위법명령이고, 그 위법절차가 원심판결 결과에 영향을 미친 것은 명백합니다.

3. 신문 제한에 관하여

원심 및 제1심 군법회의는 군법회의법 제324조, 제344조에 위배하여 부당하게 신문제한을 한 위법을 범하였습니다.

군법회의법 제324조는 검찰관과 변호인은 피고인에 대하여 공소사실과 정상에 관한 필요사항을 직접 신문할 수 있다고 하였고, 같은 법 제344조는 중복 등을 이유로 신문의 제한을 하는 경우에는 소송관계인의 본질적 권리를 해하지 아니하는 한도에서 제한할 수 있다 하여 신문제한의 한계를 명시하고 있습니다.

그런데 제1심 및 원심의 각 공판조서에 나타나는 바와 같이, 피고인 김재규에 대한 검찰관 및 변호인 신문과정에서 특히 이번 거사의 동기와 목적, 거사직전의 국내정세 및 거사의 불가피성 등에 관한 구체적 언급이 나오려 할 때마다 심판부는 거의 조건반사적으로 신문 및 진술 제한을 하여왔음은 기록상 분명합니다. 특히 원심에서는, 법적 근거도 없이 피고인에 대한 신문사항의 요지를 서면으로 미리 제출케 하고 그 대부분을 중복, 국가기밀 등 이유를 내세워 신문대상으로 삼는 것조차 금지하는 등 사전검열까지 곁들였고, 그 결과 피고인 김재규에 대하여는 사실심의 최종심인데도 불과 5~6개 항의 신문으로 끝을 내야 하는 지경에까지 이르렀던 것입니다.

군이 이 사건의 역사적 중대성을 내세우지 않더라도, 거사의 진정한 동기, 목적이 무엇이며, 그것이 왜 불가피하였던가 하는 점은 이 사건 공소사실의 핵심부분이고 탐구되어야 할 실체 진실의 전부입니다. 그런 의미에서 피고인 김재규와 그 변호인이 위 각 쟁점과 그 관련사항에 관하여 신문하고 진술하는 것은 소송관계인으로서의 본질적 권리라 할 것이고, 따라서 원심과 제1심이 중복 기타 이유를 내세워 위의 신문, 진술을 극도로 제한 또는 금지한 것은, 신문제한의 한계를 넘어 피고인의 변호인의 방어권에 대한 중대한 침해이며, 이러한 위법이 원판결 결과에 영향을 미쳤을 것은 명백합니다.

4. 증인신문에 관하여

원판결에는 위법 절차에 의하여 조사한 증인의 진술을 채증한 잘못이 있습니다.

첫째, 원심이 채증한 유혁인에 대한 증인신문조서에 의하면 동 증인신문에 피고인 김재규를 참여시키지 않았음이 분명합니다. 이는 피고인의 증인신문참여권과 이를 통한 반대신문권을 보장하고 있는 군법회의법 제204조를 어긴 중대한 위법입니다.

둘째, 증인을 신문함에 있어서는 군법회의법 제106조 내지 108조에 따라 소정의 소환장을 송달, 소환하는 절차를 거쳐야 할 것인데, 이 건에 있어서 위의 소환절차를 거친 바 없음은 물론이고, 더러는 검찰이 증거신청도 하기 전에 증인들을 미리 대기시켰다가 신청 즉시 채택 신문한 사례까지 있었음은 일건기록상 분명합니다.

이와 같은 일을 단지 위 각 법조가 정한 절차 위배일 뿐 아니라, 결과적으로 피고인과 변호인이 반대신문을 준비할 기회를 갖지 못하게 하는 것으로서 공격, 방어의 균형을 깨뜨리는 중대한 절차상의 위법이라 아니할 수 없습니다.

따라서 이상과 같은 위법절차에 의한 증인신문 결과를 모두 채증하였다는 점에서 원판결은 파기를 면치 못할 것입니다.

상고이유 제8점

원심은 재판상의 독립을 보장한 헌법 제102조와 군법회의법 제28조를 위배한 위법이 있습니다.

1. 헌법 제102조는 "법관은 이 헌법과 법률에 의하여 그 양심에 따라 독립하여 재판한다"라고 규정하여, 법관의 재판상의 독립, 이른바 판결의 자유를 보장하고 있습니다.

이 재판상의 독립이란, 법관이 재판권을 행사함에 있어서 입법, 행정 등 다른 어떤 기관의 지시, 간섭으로부터도 독립하고 그 상사를 비롯 당사자나 기타 어떤 정치, 사회세력의 영향도 받지 않는다는 것, 법관을 속박하는 것은 오로지 헌법과 법률과 양심뿐이라는 것을 뜻합니다.

그리하여 법관의 재판작용은, 일체의 압력이나 간섭으로부터 자유로운 가운데, 오로지 객관적 정의와 그 고유한 주관적 법적 확신의 실천이어야 한다는 것이며, 이러한 상식적 원리는 군법회의라고 하여, 비상계엄이라고 하여 예외일 수 없을 뿐 아니라 또한 군법회의법 제28조가 명백히 선언하고 있는 바와 같습니다.

오히려 군법회의가 행정부 소속 군 조직의 하나임을 감안할 때에, 그리고 머리말과 다른 상고이유에서 누누이 밝힌 바와 같이 이 사건은 하나의 시대를 획분하는 역사적 사건이고, 따라서 이 사건을 보는 눈에 있어서 신·구 가치체제 간의 대립, 갈등은 필연적으로 첨예화할 수밖에 없다는 점에서, 이 사건에서야말로 재판상의 독립은 그 재판을 재판일 수 있게 하는 유일한 담보라 하겠습니다.

2. 그러나 유감스럽게도 원판결과 그것이 터 잡은 제1심 심리과정을 살펴볼 때 원판결에 있어서의 재판상의 독립은 부정되지 않을 수 없습니다.

(1) 우선 원심과 제1심이 공판진행 과정에서 유독 피고인 김재규에 관하여,

그 진술이 이 거사의 필연성이나 행위동기의 심층으로 들어갈 때마다, 중복이다, 국가기밀이다 등 이유를 내세워 신문과 진술을 극도로 제한하고 이 사건 심리의 가장 핵심적 단계를 정당한 이유없이 비공개로 진행하였으며, 때로는 피고인 김재규를 부당하게 퇴정시키고, 위 피고인과 변호인의 출석 없이 개정하고 증인신문을 하는 등등의 위법절차로 피고인측의 방어권과 변호권행사를 숱하게 침해하였다는 것은 이미 앞의 상고이유에서 본 바와 같습니다.

(2) 피고인의 권리침해는 여기에 그치지 않았습니다. 기록상 명백한 바와 같이 제1심은 1979년 12월 4일 공판을 개시한 이래, 같은 달 18일의 결심 공판에 이르기까지, 대법원의 재판권 재정결정을 기다리는 3일간을 빼고는 매일 아침부터 밤늦게까지 무려 9차에 걸친 기일진행을 하고 결심 후 이틀 만인 12월 20일 서둘러 판결 선고하였습니다.

실로 선례를 찾기 어려운 강행이었거니와, 심지어 제3차 공판기일에는, 피고인의 건강이 극도로 악화되어 진술조차 불가능한 상태가 되자, 변호인 측이 인도적 입장에서 반대신문권을 포기하면서까지 기일 연기를 요구하였음에도 불구하고, 심판부는 의사의 진단을 시키고 주사까지 맞힌 후 굳이 다음 차례인 법정신문을 강행한 정도이었습니다.

그 당연한 결과로 군법회의 스스로가 공판조서의 작성조차 하지 못한 채 결심을 하여야 하였고, 변호인도 기록열람의 기회를 가져보지도 못한 채 최종변론에 임해야 하였습니다.

또 변호인은 군법회의법 제90조 2항에 따라 공판정에서의 진술녹취권을 당연히 갖는 것임에도 불구하고, 제1심은 마치 그것이 법원의 허가사항이라도 되는 양, '녹취신청을 기각한다'고 하여 불법으로 그 권리를 박탈하였고, 앞서 본 바와 같은 강행군을 하면서도 검찰측 신청에 대하여는 재정증인 9명을 포함, 무려 16명의 증인을 채택 신문하는 아량을 보이면서 피고인과 변호인측 신청의 증거방법은 단 하나도 채택치 않는 등 공격, 방어의 균형을 현저히 깨뜨렸습니다.

이상의 전례 없는 심리강행은 항소심에 이르러 더욱 도를 더하였습니다.

항소이유서 제출기한이 1980년 1월 21일인데 원심은 그 마감일이 되기도 전에(물론 항소이유서도 제출되기 전에) 제1회 공판기일을 마감일의 바로 익일인 1월 22일로 지정고지하였고, 1월 22일, 1월 23일, 1월 24일, 연3일 간의 계속심리를 한 후 1월 28일 판결을 선고하였습니다.

마치 미리 예정된 불변의 일정표라도 있다는 듯한 강행이었고, 그 결과 양형부당은 상고이유가 될 수 없다고 한(다음 상고이유에서 보듯이 이 점은 위헌이다) 군법회의에서 실로 기소된 지 불과 2개월 만에 항소이유서 제출기한으로부터 정확히 1주일 만에 전 피고인에게(피고인 유석술 제외) 극형에 처하는 제2심 판결이 선고된 것입니다.

피고인과 변호인들은 이상과 같은 심리의 초급속과 그 시말을 점철한 갖가지 절차상의 위법, 그것 자체만으로서도 이 건에 있어서의 재판상의 독립-판결의 자유를 의심키에 충분합니다.

3. 그러나 피고인과 변호인들을 참으로 경악케 한 것은 제1심 제1, 2차 공판기일에 있어서, 심리가 진행되는 도중, 심판관석의 뒤쪽 문을 통하여, 심판관들에게 외부로부터의 연락쪽지가 공공연하게, 그리고 수없이 전달된 사례가 있었던 것입니다.

공교롭게도 절차진행 문제로 변호인단과 검찰 또는 심판부가 첨예하게 대립·논쟁을 벌일 때나, 피고인 김재규에 대한 반대신문과 그 답변이 이 건 거사동기의 심층으로 언급되어 갈 때에 주로 그 쪽지가 들락거렸고, 거의 그럴 때마다 심판부로부터 신문제한, 비공개결정 등 피고인에게 불리한 처분이 내려지곤 하였습니다. 민주법정으로서는 상상조차 할 수 없는 일대 오점이라 할 것이고, 바로 이 점이 앞서 본 갖가지 위법진행이 결코 우연이 아니요, 심판부 구성원의 양심이나 그 고유한 법적확신에 의한 것은 더 더욱 아니라는 확증을 제공하는 것입니다.

그뿐 아닙니다. 계엄하의 언론은 이 건 거사의 동기목적에 관한 피고인의 주요진술 부분을 거의 보도하지 못하는 반면, 재판 진행 도중에 계엄사당국이 이른바 김재규의 비행이라는 것을 발표하여 전국의 언론이 이를 대대적으로 보도한 바 있었습니다.

그 발표 및 보도의 시기가 1979년 12월 8일 피고인 김재규가 행위동기를 밝히는 제2회 공판기일에 때맞추어졌다는 점에서, 그리고 그 발표의 내용이 동 피고인을 인격적으로 격하하고, 이 사건에 대한 어떤 예단을 갖게 할 수도 있는 것이라는 점에서, 위 계엄사의 발표와 그 보도 또한 이 사건 결론에 어떤 영향을 미쳤을 가능성을 배제할 수 없습니다.

이러한 계엄사의 발표는 그 후에도 12·12 사건의 진상발표, 국내 4개 단체의 건의에 대한 회답성명 형식을 빌어 원심판결 전후까지 되풀이되었음은 공지의 사실입니다.

4. 하나의 시대를 획분하고 나라와 역사의 갈림길을 제공한 이 역사적 사안에 대한 심리와 판결은 이상과 같이 법정 안팎에서의 갖가지 위법부당한 절차와 불투명한 분위기 속에서 이루어졌습니다. 그 누구도 이 판결을 일컬어 객관적 정의와 주관적 확신에 따라한 독립재판이라고 강변할 수 없습니다. 민주사법의 이념을 위하여서도 원판결은 반드시 파기되어야 합니다.

상고이유 제9점

원판결은 부당한 양형으로 피고인에게 극형을 선고한 잘못을 범하였습니다.

1. 본 상고이유는 상고범위에 관한 군법회의법 제432조가 헌법 제8조의 인간존엄보장 규정과 제9조의 국민평등에 관한 규정에 저촉되어 무효한 것임을 전제로 하고 있음을 먼저 밝혀둡니다.

(1) 위 헌법에 규정한 인간존엄보장에 관한 규정은 이 나라 국민은 누구로부터서도 인간으로서의 대우를 받아야 되고, 또 누구에게도 인간의 대우를 바쳐야 되는 것이 보장되어야 하고, 그것은 개인과 국가와의 사이에서도 다를 수가 없다는 것을 뜻합니다.

본시 인간이 무엇이냐 하는 물음에 대한 대답이 쉬운 일은 아니겠으나, 일반적으로 인간은 영혼과 육체가 결합된 인격체라고 불리워지고 있는 것으로 압니다.

육체는 모든 생물에 공통적으로 있어도 영혼만은 인간의 전유물이며, 다른 생물이 갖지 못하는 영혼을 가지고 있다는 한 가지 때문에 인간은 만유에 군림하여 이를 다스리고 스스로를 발전시켜가고 있다고 설명되고 있는 것도 일반적 견해로 알고 있습니다. 그런데 인격이 영혼과 육체의 결합체라면 그것은 생명체이고 생명체이기 때문에 삶이 끝나면 인격은 소멸됩니다. 따라서 삶의 유지 그것은 곧 인격의 전부요 최고 가치입니다.

그런데 이 인간의 출생 그러니까 삶의 시작은 누구도 그 사람 자신의 뜻으로 비롯되지 않습니다.

그것은 우연하게 주어지는 것이며 구하여 마련되는 것이 아닙니다. 그렇기 때문에 생명은 고귀한 것이요 고귀한 것이기 때문에 자기생명을 자기가 처분할 수 없는 것과 같이 사람은 다른 사람의 생명을 침범할 수 없는 것입니다. 그리고 인격의 소멸은 죽음이고 죽음은 영혼과 육체의 분리현상이며, 이러한 분리현상은 한 번 이루어지면 영원히 되돌아오지 않습니다.

그렇기 때문에 죽음은 반대로 인간에 있어서 고통의 극치인 것입니다. 따라서 고귀한 생명을 종식시키는 죽음을 사람이 사람에게 요구할 수는 어느 사람에게도 더 더욱 없습니다.

그리하여 이러한 이치를 깨달은 인간들은 근대헌법에 너와 내가 서로서로 생명을 존중하고 죽음을 강요할 수 없다고 약속하고 만든 규정이 이 인간존엄보장에 관한 규정인 것입니다. 그러한 까닭으로 근대문명국가는 내가 살자고 남을 죽일 수 없다는 사형폐지론을 점차 수용하여 가고 있습니다.

이상과 같은 인간존엄보장규정의 풀이가 옳다고 한다면, 생명보다 못한 다른 것들에 대한 다툼도 3심재판을 받을 것이 허용되는 재판제도하에서 인간에 있어서 최고가치인 생명을 상실시키겠다는 판결을 받고도 3심불허의 법제 따위는 분명히 위 헌법규정에 저촉되어 무효라고 하여야 할 것입니다.

(2) 또한 헌법에 정한 국민평등에 관한 규정은 모든 국민이 균등한 기회를 가져야 하고 불평등한 제도적 대우를 받지 않는다는 것을 뜻합니다.

그런데 형사소송법 제383조의 상고범위에 관한 규정은 10년 이상의 형의 선고를 받은 경우에 양형부당을 상고이유로 할 수 있게 되어 있습니다. 그럼에도 불구하고 같은 국민이 군법회의법에 의한 판결에서는 사형을 선고받고도 상고를 할 수 없다고 한다면, 한 헌법하에서 다스림을 받는 국민으로서 이는 분명히 제도적으로 차등대우를 받는 결과를 가져오는 것이라고 아니할 수 없으니, 위 군법회의법 제432조의 규정은 위 헌법의 평등보장규정에 의하여 최소한 위 형사소송규정과 같은 한도에서 효력을 갖는 것으로 풀이하여야 옳을 것입니다.

이상과 같은 이유로 극형의 선고를 받은 본건 피고인은 양형부당에 관한 상고를 적법하게 제기할 수 있다고 생각합니다.

2. 그러므로 이제 원심양형이 부당한 이유를 살펴보기로 합니다. 본시 형사재판에서 범죄를 인정하고 형벌을 과하는 소이는 국가가 지향하는 일정한 가치규범을 상정하고 그 실현을 기하자는 데에 목적이 있는 것입니다.
원심은 본건 피고인의 행위를 내란목적살인과 내란미수죄로 다스리고 극형을 선고하였습니다.

그런데 내란죄는 정치체제를 유지하자는 것이 국가가 생각하는 가치규범이고, 우리나라가 지향하는 정치체제는 누누이 밝힌 바와 같이 인간의 존엄과 국민의 기본권이 보장되는 자유민주주의 정치체제입니다. 그러므로 국가가 내란죄라는 법률규범을 통하여 기대하는 것은 위에 말한 정치조직을 유지하자는 것이 그 보호적 기능이요, 일반국민으로 하여금 이 정치조직의 적법성의 한계를 의식하게 하여 이를 준수하도록 유도하는 것이 그 규율적 기능이라고 하겠습니다.

따라서 내란죄를 범한 범인에 대한 양형은 이상 두 가지 보호적, 규율적 기능을 충족할 수 있는 선에서 결정되어지지 아니하면 안 될 것은 법리상 명백한 바라고 하겠습니다.

그런데 원판결이 인정한 행위내용과 그에 관한 양형은 위와 같은 법리에 비추어 매우 부당하다고 하겠으므로 이하 그 이유를 밝힙니다.

3. 먼저 위에서 밝힌 보호적 기능면에서 살펴본다면 국가가 내란죄라는 법규범을 통하여 보호하고자 하는 법익은 그가 유지하고 있는 정치조직이고, 우리나라가 지향하고 있는 정치체계는 자유민주적 정치체제인 것은 위에 밝힌 바와 같습니다.

그런데 본건행위로 국가가 직접 손실을 본 것은 이른바 유신헌법 체제하의 정치조직과 그 정치조직에 의한 기관의 담당자인 자연인 박정희와 차지철 그리고 그 경호원 수 명에 대한 생명이므로, 이와 같은 법익의 손실을 입은 국가의 피해 정도는 필경 그 국가가 지향하는 자유민주 정치체제와의 상관관계 위에서 평가되어야 할 것입니다.

(1) 먼저 유신헌법하의 정치조직과 자유민주 정치체제와의 관계에 대하여는 여기에서 중복을 피하기 위하여 상고이유 제2점 부분을 인용합니다. 이 상고이유에서 지적한 바와 같이 그 유신체제는 민주헌정 중단의 시신(屍身) 위에서 성립되었고, 그 내용은 자유민주주의와는 전연 거리가 먼 반민주 봉건군주제와 유사한 체제이고, 그 운영의 실태는 결론적으로 말하여 자유민주주의를 완전히 사망케 함으로써 우리 국가가 지향하는 자유민주주의의 이상을 몇 10년 후퇴시킨 것으로 밖에 평가될 수 없는 것입니다.

그러한 까닭으로 본건행위로 유신헌법하의 정치조직이 손상을 당한 결과가 우리가 지향하고 있는 이상정치 체계에 미친 연관관계는 그 발전을 크게 도움을 주었을 뿐 피해를 주었거나 후퇴를 초래케 한 점이 없음은 이론상 자명합니다. 다만 애석한 것은 이러한 이상을 지향하기 위한 현실타파가 평화적 방법이 아닌 폭력적 방법과 인명의 상실을 결과한 점이라고 하겠으나, 이 점에 관하여는 저항권에 관한 상고이유에서 상세히 언급한 바도 있지만, 그렇지 않다고 하더라도 세계인류의 정치발전사에서 고증을 찾자면 남의 나라는 그만두고 우리나라 조선시대사만 보더라도 그 많은 반정(反正) 과정에서 무참하게 쓰러진 수많은 인명이 있었음을 알 수 있고, 현대에 와서 4·19 때에 반민주적 정권을 쓰러뜨리는 데에 치른 국민희생의 대가가 얼마나 컸던가는 온세상 사람이 다 아는 일입니다. 그런데도 4·19 후에 프랑스의 어느 정치학자가 우리나라에 와 보고 10년간의 독재정권을 타도한 희생의 인적, 물적, 대가가 그렇게 작은 데에 경악을 금치 못하였다고 하였으니, 항차 18년간의 독재정권을 타도함에 있어 최소범위의 그 주역의 희생에 그쳤다는 것은 정치발전사상 다시 있기 어려운 최소의 불행이라고 하여도 과장된 말이라고 할 수 없을 것입니다.

따라서 이 건 행위로 국가가 입은 보호법익의 피해는 극소하다고 아니할 수 없습니다.

(2) 그다음에 이 건 행위로 피해를 본 박정희 대통령과 우리나라가 지향하는 자유민주주의 정치체계와의 상관관계를 살펴보겠습니다. 우리나라가 추구하는 정치체계는 다른 말로 표현하면 이는 인류가 지향하는 문화체계라고 할 수 있습니다.

본편 첫머리에서 말한 바와 같이 사람은 영혼을 가진 동물이라고 하고 있고, 그 영혼의 작용에 의해서 사람은 다른 생물이 못 느끼는 "자기가 의식의 주체일 뿐 아니라 그 주체라는 것을 인식하고 있는 생물"로서 그들은 그들이 이상한 문화체계 건설에 참여하고 있다 합니다.

기독교에서 사람은 하느님의 모상으로 지어졌기 때문에 하느님의 창조사업에 동참하고 있다고 말하는 것은 위 말과 같은 말이 되겠고, 고고학자 샤르뎅은 결국 사람은 먼 훗날일지는 몰라도 하느님이 바라고 있는 하느님의 나라와 같은 오메가 포인트를 향한 문화건설의 주체요, 인류역사는 그 행진사라고 설명하고 있습니다.

여기에서 이 말을 하는 까닭은 사람의 가치평가는 이러한 문화건설을 지향하는 방향에의 공헌도라는 자(尺)로 잴 수밖에 없다는 이치를 말하고자 함에 있습니다.

그럴진대 박정희 대통령과 우리나라가 지향하는 정치체계와의 상관관계는 결국 그가 군인과 정치인의 몸으로 일생을 마치는 동안에 그 정치문화건설에 어떠한 영향을 주었는가 하는 점을 볼 수밖에 없다고 생각되는 것입니다.

① 그는 5·16 혁명을 주도하여 많은 대가를 치르고 이룩한 민주주의 정치조직을 파괴함으로써 헌정중단을 초래하였습니다. 사실 그때 그가 내세운 혁명이념이 과연 정당한 것인가 하는 문제는 멀지 않은 장래에 그 평가가 이루어질 것으로 생각되나, 적어도 그 당시 그는 현역군인의 몸으로 혁명을 주도하여 군이 정치에 불법적 방법으로 개입을 하였다는 사실은, 우리가 지향하는 정치문화체계에 커다란 오점을 찍었다기보다는 불행의 씨앗을 뿌린 것으로 평가되어 마땅합니다.

② 그가 제3공화국을 발족시키고 대통령에 중임된 후 3선을 위한 개헌시도를 앞두고 오치성 내무부장관 불신임 결의에 따른 여당권의 동조사태에서 여당권 간부들을 응징하였던 사실은, 그때부터 이미 여당내부에서 조차 대화와 설득으로 창조적 참여에 의한 정치문화건설을 맡을 의사와 자신이 없었음을 드러낸 것이라고 아니할 수 없는 일입니다.

③ 1972년 10월 이른바 유신체제를 발족시킴에 있어 저지른 불법과 그 내용 그 운영실적은 이미 위에서 말한 바와 같이 완전히 자유민주주의 정치제도를 말살시킨 것이므로 그 사실이 우리가 지향하는 정치문화체계에 준

영향의 부정적 효과는 민족의 이름으로 엄중하게 추궁되어야 할 것은 두말할 나위가 없는 일입니다.

④ 또 하나 간과할 수 없는 것은 그의 대 국민관입니다. 재임 중 김대중씨 납치사건, 박동선사건 등 우리 국민과 국가에 감당할 수 없는 수모를 안겨준 큰 사건들이 발생하여 내외의 여론이 비등하였을 때에, 그는 관계 외국에 대하여는 진사사절을 파견하는 등 저자세를 보이면서도 나라의 주인인 국민들에 대하여는 끝내 한마디의 해명도 한 바 없었습니다.

이러한 그의 대 국민관은 그가 과연 국민을 국가의 주인으로 섬기는 민주국가의 지도자가 될 소양을 갖추었는지 하는 것을 의심케 하는 대목입니다.

⑤ 그리고 그의 허물로서 지적하지 않을 수 없는 것은 정직성의 결여와 그것이 결과한 믿음의 상실입니다. 믿음은 모든 것이 참모습대로 비추어지는 것을 전제로 합니다. 그런데 그는 그의 재임 기간 중 진실과 믿음을 산산이 조각내고 말았습니다.

그는 세 번째로 대통령 출마할 때 다시는 출마하지 않겠다고 한 공약을 유신선포로 식언하였고, 국민소득이 1,000불을 넘으면 민주체제로 바꾼다고 되풀이 말하고는 1,000불이 넘었다고 발표한 후에는 가타부타 말이 없었습니다.

그가 유신체제 발족이 통일에 필요하다고 한 말이 유신반대명분을 누르자는 속임수였고, 안보를 위해 필요하다고 한 말은 정권안보를 국가안보로 허위선전한 것이 증명되었다는 것은 앞서 상고이유에서 지적한 바와 같으며, 식량증산이 되어 쌀이 남으니 양조원료를 쌀로 바꾼다, 인도네시아에 현물을 꾸어준다, 이북에 식량원조를 해주겠다고 공언을 하던 그다음에 아무런 해명이 없이 비축용이라는 이름으로 미국, 일본에서 쌀을 몇백만 섬 수입하는가 하면, 농촌소득이 도시소득보다 높아졌다고 새마을 지도자를 초치 환담하는 시간에 뒤따라 소값, 돼지값, 고추값은 폭락을 하고 이농인구는 날로 늘어간 사실을 많은 사람이 잊지 않고 있는 터입니다.

기한부 방위세제를 실시하여 자주국방의 기틀을 마련한다고 한 다음 그 시간이 차자 슬그머니 무기연장한 것은 바로 근자의 일이었습니다.

윗사람이 이러한 지경에 이르자 모든 관료는 꾐을 시샘하여 통계를 조작하고 허위보고와 발표를 예사로 하기에 이르렀으니, 대한민국 통계를 믿는 나라가 줄어들고 정부발표를 의심하는 국민이 늘고 그것이 만연하여 국민 상호간에도 믿음의 풍조가 쇠퇴하는 지경에 이르게 된 것은 피할 수 없는 일입니다. 양심을 가진 자가 살기 어려운 사회란 다름 아닌 거짓말이 통하는 사회인 것입니다.

실로 그는 건전한 사회질서 유지와 문화발전의 원동력인 믿음과 진실을 이 땅에서 추방하였으니 그 허물 또한 적지 않습니다.

⑥ 언급하지 않을 수 없는 다른 한 가지는 이 땅에 가치관을 뒤바꾸어 놓은 일입니다. 사람이 어떻게 사는 것이 가장 값있는 삶이냐 하는 문제는 모든 사람이 사람답게 사는 문화건설에 창조적 공헌을 한 질과 양으로 계량되어야 한다고 함은 위에서 말한 바와 같습니다.

그러므로 문화건설에 지향하는 중요한 동력은 국민들이 갖는 건전한 가치관의 신봉입니다.

그런데 그는 안보다, 국가중흥이다 하여 국민을 위해 존재하는 것에 불과한 추상적인 국가를 국민 위에 갖다 놓았습니다.

또 그는 국민 생존권을 확보하고 가난에서 탈피하는 것이 개개인 인권에 우선하는 최고의 가치라고 주장하면서 초가지붕을 헐고 골목길을 넓혀 부자된 의식을 심어주고, 국민소득이 올라가는 계수를 치적으로 내세워 행복하게 되었다고 가르치고, 선성장, 후분배라는 이름으로 고소득자를 비호하고, 그 결과로 야기되는 사치방종의 생활풍조는 일반 서민계급을 덩달아 들뜨게 하여 근검절약의 기풍을 쇠잔케 하였으며, 충효사상이 으뜸이라고 방방곡곡에 현수막을 걸어 무조건 복종이 충효인 양 가르치고, 큰딸 근혜 양은 새마음봉사단 총재로 지방을 순회하며 충효사상을 계몽하는 바로 그 자리에서 할아버지, 아저씨 나이 또래의 교육자 고위관리들로부터 90도의 큰절을 받았으며, 공무원들로 하여금 출근과 동시에 낭송하는 그의 어록을 듣게 하는 사이에 비굴해져가는 국민자세는 점차 만연하여 박정희라는 이 이름은 감히 부를 수도 없는 이름이 되었으니, 공소장은 물론 사실을 특정하는 공문서로 영구비치할 판결문에까지 박○○라고 기재하는 사례가 현출된 것을 보면, 그 비굴하고 굴종하는 정도가 어느 정도였는가는 긴말이 필요치 않을 것입니다. 요컨대 그는 부와 지위와 힘과 복종 등이 인간의 행복인 것으로 국민을 몰아세워 많은 사람은 돈과 권력이 최고가치이고, 사람은 그것을 위해 사는 것으로 생각하게 되었으니, 그가 간 오늘날 소수라도 썩지 않은 세력이 있는 것은 다행한 일이지만 적어도 이 가치관을 물질위주와 권력지향적으로 전도시킨 결과가 우리의 지향세계 건설에 적지 않은 지장을 초래할 것은 의심의 여지가 없습니다.

⑦ 끝으로 한 가지 말해야 될 것은 도덕적 타락성에 대한 것입니다. 헤겔의 말을 빌리면 국가는 도덕적 법칙의 객관적 실현이라고 하고, 우리나라는 고대로 동방예의지국이라고 부르고 있습니다. 예(禮)는 인(仁)과 의(義)와 지(智)와 더불어 우리 동양 도덕률의 근간을 이루고 있고, 옛글에는 사람이 예를 모르면 금수(禽獸)와 같다고 하고 있습니다.

그 예에 바탕한 윤리규범으로 우리가 선조 때부터 가르침을 받아온 오륜(伍倫)에는 남녀문제는 부부유별이라고 하고 있는바, 그것은 남녀 간에 분별이 있어야 된다는 말이고, 분별이 있어야 한다 함은 현대말로 풀이하면 성의 순결이 보장되어야 한다는 말로 알고 있습니다. 생각건대 성의 순결은 어느 사회나 남녀를 중심으로 가정을 이루고 각 남녀의 성을 탐하는 생리적 욕구는 자칫 한계를 넘기가 쉬우므로, 그 한계가 지켜지지 아니하면 짐승의 세계와 다를 것이 없게 되는 까닭에 옛적부터 분별을 가르치고 지금 말로 순결을 요구하게 된 것으로 압니다. 이것은 보기에 따라서는 윤리도덕의 첫걸음일지도 모릅니다.

그런데 우리나라뿐 아니라 어느 나라도 마찬가지 일이겠지만 이 도덕률은 누구에게도 지도자급에서 철저히 준수되어야만 그 나라 도덕이 밝아진다는 것은 예외가 없는 것으로 압니다. 우리나라 속담에 윗물이 맑아야 아랫물이 맑다는 말도 그러한 이치를 담은 말이며, 미국국민이 자기나라 대통령에 대해서만은 철저하게 맑은 사생활을 요구하는 것은 그 나라 국민이 도덕률을 지키고자 하는 굳은 신념의 표시일 것입니다.

그런데 유감스럽게도 박정희 대통령은 그렇지를 못했습니다. 이 재판과정 중에 피고인 김재규와 상피고인 박선호를 접견하면서 알게 된 사실 및 위 박선호의 원심 최후진술에서 밝혀진 사실에 의하면, 이번 대통령이 희생된 연회장소라는 것이 오로지 대통령이 여인들과의 유락장소로 이용하던 장소로서 그와 같은 장소는 사고장소 외에도 네 군데나 더 있었고, 이 유락장소는 대통령이 사생활을 즐기던 장소이기 때문에 보안에 철저를 기하였고, 이 점에 관하여는 심지어 청화대경호실 차장 이재전까지도 그 장소의 존재를 알지 못하였다는 정도이며(수사기관 작성의 이재전에 대한 진술조서 참조) 위 비밀장소를 알고 있는 사람은 피고인 김재규, 상피고인 박선호, 차지철 및 남효주 등 몇 사람의 심부름꾼뿐이었다는 것입니다.

대통령이 이곳을 찾아오는 빈도는 적어도 월 10회 정도이고 상대하는 여자는 주로 TV 탤런트, 연극배우, 모델 등 연예계에 종사하는 처녀들로서 그 수는 적어도 200명이 넘었으며, 어떤 경우에는 임신까지 시켜서 임신중절로 욕을 본 여성도 한두 명이 아니었다고 하고, 그의 이러한 유락은 심지어 군병원의 현역간호장교들과의 사이에서도 행하여졌다는 것입니다. 10·26 그날 밤과 같이 여자 2인과 남자 3인 또는 4인이 모이는 행사를 대행사라고 하고, 대행사에서 그에게 뽑힌 여성 중 그가 지명하는 여성을 불러 즐기는 일을 소행사라고 한다 함은 그들 사이에는 완전한 공식용어가 되었으며, 대행사는 월 2회, 소행사는 월 8회 도합 월 10회씩 갖기를 십수 년간에 걸쳐 계속하였다는 것입니다. 그리고 세상을 떠들썩하게 한 정인숙 양 사건도 그와 관련된 것이 사실이라고 합니다.

우리는 원심심리 과정에서 위와 같은 사실을 밝히려고 애를 썼으나 이것이 사건에 관계없다는 이유로 재판부의 제재를 받아 전모를 밝히지 못하였을 뿐 아니라, 김재규 피고인 자신도 항소심 재판이 끝날 때까지는 대통령을 두 번 죽일 수 없다는 이유로 이 사실을 밝히지 않고 있다가, 1980년 1월 15일 비로소 위 사실은 개인 박정희의 사생활에 관한 것이기는 하지만, 그가 한 나라의 대통령인 공인으로서의 도덕적 타락상은 장래 우리나라 역사를 기술함에도 반드시 밝혀져야 할 것이라고 믿기 때문에 이것을 밝히게 되었노라고 하고 있습니다. 우리는 이 사실을 개인 박정희의 사생활의 치부를 공개하려는 의도에서가 아니라 먼 훗날의 역사적 교훈으로 남기기 위하여 여기에 밝히게 된 것입니다.

옛말에 영웅호색이라는 말이 있고 봉건시대 국왕이 3,000 궁녀를 거느린 사례가 없는 것은 아니라 이는 봉건시대의 유물이며 현대 문명세계에서 있을 수 없는 일입니다.

여권의 존중은 성의 순결을 보호함에서 비롯되는 것입니다. 정조는 여성의 생명이라고 하는 말이 그것을 증명합니다. 따라서 국민의 반수를 점하는 여성에 대한 성의 순결을 앞장서서 보호하여야 할 위치에 있는 사람이 그것을 선두에서 침해하고 있었으니 이 나라 청소년에게 무엇을 지키라고 할 수 있었겠습니까?

맑아야 할 이 나라의 윤리도덕은 이렇게 해서 타락의 연못으로 침몰되었습니다.

⑧ 이상에 지적한 몇 가지 사실은 그의 재임기간 중에 있었던 사례의 편린에 지나지 않지만 요컨대 박정희 대통령이 그 긴 기간에 걸쳐 행한 치적의 결과가 우리나라가 지향하는 자유민주주의 정치문화 발전에 미친 관련적 가치는 불행하게도 매우 큰 거리와 시간을 후퇴시켰다고 아니할 수 없습니다. 참고삼아 기원전 철인 플라톤과 중세기 신학자인 존 솔스베리의 폭군정벌론의 풀이를 빌리면 불법하게 군주자리를 차지한 자는 '호칭상의 폭군'이요, 그 정치를 반 국민적으로 한 자는 '통치상의 폭군'에 해당한다고 하였습니다. 그 학설에 따르면 "묻기를 이러한 폭군은 필연적이라고 할까 운명의 정한 바라고 할까 그 후 반드시 피살되거나 전제군주가 되어 인간에서 늑대로 변할 것인가"라는 물음에 답하기를 "대체로 그렇게 될 필연성이 있습

니다"라고 플라톤의 《국가론》 중에 적혀 있습니다.

중국의 맹자는 《양혜왕장구(梁惠王章句)》에서 제(齊)나라의 선왕(宣王)이 묻기를 "현직왕인 주(紂)를 그 신하가 죽였는데 있을 수 없는 일이 아닙니까"하니 맹자 대답하기를 "나는 일개의 필부를 죽인 것은 알아도 왕을 죽인 것은 모른다"고 하여 왕이 다시 묻기를 "주는 왕이 아니었습니까"하니 그에 대한 대답은 "백성을 괴롭히는 왕은 왕이 아니라 필부입니다"라고 하였다고 수록되어 있습니다.

(3) 그 밖에 생명의 피해를 본 차지철 등 수인에 대해서는 애석한 일입니다. 그들이 맡아 있던 직무를 통해 대통령으로 하여금 그른 길에서 바른 길로 오게 할 수 있었던들 피해는 좀더 축소될 수 있었을 것이나, 그들이 유명을 달리한 이 마당에 그 평가를 가릴 수는 없겠습니다. 만일 그 죽음이 무고한 것이라면 훗날 국민의 이름으로 위령되어질 수밖에 다른 도리가 없습니다.

(4) 그렇다고 하면 내란죄를 통하여 국가가 지키고자 하는 보호법익은 본건 행위로 인하여 손상된 것이 별로 없다고 아니할 수 없습니다.

4. 다음에는 내란죄가 갖는 규율적 기능면에서 본건범행과의 관련을 고찰하겠습니다.

(1) 이른바 본건범행이 이루어진 10·26 이후에 박정희 대통령 피살이라는 사건이 있었을 뿐 아무런 국내의 정세 변동이 없었음에도 불구하고, 10·26까지 유신체제와 긴급조치 존속이 전 국민적 합의로 이루어진 것이므로 그것을 해제하거나 체제를 바꾸면 나라가 망한다고 하던 주역들이 솔선하여 민주헌법의 개정이 전 국민적 합의사항이라고 주장하고, 건국이래 처음 보는 헌법논의가 무성하게 이루어지고 있고, 그 논의과정에서는 저항권 인정, 대통령권한 축소, 국회 강화, 사법독립 보장 등에 여론이 일치를 보

고 있고, 한편 긴급조치가 해제되고 그것을 외치다가 구속된 인사가 석방되고 복권이 논의되고 있다는 사실은 상고이유 제2점에서 본 바와 같습니다.

(2) 그렇다고 하면 본건 행위 이후 민주정치 체제는 무엇이고 그 반대체제는 무엇인가를 가리는 국민의 판단적 기능은 오히려 적극화하고 명백화하였다고 하겠고,

국민의 그와 같은 판단하에 민주정치체제의 침해를 포기케 하고 반민주정치체제의 파괴를 유도케 하는 이른바 의사결정적 기능은 한층 강화되었다고 아니할 수 없으니, 내란죄를 통하여 국가가 기대하는 규율적 기능은 보장충족되었다고 할 것인즉, 이 점에 있어서도 국가는 아무런 손실이나 피해가 없다고 하겠습니다.

(3) 그렇다면 결국 원심이 인정한 본건범행 결과로 인하여 국가가 보호할 법익의 손상은 없는 것과 같다고 아니할 수 없습니다.

5. 다음에 피고인에 대한 개인적 정상사실과 사형제도에 대한 것을 간략하게 살펴보겠습니다.

(1) 피고인은 선대 때부터 불교를 신봉하여 피고인 자신도 독실한 불교신자이기 때문에 살생을 하지 않을 것을 그의 종교적 덕목으로 삼고 있었습니다.

전에 미8군 사령관이 좋은 엽총을 선물로 주었을 때도 피고인은 살생할 수 없어서 그 총을 다른 친구에게 주고 만 일이 있었습니다.

6·25 사변 중에도 피고인이 직접 즉결처분 같은 것으로 사람을 죽인 일도 없다는 것이고, 군에 근무할 때는 부하장교들의 처벌도 관용을 원칙으로 해온 사람입니다.

보안사령관 때는 모 장군이 입건되어 문제되었을 때도, 장군을 군법회의에 회부하면 이 나라의 끝이다는 생각으로 부하로 하여금 그 장군에게 양

심적인 자술서나 써내라고 하여 사건을 불문에 부친 일이 있는 그런 성격의 소유자입니다.

그는 이번 혁명에서 처음으로 사람을 희생시켰습니다. 이와 같은 피고인이 오죽하면 동향출신이고 동기생인 대통령을 희생시키게 되었겠습니까? 피고인이 민주회복을 위해서는 대통령을 희생시키지 않을 수 없는 필연성 때문이었습니다. 대통령을 희생시켜서는 안 된다는 생각은 소의에 사로잡혀 대의를 망각하는 것이라고 보았고, 피고인이 최고 국록을 먹은 값어치가 없거나, 공인으로서 의무를 저버리는 것으로 알았던 것입니다. 그래서 피고인은 결행하는 순간 마음을 야수와 같이 먹고 유신의 심장을 멈추게 했다는 것입니다. 피고인은 대의를 위해 희생을 한 사람들을 위해 명복을 비는데 철저히 하고 있습니다.

(2) 현대 문명국 중에는 현재 형벌로서의 사형 그 자체를 폐지한 나라가 더 많으며 앞으로의 추세는 더 늘어날 전망입니다. 이론적으로도 사형폐지를 주장하는 편이 훨씬 우월하다고 할 수 있습니다.

재판은 인간이 하는 것이고 또 하나의 제도이기 때문에 아무리 만전의 조치를 취한다고 하더라도 절대로 죄 없는 자에 대해 유죄판결을 하는 오판은 절대 없다는 것을 어느 누구도 단언할 수 없는 것입니다.

사형이 일단 집행되면 생명을 돌이킬 수 없기 때문에 사형은 만회 불가능한 형인 것입니다. 특히 피고인의 이 사건의 성질은 범죄가 된다고 하더라도 확신범이고 양심범이며 정치범인 것입니다. 사형제도가 존치되고 있는 나라에서도 확신범이나 양심범에 대해서는 사형은 하지 않는 것이 문명국의 태도입니다. 정치범의 경우에는 야만국을 제외하고는 사형을 하지 않고 있습니다.

가까운 일본에서는 1970년 5월호 《법률시보》에 나타난 사형제도의 검토란 특집논설 중 명치대학 국전행일 교수의 '사형제도와 세론'을 보면, 세론조사 결과 정치적인 목적으로 정부고관을 살해한 경우에 관해서는 내란의 경우와 같이 사형제도의 존치를 찬동하는 사람이 40퍼센트 전후로서 반수 이하인 것으로 되어 있고, 어떤 학자는 정치범의 처벌은 현실적으로 역사에 드러난 바와 같이 사법적 제도에 맞지 않는 것이므로 폐지되어야 한다,라는 의견까지도 제시하였음을 기술하고 있습니다.

사형제도를 없애야겠다는 이론은 보편적인 인간의 기본권을 신봉하고 더 인간적인 세상이 되기를 바라는 현대 세계에서는, 인권의 권리 중 사회가 그에게 반드시 보장해야 할 삶에 대한 권리, 즉 생존권이 가장 귀중한 권리임에 틀림없으니 사람을 죽여서는 안 된다는 것이 국가가 지켜야 할 가장 중요한 의무라는 데 있는 것입니다.

자유주의 민주주의의 입장에서 보면 사형은 인간의 인격적 가치를 부정하는 것이기 때문에 부정되어야 한다는 것입니다. 피고인의 이번 거사는 우리나라의 민주발전에 어떤 기여를 한 것인지는 역사적으로 두고두고 평가받아야 할 일인 것입니다. 현직 대통령을 죽였다는 사실 때문에 일부 국민들은 흥분하고 있는 것도 사실입니다. 이런 흥분된 분위기에서는 피고인이 한 혁명의 참뜻을 냉정하게 평가할 수 없는 것입니다.

위 항소이유 제1점에서 밝힌 바와 같이 피고인의 이번 혁명은, 진실한 동기와 목적에 대해서는 계엄당국의 왜곡된 보도로 여론 자체를 오도하고 있는 오늘의 현실 때문에, 일부 국민이 이 사건의 진상을 모르고 나아가서는 오해까지 하고 있는 것도 숨길 수 없는 사실인 것입니다.

이와 같은 분위기 속에서도 대부분의 국민들은 피고인을 의사(義士)로 생각하고 의인(義人)을 죽여서는 안 된다는 것이 현재의 여론인 것도 재판관들께서는 깊게 생각하셔야 할 것입니다. 훗날 의인을 잘못 죽였다는 후회를 할지도 모른다는 겸허한 자세로 피고인에게 정할 형을 숙고해 주셔야 할 것입니다. 어떤 사람은 피고인이 한 혁명이 아무리 훌륭한 것이라도 현직 대통령을 죽인 이상 피고인도 죽는 것이 마땅하다고 하는 생각을 말하는 이도 있으나, 죽은 후에 받게 될 의사의 평가로 만족하라는 것은 이상세계를 향해 노력하는 인간에게 현실에 만족하라는 이야기와 같은 것입니다.

의인이라고 인정은 하면서 죽어야 한다는 것은 우리들이 스스로 옳은 것의 실현을 위해 노력하는 것을 포기하는 패배주의자이거나 현실에 안주하는 현실주의자란 비난을 받아야 할 것입니다.

(3) 피고인에 대한 양형을 참작하는 데 참고가 되는 1908년 미국 샌프란시스코 고등법원 판결을 소개해보면, 1908년 재미한국인 장인환 의사가 한국 정부의 외교고문으로 있던 미국인 스티븐스가 본국에 귀국하여 한국에 신 정부가 조직된 이후 정계에 참여치 못한 자들이 일본을 반대하지만, 농민과 일반백성은 전일의 정부가 일삼던 바와 같은 학대를 하지 아니하므로 일본인을 환영하고 있다는 담화를 샌프란시스코 신문에 보도하자, 이에 격분하여 위 스티븐스가 일본인 총영사 고이끼와 같이 워싱턴행 열차를 타기 위해 오클랜드페리에 도착하였을 때, 장인환 의사가 위 스티븐스를 저격하여 이틀 만에 동인이 죽은 사건입니다.

장인환의 저격사건에 대한 공판에서 일본 측은 사형을 강력히 주장하였으나, 미국인 변호사의 열렬한 변론과 배심원 12명의 2시간에 걸친 평의끝에 형기 25년의 금고로 낙착되었던 일입니다.

결국 장인환 의사는 그 후 감형까지 되어 출감하였던 것입니다. 당시 미국에서 한국인이 자국인을 저격한 사건에 대해 그와 같이 관대한 판결을 내린 일을 참고해 주시기 바랍니다.

(4) 평소 피고인의 성격은 무관이라기보다는 오히려 문관적인 편이었습니다. 그가 실제로 사용하지 않았으나 아호로 지어놓은 것이 '수리(水理)'였던 것처럼 그는 물 흐르는 이치와 같이 순리적으로 모든 일을 생각하기를 좋아하였고 심지어 군인이면서도 살생을 금기로 삼아왔을 정도였습니다. 부하에게 지시할 때도 무리하거나 강경한 지시보다는 설득과 이해의 방법을 택해왔습니다. 독실한 불교신자로서 한때는 교편을 잡았고 시와 서예를 좋아하여 천품은 문관성격이면서도 마음속에 타고 있는 불덩이 하나 '정의

감'만은 누구보다도 강렬하였습니다.

그리하여 어느 누구도 감히 엄두도 내지 못하는 10·26 민주회복 국민혁명을 그 만이 결행할 수 있었다고 자부하고 있는 것입니다. 그는 자유민주주의를 회복하고 이 나라를 구하는 길에 10·26혁명 이외의 다른 어떤 방법이 있다면 제시해보라, 만약 다른 방법이 있을 수 있다면 나는 입 다물고 죽겠다고 절규하고 있습니다.

지금 그는 조용히 산복숭아씨로 만든 단주를 왼손에 쥐고 관자재보살을 음미하면서 성불의 경지에 이르고 있습니다. 오직 이 나라 이 민족의 먼 장래를 가늠하면서 자유민주주의의 꽃이 피고 열매 맺기를 기원하는 단 하나의 소망을 안은 채 그 자신 희생되어도 영생할 수 있음을 그는 알고 있습니다.

6. 이상 기술한 바에 의하면 본건행위로 국가가 입은 손해가 거의 없고 또한 피고인의 성품과 행적에 비난의 요소가 없으며 확신범인 정치범 사건의 규율에 대한 선례와 사형제도의 전 근대성에 비추어 본건 양형이 부당함을 밝혔습니다. 더욱 본건행위 이후에 수많은 우국지사가 감옥에서 석방되고, 길고 긴 억압의 시대가 가고, 목마르게 바라던 민주시대의 막이 열리고 있습니다. 이것은 오직 본건행위의 결과에서 비롯된 것임을 국민 누구도 의심하지 않고 있는 것으로 우리는 알고 있습니다. 그럼에도 불구하고 그러한 역사적 계기를 마련한 피고인은 사형을 선고받았습니다.

이것은 분명한 논리적 모순이 아닐 수 없습니다. 우리는 우리가 지향하는 자유민주적 정치문화 체계를 이렇게 이해하고 있습니다. 모든 사람이 자유롭고 당당하고 활기차게 자기 맡은 직책에서 최선의 효과를 거두는 일에 종사하는 것을 최고의 가치로 알고, 또 그것이 그대로 인정되는 사회, 도덕과 윤리가 충만하여 신뢰와 진실이 넘치는 사회, 양심 지키고 부지런한 자 잘살고, 양심팔고 게으른 자 못 살며, 어디에나 이치가 통하는 사회, 명랑하고 활발하고 능동적인 사회분위기 속에서도 질서가 정연한 사회, 그리하여 우리가 능동적으로 세계평화에 기여하여 인류공동선 건설을 선도할 수 있는 사회로 생각하고 있습니다.

이와 같은 사회는 인간이 인간으로 대우받고 대우하고 능동적 창조적으로 문화건설에 참여할 수 있는 자유가 모든 이에게 평등하게 보장되는 제도에서만이 가능한 것임을 우리는 확신하고 있습니다. 그렇다면 지금 우리 겨레는 10·26 본건 사건 이후에 바로 이러한 사회건설의 기회를 포착하고 있는 것입니다. 우리의 위와 같은 생각이 그른 것이라고 지적할 이론이나 이유가 없다고 한다면 이러한 역사적 계기를 마련한 피고인에 대한 처우는 저절로 결론이 날 것으로 우리는 믿습니다.

요컨대 발전적인 이 역사적 계기에 순응할 자와 거역할 자의 구별에 따라 그 결론이 다를 수밖에 없음을 우리는 믿고 정의롭고 용기 있는 판결을 기대합니다.

대법원 판결문 요지

다수의견

판결일 1980. 5. 20.
(사건번호 80도 306호)

절차상의 위법

재판의 독립성 침해

상고이유 중 제1심 및 원심은 피고인 측의 방어권과 변호권 행사를 침해하는 위법한 절차로 예정된 불변의 일정표라도 있다는 듯이 심리를 강행하였고, 심지어는 심리진행 도중에 심판관석의 뒤쪽 문을 통하여 심판관에게 외부로부터의 연락 쪽지가 공공연하게 수없이 전달된 사례까지 있었는바, 이는 재판상의 독립을 보장한 헌법 제102조와 군법회의법 제28조에 위반된 것이라는 주장에 대하여 판단한다.

　살피건대 앞서와 같은 제1심 및 원심의 공판절차가 위법하다는 논지들에 대하여는 이미 그 이유 없는 것으로 판단한 바 있고, 기록에 비추어 보아도 제1심 및 원심의 사실심리가 소론과 같이 어떤 일정표가 있어 강행하였다고는 인정되지 아니하고, 제1심은 제2 내지 9차 공판기일에서 8회에 걸쳐, 원심은 제1차 내지 3차 공판기일에서 3회에 걸쳐 충분한 사실심리를 진행하면서 피고인 측의 방어권과 변호권 행사를 보장하였음이 기록상 인정될 뿐 거기에 다른 위법이 있음을 발견할 수 없으며, 또한 그 심리진행 도중에 심판관들에게 연락 쪽지가 전달되었다는 점은 기록상 전혀 찾아볼 수 없을 뿐만 아니라 특히 그 내용이 재판의 독립성을 침해하는 것이었는가에 대하여는 더욱 알 수 없는 것으로서 이 부분은 너무나 추상적이고 가공된 것으로서 더 이상 논할 필요를 느끼지 아니한다. 따라서 논지는 이유 없다.

검찰관 작성의 피의자 신문조서에 대한 임의성 문제

상고이유 중 검찰관이 작성한 피고인들에 대한 각 피의자 신문조서는 피고인들이 검찰관의 신문 시에 계엄사 합동수사본부에서의 무수한 고문으로 심신이 지쳐 있었고, 특히 피고인 김재규는 지병인 간질환 악화로 그 의식이 몽롱한 상태하에서 검찰관의 간곡한 권유로 본의 아니게 진술한 것으로서, 군사법 경찰이 작성한 조서의 연장에 불과하거나 변호인과 가족의 접견, 교통권이 완전히 금지된 상태하에서 검찰관이 사건송치를 받은 후에, 군사법 경찰이 조사한 장소에서 그 조서내용이 법률적으로 다듬은 것 외에는 군사법 경찰에서의 조서와 동일한 것이므로 '임의성'이 없음에도 불구하고, 원심이 이를 유죄의 증거로 삼았음은 증거 능력에 관한 법리를 오해한 위법 내지 이유 불비의 위법을 저지른 것이고, 또한 항소이유에 대한 판단을 유탈한 잘못이 있다는 주장에 대하여 판단한다.(이 점은 아래에서 판단하는 각 사실 인정에 있어서의 채증법칙 위배라는 주장에 관련되는 것으로서의 편의상 따로 떼어 판단한다.)

살피건대 일반적으로 진술의 임의성이 없다함은 수사기관에 의하여 신문을 받는 자가 협박, 고문 등 기타 방법으로 인하여 자유스러운 분위기의 상태하에서 진술이 되지 않음을 말하고, 그 임의성의 판단은 경험 법칙에 위배되지 않고 합리적인 범위 내에서 심판관의 자유스러운 심증에 의하여 결정되는 것으로서 소송 수행의 모든 상황 즉 그 서류의 작성, 내용은 물론 피고인의 변소 및 태도, 검찰관의 설명, 그 서류작성에 관여한 증인의 증언 등 모든 면에 있어서 심판부가 합리적인 판단을 내리면 족하다 할 것인바, 기록과 여기 기록에 나타난 다른 사정까지 종합하여 보면 검찰관이 작성한 피고인들에 대한 각 피의자 신문조서는 모두 임의성이 있는 것으로 시인되므로 원심이 이를 유죄의 증거로 삼았음은 정당하고, 거기에 소론과 같은 위법이 있다고 할 수 없으므로 이 점에 관한 논지 부분은 그 이유 없다.

범죄 구성 요건에 관한 위법

1. 국헌문란의 목적

(1) 먼저 '국헌문란'의 목적에 대한 법리에 관하여 살피기로 한다.

헌법 제91조는 "본장에서 국헌을 문란할 목적이라 함은 다음 각호의 1에 해당함을 말한다. ① 헌법 또는 법률에 정한 절차에 의하지 아니하고 헌법 또는 법률의 기능을 소멸시키는 것, ② 헌법에 의하여 설치된 국가기관을 강압에 의하여 전복 또는 그 기능 행사를 불가능하게 하는 것"이라고 규정하여 '국헌문란'에 관하여 그 정의를 내리고 있다. 이는 결국 현행의 헌법 또는 법률이 정한 정치적 기본 조직을 불법으로 파괴하는 것을 말하고, 소론과 같이 반드시 초법규적인 의미는 아니라고 할 것이며, 공산 군주 또는 독재제도로 변경하여야 하는 것은 더욱 아니다. 물론 구체적인 국가기관인 자연인만을 살해하거나 그 계승을 기도하는 것은 이에 해당되지 않음은 소론과 같다. 그리고 내란죄가 목적범으로서 목적범 일반에 관한 원칙이 적용된다 할 것인바, 그 목적은 엄격한 증명사항에 속하고 직접적임을 요하나, 결과 발생의 희망, 의욕임을 필요로 한다고는 할 수 없고, 또 확정적 인식임을 요하지 아니하며, 다만 미필적 인식이 있으면 족하다 할 것이다.(대법원 1968. 4. 2. 선고 68도 61판결 참조)

(2) 다음 원심이 설시한 피고인들의 이 점에 대한 사실인정에 관하여 살피건대

① 피고인 김재규에 대한 부분

원 판결은 위 피고인의 '국헌문란'의 목적적 사실로서 "피고인 김재규는 중앙정보부장으로서의 직무를 수행함에 있어 피고인이 입안하여 시행한 정국 수습책이 거듭 실패하여 그 직무 수행상의 무능함이 노출되어 박정희 전 대통령으로부터 질책을 당하고 인책 해임설이 나돌아 그 지위에 불안을

느끼는 한편, 군 후배이고 연하인 전 대통령 경호실장 차지철의 오만방자한 태도와 월권적 업무 간섭에도 불구하고 대통령은 위 차지철을 더 신임하는 데 불만을 품고…… 대통령 등을 살해한 후 정권을 잡을 것을 기도하고 보안유지를 위하여 단독으로 그 구체적인 거사계획을 세움에 있어서…… 대통령을 시해한 후 국가안전과 질서교란을 이유로 계엄을 선포하고, 중앙정보부의 권한과 동부(同部)의 조직력을 이용, 계엄군을 장악하여 무력으로 사태를 제압하고 입법, 사법, 행정권을 총괄하는 혁명위원회를 구성, 자신이 위원장에 취임하여 집권 기반을 확보한 후 대통령에 출마할 것을 계획하고"라고 설시하고 있는바, 원심이 적법하게 채택하여 거시한 증거들에 의하여 종합하면 위 설시 부분은 넉넉히 수긍된다.

한편 피고인 김재규는 이 점에 관하여 소위 유신체제가 그 성립과 존속에 있어 민주국가의 정치적 기본조직을 파괴하고 있어 이 건 범행은 오로지 그 '민주회복'을 위한 것이었다는 내용으로 강력하게 변소하고 있는바, 그 변소는 이 사건 진행 과정에 점차 체계화된 것으로서 위 피고인 본인이 제출한 항소이유 보충서에서 잘 표현되어 있는 바와 같이 상당히 설득력이 있어 보인다.

그러나 현행법이 논지가 지적하는 바와 같은 일부 비민주적인 규정을 두고 있는 것은 시인되나, 현행 헌법도 우리나라가 민주공화국임과 주권재민을 천명하고 있고, 인권을 보장하는 등 국민의 기본권에 관하여 규정하고 있으며, 3권이 분립되어 있는 등 그 근본에 있어 민주헌법에 속한다 아니할 수 없다. 그러므로 유신헌법 자체가 주권을 찬탈한 불법적인 범법이나 민주국가의 정치적 기본조직을 파괴한 것에 해당하여, 그 자체가 내란상태라는 소론은 너무나 과장된 것으로서 독단에 지나지 아니하므로 고려할 가치가 없을 뿐만 아니라, 그 범행이 '민주회복'을 위한 것이었다는 점에 대하여도 앞서 살핀 바와 같은 사정만으로 허구의 것임이 명백하다.

(3) 그렇다면 원심의 이 점에 대한 사실인정은 정당하고, 위에 나타난 바와

같이 피고인들에게 이 사건 범행에 있어 현행의 헌법 또는 법률이 정한 정치적 기본조직을 불법으로 파괴하고자 하는 확정적 인식 또는 미필적 인식이 있었다고 아니할 수 없고, 단순히 구체적인 헌법기관인 자연인만을 살해한 것에 불과하다고는 할 수 없으며, 또한 그 목적은 직접적이었다고도 할 수 있을 뿐만 아니라, 피고인 김재규의 경우 범행 후의 정부수립에 대하여도 구체적으로 구상되어 있었다고 할 것이다.

따라서 원 판결에 소론과 같은 위법들이 있음을 발견할 수 없으므로 논지들은 모두 이유 없다.

(4) 그러나 이 점 중 위 피고인 6명 전원에 관한 부분에 대하여는 대법원 판사 민문기, 양병호의, 피고인 김계원, 이기주, 유성옥, 김태원에 관한 부분에 대하여는 대법원 판사 서윤홍의, 피고인 이기주, 유성옥, 김태원에 관한 부분에 대하여는 대법원 판사 임항준, 정태원의 별항과 같은 소수의견이 있다.

2. 폭동

상고이유 중 형법 제87조의 내란행위는 그 소정의 목적으로 폭동을 한 경우에는 그 가담 역할의 정도에 따라 처단되는 것으로서, 그 경우의 '폭동'은 어느 정도 조직을 가진 다수인의 결합체가 한 지방의 평온을 해하는 정도의 폭행, 협박을 가하는 것을 말하고, 그 폭동은 내란의 목적과 수단관계에 있어야 하는바, 첫째, 이 사건 피고인들은 어떤 조직을 가진 다수인의 결합이라고 할 수 없고, 둘째, 위와 같은 폭행, 협박을 한 사실을 전혀 찾아볼 수 없을 뿐만 아니라 한 지방의 평온을 해할 정도에 이르지도 않았으며, 셋째, 피고인들의 판시 소위는 국헌문란의 목적과 수단관계에 있는 것이라고도 할 수 없음에도 불구하고, 원심이 피고인들에게 그 판시 사실을 인정하여 내란목적살인죄와 내란미수죄로 처단하였음은, 내란죄에 있어서의 '폭동'에 관하여 법리오해, 채증법칙 위배 및 심리미진의 위법 등을 저지른 것이라는 주장에 대하여 판단한다.

살피건대 형법 제87조의 구성요건으로서의 '폭동'이라 함은 다수인이 결합하여 폭행, 협박하는 것을 말하는 것으로, 그 경우 다수인의 결합은 어느 정도 조직화될 필요는 있으나 그 수효를 특정할 수는 없는 것이고, 또 폭행, 협박의 정도는 한 지방의 평온을 해할 정도에 이르면 기수에 달하고, 이러한 정도에 달하지 않은 때는 미수로 된다 할 것이다. 그리고 위 폭동은 소론과 같이 내란의 목적과 서로 목적수단 관계에 있어야 함은 물론이다. 이 사건에 있어서 원심이 적법하게 거시한 증거들을 기록에 비추어 검토하여 보아도 원심의 이 점 사실인정은 정당하고, 이 사건 범행에 있어 당초 그 수괴인 피고인 김재규에 의하여 같은 박선호와 제1심 피고인이었던 망 박흥주, 피고인 박선호에 의하여 같은 이기주, 유성옥, 피고인 박선호와 같은 이기주에 의하여 같은 김태원이 순차로 결합된 것임이 원설시에 의하여 명백한 것으로서 그 정도이면 폭동의 실행을 위한 다수인으로 충분하다 할 것이며 (그리고 피고인 김재규의 당초의 의도에 따르면 이 사건 국헌문란의 목적을 달성하기 위하여 피고인 김계원을 동조세력으로 가담케 하고, 육군참모 총장을 설득 또는 협박으로 끌어들이며 방대한 중앙정보부의 조직을 이용하는 것으로 되어 있다) 위 피고인들은 기록에 의하여 인정되는 그 직위와 신임 및 친소관계 등에 기초하여 쉽게 결합하여 그 분담관계도 명백하게 정하여져 조직적인 것이 인정되고, 원설시의 총격 등은 폭동으로서의 폭행, 협박에 속한다. (그 총격 이후에도 폭동으로 볼 자료가 있다는 점은 뒤의 항목에서 살핀다) 다만 그로 말미암아 한 지방의 평온을 해할 정도에 이른 경우에 해당한다고는 할 수 없으되 (원심은 같은 취지에서 미수로 판단하고 있다) 기록에 의하면 피고인들 일부는 위 총격 이후에 청와대 경호원들과의 총격전을 위하여 대비하고 있었고, 더 나아가 동조와 반대에 따른 군 상호간의 충돌 등이 예상되었으므로, 이에 이른다면 한 지방의 평온을 해할 정도의 것임에 틀림없다. 그리고 앞서 살핀 바와 같은 피고인들의 국헌문란의 목적에 비추어 이 사건 폭동이 내란의 목적과 서로 목적수단 관계에 있다고 아니할 수 없다. 한편 원 판결은 피고인 김계원에 대하여 판시 내란중요임무종사미수죄로 인정, 처단하였는바, 형법 제87조 제2호의 '중요임무종사자'는 이를테면 보급, 경리, 연락, 통신, 위생, 서무 등의 직무에 대해 책임을 부담하는 자까지를 포함하는 것으로서, 피고인 김계원의 원설시 임무는 이 사건 내란에 있어서 중요 임무에 해당한다 할 것이고, 그 중요 임무에 폭행, 협박을 전혀 수반하지 않을 수도 있다 할 것이다.

따라서 원 판결에 소론과 같은 위법들이 있다 할 수 없으므로 논지는 모두 이유 없다.

그러나 이 점 위 피고인 6명 전원에 관한 부분에 대하여는 대법원 판사 민문기, 임항준, 김윤행의, 피고인 김계원에 관한 부분에 대하여는 대법원 판사 양병호, 서윤홍의 별항과 같은 소수 의견이 있고, 또한 직권으로 살필 때 원심이 피고인 김재규, 박선호, 이기주, 유성옥, 김태원의 각 소위를 내란목적살인과 내란미수의 상상적 경합범으로 의율한 점은 정당하다고 인정하는 바이지만, 이에 대하여는 대법원 판사 민문기, 임항준, 김윤행의 각 다른 의견이 있다.

3. 가담

상고이유 중 피고인 김계원은 국외자로서 피고인 김재규와는 상피고인들과 같이 상하관계인 신분적인 지위에 있지도 않아 이 사건 내란행위 수행을 위한 집단에 가입한 것이라고 할 수 없고, 내란수행을 위한 의사연락의 공모사실이 없음에도 불구하고 원심은 피고인 김계원이 피고인 김재규가 수괴인 내란목적의 집단에 보안유지하라는 지시를 받을 때 그 집단에 가입된 것처럼 판시하였는바, 이는 증거없이 사실을 인정한 잘못이 있거나, 심리미진 및 이유모순의 위법이 있고, 공동정범에 관한 대법원 판례(1956. 11. 30. 선고 4289형상 217판결)에 위반한 위법이 있다는 주장에 대하여 판단한다.

살피건대 앞에 나온 항목(국헌문란의 목적 및 폭동)에서 판단한 바와 같이 피고인 김계원도 이 사건 내란에 가담된 것임이 명백하거니와 원심이 적법하게 거시한 증거들을 기록에 비추어 검토하여 보면, 피고인 김계원의 내란중요임무종사미수의 점에 관한 원설시행위(보안유지, 청와대 병력 출동금지, 계엄선포 건의 등)를 인정할 수 있는바, 이는 이 사건 내란 행위의 수행을 위하여는 필요불가결한 것이었던 만큼 그 자체도 소론 가담의 중요한 사실판단의 자료도 되고, 그 외 원심 거시 증거들을 종합하면 원심의 이 점 사실인정은 정당하다.

피고인 김계원이 수괴인 피고인 김재규와는 소론과 같은 신분적인 지위에 있지 않다고 하여 위 사실인정에 어떤 장애가 된다고 할 수 없고, 또한 피고인 김재규가 검찰에서 "대통령을 시해한 후 피의자가 행동한 경위를 상술하시오"라는 검찰관의 물음에 "그 직후 마루로 나오다가 거기에 있는 김계원 실장과 마주치게 되었는바, 본인이 '나는 한다면 합니다. 이제 다 끝났습니다. 보안유지를 철저히 하십시오'라고 하니, 위 김 실장이 '뭐라고 하지'하고 반문하므로, 본인은 '각하께서 과로로 졸도했다고 하든지 적당히 하십시오'라고 말하니, 김 실장이 '하여튼 알았소'라고 대답하므로, 본인은 '김 실장도 완전히 납득이 되었구나'라고 생각했다"라고 진술한 부분에서 잘 표현되어 있는 바와 같이 피고인 김계원은 원설시 임무수행을 승낙하면서 피고인 김재규와 충분한 의사 연락이 있었다고 아니할 수 없다. 따라서 원 판결에 소론과 같은 위법들이 있음을 발견할 수 없으므로 논지 역시 이유 없다. 그러나 이 점에 관하여는 대법원 판사 민문기, 양병호, 임항준, 서윤홍의 별항과 같은 소수의견이 있다.

4. 살해

상고이유 중 일건 기록에 비추어 망 차지철은 우측 견관절 전면에서 좌하방으로 진행된 피고인 김재규의 총격에 의한 총창이 치명상이고, 피고인 김태원은 위 차지철이 이미 사망한 후에 2발을 발사한 것에 불과하고, 또 망 김용섭은 우측 흉벽 전면의 총창과 우측 견갑부의 총창이 치명상으로서 심장 손상을 일으켜 심장 탐폰으로 사망한 것이고, 그 후 피고인 김태원이 1발을 발사하여 우측 둔부의 맹관창을 입혔는바, 이는 위 김용섭의 치명상 과는 관계없음에도 불구하고, 원심판결이 피고인 김태원에 대하여 판시 내 란목적살인죄로 인정, 처단하였음은 채증법칙을 위배하여 증거없이 살해사 실을 인정하였거나 살인죄의 법리를 오해한 위법을 저지른 것이라는 주장 에 대하여 판단한다.

살피건대 원심판결 이유에 의하면 원심은 피고인 김태원에 대하여 이 사 건 사망자 6인 중 차지철, 김용섭 2인에 대한 살해 책임을 인정한 취지인바, 수사기록 중 차지철, 김용섭에 대한 각 사체검안서 및 현장검증 조서의 기 재에 의하면 망 차지철은 ① 우측 견관절 전면 맹관창 ② 좌측 복부 맹관창 ③ 좌측 서혜부 맹관창 ④ 우측팔목 관통창의 총창 중 우측 견관절 정중앙 에 형성되어 있는 총창이 치명상으로 이는 소형 구경 권총의 총격에 의한 것이고, 망 김용섭은 ① 우측 흉벽 전면부의 맹관창 ② 좌측 흉벽 측면의 맹 관창 ③ 좌측 흉벽 하단의 맹관창 ④ 우측 견갑부의 맹관창 ⑤ 우측 둔부의 맹관창 ⑥ 우측 장골 능선 부위의 관통창 중 우측 흉벽 전면의 총창과 우측 견갑부의 총창이 치명상이며, 그로 인하여 쓰러진 것으로 각 추정된다(다 만 그 치명상은 어느 총격에 의한 것인지는 밝히지 못하였다)라고 되어 있 는 등 논지에 부합하는 부분이 있으나, 한편 원심이 적법하게 채택한 여러 증거들을 보면, 피고인 김태원의 총격이 있기 직전까지도 위 차지철, 김용 섭은 생명이 보존되어 있던 중 그 총격으로 말미암아 완전히 절명되었음이 기록상 능히 인정되고, 무릇 살인죄의 객체는 생명이 있는 이상 생존 능력 의 유무는 불문한다 할 것이고, 독립행위가 사망의 결과에 원인이 된 것이 분명한 경우에는 각 행위를 모두 기수범으로 처벌한다고 하여 어떤 모순이 있을 수 없다 할 것이므로, 원심의 위 사실인정이나 그 판단과정에 있어 소 론과 같은 위법들이 있다고 할 수 없다. 따라서 논지는 이유 없다.

그러나 이 점에 관하여는 대법원 판사 민문기, 임항준, 정태원, 서윤홍의 별항과 같은 소수의견이 있다.

5. 내란의 실행착수 및 기수시기

상고이유 중 내란죄는 국헌문란의 목적으로 폭동에 착수하여 그 폭동이 기수에 달하면 국헌문란의 목적이 달성되었느냐의 여부를 불문하고 기수에 이르렀다고 할 것인바, 이 사건에 있어서 대통령과 그 경호실장 및 수행 경호관들을 국헌문란의 목적으로 살해하였다면, 그것은 한 지방의 평온을 해할 정도의 폭동에 이르렀다고 할 것이어서 국헌문란의 목적달성과는 관계없이 내란죄는 기수에 이르렀다고 보아야 할 것이므로, 피고인 김계원의 이 사건 내란소위는 불가벌적 사후행위에 가담한 것으로서 처벌의 대상이 되지 아니하거나, 그렇지 않으면 아직 실행의 착수에 이르렀다고 할 수 없음에도 불구하고, 원심이 위 피고인에 대하여 내란중요임무 종사미수죄로 인정 처단하였음은 내란죄의 실행착수 및 기수시기에 관한 법리를 오해하였거나, 채증법칙 위배 및 이유모순의 위법 등을 저지른 것이라는 주장에 대하여 판단한다.

살피건대 내란죄는 폭동행위로서의 집단행동이 개시된 후, 국토참절 또는 국헌문란의 목적을 달성하였는가의 여부에 관계없이 기수로 될 수 있음은 소론과 같다. 그러나 그 폭동행위로 말미암아 한 지방의 평온을 해할 정도에 이르렀을 경우라야 기수로 된다 할 것인바, 원판시의 폭동행위만으로 한 지방의 평온을 해할 정도에 이르렀다고는 할 수 없으므로 이 건 내란죄가 기수에 이르렀다는 것은 당치 않다. 그리고 폭동의 내용으로서의 폭행 또는 협박의 개념은 최광의의 것이고, 이를 준비하거나 보조하는 행위를 총체적으로 파악한 개념이 폭동이라 할 것인바, 이 사건 기록에 나타난 원판시 국군서울지구 병원에서의 피고인 김계원의 지시에 따른 피고인 유성옥 무장감시 상태, 제1심 피고인이었던 망 박흥주의 지시에 따른 남대문과 서

울역에서의 그 점을 모르는 중앙정보부 직원들의 병력이동 감시상태와 육
군본부에서의 그 점을 모르는 중앙정보부 직원들의 병력이동 감시상태와
육군본부에서의 경호차량 대기상태 등과 그외 원판결이 적법하게 거시한
증거들에 의하여 찾아볼 수 있는 ① 중앙정보부 궁정동 식당에서의 총격이
있은 후 청와대 경호원들이 오는 것을 대비한 그곳 경비원들의 무장경비상
태, ② 피고인 김재규의 검찰진술 중 "문: 만약에 육군참모총장과 중정 제
2차장보가 말을 듣지 않는다면, 답: 거사 후에 설득을 하여 혁명의 동조세
력으로 이끌고 말을 듣지 않으면 협박 또는 감금을 해서 본인의 의도한 바
대로 쫓아오게 했습니다. 그래서 옆에 바짝 붙어 따라다니며 감시를 한 것
이고……"에서의 피고인 김재규의 감시상태와 "김 실장이 전화에서 잠깐
멈칫하는 것 같더니 알겠소. 내가 그 곳으로 가겠소(본인은 그때 느낌이 김
실장이 내가 육군총장을 인질로 확보하고 있는 것으로 생각하고 응낙하는
것 같았음)하며 전화를 끊었습니다"에서의 피고인 김재규, 김계원의 의식
상태 등을 종합하면, 궁정동 식당에서의 총격 이후에도 폭동은 종료되지 않
고 계속 되고 있는 것이라고 할 수 있고, 특히 원판시 피고인 김태원의 확인
사살 행위는 피고인 김계원의 내란 가담 이후에 이루어진 것이므로 피고인
김계원이 불가벌적 사후행위에 가담한 것에 불과하다고 할 수는 없으며, 또
한 원심이 이 사건 폭동행위가 개시됨으로써 실행의 착수에 이른 것이라고
본 조치도 정당하다. 따라서 원판결에 소론과 같은 위법들이 있다고 할 수
없으므로 논지 이유 없다.

그러나 이 점에 관하여는 대법원 판사 민문기, 양병호의 별항과 같은 소
수의견이 있다.

6. 증거 은닉

상고이유 중 증거은닉죄의 구성요건으로서는 타인의 형사사건 또는 징계
사건에 관한 증거일 것이라는 객관적 요건과 이를 은닉한다는 의사의 주관

적 요건이 충족될 경우에만 그 행위를 처벌할 수 있다고 할 것인데, 피고인 유석술은 이 사건 물건들이 전 대통령 및 차지철 일행들을 살해하는 범행에 사용된 증거물이라는 점을 알지 못하였고, 또한 이 물건들을 은닉한다는 의사가 전혀 없었음에도 불구하고 원심이 위 피고인에 대하여 증거은닉죄로 인정 처단한 제1심을 유지하였음은 채증법칙을 위배하였거나, 심리미진 내지 증거은닉죄에 관한 법리를 오해한 위법이 있다는 주장에 대하여 판단한다.

살피건대 증거은닉죄가 객관적으로 타인의 형사사건 또는 징계사건에 관한 증거에 대하여 주관적으로 이를 인식하면서 은닉한 경우에 구성한다함은 소론과 같은바, 원심이 적법하게 채택한 여러 증거들을 일건기록에 의하여 검토하여 보면, 원심이 유지한 제1심의 피고인 유석술에 대한 증거 은닉의 점에 관한 사실인정과 그 법률적용은 정당하고, 거기에 소론과 같은 채증법칙을 위배하거나, 심리미진 및 법리 오해의 위법이 있다고 할 수 없으므로 논지는 이유 없다.

살인죄의 공동정범에 관한 위법

상고이유 중 원심은 피고인 김계원이 피고인 김재규와 공모하여 차지철을 살해한 것으로 판시하고 있으나, 공동정범은 2인 이상이 상의 상조하여 각자의 범의를 공동적으로 실행하는 데에 그 본질이 있는 것으로서 행위를 공동으로 하는 의사로서 죄를 범하는 것, 즉 의사의 연락이 있어야 할뿐만 아니라 그 공모의 내용, 수단, 방법 등에 대하여는 구체적으로 밝혀져야 하고, 또한 그와 같은 의사 연락 외에 객관적 구성요건으로서 공동실행의 사실이 있어야 하며, 그리고 원래 공동정범은 실행공동정범의 형태가 원칙적 형태이고, 공모공동정범은 모의에만 참여하고 구성요건 해당 사실은 전혀 행사하지 아니한 자이지만 실행자와 동일한 형사 책임을 지우는 예외적 형태로서, 실질상의 괴수가 배후에서 범죄를 기획하고 그 실행행위를 부하 또는 자기가 지배할 수 있는 사람에게 실행하게 하는 경우에 단순한 교사나 방조로서 처리해버릴 수 없어서 재판의 실제 과정에서 생겨난 공범이론이어서, 단순한 범행인식이나 의사의 연락만으로는 부족하고, 모의라는 말이 뜻하는 바 즉 범죄 실행을 상담하여 그 실행자의 역할까지 정하는 등 상당히 고도의 것이어야 하며, 실행 행위를 담당하지 아니하는 공모자에 관하여서는 그 실행자를 통하여 자기의 범죄를 실현시킨다는 주체적인 의사가 있을 경우라야 한다 할 것인바, 이 사건에 있어서 원판시 정원석에서의 피고인 김재규, 김계원 간의 대화나 거동만으로는 살인을 공동으로 하자는 제의나 그 제의에 대한 승낙으로 단정할 수 없고, 그 외의 설시로도 살해의사나 그 의사의 연락이 있는 것으로 추단할 수 없을 뿐만 아니라 이를 인정할 증거도 없거니와, 피고인 김계원은 같은 김재규가 경호실장을 살해할 당시 소극적인 행위뿐으로서 그 실행행위를 분담한 사실이 없음에 반하여, 오히려 피고인 김재규의 살인을 제지하려한 사실이 엿보임에도 불구하고, 원심이 김계원에 대하여 살인죄의 공동정범으로 인정 처단하였음은, 그 어느 경우도 피고인 김계원의 변소나 상피고인 김재규의 진술 등과는 거리가 먼 것으로서, 증거 없이 사실을 인정한 잘못과 채증법칙의 위배, 이유불비 및 심리미진의 위법 등이 있으며, 또한 공동정범과 부작위범에 관한 법리를 오해한 위법이 있다는 주장에 대하여 판단한다.

살피건대 원심은 피고인 김계원에게만 차지철에 대한 살인의 점에 관하여 공모공동정범으로 의율하고 있음이 그 판시에서 명백하다고 인정되므로, 실행공동정범임을 전제로 한 소론들은 더 이상 판단할 필요가 없다. 공동정범에 있어서 범죄행위를 공모한 후 그 실행행위에 직접 가담하지 아니하더라도, 다른 공모자의 분담 실행한 행위에 직접 가담하지 아니하더라도, 다른 공모자의 분담 실행한 행위에 대하여 공동정범의 죄책을 면할 수 없다함은 당원의 판례이고(1995. 6. 24. 선고, 4,288 형상, 145판결, 1967. 9. 19. 선고, 67도 1027호 판결, 1971. 4. 20. 선고 71도 496판결), 공모공동정범에 있어서 공모는 2인 이상의 자가 협력해서 공동의 범의를 실현시키는 의사에 대한 연락을 말하는 것으로, 소론과 같이 실행행위를 담당하지 아니하는 공모자에게 그 실행자를 통하여 자기의 범죄를 기획하고, 그 실행행위를 부하 또는 자기가 지배할 수 있는 사람에게 실행하게 하는 실질상의 괴수의 위치에 있어야 할 필요는 없다 할 것이다.

이 사건에 있어서 원심이 적법하게 채택한 증거들을 기록에 비추어 검토하여 보면 원심의 이 점에 관한 사실인정이나 그 판단과정은 정당한 것으로 시인된다.

또 피고인 김계원과 같은 김재규는 서로 협력해서 공동으로 망 차지철에 대한 살의를 실현시키려는 의사의 연락이 이루어졌다고 아니할 수 없는 것이고, 또한 피고인 김계원에게 같은 김재규를 통하여 그 자신의 위 차지철에 대한 살의를 실현시키려는 의사가 없었다고는 할 수 없으며, 특히 원설시의 범행시간 임박에 대한 용인행위와 총격시 현장을 빠져나온 행위 등은 피고인 김재규의 범죄실행을 위한 원초적인 행동으로 볼 수 있으므로 원심의 이 점 사실인정이나 그 판단과정은 모두 정당하고 거기에 소론과 같은 위법들이 있다고 할 수 없으므로 논지는 그 이유 없다. 그러나 이 점에 관하여는 대법원 판사 민문기, 양병호, 임항준, 김윤행, 서윤홍의 별항과 같은 소수의견이 있다.

중지미수에 관한 위법

상고이유 중 원심이 피고인 김계원에 대한 내란중요임무종사미수의 점에 관하여 판시한 부분인 '국무총리와 내무, 법무장관 등의 반대'라는 사실은 그것이 반드시 내란실패의 사유로 될 것인지는 알 수 없고, 또한 '청와대 수석비서관 유혁인의 독촉'이라는 사실도 내란의 결정적 장애사유라고도 할 수 없을 뿐만 아니라, 이 점들을 인정할 증거도 없음에 반하여, 피고인 김계원은 오히려 그날 23시 30분 이후 피고인 김재규를 도울 생각이 있었다면 도울 수 있었는데도 자의로 그를 체포하게 한 것이 분명하다 할 것임에도 불구하고, 원심이 내란중요임무종사의 장애미수로 인정처단하였음은 채증법칙의 위배 및 심리미진의 위법과 중지미수에 관한 법리 오해의 잘못이 있고, 또한 피고인 김계원이 제1심 및 원심에서 이와 같은 취지의 변소를 해왔음에도 불구하고 이에 대한 판단을 하지 아니한 잘못과 이유불비의 위법도 있다는 주장에 대하여 판단한다.

살피건대 원심이 적법하게 채택한 여러 증거들을 일건기록에 의하여 검토하여 보면 이 점에 대한 원심의 조치는 정당한 것으로 시인된다. 또 다른 증거들을 종합하여 보면 원심이 사실 인정이나 판단과정은 정당하고, 거기에 소론과 같은 채증법칙 위배, 심리미진 및 법리오해 외 위법들이 있음을 발견할 수 없고, 그리고 피고인의 변소에 대하여 판단하지 않은 잘못은 판결의 결과에 영향을 미칠 것이 못 되며 따라서 이유불비의 위법도 있다고 할 수 없다. 논지는 이유 없다.

위법성조각사유

1. 정당행위

(1) '저항권 이론'

상고이유 중 많은 학자들에 의하여 자연법적으로 논의되어 오다가 이제 그 실정적인 근거까지 찾아 볼 수 있는 등 현대 헌법이론이 일반적으로 인정하고 있는 '저항권'은 헌법에 규정되어 있고 없음을 가릴 것 없이 당연한 권리로 인정되어야 하고, 자유민주주의의 헌법 질서유지와 기본적 인권의 수호를 위하여 수동적 저항이든 능동적 저항이든 폭력적 저항이든 비폭력적 저항이든 가리지 않고 다른 구제방법이 없을 때 최종적으로 적용되는 권리인바, 이 사건에 있어서 유신체제는 그 성립과 운영에 있어서 반민주적 법질서와 반인권적 체제이어서 이를 회복함에 있어서는 제도적으로나 실제에 있어서 다른 합법적 구제절차가 불가능하였으므로, 피고인 김재규, 박선호의 이 사건 범행은 위 '저항권'을 행사한 경우에 해당함에도 불구하고, 원심이 그 적용을 배척하였음은 저항권과 형법 제20조가 정한 정당행위에 관한 법리를 오해한 위법이 있고, 그리고 이 점에 관한 대법원 1975. 4. 8. 선고, 74도 3323 판결은 변경되어야 한다는 주장에 대하여 판단한다.

살피건대 당원은 일찍이 "소위 저항권의 주장은 실존하는 실정법 질서를 무시한 초실정법적인 자연법 질서 내에서의 권리주장이며, 이러한 전제하에서의 권리로써 실존적 법질서를 무시한 행위를 정당화하려는 것으로 해석되는바, 실존하는 헌법적 질서를 전제로 한 실정법의 범위 내에서 국가의 법질서 유지를 그 사명으로 하는 사법 기능을 담당하는 재판권 행사에 대하여는 실존하는 헌법적 질서를 무시하고 초법규적인 권리 개념으로서 현행 실정법에 위배된 행위의 정당화를 주장하는 것은 받아들일 수 없다"는 취지로 판시한 바 있다.

한편 생각하건대 현대 입헌자유민주주의 국가의 헌법 이론상 자연법에서 우러나온 자연권으로서의 소위 저항권이 헌법 기타 실정법에 규정되어 있든 없든 간에 엄존하는 권리로 인정되어야 한다는 논지가 시인된다 하더라도, 그 저항권이 실정법에 근거를 두지 못하고 오직 자연법에만 근거하고 있는 한, 법관은 이를 재판규범으로 원용할 수가 없다.

더구나 오늘날 저항권의 존재를 공인하는 학자 사이에도 그 구체적 개념의 의무내용이나 그 성립요건에 관해서는 그 견해가 구구하여 일치된다 할 수 없어 결국 막연하고 추상적인 개념이란 말을 면할 수 없고, 이미 헌법에 저항권의 존재를 선언한 몇 개의 입법례도 그 구체적 요건은 서로 다르다 할 것이니, 헌법 및 법률에 저항권에 관하여 아무런 규정도 없는(소론 헌법전문 중 '4·19 의거 운운'은 저항권 규정으로 볼 수 없다) 우리나라의 현단계에서는 더욱이 이 저항권 이론을 재판의 준거규범으로 채용 적용하기를 주저 아니할 수 없다. 따라서 위 당원의 판례를 변경할 필요를 느끼지 아니한다 할 것이어서 원심에 이 점에 관한 법리오해 있다는 논지는 받아들일 수 없다.

　그러나 이 점에 관하여는 대법원 판사 민문기, 임항준의 다른 의견이 있다.

(2) 정당한 직무집행

상고이유 중 피고인 김계원에 대한 내란중요임무종사미수의 점에 대한 원판시 사실인 보안유지, 병력출동의 금지, 국무총리에 대한 보고와 내무, 법무장관 등에 대한 계엄선포 건의와 그 사유 등은 모두 대통령 비서실장으로서 너무나 뜻밖에 닥친 국가적 위기라는 돌발사태에 대처하기 위한 최선의 조치로서 형법 제20조의 정당행위에 해당하는 정당한 직무집행 행위임에도 불구하고 원심이 이 점을 간과하였음은 정당행위에 관한 법리오해 및 심리미진의 위법이 있고, 또한 위 피고인의 변호인의 이 점에 관한 항소 이유에 대한 판단을 유탈한 위법이 있다는 주장에 대하여 판단한다.

　살피건대 일건기록을 검토한 바에 의하면 위 논지와 같은 주장은 피고인 김계원이 그에 대한 내란중요임무종사 미수죄의 죄책을 면하기 위하여 거짓 변소한 것에 불과하다고 인정되며 도리어 피고인 김계원의 소론 행위들은 모두 내란의 괴수인 피고인 김재규의 범행에 적극 가담 호응 동조하기 위하여 이루어진 행동으로 인정되므로, 원심에 이 점에 관한 법리오해, 심리미진의 위법이 없다고 보여지는 이상, 설사 이점에 관한 항소 이유에 대한 판단이 원심판결에서 유탈되었다 하더라도, 판결에 영향을 미친 위법이라고 할 수 없으니 결국 논지 이유 없음에 돌아간다.

(3) 상관의 명령

상고이유 중 피고인 박선호의 원판시 소위는 상피고인 김재규가 중앙정보부장으로서 내린 명령에 따른 행위이므로 형법 제20조의 정당행위에 해당한다는 주장에 대하여 판단한다.

살피건대 공무원은 그 직무를 수행함에 있어 상관은 하관에 대하여 범죄행위 등 위법한 행위를 하도록 명령할 직권이 없는 것이며, 또한 하관은 소속상관의 적법한 명령에 복종할 의무는 있으나 그 명령이 명백한 위법 내지 불법한 명령인 때에는 이는 직무상의 지시명령이라 할 수 없으므로 이에 따라야 할 의무는 없다 할 것인즉, 이 점 논지는 더 말할 나위 없이 이유 없다 할 것이다.

2. 정당방위

상고이유 중 유신헌법과 긴급조치하의 국민주권의 부정침해로 인한 국민적 저항인 '부마사태'가 전국적으로 확산됨에 있어 무차별 국민학살로써 대처하려 한 상황 아래, 주권자인 국민의 생명과 재산에 대한 현재의 부당한 침해를 방위하기 위하여 마지막 수단으로 이 사건 범행에 이르게 된 것인바, 이는 공통선을 행한 경우로서 정당방위에 해당하여 그 위법성이 없음에도 불구하고 원심은 이를 간과한 잘못이 있을 뿐만 아니라, 피고인 김재규가 수사기관에서부터 원심변론 종결에 이르기까지 위와 같은 취지의 변소를 해왔음에도 불구하고, 이에 대한 심리를 다하지 아니하였거니와 그 판단을 유탈한 위법까지 저지른 것이라는 주장에 대하여 판단한다.

살피건대 앞에서 누누이 설시한 바와 같이 피고인 김재규의 본건 소위는 대통령을 살해하고 내란으로 정권을 장악하려 한 내란목적살인 및 내란수괴 미수죄의 성립에 아무런 장애사유가 없음에도 불구하고, 동 피고인은 본건 범행일시를 기준으로 하여 수일 내에 소위 '부마사태'와 같은 민란이 서울에서 일어나고, 이에 대하여 박 대통령은 스스로 민중에 대한 발포 명령을 하였을 것이기 때문에 자기가 그 예상되는 희생될 민중의 생명, 신체, 재산 등을 구하려고, 즉 국민 내지 국가의 법익에 대한 현재의 부당한 침해를 방위하려고 본건 거사에 이르렀다고 변소하고 있다.

그런데 기록에 의하면 1979년 10월 17, 18일에 일어난 소위 부산·마산

사태의 진상을 같은 달 19일에 당시 중앙정보부장으로서 현지답사하고 돌아왔던 동 피고인은 제1심 공판에서 "부마사태로 죽은 자가 있나요"라는 물음에 대하여 "없는 것으로 압니다"라고 대답하고 있다. 그렇다면 설사 소위 부마사태의 확산이 예상된다 하더라도 신체의 상해, 재산의 손괴 정도는 모르되 반드시 많은 국민의 생명의 희생까지 예상된다고 할 수 없을 이치이고, 또 소론 부마사태의 확산이나, 소론 대통령의 발포명령 운운도 피고인 혼자만의 주장일 뿐 이를 객관적으로 뒷받침할 자료도 없는 이 건에서는 결국 이런 변소는 동 피고인의 조작된 거짓말이거나, 아니면 장래의 불확실한 사태를 환상적으로 추리한 결과를 진술한 데 지나지 아니한다 할 것이므로, 형법 제21조 제1항 소정의 정당방위의 성립요건을 충족시킬 사실을 인정할 증거자료가 없다 할 것이니, 원심이 이 점을 간과했다는 논지는 이유없고, 또 이 점에 관하여 심리를 더 한들 이를 인정할 자료의 출현 가능성이 희박하다고 인정되는 본건에서는 이 점에 관한 심리미진의 위법이 있다고도 할 수 없고, 또 이미 원심에 위와 같은 위법이 없다고 인정되는 이상, 설사 원심 판결에서 이 점에 관한 판단을 유탈하였다 하더라도 판결에 영향을 미친 위법은 될 수 없어 위 논지들은 모두 그 이유 없다 할 것이다.

3. 긴급피난

(1) 상고이유 중 앞서 정당방위 주장에서 본 바와 같은 10·26 당시의 국내 정치 상황아래 피고인 김재규는 수많은 국민의 생명, 신체, 자유에 대한 현존하는 위난을 피하기 위하여 부득이하게 이 건 범행에 이른 것인바, 이는 긴급피난에 해당하여 그 위법성이 없음에도 불구하고 원심은 이를 간과한 잘못이었을 뿐만 아니라 피고의 김재규가 위와 같은 취지의 주장을 해왔음에도 불구하고 이에 대한 심리를 다하지 아니하였고, 또한 그 판단을 유탈한 위법까지 범하였다는 주장에 대하여 판단한다.

　살피건대 앞의 정당방위의 항에서 이미 설시한 이유와 동항의 이유에서 이점의 논지도 이유 없음이 명백하다 할 것이다.

(2) 상고이유 중 피고인 김계원은 국가의 원수를 잃게 된 사실이 외부에 누설되면 아군 상호간의 총격전으로 인한 유혈사태 발생과 북괴남침 도발의 기회를 줄 것이 두려워서 보안을 유지하고 청와대의 병력 출동을 금지시키고, 계엄을 빨리 선포해야 된다고 건의한 것이므로, 이는 많은 국민과 군경의 생명에 대한 현재의 위난을 피하기 위하여는 부득이한 것으로서 긴급피난 행위에 해당함에도 불구하고, 원심이 이를 간과하였음은 긴급피난에 대한 법리를 오해한 위법이 있고, 또한 피고인 김계원이 제1심 및 원심에서 일관하여 위와 같은 취지의 변소를 해온 것임에도 불구하고 이에 대한 판단을 유탈하여 이유불비의 위법을 저지른 것이라는 주장에 대하여 판단한다.

살피건대 피고인 김계원의 소론 행위(보안유지, 청와대 병력출동 금지, 계엄선포 건의 등)가 이 건 내란중요임무종사미수죄를 성립시켰다고 판단한 원심조치가 정당하다고 당원은 앞서의 다른 항에서 설시한 바 있거니와, 이 논지는 설사 소론행위 등이 원판시의 내란중요임무종사죄에 해당하는 행위가 된다 하더라도 위 소론과 같이 그는 아군 상호간의 총격전으로 인한 유혈사태 발생과 북괴 남침도발의 기회를 줌으로써 일어날 많은 국민과 군경의 생명에 대한 '현재의 위난'을 피하기 위한 행위이기 때문에 위법성 조각사유에 해당한다고 주장하는 취지이다.

그러므로 피고인 김계원에게 당시 과연 그와 같은 위난을 피하려는 의사 즉 '피난의사'가 있었는가 여부를 따져본다. 일건기록을 살펴보면 첫째, 동 피고인이 진정히 소론 위난을 피하려는 의사가 있었다면 최소한 당시의 국무총리(대통령 권한대행이 당연히 될 사람) 최규하에 대해서만은 진실 즉 김재규가 고의로 대통령을 살해한 사실을 알리고 선후책을 논의하였어야 할 터인데, 그러지 아니하고 김재규의 오발탄에 대통령이 죽은 것으로 보고한 점은 위난을 피하려는 의사보다는 김재규의 내란에 가담하려는 의사가 앞서 있었다고 인정되고, 둘째, 동 피고인이 진정히 소론 위난을 피하려는 의사가 있었다면 당시 막강한 수도경비군단을 장악하고 있었던 동 군단장

겸 대통령 경호실차장 이재전 육군중장과 상의해서 소규모 작전으로 넉넉히 김재규를 체포 또는 사살할 수 있었을 터인데, 이에 이르지 아니한 점은 위난을 피하려는 의사보다는 김재규의 내란에 가담하려는 의사가 앞서 있었다고 인정되고, 셋째, 동 피고인은 본건 범행 당일 오후 7시 43분경 김재규가 총격을 마치고 나오면서 자기에게 보안유지 등 후사를 부탁하고 육본 벙커로 향발한 직후, 상피고인 이기주가 가지고 있던 권총을 빼앗아 가지고 이를 소지한 채 군병원, 청와대, 육군본부 벙커, 국방부 등을 출입하였으니만큼 동 피고인이 진정히 소론 위난을 피하려는 의사가 있었다면 육본 벙커 또는 국방부 사무실에서 김재규를 만나서 교담할 때 얼마든지 이를 사살할 수 있는 기회가 있었음에도 불구하고 이에 이르지 아니한 점은, 위난을 피하려는 의사보다는 김재규의 내란에 가담하려는 의사가 앞서 있었다고 인정된다.

그렇다면 설사 그 당시의 사태가 소론 현재의 위난이 존재하는 상태이었다고 가정하더라도, 소위 피난의사 있었다고 인정할 수 없는 이상 이 건 긴급피난의 성립을 인정할 수 없고, 따라서 원심이 이 점에 대한 법리오해 있다는 논지는 이유 없고 또 설사 이 점 변소에 대한 원심 판단이 없다 하더라도 판결에 영향을 미친 위법이라고 할 수 없으니 판단유탈, 이유불비 등의 논지 또한 이유 없다.

책임조각사유

상고이유 중에 중앙정보부 직원들은 정보부장을 정점으로 하여 군대조직보다 더 엄격한 상명하복 관계에 있으므로 상관의 명령이 위법한가 여부를 판단하거나 그 명령의 이행 여부를 선택할 수 있는 여지가 없고, 따라서 상관의 명령을 거부할 수 없는 특별한 상황에서 행한 피고인 박선호, 이기주, 유성옥, 김태원, 유석술의 각 소위는 강요된 행위이거나 기대가능성이 없는 경우에 해당된다 할 것이므로, 결국 처벌할 수 없음에도 불구하고 원심은 강요된 행위 내지 기대가능성의 법리를 오해하여 위 책임조각사유를 간과한 위법을 저지른 것이라는 주장에 대하여 판단한다.

살피건대 이 점에 관하여 제1심은 무릇 공무원은 직무를 수행함에 있어서 소속상관의 직무상의 명령에 복종하여야 할 의무는 있으나, 명백히 위법한 명령에 대해서까지 복종할 의무는 없을 뿐만 아니라, 중앙정보부 직원은 비록 상관의 명령에 절대 복종하여야 한다는 것은 불문율로 되어있다 하더라도, 단지 그 점만으로는 이 건 판시 범죄와 같이 중대하고도 명백한 위법명령에 따른 범법행위가 강요된 행위이거나 적법행위에 대한 기대가능성이 없는 경우라고는 도저히 볼 수 없고, 달리 이 건 범행 시 피고인들이 저항할 수 없는 폭력이나 방어할 방법이 없는 협박에 의하여 자유롭게 의사결정을 할 수 없는 강요된 행위였으며, 또한 상관의 위법한 명령을 거부할 수 없는 특별한 사정하에 있었기 때문에 적법행위를 기대할 수 없었다고 볼 하등의 자료를 찾아 볼 수 없으므로 위 주장은 이유 없다고 판시하였으며, 원심 또한 위와 같은 제1심의 견해를 유지한다는 설시를 하고 있는 바, 당원의 일건기록을 검토한 바에 의하더라도 이 건 범행의 일시 및 장소 관계로 보아 위 피고인들이 만약 이 건 혁명거사에 참여함으로써 그 대가조로 얻어지리라고 예상되었던 이른바 '한몫'을 바라는 마음만 없었더라면, 얼마든지 소론 상관의 명령을 거부하고 그 자리에서 피해 나올 수 있는 시간적 여유와 공간적 환경에 놓여있었음을 쉽사리 인정할 수 있는 형편이고 보니, 더욱 위 원심판단은 정당하다고 인정되고 따라서 이 점에 관한 논지도 이유 없다.

양형부당

상고이유 중 군법회의법 제432조에서 정한 상고이유에서 양형부당은 제외되어 있으나, 위 법조는 형사소송법 제383조와의 관계에서 인간의 존엄을 보장한 헌법 제8조와 국민평등에 관한 헌법 제9조에 저촉되어 무효이므로 극형을 선고받은 피고인들로서는 양형부당을 이유로 상고 할 수 있다고 하여야 할 것인바, 기록에 나타난 피고인들의 이 사건 범행동기와 목적, 범행 전후의 국내정정 등과 피고인들에 대한 개인적 정상 등을 참작하고, 아울러 현대 문명국 중에는 형벌로서의 사형 그 자체를 폐지한 나라가 더 많으며, 이론적으로도 사형폐지를 주장하는 편이 훨씬 우월한 점 등에 비추어 피고인들에 대하여 극형을 선고한 원심의 양형은 무거워서 부당하다는 주장에 대하여 판단한다.

살피건대 원래 군법회의는 일반 법원과는 달리 특수한 목적과 취지에서 설치된 특별법원으로서 그가 취급한 피고인에 대한 처우가 일반 법원의 그것과 사이에 소론과 같은 불평등이 있다 하더라도, 그는 헌법과 법률이 당초부터 예상한 것이라고 해석되는 만큼 소론 군법회의법 제432조를 헌법 제8조, 제9조에 저촉되는 위헌조항이라고는 단정할 수 없다. 그렇다면 소론 위헌을 전제로 해서 전개한 이 점은 이유 없다.

그러나 이 점에 관하여는 대법원 판사 민문기, 임항준의 다른 의견이 있다.

대법원 판결문 요지

소수의견

판결일 1980. 5. 20.

(사건번호 80도 306호)

대법원 판사 민문기의 의견

내란의 죄에 관한 법리 오해라는 변호인들의 상고이유를 판단한다. 본건 사안인 내란의 죄가 본질적으로 정치색채가 짙은 범죄이고 현실로 체제 변동도 곁들여 있어 시국관을 말하지 않을 수 없다. 이 사건 범행(1979. 10. 26.)으로 희생되어 궐위된 대통령의 뒤를 이은 권한대행 최규하에 의하여 확인 선언(1979. 11. 10.)된 바대로 새 헌법을 만드는 것이 전 국민적 합의라고 함은, 획기적 역사의 사실, 부인할 수 없는 정당성을 지닌 중대한 국민의 정치 결단, 국민의 법적 확신으로 뒷받침된 불문율, 시국을 지배하는 구속력이 있는 것이다. 그런데 이 합의는 유신체제와 상충됨이 그 본색을 이루니 그 체제를 넘어서지 않고서는 불가능한 일이 분명하므로 따라서 국민적 합의가 있다는 그 자체가 실질적으로 유신체제의 폐지를 의미하는 것(오늘의 정치발전이 그 증거이다)이 되며, 이 합의는 고 박정희 대통령의 운명과 동시에 이뤄졌다고 아니 볼 수 없는 까닭에 유신체제는 고 박 대통령과 운명을 같이한 체제라고 할 법적 논리에 이른다. 이해를 돕기 위하여 실례로 설명하거니와 만일 민주주의 질서를 군주체제로 변혁하려는 일로 해서 내란의 죄로 문의되다가 군주체제로 국헌을 바꾼다는 국민적 합의가 이뤄졌을 때 그대로 내란의 죄로는 처벌할 수 없으리니, 그 합의가 민주체제의 폐기를 의미하는 이상 합의 후에 있어서 내란죄는 민주주의 하자는 것이지 군주체제 하자는 것이 결코 될 수 없기 때문에, 합의 후에 있어서 군주주의 하자는 이유로 하는 내란죄는 그 성립을 부정하는 것은 아니지만 유죄로 단죄할 수는 없다 할 것이다. 그 이유는 이 경우 국헌과 같다고 볼 체제가 달라서 각기 존립의 기초가 다르기 때문에 보호법익이 달라진 까닭이다.

　본건은 이 예의 경우와 꼭 같아 같은 법리가 적용된다 하겠다. 원판결 판단이 피고인 전원에 대해 형법 제87조 1·2호, 제89조, 제88조를 적용한 점과 그 이유로 설시한 취지로 미루어 그 전원을 국헌문란의 목적범으로 본 바가 분명하고, 원심이 수괴로 인정한 피고인 김재규의 진술 기재에 의하여 그 범행목적이 그 표현대로 유신체제의 핵인 박 대통령을 제거하여 그 체제를 종식시키고 민주체제로 돌리는 데 있다는 취지로 기록상 인정 못할 바 아니므로 원 설시와 부합한다.

원판결의 인정판단에 그대로 따르면 원심은 피고인들이 유신체제를 강압 변혁하려는 목적으로 설시처럼 대통령을 비롯한 사람들을 살해했다는 것이요, 소송절차의 경과로 보아 개헌하는 전 국민적 합의가 있은 후에 있어서 재판한 사정이 분명하다. 그러므로 이 사안은 행위 시와 재판 시의 체제가 위 설시 이유에 따라 서로 다름을 숨길 수 없으니 이와 같이 범행시의 기반이 재판시의 그것과 달라졌다는 정치상황은 바로 초법규적으로 처벌할 수 없는 사유가 된다고 할 법리에 이르므로, 본건 범행을 다른 죄로 봄은 별론으로 하고 내란의 죄로는 처벌할 수 없다 하겠다.

따라서 원판결 판단은 결론에 영향을 준 법률위반(유신체제하에서라면 옳다 하겠다)을 남겼다고 하겠고, 이를 지지한 다수의견 역시 같다고 하겠다. 이상 이유로 논지는 결론에 있어서 이유 있어 다른 주장에 들어가지 아니한다. 끝으로 예비적으로 대법원 판사 양병호, 임항준, 김윤행의 각 의견에 찬동하여 원용하는 뜻을 밝힌다.

대법원 판사 양병호의 의견

피고인 김재규의 변호인 김제형 외 6인의 상고이유 제1·2·3점, 같은 김정두의 상고이유, 같은 채훈천 외 17인의 상고이유를 함께 판단한다. 원판결 이유에 의하면 피고인 김재규는 중앙정보부장으로서 직무를 수행함에 있어 동 피고인이 입안하여 시행한 정국수습책이 거듭 실패하여 직무수행상의 무능함이 노출되어 박정희 대통령으로부터 질책을 당하고 인책 해임설이 나돌아 그 지위에 불안을 느끼는 한편, 위 대통령은 경호실장 차지철의 오만방자한 태도와 월권적 업무 간섭에도 불구하고 그를 더 신임하는

데 불만을 품고 1979년 4월 일자불상경부터 대통령 등을 살해한 후 정권을 잡을 것을 기도하고 보안유지를 위해 단독으로 그 구체적인 거사 계획을 세워 적절한 때를 선택하여 대통령 등을 살해하기로 하되 대통령을 시해한 후 국가안전과 질서교란을 이유로 계엄을 선포하고 중앙정보부의 권한과 동부의 조직력을 이용, 계엄군을 장악하여 무력으로 사태를 제압하고, 입법·사법·행정권을 총괄하는 혁명위원회를 구성, 자신이 위원장에 취임하여 집권기반을 확보한 후 대통령에 출마할 것을 계획하여 1979년 10월 26일 19시 40분부터 20시 5분 사이에 원판시와 같이 대통령 등을 총격 사망케 함으로써 국헌을 문란할 목적으로 대통령 등을 살해한 내란목적의 살인 사실을 인정하였다.

그러나 피고인이 국헌을 문란할 목적으로 위 대통령을 살해한 것인가에 관해 원심이 그 판시 내란목적살인 사실을 인정함에 있어서 채택 종합하고 있는 증거들의 기록을 대조 검토하여 보건대, 이에 관계되는 증거로서는 피고인 및 상피고인 김계원에 대한 1심 및 원심 군법회의 법정에서의 각 진술과 군 검찰관 작성의 피고인 및 동 김계원에 대한 각 피의자 신문조서 중의 각 진술기재밖에 없다고 볼 것인바, 그 중 1심 및 원심 법정에서의 피고인의 진술(항소이유보충서 기재 포함), 검찰관 작성의 피고인에 대한 피의자 신문조서의 진술기재에 의하면 이번 10·26 거사는 박정희 대통령 종신집권을 위한 비민주주의적인 유신체제를 철폐하고, 유신체제의 핵심은 박 대통령이고 그분이 있는 한 유신체제는 바꿀 수 없다고 생각한다고 하며, 민주회복은 온 국민이 원하고 있던 바이고, 유신체제에 대한 도전과 항거는 국민의 생각 속에 팽배하였고, 사건 직전의 부산·마산사태가 그 좋은 예였는데, 그것이 서울 등 전국 5대 도시로 파급되게 되었는데도, 위 대통령은 그것에 대한 진압책으로 직접 발포명령을 하겠다고까지 하여 나라와 국민들의 엄청난 희생을 강요하게 되매, 그분의 강한 집권욕과 절대로 물러설 줄 모르는 성격에 비추어 이 불행을 막을 방법이 없는 절박한 상태에서 자유민주주의의 회복과 대통령의 생명의 희생과는 숙명적인 관계에 있다고 보고, 불가피하게 그를 살해 제거하는 일을 아니 할 수 없었다고 말하고 있다. 동시에 위 거사를 혁명이라고 하면서 이는 유신질서를 없애는 데 있고, 혁명과업은 우선 사태수습을 위해 계엄을 선포토록 하고 헌법도 정당한 개헌 절차를 밟아 고치려 했다고 한다. 요컨대 민주회복을 위해 대통령직에 있는 자연인 박정희를 살해한 것이라고 하고, 그 밖의 일은 적법한 정식절차를 밟아서 하려 했다는 취지이다. 그리고 피고인은 군인이고 혁명가인데 군인이 집권하면 독재가 된다 하고, 자신이 대통령의 묘를 밟고 올라설 정도로 도덕관이 타락되고 있지는 않다 하여, 결코 대통령이 되기 위해 혁명을 한 것은 아니라고 힘주고 있음을 본다.

이에 위에서 본 피고인의 진술을 자백이라 보고 이에 대한 보강증거가 있는가를 살펴보건대, 1심 및 원심 군법회의 법정에서의 상피고인 김계원의 진술 및 군 검찰관 작성의 김계원에 대한 피의자 신문조서의 진술기재에 의하면, 사건 발생 후인 이 사건 당일 22시 25분경 육본 벙커 화장실에서 피고인으로부터 우선 계엄을 선포하고 혁명위원회 간판을 달아야 한다는 말을 들었다는 진술 부분이 있을 뿐 달리 자료가 될 만한 것을 기록상 찾아 볼 수 없다 할 것이므로, 피고인의 자백 중 단지 계엄선포, 혁명 또는 혁명위원회 운운 부분에 대해서만 보강증거가 있는 것으로 되어 문제가 된다 할 따름이니, 그러면 여기에서 피고인은 이 혁명 운운을 무슨 뜻으로 말한 것인지를 알아볼 필요가 있다.

피고인은 이 혁명을 유신질서의 철폐를 말하는 것이라고 하였음은 위에서 본 바와 같고 그 밖에 계엄선포와 혁명위원회는 사태수습과 정국을 올바른 방향으로 이끌어 가기 위한 과정상 필요한 절차 또는 기구라는 뜻으로 말하고 있다. 피고인의 혁명 운운을 헌법 또는 법률의 절차에 위하지 아니한 것으로서 바로 국헌을 문란할 목적의 것으로 단정할 자료는 발견되지 아니하거니와, 도대체 우리나라에서는 1960년 4·19 사태도 이를 4·19 혁명이라고 부르는 사람들이 많은 만큼 혁명이라는 칭호를 쉽게 남용하는 현실임에 비추어, 피고인이 말하는 혁명이 과연 국가의 통치기구를 변혁한다는 뜻의 것인지의 여부는 좀 더 따져 가려보아야 할 것이요, 혁명 또는 혁명위원회라는 말을 사용하였다는 것만으로써 곧 국가의 기본조직을 전복하려는 계획의 것으로 간단히 속단해버릴 수는 없는 사안으로 엿보인다 함이 상당하다.

원심이 인정한바 피고인이 중앙정보부의 권한과 동부의 조직력을 이용, 계엄군을 장악하여 무력으로 사태를 제압하려 했고, 자신이 정권을 잡을 것을 기도했다는 사실을 인정할 만한 자료는 찾아볼 수 없다. 그리고 피고인이 단순한 혁명위원회 아닌 입법·사법·행정권을 총괄하는 혁명위원회를 구성, 자신이 위원장에 취임하여 집권기반을 확보한 후 대통령에 출마할 것을 계획했다는 사실은, 검찰관 작성의 피고인에 대한 피의자 신문조서의 진술기재 중에 비슷한 말로 나오는 자백사실이기는 하나, 이에 대한 보강증거는 전혀 없다. 오히려 위 피의자 신문조서의 기재에 의하면 헌법기초위원회를 설치하여, 국민이 원하는 헌법안을 연구 작성케 하여 국민투표에 회부하여 확정시킨 후에 새 헌법에 의한 선거를 실시하려고 하였다는 진술부분이 있는바, 이는 현행 헌법 절차에 의하지 아니하고 헌법의 기능을 소멸시키는 것에 해당되지 아니한다 할 것이다. 다시 위 조서의 기재에 의하면 위 선거 실시에 있어서 대통령 출마 후보자는 일응 최규하 국무총리와 태완선 유정회 의장 등을 꼽을 수 있고, 피고인 본인도 상황에 따라 출마 여부를 결정하려고 하였다는 진술 부분이 있어, 이를 그 진술대로 본다 가정하더라도 피고인이 대통령 후보자로 위 인사들을 천거하려고 하였다거나 상황에 따라서는 피고인 자신이 대통령으로서의 출마 여부를 결정하려 하였다 하여, 이 사실만으로써 곧바로 대통령이라는 헌법에 의해 설치된 국가기관 그 자체를 강압에 의해 전복 또는 그 기능행사를 불가능하게 하는 것에 해당된다고 단정할 수 있겠는가 의문이 아닐 수 없다. 그 밖에 피고인이 김계원으로 하여금 국무총리를 모시고 육본 벙커로 오게 하여, 국무총리가 대통령 권한 대행으로 각 장관들과 더불어 국무회의 의결을 거쳐 비상계엄을 선포하도록 유도하였다 할지라도, 이는 피고인의 진술대로라면 정식절차를 밟은 것이 된다 할 것뿐이다.

뿐만 아니라 대저 국헌문란의 목적이라 함은 헌법 또는 법률의 기능을 불법으로 철폐 소멸시키고, 국가의 기본조직인 통치기구 기타 헌법기관을 폭력으로 파괴 전복하는 것을 말하는 것이라 할 것인바, 원심이 그 판시의 취지와 같이 피고인의 자유민주주의의 회복을 위한 거사였다는 그의 주장을 가리켜, 대통령 선거 후 국민적인 합의로 정부나 국회에서 유신헌법을 개정할 것을 전제로 하는 개헌작업이 활발히 추진되고 국민의 각계각층에 민주화 운동이 팽배하게 된 시기를 틈타서, 갑자기 민주회복을 위해 장애가 되는 대통령인 자연인 박정희를 살해 제거할 수밖에 다른 도리가 없었다는 것으로 위장하는 것으로써, '자유민주주의의 회복이라는 미명 아래' 대통령을 시해하여 폭력에 의하여 정부를 전복시켜 오직 정권을 탈취하려고 불법적으로 국가의 기본통치기구를 파괴할 것을 목적으로 범행한 것이라고 사실 인정을 하려면, 모름지기 이에 관한 정확한 증거의 적시가 있어야 할 것은 물론이거니와 이밖에 피고인이 그 판시대로 중앙정보부의 권한과 동부의 조직력을 이용하여 계엄군을 장악하려 하였다면 군사 단체가 아닌 중앙정보부로서 어떠한 권한조직과 방법으로 계엄군을 장악하려 한 것인지를 밝혀야 하고, 또 무력으로 사태를 제압하고 입법·사법·행정권을 총괄하는 혁명위원회를 구성한다 함은 무력으로 국가의 각 기관이나 국민의 의사를 제지 억압하면서 기도한바, 정권을 잡을 방향으로 사태를 끌고 가려 했다거나 국회와 법원, 정부를 뒤엎어 없애고 혁명위원회 자체가 삼권을 모두 행사하려고 한 것인지 그 내용을 명백히 해야 할 것이고, 피고인이 집권기반을 확보한 후에 대통령에 출마하려 하였다는 것이 정당을 조직하여 지지기반을 구축하는 등의 방법에 의한 것이 아니고, 계엄령이나 긴급조치로 반대 의견을 일체 금하는 등 무력 기타 강압적 수단으로 국민의 지지를 얻으려 한 것일 뿐, 헌법에 규정된 정당한 선거 제도로서 국민의 자유로운 선택권 행사에 의한 것이 아니라는 것이었음을 명시하였어야 할 것으로 본다.

만약 다른 고위직 인사도 아닌 적어도 일국의 대통령을 살해하였으니 정부를 전복하려는 국헌문란의 목적으로 살해한 것으로 아니 볼 수 없다는 소견이 있다면, 권력의 정상인 대통령의 지위 신분에 비추어 의당 그렇게 보아야 할 것이라는 견해로 보겠는데, 이는 지극히 소박하고 단순한 사고에서 비롯된 것이라 아니 할 수 없다. 대통령은 국가 정부의 기관이요, 대통령은 곧 정부는 아니다. 그리고 대통령의 고귀한 지위 신분을 운위하기 전에 그의 지닌 바 책무를 더 중요시하여야 할 것이고, 대통령도 국민 전체에 대한 봉사자이며, 국민에 대해 책임을 지는 공무원의 한 사람임에는 틀림없기 때문이다. 원심 판시 사실은 피고인이 대통령에 대한 개인적인 불만을 품고 그를 살해할 것을 기도하였다고 전제하고서는 국헌문란목적의 살해행위로 결론 지우고 있는바, 개인적인 불만이었다면 대통령 자연인 개인을 살해하려 하였다는 피고인의 주장이 나올 수 있음직한 사유일 뿐 아니라, 판시의 앞뒤가 맞지 않는 이유모순의 허물도 갖추고 있다고 보인다. 이러함에도 불구하고 원심이 이상과 같은 여러 점에 대하여 아무 살핌이 없이 피고인에 대하여 내란목적살인죄를 범한 것으로 단정하였으니, 증거 없이 또는 채증법칙에 위배하여 사실을 오인한 위법 있는 경우로도 되려니와, 대통령직에 있는 자연인 살해행위에 지나지 못한 것인지, 국헌문란목적의 살인행위에 해당하는 것인지가 중대 관건으로 되어있는 이 사건에 있어서 적어도 이를 가려보기 위하여 좀더 사실과 증거에 대한 심리가 더하여야 할 것인데, 이를 다하지 아니하고 만연히 사실을 인정해 버리고 만 심리미진, 이유불비의 위법을 면할 수 없다 할 것이고, 이는 판결에 영향을 미친다 할 것이므로 논지들은 이유 있다.

피고인 김계원의 변호인 김수룡의 상고이유 제1·2·3·4·6점, 같은 배영호, 김홍재의 상고이유 제2점, 같은 이병용의 상고이유 제1점을 함께 판단한다. 원판결 이유에 의하면 피고인 김계원은 대통령 비서실장으로 임명된 이래 위 차지철의 오만방자한 태도와 월권적 업무간섭 등에 대하여 김재규와 더불어 평소 불만을 토로하면서 위 차지철을 제거할 의사를 표시해오던 중, 이 사건 당일 17시 50분경 대통령 영접차 중앙정보부 궁정동 식당에 도착하여 김재규와 함께 그 식당 현관 앞 정원의 경계석에 앉아 대화 도중, 피고인이 "차 실장, 그 친구 강경해서 야단이야"라고 하는 등 불평을 터뜨리자, 김재규로부터 "그 친구 오늘 해치워버리겠다"는 제의를 받고 그것이 평소 누적된 감정 폭발로서 차지철을 살해하겠다는 것인 점을 인식하고서도 이를 승낙하여 김재규와 차지철을 살해할 것을 상호 공모하고, 그런 후 김재규가 위 식당 만찬석상을 여러 번 이석할 뿐만 아니라 특별히 10분간이나 외부에 나가 있다가 들어온 것으로 보아 범행 결행 시간이 임박한 것을 알면서도 이를 용인하고 있던 중, 동일 19시 40분경 김재규가 피고인에게 "각하 잘 모십시오"라는 말과 함께 우측 손으로 툭 치는 것을 신호로 차지철에게 권총을 발사하자 그의 범행을 순조롭게 하기 위하여 동 장소를 빠져나오는 등 함으로써 김재규와 공동하여 차지철을 살해한 사실을 인정하였다.

그러나 원심이 채택하고 있는 증거들을 아무리 정사(精査) 검토할지라도 피고인이 김재규와 더불어 의사연락하여 대통령 경호실장 차지철을 살해할 것을 상호 공모하였다함을 인정할 자료는 그 흔적조차 찾아볼 수 없다. 1심 및 원심 법정에서의 피고인 및 위 김재규의 진술, 검찰관 작성의 피고인들에 대한 각 피의자 신문조서 중의 각 진술기재에 의하면 사건 당일 17시 50분경 대통령 영접차 이 건 중앙정보부 궁정동 식당에 미리 도착한 피고인이 김재규와 함께 식당 현관 앞 정원의 경계석에 앉아 대화 도중 피고인이 "차 실장, 그 친구 강경해서 야단이야"라고 말하자, 김재규는 "그 친구 오늘 해치워버릴까"라고 말했다는 사실은 인정되는바, 원심은 이를 피고인이 김재규로부터 "그 친구는 오늘 해치워버리겠다"는 제의를 받고 위 차지철을 살해하겠다는 것인 점을 인식하면서도 이를 승낙하였으니, 차지철을 살해할 것을 상호 공모한 것으로 보아야 한다는 뜻인 듯하나, "해치워버린다"는 말이 깡패사회도 아닌 피고인들과 같은 국가 고위직 인사 사이에서 죽여 없앤다는 뜻의 말로는 도저히 새겨들어지지 아니한다 할 것이고,

피고인이 차지철을 살해하겠다는 것인 점을 인식하였다고 인정할 만한 자료는 보이지 않는다.

검찰관 작성의 피고인에 대한 피의자 신문조서의 진술 기재 중에 피고인이 그 당시 묵묵히 고개만 끄덕였다는 진술 부분이 있기는 하나, 이는 단순히 "아- 그러냐"는 표정 이상으로 그렇게 할 것을 의욕(意欲)하거나 "그렇게 하라"는 승낙의 의사표시로는 볼 수 없다고 함이 상당하다. 더욱이 대통령 영접차 위 식당에 미리 도착하여 대통령 도착(사건당일 18시 5분경)을 기다리고 있는 임박한 시간에 식당 현관 앞이요, 식당을 관리하는 관계직원이 왕래하는 정원 경계석이라는 장소에서 또 다른 대화(원심 채택 증거들에 의하면 정국에 관한 대화로 인정된다) 도중 불쑥 한 마디 오고간 말로 사람을 살해하는 모의가 이루어졌다고 본다는 것은 우리의 경험 및 논리법칙에 어긋나는 일이라 아니할 수 없다. 피고인이 차지철의 오만방자한 태도와 사무처리상의 월권 등에 심한 불만을 품어왔고, 이 점에 대하여 김재규와 상호 입장이 같았다는 정도의 것으로서는 차지철의 살해를 공모할 동기는 되지 아니한다. 위 식당 만찬석상에서의 표정 기색 따위나 피고인이 김재규가 동 석상을 여러 번 이석한 사실을 알고 있었고, 김재규가 차지철에게 권총을 발사하자 피고인은 동소를 빠져나왔고, 당시 현장에서 차지철이 신음하여 아직 살아 있다고 인식하였음에도 그대로 방치해 버렸으며, 육본 벙커 화장실에서 김재규에게 "왜 각하까지 그랬어"라고 말하였다는 사실에 대하여는 그런대로의 이유 또는 상치점이 있기도 하거니와 이를 치지도외(置之度外)하고, 그 사실이 그대로 인정된다 하더라도 부작위범 또는 방조의 책임을 질 수 있겠는가는 별론으로 하고, 김재규와 더불어 위 살해에 대한 상호 공모가 이루어진 후 공동하여 살해하였음을 인정할 자료는 될 수 없다 할 것이다.

피고인이 살해에 대한 살해행위를 분담한 바 없음은 원심 판시취지와 같고, 그 밖에 실행자인 김재규를 통하여 피고인 자기의 범죄를 실현시킨다는 의사 있는 경우의 것으로 볼 자료도 없다. 김재규가 차지철을 살해한 것은 대통령 박정희를 살해하는 목적달성에 결정적 장애가 되는 사람인 까닭에 그를 먼저 총격한 것임은 일건 기록상 분명하다. 이러함에도 불구하고 원심이 피고인을 차지철 살해에 대한 공동정범임을 인정하였음은 증거없이 또는 채증법칙에 위배하여 한 중대한 사실오인의 위법이 있고, 겸하여 공모공동정범에 대한 법리오해의 위법 있어 판결에 영향을 미쳤다 할 것이고 논지들은 이유 있다.

피고인 김계원의 변호인 김수룡의 상고이유 제9, 11점 및 같은 이병용의 상고이유 제2점을 함께 판단한다. 원판결 이유에 의하면 피고인 김계원은 이 사건 당일 19시 43분경 위 식당 현관에서 김재규로부터 "이젠 다 끝났습니다. 보안유지를 철저히 하십시오"라는 말을 듣고, 김재규가 대통령을 살해하는 현장을 목격한 유일한 국가고위직에 있던 자로서 위 보안유지는 자신의 지위에 수반되는 영향력 등으로 비춰볼 때 국헌질서의 향방을 가늠할 정도의 중요한 임무임을 알면서도, "알았소"라고 대답하여 수괴인 김재규의 보안유지하라는 지시에 따라 이를 수행할 것을 승낙하고, 그후 위 범행에 대한 보안유지와 사태가 불리해지면 피고인 자신이 대통령을 살리려고 했다는 구실로 삼기 위하여 동일 19시 55분경 대통령의 유해를 국군서울지구병원에 후송하여 당직 군의관에게 진단케 한바, 이미 5분 전에 사망하였다는 것을 확인하고서도 환자가 대통령이라는 사실을 숨기고 청와대 대통령 비서실장 사무실로 가서 비상 소집 된 최광수 등 대통령 수석비서관들과 대통령 경호실차장 육군중장 이재전에게 "대통령 각하께서 무슨 일이 나서 병원에 계시고 차 실장은 지금 부대를 지휘할 수 없으니 경계를 강화하고 경거망동한 행동을 하지 않도록 단속을 잘하시오. 경호실의 병력 출동은 필요 없다"고 말함으로써 이 건 범행목적 달성에 시간적 여유를 얻도록 하고, 동일 20시 50분경에 동소에 도착한 당시 국무총리 최규하에게도 "만찬회장에서 김재규와 차지철이 싸움 끝에 각하가 김재규의 잘못 쏜 총에 맞아 서거하셨다"라고 말하여 김재규가 대통령을 고의로 살해한 사실을 허위 보고 하고, 당시 내무부장관인 구자춘, 법무부 장관인 김치열의 물음에 대하여도 "각하께서 다치셨다"고만 대답하여 김재규의 대통령 살해 사실을 계속 은폐하고, 동일 21시 30분경 다시 김재규로부터 "국무총리를 모시고 오라"는 전화연락을 받고 국무총리, 내무·법무부 장관과 같이 동일 22시 30분경 육본 벙커 내 육군참모총장실로 가서 그곳에 김재규와 당시 국방부 장관인 노재현 및 군 주요직 장성들이 모여 있는 것을 보고 김재규가 먼저 와서 군을 장악하고 있는 것으로 생각, 국방부 장관 등에게 "각하께서 유고가 생겼다. 차 실장이 너무 강경해서 일어난 사고다"라고 거짓말을 하면서 국무총리를 모시고 사태를 수습해야 된다고 제의하여 계엄령 선포를 유도하고, 동일 22시 40분경 국방부 장관실에서 김재규가 국무총리를 비롯한 정부 각부 장관들과 동석한 자리에서 보안유지를 강조하며 비상계엄령을 선포함에 있어 그 사유를 대통령 서거로 하지 말고 국내 치안문제로 하자고 제안하자 이에 호응, 절충안으로 대통령 유고를 사유로 계엄령을 선포하자고 건의하고, 동일 23시 30분경 국무총리와 내무·법무장관 등이 김재규의 주장에 반대하여 호응할 기미를 보이지 않고, 청와대 수석비서관 유혁인이 대통령 유고 경위를 국무회의에서 이야기하라고 독촉하자, 피고인은 김재규의 주장이 관철되지 않을 것으로 판단하고 태도를 돌변하여 다음 날 0시 30분경 국방부 장관과 육군참모총장에게 "김재규가 대통령을 살해한 범인이다"라고 말하여 동 김재규가 체포됨으로써 국헌문란을 위한 폭동의 완성에 이르지 못하고 그 미수에 그친 내란중요임무종사미수 사실을 인정하였다.

그러나 원심 판시사실은 김재규가 대통령을 위 식당에서 살해하고 현관을 나오면서 피고인에게 "이젠 다 끝났으니 보안유지를 철저히 해주시오"라고 부탁한 이후의 피고인의 관여 행위에 대하여 이를 내란중요임무종사미수를 범한 것으로 사실을 인정한다는 것이고, 피고인이 담당종사한 중요 임무로는 보안유지를 하는 것이 그 임무의 하나였다는 취지로 보여지는바 살펴건대, 피고인은 김재규가 불의에 대통령 등을 총격 살해한 돌발적인 공포 분위기의 현장에서 보안유지를 해달라는 요구를 그저 "알았소"라는 말 밖에 다른 도리를 기대할 수 없는 상황이었다고 짐작되거니와, 피고인이 대통령의 유해를 국군서울지구병원으로 후송하고 대통령 수석비서관들과 경호실 차장을 비상소집하고 국무총리와 각 장관들에게 알려 청와대로 오게 한 것 등은, 사실을 숨기거나 허위보고를 한 잘못은 있다 할지라도 김재규의 보안유지의 당부를 어기고 사건을 고위직 관계 인사들에게 알리는 자기 나름대로의 조치는 하였다고 볼 수 있는 점에서, 문제의 임무는 제대로 수행하지 않은 것으로 봄이 상당하다.

내란죄는 국토를 참절하거나 국헌을 문란할 목적으로 폭동한 자이어야 되는바, 원심 판시사실에서 본 바와 같이 살해 등 폭력관계는 "이제 다 끝났으니 이에 대한 보안유지만 해달라"는 요청을 받은 이후의 행위에 국한되는 사건에 있어서 원심이 채택하고 있는 증거들에 의하여 드러난 바와 같이, 김재규가 위 식당 본관에 대기케 한 당시 육군참모총장인 정승화 및 중앙정보부 제2차장보인 김정섭 등을 대동하고 육군본부 벙커에 가서 보안유지를 강조하고 육군참모총장 등 군 주요장성과 국무위원 등의 동향을 감시하였다는 사실을 피고인으로서는 전혀 몰랐던 사실이고, 김재규가 청와대에 재삼 전화를 걸어 "일 다 끝났는데 무엇 때문에 거기 있느냐, 국방장관도 여기 있으니 국무총리를 모시고 육군 벙커로 오라"고 하여 국무총리, 내무·법무장관 등과 함께 그곳으로 가게 된 것이고, 김재규가 위 행위와 아울러 국무총리를 비롯한 정부 각부 장관들에게 보안유지를 강조하고 비상계엄을 선포하도록 유도한 것은, 대통령 등 살해 후의 사태를 수습하고 기도한 거사의 목적을 달성하기 위한 과정을 조용하게 밟으려는 것이었을 뿐, 그 자체가 하나의 폭동이었거나 폭동이 끝나지 않고 그가 체포될 때까지 계속된 상태에 있었다고 보아야 할 증거자료가 없을 뿐 아니라, 피고인이 김재규가 육군참모총장을 설득하여 군을 장악하고 있는 것으로 알고 육군 벙커로 간 것이라는 것도 김재규가 아무 폭동없이 군을 장악하고 있는 줄로 알았다는 것으로 볼 수밖에 없다 할 것이다.

피고인은 그곳에서 비상계엄 선포의 사유를 대통령 유고로 하는 것이 좋겠다고 하며 처리의 추이를 보고 있다가 기회를 포착하여 김재규를 체포케 한 것으로, 대통령 등의 살해로써 폭동은 끝나고 그 이후에는 아무 폭동의 행적이 없어 폭동이 존재하였다고 할 수 없다. 폭동이 계속되어 있었다고 가정하더라도 피고인이 그에 가담하였거나 모의에 참여하는 등의 행위를 한 사실을 인정할 만한 증거는 도시 찾아 볼 수 없다. 이렇다면 피고인이 폭동에 관계된 것을 전제로 하는 그의 내란중요임무종사미수죄는 인정될 여지가 없다 할 것인데도 불구하고, 원심이 반대로 이 같은 죄를 인정하였음은 채증법칙에 위배하여 사실을 오인한 것이 아니면 법리오해 내지 이유불비의 위법 있어 판결에 영향을 끼쳤다 할 것이고 논지들은 이유 있다.

피고인 박선호의 변호인 강신옥의 상고이유 제1점, 피고인 이기주, 유성옥의 변호인 안동일의 상고이유 제3점, 피고인 김태원의 변호인 김흥수의 상고이유 제3점을 함께 판단한다. 원판결이유에 의하면 피고인 김재규는 이 사건 당일 19시경 위 식당에서 대통령, 차지철 등과의 만찬회에서 나와 본관 집무실 2층 침실에 미리 준비하여 두었던 권총 1정을 하의 주머니에 넣고 위 만찬석을 들어가다가 동일 19시 10분경 위 식당에 인접한 구관 정원에서 피고인 박선호, 1심 피고인 박흥주에게 "오늘 해치우겠으니 각오하라. 각하 등은 내가 직접 해치울 테니 총성과 동시에 너희들은 똑똑한 놈 3명을 골라서 경호원들을 처치하라"는 지시를 하면서 육군참모총장과 제2차장보가 집무실에 와 있다고 고지, 범행가담의사를 확고히 하도록 촉구하여 박선호로부터 30분 내 준비완료하겠다는 승낙을 받고, 박선호는 동일 19시 15분경 위 식당 서편 정원에서 피고인 유성옥, 이기주에게 "부장님 지시인데 오늘 일이 잘되면 한몫 볼 것이다. 부장님이 안에서 총을 쏘는 데 맞추어 너희들은 주방 내의 경호원들을 사살하라"고 지시하여 동인 등의 승낙을 받고, 피고인 김태원 등은 위 식당 건너편 경비원 대기실에서 박선호로부터 청와대에서 경호원들이 오면 사살하라는 지시와 아울러 동일 20시 5분경

이기주로부터 위 식당 안에 아직 완전히 절명되지 않은 사람을 확인사살하라는 지시를 받고, 식당 안 경호원 대기실에 들어가 경호원들이 피격된 것을 보고 국가변란사태인 점을 알면서 위 지시에 따라 가담할 것을 순차로 상호 공모하고, 피고인 김재규, 박선호, 이기주, 유성옥, 김태원은 전기 공모 내용에 따라 동일 19시 40분경 김재규가 발사한 권총의 총성을 신호로 박선호는 식당 현관 앞 대기실에 있던 경호원들을, 이기주, 유성옥은 박흥주와 더불어 식당 주방에 있던 대통령 운전사 및 경호원들을 향하여 각기 권총으로 발사하고 김태원은 20시 5분경 엠16 소총을 소지하고 식당 대기실 및 주방에 쓰러져 있는 경호원들과 만찬석 내에서 신음하고 있는 차지철에게 각 발사하여, 피고인 박선호, 이기주, 유성옥, 김태원들마저 김재규와 더불어 공동하여 각 국헌을 문란할 목적으로 대통령 등을 살해한 사실을 인정하였다.

그러나 원심이 채택하고 있는 증거들을 기록에 대조하여 정사 검토할지라도 김재규의 이 건 거사계획은 원심 판시 내용에도 언급되어 있는 바와 같이 보안유지 관계로 단독으로 세웠다는 것이고, 박선호 및 1심 피고인 박흥주에게 "오늘 해치우겠다"고 한 말도 이 사건 당일 19시 10분경에 처음으로 위 두 사람에게 이야기했다는 것임을 알 수 있는바, 그때 김재규로부터 "각하 등은 내가 직접 해치울 테니 총성과 동시에 너희들은 경호원들을 처치하라"는 지시가 있었으면 대통령 등을 살해할 터이니 협력하라는 것으로만 알아들을 것이 당연한 순리요, 비록 대통령을 살해하면 국가에 변란을 가져오는 것으로서 이와 같은 국가변란을 꾀한다는 것을 박선호가 알았다 할지라도 그 밖에 김재규가 기도한바, 거사목적 기타에 관한 별다른 지시를 받은 것이 없음은, 일건 기록상 명료한 이 사건에 있어서 대통령직에 있는 자연인 박정희를 살해하는 범행에 가담 실행한 것이 아니고, 대통령이라는 헌법기관 그 자체를 폭력으로 전복하고 또는 그 권능행사를 불가능케 하는 국헌문란 목적의 살해 범행에 가담 실행한 것으로 인정되어야 한다 함은, 우리의 경험 및 논리법칙상 비약된 이론이라 할 것이고, 당시 박선호가 육군참모총장과 중정 제2차장보가 본관 집무실에 와 있는 사실을 알았다고 하더라도 그것만으로써 결론을 달리할 수는 없다 할 것이다.

이기주, 유성옥은 박선호로부터 "총성이 나거든 주방 내 경호원들을 사살하라"는 지시(기록에 의하면 경호원들을 주방 안으로 몰아붙이라, 경호원들이 총을 쏘면 응사하라는 지시를 받은 것으로 인정된다)를 받은 자들로서 박선호가 "오늘 일이 잘되면 한몫 볼 것이다"라고 말하였다는 것이나, 이 말은 김재규가 한 말은 아니고 박선호가 자의적으로 지껄인 말로 보여지는바, 위 식당 경비원 또는 운전사에 지나지 못한 피고인들이 한몫 본다 하여 출세한다는 등의 대단할 것도 아닐 것이고, 당시 육군참모총장과 중정 제2차장보가 와 있다는 사실을 알고 있었다거나 나아가 국가에 변란을 초래하는 쿠데타를 일으키는 것으로 생각하였다 하더라도, 그것은 중정조직체에서 상사의 지시명령을 무조건 복종한 데 불과한 피고인들의 인식 또는 생각이었다는 것이고, 쿠데타를 일으키는 것이 바로 위 국헌문란의 목적을 말하는 것으로 인정할 근거도 없을 뿐 아니라, 그러한 생각만으로써 상호 공모하였음을 인정할 자료가 되는 것은 아니라고 본다. 김태원은 또 한 다리 넘어 이기주로부터 위 식당 안에 아직 절명되지 않은 사람을 확인사살하라는 지시를 받은 자로서 당시 국가에 변란이 일어난 것으로 생각하지는 않았다고 하고, "주사위는 이미 던져졌다"고 혼잣말을 한 일이 없다고 부인하고 있음을 알 수 있을 뿐 반대로 인정할 만한 증거자료가 있다고 할 수 없다. 이렇다면 피고인 김태원은 말할 것도 없고 피고인 이기주, 유성옥과 박선호도 국헌문란목적의 살인행위에는 무관하다고 보는 것이 마땅할 것임에도 불구하고, 원심이 위 피고인들 전부에 대하여 국헌문란목적의 살인 공동정범 사실을 인정하였음은 증거없이 또는 채증법칙에 위배하여 사실을 오인한 위법 있다 아니할 수 없고, 이는 판결에 영향을 미쳤다 할 것이니 논지들은 이유 있다.

대법원 판사 임항준의 의견

원심판결에 의하면 피고인 김계원, 유석술을 제외한 피고인 등의 행위가 형법 88조의 내란목적살인과 형법 87조의 내란미수의 양 죄에 해당하고, 위양 죄는 상상적 경합관계에 있다고 판시하고 피고인 김계원의 행위는 살인과 내란미수의 양 죄에 해당한다고 판시하였다. 그러나 원심의 위 판시 중에는 다음과 같은 위법사유가 있다고 할 것이다.

① 이 사건에 있어서 피고인 등은 형법 87조의 폭동을 하기에 족한 다수인의 결합이라고 볼 수 없어 형법 87조의 내란죄의 주체가 될 수 없다 할 것이고, 가사 원심 판시와 같이 피고인 등의 행위가 폭동을 하기에 족한 다수인의 결합으로 본다고 하더라도 형법 88조의 내란목적살인죄의 1죄에 해당할 뿐, 그 외에 형법 87조에도 해당한다 하여 상상적 경합범으로 처단할 수는 없다 할 것이다.

② 피고인 이기주, 유성옥, 김태원의 범죄행위는 내란목적살인이라고 볼 수 있는 증거가 부족하여 단순살인죄로 보아야 할 것이다.

③ 피고인 김계원은 차지철을 살해한 공동정범이라고 인정할 증거가 없으므로 원심 판결에는 공모공동정범에 관한 법리를 오해한 위법이 있거나 증거없이 공모사실을 인정한 잘못이 있다고 보여지므로 다음과 같이 그 이유를 설시하기로 하고,

④ 끝으로, 군법회의법 432조와 저항권에 관한 의견을 첨가하기로 한다.

(1) 형법 제87조에는 "국토를 참절하거나 국헌을 문란할 목적으로 폭동한 자는……"라고 규정하여 폭동을 그 구성요건으로 하고 있는바, 여기에 폭동이란 다수인이 결합하여 폭행이나 협박으로 한 지방의 평온을 해치는 정도가 되는 것을 말하는 것이어서 내란죄가 성립되려면 반드시 다수인의 결합을 필요로 한다고 할 것이다. 그러므로 내란죄는 소요죄와 더불어, 군집(群集)범죄 또는 다중(多衆)범죄 내지 집단범죄라고 칭하고 있다.

그러면 내란죄나 소요죄에 있어서 범죄의 주체가 반드시 다수인의 결합임을 요하는 이유는 무엇인가. 그것은 다수인이 집합하게 되면 그 다수인은 군집되어 있다는 사실만으로 군집의식·군집심리가 발생되어 그 집단을 구성하고 있는 개개인이 가지고 있는 이성적인 사고작용은 후퇴 내지 저하되고, 그 군집된 다중은 오직 암시, 모방, 감정이입(移入) 등으로 인하여 그들 각자가 단독으로 있을 경우와는 전연 다르고, 평상시에는 예기할 수 없는 비합리적인 감정이 폭발되거나 파괴적 행동으로 나오는 경향이 있으므로, 형법은 다중의 힘이 집결 폭발되어 예측할 수 없는 결과를 가져오게 되는 것을 경계하여 집단법·군집법의 처벌 규정을 따로 규정한 것이라고 할 것이다.

따라서 우선 내란죄가 성립하려면 반드시 다수인의 결합이 필요하다고 할 것이고, 여기에서 말하는 다수인이란 위와 같이 군집의식·군집심리가 형성되어 그 구성원 개개인의 사고와 행위의 단순한 산수적 집계가 아닌 전연 별다른 맹목적인 감정이나 비합리적이고 파괴적인 행동이 촉발되어, 한 지방의 평온을 해치기에 충분하고 폭행·협박을 하기에 족한 다수인이어야 할 것이므로, 10명 내외의 사람의 집합만으로는 위와 같은 군집의식이나 군집심리가 발생될 수 있는 다수인이라고 볼 수는 없다 할 것인바, 이 사건에 있어서는 김재규, 박흥주, 박선호 3인 만이 대통령을 위시한 몇 사람을 저격한다는 것을 모의하였다는 것이고, 구체적으로 누가 누구를 무슨 이유로 살해하는지 그 이유를 모르고, 범행한 자를 전부 다 합치더라도 6, 7명에 불과하니 동 인원으로는 형법 87조 소정의 폭동을 할 만한 다수인이라고 볼 수 없어, 피고인 등의 행위가 형법 87조에 해당할 수 없을 것임에도 불구하고, 이에 해당한다고 본 원심의 조치는 폭동에 관한 법리를 오해한 위법이 있다고 할 수 없다.

또 가령 다수의견대로 피고인 등의 행위가 형법 87조 소정의 폭동을 하기에 족한 다수인이라고 가정하더라도 피고인들이 살인을 한 이상 형법 88조의 내란목적살인의 1죄만 구성될 뿐 87조의 내란미수죄에 해당한다고 볼 수 없을 것인데, 원심은 그 외에 87조의 내란미수죄에도 해당한다하여 그 양 죄 간에 상상적 경합관계가 있다고 판단한 조처는 위법하다고 아니 할 수 없다. 원심의 이론대로라면 상해치사한 자에게도 상해죄와 상해치사죄의 상상적 경합관계가 있어야 할 것이고, 강도살인한 자도 강도죄와 강도살인죄의 상상적 경합범으로 처벌해야 한다는 이론에 도달하게 될 것이다.

(2) 피고인 이기주, 유성옥, 김태원의 행위는 내란목적살인죄에 해당한다고 볼 증거가 없다.

내란죄는 국가의 존립을 그 보호법익으로 하는 범죄로서 내란목적이 있다고 하려면 우리나라의 민주적 기본질서를 불법으로 파괴 또는 변혁하려는 목적이 있어야 할 것인바, 과연 위 피고인 3인이 주관적 요건으로서 피고인 김재규 등에게 위와 같은 목적이 있다는 사실을 알고 범죄행위에 가담하였는지 그 여부에 관하여 살피건대, 피고인 이기주, 유성옥은 다만 피고인 박선호로부터 중앙정보부장의 지시이니 안에서 총성이 나면 청와대 경호원 등을 한쪽에 몰아붙이고 만일 그쪽에서 총을 쏘려고 하기 전에 사살하라는 지시를 받고 그대로 행한 것일 뿐, 대통령을 저격한다는 사실을 들은 일도 없고 중앙정보부장이 안에서 어떤 행위를 하는가를 알지 못한 피고인 이기주, 유성옥이 피고인 김재규 등에게 내란목적이 있다는 사실을 알면서 이에 가담하였다고 볼 수는 없다 할 것이다.

범죄사실을 인정하려면 엄격한 증명이 있어야 할 것이고, 단순한 추측에 의하여 동 피고인 등에게도 내란 목적이 있다고 단정할 수는 없다 할 것이고, 더구나 피고인 김태원은 사태가 일어난 건물과 떨어진 건물에서 경비에 임하고 있었으므로 이쪽 건물에서 무슨 일이 일어났는지 전연 알지 못하고 있던 중 피고인 박선호, 이기주 등의 지시로 다른 피고인들이 저격하여 쓰러진 피해자 중 3, 4명을 동 피해자 등이 누구인지, 무슨 이유로 저격되었는지도 모르고 확인사살하였다는 것이고, 피고인 김태원은 피고인 이기주로부터 대통령과 김계원 비서실장, 중앙정보부장은 그 자리에서 피신했다는 말을 듣고서 확인사살하였다는 것인데, 어떠한 증거로 피고인 김태원에게 내란 목적이 있었다고 인정할 수 있다는 것인지 기록상으로 그 증거를 찾아볼 수가 없다. 또 피고인 김태원이 소위 확인사살한 것은 사태발생 후 상당시간이 경과된 후이고, 기록에 나타난 증거자료에 의하더라도 피고인 김태원이 이미 사망한 시체에 대하여 총격하였는지 사망하기 전의 피해자에게 총격하는지에 대하여도 명백한 심리가 되어 있다고도 볼 수 없다.

(3) 피고인 김계원은 차지철을 살해한 피고인 김재규와 공모공동정범이라고 인정할 증거가 없다. 대저 범죄행위를 공모 또는 모의에 가담한 자가 그 공모한 범죄행위에 직접 가담하지 아니하더라도 다른 공모자가 실행한 범죄행위에 대하여 공동정범의 죄책을 면할 수 없다 함은 다수의견이 적시한 판례에 의하지 않더라도 이론의 여지가 없으나, 원심과 다수의견은 공모공동정범에 대한 법리를 오해하여 실행공동정범과 공모공동정범의 구성요건을 혼동 또는 동일시하거나 논리칙과 경험칙에 반하는 증거판단을 한 위법사유가 있다고 아니할 수 없다. 즉 실행공동정범의 경우에는 공동범행의 인식이라든가 의사의 연락과 같은 넓은 의미의 합의만 있으면 공모관계가 있다고 할 수 있으나, 공모공동정범이 인정되려면 위와 같은 정도의 넓은 의미의 합의만으로는 공동정범 관계에 있다고 볼 수 없고, 간접정범에 가까울 정도의 고도의 합의가 있어야만 공모공동정범이 인정되는 것이다.

그러므로 공모공동정범에 있어서의 공모 또는 모의란, 2인 이상이 특정한 범죄를 행하기 위하여 공동의사로 일체가 되어 서로 타인의 행위를 이용하여 각자의 의사를 실행으로 옮기는 것을 내용으로 하는 고도의 모의가 있는 경우에 한하여 공모공동정범의 관계가 있다고 엄격하게 해석하여야 할 것이고, 또 공모공동정범이 인정되려면 그 외에 그다음의 요건이 구비되어야 할 것이다. ① 수인 간에 위와 같은 고도의 범죄의 공모 또는 모의가 있을 것, ② 그중의 어떤 자가 그 공모한 범행을 하였을 것, ③ 그 범죄의 실행은 위 ①항의 공모 또는 모의에 기인하여 행하여진 것일 것 등의 3요건이 필요한 것이므로, ① 피고인 김계원과 김재규간에 차지철을 살해하기로 위에 게시한 바와 같은 고도의 합의를 하였는가, ② 또 김재규가 김계원과의 공모한 사실에 기인하여, 즉 김계원과 살해하기로 합의한 것이 원인이 되어 차지철을 사살하였는가를 기록에 나타난 증거자료에 의하여 판단하기로 한다.

원심이나 다수의견은 김재규의 군 검찰에서의 진술에서 식당 앞 정원석에 걸터앉아서 동일 17시 50분경 김재규가 김계원에게 차지철을 가리켜 "그 친구 해치워버릴까" 하며 김계원의 표정을 살펴보니 고개를 끄덕끄덕하였고 다시 "뒷일을 부탁합니다" 하니 고개를 끄덕끄덕했다는 진술과 피고인 김계원의 유사한 진술 등을 증거로 들고 있으나, 김재규는 1심 법정에서 자기가 그런 말을 할 때는 김계원이 고개를 끄덕끄덕했다는 것을 검찰에서 말한 일은 없고, 고개를 끄덕이는 것 같더라는 말만을 했다는 것이고, 김재규는 다시 김계원과 정원석에 앉아서 가볍게 차지철을 해치워버릴까라고 했으니 차지철을 총으로 저격하리라는 것은 생각 못했을 것이며, 또 김계원은 자기(김재규)가 하는 일에 동조하여 가담할 사람이 되지 못한다는 취지로 진술하였고, 김계원은 1심 법정에서 식당 마당에서 대통령의 도착을 기다리는 동안 차지철을 해치운다느니 뒷일을 부탁한다느니 하는 말을 들은 일이 없고, 김재규는 평소에도 여러 번 차지철을 해치워버린다는 말을 해왔다는 취지로 진술하고 있어, 위 검찰 신문 시에 김재규가 차지철을 해치워버릴까라는 말을 했을 때 김계원이 고개를 끄덕였다는 사실을 그대로 인정하기에 부족하고, 가사 검찰조서에 기재된 사실이 그대로 인정된다고 하더라도 위 식당 정원에서 양인을 살해하기로 공모한 것으로는 볼 수 없다 할 것이다. 즉 김재규는 김계원과 만나기 훨씬 전부터 차지철과 대통령을 저격하기로 굳게 결의하고, 궁정동 식당에 도착하여 권총을 점검하는 등 범행준비를 완료한 뒤인 오후 5시 40분경에야 김계원은 동 식당에 도착하여 약 10분간은 국회에 관한 이야기를 하다가 대통령 도착시간이 가까워지므로, 정원으로 나가 대통령 도착을 기다리는 짧은 시간에 정원석에 앉아 다른 사람도 아닌 대통령 경호실장을 살해하는 공모를 검찰 진술대로 해치워버릴까에 고개를 끄덕끄덕하는 식으로 차지철을 살해하는 공모가 되었다고 인정할 수 있을 것인가. 즉 위 검찰 진술만으로 김재규, 김계원 두 사람이 차지철을 살해하기로 일체가 되어 김계원이 김재규의 행위를 이용하여 김계원이 가지고 있는 차지철을 살해하려는 결의를 수행할 것을 내용으로 하는 고도의 합의가 이루어졌다고 인정할 수는 없다 할 것이다. 또 공모공동정범이 인정되려면 위에 설시한 ③항의 요건인 김재규의 차지철 살해행위가 김계원과 공모에 기인하여 행하여진 사실이 인정되어야 할 것인데, 과연 김재규의 범행이 김계원과의 공모에 기인하여 그 공모한 범죄내용을 실행한 것으로 볼 수 있을 것인가. 김재규는 김계원과 공모한 범죄내용을 실행한 것은 아니고, 김재규 단독으로 김계원을 만나기 전에 완전히 범의를 굳혀 놓고 있다가 그 범의에 의하여 차지철을 살해한 것임은 기록상 명백한 사실이므로 김계원은 이 점으로 보더라도 차지철 살해의 공모공동정범이 될 수가 없는 것이다. 그뿐 아니라 기록에 나타난 모든 증거자료에 의하면 김계원은 김재규와 공모공동정범이 구성될 만한 고도의 합의는 고사하고, 김재규가 대통령 면전에서 차지철을 살해하리라는 것을 미리 알았다고 단정할 자료조차도 부족하다.

결과적으로 김재규가 차지철과 대통령을 저격하였으므로 이 범행사실이 선입감으로 작용하여 "차지철을 해치워버릴까"라는 말에 고개를 끄덕였다는 사실만으로 김재규가 차지철을 살해하겠다는 뜻으로 그런 말을 한 것으로 김계원이 받아들인 것처럼 원심이나 다수의견은 인정하고 있으나, "차지철을 없애버릴까"라는 말이 필연적으로 차지철을 살해한다는 뜻이 될 수도 없고, 그날의 장소 사정이 대통령 면전인데 김재규의 위와 같은 애매하고 단편적인 말 한 마디를 곧 김재규가 차지철을 대통령 면전에서 살해하겠다는 뜻으로 받아들인다는 것은 우리의 경험칙에 심히 어긋나는 증거 판단이라고 아니할 수 없으니, 피고인 김계원은 차지철 살해의 공모공동정범이라고 볼 수 없음은 물론이고, 넓은 의미의 의사의 연락조차도 있다고 볼 수 없어, 김계원은 김재규가 차지철을 살해하리라는 것을 알고 있었다고도 볼 수 없거니와, 가령 김재규가 차지철을 살해하리라는 것을 김계원이 알고 있었다고 하더라도, 타인의 범행을 인식하고서도 방관하였다는 사실만으로는 이를 처벌할 규정이 없으므로, 어느 모로 보나 김계원은 차지철을 살해하는 데 가담한 공동정범이라고 볼 수는 없다 할 것이다.

피고인 김계원에 대한 내란미수죄에 관하여는 위 (1)항에서 설시한 바와 같이 다수인이 결합하여 폭행·협박을 한 폭동이라고 볼 수 없어 김계원에게 내란미수죄를 적용할 여지가 없다. 가사 다수의견대로 이 사건의 피고인 등의 행위가 형법 87조의 폭동에 해당한다고 가정하더라도 김재규가 범행후 나오면서 김계원에게 "보안유지 해달라"는 말을 듣고 이에 응하는 태도를 취하였다고 하여 이것이 형법 87조 2호 소정의 중요임무종사자로 인정된다는 취지의 원심의 판단은 형법 87조 2호의 범죄를 오해하였다고 할 것이다. 김재규로부터 보안유지하라는 일방적인 부탁을 받은 사람은 이에 반항하지 않은 한 모두 내란죄의 중요임무종사자라고 인정한다면, 김재규의 범행장소에 피고인 이외의 사람들도 있었는데 김재규가 그 사람 등에게 발설하지 말아달라고 부탁을 하여 동인 등이 이에 항의하지 않고 이에 응하는 태도를 취하였다면 그들도 다 내란죄의 중요임무종사자가 된다는 결과가 될 것이다.

(4) 형사소송법 383조에는 사형, 무기 또는 10년 이상의 징역이나 금고가 선고된 경우에 형의 양정이 심히 부당하다고 인정할 현저한 사유가 있는 때에는 이를 상고이유로 할 수 있다고 규정되어 있는데, 군법회의법 432조에는 위 양형과중의 사유로 상고할 수 있다는 조항이 없는바, 군인·군속이 아닌 민간인이 군법회의에서 재판받은 경우 위의 양형과중을 이유로 상고할 수 있는지의 여부와 저항권이 우리나라에서 인정될 수 있으며 이를 재판규범으로 적용할 수 있는지의 여부에 관해 살펴보기로 한다.

① 군법회의법 432조의 문제

이 사건에 있어서의 피고인 등에 대한 양형과중 여부와는 관계없이 일반적인 문제로 군법회의에서 재판받은 자는 양형과중을 이유로 하여 상고할 수 없다는 주장에 대하여 의문이 있으므로 이를 적시해두고자 한다. 형사소송법 383조에는 위에 계기한 중형이 선고된 경우 이를 상고이유로 할 수 있다고 규정되어 있음에 반하여, 군법회의법 432조에는 상고를 할 수 있는 사유 중에 위와 같은 규정이 없어서 군법회의의 재판을 받은 자는 위의 양형과중을 이유로 상고할 수 없게 되어 있는바, 군법회의에서 재판을 받은 사람이 군인·군속인 경우에는 군인·군속의 신분과 복무의 특수성에 비추어 이유가 있다고 볼 수 있을 것이나, 군인·군속이 아닌 민간인이 군법회의에서 위와 같은 형의 선고를 받은 경우에는 일반 법원에서 위와 같은 형의 선고를 받은 경우에는 일반 법원에서 재판을 받은 사람과 아무런 구별이 없어서 차별적 취급을 할 합리적 근거가 없음에도 불구하고, 군법회의에서 재판을 받았다는 사유만으로 양형과중을 이유로 하여 상고할 권리를 박탈한다는 것은 법 아래에서의 평등을 규정한 헌법 9조에 비추어 합리적인 조치라고 볼 수 없으므로, 군인·군속 아닌 민간인은 군법회의에서 재판을 받은 경우라도 일반 법원에서 재판을 받은 경우와 구별할 이유가 없으므로, 형사소송법 383조에 의하여 위 양형과중을 이유로 하여 상고할 수 있는 것으로 해석할 여지가 있다고 보든지, 만일 민간인이라도 군법회의법 432조의 명문 규정으로 보아 양형 과중을 이유로 상고할 수 없다고 해석할 수밖에 없다면 적어도 민간인에 관한 한 군법회의법 432조는 헌법 9조에 위배된다는 문제도 야기될 여지가 있다고 할 것이다.

군법회의법 525조에 의하면 비상계엄지역 내의 군법회의에서 재판을 받은 군인·군속 등은 상소할 수 없다고 규정하면서 군인·군속 아닌 민간인은 군법회의에서 재판을 받은 경우라도 상소권을 제한하지 아니한 점을 보더라도 민간인에 대하여는 군법회의에서 재판을 받았더라도 일반 법원에서 재판받은 경우와 균형을 맞추어 상고권을 제한하지 아니하고 있는데 군법회의법 432조는 민간인을 군인·군속 등과 동일하게 취급한 것으로 본다면, 이는 누구에게든지 균등하게 보장되어 있는 시민적 권리의 행사에 차별을 둔 규정이라고 하여야 할 것이다.

② 저항권 문제

다수의견은 이 문제에 관하여 실정법에 위배된 행위에 대하여 초법규적인 권리 개념인 저항권을 내세워 이를 정당화하려는 주장은 받아들일 수 없다는 당원의 1975년 4월 8일 선고, 74도 3323의 판례를 그대로 유지한다고 설시하고 있는바, 위 당원의 판례가 우리나라에 있어서 저항권 자체의 존재를 부정하는 것인지 저항권을 재판규범으로 적용할 수 없다는 취지인지 분명하지 아니하나, 이 사건에 있어서 피고인 김재규 등의 행위는 그 범행 내용으로 보아 이를 저항권의 행사라고는 볼 수 없다 할 것이므로, 이 사건과 관련하여 저항권 문제를 논할 필요는 없다 하겠으나, 일반적인 문제로 우리나라에서 저항권의 존재를 부정하거나 이를 재판규범으로 적용할 수 없다는 판단에는 이를 그대로 수긍하기 어려운 다음과 같은 의문점이 있음을 지적해두고자 한다.

우리나라에 있어서의 정치의 기본질서인 인간존엄을 중심가치로 하는 민주주의 질서에 대하여 중대한 침해가 국가기관에 의하여 행하여져서 민주적 헌법의 존재 자체가 객관적으로 보아 부정되어 가고 있다고 국민 대다수에 의하여 판단되는 경우에, 그 당시의 실정법상의 수단으로는 이를 광정할 수 있는 방법이 없는 경우에는 국민으로서 이를 수수방관하거나 이를 조장할 수는 없다 할 것이므로, 이러한 경우에는 인권과 민주적 헌법의 기본질서의 옹호를 위하여 최후의 수단으로서 형식적으로 보면 합법적으로 성립된 실정법이지만 실질적으로는 국민의 인권을 유린하고 민주적 기본질서를 문란케 하는 내용의 실정법상의 의무이행이나 이에 대한 복종을 거부하는 등을 내용으로 하는 저항권은 헌법에 명문화되어 있지 않았더라도, 일종의 자연법상의 권리로서 이를 인정하는 것이 타당하다고 할 것이고, 이러한 저항권이 인정된다면 재판규범으로서의 기능을 배제할 근거가 없다고 할 것이다.

위와 같은 저항권의 존재를 부정할 수 없는 근거로는 우리나라 헌법 전문에 3·1운동의 숭고한 독립정신과 4·19의거의 이념을 계승하여…… 새로운 민주공화국을 건설한다고 선언하여, 4·19 사태가 당시의 실정법에 비추어보면 완전한 범법행위로 위법행위임에도 불구하고 이를 우리나라의 기본법인 헌법의 전문에서 의거라고 규정짓고 그 의거의 정신을 계승한다고 선언하고 있어, 위 헌법 전문을 법률적으로 평가하면 우리나라 헌법은 4·19의 거사를 파괴되어 가는 민주질서를 유지 또는 옹호하려는 국민의 저항권 행사로 보았다고 해석할 수밖에 없는데, 우리나라 헌법이 인정한 것으로 보이는 저항권을 사법적 판단에서는 이를 부정할 수가 있을지는 의문이고, 또 저항권이 인정되는 이상 재판규범으로 적용될 수 없다고 판단하여 그 실효성을 상실시킬 합리적 이유가 있다고 볼 수도 없다. 다수의견은 저항권이 실정법에 근거를 두지 못하고 있어서 이를 재판규범으로 적용할 수 없다는 취지로 설시하고 있으나, 자연법상의 권리는 일률적으로 재판규범으로 기능될 수 없다는 법리도 있을 수 없거니와 위에 적시한 우리나라 헌법의 전문은 저항권의 실정법상의 근거로 볼 수도 있다고 할 것이다.

대법원 판사 김윤행의 의견

형법 제87조의 내란죄는 이른바 집합범으로서 여기에서 폭동이라 함은 한 지방의 평온을 해할 정도의 다중의 결합에 의한 폭행 또는 협박을 의미한다고 할 것인데, 이 사건에 있어서의 피고인들의 소위는 그 구성에 있어서 다중의 결합이라고 볼 수 없다는 견지에서, 이 사건 피고인들 중 피고인 유석술을 제외한 피고인 김재규, 김계원, 박선호, 이기주, 유성옥, 김태원 등 6명의 피고인들에게 내란죄가 적용될 수 없고, 또 피고인 김계원에 대하여 원심 판시 차지철의 살해에 대한 피고인 김재규와의 공동정범이 성립될 수 없다는 점에 관하여 이미 대법원 판사 임항준이 개진한 의견에 그 이론을 같이한다. 그리고 설사 위 피고인들에게 원심이 인정한 내란(미수)죄가 적용될 수 있다고 가정하더라도, 원심이 피고인 김계원을 제외한 나머지 피고인들에 대하여 그들의 소위가 동시에 제88조의 내란목적살인죄에도 해당한다는 상상적 경합관계를 인정하였음에 관하여는 아래와 같은 견해에서 그 법률 적용이 잘못된 것이라고 지적한다.

그 이유로서 내란죄에 있어서는 내란목적으로 폭동을 하는 것을 구성요건으로 삼고 있고, 여기에서 폭동이라고 하는 것은 내란죄에 관한 형법 제87조 제2호에서 "살상의 행위를 실행한 자도 모의에 참여하거나 지휘하거나 기타 중요한 임무에 종사한 자와 똑같이 처벌한다"고 규정하고 있어, 살상 행위까지를 당연히 예상하고 있음에 미루어 단순한 폭행·협박에서부터 살인, 상해, 방화 등의 행위까지도 넓게 포함하는 개념이라고 할 것이므로, 내란목적으로 폭동을 함에 있어서 그 폭동과정에서 사람이 살해되었다고 해도 이는 내란죄의 단순 1죄로서 그 집합체를 구성한 지위와 역할에 따라 수괴, 모의 참여자, 지휘자, 기타 중요임무종사자, 또는 부화수행자, 단순 관여자 등으로 구별되어 제87조 제1호 내지 제3호에 의하여 처벌되는 것이라고 할 것이며, 반면에 내란목적살인죄를 규정한 형법 제88조에는 내란목적으로 사람을 살해한 자라고만 규정하고 있어, 이는 폭동에 의하지 않고 사람을 살해한 경우를 의미하는 것이 분명하므로, 같은 내란목적에서 사람을 살해한 경우라 하더라도 이것이 폭동과정에서 이루어졌다면 내란죄에 흡수되어 형법 제87조의 내란죄만이 되는 것이고, 폭동에 의하지 않고 사람을 살해한 경우라면 내란목적살인죄의 단순 1죄로서 제88조만이 적용되는 것이라고 봐야 할 것이다.

만일 원심의 견해대로 이와 같은 경우 항상 상상적 경합관계가 되는 것이라고 한다면, 내란죄의 수괴에 있어서는 그 형이 사형, 무기징역 또는 무기금고이고, 내란목적살인죄도 사형, 무기징역, 또는 무기금고로 되어 있어 그 법정형이 같기 때문에, 혹은 수괴의 경우에는 사실상 크게 영향이 없다고 하는 견해가 나올 수도 있다고 하겠지만, 내란죄의 폭동 과정에서 "살상의 행위를 실행한 자"의 경우를 놓고 보면, 그는 위에서 본 바와 같이 수괴의 다음 차원에서 모의 참여자, 지휘자나 기타 중요한 임무에 종사한 자들과 같은 형으로써 처벌받게 되고, 그 형은 사형, 무기 또는 5년 이상의 징역이나 금고로 되어 있어, 경우에 따라서는 5년 이상의 징역이나 금고로써 처벌받을 수도 있게 되는 데 반하여, 상상적 경합범에 있어서는 형법 제40조에 의하여 가장 중한 죄에 정한 형으로 처벌하도록 되어 있는 관계로, 언제나 내란목적살인죄에서 정하고 있는 사형 또는 무기징역이나 무기금고의 형으로 처벌받게 되어, 5년 이상의 유기징역이나 금고형을 규정한 형법 제87조 2호와 균형이 맞지 않는 결과가 되고 만다(형법 제88조의 내란목적살인죄의 형이 내란죄에 있어서의 폭동과정에서 "살상의 행위를 실행한 자"에 대한 제87조 제2호의 형보다 위와 같이 무겁게 규정하고 있는 것은 상호간에 균형이 맞지 않아 납득하기 어려운 점이 없지 않으나, 내란죄에 있어서는 군집범으로서의 폭동이라는 군중심리가 작용되어 깊이 사료함이 없이 경솔하게 행동하는 경우가 많다는 점에서 그 기대가능성이 적다고 보아, 그렇지 아니한 내란목적살인죄와의 사이에 이러한 법정형상의 차이를 둔 것으로 이해하고자 한다).

이와 같이 볼 때 이 사건에 있어서 원심이 피고인 박선호, 이기주, 유성옥, 김태원에 대하여는 그 소위를 내란죄의 폭도에 있어서 중요한 임무에 종사한 자라고 보면서도, 이들에게까지 내란목적살인죄와 상상적 경합범으로 의율하여 무거운 내란목적살인죄의 형으로써 처단하였음은, 결국 법률 적용을 잘못하여 판결에 영향을 미친 경우에 해당한다고 할 것이므로, 이와 같은 원심 판결을 유지하는 다수의견에 찬동할 수가 없고, 원심 판결은 이점에서도 마땅히 파기되어야 한다고 할 것이다.

대법원 판사 정태원의 의견

다음에 나오는 대법원 판사 서윤홍의 의견 중 (2)항의 피고인 이기주, 유성옥에 관한 부분 및 (3)항의 피고인 김태원에 관한 부분과 같다.

대법원 판사 서윤홍의 의견

이 사건에 나타난 사실과 증거로 보아서 피고인 김계원, 이기주, 유성옥, 김태원에 대하여 공소사실을 모두 유죄로 인정한 원심 판결을 그대로 유지하려면 다수의견에는 다음과 같은 이유에서 찬성할 수 없다.

(1) 피고인 김계원에 대하여
첫째로, 같은 피고인에 대한 공모공동정범에 의한 살인죄에 관하여 보건대, 원심인 육군본부고등군법회의가 이 점을 유죄로 인정한 취지는 결국 피고인이 김재규와 모의하여 대통령 경호실장 차지철을 살해할 것을 기도하고 직접 행위를 한 바는 없으나, 김재규로 하여금 살해의 실행을 하게 하여 목적을 달성한 것으로 유죄 인정한 데 있고, 이를 뒷받침하는 사실과 증거로서 김재규가 살인의 실행으로 총격을 가하기 두 시간 전에(총격은 1979년 10월 26일 19시 40분이고, 피고인과 김재규가 만난 것이 같은 날 17시 50분으로 되어 있어 두 시간이 채 못 된다) 피고인이 중앙정보부 청와대 지부인 궁정동 사무실 현관 경계석에서 김재규를 만났을 때 그가 "차 실장을 해치우겠다"고 말한 데 대하여 고개를 끄덕끄덕한 일이 있다는 것과 총격 현장에서 김재규의 행위를 제지한 바 없다는 것 및 당일 사태가 진행되어 육군본부 벙커 화장실에서 피고인이 김재규를 만나서 "왜 대통령 각하까지 살해했는가"고 질책한 말의 뜻에서 미루어볼 때, 차지철에 대한 총격 살해를 의도한 것으로 인정된다는 것으로 요약된다.

그러나 이른바 공모공동정범이라는 것은 실행정범에 대한 개념으로서 사회의 실정으로 보아 다수인에 의한 범죄 가운데는 실질상 주범이 배후에서 범죄를 계획하고, 그 실행행위는 부하나 또는 주범의 지배력을 받는 사람으로 하여금 실행케 하는 경우에 단순한 교사나 방조만으로 처리될 수 없는 경우가 있다는 재판상 필요에서 나온 이론일 뿐이고, 그러한 경우에도 주범에게는 자기의 범죄를 행한다는 주체적 의사가 있어야 하고, 단지 타인의 범의를 유발하거나 타인의 범행을 용인 내지는 이용하는 경우는 이에 해당하지 않는다고 봄이 상당하다 할 것인바(대법원은 이미 1959년 6월 12일 선고, 57도 380 사건의 판결에서 의사의 주체 또는 동심일체라는 용어로써 이를 표현한 것으로 보이고, 일본 최고재판소 소화 33년 5월 28일 선고, 소화 29년 제1056 사건의 판결에서는 주체의사가 있어야 한다고 이 점을 분명히 하고 있다), 이 사건에 있어 피고인 김계원에 대하여 원심이 설시한 취지와 그것을 뒷받침하는 사실 등은 도저히 이에 해당하는 것으로 여겨지지 아니한다.

대통령 시해라는 충격적인 이 사건의 주체가 피고인 김계원이 아니고 김재규라는 것은 어느 누구도 부인할 수 없는데, 유독 차지철 실장을 살해한 부분에 한하여 피고인이 범죄의 주체이고 김재규는 피고인의 지시에 의하여 범죄의 실행행위를 담당하였다는 것이 도저히 납득이 가지 않는다. 앞서 나온 김재규의 해치우겠다고 한 말에 피고인이 고개를 끄덕한 것이 사실이라 하더라도, 그것은 살인을 용인한 것이 되었으면 되었지 어째서 살해의 공동모의가 될 수가 있다는 것인지 이해가 가지 않으며, 살해의 현장에서 피고인이 김재규의 총격을 제지하지 않았다 하더라도, 그것은 살인을 방임한 것일 뿐인데 어째서 살인의 주체가 된다는 것인지 분명치 않다. 더욱이나 그 현장에서 대통령이 총격 살해되는 것을 비서실장인 피고인이 제지하지 않은 것에 대하여도 이 사건에서 문책되지 않는데, 경호실장이 살해되는 것을 제지하지 않은 것은 살인죄의 공모공동정범으로 보아야 한다는 것은 있을 수 없고, 육군본부 벙커 화장실에서 김재규와 대화한 것을 살해의 모의를 사후적으로 뒷받침한다는 것도 그 모의가 엄격한 증명을 요하는 주요 사실이라고 볼 때 납득할 수 없는 것이다.

둘째로, 같은 피고인에 대한 내란미수죄를 유죄로 인정한 것에 관하여 보건대 내란죄는 형법 제87조에 규정된 바와 같이 국헌의 문란을 목적으로 하는 범죄이고, 이 사건에 있어서 국헌문란의 구체적 내용은 대통령을 시해함으로써 헌정질서를 바꾼다는 것이므로, 우선 대통령 시해에 대한 의사가 있는 여부가 피고인에 대한 내란죄의 목적인정에 불가결한 것이라 할 것이다. 그런데 피고인에 대하여는 처음 공소제기 당시에 피고인도 김재규와 대통령을 시해할 것을 모의한 것이라 사실적시가 되었으나, 원심에 이르러서는 그 부분에 관한 공소장이 변경되었고, 원심의 사실인정 또한 대통령 시해에 대하여는 피고인은 관련이 없는 것으로 확정하였다. 따라서 피고인에 대하여 내란죄의 목적, 즉 대통령의 시해의사가 인정되지 않으므로 내란죄의 중요임무종사죄의 미수 또한 성립될 수 없는 것이다. 비록 사건 당일 피고인이 김재규가 체포될 때까지에 행한 일련의 거동 속에 김재규의 내란음모에 동조 내지 그를 방조한 것이 아닌가 하는 의문이 기록상 보이기는 하나, 그 의문이라고 하는 것도 또한 추리와 정황에서 연유된 것일 뿐이다.

내란죄가 목적범이라 볼 때 그 목적을 인정하기 위한 증거나 사실 또한 엄격한 증명을 요하는 주요사실이라 할 것이므로, 피고인이 문제의 총격 직후 곧 김재규를 고발하지 않은 것에 석연치 않은 점이 있다 해서, 그것이 반사적으로 내란죄의 중요임무에 종사한 것으로 결론지워진다 함은 합리적이라 할 수 없다. 더욱이나 당시의 상황으로 보아 피고인 스스로 김재규로부터 총격을 받지 않을 아무런 보장도 없는데 시해 후 네 시간 만에 국방장관과 육군참모총장에게 고발할 때까지 김재규의 범행을 밝히지 않은 것만으로써 내란의 목적으로 그렇게 하였다고 함은 논리의 비약이라 할 것이다. 더욱이나 김재규의 내란기도가 피고인의 고발로 미수에 그친 것 또한 어느 누구도 부인할 수 없는 이 사건에서 그 고발사실을 피고인에게 불리한 증거로써 추리하여 유죄인정을 한다는 것은 형평의 원칙에 합당한 것이라 할 수도 없다. 이리하여 피고인 김계원에 대하여 이상에서 말한 여러 가지의 결정적 사정이 밝혀져 있지도 않은 원심 판결을 그대로 유지하려는 다수의 견에는 견해를 같이할 수 없고 이 점들에 관한 상고 논지는 이유 있다 할 것이다.

(2) 피고인 이기주, 유성옥에 관하여

같은 피고인들에 대해 내란미수죄와 내란목적살인을 유죄로 인정한 원심 판결 또한 그대로 보아 넘길 수 없다. 같은 피고인들이 이 사건의 피고인이고 상사인 박선호의 지시에 따라서 범행 당일 궁정동 정보부 식당에 머물고 있던 대통령 경호실 소속의 김용섭, 김용태를 총격 살해한 사실 자체는 움직일 수 없는 것이지만, 그 행위가 내란목적살인이 되기 위하여는 내란목적, 즉 국헌문란에 대한 인식이 있어야 하는 것인데 이점에 관하여 원심이나 다수의 견해에서 증거가 된다고 본 자료로는 같은 피고인들이 군 수사기관에서 진술한 것 이외는 아무것도 없다. 위의 진술 취지 또한 "일이 잘되면 한 급 올라갈 줄 알았다", "한몫 본다"는 것으로 되어 있는바, 그 진술 기재가 국헌문란 즉 대통령 시해를 알고 범행에 가담한 것의 증거로서 충분하다고 함은 자유심증의 한계를 넘는 것이라 하지 않을 수 없다. 위의 진술을 하게 된 경우에 대하여 기록을 보면 그것도 군 수사기관에서 추리해서 추궁 심문한 결과 나온 진술이므로 그것이 의견인지 사실에 관한 진술인지 분간할 수가 없는데, 어째서 그것이 대통령 시해, 국헌문란의 목적 인식과 결부될 수 있는지 이해가 가지 않는다. 피고인들이 총격을 하게 된 경위에 대하여 피고인 박선호는 다만 "식당 한구석에 경호실 경비원을 몰아세우고 반항하면 응사하라"고 지시하였다고 되어 있으며, 피고인 유성옥은 박선호의 운전사이고 이기주 또한 궁정동 경비원으로서 학력이 별반 없는데, 그들에 대하여 내란죄의 목적인 국헌문란의 뜻을 묻는다는 자체에 난점이 있다 하더라도, 최소한 대통령 시해에 관한 인식이라도 있어야 할 것인데, 피고인들이 이 사건에서 문제된 총격에 가담함에 있어서는 그 인식조차 있는 것으로 볼 뚜렷한 자료가 없는 데도, 원심이 그것이 모두 있는 것으로 인정하여 사형까지 선고한 것을 그대로 유지한다는 것은 찬성할 수 없는 것이다.

(3) 피고인 김태원에 대하여

같은 피고인은 이 사건에서 문제의 총격이 있은 지 30분 후에 이른바 확인사살을 함으로써 당시까지도 생존하고 있던 차지철 경호실장과 경비원 김용섭의 생명을 완전히 끊음으로써 내란미수죄와 내란목적살인죄를 범한 것이라는 것이 원심의 인정인바, 이 부분 또한 도저히 그대로 보아 넘길 수 없는 점이 있다. 같은 피고인이 위에 말한 사살행위를 한 시간은 당일 20시 5분임은 원심이 확정한 바이고, 당일 김재규에 의하여 차지철 실장에 대한 총격이 있은 것은 19시 40분으로 되어 있다. 그렇다면 차지철이 처음 총격을 받은 시간으로부터 25분 내지 30분이 지난 후에도 죽지 않고 그대로 신음하고 있은 것이라 단정하기는 여러 자료에서 보아 어렵다 할 것이다. 당일 김재규가 차지철에 대하여 총격을 하고 나서 대통령에 대하여 총격을 가한 후, 다시 곧이어 화장실에 피신하였다가 일어서는 차지철에 대한 복부관통의 마지막 총격과 대통령에 대한 재차 총격을 가한 것임은 기록이나 원심이 그대로 인정하고 있다. 그렇다면 차지철 실장의 사망시간은 적어도 대통령의 사망시간 이전이거나 아니면 같은 시간이라 보여진다 할 것인데, 대통령의 사망시간은 당일 19시 57분 이전 5분이라고 병원당국에서 밝히고 있다. 결국 대통령의 사망시간은 김재규에 의한 총격이 있은 지 10분 내지 12분으로 추산된다고 볼 때, 차지철의 사망시간도 같은 시간이라면 19시 50분이나 19시 52분이라는 계산이 나오는 것이다.

그렇다면 피고인 김태원이 확인사살을 한 20시 5분 당시에 피해자인 차지철은 이미 사망한 후라고 봄이 상당하다 할 것이고, 불연이면 같은 피해자에 대한 사체검안서와 사체를 촬영한 사진까지도 기록에 편철되어 있고 총상을 입은 부위까지도 똑똑히 나타나 있으므로, 전문가로 하여금 그 사망시간을 감정시키는 등 심의를 하였어야 할 것이다.

그럼에도 불구하고 그러한 조치를 취한 바도 없이 확인사살 당시 피해자인 차지철이 무슨 소리를 하는 것같이 느꼈다는 피고인의 진술 한마디로써 내란목적살인죄를 유죄로 인정하여 사형까지 선고한다는 것은 도저히 납득할 수 없는 것이다. 따라서 피고인 김태원에 대하여 이 점을 심리하여 살인죄가 되는가 아니면, 단순한 시체에 대한 총격으로 볼 것인가를 밝히지 않은 것은 심리미진이나 이유불비에 해당하는 것이라 하지 않을 수 없다. 더욱이나 같은 피고인이 위의 확인사살을 하기 전에는 어디서 무엇을 하였는지 기록상 알 수 없는데 그 사살행위가 내란목적으로 이루어진 것이라 하여 내란죄로 유죄인정을 한다는 것은 증거 없이 사실인정을 한 것이라는 비난을 면할 수도 없을 것이다. 이리하여 결국 피고인 김계원, 이기주, 유성옥, 김태원에 대한 원심인 육군본부고등군법회의의 판결에는 잘못된 점이 있고, 이에 대한 각 상고논지는 이유 있다 할 것인데, 다수의견은 그대로 유지하려 하므로 찬동할 수 없음을 밝힌 것이다.

金載圭